JN493582

IFRS 중급회계 下

International Financial Reporting Standards

공인회계사 이승준 저

나우퍼블리셔

머리말

초판이 세상에 나오다!

대한민국에 국제회계기준(IFRS)이 도입되어 시행된 지 10년이 훌쩍 넘었습니다. 저자는 10년의 세월동안 기업 감사 현장에서 그리고 교육 현장에서 국제회계기준을 적용하고 그 내용을 전달하여 왔습니다. 저 역시 국제회계기준은 미완의 숙제이지만, 그 동안의 실무경험과 풍부한 연구결과를 바탕으로 독자들이 한국채택국제회계기준을 가장 쉽게 이해하고 적용할 수 있도록 이 책을 준비하였습니다.

회계전문가를 준비하는 분들에게 바친다!

저자는 공인회계사·세무사 그리고 국제회계기준을 적용하는 기업 실무진이 국제회계기준을 잘 학습할 수 있도록 이 책의 내용을 구성하였습니다.

혁신을 입히다!

이 책은 한국채택국제회계기준을 설명하고 있는 "본문"과 본문에 대한 "기본예제" 그리고 "보론"과 "주관식 연습문제"를 담고 있습니다. 본문은 기준서의 문단이 독자에게 그대로 전달될 수 있도록 기준서 원문을 체계적으로 배열하여 수록하였습니다. 그리고 "Study Guide"를 만들어 학습의 깊이를 더하였습니다. 기준서의 문단은 때때로 이해하기 어렵거나 추상적인 내용들이 있으며 이러한 부분을 독자들이 원활하게 이해하고 적용할 수 있도록 기본예제를 촘촘히 만들어 수록하였습니다. 이 기본예제의 구성과 해설은 저자가 생각하는 이 책의 혁신입니다. 기본예제는 경제적 사건을 회계처리 할 수 있도록 구성하였으며 회계처리 결과 손익과 자본에 어떠한 영향을 미치는지 즉각적으로 파악할 수 있도록 하였습니다. 그리고 자격시험을 준비하는 독자를 위해 계산과정을 체계적이고 구체적으로 제시하여 학습의 효과가 지속될 수 있도록 하였습니다. 또한 단순히 계산연습을 위한 도구를 넘어 기준서의 문단을 독자 스스로가 이해할 수 있도록 상황을 구성하였기에 자격시험 합격 이후에도 학습한 내용이 즉각적으로 활용될 수 있도록 준비하였습니다

이 책이 독자들의 목표 달성에 큰 도움이 될 수 있기를 간절히 바랍니다.

건설적인 조언을 원합니다!

한국채택국제회계기준은 수시로 제정되거나 개정됩니다. 이런 이유로 이 책 역시 회계기준의 변화에 맞추어 더욱 발전된 내용으로 준비하겠습니다. 독자들이 바라는 개선사항 및 건설적인 조언을 기다립니다.

감사합니다!

저자의 능력 부족과 시간 부족으로 나우퍼블리셔 임직원에게 의도하지 않은 폐를 끼쳤습니다. 출판에 애써주셔서 너무 고맙습니다. 그리고 가족에게는 저의 미안함과 사랑을 전합니다.

2022년 11월
연구실에서

차 례

CHAPTER 10 지분상품투자

CHAPTER 11 채무상품투자

CHAPTER 21 재무보고 개념체계

Intro

IFRS 중급회계 上·下에서는 한국채택국제회계기준을 다룬다. 여기서는 한국채택국제회계기준을 이해하기 위한 기초 용어 및 개념을 간략하게 설명한다.

1. 재무제표

(1) 재무상태표 – 특정 시점의 자산·부채·자본의 상태를 나타내는 보고서

(2) 포괄손익계산서 – 일정기간동안 수익·비용·기타포괄손익을 나타내는 보고서

(3) 자본변동표 – 일정기간동안 자본의 변동을 나타내는 보고서

(4) 현금흐름표 – 일정기간동안 현금의 변동을 나타내는 보고서

(5) 주석 – 재무제표에 대한 추가적인 설명 정보

그림 1 재무제표의 연결 관계

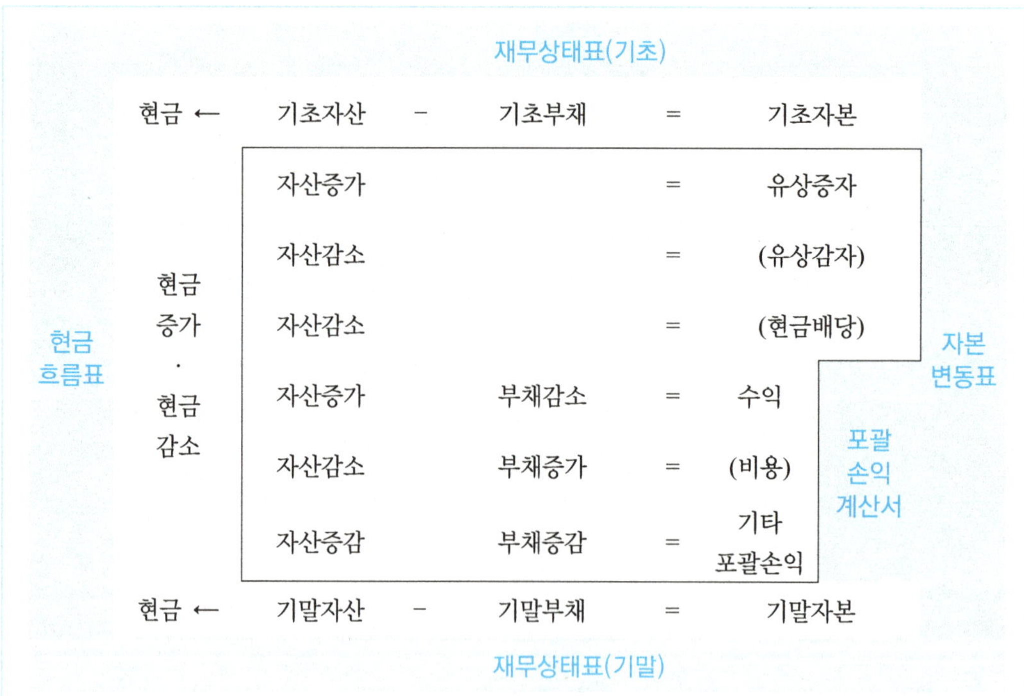

2. 인식과 측정

(1) 거래

거래란 기업의 자산 · 부채 · 자본 · 수익 · 비용 · 기타포괄손익에 영향을 주는 경제적 사건을 말한다.

(2) 거래의 기록

자산 · 부채 · 자본 · 수익 · 비용 · 기타포괄손익의 증가 및 감소를 기업의 장부에 기록하는 것을 부기(bookkeeping)라고 한다.

① 기록원리

장부의 왼쪽을 차변, 오른쪽을 대변이라고 하며 자산 · 부채 · 자본 · 수익 · 비용의 증가와 감소를 기록하는 위치를 다음과 같이 약속한다.

차변요소	대변요소
자산의 증가	자산의 감소
부채의 감소	부채의 증가
자본의 감소	자본의 증가
비용의 증가	비용의 감소
수익의 감소	수익의 증가

이러한 원칙이나 규칙에 따라 한 거래에서 발생하는 차변요소와 대변요소를 동시에 기록하는 것을 복식부기라고 한다. 이러한 복식부기의 결과물이 재무제표인 것이다.

② 인식과 제거

자산 · 부채 · 자본 · 수익 · 비용을 재무제표에 반영하는 것을 인식이라고 한다. 인식된 자산 · 부채 · 자본을 재무제표에서 삭제하는 것을 제거라고 한다.

③ 측정

측정이란 재무제표에 반영하는 자산 · 부채 · 자본 · 수익 · 비용을 화폐금액으로 나타내는 과정을 말한다. 회계에서는 다양한 측정의 기준을 두고 있으며 대표적으로 원가와 공정가치가 대표적인 측정기준이다. 원가란 취득당시에 투자된 항목의 가치를 말하며 공정가치는 현재시점의 시장가격 정보를 말한다.

자산이나 부채를 원가로 측정하는 경우에는 결산비용이 적고 공정가치에 비해 객관적인 측정기준이지만 정보로서의 효용가치는 낮다. 반면에 자산이나 부채를 공정가치로 측정하는 경우에는 결산비용이 많이 발생하나 자산이나 부채의 최신 정보를 제공한다는 측면에서 정보로서의 효용가치가 높다.

일반적으로 금융자산이나 금융부채의 경우 상각후원가라는 측정기준을 사용하며 이는 최초의 현재가치에 차금상각누계액을 가감한 금액을 말한다. 시점별 상각후원가를 측정하기 위해 기업은 차금상각표를 작성하며 이는 현금흐름의 지급형태에 따라 다음과 같은 세 가지의 유형으로 구분한다.

[사채형]

매년 마다 같은 금액의 액면이자가 수취(지급)되며 만기에 일시금을 수취(지급)하는 계약에서의 차금상각표를 말한다.

일 자	유효이자 (유효이자율)	액면이자 (액면이자율)	차금상각	상각후원가
1년 초				×××
1년 말	×××	×××	×××	×××
2년 말	×××	×××	×××	×××
합 계	×××	×××	×××	×××

[리스형]

매년 마다 같은 금액을 수취(지급)하는 계약에서의 차금상각표를 말한다.

일 자	유효이자 (유효이자율)	액면이자 (액면이자율)	차금상각	상각후원가	수취지급	상각후원가
1년 초						×××
1년 말	×××	–	×××	×××	×××	×××
2년 말	×××	–	×××	×××	×××	–
합계	×××	–	×××	–	×××	–

[결합형]

사채형과 리스형이 결합된 경우의 차금상각표를 말한다.

일 자	유효이자 (유효이자율)	액면이자 (액면이자율)	차금상각	상각후원가	수취지급	상각후원가
1년 초						×××
1년 말	×××	×××	×××	×××	×××	×××
2년 말	×××	×××	×××	×××	×××	–
합계	×××	×××	×××	–	×××	–

금융상품을 상각후원가로 평가하는 경우, 회계의 오랜 관습에 따라 금융부채는 차금을 사용하며 금융자산은 차금을 사용하지 않는 편이다.

3. 재무제표의 식별

(1) 개별재무제표

개별 기업이 종속기업 · 공동기업 · 관계기업에 대한 보유지분이 없을 때, 공시되는 그 기업의 재무제표를 말한다.

(2) 연결재무제표

개별 기업이 종속기업에 대한 보유지분이 있을 때, 종속기업의 재무제표를 포함하여 공시되는 연결실체의 재무제표를 말한다.

(3) 별도재무제표

개별 기업이 종속기업 · 공동기업 · 관계기업에 대한 보유지분이 있지만 개별 기업만의 재무상태와 재무성과를 나타내는 재무제표를 말한다.

4. 재무제표의 요소와 표시

(1) 자산

미래경제적효익의 유입을 기대할 수 있는 경제적자원에 대한 현재 권리

① 유동자산 : 보고기간 말 현재 12개월 이내에 실현가능한 자산
② 비유동자산 : 유동자산이 아닌 자산
③ 재고자산 : 영업과정 상 판매목적으로 보유하는 자산
④ 유형자산 · 무형자산 : 영업에 사용할 목적으로 보유하는 자산
⑤ 투자부동산 : 임대수익을 얻기 위한 수익형 부동산
⑥ 금융자산 : 현금이나 금융상품에 투자한 자산

(2) 부채

미래에 기업이 보유한 경제적자원이 희생될 현재 의무

① 유동부채 : 보고기간 말 현재 12개월 이내에 결제가능한 부채
② 비유동부채 : 유동부채가 아닌 부채
③ 금융부채 : 매입채무나 차입금과 같이 현금을 지급할 계약상 의무
④ 비금융부채 : 선수금과 같이 금융부채가 아닌 현재의무
⑤ 확정부채 : 지급시기와 지급금액에 불확실성이 없는 부채
⑥ 충당부채 : 지급시가나 지급금액에 불확실성이 있어 추정을 요하는 부채

(3) 자본

기업의 모든 자산에서 모든 부채를 차감한 잔여금액

① 납입자본 : 소유주가 기업에 투자한 자본항목
② 이익잉여금 : 기업의 누적당기순이익을 나타내는 배당가능한 자본항목
③ 기타자본요소 : 납입자본과 이익잉여금을 제외한 나머지 자본항목

(4) 수익

자산증가 또는 부채감소로 인하여 자본의 증가를 가져오는 경제적 효익의 유입

① 수익(매출) : 기업의 주된 수익
② 금융수익 : 이자나 배당으로 이한 수익
③ 기타수익 : 수익과 금융수익을 제외한 수익
④ 기타포괄이익 : 실현되지 않아서 배당가능한 이익을 구성할 수 없는 수익

(5) 비용

자산감소 또는 부채증가로 인하여 자본의 감소를 가져오는 경제적 효익의 유출

① 매출원가 : 기업의 주된 수익에 대응하는 비용
② 판매비와관리비 : 재고 판매나 기업의 관리에 관련된 비용
③ 금융비용 : 금전차입에 따라 발생하는 자입원가 관련 비용
④ 기타비용 : 매출원가, 판매비와관리비, 금융비용을 제외한 나머지 비용
⑤ 기타포괄손실 : 실현되지 않아서 배당가능한 이익을 구성할 수 없는 비용

5. 일반적으로 인정된 회계원칙

재무제표의 작성에 있어서 유용성과 타당성이 증명된 회계기준을 일반적으로 인정된 회계원칙이라고 한다. 국제회계기준이 대표적인 회계원칙이다. 회계원칙이나 회계기준이 있으면 기업이 재무제표를 작성할 때, 회계처리 기준의 타당성이나 유용성을 고민할 시간과 노력을 상당히 줄여줄 수 있다. 또한 재무제표 이용자는 재무제표에 대한 타당성이나 신뢰성을 직접적으로 검토하기 위한 노력을 줄일 수 있다. 우리나라의 경우 국제회계기준이 일반적으로 인정된 회계원칙이며 국제회계기준의 특징은 다음과 같다.

(1) 연결재무제표

국제회계기준은 연결재무제표가 주된 재무제표이다.

(2) 공정가치

국제회계기준은 자산과 부채의 측정에 있어서 공정가치 평가를 강조한다.

(3) 원칙중심

국제회계기준은 인식과 측정의 요구사항을 규칙중심으로 서술하지 않고 원칙중심의 서술을 사용하는 측면이 강하다.

(4) 실무혼선

국제회계기준은 인식과 측정에 있어서 기업의 판단과 이에 대한 공시사항이 많아졌으며 때로는 재무제표 작성 시 실무적인 혼란이 종종 발생한다.

(5) 결산비용

국제회계기준은 자산과 부채에 대하여 공정가치 평가를 강조한다. 이에 따라 기업은 평가를 위한 외주비용 등이 많아져 결산비용에 대한 기업부담이 늘어나는 특징이 있다.

Chapter 10

지분상품 투자

1. 지분상품 투자
2. 관계기업투자

기업이 다른 기업의 지분상품을 취득한 경우 지분상품을 발행한 기업의 순자산에 대한 권리를 보유하므로 지분상품 투자를 자산으로 인식한다. 또한 기업이 다른 기업의 채무상품에 투자한 경우 액면이자와 액면금액을 수취할 수 있는 권리를 가지게 되므로 채무상품 투자를 자산으로 인식한다. 여기서는 다른 기업의 보통주를 취득한 경우와 다른 기업의 사채를 취득한 경우에 있어서 관련 자산의 인식과 측정에 대한 기준서의 내용을 살펴본다.

SECTION 1 지분상품 투자

1. 재무보고 방법

기업이 발행한 지분상품 즉, 보통주를 취득한 경우, 보통주를 발행한 기업의 순자산에 대한 권리를 계약 상대방이 취득한 것이므로 계약 상대방은 취득한 보통주를 투자자산으로 인식한다. 투자기업이 해당 투자자산을 재무제표에 반영하는 이론적인 방법은 세 가지가 있다.

투자자산에 대한 재무보고 방법으로 '공정가치법'이 있다. 공정가치법은 투자자산을 재무보고일의 공정가치로 평가하고 공정가치 변동에 따른 손익을 당기순이익이나 기타포괄손익에 반영하는 것이다. 공정가치법을 적용한 투자자산은 재무보고일 현재, 보통주의 가격정보와 그 가격정보에 기초한 성과를 재무제표에 반영하게 된다. 그러나 투자자산에 대한 합리적인 공정가치를 측정할 수 없는 경우에는 취득 당시의 원가가 그 투자자산에 대한 최선의 보고금액일 수 있다. 이러한 이유에서 투자자산을 취득 당시의 원가로 재무보고 하는 방법이 '원가법'이다.

투자자산에 대한 또 다른 재무보고 방법은 '지분법'이다. 기업은 주가상승을 기대하며 다른 기업의 보통주를 취득할 수도 있지만 사업의 다각화를 위해 또는 계열사 확장을 위해 다른 기업의 보통주를 취득하는 경우도 있다. 계열사 확장을 위해 취득한 투자자산은 보통주를 공정가치로 평가하여 시장가격 정보를 제공하는 것 보다는 피투자기업의 재무적 성과를 반영하여 평가하는 것이 투자기업의 의사결정에 더욱 유용할 수 있다. 이러한 이유에서 피투자기업의 재무적 성과를 반영하여 투자자산을 평가하는 방법을 지분법이라고 한다.

한국채택국제회계기준에서는 투자자산에 대한 재무보고를 위하여 투자자산을 금융자산과 관계기업(또는 공동기업)투자로 구분한다. 투자자산이 금융자산에 해당하는 경우 기준서 제1109호'금융상품'의 요구사항을 적용하여 공정가치법으로 평가한다. 투자자산이 관계기업(또는 공동기업)투자에 해당하는 경우에는 기준서 제1028호'관계기업투자'의 요구사항을 적용하여 지분법으로 평가한다.

기본예제 1 지분상품 투자의 재무보고

결산일이 매년 말인 ㈜현대는 20x1년 초, ㈜미래가 발행한 의결권 있는 보통주 100주를 주당 ₩1,000에 취득하였다. 보고기간 말 현재 ㈜미래의 보통주의 주당 공정가치는 ₩1,200이다. ㈜미래의 20x1년도 공시된 당기순이익은 ₩300,000이다.

물음 1 ㈜현대는 취득한 보통주에 대하여 공정가치법으로 회계처리할 경우, 회계처리를 제시하시오.

물음 2 ㈜현대는 취득한 보통주에 대하여 원가법으로 회계처리할 경우, 회계처리를 제시하시오.

물음 3 ㈜현대는 취득한 보통주에 대하여 지분법으로 회계처리할 경우, 회계처리를 제시하시오. 단, ㈜현대가 획득한 지분율은 20%로 가정하시오.

해설

물음 1

1년초

						손익효과
차)	투자자산	100,000	대)	현금	100,000	–

(*) 투자자산 : 100주 × 1,000 = 100,000

1년말

						손익효과
차)	투자자산	20,000	대)	투자자산평가이익	20,000	20,000

(*) 투자자산평가이익 : 100주 × (1,200 − 1,000) = 20,000

물음 2

					손익효과
1년초					
차)	투자자산	100,000	대) 현금	100,000	–

(*) 투자자산 : 100주 × 1,000 = 100,000

					손익효과
1년초					
차)	–	–	대) –	–	–

(*) 원가법이므로 회계처리 없음

물음 3

					손익효과
1년초					
차)	투자자산	100,000	대) 현금	100,000	–

(*) 투자자산 : 100주 × 1,000 = 100,000

					손익효과
1년말					
차)	투자자산	60,000	대) 지분법이익	60,000	60,000

(*) 지분법이익 : 300,000(당기순이익) × 20% = 60,000

2. 지분상품 투자의 범주

전술한 것처럼 한국채택국제회계기준에서는 타법인이 발행한 보통주를 취득한 경우, 해당 투자자산의 인식과 측정을 위한 범주를 구분해야 한다. 관련된 내용은 다음과 같다.

Step 1 *사업에 대한 지배력을 획득하였는가?*

Yes > 종속기업투자주식으로 식별하며 기준서 제1103호 '사업결합'과 기준서 제1110호 '연결재무제표'를 적용한다.

No ↓

Step 2 *사업에 대한 공동지배력 또는 유의적인 영향력을 획득하였는가?*

Yes > 공동기업투자주식 또는 관계기업투자주식으로 식별하며 기준서 제1028호 '관계기업투자'를 적용한다.

No ↓

Step 3 *최초 인식 시 기타포괄손익 표시 선택을 하였는가?*

Yes > 기타포괄손익-공정가치 선택 금융자산으로 식별하며 기준서 제1109호 '금융상품-인식과 측정' 등을 적용한다.

No ↓

Step 4 *위의 분류에 해당하는 사항이 없는가?*

Yes > 당기손익-공정가치 측정 금융자산으로 식별하며 기준서 제1109호 '금융상품-인식과 측정' 등을 적용한다.

2-1. 종속기업투자

보통주의 취득으로 피투자기업에 대한 지배력(예: 지분율 50% 초과)을 획득한 경우, 해당 피투자기업을 종속기업이라고 한다. 투자기업이 종속기업투자를 보유한 경우, 투자기업은 종속기업의 자산, 부채, 수익 그리고 비용을 투자기업의 자산, 부채, 수익 그리고 비용과 합산한 연결재무제표를 작성 · 공시해야 하므로 지배기업의 투자자산 자체에 대한 인식과 측정은 일반적으로 원가법을 적용한다. 이에 대한 구체적인 내용은 본서에서 다루지 아니하며 고급회계에서 살펴본다.

2-2. 관계기업투자

보통주의 취득으로 피투자기업에 대한 유의적인 영향력(예: 지분율 20% 이상)을 획득한 경우, 해당 피투자기업을 관계기업이라고 한다. 투자기업이 관계기업투자를 보유한 경우, 투자기업은 지분법을 적용하여 투자자산을 평가한다. 이에 대한 구체적인 내용은 절을 달리해서 설명한다.

2-3. 공정가치법을 적용하는 금융자산

종속기업투자 및 관계기업투자가 아닌 지분상품 투자의 경우, 공정가치법을 적용한다. 공정가치법은 기준서 제1109호'금융상품'에서 다루고 있으며 해당 투자자산을 보고기간말 공정가치로 보고하며 공정가치 변동에 의한 손익은 당기순이익에 반영한다. 다만, 투자기업은 공정가치 변동에 의한 손익을 기타포괄손익으로 표시하는 선택권을 보유하며 이를 적용하는 경우 해당 손익을 당기순이익에 반영할 수 없고 기타포괄손익에 반영한다.

공정가치법의 적용에 있어서 기타포괄손익으로 표시하는 투자기업의 선택권은 다음의 내용을 반드시 고려한다.

- 선택 불가 항목
  단기매매항목은 해당 선택권을 적용할 수 없다. 또한 사업결합에서 지분상품으로 분류되는 조건부대가를 취득한 경우에도 해당 선택권을 적용할 수 없다.
- 선택권 적용 시점
  해당 선택권은 지분상품 투자를 최초로 인식하는 시점에만 적용할 수 있다. 따라서 취득 시점 이후에 특정 지분상품 투자에 대하여 가격변동 손익을 기타포괄손익으로 표시하기 위하여 선택권을 적용하는 것은 불가능하다.
- 적용한 선택권의 취소 불가능
  해당 선택권을 적용한 지분상품 투자는 제거되는 시점까지 발생한 누적손익을 기타포괄손익으로 표시해야 하며 취득 시점 이후에 당기순이익에 반영하기 위해서 그 선택권의 적용을 취소할 수 없다. 따라서 누적기타포괄손익은 어떠한 경우에도 당기순이익으로 재순환(recycle)할 수 없다.

3. 공정가치 측정 금융자산

3-1 당기손익-공정가치 측정 금융자산

(1) 최초보고

지분상품 투자를 당기손익-공정가치 측정 금융자산(FV-PL)으로 분류하는 경우 최초 인식시점에 공정가치로 측정한다. 해당 금융자산의 취득에 직접 관련되는 거래원가는 발생 시점에 당기순이익에 반영한다. 일반적으로 최초 인식 시점은 금융자산에 대한 계약당사자가 되는 시점을 말하며 유가증권 거래소 시장을 통해 취득하는 경우에는 매매일이나 결제일 중 한 시점을 최초 인식시점으로 할 수 있다.

(2) 후속보고

당기손익-공정가치 측정 금융자산은 보고기간 말 공정가치로 측정하며 공정가치 변동에 따라 발생한 손익은 당기순이익에 반영한다.

(3) 배당

지분상품 투자에서 배당이 발생하는 경우 다음 조건을 모두 충족한 시점에 당기순이익에 반영한다.

- 배당을 받을 권리가 확정되었다.
- 배당과 관련된 경제적효익의 유입가능성이 높다.
- 배당액을 신뢰성 있게 측정할 수 있다.

(4) 제거

당기손익-공정가치 측정 금융자산을 처분한 경우, 금융자산의 장부금액을 제거하고 순매각금액과 장부금액의 차이를 당기순이익에 반영한다.

기본예제 2 당기손익-공정가치 측정 금융자산

결산일이 매년 말인 ㈜현대는 20x1년 10월 초, ㈜종로의 보통주 100주를 주당 ₩1,000에 취득하고 당기손익-공정가치 측정 금융자산으로 분류하였다. 보통주 취득과정에서 직접적인 거래원가로 ₩2,000을 별도로 지출하였다. 시점별 주당 공정가치 정보는 다음과 같다.

구 분	20x1년 10월 1일	20x1년 12월 31일	20x2년 12월 31일
공정가치	₩1,000	₩900	₩1,200

20x2년 2월 초에 ㈜종로는 주당 ₩10의 현금배당을 결의하였고 2월 10일에 지급하였다.

물음 1 ㈜현대의 시점별 회계처리를 제시하시오.

물음 2 ㈜현대는 20x3년 1월 초에 보유 지분 전부를 주당 ₩1,300에 처분하였다. 처분과 관련한 거래원가로 ₩2,500을 지출하였다. 처분시점의 회계처리를 제시하시오.

해 설

물음 1

1년 10월 초

					손익효과
차)	금융자산(FV-PL)	100,000	대) 현금	100,000	-
	지급수수료	2,000	현금	2,000	(2,000) PL

(*) 금융자산 : 100주 × 1,000 = 100,000

1년말

					손익효과
차)	금융자산평가손실	10,000	대) 금융자산(FV-PL)	10,000	(10,000) PL

(*) 금융자산평가손실 : 100주 × (1,000 − 900) = 10,000

2년 2월 초 - 권리발생시

					손익효과
차)	미수배당금	1,000	대) 배당금수익	1,000	1,000 PL

(*) 미수배당금 : 100주 × 10 = 1,000

2년 2월 10일 - 배당수취

					손익효과
차)	현금	1,000	대) 미수배당금	1,000	-

					손익효과
2년말					
차) 금융자산(FV-PL)	30,000	대)	금융자산평가이익	30,000	30,000 PL

(*) 금융자산평가이익 : 100주 × (1,200 − 900) = 30,000

물음 2

					손익효과
3년 초 - 처분					
차) 현금	127,500	대)	금융자산(FV-PL)	120,000	-
			금융자산처분이익	7,500	7,500 PL

(*) 현금 : 100주 × 1,300 − 2,500(거래원가) = 127,500

(*) 금융자산처분이익 : 대차차액

3-2 기타포괄손익-공정가치 측정 선택 금융자산

(1) 최초보고

지분상품 투자를 기타포괄손익-공정가치 측정 선택 금융자산(FV-OCI 선택)으로 분류하는 경우 최초 인식시점에 공정가치로 측정한다. 해당 금융자산의 취득에 직접 관련되는 거래원가는 공정가치에 가산한다. 일반적으로 최초 인식 시점은 금융자산에 대한 계약당사자가 되는 시점을 말하며 유가증권 거래소 시장을 통해 취득하는 경우에는 매매일이나 결제일 중 한 시점을 최초 인식시점으로 할 수 있다.

(2) 후속보고

기타포괄손익-공정가치 측정 선택 금융자산은 보고기간 말 공정가치로 측정하며 공정가치 변동에 따라 발생한 손익은 기타포괄손익에 반영한다.

(3) 배당

지분상품 투자에서 배당이 발생하는 경우 다음 조건을 모두 충족한 시점에 당기순이익에 반영한다.

- 배당을 받을 권리가 확정되었다.
- 배당과 관련된 경제적효익의 유입가능성이 높다.
- 배당액을 신뢰성 있게 측정할 수 있다.

(4) 제거

기타포괄손익-공정가치 측정 선택 금융자산을 처분한 경우, 금융자산의 장부금액을 제거한다. 투자기업이 기타포괄손익 선택권을 최초 인식시점에 적용하는 경우, 보유기간동안의 공정가치 변동을 모두 기타포괄손익으로 표시해야 한다. 따라서 제거시점의 공정가치로 평가하여 기타포괄손익을 인식한 후 해당 장부금액을 제거하여야 하므로 당기순이익에 반영할 제거손익은 발생하지 아니한다. 다만, 처분에 직접 관련된 거래원가는 발생시점에 당기순이익에 반영한다. 별도의 자본항목으로 인식한 누적기타포괄손익은 처분시점에 당기순이익으로 재순환이 금지되며 이익잉여금으로의 대체만 가능하다.

기본예제 3 기타포괄손익-공정가치 측정 선택 금융자산

결산일이 매년 말인 ㈜현대는 20x1년 10월 초, ㈜종로의 보통주 100주를 주당 ₩1,000에 취득하고 기타포괄손익-공정가치 측정 선택 금융자산으로 분류하였다. 보통주 취득과정에서 직접적인 거래원가로 ₩2,000을 별도로 지출하였다. 시점별 주당 공정가치 정보는 다음과 같다.

구 분	20x1년 10월 1일	20x1년 12월 31일	20x2년 12월 31일
공정가치	₩1,000	₩900	₩1,200

20x2년 2월 초에 ㈜종로는 주당 ₩10의 현금배당을 결의하였고 2월 10일에 지급하였다.

물음 1 ㈜현대의 시점별 회계처리를 제시하시오.

물음 2 ㈜현대는 20x3년 1월 초에 보유 지분 전부를 주당 ₩1,300(공정가치)에 처분하였다. 처분과 관련한 거래원가로 ₩2,500을 지출하였다. 처분시점의 회계처리를 제시하시오.

물음 3 ㈜현대는 처분시점에 누적기타포괄손익을 미처분이익잉여금으로 대체하고자 한다. 회계처리를 제시하시오.

해설

물음 1

1년 10월 초

	차변	금액		대변	금액	손익효과
차)	금융자산(FV-OCI)	100,000	대)	현금	100,000	-
	금융자산(FV-OCI)	2,000		현금	2,000	-

(*) 금융자산 : 100주 × 1,000 + 2,000(거래원가) = 102,000

1년말

	차변	금액		대변	금액	손익효과
차)	금융자산평가손익	12,000	대)	금융자산(FV-PL)	12,000	(12,000) OCI

(*) 금융자산평가손익 : 102,000 - 100주 × 900 = 12,000 (손실)

2년 2월 초 - 권리발생시

	차변	금액		대변	금액	손익효과
차)	미수배당금	1,000	대)	배당금수익	1,000	1,000 PL

(*) 미수배당금 : 100주 × 10 = 1,000

2년 2월 10일 - 배당수취

	차변	금액		대변	금액	손익효과
차)	현금	1,000	대)	미수배당금	1,000	-

2년말

	차변	금액		대변	금액	손익효과
차)	금융자산(FV-OCI)	30,000	대)	금융자산평가손익	30,000	30,000 OCI

(*) 금융자산평가손익 : 100주 × (1,200 - 900) = 30,000 (이익)

물음 2

3년 초 - 평가

	차변	금액		대변	금액	손익효과
차)	금융자산(FV-OCI)	10,000	대)	금융자산평가손익	10,000	10,000 OCI

(*) 금융자산평가손익 : 100주 × (1,300 - 1,200) = 10,000
(*) 금융자산처분이익 : 대차차액

3년 초 - 제거

	차변	금액		대변	금액	손익효과
차)	현금	127,500	대)	금융자산(FV-OCI)	130,000	
	금융자산처분손실	2,500				(2,500) PL

(*) 현금 : 100주 × 1,300 - 2,500(거래원가) = 127,500
(*) 금융자산처분손실 : 대차차액 또는 거래원가

물음 3

					손익효과
3년 초 - 대체					
차) 금융자산평가손익	28,000	대)	미처분이익잉여금	28,000	-

(*) 금융자산평가손익 : (−)12,000 + 30,000 + 10,000 = 28,000 이익

(*) 금융자산평가손익 : 130,000 − 102,000(최초금액) = 28,000 이익

(*) 본 대체 분개의 효과는 자본변동표에만 반영함

SECTION 2

관계기업투자

투자기업이 피투자기업의 지분 취득에 의해 피투자기업에 대한 유의적인 영향력을 행사할 수 있는 경우, 해당 투자자산의 회계처리에는 기준서 제1109호를 적용하지 아니하며 기준서 제1028호'관계기업투자'를 적용한다.

1. 유의적인 영향력

유의적인 영향력이란 투자자가 피투자자의 재무정책과 영업정책에 관한 의사결정에 참여할 수 있는 능력을 말한다. 유의적인 영향력은 피투자자의 관련활동을 지시할 수 있는 지배력이나 공동지배력은 아니다.

1-1 유의적인 영향력의 획득

기업이 직접 또는 간접(예: 종속기업을 통하여)으로 피투자자에 대한 의결권의 20% 이상을 소유하고 있다면 유의적인 영향력을 보유하는 것으로 본다. 다만 유의적인 영향력이 없다는 사실을 명백하게 제시할 수 있는 경우에는 그러하지 아니한다.

반대로 기업이 직접 또는 간접으로 피투자자에 대한 의결권의 20% 미만을 소유하고 있다면 유의적인 영향력이 없는 것으로 본다. 다만 유의적인 영향력을 보유하고 있다는 사실을 명백하게 제시할 수 있는 경우에는 그러하지 아니한다. 기업이 다음 중 하나 이상에 해당하는 경우 일반적으로 유의적인 영향력을 보유한다는 것이 입증된다.

- 피투자자의 이사회나 이에 준하는 의사결정기구에 참여
- 배당이나 다른 분배에 관한 의사결정에 참여하는 것을 포함하여 정책결정과정에 참여
- 기업과 피투자자 사이의 중요한 거래
- 경영진의 상호 교류
- 필수적 기술정보의 제공

다른 투자자가 해당 피투자자의 주식을 상당한 부분 또는 과반수 이상을 소유하고 있다

고 하여도 기업이 피투자자에 대하여 유의적인 영향력을 보유하고 있다는 것을 반드시 배제하는 것은 아니다.

기업이 유의적인 영향력을 보유하는지를 평가할 때에는, 다른 기업이 보유한 잠재적 의결권을 포함하여 현재 행사할 수 있거나 전환할 수 있는 잠재적 의결권의 존재와 영향을 고려한다. 잠재적 의결권이 유의적인 영향력에 기여하는지 평가할 때 기업은 잠재적 의결권에 영향을 미치는 모든 사실과 상황을 검토하여야 한다. 여기에는 잠재적 의결권의 행사 조건과 그 밖의 계약상 약정내용을 개별적으로 또는 결합하여 검토하는 것을 포함한다. 다만, 그러한 잠재적 의결권의 행사나 전환에 대한 경영진의 의도와 재무 능력은 고려하지 아니한다.

기본예제 4 유의적인 영향력

결산일이 매년 말인 ㈜현대는 다양한 기업의 보통주를 취득하였다. 아래의 피투자기업이 ㈜현대의 관계기업으로 식별되는지 설명하시오.

1. ㈜현대는 20x1년 초, ㈜종로의 보통주 80%를 취득하였다. ㈜현대는 20x1년 7월 초에 ㈜종각의 보통주 10%를 취득하였고 동일한 일자에 ㈜종로는 ㈜종각의 보통주 10%를 취득하였다.
2. ㈜현대는 20x1년 초, ㈜서울의 보통주 10%를 취득하였다. ㈜서울은 이사회를 통해 관련 활동을 지시하며 ㈜현대는 ㈜서울의 이사회의 구성 중 1/3에 대한 임면권을 행사할 수 있다.
3. ㈜현대는 20x1년 초, ㈜부산의 보통주 20%를 취득하였다. ㈜현대는 20x1년 7월 초에 ㈜서면의 보통주 5%를 취득하였고 동일한 일자에 ㈜부산은 ㈜서면의 보통주 15%를 취득하였다.
4. ㈜현대는 20x1년 초, ㈜광주의 보통주 18%를 취득하고 동시에 ㈜광주의 신주인수권을 취득하였다. ㈜현대와 ㈜광주의 사업에 대한 시너지 효과를 고려하였을 때 ㈜현대가 신주인수권을 행사할 가능성이 매우 높으며 신주인수권을 행사한 경우 ㈜현대가 ㈜광주에 대하여 보유하는 지분율은 25%로 상승한다.

해설

1. ㈜종로의 보통주 - 종속기업투자주식 (∵ 50% 초과)
   ㈜종각의 보통주 - 관계기업투자주식 (∵ 직접투자 10% + 간접투자 10% = 20%)
   (*) 간접투자의 범위 : 종속기업을 통해 보유한 지분

2. ㈜서울의 보통주 - 관계기업투자주식 (∵ 10% + 임면권)

3. ㈜부산의 보통주 – 관계기업투자주식 (∵ 20% 이상)
㈜서면의 보통주 – 공정가치법을 적용하는 금융자산
(*) 관계기업을 통해 보유한 지분은 간접투자의 범위에 포함하지 않음.

4. ㈜광주의 보통주 – 관계기업투자주식 (∵ 잠재적의결권 고려하면 25%)

1-2 유의적인 영향력의 상실

기업이 피투자자의 재무정책과 영업정책의 의사결정에 참여할 수 있는 능력을 상실하면 피투자자에 대한 유의적인 영향력을 상실한다. 유의적인 영향력의 상실은 절대적(예: 처분)이거나 상대적(예: 실권, 자기주식 거래)인 소유 지분율의 변동에 따라 또는 소유 지분율이 변동하지 않더라도 상실할 수 있다.

2. 지분법

투자기업이 피투자기업에 대한 유의적인 영향력을 획득한 시점부터 상실한 시점까지 투자기업은 투자자산을 지분법으로 회계처리 한다.

지분법 회계처리는 투자기업이 피투자기업에 대한 투자자산을 최초로 인식할 때 원가로 인식하고, 취득일 이후에 발생한 피투자기업의 당기순손익 중 투자기업의 몫에 해당하는 금액을 인식하기 위하여 투자자산의 장부금액을 가감하고 해당 금액을 투자기업의 당기순손익으로 인식한다. 또한 피투자기업의 기타포괄손익 중 투자기업의 몫에 해당하는 금액을 투자자산의 장부금액에 가감하고 해당 금액을 투자기업의 기타포괄손익으로 인식한다. 만약 피투자기업에게서 받은 현금배당은 투자자산의 장부금액에서 차감한다. 즉, 지분법 회계처리란 피투자기업의 순자산 변동 중 투자기업의 몫을 투자자산의 최초 원가에 가감하여 투자자산의 장부금액을 결정하는 방법이다.

지분법 회계처리에서 투자기업의 몫은 투자기업이 현재 소유하고 있는 소유지분에만 기초하여 산정한다. 따라서 유의적인 영향력의 존재여부를 판단하는 지분율과 지분법 회계처리에서 사용하는 지분율은 서로 상이하다는 점에 주의한다.

	〈투자기업〉				〈피투자기업〉	
최초 인식	투자자산 (원가)	×××	현금	×××		
			지분율(%)			
후속 기간	투자자산	×××	당기순이익	×××	순자산 ↑	당기순이익 ↑
				지분율(%)		
			지분율(%)			
	투자자산	×××	기타포괄손익	×××	순자산 ↑	기타포괄손익 ↑
				지분율(%)		
				지분율(%)		
	현금	×××	투자자산	×××	순자산 ↓	현금(사외유출) ↓
			지분율(%)			

2-1 최초보고

(1) 취득원가의 측정

투자기업은 유의적인 영향력을 획득한 시점에 투자자산을 원가로 인식한다. 원가란 투자자산의 취득에 소요된 항목의 공정가치를 말한다. 투자기업은 피투자기업에 대한 유의적인 영향력을 한 번에 획득할 수도 있지만 피투자기업의 지분을 단계적으로 취득하여 획득할 수도 있다. 피투자기업의 지분을 단계적으로 취득하여 투자기업이 유의적인 영향력을 획득한 경우, 투자자산의 원가는 다음과 같이 측정한다.

단계적 취득 시 투자자산의 원가 = 추가지분의 원가 + 기존지분의 공정가치

(*) 기존지분의 공정가치 : 유의적인 영향력을 획득한 날의 공정가치

이 때 기존지분의 장부금액과 공정가치의 차이는 당기순이익(적절한 경우 기타포괄손익)에 반영한다. 즉, 기존지분을 당기손익-공정가치 측정 금융자산으로 분류한 경우에는 당기순이익에 반영하며 기존지분을 기타포괄손익-공정가치 측정 선택 금융자산으로 분류한 경

우에는 기타포괄손익에 반영한다.

기본예제 5 단계적 취득

결산일이 매년 말인 ㈜현대는 20x1년 10월 초, ㈜종로의 보통주 100주(발행주식수 1,000주)를 주당 ₩1,000에 취득하였다. 시점별 주당 공정가치 정보는 다음과 같다.

구 분	20x1년 10월 1일	20x1년 12월 31일	20x2년 1월 2일
공정가치	₩1,000	₩900	₩1,200

20x2년 1월 2일에 ㈜현대는 ㈜종로의 보통주 100주를 주당 ₩1,210에 추가 취득하였다.

물음 1 ㈜현대는 기존 지분을 당기손익-공정가치 측정 금융자산으로 분류한 경우 시점별 회계처리를 제시하시오.

물음 2 ㈜현대는 기존 지분을 기타포괄손익 공정가치 측정 선택 금융자산으로 분류한 경우 시점별 회계처리를 제시하시오.

해 설

물음 1

1년 10월 초

						손익효과
차)	금융자산(FV-PL)	100,000	대)	현금	100,000	-

(*) 금융자산 : 100주 × 1,000 = 100,000

1년말

						손익효과
차)	금융자산평가손실	10,000	대)	금융자산(FV-PL)	10,000	(10,000) PL

(*) 금융자산평가손실 : 100주 × (1,000 - 900) = 10,000

2년 1월 2일 - 평가

						손익효과
차)	금융자산(FV-PL)	30,000	대)	금융자산평가이익	30,000	30,000 PL

(*) 금융자산평가이익 : 100주 × (1,200 - 900) = 30,000

					손익효과
2년 1월 2일 - 대체					
차)	관계기업투자주식	241,000	대) 금융자산(FV-PL)	120,000	-
			현금	121,000	-

(*) 기존지분의 공정가치(가) : 100주 × 1,200 = 120,000
(*) 추가지분의 취득원가(나) : 100주 × 1,210 = 121,000
(*) 관계기업투자주식의 취득원가 : 가 + 나 = 241,000

물음 2

					손익효과
1년 10월 初					
차)	금융자산(FV-OCI)	100,000	대) 현금	100,000	-

(*) 금융자산 : 100주 × 1,000 = 100,000

					손익효과
1년말					
차)	금융자산평가손익	10,000	대) 금융자산(FV-OCI)	10,000	(10,000) OCI

(*) 금융자산평가손실 : 100주 × (1,000 - 900) = 10,000

					손익효과
2년 1월 2일 - 평가					
차)	금융자산(FV-OCI)	30,000	대) 금융자산평가손익	30,000	30,000 OCI

(*) 금융자산평가이익 : 100주 × (1,200 - 900) = 30,000

					손익효과
2년 1월 2일 - 대체					
차)	관계기업투자주식	241,000	대) 금융자산(FV-OCI)	120,000	-
			현금	121,000	-

(*) 기존지분의 공정가치(가) : 100주 × 1,200 = 120,000
(*) 추가지분의 취득원가(나) : 100주 × 1,210 = 121,000
(*) 관계기업투자주식의 취득원가 : 가 + 나 = 241,000

참고로 추가지분(100주)의 원가와 기존지분(100주)의 공정가치는 다를 수 있다. 추가지분의 원가에는 경영권에 대한 프리미엄이 공정가치에 가산될 수 있기 때문이다.

(2) 투자차액 분석

관계기업투자주식을 후속기간동안 지분법으로 회계처리하기 위하여 취득시점에 투자차액을 분석하여야 한다. 관계기업투자주식의 취득원가는 관계기업의 식별가능한 자산과 부채의 장부금액 중 지분상당액과 투자차액으로 배분할 수 있다. 투자차액은 관계기업의 식별가능한 자산과 부채에 대한 장부금액과 공정가치의 차이와 영업권(또는 염가매수차이)으로 구성된다. 따라서 지분법을 적용하여 관계기업투자주식을 회계처리하기 위해서는 취득일에 관계기업의 식별가능한 자산 및 부채에 대한 공정가치 조사가 반드시 필요하다.

투자차액 중 영업권은 관계기업투자주식의 장부금액에 포함하고 염가매수차익은 관계기업투자주식을 취득한 회계연도의 지분법손익에 포함한다.

기본예제 6 **투자차액**

결산일이 매년 말인 ㈜현대는 20x1년 초, ㈜종로의 보통주 200주(발행주식수 1,000주)를 취득하고 유의적인 영향력을 획득하였다. 취득일 현재 ㈜종로의 식별가능한 자산과 부채의 장부금액은 각각 ₩1,000,000과 ₩400,000이며 공정가치 조사결과 장부금액과 다른 항목의 내역은 다음과 같다.

구 분	장부금액	공정가치
재고자산	100,000	120,000
유형자산 - 토지	300,000	330,000
유형자산 - 건물	200,000	250,000

물음 1 ㈜현대는 ㈜종로의 보통주를 ₩150,000에 취득한 경우, 취득시점의 투자차액을 분석하고 회계처리를 제시하시오.

물음 2 ㈜현대는 ㈜종로의 보통주를 ₩135,000에 취득한 경우, 취득시점의 투자차액을 분석하고 회계처리를 제시하시오.

해설

물음 1

1. 투자차액 분석

취득원가 150,000	(1,000,000 − 400,000) × 20% =	120,000	순자산장부금액
	20,000(재고차이) × 20% = 4,000 30,000(토지차이) × 20% = 6,000 50,000(건물차이) × 20% = 10,000	20,000	순자산평가차액
	150,000 − (120,000 + 20,000) =	10,000	영업권

2. 회계처리

						손익효과
1년 初						
차)	관계기업투자주식 (영업권 포함)	150,000	대)	현금	150,000	−

물음 2

1. 투자차액 분석

취득원가 135,000	(1,000,000 − 400,000) × 20% =	120,000	순자산장부금액
	20,000(재고차이) × 20% = 4,000 30,000(토지차이) × 20% = 6,000 50,000(건물차이) × 20% = 10,000	20,000	순자산평가차액
	135,000 − (120,000 + 20,000) =	(5,000)	염가매수차익

2. 회계처리

						손익효과
1년 初						
차)	관계기업투자주식	135,000	대)	현금	135,000	−
차)	관계기업투자주식	5,000	대)	지분법이익	5,000	5,000 PL

2-2 후속보고

투자기업은 관계기업투자주식의 장부금액에 관계기업의 경영성과 중 투자기업 몫을 가감한다. 따라서 지분법을 적용한 관계기업투자주식의 장부금액은 관계기업의 순자산 증감에 따라 결정되며 관계기업이 발행한 보통주의 시장가격과 무관하다.

(1) 당기순손익 중 투자기업의 몫

관계기업의 당기순이익 중 투자기업의 몫을 결정하기 위하여 관계기업이 공시한 당기순손익에 투자기업의 현재 소유 지분율을 곱하여 산정한다. 관련 회계처리는 다음과 같다.

					손익효과
지분법이익의 인식					
차)	관계기업투자주식	×××	대) 지분법이익	×××	××× PL

(*) 지분법이익 : 보고 당기순이익 × 지분율

(*) 만약 당기순손실을 보고한 경우에는 지분법손실로 회계처리함

여기서 관계기업이 공시한 당기순손익은 식별가능한 자산과 부채의 장부금액을 기초로 측정한 수익과 비용으로 산정된다. 이러한 당기순손익은 투자기업에게는 적합하지 않을 수 있다. 그 이유는 투자기업은 투자시점에 식별가능한 자산 및 부채의 장부금액이 아니라 공정가치에 기초한 투자원가를 부담하였기 때문에 투자기업은 지분법손익을 결정하기 위하여 식별가능한 자산 및 부채의 공정가치에 기초한 수익과 비용으로 당기순손익을 재계산한 후 지분법손익을 결정해야 한다.

따라서 유의적인 영향력을 획득한 시점에 관계기업의 식별가능한 자산 및 부채의 평가차액이 발생한다면, 투자기업은 관계기업투자주식에 대하여 지분법을 적용하는 기간 동안 해당 평가차액을 상각하여 지분법손익에 가감하여야 한다. 재고자산이나 토지 관련 평가차액은 판매시점에 전액 상각되며 감가상각이나 상각이 필요한 유형자산 및 무형자산 관련 평가차액은 잔존내용연수동안 상각될 것이다. 관련 회계처리는 다음과 같다.

					손익효과
평가차액의 상각					
차)	지분법이익	×××	대) 관계기업투자주식	×××	(×××) PL

(*) 평가차액의 상각 : 판매 또는 감가상각될 때 관련 금액을 상각

(2) 기타포괄손익 중 투자기업의 몫

관계기업의 기타포괄손익 중 투자기업의 몫을 결정하기 위하여 관계기업이 공시한 기타포괄손익에 투자기업의 현재 소유 지분율을 곱하여 산정한다. 관련 회계처리는 다음과 같다.

					손익효과
지분법기타포괄손익의 인식					
차)	관계기업투자주식	×××	대) 지분법기타포괄손익	×××	××× OCI
	(*) 지분법기타포괄손익 : 보고 기타포괄손익 × 지분율				

(3) 기타자본변동 중 투자기업의 몫

관계기업의 자본변동은 전환권대가 등 기타의 거래로 인하여 변동할 수 있다. 이러한 기타자본변동 중 투자기업의 몫을 결정하기 위하여 관계기업의 기타자본변동 중 투자기업의 현재 소유 지분율을 곱하여 산정한다. 관련 회계처리는 다음과 같다.

					손익효과
기타자본변동의 인식					
차)	관계기업투자주식	×××	대) 지분법자본변동	×××	–
	(*) 지분법자본변동 : 기타자본변동 × 지분율				

지분법자본변동은 투자기업의 자본조정이나 기타자본구성요소로 구분하며 손익으로 보고하지 아니한다. 왜냐하면 관계기업의 손익항목이 아니라 자본항목이기 때문이다.

(4) 배당

관계기업이 현금배당을 결정하여 투자기업에게 분배를 하는 경우, 투자기업은 관계기업투자주식의 장부금액을 차감하며 배당금수익을 인식하지 아니한다. 관계기업의 순자산은 현금배당만큼 감소하므로 관계기업의 순자산에 대한 투자기업의 몫을 나타내는 관계기업투자주식의 장부금액 역시 감소해야 한다. 관련 회계처리는 다음과 같다.

					손익효과
현금배당 수취					
차)	현금	×××	대) 관계기업투자주식	×××	–
	(*) 현금 : 현금배당 결정액 × 지분율				

만약 관계기업이 주식배당의 결정하는 경우에는 투자기업은 별도의 회계처리를 하지 않는다. 다만, 보유주식수의 증가를 별도로 관리하면 된다.

기본예제 7 관계기업투자주식 회계처리

결산일이 매년 말인 ㈜현대는 20x1년 초, ㈜종로의 보통주 200주(발행주식수 1,000주)를 취득하고 유의적인 영향력을 획득하였다. 취득일 현재 ㈜종로의 식별가능한 자산과 부채의 장부금액은 각각 ₩1,000,000과 ₩400,000이며 공정가치 조사결과 장부금액과 다른 항목의 내역은 다음과 같다.

구 분	장부금액	공정가치
재고자산	100,000	120,000
유형자산 - 토지	300,000	330,000
유형자산 - 건물	200,000	250,000

㈜종로는 재고자산 중 60%를 20x1년도에 판매하였으며 40%는 20x2년도에 판매하였다. 토지는 20x2년말까지 보유하고 있으며 건물은 20x1년 초로부터 잔존내용연수 5년, 잔존가치 없이 정액법을 적용하여 감가상각한다. ㈜종로는 유형자산에 대하여 원가모형을 적용한다.

㈜종로는 20x1년도와 20x2년도의 당기순이익으로 각각 ₩80,000과 ₩120,000, 기타포괄이익으로 각각 ₩20,000과 ₩30,000을 공시하였다.

㈜종로는 20x2년 3월 초, ₩30,000의 현금배당을 결정하고 지급하였다.

물음 1 ㈜현대는 ㈜종로의 보통주를 ₩160,000에 취득한 경우, 취득시점의 투자차액을 분석하시오.

물음 2 ㈜현대의 관계기업투자주식에 대한 일자별 회계처리를 제시하시오.

물음 3 다음 항목의 잔액을 표시하시오.

구 분	20x1년	20x2년
관계기업투자주식 기말장부금액		
지분법손익		
지분법기타포괄손익		

해설

물음 1

취득원가 160,000	(1,000,000 − 400,000) × 20% =	120,000	순자산장부금액
	20,000(재고차이) × 20% = 4,000 30,000(토지차이) × 20% = 6,000 50,000(건물차이) × 20% = 10,000	20,000	순자산평가차액
	160,000 − (120,000 + 20,000) =	20,000	영업권

물음 2

						손익효과
1년 초						
차)	관계기업투자주식	160,000	대)	현금	160,000	−
1년 말 − 지분법이익의 인식						
차)	관계기업투자주식	16,000	대)	지분법이익	16,000	16,000 PL
	(*) 지분법이익 : 80,000 × 20% = 16,000					
차)	지분법이익	4,400	대)	관계기업투자주식	4,400	(4,400) PL
	(*) 재고평가차액 상각 : 4,000 × 60% = 2,400					
	(*) 건물평가차액 상각 : 10,000 ÷ 5년 = 2,000					
1년 말 − 지분법기타포괄손익의 인식						
차)	관계기업투자주식	4,000	대)	지분법기타포괄손익	4,000	4,000 OCI
	(*) 지분법기타포괄손익 : 20,000 × 20% = 4,000					

						손익효과
2년 3월초 − 현금배당 수취						
차)	현금	6,000	대)	관계기업투자주식	6,000	−
	(*) 현금 : 30,000 × 20% = 6,000					
2년 말 − 지분법이익의 인식						
차)	관계기업투자주식	24,000	대)	지분법이익	24,000	24,000 PL
	(*) 지분법이익 : 120,000 × 20% = 24,000					
차)	지분법이익	3,600	대)	관계기업투자주식	3,600	(3,600) PL
	(*) 재고평가차액 상각 : 4,000 × 40% = 1,600					
	(*) 건물평가차액 상각 : 10,000 ÷ 5년 = 2,000					

2년 말 - 지분법기타포괄손익의 인식

차) 관계기업투자주식 6,000 대) 지분법기타포괄손익 6,000 6,000 OCI

(*) 지분법기타포괄손익 : 30,000 × 20% = 6,000

물음 3

구 분	20x1년	20x2년
관계기업투자주식 기말장부금액	175,600	196,000
지분법손익	11,600	20,400
지분법기타포괄손익	4,000	6,000

(*) 관계기업투자주식

1년 말 : 160,000(원가) + 16,000 - 4,400 + 4,000 = 175,600

2년 말 : 175,600(전기이월) - 6,000 + 24,000 - 3,600 + 6,000 = 196,000

(*) 지분법이익

1년 말 : 16,000 - 4,400 = 11,600

2년 말 : 24,000 - 3,600 = 20,400

(*) 지분법기타포괄손익

1년 말 : 4,000

2년 말 : 6,000

2-3 보고 손익의 귀속시기 조정

투자기업과 관계기업은 각 사의 당기순이익을 연도별로 공시한다. 두 회사가 각각 공시한 당기순이익에는 두 회사 간 내부거래로 인하여 발생한 손익을 포함하고 있는데 해당 손익의 인식시기를 조정해야 하는 경우가 존재할 수 있다. 내부거래에서 발생한 손익의 귀속시기를 조정하는 이유는 투자기업의 투자주식과 관계기업의 자본이 같은 방향으로 변화하는 지분법 환경에서 두 회사 간 내부거래로 인한 손익의 올바른 귀속시기를 판단하고 조정함으로써 투자기업 및 투자기업의 소유주에게 유용한 정보를 제공할 수 있기 때문이다.

(1) 내부거래

투자기업과 관계기업은 서로 간에 다양한 형태의 거래를 할 수 있으며 이러한 거래를 통해 투자기업이나 관계기업에 자산 및 부채 그리고 손익이 형성될 수 있다. 투자기업과 관계기업 간 거래를 내부거래라고 하며 거래시점의 손익을 투자기업이 인식한 내부거래를 하향거래, 거래시점의 손익을 관계기업이 인식한 내부거래를 상향거래라고 한다. 하향거래와 상향거래는 투자기업과 관계기업 중 어느 회사의 보고 손익을 조정해야 하는지 그 판단을 위해 구분한 것이다.

내부거래는 거래의 대상이 자산인지 부채인지에 따라 구분할 수 있으며 부채에 대한 내부거래는 고급회계에서 자세히 살펴본다. 따라서 본 절에서는 재고자산 관련 내부거래, 감가성 유형자산에 대한 내부거래를 위주로 설명한다.

(2) 내부거래 이익과 미실현이익

내부거래에서 발생한 이익 중 귀속시기를 조정해야 할 대상 이익을 '미실현이익'이라고 한다. 내부거래에서 발생한 이익과 미실현이익의 차이를 이해하기 위하여 다음의 두 사례를 살펴본다.

사례 1

20x1년도에 관계기업이 투자기업에게 원가 ₩100의 상품을 ₩100에 판매한 경우를 가정한다.

설명

관계기업이 상품을 판매하여 이익을 인식하는 회사이므로 상향거래에 해당한다. 관계기업은 상품 판매로 어떠한 이익도 인식하지 않았으므로 지분법 환경에서 올바른 귀속 시기를 판단하여 조정해야할 미실현이익도 없다.

사례 2

20x1년도에 관계기업이 투자기업에게 원가 ₩100의 상품을 ₩300에 판매한 경우를 가정한다.

구 분	개별 기업	지분법 환경	이익차이
(상황1) 투자기업이 20x1년에 상품을 모두 판매한 경우	₩200 및 20x1년	₩200 및 20x1년	–
(상황2) 투자기업이 20x1년과 20x2년에 상품 60%와 40%를 판매한 경우	₩200 및 20x1년	₩120 및 20x1년	(₩80)
	–	₩ 80 및 20x2년	₩80

설명

(상황 1)의 경우, 관계기업이 상품을 판매하여 이익을 인식하는 회사이므로 상향거래에 해당한다. 관계기업은 상품 판매로 20x1년에 매출총이익 ₩200을 보고하였으며 이는 내부거래를 통해 보고된 이익이다. 지분법 환경에서 투자기업이 관련 상품을 20x1년에 모두 판매하였으므로 지분법 환경에서도 20x1년에 이익을 전부 보고해야 한다. 따라서 내부거래에서 발생한 이익 중 조정 대상인 미실현이익은 없다.

(상황 2)의 경우, 관계기업이 상품을 판매하여 이익을 인식하는 회사이므로 상향거래에 해당한다. 관계기업은 상품 판매로 20x1년에 매출총이익 ₩200을 보고하였으며 이는 내부거래를 통해 보고된 이익이다. 지분법 환경에서 투자기업이 관련 상품을 두 회계기간에 걸쳐 판매하였으므로 20x1년에 보고해야 할 이익은 ₩120이며 ₩80의 이익은 지분법 환경에서 아직 보고할 수 없는 미실현이익이므로 이연 처리하는 조정이 필요하다. 그리고 20x2년도에 관계기업은 보고한 이익이 없지만 지분법 환경에서는 ₩80의 이익을 보고해야 하므로 이연 처리한 미실현이익을 20x2년도에 인식하는 조정이 필요하다.

상기의 두 사례에서 살펴본 것처럼 내부거래를 통해 발생한 이익이 지분법 환경에서 언제나 조정 대상이 되는 미실현이익익이 되는 것은 아니다. 따라서 내부거래에서 발생한 이익 중 귀속시기를 조정해야 할 미실현이익은 다음의 조건을 모두 충족해야 한다.

- 자산이 장부금액과 다른 금액으로 이전되어 이익이 발생한다.
- 이전된 자산이 기업 외부로 유출되지 않고 남아 있다.

결론적으로 자산을 장부금액과 같은 금액으로 이전하거나 다른 금액으로 이전하더라도 투자기업이나 관계기업에 그 금액 차이가 자산으로 남아 있지 않다면 내부거래로 인한 미실현이이은 발생하지 않는다. 따라서 미실현이익이 발생하여 이연처리한 경우에도 해당 자산이 매각되거나 감가상각되는 회계연도에 소멸된 미실현이익은 반대 조정하여야 한다.

기준서 제1028호'관계기업투자'에서는 투자기업(투자기업의 연결대상 종속기업 포함)과 그 관계기업 사이의 '상향'거래나 '하향'거래에서 발생한 미실현이익에 대하여 투자기업은 그 관계기업에 대한 지분과 무관한 이익까지만 투자기업의 재무제표에 인식할 것을 요구한다. 즉, 지분법 환경에서 귀속시기를 조정해야할 미실현이익에 지분율을 곱한 금액을 지분법이익에서 조정한다. 관련 회계처리는 다음과 같다.

					손익효과
미실현이익의 이연처리					
차) 지분법이익	×××	대)	관계기업투자주식	×××	(×××) PL

(*) 지분법이익의 이연 : 미실현이익 × 지분율

					손익효과
이연된 미실현이익의 인식					
차) 관계기업투자주식	×××	대)	지분법이익	×××	××× PL

(*) 이연된 지분법이익의 실현 : 미실현이익 × 지분율

기본예제 8 미실현이익

결산일이 매년 말인 ㈜현대는 20x1년 초, ㈜종로의 보통주 200주(발행주식수 1,000주)를 ₩125,000에 취득하고 유의적인 영향력을 획득하였다. 취득일 현재 ㈜종로의 식별가능한 자산과 부채의 장부금액은 각각 ₩1,000,000과 ₩400,000이며 공정가치 조사결과와 일치한다.

1. ㈜현대와 ㈜종로의 당기순이익

구 분	20x1년	20x2년
㈜현대	₩100,000	₩150,000
㈜종로	₩200,000	₩240,000

2. 내부거래

(1) 재고자산

20x1년도에 발생한 두 회사 간의 재고자산 내부거래는 다음과 같다. 매입회사의 기말재고는 20x2년도에 외부로 판매되었다.

판매회사 → 매입회사	판매회사 매출액	판매회사 매출원가	매입회사 기말재고
㈜현대 → ㈜종로	₩200,000	₩120,000	₩100,000
㈜종로 → ㈜현대	₩300,000	₩240,000	₩210,000

(2) 기계장치

20x1년 1월 1일, ㈜종로는 기계장치(순장부금액 ₩80,000, 잔존내용연수 4년)을 ㈜현대에게 ₩100,000에 매각하였다. ㈜현대는 동 기계장치에 대하여 잔존가치 없이 정액법을 적용하여 감가상각하며 20x2년 말 현재 보유 중이다.

물음 1 ㈜현대가 ㈜종로의 보통주를 취득한 시점에 투자차액을 분석하시오.

물음 2 ㈜현대가 20x1년도에 수행할 회계처리를 하고 지분법이익과 관계기업투자주식의 기말장

부금액을 산정하시오.

물음 3 ㈜현대가 20x2년도에 수행할 회계처리를 하고 지분법이익과 관계기업투자주식의 기말장부금액을 산정하시오.

해설

물음 1

취득원가 125,000	(1,000,000 − 400,000) × 20% =	120,000	순자산장부금액
	n/a	−	순자산평가차액
	125,000 − (120,000 + 0) =	5,000	영업권

물음 2

1. 회계처리

손익효과

1년 초
차) 관계기업투자주식 125,000 대) 현금 125,000 −

1년 말 − 지분법이익의 인식
차) 관계기업투자주식 40,000 대) 지분법이익 40,000 40,000 PL
(*) 지분법이익 : 200,000(보고이익) × 20% = 40,000

1년 말 − 미실현이익의 이연(하향판매)
차) 지분법이익 8,000 대) 관계기업투자주식 8,000 (8,000) PL
(*) 내부거래 매출총이익 : 200,000 − 120,000 = 80,000
(*) 남은 재고자산 비율 : 100,000(기말재고) ÷ 200,000(매입) = 50%
(*) 미실현이익 : 80,000 × 50% = 40,000
(*) 지분법이익의 이연 : 40,000 × 20%(지분율) = 8,000

1년 말 − 미실현이익의 이연(상향판매)
차) 지분법이익 8,400 대) 관계기업투자주식 8,400 (8,400) PL
(*) 내부거래 매출총이익 : 300,000 − 240,000 = 60,000
(*) 남은 재고자산 비율 : 210,000(기말재고) ÷ 300,000(매입) = 70%
(*) 미실현이익 : 60,000 × 70% = 42,000
(*) 지분법이익의 이연 : 42,000 × 20%(지분율) = 8,400

1년 말 - 미실현이익의 이연(상향판매)

차) 지분법이익 4,000 대) 관계기업투자주식 4,000 (4,000) PL

(*) 내부거래 유형자산처분이익 : 100,000 − 80,000 = 20,000

(*) 남은 유형자산 비율 : 100,000 ÷ 100,000 = 100%(거래발생시점)

(*) 미실현이익 : 20,000 × 100%

(*) 지분법이익의 이연 : 20,000 × 20%(지분율) = 4,000

1년 말 - 미실현이익의 실현(상향판매)

차) 관계기업투자주식 1,000 대) 지분법이익 1,000 1,000 PL

(*) 내부거래 유형자산처분이익 : 100,000 − 80,000 = 20,000

(*) 남은 유형자산 비율 : (100,000 − 100,000 ÷ 4년) ÷ 100,000 = 75%

(*) 미실현이익 : 20,000 × 75% = 15,000

(*) 미실현이익의 실현 : 20,000 − 15,000 = 5,000

(*) 지분법이익의 실현 : 5,000 × 20%(지분율) = 1,000

(*) (별해) 지분법이익의 실현 : 4,000 ÷ 4년(잔존내용연수) = 1,000

2. 계정별 장부금액

(1) 지분법이익 : 40,000 − 8,000 − 8,400 − 4,000 + 1,000 = 20,600

(2) 관계기업투자주식 : 125,000(원가) + 20,600(지분법이익) = 145,600

물음 3

1. 회계처리

손익효과

2년 말 - 지분법이익의 인식

차) 관계기업투자주식 48,000 대) 지분법이익 48,000 48,000 PL

(*) 지분법이익 : 240,000(보고이익) × 20% = 48,000

2년 말 - 미실현이익의 실현(하향판매)

차) 관계기업투자주식 8,000 대) 지분법이익 8,000 8,000 PL

(*) 남은 재고자산 비율 : 0% (∵ 모두 판매)

(*) 미실현이익의 실현 : 40,000

(*) 지분법이익의 실현 : 40,000 × 20%(지분율) = 8,000

(*) (별해) 별도의 계산과정 없이 전기 이연금액을 반대조정하면 됨

2년 말 – 미실현이익의 실현(상향판매)

차) 관계기업투자주식 8,400 대) 지분법이익 8,400 8,400 PL

(*) 남은 재고자산 비율 : 0% (∵ 모두 판매)
(*) 미실현이익의 실현 : 42,000
(*) 지분법이익의 실현 : 42,000 × 20%(지분율) = 8,400
(*) (별해) 별도의 계산과정 없이 전기 이연금액을 반대조정하면 됨

2년 말 – 미실현이익의 실현(상향판매)

차) 관계기업투자주식 1,000 대) 지분법이익 1,000 1,000 PL

(*) 남은 유형자산 비율 : (100,000 − 100,000 ÷ 4년×2년) ÷ 100,000 = 50%
(*) 미실현이익의 잔액 : 20,000 × 50% = 10,000
(*) 미실현이익의 실현 : 15,000 − 10,000 = 5,000
(*) 지분법이익의 실현 : 5,000 × 20%(지분율) = 1,000
(*) (별해) 지분법이익의 실현 : 4,000 ÷ 4년(잔존내용연수) = 1,000

2. 계정별 장부금액

(1) 지분법이익 : 48,000 + 8,000 + 8,400 + 1,000 = 65,400
(2) 관계기업투자주식 : 145,600(전기이월) + 65,400(지분법이익) = 211,000

(3) 내부거래 손실과 미실현손실

내부거래에서 발생한 손실 중 귀속시기를 조정해야 할 대상 손실을 '미실현손실'이라고 한다. 미실현손실에 대한 회계처리 방법은 미실현이익과 기본적으로 동일하며 차이가 나는 부분을 추가적으로 검토한다. 이를 위해 다음의 두 사례를 살펴본다.

사례 1

20x1년도에 투자기업이 관계기업에게 원가 ₩100의 상품을 ₩80에 판매하였고 관계기업은 20x1년 말 현재 해당 상품 전부를 보유하고 있다. 결산일 현재 이용가능한 정보에 기초한 경우, 해당 상품의 순실현가능가치는 ₩130인 것으로 조사되었다.

설명

투자기업이 상품을 판매하여 손실을 인식하는 회사이므로 하향거래에 해당한다. 투자기업은 상품 판매로 손실을 인식하였으며 관계기업이 관련 상품을 모두 보유하고 있으므로 지분법 환경에서는 그 손실을 인식할 수 없다. 따라서 미실현손실에 지분율을 곱한 금액 만큼 지분법손실을 이연한다.

사례 2

20x1년도에 투자기업이 관계기업에게 원가 ₩100의 상품을 ₩80에 판매하였고 관계기업은 20x1년 말 현재 해당 상품 전부를 보유하고 있다. 결산일 현재 이용가능한 정보에 기초한 경우, 해당 상품의 순실현가능가치는 ₩70인 것으로 조사되었다.

설명

투자기업이 상품을 판매하여 손실을 인식하는 회사이므로 하향거래에 해당한다. 투자기업은 상품 판매로 손실을 인식하였으며 관계기업이 관련 상품을 모두 보유하고 있으므로 지분법 환경에서는 그 손실을 인식할 수 없다. 그러나 해당 손실은 투자기업이 내부거래를 하지 않은 경우에도 상품재고에 대한 저가법을 적용하여야 하므로 그 손실의 인식은 회피할 수 없다. 따라서 내부거래에서 발생한 미실현손실은 그 손실의 회피가능성을 추가적으로 판단하여 이연처리 여부를 고민해야 하며 상기 사례에서는 지분법손실을 이연하지 아니한다.

지분법 환경에서는 내부거래에서 발생한 손실이 미실현되는 경우 그 손실의 인식을 이연처리할 수 있으므로 지분법을 통한 손실의 회피가능성을 추가적으로 고려해야 한다. 따라서 지분법 환경에서 귀속시기를 조정해야 할 미실현손실이 되기 위해서는 미실현이익과 달리 다음의 조건을 모두 충족하여야 한다.

- 자산이 장부금액과 다른 금액으로 이전되어 손실이 발생한다.
- 이전된 자산이 기업 외부로 유출되지 않고 남아 있다.
- 이전된 자산에 대한 손상 이슈가 없다.

자산을 장부금액과 같은 금액으로 이전하거나 다른 금액으로 이전하더라도 투자기업이나 관계기업에 그 금액 차이가 자산으로 남아 있지 않다면 내부거래로 인한 미실현손실은 발생하지 않는다. 따라서 미실현손실이 발생하여 이연처리한 경우에도 해당 자산이 매각되거나 감가상각되는 회계연도에 소멸된 미실현손실을 반대 조정하여야 한다.

기준서 제1028호'관계기업투자'에서는 투자기업(투자기업의 연결대상 종속기업 포함)과 그 관계기업 사이의 '상향'거래나 '하향'거래에서 발생한 미실현손실에 대하여 투자기업은 그 관계기업에 대한 지분과 무관한 손실까지만 투자기업의 재무제표에 인식할 것을 요구한다. 이 과정에서 기준서 제1028호는 내부 미실현손실은 때때로 손상징후에 의해 발생한 것으로 볼 수 있고 그러한 경우에는 이연하지 않도록 요구하고 있다. 즉, 지분법 환경에서 귀속시기를 조정해야할 미실현손실에 지분율을 곱한 금액은 지분법손실에서 조정하지만 미실현손실에 대한 손상이슈가 존재하면 조정하지 아니한다. 관련 회계처리는 다음과 같다.

					손익효과
미실현손실의 이연처리					
차) 관계기업투자주식	×××	대)	지분법손실	×××	××× PL

(*) 지분법손실의 이연 : 미실현손실 × 지분율
(*) 다만, 손상징후가 있는 경우에는 회계처리 없음

					손익효과
이연된 미실현손실의 인식					
차) 지분법손실	×××	대)	관계기업투자주식	×××	(×××) PL

(*) 이연된 지분법손실의 실현 : 미실현손실 × 지분율

기본예제 9 미실현손실

결산일이 매년 말인 ㈜현대는 20x1년 초, ㈜종로의 보통주 200주(발행주식수 1,000주)를 ₩110,000에 취득하고 유의적인 영향력을 획득하였다. 취득일 현재 ㈜종로의 식별가능한 자산과 부채의 장부금액은 각각 ₩1,000,000과 ₩400,000이며 공정가치 조사결과와 일치한다.

1. ㈜현대와 ㈜종로의 당기순이익

구 분	20x1년	20x2년
㈜현대	₩100,000	₩150,000
㈜종로	₩200,000	₩240,000

2. 내부거래
20x1년도에 발생한 두 회사 간의 재고자산 내부거래는 다음과 같다. 매입회사의 기말재고는 20x2년도에 외부로 판매되었다.

판매회사 → 매입회사	판매회사 매출액	판매회사 매출원가	매입회사 기말재고
㈜현대 → ㈜종로	₩200,000	₩220,000	₩200,000
㈜종로 → ㈜현대	₩300,000	₩400,000	₩300,000

결산일 현재, 하향거래의 상품에 대한 순실현가능가치는 ₩200,000이며 상향거래의 상품에 대한 순실현가능가치는 ₩500,000이다.

물음 1 ㈜현대가 ㈜종로의 보통주를 취득한 시점에 투자차액을 분석하시오.

물음 2 ㈜현대가 20x1년도에 수행할 회계처리를 하고 지분법이익과 관계기업투자주식의 기말장부금액을 산정하시오.

물음 3 ㈜현대가 20x2년도에 수행할 회계처리를 하고 지분법이익과 관계기업투자주식의 기말장부금액을 산정하시오.

해설

물음 1

취득원가 110,000	(1,000,000 − 400,000) × 20% =	120,000	순자산장부금액
	n/a	−	순자산평가차액
	110,000 − (120,000 + 0) =	(10,000)	염가매수차익

물음 2

1. 회계처리

						손익효과
1년 초						
차)	관계기업투자주식	110,000	대)	현금	110,000	−
차)	관계기업투자주식	10,000	대)	지분법이익	10,000	10,000 PL

1년 말 - 지분법이익의 인식

차)	관계기업투자주식	40,000	대)	지분법이익	40,000	40,000 PL

(*) 지분법이익 : 200,000(보고이익) × 20% = 40,000

1년 말 - 미실현손실의 이연 여부(하향판매)

차)	−	−	대)	−	−	−

(*) 내부거래 매출총손실 : 200,000 − 220,000 = (20,000)
(*) 남은 재고자산 비율 : 200,000(기말재고) ÷ 200,000(매입) = 100%
(*) 미실현손실 : 20,000 × 100% = 20,000
(*) 지분법손실의 이연 : 20,000 × 20%(지분율) = 4,000
(*) 이연불가 [∵ 상품원가(220,000) > 순실현가능가치(200,000)]

1년 말 - 미실현손실의 이연 여부(상향판매)

차)	관계기업투자주식	20,000	대)	지분법이익	20,000	20,000 PL

(*) 내부거래 매출총손실 : 300,000 − 400,000 = (100,000)
(*) 남은 재고자산 비율 : 300,000(기말재고) ÷ 300,000(매입) = 100%
(*) 미실현손실 : 100,000 × 100% = 100,000
(*) 지분법손실의 이연 : 100,000 × 20%(지분율) = 20,000
(*) 이연가능 [∵ 상품원가(400,000) < 순실현가능가치(500,000)]

2. 계정별 장부금액

(1) 지분법이익 : 10,000(염가매수차익) + 40,000 + 20,000 = 70,000

(2) 관계기업투자주식 : 110,000(원가) + 70,000(지분법이익) = 180,000

물음 3

1. 회계처리

						손익효과
2년 말 - 지분법이익의 인식						
차)	관계기업투자주식	48,000	대)	지분법이익	48,000	48,000 PL
	(*) 지분법이익 : 240,000(보고이익) × 20% = 48,000					
2년 말 - 미실현손실의 실현(상향판매)						
차)	지분법이익	20,000	대)	관계기업투자주식	20,000	(20,000) PL
	(*) 전기 이연금액 반대조정					

2. 계정별 장부금액

(1) 지분법이익 : 48,000 - 20,000 = 28,000

(2) 관계기업투자주식 : 180,000(전기이월) + 28,000(지분법이익) = 208,000

2-4 관계기업투자주식의 손상

투자기업은 관계기업투자주식의 손상에 관한 기준서의 요구사항을 적용하기 전에 관계기업투자주식에 대한 지분법 회계처리를 먼저 적용한다. 관계기업이 지속적인 적자를 보고하거나 관계기업의 사업 환경의 불리한 변화가 발생하면, 관계기업투자주식에 대한 추가적인 손상차손을 인식할 필요가 있는지 결정해야 한다.

(1) 손상징후

관계기업투자주식을 취득한 이후 발생한 하나 또는 그 이상의 사건이 발생한 결과 손상되었다는 객관적인 증거가 있으며 그 사건이 신뢰성 있게 추정할 수 있는 추정미래현금흐름에 영향을 미친 경우에만 해당 관계기업투자주식은 손상된 것이고 손상차손이 발생한 것이다. 관계기업투자주식이 손상되었다는 객관적인 증거에는 다음의 사건에 대한 관측 가능한 자료가 포함된다.

- 관계기업의 유의적인 재무적 어려움
- 관계기업의 채무불이행 또는 연체와 같은 계약의 위반
- 관계기업이 파산이나 그 밖의 재무적 구조조정의 가능성이 높은 상태가 됨
- 관계기업의 재무적 어려움으로 순투자에 대한 활성시장의 소멸

관계기업의 지분 또는 금융상품이 더 이상 공개적으로 거래되지 않아 활성시장이 소멸하더라도 그것이 손상의 증거가 되는 것은 아니다. 관계기업의 신용등급 또는 공정가치가 하락한 사실 자체가 손상의 증거는 아니지만 이용할 수 있는 그 밖의 정보를 함께 고려하는 경우에는 손상의 증거가 될 수도 있다.

관계기업의 지분상품에 대한 투자가 손상되었다는 객관적 증거는 관계기업이 영업하는 기술 · 시장 · 경제 · 법률 환경에서 발생한 변화 중 불리한 영향을 미치는 유의적인 변화에 대한 정보를 포함하며, 지분상품 투자의 원가가 회복되지 않을 수 있다는 것을 의미한다. 또, 지분상품 투자의 공정가치가 원가 이하로 유의적이거나 지속적으로 하락하는 것은 손상의 객관적인 증거가 된다.

(2) 회수가능액

관계기업투자주식의 회수가능액은 기준서 제1036호'자산손상'을 적용하여 결정한다. 이 기준서에서는 사업결합을 통해 취득한 영업권의 손상검사와 관련하여 별도의 요구사항을 두고 있다. 관계기업투자주식의 장부금액에는 영엽권에 대한 투자가 포함되어 있으므로 관계기업투자주식의 손상검사를 위해 영업권에 대한 별도의 요구사항을 적용할 수 있는지가 중요하다. 이에 대하여 기준서 제1028호'관계기업투자'에서는 다음과 같이 규정하고 있다.

> 관계기업투자주식 장부금액의 일부를 구성하는 영업권은 분리하여 인식하지 않으므로 기준서 제1036호 '자산손상'의 영업권 손상검사에 관한 요구사항을 적용하지 아니한다. 따라서 손상징후가 나타날 때마다 손상검사를 진행하며 발생한 손상차손과 손상차손환입을 관계기업투자주식의 장부금액을 구성하는 어떠한 자산(영업권 포함)에도 배분하지 아니한다.

따라서 관계기업투자주식을 단일자산으로 보아 회수가능액을 추정하며 관계기업투자주식의 공정가치에서 처분부대원가를 뺀 금액과 사용가치 중 큰 금액으로 결정한다.

관계기업투자주식의 회수가능액 : Max [공정가치 − 처분부대원가 , 사용가치]

여기서 사용가치는 다음 중 하나를 추정하며 사용가치 결정을 위한 가정이 적절한 경우 두 방법의 결과는 동일할 것이다.

- 관계기업이 영업 등을 통하여 창출할 것으로 기대되는 추정 미래현금흐름의 현재가치 중 기업의 지분과 해당 투자자산의 최종 처분금액의 현재가치
- 투자자산에서 배당으로 기대되는 추정 미래현금흐름의 현재가치와 해당 투자자산의 최종 처분금액의 현재가치

투자기업이 여러 관계기업의 지분상품에 투자한 경우 회수가능액은 각 관계기업별로 평가한다.

(3) 손상차손

관계기업투자주식의 회수가능액이 장부금액에 미달하는 경우, 관계기업투자주식을 회수가능액으로 감액하고 손상차손을 당기순이익에 반영한다. 전술한 바와 같이 손상차손은 관계기업투자주식의 장부금액을 구성하는 자산(영업권 포함)에 배분하지 아니한다. 관련 회계처리를 제시하면 다음과 같다.

					손익효과
손상차손의 인식					
차)	손상차손	×××	대) 손상차손누계액	×××	(×××) PL

(*) 손상차손 : 지분법 적용 후 장부금액 – 회수가능액

(4) 손상차손환입

관계기업투자주식에 대하여 지분법 회계처리를 적용한 후, 손상차손이 모두 소멸하거나 일부 감소하였다는 징후에 기초하여 회수가능액을 추정한다. 회수가능액이 장부금액을 초과한 경우에는 과거에 인식한 손상차손누계액을 초과하지 않는 범위 내에서 손상차손을 환입한다. 손상차손환입은 관계기업투자주식의 장부금액을 구성하는 어떠한 자산에도 배분하지 아니한다. 관련 회계처리를 제시하면 다음과 같다.

					손익효과
손상차손의 인식					
차)	손상차손누계액	×××	대) 손상차손환입	×××	××× PL

(*) 손상차손환입 : Min [① , ②]
① 회수가능액 - 지분법 적용 후 장부금액
② 과거 손상차손누계액

기본예제 10 관계기업투자주식의 손상검사

다음은 12월 말 결산법인인 ㈜미래의 거래 내역이다.

(1) 20x1년 초에 ㈜미래는 ㈜서울의 주식 20%를 ₩500,000에 취득하여 유의적인 영향력을 행사하게 되었다. 취득 당시 ㈜서울의 순자산 장부금액은 ₩2,300,000이며 공정가치와 장부금액이 다른 자산 및 부채는 없다.

(2) ㈜서울은 20x1년의 당기순손실로 ₩300,000을 보고하였다. ㈜미래는 20x1년 말에 해당 투자주식에 대하여 손상차손이 발생한 객관적인 증거가 있음을 발견하고, 사용가치 ₩420,000 및 공정가치에서 처분부대원가를 뺀 금액으로 ₩400,000을 추정하였다.

(3) ㈜서울은 20x2년에 당기순이익 ₩500,000을 보고하였다. ㈜미래는 과거에 인식한 손상차손이 회복된 것으로 판단하고, 회수가능액을 ₩580,000으로 추정하였다.

물음 1 20x1년 초, 관계기업투자주식의 투자차액을 분석하시오.

물음 2 20x1년도에 ㈜미래가 수행할 회계처리를 제시하시오.

물음 3 20x2년도에 ㈜미래가 수행할 회계처리를 제시하시오.

물음 4 관계기업투자주식의 취득원가에는 영업권이 포함되어 있다. 20x1년도에 발생한 손상차손을 영업권에 우선 배분해야 하는지 기준서의 입장을 설명하시오.

해설

물음 1

취득원가 500,000	2,300,000 × 20% =	460,000	순자산장부금액
	n/a	-	순자산평가차액
	500,000 - (460,000 + 0) =	40,000	영업권

물음 2

					손익효과
1년 초					
차)	관계기업투자주식	500,000	대) 현금	500,000	-
1년 말 - 지분법손실의 인식					
차)	지분법손실	60,000	대) 관계기업투자주식	60,000	(60,000) PL
	(*) 지분법손실 : 300,000(보고손실) × 20% = 60,000				
1년 말 - 손상차손의 인식					
차)	손상차손	20,000	대) 손상차손누계액	20,000	(20,000) PL
	(*) 지분법 적용 후 장부금액 : 500,000 - 60,000 = 440,000				
	(*) 회수가능액 : Max[420,000, 400,000] = 420,000				
	(*) 손상차손 : 440,000 - 420,000 = 20,000				

물음 3

					손익효과
2년 말 - 지분법이익의 인식					
차)	관계기업투자주식	100,000	대) 지분법이익	100,000	100,000 PL
	(*) 지분법이익 : 500,000(보고이익) × 20% = 100,000				
1년 말 - 손상차손환입의 인식					
차)	손상차손누계액	20,000	대) 손상차손환입	20,000	20,000 PL

물음 4

영업권은 관계기업투자주식의 장부금액을 구성하지만 영업권을 별도의 자산으로 인식하지 않았으므로 관계기업투자주식을 단일자산으로 보아 손상차손을 인식하며 관계기업투자주식을 구성하는 어떠한 자산(영업권 포함)에도 그 손상차손을 배분하지 아니한다.

2-5 관계기업투자주식의 처분

(1) 유의적인 영향력의 상실

투자기업이 관계기업투자주식을 처분하는 경우, 투자기업의 소유 지분율이 감소하게 된다. 그 결과 관계기업에 대한 유의적인 영향력이 상실된다면, 피투자기업은 더 이상 관계기업으로 식별될 수 없으며 해당 투자주식에도 지분법의 적용을 중단한다.

따라서 유의적인 영향력을 상실한 시점에 관계기업투자주식의 장부금액을 전액 제거한다. 이 과정에서 유의적인 영향력을 상실한 피투자기업에 대한 잔여 보유 지분이 존재하는 경우, 그 잔여 보유 지분은 공정가치로 측정하는 금융자산(FV-PL 또는 FV-OCI 선택)으로 대체하며 잔여 보유 지분의 최초 간주원가는 처분일의 공정가치로 한다. 투자기업은 제거되는 투자주식의 장부금액과 새로 인식되는 자산금액(수취한 대가 및 잔여 보유지분의 공정가치)의 차액을 당기순이익으로 인식한다. 관련 회계처리를 제시하면 다음과 같다.

						손익효과
유의적인 영향력의 상실						
차)	현금	×××	대)	관계기업투자주식	×××	
	금융자산	×××		투자주식처분이익	×××	××× PL

(*) 현금 : 매각으로 수취한 대가
(*) 금융자산 : 처분시점의 공정가치
(*) 관계기업투자주식 : 전액 제거
(*) 투자주식처분이익 : 대차차액

유의적인 영향력의 상실로 인하여 지분법의 사용을 중단한 경우, 그 투자와 관련하여 기타포괄손익으로 인식한 모든 금액에 대하여 투자기업은 피투자자가 관련 자산이나 부채를 직접 처분한 경우의 회계처리와 동일한 기준으로 회계처리 한다. 그러므로 피투자자가 이전에 기타포괄손익으로 인식한 손익을 관련 자산이나 부채의 처분에 따라 당기순이익으로 재분류하게 되는 경우, 투자기업은 지분법을 중단할 때에 손익을 자본에서 당기순이익로 재분류(재분류 조정)한다. 예를 들어 관계기업이 해외사업장과 관련된 누적 외환차이가 있고 투자기업이 지분법의 사용을 중단하는 경우, 투자기업은 해외사업장과 관련하여 이전에 기타포괄손익으로 인식했던 손익을 당기순이익으로 재분류한다. 이러한 기준서의 요구사항을 충족하기 위하여 투자기업은 지분법기타포괄손익을 인식할 때, 그 원천을 별도로 관리하여야 한다. 회계처리를 예시하면 다음과 같다.

지분법기타포괄손익의 실현

						손익효과
차)	지분법기타포괄손익	×××	대)	투자주식처분이익	×××	××× PL
						(×××) OCI

(*) 지분법기타포괄손익 : 재분류조정 대상 누적기타포괄손익

(2) 유의적인 영향력의 유지

투자기업이 관계기업투자주식 중 일부를 처분하여 소유 지분율이 감소하지만, 여전히 유의적인 영향력을 보유하고 있는 경우에는 지분법을 계속 사용한다. 다만, 처분 이후의 지분법 회계처리에서 사용할 지분율은 새로운 지분율로 수정된다. 관련 회계처리를 예시하면 다음과 같다.

유의적인 영향력의 유지 - 일부 매각

						손익효과
차)	현금	×××	대)	관계기업투자주식	×××	
				투자주식처분이익	×××	××× PL

(*) 현금 : 매각으로 수취한 대가
(*) 관계기업투자주식 : 처분한 지분의 장부금액만 제거
(*) 투자주식처분이익 : 대차차액

관계기업에 대한 투자자의 소유지분이 감소하지만 그 투자자산이 각각 관계기업에 대한 투자로 계속 분류된다면, 기업은 이전에 기타포괄손익으로 인식했던 손익이 관련 자산이나 부채의 처분에 따라 당기순이익으로 재분류되는 경우라면, 그 손익 중 소유지분의 감소와 관련된 비례적 부분을 당기순이익으로 재분류한다. 관련 회계처리는 다음과 같다.

지분법기타포괄손익의 일부 실현

						손익효과
차)	지분법기타포괄손익	×××	대)	투자주식처분이익	×××	××× PL
						(×××) OCI

(*) 지분법기타포괄손익 : 재분류조정 대상 누적기타포괄손익 × 처분비율

기본예제 11 관계기업투자주식의 처분

20x1년 초, ㈜미래는 ㈜종로의 보통주 40%(100주)를 ₩64,000에 취득하여 유의적인 영향력을 확보하였다. 취득일 현재 ㈜종로의 자본은 자본금 ₩100,000과 이익잉여금 ₩50,000으로 구성되며 자산과 부채의 공정가치는 장부금액과 일치한다. 두 회사의 결산일은 모두 매년 말이며 (물음 3)과 (물음 4)은 서로 독립적이다.

물음 1 취득시점의 투자차액을 분석하시오.

물음 2 ㈜종로의 20x1년도 당기순이익은 ₩40,000이며 ㈜종로가 보유 토지를 재평가하고 재평가잉여금 ₩10,000을 보고하였다. 또한 ㈜종로는 채무상품 투자를 기말 공정가치로 평가하고 평가이익 ₩5,000을 기타포괄이익으로 보고하였다. 20x1년도에 ㈜미래의 회계처리를 제시하시오.

물음 3 ㈜미래는 20x2년 초, ㈜종로의 보통주 중 20주를 매각하고 ₩18,000을 수취하였다. 처분시점에 ㈜종로 보통주의 주당 공정가치는 ₩800이다. 처분과 관련한 회계처리를 제시하시오.

물음 4 ㈜미래는 20x2년 초, ㈜종로의 보통주 중 80주를 매각하고 ₩75,000을 수취하였다. 그 결과 ㈜미래는 ㈜종로의 보통주에 대하여 지분법 사용을 중단하며 잔여 지분은 당기손익-공정가치 측정 금융자산으로 대체하였다. 처분시점에 ㈜종로 보통주의 주당 공정가치는 ₩800이다. 필요한 회계처리를 제시하시오.

해설

물음 1

취득원가			
취득원가 64,000	150,000 × 40% =	60,000	순자산장부금액
	n/a	-	순자산평가차액
	64,000 − (60,000 + 0) =	4,000	영업권

물음 2

						손익효과
1년 초						
차)	관계기업투자주식	64,000	대)	현금	64,000	-

1년 말 - 지분법이익의 인식

차)	관계기업투자주식	16,000	대)	지분법이익	16,000	16,000 PL

(*) 지분법이익 : 40,000(보고이익) × 40% = 16,000

1년 말 - 지분법기타포괄손익의 인식

차)	관계기업투자주식	6,000	대)	지분법기타포괄손익	6,000	6,000 OCI

(*) 지분법기타포괄손익 : 10,000(재평가잉여금) × 40% = 4,000
(*) 지분법기타포괄손익 : 5,000(채무상품투자평가이익) × 40% = 2,000

물음 3

유의적인 영향력의 유지 - 일부 매각

						손익효과
차)	현금	18,000	대)	관계기업투자주식	17,200	1,200 PL
	지분법기타포괄손익	400		투자주식처분이익	1,200	(400) OCI

(*) 현금 : 18,000
(*) 관계기업투자주식 : (64,000 + 16,000 + 6,000) × 20수/100주 = 17,200
(*) 지분법기타포괄손익 : 2,000 × 20주/100주 = 400 (재분류조정대상만)
(*) 투자주식처분이익 : 대차차액
(*) 참고 : 매각 전 지분율 40% → 매각 후 지분율 32%

물음 4

유의적인 영향력의 상실

						손익효과
차)	현금	75,000	대)	관계기업투자주식	86,000	
	금융자산(FV-PL)	16,000				7,000 PL
	지분법기타포괄손익	2,000		투자주식처분이익	7,000	(2,000) OCI

(*) 현금 : 75,000
(*) 금융자산 : 20주 × 800 = 16,000
(*) 관계기업투자주식 : 64,000 + 16,000 + 6,000 = 86,000 (전액 제기)
(*) 지뷰법기타포괄손익 : 2,000 (재분류조정대상만) (전액 제거)
(*) 투자주식처분이익 : 대차차액
(*) 참고 : 매각 전 지분율 40% → 매각 후 지분율 8%

3. 지분법 관련 기타 고려사항

3-1 지분법 적용 면제

기업이 기준서 1110호(연결재무제표)의 적용 범위 제외에 따라 연결재무제표 작성이 면제되는 지배기업이거나 다음의 조건을 모두 충족하는 경우, 해당 투자지분에 대하여 지분법을 적용할 필요가 없다.

- 기업이 그 자체의 지분 전부를 소유하고 있는 다른 기업의 종속기업이거나, 그 자체의 지분 일부를 소유하고 있는 다른 기업의 종속기업이면서 그 기업이 지분법을 적용하지 않는 다는 사실을 그 기업의 다른 소유주들(의결권이 없는 소유주 포함)에게 알리고 그 다른 소유주들이 그것을 반대하지 않는 경우
- 기업의 채무상품 또는 지분상품이 공개시장(국내 · 외 증권거래소나 장외시장, 지역시장 포함)에서 거래되지 않는 경우
- 기업이 공개시장에서 증권을 발행할 목적으로 증권감독기구나 그 밖의 감독기관에 재무제표를 제출한 적이 없으며 현재 제출하는 과정에 있지도 않은 경우
- 기업의 최상위 지배기업이나 중간 지배기업이 한국채택국제회계기준을 적용하여 작성한 공용 가능한 재무제표에 기업회계기준서 1110호에 따라 종속기업을 연결하거나 종속기업을 공정가치로 측정하여 당기손익에 반영하는 경우

벤처캐피탈 투자기구나 뮤추얼펀드, 단위신탁 및 이와 유사한 기업(투자와 연계된 보험펀드 포함)이 관계기업이나 공동기업에 대한 투자를 보유하거나 이 같은 기업을 통하여 간접적으로 보유하는 경우, 기업은 그 투자를 기준서 1109호(금융상품)에 따라 당기손익-공정가치 측정 항목으로 선택할 수도 있다. 이 경우 기업은 관계기업이나 공동기업에 대한 투자를 최초 인식할 때 각각의 관계기업이나 공동기업에 대하여 개별적으로 선택한다.

3-2 보고기간의 일치

기업은 지분법을 적용할 때 가장 최근의 이용가능한 관계기업이나 공동기업의 재무제표를 사용한다. 기업의 보고기간종료일과 관계기업이나 공동기업의 보고기간종료일이 다른 경우, 관계기업이나 공동기업은 실무적으로 적용할 수 없는 경우가 아니라면 기업의 사용을 위하여 기업의 재무제표와 동일한 보고기간종료일의 재무제표를 작성한다.

지분법을 적용하기 위하여 사용하는 관계기업이나 공동기업 재무제표의 보고기간종료일이 기업 재무제표의 보고기간종료일과 다른 경우에는 기업 재무제표의 보고기간종료일과

관계기업이나 공동기업 재무제표의 보고기간종료일 사이에 발생한 유의적인 거래나 사건의 영향을 반영한다. 어떠한 경우라도 기업의 보고기간종료일과 관계기업이나 공동기업의 보고기간종료일 간의 차이는 3개월 이내이어야 한다.

유사한 상황에서 발생한 동일한 거래와 사건에 대하여 동일한 회계정책을 적용하여 기업의 재무제표를 작성한다.

3-3 누적적 우선주

관계기업이나 공동기업이 자본으로 분류되는 누적적 우선주를 발행하였고 이를 기업 이외의 다른 측이 소유하고 있는 경우, 기업은 배당결의 여부에 관계없이 이러한 주식의 배당금에 대하여 조정한 후 당기순손익에 대한 자신의 몫을 산정한다.

3-3 지분법 중지

관계기업이나 공동기업의 손실 중 기업의 지분이 관계기업이나 공동기업에 대한 투자지분과 같거나 초과하는 경우, 기업은 관계기업 투자지분 이상의 손실에 대하여 인식을 중지한다.

여기서 투자지분은 ⅰ) 지분법을 사용하는 투자자산의 장부금액과 ⅱ) 실질적으로 관계기업이나 공동기업에 대한 순투자의 일부를 구성하는 장기투자지분 항목을 합한 금액이다. 예를 들면, 예측 가능한 미래에 상환 받을 계획도 없고 상환가능성도 높지 않은 항목은 실질적으로 관계기업이나 공동기업에 대한 투자자산의 연장이다. 이러한 항목에는 우선주와 장기수취채권이나 장기대여금이 포함될 수도 있다. 그러나 매출채권, 매입채무 또는 담보부대여금과 같이 적절한 담보가 있는 장기수취채권은 제외한다.

지분법 적용으로 보통주에 대한 투자자산 금액을 초과하여 인식되는 손실은, 관계기업이나 공동기업 정산시의 상환 우선순위와는 반대의 순서로, 투자지분 중 보통주와 다른 구성항목에 대해 적용한다.

기업의 지분이 영(0)으로 감소된 이후 추가 손실분에 대하여 기업은 법적의무 또는 의제의무가 있거나 관계기업이나 공동기업을 대신하여 지급하여야 하는 경우, 그 금액까지만 손실과 부채로 인식한다. 만약 관계기업이나 공동기업이 추후에 이익을 보고할 경우 투자자는 자신의 지분에 해당하는 이익의 인식을 재개하되, 인식하지 못한 손실을 초과한 금액만을 이익으로 인식한다.

기본예제 12 지분법 중지

결산일이 매년 말인 A사는 20x2년 말에 관계기업투자주식 장부금액(당기 지분법 평가 직전)으로 ₩1,000을 보고하였다. 또한 관계기업에 대한 금융자산 ₩150(무담보 대여금 ₩100, 우선주 ₩50)을 보유하고 있다. 무담보 대여금과 우선주 역시 실질적인 순투자에 해당한다. A사의 지분율은 40%이며 20x2년 관계기업인 B사는 당기순손실 ₩3,000을 보고하였다. 20x3년 관계기업인 B사는 당기순손실로 ₩4,000을 보고하였다. 20x4년에 B사는 매출 상승에 따라 당기순이익₩8,000을 보고하였다. 연도별로 A사가 수행할 지분법 관련 회계처리를 나타내시오.

해설

2년 말 - 지분법손실의 인식

						손익효과
차)	지분법손실	1,150	대)	관계기업투자주식	1,000	(1,150) PL
				금융자산(우선주)	50	
				금융자산(대여금)	100	

(*) 지분법손실 : 3,000 × 40% = 1,200

(*) 지분법손실의 인식 : Min[1,200, 1,150(순투자)] = 1,150

① 관계기업투자주식의 감액 : 1,000

② 관계기업 순투자에 포함되는 우선주 감액 : 50

③ 관계기업 순투자에 포함되는 대여금 감액 : 100

∴ 인식이 중지된 지분법손실 : 1,200 − 1,150 = 50

3년 말 - 지분법손실의 인식

						손익효과
차)	−	−	대)	−	−	−

(*) 지분법손실 : 4,000 × 40% = 1,600

(*) 지분법손실의 인식 : Min[1,600, 0(순투자)] = 0

∴ 인식이 중지된 지분법손실 : 1,600 − 0 = 1,600

4년 말 - 지분법이익의 인식

						손익효과
차)	금융자산(우선주)	50	대)	지분법이익	1,550	1,550 PL
	금융자산(대여금)	100				
	관계기업투자주식	1,400				

(*) 지분법이익 : 8,000 × 40% = 3,200

(*) 지분법이익의 인식 : 3,200 − 1,650(인식 중지된 누적손실) = 1,550

chapter 10 연습문제

01 지분상품 투자(1)

〈상황 1〉 결산일이 12월 말인 ㈜미래는 단기간 내에 매각할 목적으로 ㈜종로의 보통주를 취득하였다. 단위당 장부금액은 이동평균법을 적용하며 원단위 미만은 반올림 한다.

〈20x1년〉	
5월 5일	100주를 ₩100,000에 매입하였다. 취득시 수수료는 ₩10,000이다.
8월 8일	㈜종로는 무상증자를 실시하였다. 이로 인해 신주 10주를 수령하였다.
11월 11일	90주를 주당 ₩1,050에 매입하였다. 취득시 수수료는 ₩5,500이다.
12월 12일	80주를 주당 ₩1,150에 처분하였다. 처분시 수수료는 ₩2,000이다.
12월 31일	㈜종로의 보통주의 공정가치는 주당 ₩1,200이다. 기말 보유 주식을 처분하는 경우 처분 수수료는 ₩3,000일 것으로 예측된다.
〈20x2년〉	
3월 3일	주당 현금배당 ₩5을 수령하였고 주식배당으로 24주를 수령하였다.
7월 7일	52주를 주당 ₩1,100에 처분하였다. 처분시 수수료는 ₩1,000이다.
12월 31일	㈜종로의 보통주 공정가치는 주당 ₩650이다. 주가의 하락은 ㈜종로의 재무적 위기에 기인된 것이며 장래에 회복할 가능성이 매우 낮다.

물음 1

20x1년도에 수행할 모든 분개를 제시하시오.

물음 2

20x2년에 수행할 분개를 제시하시오.

물음 3

당기손익 – 공정가치 측정 금융자산에 대하여 손상검사를 수행하지 아니하는 이유를 간단히 기술하시오.

해설

물음 1

5일	차)	FVPL 측정 금융자산	100,000	대)	현금	110,000
		수수료비용	10,000			

8일 분개없음

* 무상증자, 주식배당, 주식분할로 취득한 주식은 회계처리하지 않는다.
* 주당 장부금액 : (100,000 + 0) ÷ (100주 + 10주) = @909

11일	차)	FVPL 측정 금융자산	94,500	대)	현금	100,000
		수수료비용	5,500			

* 취득원가 : 90주 × @1,050 = 94,500

12일	차)	현금	92,000	대)	FVPL 측정 금융자산	77,840
					금융자산처분이익	14,160
	차)	금융자산처분이익	2,000	대)	현금	2,000

* 처분대가 : 80주 × @1,150 = 92,000
* 주당 장부금액 : (100,000 + 94,500) ÷ (110주 + 90주) = @973
* 장부금액 : 80주 × @973 = 77,840
* 처분수수료 : 금융자산처분이익에서 차감

기말	차)	FVPL 측정 금융자산	27,240	대)	금융자산평가이익	27,240

* 공정가치 : 120주 × @1,200 = 144,000
* 장부금액 : 120주 × @973 = 116,760
* 평가이익 : 27,240

물음 2

3일	차)	현금	600	대)	배당금수익	600

* 배당금수령액 : 120주 × @5 = 600
* 주당 장부금액 : (144,000 + 0) ÷ (120주 + 24주) = @1,000

7일	차)	현금	57,200	대)	FVPL 측정 금융자산	52,000
					금융자산처분이익	5,200
	차)	금융자산처분이익	1,000	대)	현금	1,000

* 처분대가 : 52주 × @1,100 = 57,200
* 장부금액 : 52주 × @1,000 = 52,000
* 처분수수료 : 금융자산처분이익에서 차감

기말	차) 금융자산평가손실	32,200	대) FVPL 측정 금융자산	32,200

* 공정가치 : 92주 × @650 = 59,800
* 장부금액 : 92주 × @1,000 = 92,000
* 평가손실 : 32,200

물음 3

공정가치 하락에 따른 손실을 당기손익으로 인식하므로 손상차손과 평가손실을 구분할 실익이 없다. 따라서 기준서 제1109호의 손상과 관련한 요구사항을 적용하지 아니한다.

02 지분상품 투자(2)

결산일이 12월 말인 ㈜미래는 20x1년 12월 31일 현재 다음의 지분상품을 가지고 있다. 해당 지분상품은 관계기업 및 종속기업에 대한 투자는 아니며 공정가치 측정에 의한 손익을 기타포괄손익으로 표시하는 선택을 적용한다. 관련 법인세효과는 무시한다.

	취득원가	공정가치
A사 보통주(액면 ₩30) 800주	₩34,100	₩31,700

20x2년 중 A사 보통주와 관련하여 다음의 거래가 발생하였다.

3월 1일 : 200주를 ₩6,400에 추가로 구입하고 수수료 ₩300을 별도로 지급하였다.
5월 1일 : A사가 무상증자를 실시하여 200주를 수령하였다.
7월 1일 : 500주를 공정가치인 ₩14,125에 처분하고 수수료 ₩200을 지급하였다.
12월 31일 : A사 보통주의 1주당 공정가치는 ₩35이다.

물음 1

㈜미래는 A사 보통주와 관련하여 20x2년 3월 1일과 7월 1일에 수행할 분개를 제시하시오.

물음 2

㈜미래는 A사 보통주로 인하여 20x2년도의 당기순이익과 기타포괄손익은 얼마나 증가(감소)하는가?

물음 3

20x2년 말 A사 보통주에서 인식한 기타포괄손익누계액은 얼마인가? 그리고 기타포괄손익누계액에 대한 기준서의 처리 방법을 서술하시오.

해설

물음 1

3월 1일

차)	FVOCI 선택 금융자산	6,400	대)	현금	6,400
	FVOCI 선택 금융자산	300		현금	300

7월 1일

차)	금융자산평가손실(OCI)	1,875	대)	FVOCI 선택 금융자산	1,875
차)	현금	14,125	대)	FVOCI 선택 금융자산	14,125
차)	금융자산처분손실(PL)	200	대)	현금	200

(*) 회계처리 순서 : 처분일 재측정 → 제거 → 수수료 인식

(*) 처분 직전 장부금액 : (31,700 + 6,700 + 0) ÷ 1,200주 × 500주 = 16,000(@32)

(*) 처분일 재측정에 따른 손익 : 14,125 − 16,000 = (−)1,875

(*) 수수료 : 200을 처분손실로 처리한다.

물음 2

1. 당기순이익 : 200 감소 (처분 시 수수료)
2. 기타포괄손익 : 225 증가

(*) 처분 시 재측정에 따른 손익 : (−)1,875

(*) 기말 재측정에 따른 손익 : 700주 × (@35 − @32) = 2,100

물음 3

1. 기타포괄손익누계액 (−)2,175

   (*) 전기말 잔액 : 31,700 − 34,100 = (−)2,400

   (*) 당기 발생액 : 225 (물음 2 참고)

   (*) 당기말 잔액 : (−)2,400 + 225 = (−)2,175

2. 처리방법

   기타포괄손익은 해당 금융자산이 제거되는 시점에 자본에서 제거하여 당기손익으로 재분류 할 수 없다. 그러나 자본 내의 분류 변경(예 : 이익잉여금으로의 대체)은 허용한다.

03 관계기업투자(1)

※ 다음의 각 물음은 독립적이다.

㈜대한은 20x2년 1월 1일에 상장기업 A사, B사, C사의 의결권 있는 보통주를 추가 취득 또는 일괄 취득하면서 이들 기업에 대해 유의적인 영향력을 행사할 수 있게 되었다. ㈜대한이 20x2년 1월 1일에 취득한 주식의 세부내역은 다음과 같다.

〈20x2년 1월 1일 취득주식 세부내역〉

피투자기업	취득주식수 (지분율)	취득원가	비고
A사	150주(15%)	₩390,000	추가 취득
B사	300주(30%)	450,000	일괄 취득
C사	400주(40%)	900,000	일괄 취득

〈자료 1〉

1. ㈜대한은 20x1년 10월 1일에 A사 보통주 100주(지분율: 10%)를 ₩250,000에 취득하고, 동 주식을 기타포괄손익-공정가치 측정 금융자산으로 분류하였다. A사 주식 100주의 20x1년 12월 31일과 20x2년 1월 1일 공정가치는 각각 ₩275,000과 ₩245,000이었다.
2. ㈜대한은 A사에 대해 기업회계기준서 제1103호 '사업결합'의 단계적 취득을 준용하여 지분법을 적용한다.
3. 20x2년 1월 1일 현재 A사의 순자산장부금액은 ₩2,520,000이며, 자산 · 부채의 장부금액은 공정가치와 일치하였다.
4. A사는 20x2년 6월 30일에 1주당 ₩200의 현금배당을 실시하였으며, 20x2년도 당기순이익과 기타포괄이익을 각각 ₩150,000과 ₩50,000으로 보고하였다.

물음 1

다음의 <자료 1>을 이용하여 <요구사항>에 답하시오.

〈요구사항〉

A사 지분투자와 관련하여, ㈜대한의 관계기업투자주식 취득원가에 포함된 영업권 금액과 ㈜대한의 20x2년 말 재무상태표에 표시해야 할 관계기업투자주식의 장부금액을 계산하시오.

영업권	①
관계기업투자주식 장부금액	②

물음 2

다음의 <자료 2>를 이용하여 <요구사항>에 답하시오.

〈자료 2〉

1. 20x2년 1월 1일 현재 B사의 순자산은 납입자본 ₩1,000,000과 이익잉여금 ₩400,000으로 구성되어 있으며, 자산 · 부채의 장부금액은 공정가치와 일치하였다.
2. 20x2년 이후 B사가 보고한 순자산 변동내역은 다음과 같으며, 순자산의 변동은 전부 당기손익에 의해서만 발생하였다.

구 분	20x2. 12. 31.	20x3. 12. 31.
납입자본	₩1,000,000	₩1,000,000
이익잉여금	100,000	300,000

3. B사는 20x2년 중에 유의적인 재무적 어려움에 처하게 됨으로써 20x2년 말 현재 ㈜대한이 보유한 B사 투자주식의 회수가능액이 ₩250,000으로 결정되었다. 그러나 20x3년도에는 B사의 유의적인 재무적 어려움이 일부 해소되어 20x3년 말 현재 ㈜대한이 보유한 B사 투자주식의 회수가능액은 ₩350,000으로 회복되었다.

〈요구사항〉

B사 지분투자와 관련하여, ㈜대한이 20x2년도에 인식할 손상차손과 20x3년도에 인식할 손상차손환입을 계산하시오.

20x2년 손상차손	①
20x3년 손상차손환입	②

물음 3

다음의 <자료 3>을 이용하여 <요구사항>에 답하시오.

〈자료 3〉

1. 20x2년 1월 1일 현재 C사의 순자산장부금액은 ₩2,100,000이며, 자산 · 부채 중 장부금액과 공정가치가 일치하지 않는 항목은 다음과 같다.

계 정	장부금액	공정가치	비 고
재고자산	₩40,000	₩55,000	20x2년 중 전액 외부판매되었음
건 물	1,000,000	1,250,000	• 잔존내용연수 : 5년 • 잔존가치 : ₩0 • 정액법 상각

2. 20x2년 중에 C사는 ㈜대한으로부터 원가 ₩120,000인 재고자산을 ₩100,000에 매입하여 20x2년 말 현재 전부 보유하고 있다. 동 하향거래는 재고자산의 순실현가능가치 감소에 대한 증거를 제공한다.
3. 20x2년 중에 C사는 ㈜대한에 재고자산을 판매(매출액은 ₩350,000이며, 매출총이익률은 30%)하였는데, 20x2년 말 현재 ㈜대한은 매입한 재고자산의 80%를 외부에 판매하였다.
4. C사는 20x2년도 당기순손실을 ₩60,000으로 보고하였다.

〈요구사항 1〉

C사 지분투자와 관련하여, ㈜대한이 염가매수차익에 해당하는 금액을 인식하기 위한 회계처리에 대해 기업회계기준서 제1028호 '관계기업과 공동기업에 대한 투자'에 근거하여 간략히 서술하시오.

〈요구사항 2〉

C사 지분투자와 관련하여, ㈜대한의 20x2년도 포괄손익계산서에 표시되는 지분법손익을 계산하시오. 단, 지분법손실은 (-)를 숫자 앞에 표시하시오.

지분법손익	①

해설

물음 1

영업권	① 5,000
관계기업투자주식 장부금액	② 635,000

1년 초	차)	금융자산평가손실 (OCI)	30,000	대)	FVOCI금융자산	30,000
1년 초	차)	관계기업투자	245,000	대)	FVOCI금융자산	245,000
		관계기업투자	390,000		현금	390,000
		(*) 영업권 : 635,000 − 2,520,000 × 25% = 5,000				
1년 6월초	차)	현금	50,000	대)	관계기업투자	50,000
1년 말	차)	관계기업투자	50,000	대)	지분법이익	37,500
					지분법기타포괄이익	12,500
		(*) 150,000 × 25% (*) 50,000 × 25%				

물음 2

손상차손	① 110,000
손상차손환입	② 40,000

1. 영업권 : 450,000 − 1,400,000 × 30% = 30,000
2. 관계기업투자주식(2년 말) : 1,100,000 × 30% + 30,000 = 360,000
3. 손상차손(2년 말) : 360,000 − 250,000 = 110,000
4. 관계기업투자주식(3년 말) : 250,000 + 200,000 × 30% = 310,000
5. 손상차손환입(3년 말) : Min[350,000, 420,000] − 310,000 = 40,000

물음 3

〈요구사항 1〉

염가매수차익은 관계기업투자주식을 취득한 보고기간의 수익으로 인식한다.

〈요구사항 2〉

지분법손익	① (−)12,400

1. 염가매수차익 : (2,100,000+15,000+250,000)×40% − 900,000 = 46,000
2. 보고이익 지분해당액 : (−)60,000 × 40% = (−)24,000
3. 평가차액 상각 : (15,000 + 50,000) × 40% = (−)26,000
4. 상향 미실현이익 제거 : 105,000 × 20% × 40% = (−)8,400

∴ 지분법손익 : (−)24,000 − 26,000 − 8,400 + 46,000 = (−)12,400

04 관계기업투자(2)

㈜한국은 20x1년 1월 1일에 다음과 같이 ㈜영동, ㈜영서, ㈜영남의 의결권 있는 보통주를 취득하였다. 이로써 ㈜한국은 ㈜영동, ㈜영서, ㈜영남에 대해 유의적인 영향력을 행사할 수 있게 되었다.

	취득주식수(지분율)	취득원가
㈜영동	30주 (30%)	₩180,000
㈜영서	25주 (25%)	65,000
㈜영남	40주 (40%)	50,000

〈추가자료〉

(1) 취득일 현재 ㈜영동의 순자산장부금액은 ₩390,000 이며, 자산·부채 중 장부금액과 공정가치가 일치하지 않는 내역은 다음과 같다.

계정과목	장부금액	공정가치
재고자산	₩50,000	₩56,000
토　　지	110,000	140,000
기계장치	40,000	49,000

위 자산 중 재고자산은 20x1년 중에 전액 외부에 판매되었으며, 기계장치는 20x1년 초 현재 잔존내용연수 3년에 잔존가치 없이 정액법으로 상각한다.

(2) 취득일 현재 ㈜영서와 ㈜영남의 순자산장부금액은 각각 ₩280,000과 ₩100,000이며, 자산·부채의 장부금액은 공정가치와 일치하였다.

(3) 20x1년에 ㈜영동, ㈜영서, ㈜영남이 보고한 당기순이익과 기타포괄손익은 다음과 같다. 기타포괄손익은 모두 재분류조정 대상항목에 해당한다

	당기순이익	기타포괄손익
㈜영동	₩52,000	₩10,000
㈜영서	15,000	–
㈜영남	10,000	5,000

(4) 20x1년 중에 ㈜한국은 ㈜영서에 원가 ₩20,000의 상품을 ₩28,000에 판매하였으며, ㈜영서는 동 상품 전액을 20x2년 중에 외부에 판매하였다.

다음은 ㈜한국이 보유한 각각의 관계기업투자주식에 관한 물음이다.

물음 1

㈜영동의 보통주 취득과 관련하여, ㈜한국의 관계기업투자주식 취득원가에 포함된 영업권 금액을 구하시오.

물음 2

㈜영동의 투자주식과 관련하여, ㈜한국의 20x1년 재무제표에 계상될 지분법손익을 구하시오. 단, 손실의 경우에는 금액 앞에 (-)를 표시하시오.

물음 3

20x2년 4월 20일에 ㈜영동은 보통주 1주당 ₩150의 현금배당을 실시하였다. 동 배당금 수령시에 ㈜한국이 수행해야 할 회계처리(분개)를 제시하시오.

물음 4

㈜영동의 투자주식과 관련하여, ㈜한국의 20x1년 재무제표에 계상될 투자주식의 장부금액을 구하시오.

물음 5

㈜영서의 투자주식과 관련하여, ㈜한국의 20x1년 말 재무제표에 계상되는 관계기업투자주식의 장부금액과 당기손익의 증감액을 구하시오.

물음 6

㈜한국은 20x2년 초에 ㈜영남의 보통주 10주를 ₩12,000에 매각하였다. 이 매각거래에 따른 투자주식처분손익을 구하시오. 단, 손실의 경우에는 금액 앞에 (-)를 표시하시오.

해설

〈영동의 순자산변동표〉

항 목	20x1년 초		순자산 증가(감소)		20x1년 말	
			NI	OCI		
순자산장부금액		390,000	52,000	10,000		452,000
공정가치차액		45,000				36,000
재고자산	6,000		(6,000)		0	
토지	30,000				30,000	
기계장치	9,000		(3,000)		6,000	
순자산공정가치		435,000				488,000
내부거래(상향)		–				–
합 계		435,000	43,000	10,000		488,000

(*) 감가상각비 : 9,000 ÷ 3년 = 3,000

물음 1

영업권 : 180,000(취득원가) − 435,000(순자산공정가치)×30% = 49,500

물음 2

지분법손익 : 43,000 × 30% = 12,900

물음 3

차) 현금	4,500	대) 관계기업투자주식	4,500

(*) 현금배당 : 30주×@150=4,500

물음 4

투자주식 장부금액 : 488,000(순자산) × 30% + 49,500(영업권) = 195,900

〈영서의 순자산변동표〉

항 목	20x1년 초		순자산 증가(감소)		20x1년 말	
			NI	OCI		
순자산장부금액		280,000	15,000	–		295,000
공정가치차액		–				–
순자산공정가치		280,000				295,000
내부거래(상향)		–				–
합 계		280,000	15,000	–		295,000

(*) 재고자산 미실현이익 : 8,000

물음 5

(1) 투자주식 장부금액 : 295,000 × 25% − 8,000 × 25% = 71,750
(별해) 65,000(취득원가) + 6,750(지분법이익) = 71,750

(2) 지분법이익 : 15,000 × 25% + 5,000(염가매수차익)− 8,000 × 25% = 6,750

물음 6

〈영남의 순자산변동표〉

항 목	20x1년 초		순자산 증가(감소)		20x1년 말	
			NI	OCI		
순자산장부금액		100,000	10,000	5,000		115,000
공정가치차액		–				–
순자산공정가치		100,000				115,000
내부거래(상향)		–				–
합 계		100,000	10,000	5,000		115,000

1. 투자주식 기말장부금액 : 115,000×40%+10,000(영업권)=56,000
2. 처분 후 지분율 : 30%
3. 처분 시 분개 :

차)		대)	
현금	12,000	관계기업투자주식	14,000
지분법기타포괄이익(OCI)	500		
투자주식처분손실(PL)	1,500		

(*) 투자주식 장부금액 : 56,000 × 10주/40주 = 14,000
(*) 기타포괄손익 재순환 : 2,000 × 10주/40주 = 500

∴ 투자주식처분손익 : (−)1,500

Chapter 11

채무상품투자

SECTION 1

계약상 현금흐름 특성

자본시장의 성장과 금융공학의 발전으로 다양한 금융상품이 개발되고 있으며 기업은 이러한 금융상품에 투자하여 재산 증식을 유도한다. 금융상품 중에서 금융기관의 정기예금이나 정기적금 그리고 다양한 채무상품(예: 사채, 국채, 공채 등) 등은 원금과 이자로 구성된 금융상품이라는 점에서 지분상품과 구별된다.

1. 계약상 현금흐름 특성

금융상품에서 발생하는 원금과 이자를 계약상 현금흐름 특성이라고 한다. 여기서 원금이란 최초 인식 시점에 금융자산의 공정가치를 말하며 이러한 원금은 금융자산의 존속기간에 걸쳐 변동할 수 있다. 이자는 화폐의 시간가치에 대한 대가, 특정 기간에 원금잔액과 관련된 신용위험에 대한 대가, 그 밖의 기본적인 대여 위험과 원가에 대한 대가뿐만 아니라 이윤으로 구성된다. 화폐의 시간가치는 오직 시간 경과의 대가를 나타내는 이자의 요소이다. 즉, 화폐의 시간가치 요소는 금융자산의 보유와 관련된 그 밖의 위험이나 원가에 대한 대가가 아니다. 화폐의 시간가치 요소가 오직 시간 경과의 대가를 나타내는지를 평가하기 위해서는 판단이 필요하고, 금융자산의 표시통화와 이자율이 설정되는 기간과 같은 관련 요소를 고려한다.

금융상품은 일반적으로 지분상품과 원금과 이자로 구성된 금융상품으로 구분할 수 있는데, 투자기업이 각각의 금융상품 투자로 인하여 노출되는 위험과 보상은 매우 다르다. 따라서 지분상품 투자와 계약상 현금흐름 특성을 만족한 금융상품 투자에 대한 투자기업의 재무보고 방법은 상이해야 할 필요성이 있다. 따라서 기준서에서는 금융상품 투자의 성격과 특성을 구분하고 그 특성에 맞는 인식과 측정을 유도하기 위하여 지분상품에 대한 정의 그리고 계약상 현금흐름 특성인 이자와 원금의 구체적인 정의를 서술하고 있다. 투자기업의 금융상품 투자가 지분상품의 정의를 만족한다면 제10장에서 설명한 방법에 따라 재무보고해야 하며, 금융상품의 투자가 계약상 현금흐름의 특성을 만족한다면 본 장에서 살펴볼 재무보고 방법을 적용해야 한다. 예를 들어 금융상품을 통해 원금과 이자의 지급을 약속한 기업이 그 기업의 당기순이익에 연계된 이자율을 설정하고 매년 마다 변동시키는 약정을 하였다면, 해당 금융상품의 이자는 당기순이익에 대한 분배 효과까지 발생하므로 계약상 원금과 이자의 지급만 존재하는 금융상품이 될 수 없으므로 본 장에서 설명하는 인식과 측정의 요구사항을 적용할 수 없다.

금융상품 투자가 지분상품의 정의를 만족한 경우, 투자기업의 재무보고는 제10장에서 살펴보았으므로 본 장에서는 원금과 이자의 지급만으로 구성된 금융상품에 투자한 경우 투자기업의 회계처리를 살펴본다.

2. 금융자산의 분류

계약상 현금흐름 특성을 만족한 금융상품 투자는 해당 금융자산의 관리를 위한 사업모형에 따라 상각후원가 측정 금융자산, 기타포괄손익-공정가치 측정 금융자산 그리고 당기손익-공정가치 측정 금융자산으로 분류한다.

금융자산의 분류 기준

- 금융자산의 관리를 위한 사업모형
- 금융자산의 계약상 현금흐름 특성

(1) 사업모형

사업모형은 특정 사업 목적을 이루기 위해 금융자산의 집합을 함께 관리하는 방식을 반영하는 수준에서 결정한다. 사업모형은 개별 상품에 대한 경영진의 의도와는 무관하다. 따라서 이 조건은 금융상품별 분류접근법이 아니며 더 높은 수준으로 통합하여 결정해야 한다. 그러나 하나의 기업은 금융상품을 관리하는 둘 이상의 사업모형을 가질 수 있다. 따라서 분류가 보고실체 수준에서 결정될 필요는 없다.

사업모형은 현금흐름을 창출하기 위해 금융자산을 관리하는 방식을 의미한다. 즉, 사업모형에 따라 현금흐름의 원천이 금융자산의 계약상 현금흐름의 수취인지, 매도인지 또는 둘 다 인지가 결정된다. 따라서 사업모형은 '최악의 상황' 시나리오 또는 '위기상황' 시나리오 같이, 발생할 것이라고 합리적으로 예상하지 아니하는 시나리오에 근거하여 평가하지 아니한다. 예를 들면 특정 금융자산의 포트폴리오를 위기상황 시나리오에서만 매도할 것으로 예상하는 경우에 그러한 시나리오가 발생하지 않을 것이라고 합리적으로 예상한다면,

그 시나리오는 해당 금융자산 포트폴리오의 사업모형 평가에 영향을 미치지 아니한다. 현금흐름이 사업모형을 평가했던 시점의 예상과 다르게 실현되더라도(예: 자산을 분류했을 때 예상했던 것보다 금융자산을 더 많이 또는 더 적게 매도한 경우), 사업모형을 평가할 때 이용할 수 있었던 모든 관련 정보를 고려하였다면 재무제표에 과거기간의 오류가 있는 것은 아니며(기업회계기준서 제1008호 '회계정책, 회계추정의 변경 및 오류' 참조), 그 사업모형에서 보유하고 있는 나머지 금융자산(과거기간에 인식하였고 여전히 보유하고 있는 금융자산)의 분류에 영향을 미치지 아니한다. 그러나 새로 창출하거나 새로 매입하는 금융자산에 대해 사업모형을 평가할 때는 과거에 현금흐름이 실현된 방식에 대한 정보를 관련되는 그 밖의 모든 정보와 함께 고려해야 한다.

금융자산 관리를 위한 사업모형은 단순한 주장이 아닌 사실에 근거해야 한다. 이러한 사실은 대체로 사업모형의 목적을 이루기 위해 수행하는 활동을 통해 관찰할 수 있다. 금융자산을 관리하는 사업모형을 평가할 때는 판단이 필요하며 이러한 평가는 단일 요소나 단일 활동에 좌우되지 않는다. 그 대신에 평가일에 이용할 수 있는 모든 관련 증거를 고려해야 한다. 관련 증거는 다음 사항을 포함하며, 열거한 사항에만 한정되는 것은 아니다.

- 사업모형과 그 사업모형에서 보유하는 금융자산의 성과를 평가하고 그 평가내용을 주요 경영진에게 보고하는 방식
- 사업모형(그리고 사업모형에서 보유하는 금융자산)의 성과에 영향을 미치는 위험과 (특히) 그 위험을 관리하는 방식
- 그 사업의 경영진에 대한 보상방식(예: 관리하는 자산의 공정가치에 기초하여 보상하는지 아니면 수취하는 계약상 현금흐름에 기초하여 보상하는지)

(2) 상각후원가 측정 금융자산

다음 두 가지 조건을 모두 충족한다면 금융자산을 후속기간동안 상각후원가로 측정한다.

상각후원가 측정 금융자산

- 계약상 현금흐름을 수취하기 위해 보유하는 것이 목적인 사업모형 하에서 금융자산을 보유한다. (관리를 위한 사업모형)
- 금융자산의 계약 조건에 따라 특정일에 원금과 원금잔액에 대한 이자지급(즉, 원리금)만으로 구성되어 있는 현금흐름이 발생한다. (계약상 현금흐름 특성)

기준서에서는 금융자산의 상각후원가(Amortized Cost)를 다음과 같이 정의하고 있다.

> 최초 인식시점에 측정한 금융자산에서 상환된 원금을 차감하고, 최초 인식금액과 만기금액의 차액에 유효이자율법을 적용하여 계산한 상각누계액을 가감한 금액

만약 금융자산에 손실충당금이 설정된 경우에는 그 손실충당금을 차감한 후의 금액을 상각후원가로 한다. 금융자산의 최초 인식금액은 일반적으로 공정가치이며 공정가치와 만기금액이 다른 경우 할인차액 및 할증차액이 발생한다. 상각후원가란 해당 할인차액이나 할증차액을 최초 인식시점에서 결정된 유효이자율에 따라 매기 상각액을 산정하고 그 상각누계액을 최초 인식금액에 가감한 후의 금액을 말한다. 따라서 보고기간 말 금융자산의 상각후원가는 최초 인식 시점의 상황을 반영한 유효이자율로 측정한 금액이므로 보고기간 말 상황을 반영한 공정가치와 다르다.

(3) 기타포괄손익-공정가치 측정 금융자산

다음 두 가지 조건을 모두 충족한다면 금융자산을 후속기간동안 기타포괄손익-공정가치로 측정한다.

기타포괄손익-공정가치 측정 금융자산

- 계약상 현금흐름의 수취와 매도 둘 다를 통해 목적을 이루는 사업모형 하에서 금융자산을 보유한다. (관리를 위한 사업모형)
- 금융자산의 계약 조건에 따라 특정일에 원리금만으로 구성되어 있는 현금흐름이 발생한다. (계약상 현금흐름 특성)

(4) 당기손익-공정가치 측정 금융자산

금융자산은 상각후원가로 측정하거나 기타포괄손익-공정가치로 측정하는 경우가 아니라면, 당기손익-공정가치 측정 금융자산으로 분류한다.

당기손익-공정가치 측정 금융자산

- 상각후원가 측정 금융자산 그리고 기타포괄손익-공정가치 측정 금융자산으로 분류되지 않는 나머지 금융자산 (예 : 단기매매항목[1])
- 인식이나 측정의 불일치를 유의적으로 감소시키기 위하여 당기손익-공정가치 측정 금융자산으로 지정한 금융자산 (경영자 지정권)

서로 다른 기준에 따라 자산이나 부채를 측정하거나 그에 따른 손익을 인식하는 경우에 측정이나 인식의 불일치가 발생할 수 있다. 상각후원가 측정 금융자산, 기타포괄손익-공정가치측정 금융자산에 대한 기준서의 분류 지침에도 불구하고, 금융자산을 당기손익-공정가치 측정 항목으로 경영자가 지정하여 이와 같은 불일치를 제거하거나 유의적으로 줄이는 경우에는 최초 인식시점에 해당 금융자산을 당기손익-공정가치 측정 항목으로 지정할 수 있다. 따라서 경영자는 해당 지정권을 사용하기 위해서 지정으로 인한 인식이나 측정의 불일치가 유의적으로 감소한다는 사실을 입증해야 한다. 해당 경영자 지정권은 최초 인식 시점에 사용할 수 있으며 한 번 사용 후 이를 취소할 수 없다.

---

1) 단기매매항목이란 다음 중 하나에 해당하는 금융자산이나 금융부채를 말한다.
(1) 주로 단기간에 매각하거나 재매입할 목적으로 취득하거나 부담한다.
(2) 최초 인식시점에 공동으로 관리하는 특정 금융상품 포트폴리오의 일부로 운용 형태가 단기적 이익 획득 목적이라는 증거가 있다.
(3) 파생상품이다(다만 금융보증계약인 파생상품이나 위험회피수단으로 지정되고 위험회피에 효과적인 파생상품은 제외한다).

SECTION

2 상각후원가 측정 금융자산

상각후원가 측정 금융자산은 최초에 공정가치로 인식하며 후속기간동안 상각후원가로 측정하여 보고한다. 채무상품의 취득에 직접적으로 발생한 거래원가는 채무상품의 발행기업과 달리 최초의 공정가치에서 가산한다. 채무상품의 액면금액과 최초 보고금액의 차이를 '할인차액 또는 할증차액'이라고 하며 유효이자율법에 따라 상각한 차액을 최초 보고금액에 가감한 후의 금액으로 보고한다.

1. 채무상품의 취득과 후속측정

채무상품은 취득시점에 채무상품의 공정가치로 인식한다. 채무상품의 공정가치는 만기동안 지급할 액면이자와 액면금액을 채무상품 취득일의 시장이자율로 할인한 현재가치이다. 따라서 채무상품의 공정가치는 취득일의 시장이자율에 따라 다음과 같이 구분한다.

구 분	취득형태	조 건	할인(할증)차액
공정가치 < 액면금액	할인취득	시장이자율 > 액면이자율	할인차액
공정가치 = 액면금액	액면취득	시장이자율 = 액면이자율	−
공정가치 > 액면금액	할증취득	시장이자율 < 액면이자율	할증차액

1-1 거래원가

상각후원가 측정 금융자산의 취득에 직접 관련된 거래원가는 금융자산의 최초 인식 시점의 공정가치에 가산한다. 이 경우 금융자산의 최초 장부금액은 공정가치에 거래원가 만큼 증가하므로 상각후원가를 측정하기 위한 유효이자율을 계산해야 한다. 이러한 유효이자율은 공정가치를 측정하기 위해 사용한 시장이자율보다 항상 감소한다.

기본예제 1 거래원가

결산일이 12월 말인 ㈜현대는 액면금액 ₩100,000, 액면이자 ₩8,000(매년 말 지급조건, 8%), 만기 3년인 ㈜과거가 발행한 사채를 20x1년 초에 시장이자율 8%로 취득하고 상각후원가 측정 금융자산으로 분류하였다. 8%, 3기간 단일금액 현가는 0.79383, 연금현가는 2.5771이다.

물음 1 금융자산의 최초 보고금액을 측정하시오.

물음 2 ㈜현대는 사채 취득과정에서 직접적인 거래원가 ₩4,974를 별도로 지출한 경우 취득시점의 회계처리를 나타내시오.

해설

물음 1

취득일의 공정가치 : ① + ② = 100,000
① 액면이자의 현재가치 : 8,000 × 2.5771 = 20,617
② 액면금액의 현재가치 : 100,000 × 0.79383 = 79,383

물음 2

						손익효과
1년초						
차)	금융자산 (AC)	100,000	대)	현금	100,000	–
차)	금융자산	4,974	대)	현금	4,974	–

[참고]

사채 발행기업의 회계처리와 달리 사채 투자기업은 차금을 설정하지 않고 순액으로만 회계처리한다.
→ 상각후원가를 측정하기 위한 유효이자율을 아래의 산식으로 산정함.
→ 유효이자율은 연 6%이며 이를 기초로 차액상각표를 작성해야 함.

$$₩100,000 + ₩4,974 = ₩104,974 = \frac{₩8,000}{(1+r)^1} + \frac{₩8,000}{(1+r)^2} + \frac{₩108,000}{(1+r)^3}$$

1-2 액면취득

시장이자율이 액면이자율과 같은 경우 금융자산의 공정가치는 액면금액과 같다. 액면취득의 경우 최초 보고금액과 만기에 수취하는 금액이 동일하므로 차액은 없으며 후속기간동안 최초 보고금액으로 계속 보고된다. 또한 액면이자율과 유효이자율이 같으므로 액면이자와 이자수익이 동일하다.

투자기업은 사채를 이자 개시일에 취득 할 수도 있으며 이자 개시일이 지난 이자지급기간 중에 취득(이를 '중도취득'이라 함)하기도 한다. 투자기업이 사채를 어느 일자에 취득하더라도 약정한 이자지급일에 수취할 액면이자는 같다. 이러한 특성은 이자 개시일에 취득한 경우와 중도취득한 경우 수취할 이자가 같아지는 모순의 원인이 되므로, 이자지급기간 중에 사채를 취득하는 투자기업은 이러한 모순을 해결하기 위해 중도취득일까지 발생한 경과 액면이자를 반드시 포함하여 대가를 지급해야한다는 것에 주의한다. 사채발행으로 유입되는 현금과 만기동안 관련 회계처리를 나타내면 다음과 같다.

① 사채취득으로 유출되는 현금

구 분	시장이자율	사채취득으로 유출되는 현금
이자 개실일 취득	이자 개시일	개시일의 현재가치
중도 취득	중도 취득일	개시일 기준 현재가치 + 경과 액면이자

② 시점별 회계저리

권면발행일 : 20x1년 1월 1일
만기상환일 : 20x3년 12월 31일
액면금액 : ₩1,000
액면이자 : ₩80 (매년 12월 31일에 지급함)
시장이자율 : 연 8% (만기동안 변화 없는 것으로 가정함)

[개시일 취득]

						손익효과
1년초-개시일 취득						
차)	금융가산 (AC)	1,000	대)	현금	1,000	-
1년말-이자수취						
차)	현금	80	대)	이자수익	80	80
2년말-이자수취						
차)	현금	80	대)	이자수익	80	80

3년말-이자수취

						손익효과
차)	현금	80	대)	이자수익	80	80

3년말-만기상환

						손익효과
차)	현금	1,000	대)	금융자산	1,000	–

[중도취득]

1년 7월초-중도취득

						손익효과
차)	금융자산	1,000	대)	현금	1,000	–
	미수이자	40		현금	40	–

(*) 경과 액면이자 : 80 × 6/12 = 40

1년말-이자수취

						손익효과
차)	현금	80	대)	이자수익	40	40
				미수이자	40	

2년말-이자수취

						손익효과
차)	현금	80	대)	이자수익	80	80

3년말-이자수취

						손익효과
차)	현금	80	대)	이자수익	80	80

3년말-만기상환

						손익효과
차)	현금	1,000	대)	현금	1,000	–

기본예제 2 액면취득 - 중도취득

결산일이 12월 말인 ㈜현대는 ㈜서울이 20x1년 초에 발행한 액면금액 ₩100,000, 액면이자 ₩8,000(매년 말 지급조건, 8%), 만기 3년인 사채를 20x1년 4월 초에 시장이자율 연 8%로 중도취득하고 상각후원가 측정 금융자산으로 분류하였다. 아 사채의 권면발행일은 20x1년 초(시장이자율 연 12%)이며 권면발행일부터 액면이자가 기산되어 매년 말에 지급한다. 단, 8%, 3기간 단일금액 현가는 0.79383, 연금현가는 2.5771이며 12%, 3기간 단일금액 현가는 0.71178, 연금현가는 2.40183이다.

물음 1 사채취득으로 유출되는 현금을 계산하시오.

물음 2 ㈜현대가 만기동안 수행할 회계처리를 나타내시오.

해설

물음 1

1. 이자 개시일 기준 현재가치 : ① + ② = 100,000 (∴액면취득)
   ① 액면이자의 현재가치 : 8,000 × 2.5771 = 20,617
   ② 액면금액의 현재가치 : 100,000 × 0.79383 = 79,383

2. 중도취득일까지 발생한 경과 액면이자 : 8,000 × 3/12 = 2,000

3. 중도취득으로 유출되는 현금(1 + 2) : 102,000

물음 2

						손익효과
1년 4월초-중도취득						
차)	금융자산	100,000	대)	현금	100,000	-
	미수이자	2,000		현금	2,000	-
	(*) 경과 액면이자 : 8,000 × 3/12 = 2,000					
1년말-이자수취						
차)	현금	8,000	대)	이자수익	6,000	6,000
				미수이자	2,000	
	(*) 이자수익 : 8,000 − 2,000 = 6,000					
2년말-이자수취						
차)	현금	8,000	대)	이자수익	8,000	8,000
3년말-이자수취						
차)	현금	8,000	대)	이자수익	8,000	8,000
3년말-만기상환						
차)	현금	100,000	대)	금융자산	100,000	-

1-3 할인발행

시장이자율이 액면이자율 보다 큰 경우 금융자산은 할인취득 된다. 할인 취득의 경우 금융자산의 최초 보고금액이 만기에 수취하는 액면금액 보다 낮으므로 할인차액이 발생하며 유효이자율법에 의한 할인차액을 최초 보고액에 가산한 금액으로 재무보고 한다. 또한 액면이자보다 더 큰 이자수익을 인식하며 양자의 차액이 할인차액의 상각액이다.

투자기업은 금융자산을 이자 개시일에 취득할 수도 있으며 이자 개시일이 지난 이자지급기간 중에 취득하기도 한다. 투자기업이 금융자산을 어느 일자에 취득하더라도 이자지급일에 수취할 액면이자는 동일하다. 이러한 특성은 이자 개시일에 취득한 경우와 중도 취득한 경우의 실질이자가 같아지는 모순의 원인이 되므로, 중도취득한 경우에는 중도취득일까지 발생한 경과 유효이자를 반드시 포함하여 대가를 지급해야한다는 것에 주의한다. 또한 경과 유효이자는 경과 액면이자와 경과 할인차액 상각으로 구분하여 경과 액면이자는 미수이자로 경과 할인차액 상각은 상각후원가에 포함하도록 구분하여 회계처리 한다. 금융자산 취득으로 유출되는 현금과 만기동안 관련 회계처리를 나타내면 다음과 같다.

① 사채취득으로 유출되는 현금

구 분	시장이자율	사채취득으로 유출되는 현금
이자 개실일 취득	이자 개시일	개시일의 현재가치
중도 취득	중도 취득일	개시일 기준 현재가치 + 경과 액면이자

② 시점별 회계처리

권면발행일 : 20x1년 1월 1일
만기상환일 : 20x3년 12월 31일
액면금액 : ₩1,000
액면이자 : ₩80 (매년 12월 31일에 지급함)
시장이자율 : 연 10% (만기동안 변화 없는 것으로 가정함)
할인차금상각 :

일 자	유효이자(10%)	액면이자(8%)	차금상각	상각후원가
1년 초				950
1년 말	95	80	15	965
2년 말	97	80	17	982
3년 말	98	80	18	1,000
계	290	240	50	

[개시일 취득]

						손익효과
1년초-개시일						
차)	금융자산 (AC)	950	대)	현금	950	-
1년말-이자수취						
차)	현금	80	대)	이자수익	95	95
	금융자산	15				
2년말-이자수취						
차)	현금	80	대)	이자수익	97	97
	금융자산	17				
3년말-이자수취						
차)	현금	80	대)	이자수익	98	98
	금융자산	18				
3년말-만기상환						
차)	현금	1,000	대)	금융자산	1,000	-

[중도취득]

						손익효과
1년 7월초-중도취득						
차)	금융자산	950	대)	현금	950	-
차)	미수이자	40	대)	현금	48	-
	금융자산	8				

(*) 경과 유효이자 : 95 × 6/12 = 48 (반올림)
(*) 경과 액면이자 : 80 × 6/12 = 40 (미수이자)
(*) 경과 할인차액상각 : 48 - 40 = 8 (금융자산에 가산)

						손익효과
1년말-이자수취						
차)	현금	80	대)	이자수익	47	47
	금융자산	7		미수이자	40	

(*) 이자수익 : 95(상각표) - 48(경과 유효이자) = 47
(*) 할인차액상각 : 15(상각표) - 8(경과 할인차액상각) = 7

2년말-이자수취

차) 현금	80	대) 이자수익	97	97
금융자산	17			

3년말-이자수취

차) 현금	80	대) 이자수익	98	98
금융자산	18			

3년말-만기상환

차) 현금	1,000	대) 금융자산	1,000	-

기본예제 3 할인취득-이자 개시일 취득

결산일이 12월 말인 ㈜현대는 ㈜서울이 20x1년 초에 발행한 액면금액 ₩100,000, 액면이자 ₩8,000(매년 말 지급조건, 8%), 만기 3년인 사채를 20x1년 초에 시장이자율 연 12%로 취득하고 상각후원가 측정 금융자산으로 분류하였다. 단, 12%, 3기간 단일금액 현가는 0.71178, 연금현가는 2.40183이다.

물음 1 취득시점의 공정가치를 측정하시오.

물음 2 할인차액 상각표를 작성하시오.

물음 3 ㈜현대가 만기동안 수행할 회계처리를 나타내시오.

해설

물음 1

1. 이자 개시일의 공정가치 : ① + ② = 90,393 (∴할인취득)
   ① 액면이자의 현재가치 : 8,000 × 2.40183 = 19,215
   ② 액면금액의 현재가치 : 100,000 × 0.71178 = 71,178
2. 할인차액 : 100,000(액면금액) - 90,393(공정가치) = 9,607

물음 2

일 자	유효이자(12%)	액면이자(8%)	차금상각	상각후원가
1년 초				90,393
1년 말	10,847	8,000	2,847	93,240
2년 말	11,189	8,000	3,189	96,429
3년 말	11,571	8,000	3,571	100,000
계	33,607	24,000	9,607	

물음 3

						손익효과
1년초-개시일 취득						
차)	금융자산	90,393	대)	현금	90,393	-
1년말-이자수취						
차)	현금	8,000	대)	이자수익	10,847	10,847
	금융자산	2,847				
2년말-이자수취						
차)	현금	8,000	대)	이자수익	11,189	11,189
	금융자산	3,189				
3년말-이자수취						
차)	현금	8,000	대)	이자수익	11,571	11,571
	금융자산	3,571				
3년말-만기상환						
차)	현금	100,000	대)	금융자산	100,000	-

기본예제 4 **할인취득-중도취득**

결산일이 12월 말인 ㈜현대는 ㈜서울이 20x1년 초에 발행한 액면금액 ₩100,000, 액면이자 ₩8,000(매년말 지급조건, 8%), 만기 3년인 사채를 20x1년 4월 초에 시장이자율 연 12%로 중도취득하고 상각후원가측정 금융자산으로 분류하였다. 아 사채의 권면발행일은 20x1년 초(시장이자율 연 8%)이며 권면발행일부터 액면이자가 기산되어 매년 말에 지급한다. 단, 8%, 3기간 단일금액 현가는 0.79383, 연금현가는 2.57710이며 12%, 3기간 단일금액 현가는 0.71178, 연금현가는 2.40183이다. ㈜현대가 만기동안 수행할 회계처리를 나타내시오.

해설

1. 이자 개시일 기준 공정가치 : ① + ② = 90,393 (∴할인취득)
   ① 액면이자의 현재가치 : 8,000 × 2.40183 = 19,215
   ② 액면금액의 현재가치 : 100,000 × 0.71178 = 71,178
2. 할인차액 : 100,000(액면금액) − 90,393(공정가치) = 9,607

3. 할인차액 상각표

일 자	유효이자(12%)	액면이자(8%)	차금상각	상각후원가
1년 초				90,393
1년 말	10,847	8,000	2,847	93,240
2년 말	11,189	8,000	3,189	96,429
3년 말	11,571	8,000	3,571	100,000
계	33,607	24,000	9,607	

4. 시점별 회계처리

						손익효과
1년 4월초-중도발행						
차)	금융자산	90,393	대)	현금	90,393	-
차)	미수이자	2,000	대)	현금	2,712	-
	금융자산	712				

(*) 경과 유효이자 : 10,847 × 3/12 = 2,712
(*) 경과 액면이자 : 8,000 × 3/12 = 2,000 (미수이자)
(*) 경과 할인차액상각 : 2,712 - 2,000 = 712 (금융자산에 가산)

						손익효과
1년말-이자수취						
차)	현금	8,000	대)	이자수익	8,135	8,135
	금융자산	2,135		미수이자	2,000	

(*) 이자수익 : 10,847 - 2,712 = 8,135
(*) 할인차액상각 : 2,847 - 712 = 2,135

						손익효과
2년말-이자수취						
차)	현금	8,000	대)	이자수익	11,189	11,189
	금융자산	3,189				
3년말-이자수취						
차)	현금	8,000	대)	이자수익	11,571	11,571
	금융자산	3,571				
3년말-만기상환						
차)	현금	100,000	대)	금융자산	100,000	-

1-4 할증취득

시장이자율이 액면이자율 보다 낮은 경우 금융자산은 할증취득 된다. 할증취득의 경우 금융자산의 공정가치가 만기에 지급하는 액면금액 보다 높으므로 할증차액이 발생하며 유효이자율법에 의한 할증차액 상각액을 최초 보고액에 차감하여 상각후원가를 측정한다. 또한 액면이자보다 더 작은 이자수익을 인식하며 양자의 차액이 할증차액의 상각액이다.

투자기업은 금융자산을 이자 개시일에 취득 하지만 이자지급기간 중에 취득하기도 한다. 투자기업이 금융자산을 어느 일자에 취득하더라도 이자지급일에 수취할 액면이자는 동일하다. 이러한 특성은 이자 개시일에 취득한 경우와 중도 취득한 경우의 실질이자가 같아지는 모순의 원인이 되므로, 중도취득한 경우에는 중도취득일까지 발생한 경과 유효이자를 반드시 포함하여 대가를 지급해야한다는 것에 주의한다. 또한 경과 유효이자는 경과 액면이자와 경과 할증차액 상각으로 구분하여 경과 액면이자는 미수이자로 경과 할증차액 상각은 상각후원가에 포함하도록 구분하여 회계처리 한다. 금융자산의 취득으로 유출되는 현금과 만기동안 관련 회계처리를 나타내면 다음과 같다.

① 사채취득으로 유출되는 현금

구 분	시장이자율	사채취득으로 유출되는 현금
이자 개실일 취득	이자 개시일	개시일의 현재가치
중도 취득	중도 취득일	개시일 기준 현재가치 + 경과 액면이자

② 시점별 회계처리

권면발행일 : 20x1년 1월 1일
만기상환일 : 20x3년 12월 31일
액면금액 : ₩1,000
액면이자 : ₩120 (12%, 매년 12월 31일에 지급함)
시장이자율 : 연 10% (만기동안 변화 없는 것으로 가정함)
할인차금상각 :

일 지	유효이자(10%)	액면이자(12%)	차금상각	상각후원가
1년 초				1,050
1년 말	105	120	15	1,035
2년 말	104	120	16	1,019
3년 말	101	120	19	1,000
계	310	360	50	

[개시일 취득]

1년초-개시일

						손익효과
차)	금융자산 (AC)	1,050	대)	현금	1,050	-

1년말-이자수취

						손익효과
차)	현금	120	대)	아지수익	105	105
				금융자산	15	

2년말-이자수취

						손익효과
차)	현금	120	대)	아지수익	104	104
				금융자산	16	

3년말-이자수취

						손익효과
차)	현금	120	대)	이자수익	101	101
				금융자산	19	

3년말-만기상환

						손익효과
차)	현금	1,000	대)	금융자산	1,000	-

[중도취득]

1년 7월초-중도취득

						손익효과
차)	금융자산	1,050	대)	현금	1,050	-
	미수이자	60		현금	53	-
				금융자산	7	-

(*) 경과 유효이자 : 105 × 6/12 = 53 (반올림)
(*) 경과 액면이자 : 120 × 6/12 = 60 (미수이자)
(*) 경과 할증차액 상각 : 53 - 60 = 7 (금융자산에서 차감)

1년말-이자수취

						손익효과
차)	현금	120	대)	이자수익	52	52
				미수이자	60	
				금융자산	8	

(*) 이자수익 : 105(상각표) - 53(경과 유효이자) = 52

2년말-이자수취

차)	현금	120	대)	이자수익	104	(104)
				금융자산	16	

3년말-이자수취

차)	현금	120	대)	이자수익	101	(101)
				금융자산	19	

3년말-만기상환

차)	현금	1,000	대)	금융자산	1,000	-

기본예제 5 할증취득-중도취득

결산일이 12월 말인 ㈜현대는 ㈜서울이 20x1년 초에 발행한 액면금액 ₩100,000, 액면이자 ₩12,000(매년 말 지급조건, 12%), 만기 3년인 사채를 20x1년 4월 초에 시장이자율 연 8%로 중도취득하고 상각후원가측정 금융자산으로 분류하였다. 이 사채의 권면발행일은 20x1년 초(시장이자율 연 12%)이며 권면발행일부터 액면이자가 기산되어 매년 말에 지급한다. 단, 8%, 3기간 단일금액 현가는 0.79383, 연금현가는 2.5771이며 12%, 3기간 단일금액 현가는 0.71178, 연금현가는 2.401830이다. ㈜현대가 만기동안 수행할 회계처리를 나타내시오.

해설

1. 이자 개시일 기준 공정가치 : ① + ② = 110,308 (∴할증취득)
   ① 액면이자의 현재가치 : 12,000 × 2.5771 = 30,925
   ② 액면금액의 현재가치 : 100,000 × 0.79383 = 79,383

2. 할증차액 : 100,000(액면금액) - 110,308(공정가치) = 10,308

3. 할증차액 상각표

일 자	유효이자(8%)	액면이자(12%)	차액상각	상각후원가
1년 초				110,308
1년 말	8,825	12,000	3,175	107,133
2년 말	8,571	12,000	3,429	103,704
3년 말	8,296	12,000	3,704	100,000
계	25,692	36,000	10,308	

4. 시점별 회계처리

						손익효과
1년 4월초-중도취득						
차)	금융자산	110,308	대)	현금	110,308	-
차)	미수이자	3,000	대)	현금	2,206	-
				금융자산	794	-

(*) 경과 유효이자 : 8,825 × 3/12 = 2,206

(*) 경과 액면이자 : 12,000 × 3/12 = 3,000 (미수이자)

(*) 경과 할증차액 상각 : 2,206 - 3,000 = 794 (금융자산에서 차감)

						손익효과
1년말-이자수취						
차)	현금	12,000	대)	이자수익	6,619	6,619
				미수이자	3,000	
				금융자산	2,381	

(*) 이자수익 : 8,825 - 2,206 = 6,619

(*) 할증차액 상각 : 3,175 - 794 = 2,381

						손익효과
2년말-이자수취						
차)	현금	12,000	대)	이자수익	8,571	8,571
				금융자산	3,429	
3년말-이자수취						
차)	현금	12,000	대)	이자수익	8,296	8,296
				금융자산	3,704	
3년말-만기상환						
차)	현금	100,000	대)	금융자산	100,000	-

2. 제거

금융자산에 대한 계약상 현금흐름에 대한 계약상 권리가 소멸(예: 만기 회수)하거나 아무런 조건 없이 계약상 권리를 제3자에게 이전(예: 처분)하는 경우 상각후원가 측정 금융자산의 장부금액을 재무상태표에서 제거한다.

상각후원가 측정 금융자산을 제3자에게 처분한 경우, 금융자산의 장부금액을 제거하고 수취한 대가와의 차이를 금융자산처분손익의 과목으로 당기순이익에 반영한다. 상각후원가 측정 금융자산을 이자지급기간 중에 처분한 경우에는 처분시점까지 발생한 이자수익을 인식한 후 수취한 대가와 제거되는 금융자산의 장부금액의 차이를 금융자산처분손익의 과목으로 당기순이익에 반영한다. 이자지급기간 중에 금융자산을 처분한 경우 수취한 대가에는 처분시점까지 발생한 경과 액면이자가 대가에 포함되므로 이를 제외한 순수한 수취 대가를 기준으로 금융자산처분손익을 측정한다는 점에 주의한다.

기본예제 6 상각후원가 측정 금융자산의 처분

결산일이 12월 말인 ㈜현대는 20x1년 초, 상각후원가 측정 금융자산로 분류되는 사채를 ₩95,026에 취득하였다. 만기는 3년이며 액면금액은 ₩100,000, 액면이자는 ₩8,000(12월 말 지급)이다. 취득일 현재 사채의 시장이자율은 연 10%이다.

물음 1 할인차액 상각표를 작성하시오.

물음 2 20x2년 초, 상기 사채의 시장이자율이 연 12%인 경우 사채의 공정가치를 측정하시오. 단, 12%, 2기간 단일금액의 현가는 0.79719, 연금현가는 1.69005이다.

물음 3 20x2년 초, 상각후원가 측정 금융자산을 공정가치로 처분한 경우 ㈜현대의 분개를 제시하시오.

물음 4 위 물음과 독립적으로 상각후원가 측정 금융자산을 20x2년 10월 초 ₩106,000(경과 액면이자 포함)에 처분하였다. 처분시점에 회계처리를 제시하시오.

해설

물음 1

일 자	유효이자(10%)	액면이자(8%)	차금상각	상각후원가
1년 초				95,026
1년 말	9,503	8,000	1,503	96,529
2년 말	9,653	8,000	1,653	98,182
3년 말	9,818	8,000	1,828	100,000
계	28,974	24,000	4,974	

물음 2

사채의 공정가치(2년초, 12%) : ① + ② = 93,239

① 액면이자의 현재가치 : 8,000 × 1.69005 = 13,520

② 액면금액의 현재가치 : 100,000 × 0.79719 = 79,719

물음 3

2년초-처분

	차변	금액		대변	금액	손익효과
차)	현금	93,239	대)	금융자산	96,529	
	금융자산처분손실	3,290				(3,290)

(*) 금융자산처분손실 : 대차차액

물음 4

2년 10월초-이자수취

	차변	금액		대변	금액	손익효과
차)	현금	6,000	대)	이자수익	7,240	7,240
	금융자산	1,240				

(*) 이자수익 : 9,653 × 9/12 = 7,240

(*) 액면이자 : 8,000 × 9/12 = 6,000

(*) 차액상각 : 7,240 − 6,000 = 1,240

2년 10월초-처분

	차변	금액		대변	금액	손익효과
차)	현금	100,000	대)	금융자산	97,769	
				금융자산처분이익	2,231	2,231

(*) 처분시점의 금융자산 장부금액 : 96,529 + 1,240 = 97,769

(*) 처분대가 : 106,000 − 6,000(경과 액면이자) = 100,000

(*) 처분이익 : 대차차액

3. 계약상 현금흐름의 변경

금융자산의 계약상 현금흐름이 재협상되거나 변경되었으나 그 금융자산이 제거되지 아니하는 경우에는 해당 금융자산의 장부금액을 재계산하고 변경손익을 당기손익으로 인식한다. 해당 금융자산의 장부금액은 재협상되거나 변경된 계약상 현금흐름을 해당 금융자산의 최초 유효이자율로 할인한 현재가치로 재계산한다. 발생한 원가나 수수료는 변경된 금융자산의 장부금액에 반영하여 해당 금융자산의 남은 존속기간에 상각한다.

기본예제 7 계약상 현금흐름의 변경

결산일이 매년 말인 ㈜우직은 ㈜갈대가 발행한 사채를 20x1년 초에 취득하고 상각후원가 측정 금융자산으로 분류하였다. 20x3년 초 현재 해당 금융자산의 장부금액은 ₩98,182(최초 유효이자율 연 10%)이다. ㈜갈대는 만기 연장과 액면이자의 인하를 요청하였고 기존 만기인 20x3년 12월 31일을 새로운 만기인 20×5년 12월 31일로 변경하고 매년 액면이자를 6%로 인하하는 데 합의하였다. 계약변경 시점에서 ㈜갈대의 시장이자율은 연 12%이다.

[현가계수]

단일금액 10% 3기간 0.75131 , 단일금액 12% 3기간 0.71178
정상연금 10% 3기간 2.48685 , 정상연금 12% 3기간 2.40183

물음 1 계약변경으로 인하여 금융자산의 장부금액을 제거할 수 없다고 가정한다. ㈜우직의 20x3년도 회계처리를 제시하시오.

물음 2 계약변경으로 인하여 ㈜갈대는 ㈜우직으로부터 계약변경과 관련한 수수료 ₩2,000을 수취하였다. 수수료에 대한 회계처리를 제시하시오.

해설

물음 1

1. 장부금액의 재계산 (3년초, 10%) : ① + ② = 90,052
   ① 액면이자의 현재가치 : 6,000 × 2.48685 = 14,921
   ② 액면금액의 현재가치 : 100,000 × 0.75131 = 75,131

2. 회계처리

					손익효과
3년초-계약변경					
차)	계약변경손실	8,130	대) 금융자산	8,130	(8,130)

(*) 금융자산 : 98,182 - 90,052 = 8,130

					손익효과
3년말-이자수취					
차)	현금	6,000	대) 이자수익	9,005	9,005
	금융자산	3,005			

(*) 이자수익 : 90,052 × 10% = 9,005
(*) 액면이자 : 100,000 × 6% = 6,000
(*) 차액상각 : 3,005

물음 2

					손익효과
3년초-수수료					
차)	현금	2,000	대) 금융자산	2,000	-

(*) 수수료 수취액을 금융자산 장부금액에서 차감하였으므로 후속기간동안의 상각후원가를 측정하기 위한 유효이자율을 계산한다. 이로 인하여 잔여만기동안 보고하는 이자수익은 수수료 수취액 만큼 증가하게 된다.

SECTION

3 기타포괄손익-공정가치 측정 금융자산

기타포괄손익-공정가치 측정 금융자산의 회계처리는 보고기간 말 공정가치로 재평가하는 것을 제외하고 상각후원가 측정 금융자산의 회계처리와 그 내용이 동일하다.

1. 인식과 측정

기타포괄손익-공정가치 측정 금융자산은 최초에 공정가치로 인식한다. 채무상품의 취득에 직접적으로 발생한 거래원가는 최초의 공정가치에서 가산한다. 기타포괄손익-공정가치 측정 금융자산은 계약상 현금흐름에 대한 사업모형이 수취와 매도이므로 해당 금융자산에 대한 상각후원가와 공정가치 모두를 재무제표에 보고하는 것이 필요하다. 따라서 상각후원가 측정 금융자산과 같은 방식으로 상각후원가에 기초한 유효이자를 이자수익으로 인식하며 액면이자와의 차이를 상각하여 금융자산의 장부금액에 가감한다. 또한 매 보고기간 말 공정가치로 재측정하고 공정가치 변동에 따른 손익을 기타포괄손익으로 인식한다.

기타포괄손익-공정가치 측정 금융자산을 처분하여 금융자산의 장부금액을 제거하는 경우, 제거시점까지의 누적기타포괄손익을 당기순손익으로 재순환(recycle)하여야 한다. 이러한 기준서의 요구사항을 충족하기 위해 공정가치로 재평가하는 다른 기준서를 적용하는 자산과 달리 처분시점의 공정가치로 우선 측정하여 손익을 인식한 후, 금융자산의 제거손익을 인식하여야 한다.

기본예제 8 할인취득-이자 개시일 취득

결산일이 12월 말인 ㈜현대는 ㈜서울이 20x1년 초에 발행한 액면금액 ₩100,000, 액면이자 ₩8,000(매년 말 지급조건, 8%), 만기 3년인 사채를 20x1년 초에 시장이자율 연 12%로 취득하고 기타포괄손익-공정가치 측정 금융자산으로 분류하였다. 20x1년 말과 20x2년 말 금융자산의 공정가치는 각각 ₩95,000 및 ₩99,000이다. ㈜현대는 해당 금융자산을 20x3년 4월 초에 ₩102,500(경과액면이자 포함)을 수취하고 처분하였다. 단, 12%, 3기간 단일금액 현가는 0.71178, 연금현가는 2.40183이다.

물음 1 취득시점의 공정가치를 측정하시오.

물음 2 할인차액 상각표를 작성하시오.

물음 3 ㈜현대가 처분시점까지 수행할 회계처리를 나타내시오.

물음 4 ㈜현대가 20x3년도의 포괄손익계산서에 보고할 기타포괄손익은 얼마인가? 단, 손실인 경우에는 금액에 (-)를 표시하시오.

해설

물음 1

1. 이자 개시일의 공정가치 : ① + ② = 90,393 (∴할인취득)
   ① 액면이자의 현재가치 : 8,000 × 2.40183 = 19,215
   ② 액면금액의 현재가치 : 100,000 × 0.71178 = 71,178

2. 할인차액 : 100,000(액면금액) − 90,393(공정가치) = 9,607

물음 2

일자	유효이자(12%)	액면이자(8%)	차금상각	상각후원가
1년 초				90,393
1년 말	10,847	8,000	2,847	93,240
2년 말	11,189	8,000	3,189	96,429
3년 말	11,571	8,000	3,571	100,000
계	33,607	24,000	9,607	

물음 3

						손익효과
1년초-개시일 취득						
차)	금융자산 (FV-OCI)	90,393	대)	현금	90,393	-
1년말-이자수취						
차)	현금	8,000	대)	이자수익	10,847	10,847 PL
	금융자산	2,847				

1년말-공정가치 평가

차)	금융자산	1,760	대)	금융자산평가손익	1,760	1,760 OCI

① 평가 전 장부금액 : 90,393 + 2,847 = 93,240
② 공정가치 : 95,000
③ 재평가증가액(②-①) : 1,760

2년말-이자수취

차)	현금	8,000	대)	이자수익	11,189	11,189 PL
	금융자산	3,189				

2년말-공정가치 평가

차)	금융자산	811	대)	금융자산평가손익	811	811 OCI

① 평가 전 장부금액 : 95,000(전기이월) + 3,189(상각) = 98,189
② 공정가치 : 99,000
③ 재평가증가액(②-①) : 811

3년 4월초-이자수취

차)	현금	2,000	대)	이자수익	2,893	2,893 PL
	금융자산	893				

(*) 이자수익 : 11,571 × 3/12 = 2,893
(*) 액면이자 : 8,000 × 3/12 = 2,000
(*) 차액상각 : 893

3년 4월 초-공정가치 평가

차)	금융자산	607	대)	금융자산평가손익	607	607 OCI

① 평가 전 장부금액 : 99,000(전기이월) + 893(상각) = 99,893
② 공정가치 : 102,500 - 2,000(경과액면이자) = 100,500
③ 재평가증가액(②-①) : 607

3년 4월 초 - 제거

차)	현금	100,500	대)	금융자산 (제거)	100,500	-
차)	금융자산평가손익 (재순환)	3,178	대)	금융자산처분이익	3,178	(3,178)OCI 3,178 PL

(*) 처분일까지의 누적평가손익 : 1,760 + 811 + 607 = 3,178

물음 4

20x3년도 기타포괄손익 : 607(당기 재평가) − 3,178(재순환) = (−)2,571

2. 비교

기타포괄손익-공정가치 측정 금융자산의 회계처리로 인하여 당기순이익에 반영할 금액은 해당 금융자산을 상각후원가 측정 금융자산으로 분류하였다면 인식할 당기순이익과 동일하여야 한다. 따라서 동일한 채무상품이라면 기타포괄손익-공정가치 측정 금융자산으로 분류하거나 상각후원가 측정 금융자산으로 분류하는 것과 무관하게 당기순손익으로 인식할 이자수익, 손상차손, 손상차손환입 그리고 금융자산처분손익은 모두 같은 금액으로 보고된다.

기본예제 9 **상각후원가 측정 금융자산과의 비교**

결산일이 매년 말인 A사는 B사가 발행한 사채(액면금액 ₩100,000)를 20x1년 초에 취득하고 20x3년 초에 처분하였다. 취득 및 처분과정에서 별도의 거래원가는 없는 것으로 가정하며 취득 시점의 유효이자율은 연 10%이며 액면이자 ₩8,000(8%)은 매년 말에 지급한다. 만기는 3년이다. 시점별 상각후원가와 공정가치는 다음과 같으며 기대신용손실은 고려하지 아니한다.

구 분	20x1년 초	20x1년 말	20x2년 말	20x3년 초
상각후원가	−	96,529	98,182	−
공 정 가 치	95,026	97,000	99,000	99,100

물음 1 할인차액 상각표를 작성하시오.

물음 2 A사는 투자사채를 상각후원가 측정 금융자산으로 분류한다. 처분시점까지 회계처리를 제시하시오.

물음 3 A사는 투자사채를 기타포괄손익-공정가치 측정 금융자산으로 분류한다. 처분시점까지 회계처리를 제시하시오.

물음 4 상각후원가 측정 금융자산인 경우 포괄손익계산서를 완성하시오. 단, 손실인 경우에는 금액 앞에 (−)를 표시하시오.

구 분	20x1년	20x2년	20x3년
이자수익			
금융자산처분손익			
당기순이익			
기타포괄손익			
총포괄손익			

물음 5 기타포괄손익-공정가치 측정 금융자산인 경우 포괄손익계산서를 완성하시오. 단, 손실인 경우에는 금액 앞에 (−)를 표시하시오.

구 분	20x1년	20x2년	20x3년
이자수익			
금융자산처분손익			
당기순이익			
기타포괄손익			
총포괄손익			

해설

물음 1

할인차액 : 100,000 − 95,026(최초보고) = 4,974

할인차액 상각표

일 자	유효이자(10%)	액면이자(8%)	차금상각	상각후원가
1년 초				95,026
1년 말	9,503	8,000	1,503	96,529
2년 말	9,653	8,000	1,653	98,182
3년 말	9,818	8,000	1,818	100,000
계	28,974	24,000	4,974	

물음 2

1년초-개시일 취득

						손익효과
차)	금융자산 (AC)	95,026	대)	현금	95,026	-

1년말-이자수취

						손익효과
차)	현금	8,000	대)	이자수익	9,503	9,503 PL
	금융자산	1,503				

2년말-이자수취

						손익효과
차)	현금	8,000	대)	이자수익	9,653	9,653 PL
	금융자산	1,653				

3년초-제거

						손익효과
차)	현금	99,100	대)	금융자산	98,182	-
				금융자산처분이익	918	918 PL

(*) 처분손익 : 99,100 − 98,182(장부금액 = 상각후원가) = 918

물음 3

1년초-개시일 취득

						손익효과
차)	금융자산 (FV-OCI)	95,026	대)	현금	95,026	-

1년말-이자수취

						손익효과
차)	현금	8,000	대)	이자수익	9,503	9,503 PL
	금융자산	1,503				

1년말-공정가치 평가

						손익효과
차)	금융자산	471	대)	금융자산평가손익	471	471 OCI

① 평가 전 장부금액 : 95,026(최초금액) + 1,503(상각) = 96,529

② 공정가치 : 97,000

③ 재평가증가액(② − ①) : 471

2년말-이자수취

차)	현금	8,000	대)	이자수익	9,653	9,653 PL
	금융자산	1,653				

2년말-공정가치 평가

차)	금융자산	347	대)	금융자산평가손익	347	347 OCI

① 평가 전 장부금액 : 97,000(전기이월) + 1,653(상각) = 98,653
② 공정가치 : 99,000
③ 재평가증가액(② - ①) : 347

3년초-공정가치 평가

차)	금융자산	100	대)	금융자산평가손익	100	100 OCI

① 평가 전 장부금액 : 99,000(전기이월) + 0(상각) = 99,000
② 공정가치 : 99,100
③ 재평가증가액(② - ①) : 100

3년초-제거

차)	현금	99,100	대)	금융자산	99,100	-
차)	금융자산평가손익 (재순환)	918	대)	금융자산처분이익	918	(918)OCI 918 PL

(*) 처분일까지의 누적평가손익 : 471 + 347 + 100 = 918
(*) 처분손익(=재순환금액) : 918

물음 4

구 분	20x1년	20x2년	20x3년
이자수익	9,503	9,653	-
금융자산처분손익	-	-	918
당기순이익	9,503	9,653	918
기디포괄손익	-	-	-
총포괄손익	9,503	9,653	918

물음 5

구 분	20x1년	20x2년	20x3년
이자수익	9,503	9,653	–
금융자산처분손익	–	–	918
당기순이익	9,503	9,653	918
기타포괄손익	471	347	(818)
총포괄손익	9,974	10,000	100

(*) 3년도의 기타포괄손익 : 100(재평가증가액) – 918(재순환) = (–)818

[참고]

위의 답안에서 당기순이익은 해당 금융자산을 상각후원가로 측정하는 금융자산으로 분류하였더라면 인식하였을 손익과 일치함을 알 수 있다. 따라서 기타포괄손익–공정가치 측정 금융자산은 재무제표 이용자에게 공정가치와 상각후원가 모두에 기초한 정보를 제공한다.

SECTION

4 당기손익-공정가치 측정 금융자산

당기손익-공정가치 측정 금융자산의 회계처리는 보고기간 말 공정가치로 재평가하고 공정가치 변동손익을 당기순손익에 반영한다. 관련 내용은 다음과 같다.

1. 인식과 측정

당기손익-공정가치 측정 금융자산은 최초에 공정가치로 인식한다. 채무상품의 취득에 직접적으로 발생한 거래원가는 발생시점에 당기순이익에 반영한다.

상각후원가 측정 금융자산과 기타포괄손익-공정가치 측정 금융자산은 계약상 현금흐름에 대한 사업모형에 수취목적이 공통적으로 존재한다. 따라서 취득시점에 발생한 할인차액이나 할증차액을 유효이자율법을 적용하여 잔여만기동안 상각하여야 한다. 그러나 단기매매목적으로 보유하는 채무상품에서 발생한 할인차액이나 할증차액을 잔여만기동안 상각하여 이자수익으로 인식하는 것은 보유 목적 및 경제적 실익을 고려하였을 때 적절하지 않을 수 있다. 이러한 이유로 한국채택국제회계기준이 도입되기 전 회계기준에서는 단기매매목적으로 보유한 채무상품의 이자수익은 유효이자를 인식하지 않고 액면이자를 인식하도록 요구하였으나 한국채택국제회계기준에서는 별도의 이자수익 규정을 두고 있지 않다. 본서는 당기손익-공정가치 측정 금융자산의 이자수익은 편의상 액면이자를 기초로 인식하며 상각후원가를 별도로 관리하지 않는 것으로 설명한다.

당기손익-공정가치 측정 금융자산을 처분하여 금융자산의 장부금액을 제거하는 경우, 처분시점의 장부금액과 수취한 대가(수수료 차감)와의 차액을 금융자산처분손익의 과목으로 당기순손익에 반영한다.

기본예제 10 할인취득 - 이자 개시일 취득

결산일이 12월 말인 ㈜현대는 ㈜서울이 20x1년 초에 발행한 액면금액 ₩100,000, 액면이자 ₩8,000(매년 말 지급조건, 8%), 만기 3년인 사채를 20x1년 초에 시장이자율 연 12%로 취득하고 당기손익-공정가치 측정 금융자산으로 분류하였다. 20x1년 말 금융자산의 공정가치는 ₩95,000이다. ㈜현대는 해당 금융자산을 20x2년 4월 초에 ₩102,500(경과액면이자 포함)을 수취하고 처분하였다. 단, 12%, 3기간 단일금액 현가는 0.71178, 연금현가는 2.40183이다.

물음 1 취득시점의 공정가치를 측정하시오.

물음 2 ㈜현대가 처분시점까지 수행할 회계처리를 나타내시오.

해설

물음 1

이자 개시일의 공정가치 : ① + ② = 90,393 (∴할인취득)

① 액면이자의 현재가치 : 8,000 × 2.40183 = 19,215

② 액면금액의 현재가치 : 100,000 × 0.71178 = 71,178

물음 2

						손익효과
1년초-개시일 취득						
차)	금융자산 (FV-PL)	90,393	대)	현금	90,393	-
1년말-이자수취						
차)	현금	8,000	대)	이자수익	8,000	8,000 PL
1년말-공정가치 평가						
차)	금융자산	4,607	대)	금융자산평가손익	4,607	4,607 PL

① 평가 전 장부금액 : 90,393

② 공정가치 : 95,000

③ 재평가증가액(② - ①) : 4,607

2년 4월초-이자수취

차) 현금	2,000	대) 이자수익	2,000	2,000	PL

(*) 이자수익 : 8,000(액면이자) × 3/12 = 2,000

2년 4월초-제거

차) 현금	100,500	대) 금융자산	95,000		
		금융자산처분이익	5,500	5,000	PL

① 처분 전 장부금액 : 95,000(전기이월)
② 수취대가 : 102,500 − 2,000(경과액면이자) = 100,500
③ 처분손익(② − ①) : 5,500

2. 비교

기타포괄손익-공정가치 측정 금융자산과 당기손익-공정가치 측정 금융자산은 모두 공정가치법에 따라 측정하므로 재무상태표에 보고할 금융자산의 금액은 동일하다. 따라서 두 범주의 자본변동 역시 동일하므로 총포괄손익은 항상 같은 금액이 보고된다. 다만, 공정가치 평가로 인한 손익의 표시를 기타포괄손익으로 하는지 아니면 당기순손익으로 하는지의 차이만 존재한다.

기본예제 11 공정가치 측정 금융자산의 비교

결산일이 매년 말인 A사는 B사가 발행한 사채(액면금액 ₩100,000)를 20x1년 초에 취득하고 20x3년 초에 처분하였다. 취득 및 처분과정에서 별도의 거래원가는 없는 것으로 가정하며 취득 시점의 유효이자율은 연 10%이며 액면이자 ₩8,000(8%)은 매년 말에 지급한다. 만기는 3년이다. 시점별 상각후원가와 공정가치는 다음과 같으며 기대신용손실은 고려하지 아니한다.

구 분	20x1년 초	20x1년 말	20x2년 말	20x3년 초
상각후원가	−	96,529	98,182	−
공 정 가 치	95,026	97,000	99,000	99,100

물음 1 할인차액 상각표를 작성하시오.

물음 2 A사는 투자사채를 당기손익-공정가치 측정 금융자산으로 분류한다. 처분시점까지 회계처리를 제시하시오.

물음 3 A사는 투자사채를 기타포괄손익-공정가치 측정 금융자산으로 분류한다. 처분시점까지 회계처리를 제시하시오.

물음 4 당기손익-공정가치 측정 금융자산인 경우 포괄손익계산서를 완성하시오. 단, 손실인 경우에는 금액 앞에 (-)를 표시하시오.

구 분	20x1년	20x2년	20x3년
당기순이익			
기타포괄손익			
총포괄손익			

물음 5 기타포괄손익-공정가치 측정 금융자산인 경우 포괄손익계산서를 완성하시오. 단, 손실인 경우에는 금액 앞에 (-)를 표시하시오.

구 분	20x1년	20x2년	20x3년
당기순이익			
기타포괄손익			
총포괄손익			

해설

물음 1

1. 할인차액 : 100,000 − 95,026(최초보고) = 4,974
2. 할인차액 상각표

일자	유효이자(10%)	액면이자(8%)	차금상각	상각후원가
1년 초				95,026
1년 말	9,503	8,000	1,503	96,529
2년 말	9,653	8,000	1,653	98,182
3년 말	9,818	8,000	1,818	100,000
계	28,974	24,000	4,974	

물음 2

						손익효과
1년초-개시일 취득						
차)	금융자산 (FV-PL)	95,026	대)	현금	95,026	-
1년말-이자수취						
차)	현금	8,000	대)	이자수익	8,000	8,000 PL
1년말-공정가치 평가						
차)	금융자산	1,974	대)	금융자산평가손익	1,974	1,974 PL

① 평가 전 장부금액 : 95,026
② 공정가치 : 97,000
③ 재평가증가액(② - ①) : 1,974

						손익효과
2년말-이자수취						
차)	현금	8,000	대)	이자수익	8,000	8,000 PL
2년말-공정가치 평가						
차)	금융자산	2,000	대)	금융자산평가손익	2,000	2,000 PL

① 평가 전 장부금액 : 97,000
② 공정가치 : 99,000
③ 재평가증가액(② - ①) : 2,000

						손익효과
3년초 - 제거						
차)	현금	99,100	대)	금융자산	99,000	-
				금융자산처분이익	100	100 PL

(*) 처분손익 : 99,100 - 99,000(장부금액) = 100

물음 3

						손익효과
1년초-개시일 취득						
차)	금융자산 (FV-OCI)	95,026	대)	현금	95,026	-

1년말-이자수취

차)	현금	8,000	대)	이자수익	9,503	9,503 PL
	금융자산	1,503				

1년말-공정가치 평가

차)	금융자산	471	대)	금융자산평가손익	471	471 OCI

① 평가 전 장부금액 : 95,026(최초금액) + 1,503(상각) = 96,529
② 공정가치 : 97,000
③ 재평가증가액(② − ①) : 471

2년말-이자수취

차)	현금	8,000	대)	이자수익	9,653	9,653 PL
	금융자산	1,653				

2년말-공정가치 평가

차)	금융자산	347	대)	금융자산평가손익	347	347 OCI

① 평가 전 장부금액 : 97,000(전기이월) + 1,653(상각) = 98,653
② 공정가치 : 99,000
③ 재평가증가액(② − ①) : 347

3년초-공정가치 평가

차)	금융자산	100	대)	금융자산평가손익	100	100 OCI

① 평가 전 장부금액 : 99,000(전기이월) + 0(상각) = 99,000
② 공정가치 : 99,100
③ 재평가증가액(② − ①) : 100

3년초-제거

차)	현금	99,100	대)	금융자산 (제거)	99,100	−
차)	금융자산평가손익 (재순환)	918	대)	금융자산처분이익	918	(918)OCI 918 PL

(*) 처분일까지의 누적평가손익 : 471 + 347 + 100 = 918
(*) 처분손익(=재순환금액) : 918

물음 4

구 분	20x1년	20x2년	20x3년
이자수익	8,000	8,000	–
금융자산평가손익	1,974	2,000	–
금융자산처분손익	–	–	100
당기순이익	9,974	10,000	100
기타포괄손익	–	–	–
총포괄손익	9,974	10,000	100

물음 5

구 분	20x1년	20x2년	20x3년
이자수익	9,503	9,653	–
금융자산평가손익	–	–	–
금융자산처분손익	–	–	918
당기순이익	9,503	9,653	918
기타포괄손익	471	347	(818)
총포괄손익	9,974	10,000	100

(*) 3년도의 기타포괄손익 : 100(재평가증가액) – 918(재순환) = (–)818

SECTION 5

기타 고려사항

1. 이자지급기간이 두 회계기간에 걸친 경우

이자지급기간이 두 회계기간에 걸친 경우, 이자지급기간 동안의 유효이자(당기손익-공정가치 측정 금융자산인 경우 액면이자)를 두 회계기간에 각각 배분해야 한다. 그리고 필요한 경우 금융자산을 보고기간 말 공정가치로 평가하고 기타포괄손익 또는 당기순손익을 인식하여야 하는데, 해당 금융자산의 공정가치는 경과 액면이자를 제외한 순수 공정가치를 사용한다.

기본예제 12 이자지급기간이 두 회계기간에 걸친 경우

㈜현대는 20x1년 7월 1일에 ㈜과거가 발행한 액면금액이 ₩100,000(만기 3년)이고, 표시이자율이 연 8%(매년 6월 30일에 지급)인 사채를 ₩95,026에 취득하였다. 20x1년 7월 1일의 유효이자율은 연 10%이다. 20x1년 12월 31일 동 채권의 공정가치는 ₩93,000(기간 경과이자 불포함)이며, ㈜현대는 20x2년 4월 1일에 ₩98,000(기간 경과이자 포함)을 받고 동 채권을 모두 처분하였다.

물음 1 할인차액 상각표를 작성하시오.

물음 2 ㈜현대가 동 채권을 상각후원가 측정 금융자산으로 분류한 경우 처분시점까지 회계처리를 제시하시오.

물음 3 ㈜현대가 동 채권을 기타포괄손익-공정가치 측정 금융자산으로 분류한 경우 처분시점까지 회계처리를 제시하시오.

물음 4 ㈜현대가 동 채권을 당기손익-공정가치 측정 금융자산으로 분류한 경우 처분시점까지 회계처리를 제시하시오.

해설

물음 1

1. 할인차액 : 100,000 − 95,026(최초보고) = 4,974
2. 할인차액 상각표

일자	유효이자(10%)	액면이자(8%)	차금상각	상각후원가
1년 7월 초				95,026
2년 6월 말	9,503	8,000	1,503	96,529
3년 6월 말	9,653	8,000	1,653	98,182
4년 6월 말	9,818	8,000	1,818	100,000
계	28,974	24,000	4,974	

물음 2

						손익효과
1년 7월초-개시일 취득						
차)	금융자산 (AC)	95,026	대)	현금	95,026	−
1년말-이자발생						
차)	미수이자	4,000	대)	이자수익	4,752	4,752 PL
	금융자산	752				

(*) 이자수익 : 9,503 × 6/12 = 4,752
(*) 미수이자 : 8,000 × 6/12 = 4,000
(*) 차액상각 : 752

2년 4월초-이자발생						
차)	미수이자	2,000	대)	이자수익	2,376	2,376 PL
	금융자산	376				

(*) 이자수익 : 9,503 × 3/12 = 2,376
(*) 미수이자 : 8,000 × 2/12 = 2,000
(*) 차액상각 : 376

차)	현금	6,000	대)	미수이자	6,000	−

2년 4월초-제거

					손익효과
차)	현금	92,000	대) 금융자산	96,154	-
	금융자산처분손실	4,154			(4,154)PL

(*) 금융자산 : 95,026 + 752 + 376 = 96,154
(*) 현금 : 98,000 - 6,000(경과액면이자) = 92,000
(*) 처분손익 : 92,000 - 96,154 = 4,154

물음 3

1년 7월초-개시일 취득

					손익효과
차)	금융자산 (FV-OCI)	95,026	대) 현금	95,026	-

1년말-이자발생

					손익효과
차)	미수이자	4,000	대) 이자수익	4,752	4,752 PL
	금융자산	752			

(*) 이자수익 : 9,503 × 6/12 = 4,752
(*) 미수이자 : 8,000 × 6/12 = 4,000
(*) 차액상각 : 752

1년말-공정가치평가

					손익효과
차)	금융자산평가손익	2,778	대) 금융자산	2,778	(2,778)OCI

① 평가 전 장부금액 : 95,026(최초보고) + 752(상각) = 95,778
② 공정가치 : 93,000
③ 재평가감소액(② - ①) : 2,778

2년 4월초-이자발생

					손익효과
차)	미수이자	2,000	대) 이자수익	2,376	2,376 PL
	금융자산	376			

(*) 이자수익 : 9,503 × 3/12 = 2,376
(*) 미수이자 : 8,000 × 2/12 = 2,000
(*) 차액상각 : 376

					손익효과
차)	현금	6,000	대) 미수이자	6,000	-

2년 4월초-공정가치평가

					손익효과
차)	금융자산평가손익	1,376	대) 금융자산	1,376	(1,376)OCI

① 평가 전 장부금액 : 93,000(전기이월) + 376(상각) = 93,376
② 공정가치 : 98,000 − 6,000(경과액면이자) = 92,000
③ 재평가감소액(② − ①) : 1,376

2년 4월초-제거

					손익효과
차)	현금	92,000	대) 금융자산	92,000	−
	금융자산처분손실	4,154	금융자산평가손익	4,154	(4,154)PL 4,154 OCI

(*) 누적평가손익 : 2,778 + 1,376 = 4,154(재순환)
(*) 처분손익 : 4,154

물음 4

1년 7월초-개시일 취득

					손익효과
차)	금융자산 (FV-PL)	95,026	대) 현금	95,026	−

1년말-이자발생

					손익효과
차)	미수이자	4,000	대) 이자수익	4,000	4,000 PL

(*) 미수이자 : 8,000 × 6/12 = 4,000

1년말-공정가치평가

					손익효과
차)	금융자산평가손익	2,026	대) 금융자산	2,026	(2,026)PL

① 평가 전 장부금액 : 95,026(최초보고)
② 공정가치 : 93,000
③ 재평가감소액(② − ①) : 2,026

2년 4월초-이자발생

					손익효과
차)	미수이자	2,000	대) 이자수익	2,000	2,000 PL

(*) 미수이자 : 8,000 × 2/12 = 2,000

					손익효과
차)	현금	6,000	대) 미수이자	6,000	−

2년 4월초-제거

					손익효과
차)	현금	92,000	대) 금융자산	93,000	
	금융자산처분손실	1,000			(1,000)PL

(*) 처분손익 : 92,000 − 93,000 = 1,000

2. 이자지급이 연 2회 이상인 경우

이자지급이 연 2회 이상인 경우, 이자지급기간을 1기간으로 보아 채권의 만기와 연이자율을 조정한다.

기본예제 13 이자지급기간이 두 회계기간에 걸친 경우

결산일이 매년 말인 ㈜한국은 다음의 사채를 20x1년 1월 1일에 구입하여 상각후원가(AC) 측정금융자산으로 분류하였다.

- 액면금액 : ₩100,000
- 표시이자율 : 연 10%
- 이자지급일 : 6월 30일, 12월 31일(연 2회)
- 사채발행일 : 20x1년 1월 1일
- 사채만기일 : 20x3년 12월 31일

사채구입당시의 시장이자율이 연 12%이며 현가계수는 다음과 같다.

기간/이자율	₩1의 현재가치		연금 ₩1의 현재가치	
	6%	12%	6%	12%
n=3	0.8396	0.7118	2.6730	2.4018
n=6	0.7050	0.5066	4.9173	4.1114

물음 1 채권 취득시점의 공정가치를 측정하시오.

물음 2 할인차액 상각표를 작성하시오.

물음 3 20x1년도에 ㈜한국의 회계처리를 제시하시오.

해설

물음 1

이자 개시일의 공정가치 : ① + ② = 95,087 (∴할인취득)

① 액면이자의 현재가치 : 5,000 × 4.9173 = 24,587

② 액면금액의 현재가치 : 100,000 × 0.705 = 70,500

물음 2

일자	유효이자(6%)	액면이자(5%)	차금상각	상각후원가
1년 1월초				95,087
1년 6월말	5,705	5,000	705	95,792
1년 12월말	5,748	5,000	748	96,540
2년 6월말	5,792	5,000	792	97,332
2년 12월말	5,840	5,000	840	98,172
3년 6월말	5,890	5,000	890	99,062
3년 12월말	5,938	5,000	938	100,000
계	34,913	30,000	4,913	

물음 3

					손익효과
1년 1월초-개시일 취득					
차)	금융자산 (AC)	95,087	대) 현금	95,087	
1년 6월말-이자수취					
차)	현금	5,000	대) 이자수익	5,705	5,705 PL
	금융자산	705			
1년말-이자수취					
차)	현금	5,000	대) 이자수익	5,748	5,748 PL
	금융자산	748			

chapter 11

연습문제

01 채무상품 투자(1)

결산일이 매년 말인 A사는 B사가 발행한 사채를 20x1년 4월 1일에 구입하여 상각후원가 측정 금융자산으로 분류하였다. 액면금액은 ₩500,000, 표시이자율 연 10%(이자지급일 : 6월 30일, 12월 31일)이며 사채의 발행일은 20x1년 1월 1일, 만기일은 20x3년 12월 31일이다. 사채 취득 당시의 시장이자율이 연 12%인 경우 다음 물음에 답하시오. 단, 화폐의 시간적 가치는 다음의 값을 사용하며, 이외의 계산과정에서는 소수점 첫째 자리에서 반올림한다.

기간/이자율	단일금액(₩1)의 현재가치		정상연금(₩1)의 현재가치	
	6%	12%	6%	12%
$n=3$	0.8396	0.7118	2.6730	2.4018
$n=6$	0.7050	0.5066	4.9173	4.1114

물음 1

금융자산을 상각후원가 측정 금융자산으로 분류하기 위한 조건을 서술하시오.

물음 2

취득시점(20x1년 4월 1일)의 분개를 제시하시오.

차) ① 대) ②

물음 3

취득시점부터 만기까지 인식할 총이자수익은 얼마인가?

물음 4

20x1년 6월 30일의 분개를 제시하시오.

차) ① 대) ②

물음 5

20x2년 4월 1일에 상각후원가 측정 금융자산 전부를 ₩500,000(이자포함)에 처분하였다. 처분시점의 분개를 제시하시오.

차) ① 대) ②

해설

물음 1

금융자산이 계약상 현금흐름의 특성을 가지며 금융자산에 대한 사업모형이 수취목적인 경우 상각후원가 측정 금융자산으로 분류한다.

물음 2

차)	금융자산	475,433	대) 현금	475,433
	금융자산	1,763	현금	14,263
	미수이자	12,500		

(*) 기간을 6기간, 시장이자율을 6%, 액면이자율을 5%로 조정한다. (∵ 연간 2회 이상 지급)

(*) 1월 1일 기준 공정가치 : 25,000 × 4.9173 + 500,000 × 0.7050 = 475,433

(*) 할인차액 상각표

일 자	유효이자(6%)	액면이자(5%)	차금상각	상각후원가
1년 1월초				475,433
1년 6월말	28,526	25,000	3,526	478,959
1년 12월말	28,738	25,000	3,738	482,697
2년 6월말	28,962	25,000	3,962	486,659
2년 12월말	29,200	25,000	4,200	490,859
3년 6월말	29,452	25,000	4,452	495,311
3년 12월말	29,689	25,000	4,689	500,000
계	174,567	150,000	24,567	

(*) 경과유효이자 : 28,526 × 3/6 = 14,263

(*) 경과액면이자 : 25,000 × 3/6 = 12,500

(*) 경과할인차액 : 1,763

물음 3

총이자수익 = 174,567 − 14,263(경과유효이자) = 160,304

물음 4

차)	현금	25,000	대)	이자수익	14,263
	금융자산	1,763		미수이자	12,500

(*) 이자수익 : 28,526 − 14,263(경과유효이자) = 14,263

물음 5

차)	현금	12,500	대)	이자수익	14,481
	금융자산	1,981			
차)	현금	487,500	대)	금융자산	482,697
				금융자산처분이익	2,822

(*) 이자수익 : 28,962 × 3/6 = 14,481

(*) 할인차액 : 14,481 − 12,500 = 1,981

(*) 금융자산 장부금액(처분시점) : 482,697(전기이월) + 1,981 = 484,678

(*) 순수처분대가 : 500,000 − 12,500(경과액면이자) = 487,500

(*) 처분이익 : 487,500(순수처분대가) − 484,678 = 2,822

02 채무상품 투자(2)

㈜새우(결산일 12월 말)는 20x1년 1월 1일 액면금액 ₩1,000,000, 액면이자율 연 8%, 만기 3년, 매년 말 이자지급조건으로 사채를 발행하였다. ㈜고래(결산일 12월 말)는 이 사채를 20x1년 1월 1일 ₩903,944에 취득하고 투자금액을 원리금의 수취 및 매각을 통해 회수하고자 한다. 취득 당시 동 사채에 적용되는 시장이자율은 연 12%이었다. 20x1년 12월 31일과 20x2년 12월 31일의 이자지급 직후 해당 채무상품의 공정가치가 각각 ₩930,000, ₩920,000이다. 다음의 물음에 답하시오. 단, 법인세효과는 없는 것으로 가정하며, 소수점 첫째 자리에서 반올림한다.

물음 1

할인차액 상각표를 작성하시오.

물음 2

㈜고래의 20x1년도 회계처리 및 당기순이익과 기타포괄손익에 미치는 영향을 제시하시오.

물음 3

㈜고래의 20x2년도 회계처리 및 당기순이익과 기타포괄손익에 미치는 영향을 제시하시오.

물음 4

㈜고래는 20x3년 7월 1일에 해당 금융자산 전부를 ₩1,010,000(이자포함)에 처분한 경우, 회계처리와 당기순이익 및 기타포괄손익에 미치는 영향을 제시하시오.

물음 5

만약 ㈜고래가 해당 채무상품을 취득하는 시점에서 거래수수료 ₩6,056을 부담한 경우 유효이자율을 계산하기 위한 산식을 제시하시오.

해설

물음 1

일 자	유효이자(12%)	액면이자(8%)	차금상각	상각후원가
1년 초				903,944
1년 말	108,473	80,000	28,473	932,417
2년 말	111,890	80,000	31,890	964,307
3년 말	115,693	80,000	35,693	1,000,000
계	336,056	240,000	96,056	

물음 2

1. 회계처리

1년 초

차)	금융자산	903,944	대)	현금	903,944

1년 말 – 이자수취

차)	현금	80,000	대)	이자수익	108,473
	금융자산	28,473			

1년 말 – 평가

차)	금융자산평가손익	2,417	대)	금융자산	2,417

① 평가 전 장부금액 : 903,944 + 28,473 = 932,417
② 공정가치 : 930,000
③ 재평가감소액(② – ①) : 2,417

2. 손익효과 : 당기순이익 108,473 증가, 기타포괄손익 2,417 감소

물음 3

1. 회계처리

2년 말 – 이자수취

차)	현금	80,000	대)	이자수익	111,890
	금융자산	31,890			

2년 말 – 평가

차)	금융자산평가손익	41,890	대)	금융자산	41,890

① 평가 전 장부금액 : 930,000(전기이월) + 31,890(상각) = 961,890
② 공정가치 : 920,000
③ 재평가감소액(② – ①) : 41,890

2. 손익효과 : 당기순이익 111,890 증가, 기타포괄손익 41,890 감소

물음 4

1. 회계처리

3년 7월초 - 이자수취

차)	현금	40,000	대)	이자수익	57,847
	금융자산	17,847			

(*) 이자수익 : 115,693 × 6/12 = 57,847(반올림)

(*) 현금 : 80,000 × 6/12 = 40,000

(*) 할인차액 : 17,847

3년 7월초 - 평가

차)	금융자산	32,153	대)	금융자산평가손익	32,153

① 평가 전 장부금액 : 920,000(전기이월) + 17,847(상각) = 937,847

② 공정가치 : 1,010,000 - 40,000(경과액면이자) = 970,000

③ 재평가증가액(② - ①) : 32,153

3년 7월초 - 제거

차)	현금	960,000	대)	금융자산	960,000
	금융자산처분손실	12,154		금융자산평가손익	12,154

① 금융자산평가손익 잔액 : 2,417 + 41,890 - 32,153 = 12,154

② 금융자산처분손익 : 12,154

2. 손익효과

1) 당기순이익 : 57,847(이자수익) - 12,154(처분손실) = 45,693 증가

2) 기타포괄손익 : 32,153(당기발생) + 12,154(재순환) = 44,307 증가

물음 5

$$903,944 + 46,314 = \frac{80,000}{(1+r)} + \frac{80,000}{(1+r)^2} + \frac{80,000}{(1+r)^3} + \frac{1,000,000}{(1+r)^3}$$

(*) 기타포괄손익-공정가치 측정 금융자산의 거래원가는 공정가치에 가산한다.

(*) 참고로 상기 등식을 만족하는 유효이자율은 연 10%이다. 따라서 투자자 관점에서 거래원가를 고려하면 유효이자율은 발행사와 달리 시장이자율보다 항상 낮아진다.

03 채무상품 투자(3)

㈜예당은 여유 자금을 다음의 사채에 투자하였다. 해당 사채는 단기간 내에 매각할 예정이며 관련 자료는 다음과 같다.

〈20x1년〉	
6월 1일	C사가 발행한 사채(액면 ₩1,000,000, 표시이자율 연 12%, 이자지급일 매년 12월 31일)를 경과이자를 포함하여 ₩920,000에 취득하였으며, 거래수수료로 ₩5,000을 지급하였다.
9월 1일	보유 중인 C사 사채 50%를 경과이자를 포함하여 ₩480,000에 매각하고, 거래수수료로 ₩2,700을 지급하였다.
12월 31일	C사 사채의 공정가치는 ₩440,000(이자 수취 직후)이다.

20x1년도에 수행할 모든 분개를 제시하시오.

해설

1년 6월 초

차)	금융자산	870,000	대)	현금	870,000
	미수이자	50,000		현금	50,000
차)	지급수수료	5,000	대)	현금	5,000

(*) 경과 액면이자 : 1,000,000 × 12% × 5/12 = 50,000

1년 9월 초 - 매각 부분의 이자수취

차)	현금	40,000	대)	이자수익	15,000
				미수이자	25,000

(*) 경과 액면이자 : 500,000 × 12% × 8/12 = 40,000
(*) 보유기간 이자수익 : 500,000 × 12% × 3/12 = 15,000
(*) 미수이자 중 절반 회수 : 50,000(6월초) × 50% = 25,000

차)	현금	437,300		금융자산	435,000
				금융자산처분이익	2,300

(*) 금융자산 : 870,000 × 50% = 435,000
(*) 순매각대가 : 480,000 - 40,000(경과이자) - 2,700(거래원가) = 437,300
(*) 처분이익 : 대차차액

[12월 31일]

1년 말 - 이자수취

차)	현금	60,000	대)	미수이자	25,000
				이자수익	35,000

(*) 연 액면이자 : 500,000 × 12% = 60,000

(*) 보유기간 이자수익 : 60,000 × 7/12 = 35,000

(*) 미수이자 회수 : 50,000(6월초) × 50% = 25,000

1년 말 - 평가

차)	금융자산	5,000	대)	금융자산평가이익	5,000

① 평가 전 장부금액 : 870,000 × 50% = 435,000

② 공정가치 : 440,000

③ 재평가증가액 : 5,000

Chapter 12

기대신용손실

1. 금융상품의 의의
2. 기대신용손실
3. 금융자산의 제거
4. 금융자산의 재분류

SECTION

1 금융상품의 의의

기준서 제1032호'금융상품의 표시'에서는 거래당사자 어느 한쪽에게는 금융자산이 생기게 하고 거래상대방에게 금융부채나 지분상품이 생기게 하는 모든 계약을 금융상품으로 정의하고 있다. 따라서 금융상품으로 식별하기 위해서는 계약에 기초한 권리와 의무가 거래당사자들의 재무제표에 금융자산, 금융부채 또는 지분상품으로 인식되어야 한다. 아래에서는 금융자산, 금융부채 그리고 지분상품에 대한 기준서의 정의를 살펴본다.

1. 금융자산

금융자산은 다음의 자산을 말한다.

- 현금
- 다른 기업의 지분상품
- 계약상 권리
- 자기지분상품으로 수취하거나 수취할 수 있는 계약

1-1 현금과 예금

화폐(현금)는 교환의 수단이므로 금융자산이며, 재무제표에 모든 거래를 인식하고 측정하는 기준이 된다. 은행이나 이와 비슷한 금융회사에 예치한 현금은 금융회사에서 현금을 인출하거나 금융부채를 지급하기 위하여 수표 등을 발행할 수 있는 계약상 권리에 해당하므로 금융자산이다.

1-2 다른 기업의 지분상품

지분상품이란 기업의 자산에서 모든 부채를 차감한 후의 잔여지분을 나타내는 모든 계약을 말한다. 기업의 자산에서 모든 부채를 차감한 후의 잔여지분을 나타내는 계약의 대표적인 상품이 주식이다. 따라서 기업이 다른 기업의 주식 등을 취득하면 이는 금융자산에 해당한다.

1-3 계약상 권리

거래상대방에게서 현금 등 금융자산을 수취할 계약상 권리는 금융자산이다. 매출채권, 미수금, 대여금 그리고 투자사채 등이 이에 해당한다. 또한 잠재적으로 유리한 조건으로 거래상대방과 금융자산이나 금융부채를 교환하기로 한 계약상 권리도 금융자산이다.

금융상품은 본원적 금융상품과 파생적 금융상품을 포함한다. 본원적 금융상품의 예로는 채권, 채무, 지분상품을 들 수 있으며, 파생적 금융상품의 예로는 금융변수를 기초변수로 하는 옵션, 선물, 선도, 이자율스왑, 통화스왑을 들 수 있다. 파생적 금융상품은 금융상품의 정의를 충족하므로 이 기준서의 적용범위에 포함된다.

파생금융상품은 기초항목인 본원적 금융상품에 내재되어 있는 하나 이상의 금융위험을 거래 상대방에게 이전하는 효과가 있는 권리와 의무가 생기게 한다. 최초 거래시점에 파생금융상품은 거래 당사자 한편에게 잠재적으로 유리한 조건에 따라 금융자산이나 금융부채를 교환할 수 있는 계약상 권리를 주거나 잠재적으로 불리한 조건에 따라 금융자산이나 금융부채를 교환하는 계약상 의무를 부과한다. 파생금융상품의 최초 계약 시점에 교환 조건이 결정되기 때문에 금융시장의 가격 변동에 따라 계약 조건은 유리해질 수도 있고 불리해질 수도 있다.

1-4 자기지분상품으로 수취하거나 수취할 수 있는 계약

기업이 자기지분상품으로 수취하거나 수취할 수 있는 계약을 가질 수 있다. 이러한 계약이 파생상품은 아니지만 수취할 자기지분상품의 수량이 변동가능한 경우라면 그 계약을 금융자산으로 분류한다.

반면에 기업이 자기지분상품으로 수취하거나 수취할 수 있는 계약이 파생상품인 경우에는 확정수량과 확정금액의 요건을 충족하는지에 따라 그 분류가 달라진다. 확정수량과 확정금액의 요건을 모두 충족한 경우에는 지분상품으로 분류하며 그렇지 않은 경우에는 금융자산으로 분류한다.

2. 금융부채

금융부채는 다음의 부채를 말한다.

- 계약상 의무
- 자기지분상품을 인도하거나 인도할 수 있는 계약

2-1 계약상 의무

거래상대방에게 현금 등 금융자산을 인도하기로 한 계약상 의무는 금융부채이다. 매입채무, 미지급금, 차입금 등이 그러한 예이다. 또한 잠재적으로 불리한 조건으로 거래상대방과 금융자산이나 금융부채를 교환하기로 한 계약상 의무는 금융부채이다.

2-2 자기지분상품을 인도하거나 인도할 수 있는 계약

기업이 자기지분상품을 인도하거나 인도할 수 있는 계약을 가질 수 있다. 이러한 계약이 파생상품은 아니지만 인도할 자기지분상품의 수량이 변동가능한 경우라면 그 계약을 금융부채로 분류한다.

반면에 기업이 자기지분상품을 인도하거나 인도할 수 있는 계약이 파생상품인 경우에는 확정수량과 확정금액의 요건을 충족하는지에 따라 그 분류가 달라진다. 확정수량과 확정금액의 요건을 모두 충족한 경우에는 지분상품으로 분류하며 그렇지 않은 경우에는 금융부채로 분류한다.

3. 지분상품

지분상품은 기업의 자산에서 모든 부채를 차감한 후의 잔여지분을 나타내는 모든 계약이다.

3-1. 금융부채와 지분상품

금융상품의 발행자는 계약의 실질과 금융부채, 금융자산, 지분상품의 정의에 따라 최초 인식시점에 금융상품이나 금융상품의 구성요소를 금융부채, 금융자산, 지분상품으로 분류해야 한다.

금융상품의 발행자가 위의 지분상품 정의를 적용하여 해당 금융상품이 금융부채가 아니라 지분상품인지를 판단할 때, 해당 금융상품이 다음 조건을 모두 충족하는지를 평가하고 충족하는 경우에 한하여 지분상품으로 분류한다. 이는 금융상품이 금융부채에 해당하는지 우선 평가하고 그렇지 않다면 지분상품으로 분류한다는 것이다.

그림 1 금융부채와 지분상품의 구분

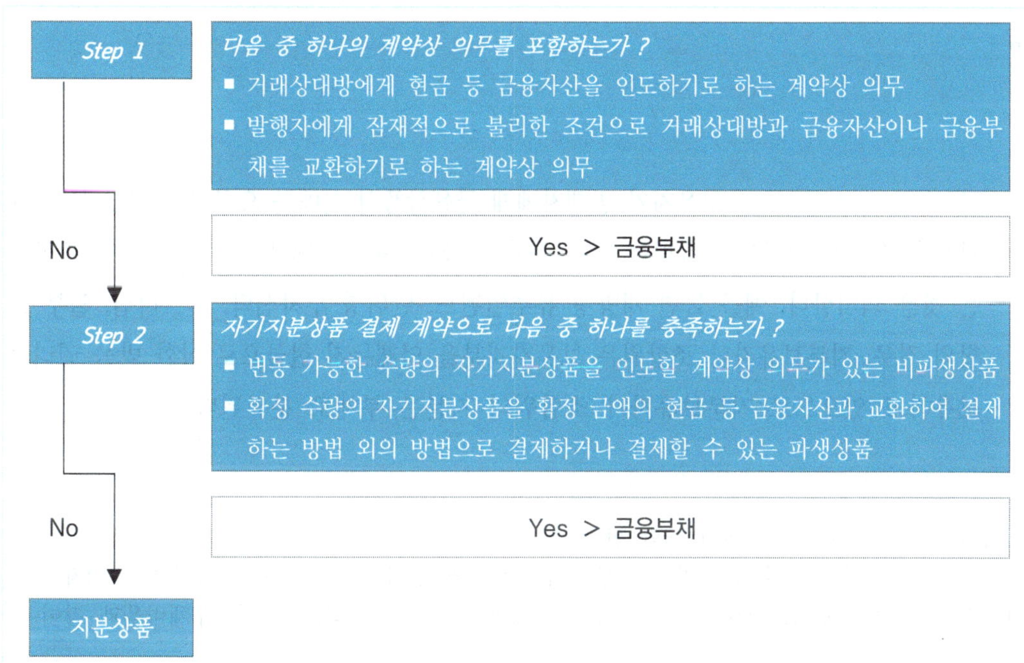

Step 1 > 금융부채와 지분상품을 구분하는 중요한 특성은 금융상품의 거래당사자인 발행자가 거래 상대방인 보유자에게 현금 등 금융자산을 인도해야 할 계약상 의무를 부담하는지와 잠재적으로 불리한 조건으로 보유자와 금융자산이나 금융부채를 교환하는 계약상 의무를 부담하는지 여부이다. 지분상품의 보유자가 지분비율에 따라 배당이나 그 밖의 분배를 받을 자격이 있다는 것만으로는 발행자가 보유자에게 현금 등 금융자산을 반드시 인도해야 하는 것은 아니기 때문에 발행자가 그러한 분배를 해야 할 계약상 의무가 없다.

금융상품은 법적 형식이 아니라 실질에 따라 재무상태표에 분류하여야 한다. 일반적으로 실질과 법적 형식이 일치하지만 반드시 그런 것은 아니다. 어떤 금융상품은 지분상품의 법적 형식을 가지고 있지만 실질적으로는 금융부채에 해당되는 경우가 있고, 어떤 금융상품은 지분상품의 특성과 금융부채의 특성이 결합되어 있는 경우도 있다. 이러한 예는 다음과 같다.

- 확정되었거나 결정 가능한 미래의 시점에 확정되었거나 결정 가능한 금액을 발행자가 보유자에게 의무적으로 상환해야하는 우선주나 보유자가 발행자에게 특정일이나 그 후에 확정되었거나 결정 가능한 금액으로 상환해줄 것을 청구할 수 있는 권리가 있는 우선주는 금융부채이다. 관련된 내용은 제7장을 참고한다.
- 금융상품의 보유자가 발행자에게 해당 금융상품의 환매를 요구하여 현금 등 금융자산을 수취할 권리가 부여된 금융상품('풋가능 금융상품')은 금융부채이다. 일반적인 풋가능 금융상품은 발행자에게 금융부채로 식별되지만 금융부채의 예외로서 지분상품으로 분류하는 경우도 있다. 보유자가 발행자에게 금융상품의 환매를 요구하여 현금 등 금융자산을 수취할 권리를 보유하는 것은 풋가능 금융상품이 금융부채의 정의를 충족한다는 것을 의미한다. 예를 들면 개방형 뮤추얼펀드, 단위형 투자신탁, 파트너십, 일부 조합의 경우, 지분보유자나 조합원은 보유자지분을 언제든지 현금으로 상환 받을 권리를 보유하고 있으므로 지분보유자나 조합원의 지분은 부채로 분류된다.

조건부 결제 조항이 있는 경우 판단 지침

기업이 계약상 의무를 결제하기 위한 현금 등 금융자산의 인도를 회피할 수 있는 무조건적인 권리를 가지고 있지 않다면, 이러한 의무는 금융부채의 정의를 충족한다. 주가지수, 소비자물가지수, 이자율의 변동, 과세규정의 변경이나 발행자의 미래 수익, 순이익, 부채비율과 같이 금융상품의 발행자와 보유자 모두가 통제할 수 없는 불확실한 미래 사건의 발생 여부나 불확실한 상황의 결과에 따라 현금 등 금융자산을 인도하여 결제하는 금융상품은 발행자가 현금 등 금융자산의 인도를 회피할 수 있는 무조건적인 권리를 가지고 있지 않으므로 금융부채로 분류한다.

Step 2 > 단순히 자기지분상품을 인도하게 된다고 해서 그 계약이 지분상품이 되는 것은 아니다. 기업은 인도해야 할 자기지분상품의 공정가치가 계약상 의무의 금액과 일치하도록 수량이 변동되는 기업 자신의 주식이나 그 밖의 지분상품을 인도할 의무를 가질 수 있다. 이러한 계약상 의무의 금액은 확정 금액일 수도 있으며, 자기지분상품의 시장가격이 아닌 다른 변수(예: 이자율, 일반상품가격, 금융상품의 가격 등)의 변동의 전부 또는 일부에 따라 변동되는 금액일 수도 있다. 예를 들면 ₩100과 같은 공정가치에 해당하는 자기지분상품을 인도할 계약과 100온스의 금과 같은 공정가치에 해당하는 자기지분상품을 인도할 계약의

경우, 이러한 계약은 기업이 자기지분상품을 인도하여 해당 계약을 결제해야 하거나 결제할 수 있더라도 금융부채이다. 기업이 변동 가능한 수량의 자기지분상품을 계약의 결제수단으로 사용하게 때문에 이러한 계약은 지분상품이 아니다.

자기지분상품으로 결제하는 계약

자기지분상품으로 결제하는 계약에 대한 기준서상 분류 지침은 해당 계약이 비파생상품계약인지 파생상품계약인지 구분하고, 비파생상품계약인 경우 수취하거나 인도할 자기지분상품의 수량이 변동가능한 경우, 해당 계약을 금융자산이나 금융부채로 분류하고 그렇지 않은 경우에는 지분상품으로 분류한다. 지분상품으로 분류하는 경우, 자본의 가산 또는 차감항목으로 회계처리한다. 반면에 파생상품계약에 해당하는 경우 확정대가와 확정수량의 요건을 모두 충족하는 경우에는 지분상품으로 분류하고 그렇지 않은 경우에는 금융자산이나 금융부채로 분류한다.

일반적으로 지분상품의 발행 계약을 자본으로 분류하는 기업은 발행일 이후에 발생하는 지분상품의 가격변동위험을 부담하지 아니한다. 즉, 어떤 기업이 보통주를 특정 금액에 발행한 경우, 발행일 이후의 보통주 가격이 변동하더라도 그러한 가격변동위험을 발행기업이 부담하는 것이 아니라 투자자가 부담한다는 것이다. 이러한 특성을 고려하여 자기지분상품으로 결제하는 약정을 자본으로 분류하기 위해서는 그러한 약정 이후에 자기지분상품의 가격이 변동하더라도 기업은 그러한 가격변동위험을 부담하지 아니하여야 한다. 따라서 비파생상품계약에서는 변동가능한 수량을 약정한 경우, 지분상품으로 분류할 수 없으며 파생상품계약은 미래에 결제가 이루어지므로 미래의 교환조건 즉, 확정대가와 확정수량의 교환조건을 충족하지 아니하는 경우에는 지분상품으로 분류할 수 없다는 의미이다.

기본예제 1 금융부채와 지분상품의 구분

다음의 각 금융상품에 대하여 발행자가 금융부채로 분류하는 경우에는 '①'을, 지분상품으로 분류하는 경우에는 '②'를 표시하고 그 분류에 대한 간단한 이유를 서술하시오.

구분	금융상품	① 또는 ②
1	기업의 자산에서 부채를 차감한 잔여지분에 대한 권리를 갖는 보통주를 발행하는 계약.	
2	금융상품의 보유자가 발행자에게 해당 금융상품의 환매를 요구하여 현금 등 금융자산을 수취할 권리가 부여된 금융상품.	
3	재고자산을 취득하고 3개월 후 현금 ₩100,000과 동일한 금액에 해당하는 자기지분상품을 인도할 계약.	
4	행사가격 ₩10,000의 현금과 교환하여 기업의 보통주(신주) 10주를 교환하기로 하는 신주인수권 발행 계약.	

5	우선주 발행자가 미래 특정시점에 일정한 현금을 상환할 수 있는 권리를 보유한 우선주.	
6	우선주 발행자가 미래 특정시점에 일정한 현금을 상환해야 하는 의무가 있는 우선주.	
7	금융상품의 발행자와 보유자 모두가 통제할 수 없는 미래 사건의 발생으로 인하여 현금을 인도하여 결제하는 계약.	

해 설

구분	근 거	① 또는 ②
1	지분상품의 정의를 충족하는 계약이다.	②
2	풋가능 금융상품은 금융부채의 정의를 충족하는 계약이다. (만약 특정 요건을 충족하여 금융부채의 예외에 해당하는 경우에는 지분상품으로 식별한다.)	① (예외 ②)
3	비파생상품계약이며, 특정 금액에 대하여 변동 가능한 지기지분상품을 인도할 계약상 의무가 있으므로 금융부채로 분류한다.	①
4	파생상품계약이며, 확정 현금과 교환하여 확정 수량의 자기지분상품을 교환하여 결제하는 계약이므로 지분상품으로 분류한다.	②
5	현금의 인도를 회피할 수 있는 무조건적인 권리를 가지고 있으므로 지분상품으로 분류한다.	②
6	현금을 인도할 계약상 의무가 존재하므로 금융부채로 분류한다.	①
7	현금 지급을 회피할 무조건적인 권리가 없으므로 금융부채로 분류한다.	①

SECTION

2 기대신용손실

계약상 현금흐름의 특성을 만족하는 금융자산에 대하여 기준서 제1109호의 손상에 대한 요구사항을 적용한다. 따라서 계약상 현금흐름의 특성을 만족할 수 없는 지분상품 투자(지분법 적용 투자주식은 제외)는 손상검사의 대상이 될 수 없다. 이 기준서 제1109호의 손상과 관련한 지침을 이해하기 위하여 우선 기준서에서 정의하고 있는 용어를 살펴본다.

1. 용어 정의

■ 신용손실	계약에 따라 지급받기로 한 모든 계약상 현금흐름과 수취할 것으로 예상하는 모든 계약상 현금흐름의 차이(모든 현금 부족액)를 최초 유효이자율(또는 취득시 신용이 손상되어 있는 금융자산은 신용 조정 유효이자율)로 할인한 금액. 유효이자율을 계산할 때 해당 금융상품의 기대존속기간에 걸친 모든 계약조건(예: 중도상환옵션, 연장옵션, 콜옵션, 이와 비슷한 옵션)을 고려하여 현금흐름을 추정한다. 담보물의 처분에 따른 현금흐름이나 계약조건에 포함된 그 밖의 신용보강도 현금흐름을 고려할 때 포함한다. 금융상품의 기대존속기간은 신뢰성 있게 추정할 수 있다고 본다. 그러나 금융상품의 기대존속기간을 신뢰성 있게 추정할 수 없는 드문 경우에는 해당 금융상품의 남은 계약기간을 사용한다.
■ 기대신용손실	개별 채무불이행 발생 위험으로 가중평균한 신용손실
■ 12개월 기대신용손실	보고기간말 후 12개월 내에 발생 가능한 금융상품의 채무불이행 사건으로 인한 기대신용손실을 나타내는, 전체기간 기대신용손실의 일부
■ 전체기간 기대신용손실	금융상품의 기대존속기간에 발생할 수 있는 모든 채무불이행 사건에 따른 기대신용손실

■ **신용이 손상된 금융자산**

금융자산의 추정미래현금흐름에 악영향을 미치는 하나 이상의 사건이 생긴 경우에 해당 금융자산의 신용이 손상된 것이다. 금융자산의 신용이 손상된 증거는 다음의 사건에 대한 관측 가능한 정보를 포함한다.

(1) 발행자나 차입자의 유의적인 재무적 어려움
(2) 채무불이행이나 연체 같은 계약 위반
(3) 차입자의 재무적 어려움에 관련된 경제적이나 계약상 이유로 당초 차입조건의 불가피한 완화
(4) 차입자의 파산 가능성이 높아지거나 그 밖의 재무구조조정 가능성이 높아짐
(5) 재무적 어려움으로 해당 금융자산에 대한 활성시장의 소멸
(6) 이미 발생한 신용손실을 반영하여 크게 할인한 가격으로 금융자산을 매입하거나 창출하는 경우

신용손상을 일으킨 단일 사건을 특정하여 식별하는 것이 불가능할 수 있으며, 오히려 여러 사건의 결합된 효과가 신용손상을 초래할 수도 있다.

■ **신용조정 유효이자율**

취득시 신용이 손상되어 있는 금융자산의 기대존속기간에 추정 미래현금지급액이나 수취액의 현재가치를 해당 금융자산의 상각후원가와 정확히 일치시키는 이자율. 신용조정 유효이자율을 계산할 때 해당 금융상품의 모든 계약조건(예: 중도상환옵션, 콜옵션, 이와 비슷한 옵션)과 기대신용손실을 고려하여 기대현금흐름을 추정한다. 유효이자율의 주요 구성요소에 해당하는 계약 당사자 간 지급하거나 수취하는 수수료와 포인트, 거래원가, 그 밖의 모든 할증액과 할인액을 반영하여 신용조정 유효이자율을 계산한다. 비슷한 금융상품 집합의 현금흐름과 기대존속기간은 신뢰성 있게 추정할 수 있다고 본다. 그러나 금융상품(또는 비슷한 금융상품의 집합)의 현금흐름이나 남은 존속기간을 신뢰성 있게 추정할 수 없는 드문 경우에는 해당 금융상품(또는 비슷한 금융상품의 집합)에 대한 전체 계약기간의 계약상 현금흐름을 사용하여 유효이자율을 구한다.

2. 기대신용손실의 측정

기준서 제1109호에서는 계약상 현금흐름을 가진 금융자산의 기대신용손실을 측정하는 다양한 방법을 소개하고 있다. 이는 고객의 신용정보를 공유하고 창출하는 금융기관을 제외하고 일반기업은 정교한 기대신용손실을 추정하는 데 상당한 노력과 비용이 발생할 수 있기 때문이다.

2-1 충당금설정률표

제조업을 영위하는 어떤 기업이 매출채권을 회수하는데 평균 6개월이 소요되며 1년 넘게 회수하지 못한 매출채권은 회수하지 못하는 것으로 가정하고 아래에 제시된 이 기업의 과거 매출채권 자료를 통해 관측된 채무불이행률을 산정하면 다음과 같다.

[자료1] 매출채권의 연령별 잔액

구 분	20x1년 12월말	20x2년 6월말	20x2년 12월말	20x3년 6월말
180일 이하	₩100,000	₩120,000	₩150,000	₩200,000
180일 초과 365일 이하	10,000	14,000	15,000	10,000
365일 초과	1,000	1,500	2,000	5,000
합 계	₩111,000	₩135,500	₩167,000	₩215,000

[자료2] 연령별 채권 미회수율

구 분	20x1년 12월말	20x2년 6월말	20x2년 12월말	평균미회수율
180일 이하	14%	12.5%	6.7%	11%
180일 초과 365일 이하	15%	14,2%	33.3%	21%
365일 초과	100%	100%	100%	100%

(*) 평균 미회수율(180일 이하) : (14% + 12.5% + 6.7%) ÷ 3 = 약 11%

(*) 평균 미회수율(180일 초과) : (15% + 14.2% + 33.3%) ÷ 3 = 약 21%

위의 두 자료를 이용하여 연령별 채권 잔액의 평균손실률을 추정하면 다음과 같다.

- 180일 이하 채권 평균손실률 : 11% × 21% × 100% = 2.31%
- 180일 초과 365일 이하 채권 평균손실률 : 21% × 100% = 21%
- 365일 초과 채권 평균손실률 : 100%

이러한 채권 연령별 평균손실률이 이 기업의 과거 자료를 통해 관측된 채무불이행률이며 기대신용손실에 미래 전망 정보를 고려하여 보정하여 사용한다. 만약 과거에 비해 미래 경기 전망이 어려운 경우 이러한 미래 전망 정보를 반영하여 충당금설정률표를 작성하면 다음과 같다.

[자료3] 충당금설정률표

구 분	180일 이하	180일 초과	365일 초과
채무불이행률	2.5%	23%	100%

결론적으로 당해연도 결산일 현재 이 기업의 매출채권 잔액이 ₩300,000이며 연령별 잔액이 다음과 같은 경우 매출채권에 대한 기대신용손실은 다음과 같이 측정할 수 있다.

구 분	180일 이하	180일 초과	365일 초과	계
매출채권	₩240,000	₩48,000	₩12,000	₩300,000
채무불이행률	2.5%	23%	100%	–
기대신용손실	6,000	11,040	12,000	29,040

2-2 채무불이행 발생확률 접근법

기업이 채무불이행 발생확률 접근법을 명시적으로 이용하여 기대신용손실을 측정할 수 있다. 금융자산의 채무불이행 발생확률(probability of default, PD)은 금융자산의 기대존속기간 동안의 채무불이행 확률과 결산일로부터 12개월 이내에 발생할 채무불이행 확률로 구분한다. 기대존속기간의 채무불이행 발생확률을 이용한 경우를 전체기간 기대신용손실이라 하며 12개월 채무불이행 발생확률을 사용한 경우를 12개월 기대신용손실이라고 한다. 기업은 채무자의 신용위험을 관리하며 금융자산의 최초 보고 시점에 신용위험과 비교하여 유의적인 신용위험의 증가가 있는 것으로 판단하면 전체기간 기대신용손실을 측정해야 하며 신용위험이 낮거나 그 증가가 유의적이지 않은 경우에는 12개월 기대신용손실을 측정한다.

예를 들어 어떤 기업이 10년 만기, 원리금 분할상환 조건으로 ₩1,000,000을 대출하였다. 기업은 신용위험이 비슷한 금융상품, 차입자의 신용위험, 향후 12개월의 경제 전망에 대한 예상을 고려하여, 최초 인식시점에 대출의 채무불이행 발생확률(probability of default, PD)을 향후 12개월에 0.5%로 추정한다. 또 기업은 최초 인식 후에 신용위험이 유의적으로 증가하였는지를 판단하였고 기업은 최초 인식 후에 차입자의 신용위험이 유의적으로 증가하지 않았다고 판단한다.

기업은 대출채권에 채무불이행이 발생할 경우, 장부금액(₩1,000,000)의 25%에 해당하는 손실을 볼 것으로 판단한다. 기업은 0.5%의 12개월 채무불이행 발생확률을 이용하여 12개월 기대신용손실을 측정한다. 이러한 계산에는 채무불이행이 발생하지 아니할 확률이 99.5%라는 것이 내재되어 있다. 보고기간 말에 12개월 기대신용손실은 ₩1,250(0.5% × 25% × 1,000,000)이다.

기업은 대출 후 5년이 경과한 시점에 차입자의 신용위험이 유의적으로 증가한 것으로 판단하였다. 기업은 대출채권에 채무불이행이 발생할 경우, 장부금액(₩500,000)의 50%에 해당하는 손실을 볼 것으로 판단한다. 기업은 2%의 전체기간 채무불이행 발생확률을 이용하여 전체기간 기대신용손실을 측정한다. 보고기간 말에 전체기간 기대신용손실은 ₩5,000(2% × 50% × 500,000)으로 측정된다.

2-3 손실률 접근법

기준서에서 설명하고 있는 손실률 접근법을 이해하기 위해 아래의 사례를 설명한다.

은행은 총 장부금액이 ₩500,000인 만기일시상환 대출 2,000개를 실행한다. 은행은 최초 인식시점에 공통의 위험특성에 기초하여 해당 포트폴리오를 차입자별로 그룹 X와 그룹 Y로 분류한다. 그룹 X는 총 장부금액이 ₩200,000인 1,000개의 대출채권(고객당 ₩200)으로 이루어져 있다. 그룹 Y는 총 장부금액이 ₩300,000인 1,000개의 대출채권(고객당 ₩300)으로 이루어져 있다.

은행은 그룹 X와 그룹 Y의 기대신용손실을 손실률 접근법에 기초하여 측정한다. 은행은 손실률을 개발하기 위해 자체의 과거 채무불이행 표본과 해당 대출채권에서 경험한 손실을 고려한다. 또 은행은 미래전망 정보를 고려하고 현재 경제 상황뿐만 아니라 미래 경제 상황에 대한 합리적이고 뒷받침될 수 있는 예측을 고려하여 과거 정보를 갱신한다. 과거에 각 그룹의 1,000개 대출채권에 대하여, 그룹 X의 과거 손실률은 대출채권 4개의 채무불이행에 기초하여 0.4%이며, 그룹 Y의 과거 손실률은 대출채권 2개의 채무불이행에 기초하여 0.2%로 추정하였다. 분석의 근거는 다음과 같다.

그룹	고객수	장부금액		채무불이행 예상 수량	채무불이행 손실		손실률
		개당	전체		개당	전체	
X	1,000개	200	200,000	4개	200	800	0.4%
Y	1,000개	300	300,000	2개	300	600	0.2%

위의 자료에서 채무불이행 예상 수량을 12개월 이내의 예상 수량을 사용하면 12개월 채무불이행 발생확률로 사용할 수 있으며 대출채권의 기대존속기간 동안 예상되는 수량을 이

용하면 전체기간 채무불이행 발생확률을 추정한 것이다. 이러한 손실률을 기초로 신규 대출채권에 대하여 12개월 기대신용손실 또는 전체기간 기대신용손실을 측정할 수 있다.

2-4 추정미래현금흐름의 현재가치 접근법

금융자산에서 예상되는 미래현금흐름을 금융자산의 최초 보고시점의 유효이자율(경우에 따라 신용조정 유효이자율)로 할인한 현재가치가 금융자산의 장부금액에 미달한다면 장부금액과 현재가치의 차이를 전체기간 기대신용손실로 측정한다. 금융자산의 추정미래현금흐름은 금융자산의 기대존속기간을 기초로 예상하므로 12개월 기대신용손실은 측정할 수 없다.

2-5 측정 방법의 적용

계약상 현금흐름의 특성을 가진 금융자산의 기대신용손실은 신용위험과 신용손상으로 구분하여 접근한다.

(1) 신용위험에 기초한 기대신용손실

계약상 현금흐름의 특성을 가진 상각후원가 측정 금융자산 및 기타포괄손익-공정가치 측정 금융자산에 대하여 신용위험에 기초한 기대신용손실은 채무불이행 발생확률 접근법과 손실률 접근법을 사용하여 측정한다. 금융자산의 최초 보고 시점의 채무불이행 발생확률과 비교하여 보고기간 말 채무자의 신용위험이 유의적으로 증가한 경우, 전체기간 기대신용손실을 측정한다. 보고기간 말 채무자의 신용위험이 낮거나 유의적으로 증가하지 아니한 경우에는 12개월 기대신용손실을 측정한다.

한편, 계약상 현금흐름의 특성을 가진 매출채권, 미수금 그리고 대여금 중 화폐의 시간가치가 유의적이지 않아 상각후원가로 측정하지 않고 명목금액으로 보고하는 실무적 간편법을 적용할 수 있다. 이러한 단기 수취채권의 기대신용손실은 충당금설정률표를 사용하여 측정한다. 충당금설정률은 단기 수취채권의 과거 장부상 발생과 회수를 기초로 산출한 값이므로 전체기간 기대신용손실에 해당한다. 정리하면 다음과 같다.

- 신용위험이 유의적으로 증가한 경우 – 전체기간 기대신용손실
- 신용위험이 낮거나 유의적으로 증가하지 아니한 경우 – 12개월 기대신용손실
- 단기 수취채권 – 전체기간 기대신용손실(충당금설정률표)

(2) 신용손상에 기초한 기대신용손실

채무자의 유의적인 재무적 어려움, 약정 위반과 같이 채무자의 신용에 손상이 발생한 경우에는 추정미래현금흐름의 현재가치 접근법을 사용하여 전체기간 기대신용손실을 측정한다.

- 신용손상 : 전체기간 기대신용손실
- 기대신용손실 : 장부금액 – 추정미래현금흐름의 현재가치
- 할인율 : 최초 인식 시점의 유효이자율

그림 2 기대신용손실

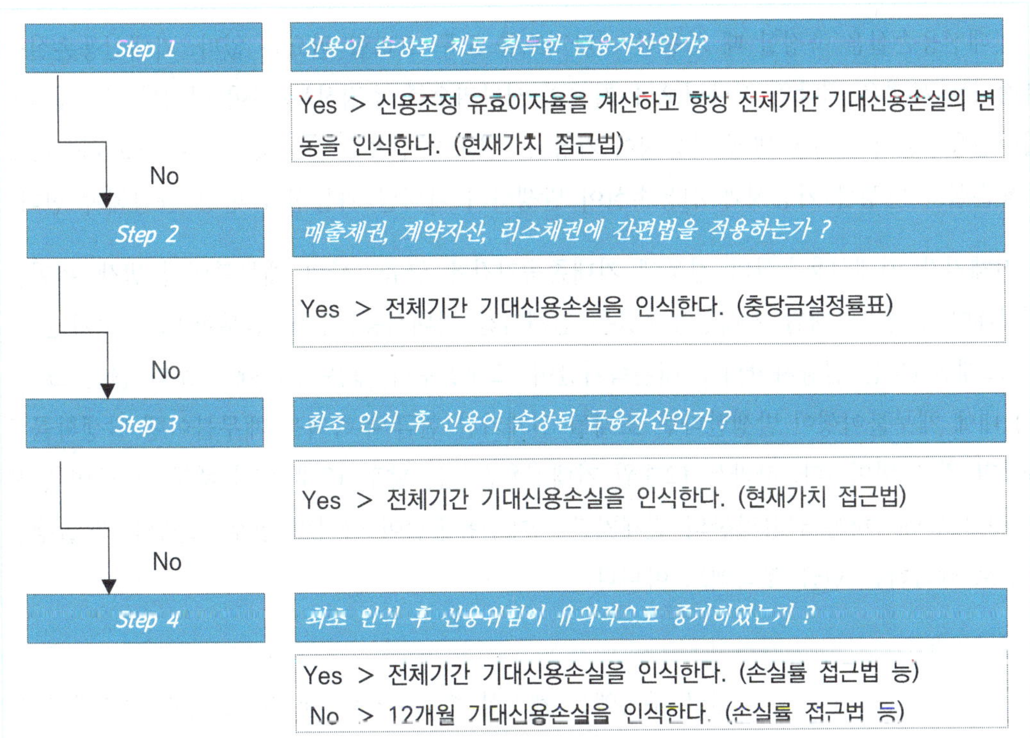

2-6 기대신용손실의 측정 시 고려할 사항

금융자산의 기대신용손실은 다음 사항을 반영하도록 측정한다.

- 일정 범위의 발생 가능한 결과를 평가하여 산정한 금액으로서 편의가 없고 확률로 가중한 금액
- 화폐의 시간가치
- 보고기간 말에 과거사건, 현재 상황과 미래 경제적 상황의 예측에 대한 정보로서 합리적이고 뒷받침될 수 있으며 과도한 원가나 노력 없이 이용할 수 있는 정보

(1) 확률가중결과

기대신용손실을 측정할 때 가능한 시나리오를 모두 고려할 필요는 없다. 기대신용손실을 추정하는 목적은 최악의 시나리오나 최선의 시나리오를 추정하는 것이 아니다. 그 대신에 기대신용손실의 추정은 발생 가능성이 가장 큰 결과가 신용손실이 없는 것이라고 하더라도 신용손실이 발생할 가능성과 신용손실이 발생하지 아니할 가능성을 항상 반영해야 한다.

전체기간 기대신용손실의 경우에 기대존속기간에 금융자산의 채무불이행 발생 위험을 추정해야 한다. 12개월 기대신용손실은 전체기간 기대신용손실의 일부이며, 보고기간 말 후 12개월 (또는 금융자산의 기대존속기간이 12개월보다 짧은 경우에는 보다 짧은 그 기간) 내에 채무불이행이 발생한다면 초래될 전체기간 현금 부족액을 채무불이행 발생확률로 가중한 것을 의미한다. 따라서 12개월 기대신용손실은 향후 12개월 내 채무불이행이 발생할 것으로 예측하는 금융자산의 전체기간 기대신용손실이 아니며 향후 12개월 내 발생할 것으로 예측하는 현금 부족액도 아니다.

기대신용손실은 금융자산의 기대존속기간에 걸친 신용손실(모든 현금 부족액의 현재가치)의 확률가중추정치이다. 현금 부족액은 계약상 수취하기로 한 현금흐름과 수취할 것으로 기대하는 현금흐름의 차이다. 기대신용손실은 지급액과 지급시기를 고려하기 때문에, 전부 지급받을 것으로 예상하더라도 그 예상시기가 계약상 지급 시점보다 늦다면 신용손실이 발생한다.

(2) 화폐의 시간가치

기대신용손실은 최초 인식시점에 산정한 유효이자율로 보고기간 말을 기준으로 할인하

며, 예상되는 채무불이행 발생일이나 그 밖의 날짜를 기준으로 할인하지 않는다. 변동금리 조건부 금융자산의 경우에 기대신용손실은 현행 유효이자율을 사용하여 할인한다. 취득 시 신용이 손상되어 있는 금융자산에 대한 기대신용손실은 최초 인식시점에 산정한 신용조정 유효이자율로 할인한다. 리스채권의 기대신용손실은 기준서 제1116호에 따라 리스채권의 측정에 사용한 것과 같은 할인율로 할인한다.

(3) 합리적이고 뒷받침될 수 있는 정보

이 기준서를 적용할 때, 합리적이고 뒷받침될 수 있는 정보는 보고기간 말에 과도한 원가나 노력 없이 합리적으로 이용할 수 있는 정보이며 과거사건, 현재 상황, 미래 경제 상황 예측의 정보를 포함한다. 재무보고 목적으로 이용할 수 있는 정보는 과도한 원가나 노력 없이 이용할 수 있어야 한다고 본다.

3. 기대신용손실의 인식

금융자산의 기대신용손실은 손실충당금으로 인식하고 손실충당금을 조정하기 위한 기대신용손실의 조정분을 손상차손 또는 손상차손환입의 과목으로 당기순이익에 반영한다. 다만, 기타포괄손익-공정가치 측정 금융자산의 경우 손실충당금을 설정하지 아니하며 기타포괄손익 내에서 조정한다. 공정가치로 측정하는 자산은 공정가치 평가금액에 해당 불확실성이 모두 고려되므로 별도의 손실충당금을 설정하여 장부금액을 조정하지 아니한다.

[상각후원가 측정 금융자산]

기대신용손실 - 신용위험

차)	금융자산손상차손	×××	대)	손실충당금	×××	(×××)	PL

기대신용손실환입 - 신용위험

차)	손실충당금	×××	대)	손상차손환입	×××	×××	PL

[기타포괄손익-공정가치 측정 금융자산]

기대신용손실 - 신용위험

차)	금융자산손상차손	×××	대)	금융자산평가손익	×××	(×××)	PL
						×××	OCI

기대신용손실환입 – 신용위험

차) 금융자산평가손익	×××	대) 손상차손환입	×××	×××	PL
				(×××)	OCI

기준서에서는 금융자산의 미래현금흐름 회수를 합리적으로 예상할 수 없는 경우에는 금융자산의 장부금액의 일부나 전부를 제거할 수 있도록 허용한다. 따라서 채무자의 신용에 손상이 발생하여 기대신용손실을 측정하는 경우, 금융자산의 장부금액을 제각(write-off)한다. 범주별로 보고기간 말의 회계처리를 예시하면 다음과 같다.

[상각후원가 측정 금융자산]

기대신용손실 – 신용손상

차) 금융자산손상차손	×××	대) 금융자산 (제각)	×××	(×××)	PL

기대신용손실환입 – 신용손상

차) 근융자산	×××	대) 손상차손환입	×××	×××	PL

[기타포괄손익-공정가치 측정 금융자산]

기대신용손실 – 신용손상

차) 금융자산손상차손	×××	대) 금융자산평가손익	×××	(×××)	PL
				×××	OCI

기대신용손실환입 – 신용손상

차) 금융자산평가손익	×××	대) 손상차손환입	×××	×××	PL
				(×××)	OCI

전기에 전체기간 기대신용손실에 해당하는 금액으로 금융자산에 대한 손실충당금을 측정하였으나 당기에 더는 신용위험이 유의적으로 증가하지 아니한 경우, 당기 말에 12개월 기대신용손실에 해당하는 금액으로 손실충당금을 측정한다.

최초 인식 후에 금융상품의 신용위험이 유의적으로 증가하였는지를 매 보고기간 말에 평가한다. 신용위험의 유의적인 증가를 평가할 때 기대신용손실액의 변동이 아니라 금융상품의 기대존속기간에 걸친 채무불이행 발생 위험의 변동을 사용한다. 이러한 평가를 하기 위해, 보고기간 말의 금융상품에 대한 채무불이행 발생 위험을 최초 인식일의 채무불이행 발생 위험과 비교하고 최초 인식 후에 신용위험의 유의적인 증가를 나타내는 정보로서 과도한 원가나 노력 없이 이용할 수 있고 합리적이고 뒷받침될 수 있는 정보를 고려한다. 보고기간 말에 금융상품의 신용위험이 낮다고 판단된다면 최초 인식 후에 해당 금융상품의 신용위험이 유의적으로 증가하지 않았다고 볼 수 있다.

최초 인식 후에 신용위험이 유의적으로 증가하였는지를 판단할 때 합리적이고 뒷받침될 수 있는 미래전망 정보를 과도한 원가나 노력 없이 이용할 수 있다면 연체 정보에만 의존해서는 안 된다. 그러나 연체상태(개별평가 또는 집합평가에 기초) 보다 더 미래 전망적인 정보를 이용하기 위해 과도한 원가나 노력이 필요한 경우에는 연체 정보를 사용하여 최초 인식 후에 신용위험이 유의적으로 증가하였는지를 판단할 수 있다. 신용위험의 유의적인 증가를 평가하는 방식과는 상관없이, 계약상 지급의 연체일수가 30일을 초과하는 경우에는 최초 인식 후에 금융상품의 신용위험이 유의적으로 증가했다는 반증 가능한 간주규정을 적용할 수 있다. 다만 계약상 지급의 연체일수가 30일을 초과하였더라도 최초 인식 후에 신용위험이 유의적으로 증가하지 아니하였다는 것을 제시하는 합리적이고 뒷받침될 수 있는 정보를 갖고 있고, 해당 정보를 과도한 원가나 노력 없이 이용할 수 있다면 그 간주규정을 반증할 수 있다. 계약상 지급의 연체일수가 30일을 초과하지 않았다면 신용위험이 유의적으로 증가하였는지를 판단할 때 이 간주규정을 적용하지 않는다.

금융자산의 계약상 현금흐름이 재협상되거나 변경되지만 그 금융자산이 제거되지 않는다면 해당 금융자산의 신용위험이 유의적으로 증가하였는지는 보고기간 말의 채무불이행 발생 위험(변경된 계약조건에 기초함)과 최초 인식시점의 채무불이행 발생 위험(변경되기 전 최초 계약조건에 기초함)을 비교하여 평가한다.

취득 시 신용이 손상되어 있는 금융자산은 보고기간 말에 최초 인식 이후 전체기간 기대신용손실의 누적변동분만을 손실충당금으로 인식한다. 따라서 전체기간 기대신용손실이 최초 인식시점의 추정현금흐름에 포함되었던 기대신용손실액보다 작다하더라도 전체기간 기대신용손실의 유리한 변동을 손상차손환입으로 인식한다.

4. 기대신용손실 인식 후 이자수익

4-1 신용위험

신용위험에 기초한 기대신용손실을 손실충당금으로 인식하거나 기타포괄손익 내에서 조정한 경우, 후속보고기간동안의 이자수익은 최초에 작성한 차액 상각표의 유효이자를 계속 인식한다.

4-2 신용손상

기준서 제1109호에서는 금융자산 전체나 일부의 회수를 합리적으로 예상할 수 없는 경우에는 해당 금융자산의 장부금액을 직접 줄일 수 있도록 허용하고 있다. 즉, 제각(write off)은 금융자산을 제거하는 사건으로 본다. 따라서 채무자의 신용손상에 따라 측정한 기대신용손실은 손실충당금을 설정하지 않고 직접 제각하며 이에 따라 최초 인식시점에 작성한 차액 상각표를 제각 후의 장부금액에서 출발할 수 있도록 수정하여야 한다. 따라서 제각 이후의 이자수익은 수정한 상각표의 유효이자로 인식한다.

기본예제 2 **기대신용손실(충당금설정률표) – 매출채권**

결산일이 매년 말인 ㈜아트는 20x1년도에 설립하였고 20x1년 말 유의적인 금융요소가 없는 매출채권에 대한 기대신용손실을 측정하기 위하여 충당금설정률표를 이용하고자 한다. 관련 자료는 다음과 같다.

연체일수	매출채권 금액	충당금설정률	기대신용손실
연체 없음	₩1,000,000	1%	₩10,000
30일 연체	100,000	2%	2,000
31일 ~ 090일 연체	50,000	5%	2,500
61일 ~ 180일 연체	30,000	10%	3,000
181일 이상 연체	20,000	20%	4,000
합계	₩1,200,000		₩21,500

물음 1 ㈜아트의 20x1년 말 필요한 분개를 제시하시오.

물음 2 20x2년 7월 초, 매출채권 중 ₩20,000이 회수불가능한 것으로 판명되었다. 필요한 분개를 제시하시오.

물음 3 20x2년 말 매출채권은 ₩2,000,000이며 충당금설정률을 이용한 기대신용손실은 ₩30,000이다. 필요한 분개를 제시하시오.

물음 4 20x2년 7월 초에 제각한 매출채권 중 ₩15,000이 20x3년 4월 초에 회수되었다. 필요한 분개를 제시하시오.

물음 5 20x3년 말 매출채권은 ₩1,500,000이며 충당금설정률을 이용한 기대신용손실은 ₩12,000이다. 필요한 분개를 제시하시오.

해설

물음 1

1. 기대신용손실 : 21,500 (제시됨)
2. 회계처리 :

차)	손상차손	21,500	대)	손실충당금	21,500

(*) 매출채권의 경우, 손상차손 대신 대손상각비의 과목을 사용할 수 있다.
(*) 매출채권의 경우, 손실충당금 대신 대손충당금의 과목을 사용할 수 있다.

물음 2

차)	손실충당금	20,000	대)	매출채권	20,000

(*) 매출채권이 회수불능으로 판명되면 매출채권을 제각한다.
(*) 이 경우 손실충당금을 우선 사용하며 잔액이 부족하면 손상차손을 인식한다.

물음 3

1. 손실충당금 기말잔액 : 21,500 − 20,000(사용) = 1,500
2. 기대신용손실 : 30,000
3. 손실충당금 보충액 : 30,000 − 1,500 = 28,500
4. 회계처리 :

차)	손상차손	28,500	대)	손실충당금	28,500

물음 4

차)	현금	15,000	대)	손실충당금	15,000

[참고] 제각한 매출채권의 회수

과거에 제각 처리한 매출채권을 회수하는 경우의 회계처리는 과거 기록을 취소하는 분개와 채권을 회수하는 분개가 결합된 것이다

차)	매출채권	15,000	대)	손실충당금	15,000
차)	현금	15,000	대)	매출채권	15,000

물음 5

1. 손실충당금 기말잔액 : 30,000 + 15,000(회수) = 45,000
2. 기대신용손실 : 12,000
3. 손실충당금 환입액 : 12,000 − 45,000 = (−)33,000
4. 회계처리 :

차)	손실충당금	33,000	대)	손상차손환입 (또는 대손충당금환입)	33,500

기본예제 3 채무불이행 발생확률 접근법

㈜종로는 20x1년 초, 3년 만기, 만기 일시 상환 조건으로 ₩1,000,000을 ㈜강남에 대여한다. 액면이자율과 유효이자율은 연 5%로 같으며 매년 말 지급조건이다. ㈜종로는 채무불이행에 대비하기 위하여 ㈜강남의 공장에 대하여 저당권을 설정하였고 20x1년 말 현재 담보물(공장)의 평가 금액과 이에 따른 손실은 다음과 같다.

경기상황	담보물 평가액	신용손실(현재가치)
불황(30%)	700,000	300,000
평균(60%)	800,000	200,000
호황(10%)	900,000	100,000

㈜종로는 신용위험이 비슷한 금융상품, 차입자의 신용 위험, 향후 경제 전망에 대한 예상을 고려하여, 해당 금융자산의 채무불이행 발생확률을 향후 12개월에 0.5%, 전체 기간에 1%로 추정한다.

물음 1 ㈜종로는 20x1년 말 현재 해당 금융자산의 신용위험이 낮은 것으로 판단하였다. 회계처리를 제시하시오.

물음 2 (물음 1)에서 20x2년도 이자수익은 얼마인가?

물음 3 ㈜종로는 20x1년 말 현재 해당 금융자산의 신용위험이 유의적으로 증가한 것으로 판단하였다. 회계처리를 제시하시오.

해설

물음 1

1. 신용손실 : 300,000×30% + 200,000×60% + 100,000×10% = 220,000
2. 기대신용손실 : 220,000 × 0.5%(12개월 채무불이행 확률) = 1,100
3. 회계처리 :

차)	손상차손	1,100	대)	손실충당금	1,100

물음 2

이자수익(20x2년) : 1,000,000(손실충당금 차감 전) × 5% = 50,000
(∵ 신용이 손상된 금융자산이 아니므로 총장부금액에서 이자수익을 계산함)

물음 3

1. 기대신용손실 : 220,000 × 1%(전체기간 채무불이행 확률) = 2,200
2. 회계처리 :

차)	손상차손	2,200	대)	손실충당금	2,200

기본예제 4 신용손상 - 상각후원가 측정 금융자산

결산일이 매년 말인 A사는 20x1년 초, 액면금액 ₩100,000, 표시이자율 연 8%(매년 말 지급), 만기 3년인 사채를 ₩95,026에 취득하였다. 취득 시점에 거래원가는 없으며 유효이자율은 연 10%이다. A사의 사업모형은 수취모형이다. 20x1년 말 현재 금융자산의 신용은 손상되었다. 채권의 기대존속기간 2년 동안 액면이자는 회수할 수 없고 액면금액은 ₩50,000을 회수할 것으로 추정한다. 20x2년 말 현재 예상대로 액면이자는 수취하지 못하였으나 20x2년 말 현재 금융자산의 손상이 일부 회복된 객관적인 증거가 있다. 채권의 기대존속기간 1년 동안 액면이자는 여전히 회수할 수 없고 액면금액은 전액 회수할 것으로 추정한다.

물음 1 차액 상각표를 작성하시오.

물음 2 A사의 20x1년 말 필요한 회계처리를 제시하시오.

물음 3 A사의 20x2년 말 필요한 회계처리를 제시하시오.

해설

물음 1

일자	유효이자(10%)	액면이자(8%)	차액상각	상각후원가
1년 초_최초				95,026
1년 말	9,503	8,000	1,503	96,529
				(55,207)
1년 말_수정				41,322
2년 말	4,132	–	4,132	45,454
				45,455
2년 말_수정				90,909
3년 말	9,091	–	9,091	100,000
계	22,726	8,000	14,726	

(*) 수정한 상각후원가(1년말, 10%) : 50,000 ÷ 1.1^2 = 41,322

(*) 수정한 상각후원가(2년말, 10%) : 100,000 ÷ 1.1 = 90,909

물음 2

						손익효과
1년초-개시일 취득						
차)	금융자산 (AC)	95,026	대)	현금	95,026	–
1년말-이자수취						
차)	현금	8,000	대)	이자수익	9,503	9,503 PL
	금융자산	1,503				
1년말-기대신용손실						
차)	금융자산손상차손	55,207	대)	금융자산 (제각)	55,207	(55,207)PL

① 평가 전 장부금액 : 95,026(최초금액) + 1,503(상각) = 96,529

② 현재가치(신용손상) : 50,000 ÷ 1.1^2 = 41,322

③ 기대신용손실(② – ①) : 55,207

물음 3

2년말-이자수취

차)	현금	-	대)	이자수익	4,132	4,132 PL
	금융자산	4,132				

2년말-기대신용손실환입

차)	금융자산	45,455	대)	손상차손환입	45,455	45,455 PL

① 장부금액 : 41,322(전기이월) + 4,132(상각) = 45,454
② 현재가치(신용손상회복) : 100,000 ÷ 1.1 = 90,909
③ 기대신용손실환입(② - ①) : 45,455

기본예제 5 신용손상 - 기타포괄손익-공정가치 측정 금융자산

결산일이 매년 말인 A사는 20x1년 초, 액면금액 ₩100,000, 표시이자율 연 8%(매년 말 지급), 만기 3년인 사채를 ₩95,026에 취득하였다. 취득 시점에 거래원가는 없으며 유효이자율은 연 10%이다. A사의 사업모형은 수취 및 매각 모형이다. 20x1년 말 현재 금융자산의 신용은 손상되었다. 채권의 기대존속기간 2년 동안 액면이자는 회수할 수 없고 액면금액은 ₩50,000을 회수할 것으로 추정한다. 현행 시장이자율은 연 12%이며 이를 반영한 공정가치는 ₩39,860이다. 20x2년 말 현재 금융자산의 손상이 일부 회복된 객관적인 증거가 있다. 채권의 기대존속기간 1년 동안 액면이자는 여전히 회수할 수 없고 액면금액은 전액 회수할 것으로 추정한다. 현행 시장이자율은 연 11%이며 이를 반영한 공정가치는 ₩90,090이다.

물음 1 차액 상각표를 작성하시오.

물음 2 A사의 20x1년 말 필요한 회계처리를 제시하시오.

물음 3 A사의 20x2년 말 필요한 회계처리를 제시하시오.

해설

물음 1

일자	유효이자(10%)	액면이자(8%)	차액상각	상각후원가
1년 초_최초				95,026
1년 말	9,503	8,000	1,503	96,529
				(55,207)
1년 말_수정				41,322
2년 말	4,132	–	4,132	45,454
				45,455
2년 말_수정				90,909
3년 말	9,091	–	9,091	100,000
계	22,726	8,000	14,726	

(*) 수정한 상각후원가(1년말, 10%) : 50,000 ÷ 1.1^2 = 41,322

(*) 수정한 상각후원가(2년말, 10%) : 100,000 ÷ 1.1 = 90,909

물음 2

						손익효과
1년초-개시일 취득						
차)	금융자산 (FV-OCI)	95,026	대)	현금	95,026	–
1년말-이자수취						
차)	현금	8,000	대)	이자수익	9,503	9,503 PL
	금융자산	1,503				
1년말-공정가치평가						
차)	금융자산평가손익	56,669	대)	금융자산	56,669	(56,669)OCI

① 평가 전 장부금액 : 95,026(최초금액) + 1,503(상각) = 96,529

② 공정가치 : 39,860

③ 재평가감소액(② - ①) : 56,669

1년말-기대신용손실

차)	금융자산손상차손	55,207	대)	금융자산평가손익	55,207	(55,207)PL
						55,207 OCI

① 상각표의 장부금액 : 95,026(최초금액) + 1,503(상각) = 96,529
② 현재가치(신용손상) : 50,000 ÷ 1.1^2 = 41,322
③ 기대신용손실(② − ①) : 55,207

물음 3

2년말-이자수취

차)	현금	−	대)	이자수익	4,132	4,132 PL
	금융자산	4,132				

2년말-공정가치평가

차)	금융자산	46,098	대)	금융자산평가손익	46,098	46,098 PL

① 평가 전 장부금액 : 39,860(전기이월) + 4,132(상각) = 43,992
② 공정가치 : 90,090
③ 재평가증가액(② − ①) : 46,098

2년말-기대신용손실환입

차)	금융자산평가손익	45,455	대)	손상차손환입	45,455	45,455 PL
						(45,455)OCI

① 상각표의 장부금액 : 41,322(전기이월) + 4,132(상각) = 45,454
② 현재가치(신용손상회복) : 100,000 ÷ 1.1 = 90,909
③ 기대신용손실환입(② − ①) : 45,455

제11장에서 살펴본 것처럼 상각후원가 측정 금융자산과 기타포괄손익-공정가치 측정 금융자산에서 발생하는 당기순이익의 모든 효과는 동일하다. 즉, 기타포괄손익-공정가치 측정 금융자산의 손상차손 및 손상차손환입은 처음부터 상각후원가 측정 금융자산으로 분류한 경우에 인식할 금액과 동일한 금액일 것이다. 따라서 위의 사례에서 이자수익 회계처리와 기대신용손실 또는 환입의 회계처리는 모두 차액 상각표를 기준으로 인식하고, 공정가치 평가와 관련된 회계처리에서만 공정가치 정보를 활용하면 된다.

기본예제 6 신용위험과 신용손상 - 상각후원가 측정 금융자산

결산일이 매년 말인 A사는 20x1년 초, 액면금액 ₩100,000, 표시이자율 연 8%(매년 말 지급), 만기 3년인 사채를 ₩95,026에 취득하였다. 취득 시점에 거래원가는 없으며 유효이자율은 연 10%이다. A사의 사업모형은 수취모형이다. 20x1년 말 현재 금융자산의 신용위험이 유의적으로 증가하여 채무상품의 기대존속기간에 대한 채무불이행확률을 적용한 기대신용손실을 ₩2,000으로 추정하였다. 20x2년 말 현재 예상대로 액면이자를 수취하였으며 20x2년 말 현재 금융자산의 신용손상이 발생하였고 채권의 기대존속기간 1년 동안 액면이자는 회수할 수 없고 액면금액의 50%를 회수할 것으로 추정한다.

물음 1 차액 상각표를 작성하시오.

물음 2 A사의 20x1년 말 필요한 회계처리를 제시하시오.

물음 3 A사의 20x2년 말 필요한 회계처리를 제시하시오.

해설

물음 1

일자	유효이자(10%)	액면이자(8%)	차액상각	상각후원가
1년 초_최초				95,026
1년 말	9,503	8,000	1,503	96,529
2년 말	9,653	8,000	1,653	98,182
				(52,727)
2년 말_수정				45,455
3년 말	4,545	–	4,545	50,000
계	23,701	16,000	7,701	

(*) 수정한 상각후원가(2년말, 10%) : 50,000 ÷ 1.1 = 45,455

물음 2

					손익효과
1년초-개시일 취득					
차)	금융자산 (AC)	95,026	대) 현금	95,026	-
1년말-이자수취					
차)	현금	8,000	대) 이자수익	9,503	9,503 PL
	금융자산	1,503			
1년말-기대신용손실					
차)	금융자산손상차손	2,000	대) 손실충당금	2,000	(2,000)PL

① 보고기간 말 기대신용손실(신용위험) : 2,000
② 설정 직전 손실충당금 장부금액 : 0
③ 기대신용손실(① - ②) : 2,000

물음 3

2년말-이자수취					
차)	현금	8,000	대) 이자수익	9,653	9,653PL
	금융자산	1,653			
2년말-기대신용손실환입					
차)	손실충당금	2,000	대) 금융자산 (제각)	52,727	(50,727)PL
	금융자산손상차손	50,727			

① 장부금액 : 96,529(전기이월) + 1,653(상각) = 98,182
② 현재가치(신용손상) : 50,000 ÷ 1.1 = 45,455
③ 보고기간 말 기대신용손실(② - ①) : 52,727
④ 손실충당금 잔액 : 2,000 (제각 채권에 우선 사용함)
⑤ 손상차손 : 52,727 - 2,000 = 50,727

SECTION 3

금융자산의 제거

기업은 상거래, 금전대차거래 등에 따라 다양한 채권, 채무가 발생하며 이러한 권리와 의무 또한 현금 등을 수취하거나 이전해야 하는 약정에 기초하므로 금융상품의 정의를 충족한다. 계약상 현금 등을 수취할 무조건적인 권리를 수채채권이라 하며 이에 대한 의무를 지급채무라고 한다. 수취채권과 지급채무의 계정과목의 예시는 다음과 같다.

구 분	금융자산	금융부채
재화나 용역의 이전거래	매출채권	매입채무
	미수금	미지급금
금전대차거래	대여금	차입금

수취채권은 계약상 현금흐름을 수취할 목적의 채권이므로 상각후원가 측정 금융자산으로 분류하며 지급채무는 상각후원가 측정 금융부채로 분류한다. 상각후원가 측정 금융자산과 금융부채는 계약 당사자가 된 시점에 공정가치로 인식하며 거래원가는 금융자산인 경우 공정가치에 가산하고 금융부채는 공정가치에서 차감한다. 다만, 기준서에서는 화폐의 시간가치가 유의적이지 않은 단기 수취채권과 단기 지급채무의 경우 명목금액으로 보고할 수 있는 실무적 간편법을 허용하고 있다. 일반적으로 거래시기와 계약상 현금흐름이 발생하는 시기가 1년 이내인 경우에는 화폐의 시간가치가 유의적이지 않은 것이며 이러한 경우 수취채권과 지급채무를 공정가치가 아닌 명목금액으로 측정한다.

1. 금융자산의 제거

인식한 금융자산은 기준서 제1109호에서 규정한 제거조건을 평가하여 제거 여부를 판단하여야 한다. 제거와 관련된 기준서의 판단기준은 연결재무제표를 작성하는 경우에는 모든 종속기업을 연결한 후 해당 연결실체에 적용하여야 한다.

기준서에서 규정하고 있는 지침에 따라 금융자산의 제거 여부와 제거 정도의 적정성을 평가하기 전에 그러한 지침을 금융자산의 일부에 적용하여야 하는지 아니면 전체에 적용하여야 하는지를 결정하여야 하며 다음 중 어느 하나에 해당하는 경우를 제외하고는 금융자산 전체에 그러한 지침을 적용한다.

- 제거 대상이 금융자산의 현금흐름에서 식별된 특정 부분만으로 구성된다. (예: 이자만 양도하는 경우)
- 제거 대상이 금융자산의 현금흐름에 완전히 비례하는 부분만으로 구성된다. (예: 전체 원리금 중 90%에 해당하는 권리를 가지는 계약)
- 제거 대상이 금융자산의 현금흐름에서 식별된 특정 부분 중 완전히 비례하는 부분만으로 구성된다. (예: 이자 중 90%에 대한 권리를 가지는 계약)

1-1 금융자산의 제거조건

다음 중 하나에 해당하는 경우에만 금융자산을 제거한다.

- 금융자산의 현금흐름에 대한 계약상 권리가 소멸한 경우
- 제거조건을 충족한 금융자산의 양도

금융자산에 대한 권리의 소멸은 원리금을 회수하거나 채무면제 등에 따라 발생하며 금융자산의 양도는 다음 중 어느 하나에 해당하는 거래이다.

- 금융자산의 현금흐름을 수취할 계약상 권리를 양도하는 경우
- 금융자산의 현금흐름을 수취할 계약상 권리를 보유하고 있으나, 해당 현금흐름을 별도의 계약에 따라 하나 이상의 수취인에게 지급할 계약상 의무를 부담하는 경우

1-2 금융자산의 양도

금융자산을 양도한 경우에 양도자는 금융자산의 소유에 따른 위험과 보상의 보유 정도를 평가하여 다음과 같이 회계처리 한다.

위험과 보상의 대부분을 이전하는 경우

양도자가 금융자산의 소유에 따른 위험과 보상의 대부분을 이전한다면, 해당 금융자산을 제거하고 양도하여 생기거나 갖게 된 권리와 의무는 각각 자산과 부채로 인식한다.

위험과 보상의 대부분을 보유하는 경우

양도자가 금융자산의 소유에 따른 위험과 보상의 대부분을 보유한다면, 해당 금융자산을 계속 인식한다.

위험과 보상의 대부분을 보유하지도 이전하지도 않는 경우

양도자가 금융자산의 소유에 따른 위험과 보상의 대부분을 보유하지도 이전하지도 않는다면, 양도자가 해당 금융자산을 통제하는지를 판단하여 다음과 같이 회계처리 한다.

- 양도자가 금융자산을 통제하고 있지 않다면, 해당 금융자산을 제거하고 양도하여 생기거나 보유하게 된 권리와 의무는 각각 자산과 부채로 인식한다.
- 양도자가 금융자산을 통제하고 있다면, 해당 금융자산에 지속적으로 관여하는 정도까지 그 금융자산을 계속 인식한다.

위험과 보상의 이전 여부는 양도자산의 순현금흐름의 금액과 시기의 변동에 대한 양도 전·후 양도자의 익스포저를 비교하여 평가한다. 금융자산의 미래 순현금흐름의 현재가치 변동에 대한 양도자의 익스포저가 양도의 결과 유의적으로 달라지지 않는다면(예: 양도자가 확정가격이나 매도가격에 대여자의 이자수익을 더한 금액으로 재매입하기로 하고 금융자산을 매도한 경우), 양도자는 금융자산의 소유에 따른 위험과 보상의 대부분을 보유하고 있는 것이다. 그러나 금융자산과 관련된 미래 순현금흐름 현재가치 변동에 대한 양도자의 익스포저가 더는 유의적이지 않다면(예: 재매입 시점의 공정가치로 재매입할 수 있는 선택권을 가지면서 금융자산을 매도한 경우), 양도자는 금융자산의 소유에 따른 위험과 보상의 대부분을 이전한 것이다.

양도자가 양도자산을 통제하고 있는지는 양수자가 그 자산을 매도할 수 있는 능력을 가지는지에 따라 결정한다. 양수자가 자산 전체를 독립된 제3자에게 매도할 수 있는 실질적 능력을 가지고 있으며 양도에 추가 제약을 할 필요 없이 그 능력을 일방적으로 행사할 수 있다면, 양도자는 양도자산에 대한 통제를 상실한 것이다. 이 경우 외에는 양도자가 양도자산을 통제하고 있는 것이다.

1-3 제거조건을 충족하는 양도

(1) 금융자산 전체를 제거하는 경우

금융자산 전체를 제거하는 경우에는 제거일에 측정한 금융자산의 장부금액과 수취한 대가의 차액을 당기손익(예: 금융자산처분손익)으로 인식한다.

(2) 금융자산 일부를 제거하는 경우

금융자산 일부를 제거하는 경우에는 제거일에 측정한 금융자산의 부분장부금액과 수취한 대가의 차액을 당기손익(예: 금융자산처분손익)으로 인식한다. 양도하기 전 금융자산 전체의 장부금액은 계속 인식하는 부분과 제거하는 부분에 대해 양도일 현재 각 부분의 상대적 공정가치를 기준으로 배분한다.

(3) 새로운 금융자산을 획득하거나 새로운 금융부채나 관리용역부채를 부담하는 경우

양도의 결과로 금융자산을 제거하지만 새로운 금융자산을 획득하거나 새로운 금융부채나 관리용역부채를 부담한다면, 그 새로운 금융자산, 금융부채, 관리용역부채를 공정가치로 인식한다.

예를 들어 기업이 어떤 금융자산을 양도하고 그 대가를 타법인 주식을 수취하는 경우 또는 대여채권을 양도하고 채권 회수와 관련된 관리용역계약을 체결하는 경우 그 자산과 부채는 공정가치로 인식한다.

1-4 제거조건을 충족하지 않는 양도

양도자가 양도자산의 소유에 따른 위험과 보상의 대부분을 보유하고 있기 때문에 양도자산을 제거하지 않는다면, 그 양도자산 전체를 계속 인식하며 수취한 대가는 금융부채로 인식한다. 양도자는 후속기간에 양도자산에서 생기는 모든 수익과 금융부채에서 생기는 모든 비용을 인식한다.

1-5 양도자산에 대한 지속적 관여

(1) 지속적 관여 자산

양도자가 양도자산의 소유에 따른 위험과 보상의 대부분을 보유하지도 이전하지도 않고, 양도자가 양도자산을 통제하고 있다면, 그 양도자산에 지속적으로 관여하는 정도까지 그 양도자산을 계속 인식한다. 이때 지속적 관여 정도는 양도자산의 가치 변동에 양도자가 노출되는 정도를 말한다. 예를 들면 다음과 같다.

■ 보증의 형태에 따른 지속적 관여

양도자가 보증을 제공하는 형태로 지속적으로 관여하는 경우에 지속적 관여 정도는 양도자산의 장부금액과 수취한 대가 중 상환을 요구받을 수 있는 최대 금액(보증금액) 중 적은 금액이다.

■ 옵션의 형태에 따른 지속적 관여

양도자가 양도자산에 대하여 옵션을 매입 또는 발행하는 경우에 지속적 관여 정도는 양도자산 중 양도자가 재매입할 수 있는 금액이다. 그러나 공정가치로 측정하는 자산에 대하여 풋옵션을 발행하는 경우에 지속적 관여 정도는 양도자산의 공정가치와 옵션의 행사가격 중 적은 금액이다.

(2) 관련 부채

양도자가 지속적으로 관여하는 정도까지 자산을 계속 인식하는 경우에 관련 부채도 함께 인식한다. 이때 측정과 관련된 이 기준서의 다른 요구사항에 관계없이 양도자산과 관련 부채는 양도자가 보유하는 권리와 부담하는 의무를 반영하여 측정한다. 관련 부채는 다음과 같이 측정한다.

- 양도자산을 상각후원가로 측정한다면, 양도자산과 관련 부채의 순장부금액이 양도자가 보유하는 권리와 부담하는 의무의 상각후원가가 되도록 관련 부채를 측정한다.
- 양도자산을 공정가치로 측정한다면, 양도자산과 관련 부채의 순장부금액이 양도자가 보유하는 권리와 부담하는 의무를 독립적으로 측정한 공정가치가 되도록 관련 부채를 측정한다.

(3) 후속 보고

양도자는 양도자산에서 생기는 수익을 지속적으로 관여하는 정도까지 계속 인식하며, 관련 부채에서 생기는 모든 비용을 인식한다. 후속 측정할 때 양도자산과 관련 부채의 공정가치 변동액은 서로 간에 일관성 있게 회계처리 하며 상계하지 아니한다.

양도자가 금융자산의 일부에만 지속적으로 관여하는 경우에(예: 양도자산의 일부를 재매입할 수 있는 옵션을 보유하거나, 양도자산의 소유에 따른 위험과 보상의 대부분을 보유한 것으로 볼 수 없는 나머지 지분을 보유하고 양도자산을 통제하고 있는 경우) 양도하기 전 금융자산의 장부금액을 지속적 관여에 따라 계속 인식하는 부분과 제거하는 부분에 양도일 현재 각 부분의 상대적 공정가치를 기준으로 배분한다. 그리고 제거일에 측정한 제거하는 부분에 배분된 금융자산의 장부금액과 제거하는 부분에 대하여 수취한 대가의 차액은 당기손익으로 인식한다.

양도자산을 상각후원가로 측정한다면, 금융부채를 당기손익-공정가치 측정 금융부채로 지정하는 선택권을 양도자산과 관련된 부채에는 적용할 수 없다.

(4) 모든 양도

양도자산을 계속 인식하는 경우에 그 양도자산과 관련 부채는 상계하지 아니한다. 이와 마찬가지로 양도자산에서 생기는 모든 수익은 관련 부채에서 생기는 어떤 비용과도 상계하지 아니한다.

기본예제 7 **매출채권의 양도 - 어음의 할인**

㈜미래는 20x1년 10월 31일 현재 보유하고 있던 받을어음을 종로은행에서 할인받았다. 할인과 관련된 내용은 다음과 같다.

- 어음의 종류 : 이자부어음
- 표시이자율 : 연 3%(만기일지급)
- 할인율 : 연 6%
- 액면금액 : ₩500,000
- 발행일 : 20x1년 7월 1일
- 만기일 : 20x1년 12월 31일

물음 1 어음할인이 제거조건을 충족하는 양도일 때 ㈜미래가 수행할 양도일의 회계처리를 제시하시오.

물음 2 어음할인이 제거조건을 충족하지 못하는 양도일 때 ㈜미래가 수행할 양도일과 어음만기일의 회계처리를 제시하시오.

해설

물음 1

1년 10월말-양도

차)	현금	502,425	대)	이자수익	5,000	5,000 PL
	매출채권처분손실	2,575		매출채권	500,000	(2,575)PL

① 만기일 어음가치 : 500,000(액면금액) + 7,500(액면이자:500,000 × 3% × 6/12) = 507,500
② 할인료 : 507,500 × 6% × 2/12 = 5,075
③ 양도일 어음가치(① - ②) : 507,500 - 5,075 = 502,425
④ 양도일 매출채권 장부금액 : 500,000
⑤ 양도일까지 이자수익 : 500,000 × 3% × 4/6 = 5,000
⑥ 매출채권처분손실 : 대차차액

물음 2

1년 10월말-양도

차)	현금	502,425	대)	이자수익	5,000	-
	이자비용	2,575		단기차입금	500,000	

① 이자수익 : 500,000×3%×2/12=2,500
② 이자비용 : 5,075 - 2,575(10월말 인식액) = 2,500
(*) 매출채권의 이자수익과 단기차입금의 이자비용은 상계하지 아니한다.

기본예제 8 매출채권의 양도 - 팩토링

㈜미래는 20x1년 12월 31일에 전체 매출채권 ₩500,000을 종로은행과 팩토링계약을 체결하였다. ㈜미래와 종로은행의 팩토링 계약에 관한 자료는 다음과 같다.

20x1년 12월 31일	㈜미래가 종로은행에 양도한 매출채권은 20x2년 2월 28일에 만기가 도래하며, 종로은행은 수수료와 예치금(매출할인, 매출에누리·환입에 대비) 명목으로 각각 매출채권의 2%와 3%를 공제한 잔액을 ㈜미래에 현금으로 지급함
20x2년 2월 28일	종로은행이 ㈜미래의 거래처로부터 매출할인 ₩10,000과 매출에누리 ₩2,000을 제외한 잔액을 회수하였고, 예치금은 정산하였으며 ㈜미래는 부족분을 현금으로 결제함.

㈜미래의 ① 20x1년 12월 31일과 ② 20x2년 2월 28일에 필요한 모든 회계처리를 각각 제시하시오. 단, 팩토링 계약은 제거조건을 충족한다고 가정하시오.

해설

1년 12월말-양도

차)	현금	475,000	대)	매출채권 .	500,000	(10,000)PL
	미수금	15,000		(제거)		
	매출채권처분손실	10,000				

① 만기일 채권가치 : 500,000(액면금액)
② 할인료 : 500,000 × 2% = 10,000
③ 양도일 채권가치(① - ②) : 500,000 - 10,000 = 490,000
④ 양도일 유보채권 : 500,000 × 3% = 15,000
⑤ 양도일 현금수취액 : 500,000 - 10,000 - 15,000 = 475,000
⑥ 매출채권처분손실 : 대차차액

2년 2월말-정산

차)	현금	3,000	대)	미수금	15,000	(12,000)PL
	매출	12,000		(제거)		

① 매출할인 및 에누리 : 12,000
② 정산일 현금수취액 : 15,000 - 12,000 = 3,000

기본예제 9 지속적 관여

20x1년 7월 1일에 매출채권 집합 ₩100,000(만기 20x2년 6월 30일)을 우리은행에게 양도하고 현금 ₩92,000을 수령하였다. 양도일 현재 매출채권 집합의 공정가치는 ₩90,000이다. 회사는 양도한 매출채권 집합에서 대손이 발생하는 경우 1년간 ₩20,000을 지급보증하기로 약정하였으며 이에 대한 대가를 양도대가에 포함하였다. 우리은행은 양수한 매출채권 집합에 대하여 자유로운 처분을 할 수 있는 권리가 없으며 매출채권은 평균적으로 회수된다고 가정한다.

물음 1 7월 1일의 분개를 제시하시오.

물음 2 12월 31일에 ₩10,000의 대손이 발생한 경우 분개를 제시하시오.

해설

물음 1

1년 7월초-양도

차)	현금	90,000	대)	매출채권	100,000	(10,000) PL
	매출채권처분손실	10,000		(제거)		

① 양도일 현금수취액 : 90,000(양도일의 공정가치)
② 양도일 매출채권 장부금액 : 100,000 (일단 전액 제거)
③ 매출채권처분손실 : 대차차액

1년 7월초-지급보증대가

차)	현금	2,000	대)	이연수수료수익	2,000	-

1년 7월초-지속적 관여 인식

차)	지속적관여자산	20,000	대)	지속적관여부채	20,000	-

① 지급보증에 따른 지속적관여자산 : Min[100,000(장부금액), 20,000(보증액)] = 20,000
② 지급보증에 따른 지속적관여부채 : 20,000

물음 2

1년 12월말-수수료수익

차)	이연수수료수익	1,000	대)	수수료수익	1,000	1,000 PL

(*) 수수료수익 : 2,000 × 6/12 = 1,000

1년 12월말-대손발생

차)	지급보증손실	10,000	대)	현금	10,000	(10,000) PL

1년 12월말-지속적 관여 조정

차)	지속적관여부채	10,000	대)	지속적관여자산	10,000	-

① 지급보증에 따른 지속적관여자산 : Min[100,000, 10,000] = 10,000
② 지속적관여자산의 감소 : 20,000 − 10,000 = 10,000
③ 지속적관여부채의 감소 : 10,000

SECTION 4

금융자산의 재분류

금융자산을 관리하는 사업모형을 변경하는 경우에만, 영향 받는 모든 금융자산을 기준서 제1109호의 지침에 따라 재분류한다.[1] 금융자산의 사업모형은 계약상 현금흐름의 특성을 가진 금융자산을 관리하는 모형이므로 지분상품 투자는 원칙적으로 재분류의 대상이 될 수 없다.

금융자산을 재분류하는 경우에 그 재분류를 재분류일부터 전진적으로 적용한다. 재분류 전에 인식한 손익(손상차손이나 환입을 포함)이나 이자는 다시 작성하지 않는다. 재분류일은 금융자산의 재분류를 초래하는 사업모형의 변경 후 다음 보고기간의 첫 번째 날이다.

다음의 상황별로 금융자산의 재분류와 관련된 기준서의 지침을 살펴본다.

1. 상각후원가 측정 금융자산의 재분류

(1) 상각후원가 측정 금융자산 → 당기손익 공정가치 측정 금융자산

금융자산을 상각후원가 측정 범주에서 당기손익-공정가치 측정 범주로 재분류하는 경우에 재분류일의 공정가치로 측정한다. 금융자산의 재분류 전 장부금액과 공정가치의 차이에 따른 손익은 당기순이익에 반영한다. 재분류 이후 당기손익-공정가치 측정 금융자산은 상각표를 작성하지 아니하며 후속기간동안 공정가치로 평가하고 그 손익을 당기순이익에 반영한다.

1) 현금흐름위험회피 또는 순투자의 위험회피에서 위험회피수단으로 지정되고 위험회피에 효과적이었던 항목이 더는 위험회피회계의 적용조건을 충족하지 않는 경우이거나 특정 항목이 현금흐름위험회피 또는 순투자의 위험회피에서 위험회피수단으로 지정되고 위험회피에 효과적이 되는 경우에는 이 기준서의 재분류 규정을 적용하지 아니한다.

사례 1 재분류일 현재 관련 자료

- 재분류일의 상각후원가 측정 금융자산의 장부금액 : ₩100,000
- 재분류일의 손실충당금의 장부금액 : ₩4,000
- 재분류일의 금융자산의 공정가치 : ₩90,000
- 재분류일의 회계처리 :

						손익효과
차)	금융자산(FV-PL)	90,000	대)	금융자산(AC)	100,000	(6,000) PL
	손실충당금	4,000				
	재분류손실	6,000				

(*) 금융자산(FV-PL) : 재분류일의 공정가치

(*) 재분류손익 : 대차차액

(2) 상각후원가 측정 금융자산 → 기타포괄손익 공정가치 측정 금융자산

금융자산을 상각후원가 측정 범주에서 기타포괄손익-공정가치 측정 범주로 재분류하는 경우에 재분류일의 공정가치로 측정한다. 금융자산의 재분류 전 장부금액과 공정가치의 차이에 따른 손익은 기타포괄손익으로 인식한다. 유효이자율과 기대신용손실 측정치는 재분류로 인해 조정되지 않는다.

사례 2 재분류일 현재 관련 자료

- 재분류일의 상각후원가 측정 금융자산의 장부금액 : ₩100,000
- 재분류일의 손실충당금의 장부금액 : ₩4,000
- 재분류일의 금융자산의 공정가치 : ₩90,000
- 재분류일의 회계처리 :

						손익효과
차)	금융자산(FV-OCI)	90,000	대)	금융자산(AC)	100,000	(6,000) OCI
	손실충당금	4,000				
	재분류손실	6,000				

(*) 금융자산(FV-PL) : 재분류일의 공정가치

(*) 재분류손익 : 대차차액

2. 기타포괄손익-공정가치 측정 금융자산의 재분류

(1) 기타포괄손익 공정가치 측정 금융자산 → 상각후원가 측정 금융자산

금융자산을 기타포괄손익-공정가치 측정 범주에서 상각후원가 측정 범주로 재분류하는 경우에 재분류일의 공정가치로 측정한다. 그러나 재분류 전에 인식한 기타포괄손익누계액은 자본에서 제거하고 재분류일의 금융자산의 공정가치에서 조정한다. 따라서 최초 인식시점부터 상각후원가로 측정했었던 것처럼 재분류일에 금융자산을 측정한다. 이러한 조정은 기타포괄손익에 영향을 미치지만 당기손익에는 영향을 미치지 아니하므로 재분류조정에 해당하지 아니한다. 재분류에 따라 유효이자율과 기대신용손실 측정치는 조정하지 않는다.

사례 3 재분류일 현재 관련 자료

- 재분류일의 금융자산의 장부금액 : ₩90,000
- 재분류일의 금융자산의 공정가치 : ₩90,000
- 재분류일의 금융자산평가손실누계액 : ₩6,000
- 재분류일까지의 신용위험에 의한 기대신용손실 : ₩4,000
- 재분류일의 회계처리 :

						손익효과
차)	금융자산(AC)	90,000	대)	금융자산(FV-OCI)	90,000	–
	금융자산(AC)	6,000		금융자산평가손익	6,000	6,000 OCI
	금융자산(AC)	4,000		손실충당금	4,000	–

(*) 금융자산(AC) : 재분류일의 공정가치
(*) 금융자산평가손익을 금융자산으로 대체
(*) 기대신용손실을 손실충당금과 금융자산으로 대체
(*) 금융자산(AC)의 장부금액은 결국 상각후원가로 재분류된다.

(2) 기타포괄손익 공정가치 측정 금융자산 → 당기손익 공정가치 측정 금융자산

금융자산을 기타포괄손익-공정가치 측정 범주에서 당기손익-공정가치 측정 범주로 재분류하는 경우에 계속 공정가치로 측정한다. 재분류 전에 인식한 기타포괄손익누계액은 재분류일에 재분류조정으로 자본에서 당기손익으로 재분류(recycle)한다.

사례 4 재분류일 현재 관련 자료

- 재분류일의 금융자산의 장부금액 : ₩90,000
- 재분류일의 금융자산의 공정가치 : ₩90,000
- 재분류일의 금융자산평가이익누계액 : ₩6,000
- 재분류일까지의 신용위험에 의한 기대신용손실 : ₩4,000
- 재분류일의 회계처리 :

						손익효과
차)	금융자산(FV-PL)	90,000	대)	금융자산(FV-OCI)	90,000	-
	재분류손익	6,000		금융자산평가손익	6,000	6,000 OCI
						(6,000) PL

(*) 금융자산(FV-PL) : 재분류일의 공정가치
(*) 금융자산평가손익을 당기순이익으로 재순환
(*) 기대신용손실을 인식의 불일치가 없으므로 고려사항이 없음

3. 당기손익-공정가치 측정 금융자산의 재분류

(1) 당기손익 공정가치 측정 금융자산 → 기타포괄손익 공정가치 측정 금융자산

금융자산을 당기손익-공정가치 측정 범주에서 기타포괄손익-공정가치 측정 범주로 재분류하는 경우에 계속 공정가치로 측정한다. 기타포괄손익 공정가치 측정 금융자산은 공정가치로 측정한다는 측면에서 당기손익 공정가치 측정 금융자산과 다를 바 없으므로 계속 공정가치로 측정한다. 하지만 기타포괄손익 공정가치 측정 금융자산은 상각후원가를 기초로 한 당기손익 정보를 제공하여야 하므로 상각후원가에 대한 간주규정이 필요하다. 이와 관련하여 기준서의 지침은 다음과 같다.

재분류일의 공정가치가 기타포괄손익 공정가치 측정 금융자산의 새로운 상각후원가로 본다. 따라서 미래 현금흐름의 현재가치가 재분류일의 공정가치와 일치하는 유효이자율을 재분류일을 기준으로 재계산하여야 한다.

당기손익 공정가치 측정 금융자산은 공정가치 변동을 당기손익으로 인식하므로 이자수익과 손상차손 또는 환입을 구분할 이유가 없다. 그러나 기타포괄손익 공정가치 측정 금융자산은 손상에 대한 요구사항을 적용해야 하는 금융자산이므로 기준서에서는 재분류일부터 손상에 대한 지침을 적용하고 후속기간 동안 신용위험의 유의적인 증가여부를 판단할

때 재분류일의 신용위험을 기준으로 판단할 것을 요구하고 있다.

사례 5 재분류일 현재 관련 자료

- 재분류일의 금융자산의 장부금액 : ₩90,000
- 재분류일의 금융자산의 공정가치 : ₩92,000
- 재분류일의 회계처리 :

						손익효과
차)	금융자산(FV-OCI)	92,000	대)	금융자산(FV-PL)	90,000	-
				재분류손익	2,000	2,000 PL

(*) 재분류일의 공정가치를 기준으로 잔여기간동안의 상각표를 작성함

(2) 당기손익 공정가치 측정 금융자산 → 상각후원가 측정 금융자산

금융자산을 당기손익-공정가치 측정 범주에서 상각후원가 측정 범주로 재분류하는 경우에 재분류일의 공정가치가 새로운 총장부금액이 되며 이에 기초하여 유효이자율을 산정한다. 또한 재분류일부터 금융자산의 손상에 대한 요구사항를 적용하며 재분류일의 신용위험을 기준으로 그 변동을 판단한다.

사례 6 재분류일 현재 관련 자료

- 재분류일의 금융자산의 장부금액 : ₩90,000
- 재분류일의 금융자산의 공정가치 : ₩92,000
- 재분류일의 회계처리 :

						손익효과
차)	금융자산(AC)	92,000	대)	금융자산(FV-PL)	90,000	-
				재분류손익	2,000	2,000 PL

(*) 재분류일의 공정가치를 기준으로 잔여기간동안의 상각표를 작성함

기본예제 10 금융자산 재분류

결산일이 12월 말인 ㈜방배는 금융자산의 계약상 현금흐름을 관리하는 사업모형을 변경하였다. 재분류일은 20x2년 1월 1일이며 다음의 공통자료를 이용하여 독립적인 각각의 물음에 답하시오.

〈공통자료〉

㈜방배가 20x1년 초에 취득한 채무상품의 액면금액은 ₩20,000, 표시이자율 5%(매년 말 지급), 만기는 20x3년 12월 31일이다. 취득 당시의 시장이자율은 연 5%이며 20x1년 말과 20x2년 초의 시장이자율은 각각 7%, 8%이다. 시점별 공정가치(현행 시장이자율에 의한 원리금의 현재가치)에 대한 자료는 다음과 같다.

구 분	20x1년 초	20x1년 말	20x2년 초	20x2년 말
공정가치	20,000	19,277	18,930	19,811

물음 1 ㈜방배는 상각후원가 측정 금융자산에서 기타포괄손익 공정가치 측정 금융자산으로 재분류한다고 가정한다. 다음 각 시점에서 필요한 분개를 제시하시오.

구 분	회계처리
20x2년 초	
20x2년 말	

물음 2 ㈜방배는 상각후원가 측정 금융자산에서 당기손익 공정가치 측정 금융자산으로 재분류한다고 가정한다. 다음 각 시점에서 필요한 분개를 제시하시오.

구 분	회계처리
20x2년 초	
20x2년 말	

물음 3 ㈜방배는 기타포괄손익 측정 금융자산에서 상각후원가 측정 금융자산으로 재분류한다고 가정한다. 다음 각 시점에서 필요한 분개를 제시하시오.

구 분	회계처리
20x2년 초	
20x2년 말	

물음 4 ㈜방배는 기타포괄손익 측정 금융자산에서 당기손익 공정가치 측정 금융자산으로 재분류한다고 가정한다. 다음 각 시점에서 필요한 분개를 제시하시오.

구 분	회계처리
20x2년 초	
20x2년 말	

해설

〈시점별 상각후원가〉

일 자	유효이자	액면이자	상각액	상각후원가
1년 초				20,000
1년 말	1,000	1,000	0	20,000
2년 말	1,000	1,000	0	20,000

물음 1

2년 초	차)	FV 측정 금융자산	18,930	대)	AC 측정 금융자산	20,000
		재분류손익(OCI)	1,070			
2년 말	차)	현금	1,000	대)	이자수익	1,000
	차)	FVOCI 측정 금융자산(*)	881	대)	금융자산평가손익(OCI)	881

(*) 기말 장부금액 : 18,930 → 19,811

(*) 재분류로 인하여 기대신용손실과 유효이자율을 달리 계산하지 아니한다.

물음 2

2년 초	차)	FVPL 측정 금융자산	18,930	대)	AC 측정 금융자산	20,000
		재분류손익(PL)	1,070			
2년 말	차)	현금	1,000	대)	이자수익	1,000
	차)	FVPL 측정 금융자산(*)	881	대)	금융자산평가이익(PL)	881

(*) 기말 장부금액 : 18,930 → 19,811

물음 3

2년 초	차)	금융자산평가손익(OCI)	347	차)	FVOCI 측정 금융자산	347
	차)	AC 측정 금융자산	18,930	대)	FVOCI 측정 금융자산	18,930
	차)	AC 측정 금융자산	1,070	대)	금융자산평가손익(OCI)	1,070
2년 말	차)	현금	1,000	대)	이자수익	1,000

(*) 재분류로 인하여 기대신용손실과 유효이자율을 달리 계산하지 아니한다.

물음 4

2년 초	차)	금융자산평가손익(OCI)	347	대)	FVOCI 측정 금융자산	347
	차)	FVPL 측정 금융자산	18,930	대)	FVOCI 측정 금융자산	18,930
	차)	재분류손익(PL)	1,070	대)	금융자산평가손익(OCI)	1,070
2년 말	차)	현금	1,000	대)	이자수익	1,000
	차)	FVPL 측정 금융자산	881	대)	금융자산평가이익(PL)	881

(*) 측정 범주의 재분류가 아니라 인식의 재분류에 해당한다.

(*) 기말 장부금액 : 18,930 → 19,811

chapter 12 연습문제

01 금융자산의 손상

다음에 제시되는 물음은 각각 독립된 상황이다.

〈상황 1〉

12월 말 결산법인인 ㈜미래의 20x1년 12월 31일 현재 재무상태표에 보고된 매출채권 관련 자료는 다음과 같다.

20x1년 12월 31일	매출채권 ₩10,000,000 손실충당금 (400,000)
20x2년 06월 15일	매출채권 중 ₩500,000이 대손확정되었다.
20x2년 09월 30일	전기에 대손으로 확정하였던 매출채권 ₩400,000을 현금으로 회수하였다.
20x2년 10월 08일	매출채권 ₩7,100,000 중 매출할인 ₩100,000을 제외하고 현금으로 회수하였다.
20x2년 12월 15일	매출채권 중 ₩200,000이 대손확정되었다.

㈜미래의 20x2년도의 외상매출액은 ₩17,000,000이며 매출채권 중 유의적인 채권은 없으며 20x2년 말의 매출채권 잔액의 25%가 신용손실(현재가치 반영 후 금액)로 추정된다.

물음 1

20x2년에 발생한 기중 거래에 대하여 분개를 제시하시오.

물음 2

20x2년 말 현재 매출채권 잔액을 계산하시오.

물음 3

20x2년 말 매출채권 및 손실충당금 잔액을 ₩19,200,000과 ₩200,000으로 가정한다. 결산일 현재 매출채권에 대한 12개월 채무불이행확률은 5%이며 전체기간에 대한 채무불이행확률은 10%이다. 최초 인식 시점에 파악한 신용위험에 비하여 매출채권에 대한 신용위험이 유의적으로 증가한 경우가 아니

라면 손실충당금과 관련하여 결산일에 수행할 분개를 제시하시오.

물음 4

20x2년말 매출채권 및 손실충당금 잔액을 ₩19,200,000과 ₩600,000으로 가정한다. 결산일 현재 매출채권에 대한 12개월 채무불이행확률은 5%이며 전체기간에 대한 채무불이행확률은 10%이다. 최초 인식 시점에 파악한 신용위험에 비하여 매출채권에 대한 신용위험이 유의적으로 증가한 경우라면 손실충당금과 관련하여 결산일에 수행할 분개를 제시하시오.

〈상황 2〉

㈜한국이 20×0년 12월 31일 재무상태표에 보고한 매출채권과 손실충당금은 각각 ₩200,000과 ₩6,000이다. 20x1년과 20x2년의 외상매출 등 관련 자료는 다음과 같다.

연 도	외상매출액	외상대금 회수액	대손확정금액
20x1	₩600,000	₩300,000	₩10,000
20x2	1,000,000	600,000	20,000

물음 5

㈜한국이 20x1년에 대손으로 확정하였던 외상매출금 ₩3,000을 20x2년 12월 31일에 현금으로 회수하였다. 20x2년 포괄손익계산서에 인식할 손상차손(대손상각비)를 계산하시오. 매 보고기간 말에 추정한 매출채권의 회수가능액은 매출채권의 연령에 따라 손실충당금을 차등 설정하는 방법을 사용하였다.

연 도	20x1	20x2
회수가능액	₩460,000	₩850,000

해설

물음 1

6월 15일

차)	손실충당금	400,000	대)	매출채권	500,000
	손상차손	100,000			

9월 30일

차)	현금	400,000	대)	손실충당금	400,000

10월 8일

차)	현금	7,000,000	대)	매출채권	7,100,000
	매출(할인)	100,000			

12월 15일

차)	손실충당금	200,000	대)	매출채권	200,000

물음 2

매출채권 : 19,200,000

매출채권

기초	10,000,000	감소 :		
증가 :			현금회수	7,000,000
			매출(할인)	100,000
외상매출	17,000,000		대손확정	700,000
		기말		19,200,000
계	27,000,000	계		27,000,000

물음 3

차)	손상차손	40,000	대)	손실충당금	40,000

(*) 신용손실 : 19,200,000 × 25% = 4,800,000

(*) 12개월 기대신용손실 : 4,800,000 × 5% = 240,000 (당기말 손실충당금)

(*) 손실충당금(수정 전 잔액) = 200,000

(*) 손실충당금의 보충 : 240,000 − 200,000 = 40,000 (손상차손)

물음 4

차) 손실충당금	120,000	대) 손상차손환입	120,000

(*) 신용손실 : 19,200,000 × 25% = 4,800,000

(*) 전체기간 기대신용손실 : 4,800,000 × 10% = 480,000 (당기말 손실충당금)

(*) 손실충당금(수정 전 잔액) = 600,000

(*) 손실충당금의 환입 : 480,000 − 600,000 = (−)120,000 (손상차손환입)

물음 5

손상차손(20x2년) : 7,000

매출채권(×1)

기초(20×0년말)	200,000	감소 :	
증가 :		현금회수	300,000
외상매출	600,000	대손확정	10,000
		기말(20x1년말)	490,000
계	800,000	계	800,000

∴손실충당금(20x1년 말) : 490,000(매출채권) − 460,000(회수가능액) = 30,000

매출채권(×2)

기초(20×1년말)	490,000	감소 :	
증가 :		현금회수	600,000
외상매출	1,000,000	대손확정	20,000
		기말(20x2년말)	870,000
계	1,490,000	계	1,490,000

∴손실충당금(20x2년말) : 870,000(매출채권) − 850,000(회수가능액) = 20,000

손실충당금(×2)

감소 :		기초	30,000
① 대손확정	20,000	증가 :	
		대손회수	3,000
기말(20x2년말)	20,000	손상차손(보충액)	7,000
계	40,000	계	40,000

① 대손확정(20x2년 중)

차)	손실충당금	20,000	대)	매출채권	20,000

② 대손회수(20x2년 12월 말)

차)	현금	3,000	대)	손실충당금	3,000

③ 결산일(20x2년 12월 말)

차)	손상차손	7,000	대)	손실충당금	7,000

(*) 손실충당금 잔액(수정 전) : 30,000(전기말) − 20,000(대손확정) + 3,000(회수) = 13,000

(*) 손실충당금 기말잔액 = 20,000

(*) 손실충당금 보충 = 20,000 − 13,000 = 7,000 (손상차손)

02 금융자산의 손상 종합(1)

㈜과거는 20x1년 1월 1일 액면금액 ₩1,000,000, 액면이자율 연 8%, 만기 3년, 매년 말 이자지급조건으로 사채를 발행하였다. ㈜미래는 이 사채를 20x1년 1월 1일 ₩903,944에 취득하였다. 취득 당시 동 사채에 적용되는 시장이자율은 연 12%이다.

〈추가자료〉

1. ㈜미래는 사채 취득에 직접 관련된 거래원가를 지출하였고 최초 인식 시점의 총 장부금액과 사채 만기 3년 간 계약상 현금흐름의 현재가치를 일치시키는 유효이자율은 연 10%이다. 10%, 3기간의 현가계수는 단일금액 ₩1은 0.75131, 정상연금 ₩1은 2.48685이다.
2. 해당 채무상품의 시점별 공정가치와 신용위험의 변동에 따른 기대신용손실은 다음과 같다.

구 분	20x1년 12월 31일	20x2년 12월 31일
공정가치	₩930,000	₩920,000
기대신용손실	₩2,000	₩3,000

3. 계산 과정에서 발생하는 소수점은 원단위 미만에서 반올림한다.
4. 사채는 취득 시점을 포함하여 존속기간동안 신용손상의 징후는 없는 것으로 가정한다.
5. 사업모형은 계약상 현금흐름을 수취하는 것이다.

물음 1

㈜미래가 상기 채무상품을 취득하는 과정에서 지출한 거래원가를 계산하시오.

물음 2

㈜미래가 보고할 금융자산에 대한 다음의 금액을 표시하시오.

구 분	20x1년 12월 31일	20x2년 12월 31일
상각후원가	①	②

물음 3

㈜미래의 포괄손익계산서에 표시할 당기손익의 금액을 표시하시오.

구 분	20x1년 12월 31일	20x2년 12월 31일
당기손익	①	②

물음 4

㈜미래는 상기 채무상품을 20x3년 초에 ₩920,000에 처분한 경우에 인식할 금융자산처분손익을 제시하시오. 단, 계산의 근거로 반드시 처분과 관련한 분개를 제시하여야 하며 분개가 없는 경우에는 영(0)점 처리한다.

해설

물음 1

최초 인식 시점의 공정가치 : 903,944
거래원가 : x
최초 인식 시점의 금액 : 903,944 + x
계약상 현금흐름의 현재가치(10%) : 80,000 × 2.48685 + 1,000,000 × 0.75131 = 950,258

∴ 903,944 + x = 950,258
∴ x = 46,314

물음 2

구 분	20x1년 12월 31일	20x2년 12월 31일
상각후원가	① 963,284	② 978,812

① 상각후원가
(*) 총상각후원가(×1년 말) = 950,258 × 1.1 − 80,000 = 965,284
(*) 손실충당금 (×1년 말) = 2,000
(*) 기대신용손실 반영 후 상각후원가 (×1년 말) = 963,284

② 상각후원가
(*) 총상각후원가(×2년 말) = 965,284 × 1.1 − 80,000 = 981,812
(*) 손실충당금 (×2년 말) = 3,000
(*) 기대신용손실 반영 후 상각후원가 (×2년 말) = 978,812

물음 3

구 분	20x1년 12월 31일	20x2년 12월 31일
당기손익	① 93,029	② 95,528

① 당기손익

(*) 이자수익(×1년) = 950,258(총 장부금액) × 10% = 95,029

(*) 손상차손(×1년) = 2,000

(*) 당기손익(×1년) = 93,029

② 당기손익

(*) 이자수익(×2년) = 965,284 × 10% = 96,528

(*) 손상차손(×2년) = 3,000 − 2,000 = 1,000

(*) 당기손익(×2년) = 95,528

물음 4

차)	현금	920,000	대)	AC 측정 금융자산	981,812
	손실충당금	3,000			
	금융자산처분손실	58,812			

03 금융자산의 손상 종합(2)

㈜성지는 20x1년 1월 1일 액면금액 ₩1,000,000, 액면이자율 연 8%, 만기 3년, 매년 말 이자지급조건으로 발행된 사채를 취득하였다. 취득 당시 동 사채에 적용되는 시장이자율은 연 10%이다. 취득 과정에서 발생한 거래원가는 없는 것으로 가정한다.

〈추가자료〉

1. 10%, 3기간의 현가계수는 단일금액 ₩1은 0.75131, 정상연금 ₩1은 2.48685이다.
2. 해당 채무상품의 시점별 공정가치와 신용위험의 변동에 따른 기대신용손실은 다음과 같다.

구 분	20x1년 12월 31일	20x2년 12월 31일
공정가치	₩930,000	₩920,000
기대신용손실	₩2,000	₩3,000

3. 계산 과정에서 발생하는 소수점은 원단위 미만에서 반올림한다.
4. 사채는 취득 시점을 포함하여 존속기간동안 신용손상의 징후는 없는 것으로 가정한다.
5. 해당 채무상품은 사업모형은 계약상 현금흐름을 수취하고 매각하여 회수하는 것이다.

물음 1

㈜성지의 포괄손익계산서에 표시할 다음의 금액을 표시하시오.

구 분	20x1년 12월 31일	20x2년 12월 31일
당기손익	①	③
기타포괄손익	②	④

물음 2

㈜성지는 상기 채무상품을 20x3년 초에 ₩920,000에 처분한 경우에 인식할 금융자산처분손익을 제시하시오. 단, 계산의 근거로 반드시 처분과 관련한 분개를 제시하여야 하며 분개가 없는 경우에는 영(0)점 처리한다.

해설

물음 1

구 분	20x1년 12월 31일	20x2년 12월 31일
당기손익	① 93,029	③ 95,528
기타포괄손익	② (33,284)	④ (25,528)

(*) 최초 측정 : 80,000 × 2.48685 + 1,000,000 × 0.75131 = 950,258

① 당기손익 (As if AC처럼 ∴ 앞의 [문제02]과 동일하다.)

(*) 이자수익(×1년) = 950,258(총 장부금액) × 10% = 95,029

(*) 손상차손(×1년) = 2,000

(*) 당기손익(×1년) = 93,029

② 기타포괄손익

(*) 공정가치(×1년 말) = 930,000 (가)

(*) 총상각후원가(×1년 말) = 950,258 × 1.1 − 80,000 = 965,284 (나)

(*) 상각후원가(×1년 말) = 965,284(나) − 2,000(기대신용손실) = 963,284 (다)

(*) 기타포괄손실누계액(×1년 말) = 930,000(가) − 963,284(다) = (33,284)

③ 당기손익 (As if AC처럼 ∴ [문제02]과 동일하다.)

(*) 이자수익(×2년) = 965,284 × 10% = 96,528

(*) 손상차손(×2년) = 3,000 − 2,000 = 1,000

(*) 당기손익(×2년) = 95,528

④ 기타포괄손익

(*) 공정가치(×2년 말) = 920,000 (가)

(*) 총상각후원가(×2년 말) = 965,284 × 1.1 − 80,000 = 981,812 (나)

(*) 상각후원가(×2년 말) = 981,812(나) − 3,000(기대신용손실) = 978,812 (다)

(*) 기타포괄손실누계액(×2년 말) = 920,000(가) − 978,812(다) = (58,812) (라)

(*) 기타포괄손실발생액(×2년) = (58,812)(라) − (33,284)(전기말) = (25,528)

물음 2

차)	현금	920,000	대)	FVIOCI 측정 금융자산	920,000
	금융자산처분손실(pl)	58,812		금융자산평가손실(oci)	58,812

(*) 처분시점의 공정가치와 직전 기말의 공정가치가 같으므로 전기말 기타포괄손실누계액과 동일한 금액을 처분손실로 재분류 조정하면 된다.

04 금융자산의 손상 종합(3)

12월 말 결산법인인 ㈜세무는 20x1년 초 ㈜국세가 발행한 사채(액면금액 ₩100,000, 만기 20x5년 12월 31일, 액면이자율 12%, 매년 말 지급)를 20x1년 7월 1일에 취득하고 상각후원가 측정 금융자산으로 분류하였다. 취득 당시 신용 손상은 없으며 시장이자율은 20x1년 1월 1일과 7월 1일에 각각 연 8%와 10%이다. 별도의 거래원가는 없으며 계산 과정에서 발생하는 원 단위 미만의 금액은 반올림한다. 현가계산이 필요한 경우 다음의 현가표를 이용한다.

	1	2	3	4	5	계
8%	0.9259	0.8573	0.7938	0.7350	0.6806	3.9927
10%	0.9091	0.8265	0.7513	0.6830	0.6209	3.7908

물음 1

㈜국세의 금융부채에 대하여 최초 인식할 금액은 얼마인가?

물음 2

㈜국세가 만기동안 인식할 총이자비용은 얼마인가?

물음 3

㈜세무가 20x1년 7월 1일에 수행할 분개를 제시하시오.

물음 4

㈜세무가 20x1년 12월 31일에 수행할 분개를 제시하시오.

물음 5

20x2년 결산과정에서 ㈜세무는 ㈜국세의 신용 손상에 따라 사채의 잔여만기동안 액면이자는 수취할 수 없을 것으로 보고 있다. ㈜세무가 보고할 ① 당기손익과 ② 금융자산의 상각후원가는 각각 얼마인가? 단, 당해 기간의 액면이자는 정상적으로 수취하였다.

물음 6

20x4년 결산과정에서 ㈜국세의 신용 손상이 일부 소멸되어 사채의 잔여만기동안 액면이자 ₩10,000을 회수할 수 있을 것으로 보고 있다. ㈜세무가 보고할 ① 당기손익과 ② 금융자산의 상각후원가는 각각 얼마인가? 단, 당해 기간의 액면이자는 예상대로 수취하지 못하였다.

해설

물음 1

사채 발행가액(8%) : 12,000 × 3.9927 + 100,000 × 0.6806 = 115,972

물음 2

계약상 원리금 지급총액(①) : 12,000 × 5회 + 100,000 = 160,000
사채 발행가액(②) : 115,972
∴ 총이자비용(① − ②) : 44,028

물음 3

차)	AC 측정 금융자산	106,959	대)	현금	106,959
	미수이자	6,000		현금	6,000

(*) 공정가치(As if, 10%) : 12,000 × 3.7908 + 100,000 × 0.6209 = 107,580
(*) 공정가치(Real, 10%) : 107,580 + (107,580 × 10% − 12,000) × 6/12 = 106,959
(*) 경과 미수이자 : 12,000(액면이자) × 6/12 = 6,000

물음 4

차)	현금	6,000	대)	이자수익	5,379
				AC 측정 금융자산	621
	현금	6,000		미수이자	6,000

(*) 이자수익 : 107,580(As if) × 10% × 6/12 = 5,379
(*) 상각액(하반기) : 5,379 − 6000 = 621

물음 5

① 당기손익 : 10,634 − 29,847 = (−)19.208
② 상각후원가 : 75,130
  (*) 총상각후원가(×1년 말) : 106,959 − 621 = 106,338
  (*) 이자수익(×2년) : 106,338 × 10% = 10,634
  (*) 총상각후원가(×2년 말) : 106,338 × 1.1 − 12,000 = 104,972 (가)
  (*) 추정미래현금흐름의 현재가치(×2년 말) : 100,000 × 0.7513 = 75,130 (나)
  (*) 기대신용손실(신용손상) : 가 − 나 = 29,847
  (*) 상각후원가(×2년 말) : 75,130

물음 6

① 당기손익 : 8,264 + 9,094 = 17,358

② 상각후원가 : 100,001

(*) 상각후원가(×3년 말) : 75,130 × 1.1 − 0 = 82,643

(*) 이자수익(×4년) : 82,643 × 10% = 8,264

(*) 상각후원가(×4년 말) = 82,643 × 1.1 − 0 = 90,907 (가)

(*) 추정미래현금흐름의 현재가치(×4년 말) : (100,000 + 10,000) × 0.9091 = 100,001 (나)

(*) 기대신용손실 환입 (신용손상회복) : 나 − 가 = 9,094

(*) 상각후원가(×4년 말) : 100,001

05 금융자산 재분류

결산일이 12월 말인 ㈜서초는 금융자산의 계약상 현금흐름을 관리하는 사업모형을 변경하였다. 재분류일은 20x2년 1월 1일이며 다음의 공통자료를 이용하여 독립적인 각각의 물음에 답하시오.

〈공통자료〉

㈜서초가 20x1년 초에 취득한 채무상품의 액면금액은 ₩20,000, 표시이자율 5%(매년 말 지급), 만기는 20x3년 12월 31일이다. 취득 당시의 시장이자율은 연 5%이며 20x2년 초의 시장이자율은 8%이다. 시점별 공정가치(현행 시장이자율에 의한 원리금의 현재가치)에 대한 자료는 다음과 같다.

구 분	20x1년 초	20x1년 말	20x2년 초	20x2년 말
공정가치	20,000	19,277	18,930	19,811

물음 1

㈜서초는 당기손익 공정가치 측정 금융자산에서 기타포괄손익 공정가치 측정 금융자산으로 재분류한다고 가정한다. 다음 각 시점에서 필요한 분개를 제시하시오.

구 분	회계처리
20x2년 초	
20x2년 말	

물음 2

㈜방배는 당기손익 공정가치 측정 금융자산에서 상각후원가 측정 금융자산으로 재분류한다고 가정한다.

구 분	회계처리
20x2년 초	
20x2년 말	

해설

물음 1

2년 초	차) FVOCI 측정 금융자산	18,930	대) FVPL 측정 금융자산	19,277
	재분류손익(PL)	347		

2년 말	차) 현금	1,000	대) 이자수익	1,514
	FVOCI 측정 금융자산	514		

(*) 18,930 × 8% = 1,514

(*) 장부금액 : 18,930 + 514 = 19,444

	차) FVOCI 측정 금융자산	367	대) 금융자산평가손익(OCI)	367

(*) 누적평가손익 : 19,444 → 19,811 : 367

(*) 재분류일의 공정가치를 기준으로 상각후원가를 측정한다. 따라서 재분류 이후 유효이자율은 8%이다.

물음 2

2년 초	차) AC 측정 금융자산	18,930	대) FVPL 측정 금융자산	19,277
	재분류손익(PL)	347		

2년 말	차) 현금	1,000	대) 이자수익	1,514
	AC 측정 금융자산	514		

(*) 18,930 × 8% = 1,514

(*) 장부금액 : 18,930 + 514 = 19,444

(*) 재분류일의 공정가치를 기준으로 상각후원가를 측정한다. 따라서 재분류 이후 유효이자율은 8%이다.

Chapter 13

수 익

1. 수익인식
2. 거래 형태별 수익 인식
3. 기타의 고려사항

SECTION 1

수익인식

기업은 통상적인 활동에 따른 산출물(예: 재화나 용역)을 고객에게 제공하고 이에 대한 수익을 인식한다. 재무보고를 위한 개념체계에서는 수익(income)을 자산의 유입 또는 부채의 감소에 따라 자본의 증가를 가져오는 특정 회계기간 동안에 발생한 경제적효익의 증가(지분참여자의 출연 제외)로 정의하고 있다. 수익은 재무제표 이용자가 기업의 재무성과와 미래현금흐름을 평가할 때 중요하게 사용하는 수치이다. 기준서 제1115호'고객과의 계약으로 인한 수익'에서는 수익의 인식과 측정에 대한 요구사항을 서술하고 있다. 이 기준서의 핵심원칙은 수익의 인식과 관련하여 기업이 고객에게 약속한 재화나 용역의 이전이 나타날 수 있도록 그리고 재화나 용역의 이전을 대가로 받을 예상 금액이 반영될 수 있도록 수익이 인식되어야 한다는 것이다.

수익을 창출하는 기업의 거래가 때때로 너무 복잡하여 수익과 관련된 거래의 실질이 왜곡되어 재무제표에 반영될 가능성이 과거에 비해 높아 졌다. 이러한 이유로 기준서 제1115호에서는 복잡한 거래의 실질이 재무제표에 잘 반영될 수 있도록 수익 인식의 과정과 절차를 체계적으로 정리하여 제시하였는데 이를 수익인식을 위한 5단계라고 한다.

[수익인식을 위한 5단계]

1단계. 고객과의 계약을 식별하는 과정
2단계. 계약에서 약속한 수행의무를 식별하는 과정
3단계. 해당 계약에 대한 거래가격을 산정하는 과정
4단계. 산정된 거래가격을 수행의무에 배분하는 과정
5단계. 수행의무별로 배분된 거래가격을 수익으로 인식하는 과정

수익인식을 위한 5단계는 크게 인식과 측정의 과정으로 구분할 수 있으며 3단계와 4단계가 측정을 위한 과정이다.

1. 고객과의 계약

1.1 고객

고객이란 기업의 통상적인 활동의 산출물인 재화나 용역을 대가와 교환하여 획득하기로 그 기업과 계약한 당사자를 말한다. 만약 계약 상대방이 기업의 산출물을 취득하기 위해서가 아니라 어떤 과정에 참여하기 위해 기업과 계약하였고, 그 계약 당사자들이 그 과정에서 생기는 위험과 효익을 공유한다면 그 계약 상대방은 고객이 아니며 이 기준서를 적용하지 아니한다.

1.2 계약

계약이란 둘 이상의 당사자들 사이에 집행 가능한(enforceable) 권리와 의무가 생기게 하는 합의를 말한다. 기준서 제1115호에서는 수익을 인식할 수 있는 고객과의 계약인지를 판단하기 위하여 계약이 다음의 요건을 모두 충족할 것을 요구하고 있다.

요 건	비 고
• 승인과 확약이 있을 것	• 서면, 구두, 관행 모두 가능
• 권리의 식별이 가능할 것	
• 지급조건의 식별이 가능할 것	
• 계약에 상업적 실질이 존재할 것	• 미래현금흐름에 영향이 있을 것
• 대가의 회수가능성이 높을 것	• 고객의 지급능력과 지급의도만 고려

계약의 각 당사자가 전혀 수행되지 않은 계약에 대해 상대방에게 보상하지 않고 종료할 수 있는 일방적이고 집행 가능한 권리를 갖는다면, 이 기준서의 적용 목적상 그 계약은 존재하지 않는다고 본다. 다음의 기준을 모두 충족한다면, 계약은 전혀 수행되지 않은 것이다.

① 기업이 약속한 재화나 용역을 아직 고객에게 이전하지 않았다.
② 기업이 약속한 재화나 용역에 대하여 어떤 대가도 아직 받지 않았고 아직 받을 권리도 없다.

고객이나 잠재적 고객에게 판매를 쉽게하기 위해 행하는 같은 사업 영역에 있는 기업 사이의 비화폐성 교환거래는 상업적 실질이 없는 것으로 보아 수익인식을 위한 계약으로 보지 아니한다. 예를 들어 두 정유사가 서로 다른 특정 지역에 있는 고객의 수요를 적시에 충족하기 위해, 두 정유사끼리 유류를 교환하기로 합의한 계약에는 이 기준서를 적용하지 않는다.

1.3 기타 고려사항

이 기준서의 요구사항을 충족한 계약인지는 계약 개시시점에 검토하며 사실과 상황에 대한 유의적인 변동 징후가 있으면 다시 검토한다. 계약 개시시점에 이 기준서의 요구사항을 충족하지 못한 계약은 수익인식을 위한 다음 단계를 적용할 수 없으며 해당 요건이 나중에 충족되는지를 판단하기 위해 그 계약을 지속적으로 검토한다. 다만, 기준서상 계약으로 식별되지 못하는 경우라도 고객으로부터 대가를 받은 경우에는 수익인식이 가능한지 검토해야 하며 가능하지 않다면 부채로 인식한다. 받은 대가를 수익으로 인식하는 경우는 다음 각각에 한한다.

① 모든(대부분) 대가를 받았고 환급불가이며 재화나 용역의 이전의무가 없는 경우
② 대가를 받았고 계약이 종료한 경우

같은 고객(그 고객의 특수관계자 포함)과 동시에 또는 가까운 시기에 체결한 둘 이상의 계약은 다음 기준 중 하나 이상을 충족한다면, 단일 계약으로 회계처리한다.

① 복수의 계약을 하나의 상업적 목적으로 일괄 협상한다.
② 한 계약에서 지급하는 대가는 다른 계약의 가격이나 수행에 따라 달라진다.
③ 복수의 계약에서 약속한 재화나 용역은 단일 수행의무에 해당한다.

2. 수행의무의 식별

수행의무란 고객에게 개별적인 재화나 용역(또는 묶음)을 이전하기로 하는 계약상 약속을 말한다. 이러한 약속은 계약서에 명시적으로 기재하지만 이에 한정하는 것은 아니며 계약 상대방의 정당한 기대를 포함한다.

계약을 이행하기 위해 해야 하지만 고객에게 재화나 용역을 이전하는 활동이 아니라면 그 활동은 수행의무에 포함되지 않는다. 예들 들면 용역 제공자는 계약을 준비하기(set up) 위해 다양한 관리 업무를 수행할 필요가 있다. 관리 업무를 수행하더라도 그 업무를 수행함에 따라 고객에게 재화나 용역이 이전되지는 않는다. 그러므로 그 준비 활동은 수행의무

가 아니다. 또한 프랜차이즈 본사가 지속적으로 시장의 트랜드를 분석하고 적극적으로 신제품을 개발하여 가맹점의 가치에 도움을 주는 활동은 계약을 이행하기 위해 해야 하지만 수행의무는 아니다.

2.1 구별되는 재화나 용역

기업이 고객에게 구별되는 재화나 용역을 이전하기로 한 약속은 하나의 독립적인 수행의무로 식별한다. 다음 기준을 모두 충족한다면 고객에게 약속한 재화나 용역은 구별되는 것이다.

① 고객이 재화나 용역 그 자체에서 효익을 얻거나 고객이 쉽게 구할 수 있는 다른 자원과 함께하여 그 재화나 용역에서 효익을 얻을 수 있다(그 재화나 용역이 구별될 수 있다).
② 고객에게 재화나 용역을 이전하기로 하는 약속을 계약 내의 다른 약속과 별도로 식별해 낼 수 있다(그 재화나 용역을 이전하기로 하는 약속은 계약상 구별된다).

재화나 용역을 사용할 수 있거나, 소비할 수 있거나, 폐물 가치(scrap value)보다 큰 금액으로 매각할 수 있거나, 그 밖에 달리 경제적 효익을 창출하는 방법으로 보유할 수 있다면, 고객은 재화나 용역에서 효익을 얻을 수 있는 것이다. 어떤 재화나 용역은 그 자체에서 고객이 효익을 얻을 수 있다. 또 다른 재화나 용역은 쉽게 구할 수 있는 다른 자원과 함께하는 경우에만 고객이 그 재화나 용역에서 효익을 얻을 수 있다. 쉽게 구할 수 있는 자원이란 (그 기업이나 다른 기업이) 별도로 판매하는 재화나 용역이거나, 고객이 그 기업에서 이미 획득한 자원(계약에 따라 고객에게 미래에 이전하게 되어있는 재화나 용역 포함)이거나 다른 거래나 사건에서 이미 획득한 자원을 말한다. '고객이 재화나 용역 그 자체에서 효익을 얻거나 쉽게 구할 수 있는 다른 자원과 함께하여 효익을 얻을 수 있다'는 증거는 다양한 요인에서 찾을 수 있다. 예를 들면 기업이 보통 재화나 용역을 별도로 판매한다는 사실은 그러함을 나타낼 것이다

고객에게 재화나 용역을 이전하기로 하는 약속이 별도로 식별되는지를 파악할 때, 그 목적은 계약상 그 약속의 성격이 각 재화나 용역을 개별적으로 이전하는 것인지, 아니면 약속된 재화나 용역을 투입한 결합 품목(들)을 이전하는 것인지를 판단하는 것이다. 고객에게 재화나 용역을 이전하기로 하는 둘 이상의 약속을 별도로 식별해 낼 수 없음을 나타내는 요소에는 다음이 포함되지만, 이에 한정되지는 않는다.

① 기업은 해당 재화나 용역과 그 계약에서 약속한 다른 재화나 용역을 통합하는(이 통합으로 고객이 계약한 결합산출물(들)에 해당하는 재화나 용역의 묶음이 됨) 유의적인 용역을 제공한다. 다시 말해서, 기업은 고객이 특정한 결합산출물(들)을 생산하거나 인도하기 위한 투입물로서 그 재화나 용역을 사용하고 있다. 결합산출물(들)은 둘 이상의 단계, 구성요소, 단위를 포함할 수 있다.

② 하나 이상의 해당 재화나 용역은 그 계약에서 약속한 하나 이상의 다른 재화나 용역을 유의적으로 변형 또는 고객 맞춤화하거나, 계약에서 약속한 하나 이상의 다른 재화나 용역에 의해 변형 또는 고객 맞춤화 된다.

③ 해당 재화나 용역은 상호의존도나 상호관련성이 매우 높다. 다시 말해서 각 재화나 용역은 그 계약에서 하나 이상의 다른 재화나 용역에 의해 유의적으로 영향을 받는다. 예를 들면 어떤 경우에는 기업이 각 재화나 용역을 별개로 이전하여 그 약속을 이행할 수 없을 것이기 때문에 둘 이상의 재화나 용역은 서로 유의적으로 영향을 주고받는다.

약속한 재화나 용역이 구별되지 않는다면, 구별되는 재화나 용역의 묶음을 식별할 수 있을 때까지 그 재화나 용역을 약속한 다른 재화나 용역과 결합한다. 경우에 따라서는 그렇게 함으로써 기업이 계약에서 약속한 재화나 용역 모두를 단일 수행의무로 회계처리 하는 결과를 가져올 것이다.

기준서에서 제시하고 있는 구별되는 재화나 용역의 예는 다음과 같으며 이에 한정되지는 않는다.

- 기업이 생산한 재화의 판매 (예 : 제품의 판매)
- 기업이 구매한 재화의 재판매 (예 : 상품의 판매)
- 고객을 위해 계약상 합의한 업무의 수행 (예 : 용역의 제공)
- 고객을 위하여 자산을 건설, 제조, 개발
- 라이선스 부여
- 추가 재화나 용역을 구매할 수 있는 선택권 부여(고객에게 중요한 권리가 제공되는 경우)

2-2 일련의 구별되는 재화나 용역

실질적으로 서로 같고 고객에게 이전하는 방식도 같은 '일련의(series) 구별되는 재화나 용역'은 독립적인 수행의무로 식별한다. 일련의 구별되는 재화나 용역은 일정기간동안 고객에게 같은 방식으로 재화나 용역을 이전하는 경우를 말한다. 다음 기준을 모두 충족하는 경우에는 고객에게 이전하는 방식이 같은 것으로 본다.

① 기간에 걸쳐 이행되는 수행의무일 것
기업이 고객에게 이전하기로 약속한 일련의 구별되는 재화나 용역에서 각 구별되는 재화나 용역이 기간에 걸쳐 이행하는 수행의무의 기준을 충족할 것이다.

② 진행률의 측정방법이 동일한 경우일 것
일련의 구별되는 재화나 용역에서 각 구별되는 재화나 용역을 고객에게 이전하는 수행의무의 진행률을 같은 방법을 사용하여 측정할 것이다.

같은 성격의 구별되는 재화나 용역이 일정기간동안 연속적으로 고객에게 제공될 때, 구별되는 재화나 용역의 각 약속을 하나의 독립적인 수행의무로 식별하는 것이 그렇지 않은 경우에 비하여 효율적이지 않을 수 있다. 이러한 문제를 해결하기 위해 일련의 구별되는 재화나 용역은 그 전체 계약을 하나의 독립적인 수행의무로 식별할 수 있는 별도의 요구사항을 둔 것이다.

기본예제 1 **수행의무**

다음은 각각 독립적인 상황이다.

1. ㈜대한은 20x1년 1월 1일부터 20x2년 12월 31일까지 2년간 ㈜민국의 본사 건물을 일주일 단위로 청소하고, ㈜민국은 ㈜대한에게 연간 ₩600,000을 매연도말에 지급한다.
2. ㈜대한은 고객과의 계약에 따라 구매금액 ₩10당 고객충성포인트 1점을 고객에게 보상하는 고객충성제도를 운영한다. 각 포인트는 고객이 ㈜대한의 제품을 미래에 구매할 때 ₩1의 할인과 교환될 수 있다. 20x1년 중 고객은 제품을 ₩200,000에 구매하고 미래 구매 시 교환할 수 있는 20,000포인트를 얻었다.
3. ㈜대한은 20x1년 7월 1일에 ㈜민국에게 보유중인 특허권을 2년간 대여하고 로열티를 수령하기로 하였다.
4. 20x1년 1월 1일에 ㈜대한은 특수프린터와 예비부품을 제작하여 판매하기로 ㈜민국과 다음과 같이 계약을 체결하였다. 계약 조건은 다음과 같다.
   - 20x2년 12월 31일에 ㈜민국은 계약조건에 따라 특수프린터와 예비부품을 검사한 후, 특수프린터는 ㈜민국의 사업장으로 인수하고 예비부품은 ㈜대한의 창고에 보관하도록 요청하였다. ㈜대한은 예비부품을 2년까지 보유할 것으로 예상하고 있으며, ㈜대한은 예비부품을 직접 사용하거나 다른 고객에게 넘길 능력은 없다.
   - ㈜대한은 자기 창고의 별도 구역에 예비부품을 보관하고 그 부품은 ㈜민국의 요청에 따라 즉시 운송하여야 한다.

상기 각 상황에 대한 수행의무를 설명하시오.

해설

1. 일주일 마다 제공하는 청소용역은 2년간 실질적으로 같은 성격의 용역이 연속적으로 제공되는 계약이다. 따라서 일주일 마다 제공하는 청소용역은 기간에 걸쳐 이행되는 수행의무이며 일주일 마다 제공되는 청소용역의 진행률의 측정 방법이 동일하므로 기준서에서 요구하는 요건을 모두 충족한 일련의 구별되는 용역에 해당한다. 따라서 2년간 제공하는 청소용역 전체를 하나의 독립적인 수행의무로 식별한다.

2. 제품은 구별되는 재화이며 고객충성제도는 고객에게 중요한 권리를 제공하는 구별되는 재화에 해당한다. 따라서 제품과 부여된 포인트가 각각 하나의 수행의무로 식별한다.

3. 고객에게 약속한 특허권에 대한 라이선스는 구별되는 재화나 용역에 해당한다. 따라서 특허권 대여 계약을 하나의 독립적인 수행의무로 식별한다.

4. 특수프린트와 예비부품은 서로 구별되는 재화이므로 각각을 독립적인 수행의무로 식별한다. 또한 예비부품에 대한 2년간 보관용역을 제공하는 약속 및 고객이 원하는 시점에 운송서비스를 제공하는 약속을 하였으므로 서로 구별되는 용역에 해당하므로 각각을 독립적인 수행의무로 식별한다.

3. 거래가격 결정

거래가격은 고객에게 약속한 재화나 용역을 이전하고, 그 대가로 기업이 받을 권리를 갖게 될 것으로 예상하는 금액이며 제3자를 대신해서 회수한 금액(예 : 부가가치세)은 제외한다. 고객과의 계약에서 약속한 대가는 고정금액, 변동금액 또는 둘 다를 포함할 수 있다.

거래가격을 산정하기 위하여 기업은 재화나 용역을 현행 계약에 따라 약속대로 고객에게 이전할 것이고 이 계약은 취소, 갱신, 변경되지 않을 것이라고 가정한다. 거래가격을 산정할 때에는 다음 사항이 미치는 영향을 모두 고려한다.

- 변동대가
- 변동대가 추정치의 제약
- 계약에 있는 유의적인 금융요소
- 비현금 대가
- 고객에게 지급할 대가

3-1 변동대가

계약에서 약속한 대가에 변동금액이 포함된 경우에 고객에게 약속한 재화나 용역을 이전하고 그 대가로 받을 권리를 갖게 될 금액을 추정한다. 대가는 할인(discount), 리베이트, 환불, 공제(credits), 가격할인(price concessions), 장려금(incentives), 성과보너스, 위약금이나 그 밖의 비슷한 항목 때문에 변동될 수 있다. 기업이 대가를 받을 권리가 미래 사건의 발생 여부에 달려있는 경우에도 약속한 대가는 변동될 수 있다. 가령, 반품권을 부여하여 제품을 판매하거나 특정 단계(임계점)에 도달해야 고정금액의 성과보너스를 주기로 약속한 경우에 대가는 변동될 것이다. 변동대가는 계약서에 명시적으로 기재할 수도 있지만 사업 관행이나 관습에 따라 상대방의 정당한 기대에 따라서도 영향을 받는다.

(1) 변동대가의 추정

변동대가는 다음 중에서 기업이 받을 권리를 갖게 될 대가를 더 잘 예측할 것으로 예상하는 방법을 사용하여 추정한다.

① **기댓값**
가능한 대가의 범위에 있는 모든 금액에 각 확률을 곱한 금액의 합을 기댓값이라고 한다. 기업에 특성이 비슷한 계약이 많은 경우에 기댓값은 변동대가의 적절한 추정치일 수 있다.

② **가능성이 가장 높은 금액**
가능성이 가장 높은 금액은 가능한 대가의 범위에서 가능성이 가장 높은 단일 금액이다. 계약에서 가능한 결과치가 두 가지뿐일 경우(모 아니면 도)에는 가능성이 가장 높은 금액이 변동대가의 적절한 추정치가 될 수 있다.

기업이 받을 권리를 갖게 될 변동대가(금액)에 미치는 불확실성의 영향을 추정할 때에는 그 계약 전체에 하나의 방법을 일관되게 적용한다. 또 합리적인 범위에서 구할 수 있는 모든 정보(과거, 현재, 예측 정보)를 참고하고 합리적인 수에 해당하는 가능한 대가들을 식별한다. 변동대가(금액)를 추정할 때 사용하는 정보는 경영진이 입찰·제안 과정에서 사용하거나 약속한 재화나 용역의 가격을 정할 때 사용하는 정보와 일반적으로 비슷할 것이다.

(2) 환불부채

고객에게서 받은 대가의 일부나 전부를 고객에게 환불할 것으로 예상하는 경우에는 환불부채를 인식한다. 환불부채는 기업이 받았거나 받을 대가 중에서 권리를 갖게 될 것으로 예상하지 않는 금액으로 측정한다. 환불부채(그리고 이에 상응하는 거래가격 변동)는 보고기간 말마다 상황의 변동을 반영하여 새로 수정한다.

(3) 변동대가 추정치의 제약

변동대가와 관련된 불확실성이 나중에 해소될 때, 이미 인식한 누적 수익 금액 중 유의적으로 수익을 되돌리지(환원하지) 않을 가능성이 매우 높은(highly probable) 정도까지만 거래가격에 포함한다. 이를 '변동대가 추정치를 제약한다'라고 한다.

참고로 수익의 환원 가능성을 높이거나 그 크기를 크게 할 수 있는 요인에는 다음 항목이 포함되나 이에 한정하는 것은 아니다.

- 대가가 기업이 통제할 수 없는 요인에 매우 민감하다.
- 대가에 대한 불확실성이 장기간 해소되지 않을 것으로 예상된다.
- 비슷한 유형의 계약에 대한 기업의 경험이 제한적이다.
- 계약에서 생길 수 있는 대가가 다수이고 그 범위도 넓다.
- 폭넓게 가격할인을 제공하거나 지급조건을 변경하는 관행이 있다.

(4) 변동대가의 재검토

각 보고기간 말의 상황과 보고기간의 상황 변동을 충실하게 표현하기 위하여 보고기간 말마다 추정 거래가격을 새로 수정(변동대가 추정치가 제약되는지 다시 평가하는 것을 포함)한다. 변동대가의 재검토 결과 이전의 추정치와 달리지는 경우 거래가격 변동으로 회계처리하며 관련된 내용은 절을 달리하여 설명한다.

기본예제 2 변동대가

각 물음은 서로 독립적이며 결산일은 매년 말이다.

물음 1 20x1년 초, ㈜대한은 고객 A에게 제품 100개를 이전하고 ₩100,000을 수취하였다. ㈜대한은 고객 A가 자사 제품의 연간 구매수량을 기초로 할인을 제공하고 있으며 20x2년 초에 확정된 할인금액을 지급한다. ㈜대한은 수익금액을 측정하기 위하여 아래의 자료를 조사하였으며 관련 내용은 다음과 같다. 제품 100개를 판매한 시점에 ㈜대한이 수행할 회계처리를 제시하시오.

연간구매수량	할인율	달성가능성
300개 미만	–	10%
300개 이상부터 500개 미만	5%	60%
500개 이상부터 1,000개 미만	10%	25%
1,000개 초과	20%	5%

물음 2 20x1년 12월 31일 ㈜대한은 중간유통업자인 고객 B에게 제품 100개를 이전하고 ₩100,000을 수취하였다. ㈜대한은 중간유통업자의 원활한 판매를 지원하기 위해 폭넓은 할인을 제공하고 있으며 할인의 범위는 10%, 25%, 50%이다. ㈜대한의 이러한 판매 지원 정책은 당기부터 새로 도입된 것으로 추정을 위한 과거 경험치가 부족하여 추정치의 불확실성이 매우 높다. 제품 100개를 판매한 시점에 ㈜대한이 수행할 회계처리를 제시하시오.

해설

물음 1

1. 변동대가 추정

연간구매수량	할인율	예상대가	확률	확률가중
300개 미만	–	100,000	10%	10,000
300개 이상부터 500개 미만	5%	95,000	60%	57,000
500개 이상부터 1,000개 미만	10%	90,000	25%	22,500
1,000개 초과	20%	80,000	5%	4,000

∴ 변동대가(기대값) : 10,000 + 57,000 + 22,500 + 4,000 = 93,500

2. 회계처리

					손익효과
1년 초 - 판매시점					
차) 현금	100,000	대)	매출	93,500	93,500
			환불부채	6,500	

물음 2

1. 변동대가 추정의 제약

시나리오	할인액	예상대가	추후환원 가능대가	제약
10% 할인의 경우	10,000	90,000	40,000	40,000
25% 할인의 경우	25,000	75,000	25,000	25,000
50% 할인의 경우	50,000	50,000	–	–

∴ 미래 불확실성이 해소되는 시점에서 이미 인식한 수익금액 중 환원되지 않을 가능성이 매우 높은 금액은 50,000이며 이를 초과한 추정치는 거래가격에 포함할 수 없다.

2. 회계처리

					손익효과
1년 말 - 판매시점					
차) 현금	100,000	대)	매출	50,000	50,000
			환불부채	50,000	

3-2 유의적인 금융요소

재화나 용역의 이전시기와 대가의 지급시기의 차이로 인해 유의적인 금융효익이 고객이나 기업에 제공되는 경우에는 화폐의 시간가치가 미치는 영향을 반영하여 약속된 대가를 조정한다. 유의적인 이자수익(이자비용)은 고객과의 계약에서 생기는 수익과 구분하여 표시한다.

유의적인 금융요소를 반영하여 약속한 대가를 조정하는 목적은 약속한 재화나 용역을 고객에게 이전할 때 그 고객이 그 재화나 용역 대금을 현금으로 결제했다면 지급하였을 가격을 반영하는 금액으로 수익을 인식하기 위해서이다.

다만, 고객과의 계약에 다음의 요인 중 어느 하나라도 존재한다면 유의적인 금융요소가 없다고 판단한다.

- 고객이 대가를 선급하였고 그 재화나 용역의 이전 시점은 고객의 재량에 따른다.
- 고객이 약속한 대가 중 상당한 금액이 변동될 수 있으며, 금액과 지급시기를 고객이나 기업이 통제할 수 없는 미래사건의 발생여부에 따라 달라지는 경우 (예: 로열티)
- 고객보호와 같이 금융제공 외의 이유에 의하여 약속한 대가와 현금판매가격 간의 차이가 발생하는 경우 (예: 계약이행보증금)

(1) 실무적 간편법

계약을 개시할 때 기업이 고객에게 약속한 재화나 용역을 이전하는 시점과 고객이 그에 대한 대가를 지급하는 시점 간의 기간이 1년 이내일 것이라고 예상한다면 유의적인 금융요소의 영향을 반영하여 약속한 대가를 조정하지 않는 실무적 간편법을 쓸 수 있다.

(2) 할인율

유의적인 금융요소를 반영하여 약속한 대가를 조정할 때에는 계약 개시시점에 기업과 고객이 별도 금융거래를 한다면 반영하게 될 할인율을 사용한다. 이 할인율은 고객이나 기업이 제공하는 담보나 보증(계약에 따라 이전하는 자산을 포함)뿐만 아니라 계약에 따라 금융을 제공받는 당사자의 신용 특성도 반영할 것이다. 기업이 고객에게 재화나 용역을 이전할 때(또는 이전하는 대로) 고객이 그 재화나 용역의 대가를 현금으로 결제한다면 지급할 가격으로 약속한 대가의 명목금액을 할인하는 이자율을 식별하여 그 할인율을 산정할 수 있다. 계약 개시 후에는 이자율이나 그 밖의 상황이 달라져도(예: 고객의 신용위험 평가의 변동) 그 할인율을 새로 수정하지 않는다.

(3) 수익과 금융요소의 구분표시

포괄손익계산서에서는 금융효과(이자수익이나 이자비용)를 고객과의 계약에서 생기는 수익과 구분하여 표시한다. 이자수익과 이자비용은 고객과의 계약에 대한 회계처리에서 인식하는 계약자산(또는 수취채권)이나 계약부채를 인식하는 정도까지만 인식한다.

기본예제 3 판매기업이 금융효익을 가지는 경우

20x1년 1월 1일, ㈜미래는 A사와 제품을 ₩1,500,000에 인도하였다. 제품의 원가는 ₩800,000이다. 거래가격은 인도시점을 포함하여 3회 분할하여 매년 말에 회수한다. 또한 잔여금액의 5%를 약정이자로 수취한다. 계약 개시시점에 A사의 신용 특성을 반영한 할인율은 연 10%이며 현가계수는 0.9091(1기간), 0.8265(2기간)이다.

물음 1 인도시점에 인식할 거래가격을 측정하시오.

물음 2 차금상각표를 작성하시오.

물음 3 20x1년도 ㈜미래의 회계처리를 제시하시오.

해설

물음 1

거래가격(시간가치 고려) : 500,000 + 550,000 × 0.9091 + 525,000 × 0.8265 = 1,433,918

물음 2

일 자	유효이자(10%)	액면이자(5%)	차금상각	상각후원가	회수금액	상각후원가
1년 초				1,433,918	500,000	933,918
1년 말	93,392	50,000	43,392	977,310	500,000	477,310
2년 말	47,690	25,000	22,690	500,000	500,000	–

물음 3

						손익효과
1년 초-판매시점						
차)	현금	500,000	대)	매출	1,433,918	1,433,918
	매출채권	933,918				
차)	매출원가	800,000	대)	제품	800,000	(800,000)
1년 말						
차)	현금	50,000	대)	이자수익	93,392	93,392
	매출채권	43,392				
1년 말						
차)	현금	500,000	대)	매출채권	500,000	–

[차금설정]

						손익효과
1년 초-판매시점						
차)	현금	500,000	대)	매출	1,433,918	1,433,918
	매출채권	1,000,000		현재가치할인차금	66,082	
	(*) 차금 : 1,500,000(액면금액) − 1,433,918 = 66,082					
차)	매출원가	800,000	대)	제품	800,000	(800,000)
1년 말						
차)	현금	50,000	대)	이자수익	93,392	93,392
	현재가치할인차금	43,392				
1년 말						
차)	현금	500,000	대)	매출채권	500,000	−

기본예제 4 **구매기업이 금융효익을 가지는 경우**

㈜미래는 20x1년 1월 1일에 제품을 판매하기로 고객과 계약을 체결하였다. 자산에 대한 통제 이전은 2년경과 후에 할 것이다. 계약에 의하면, 고객은 ① 2년 후인 20x2년 12월 31에 ₩5,000을 지급하거나 ② 계약이 개시되는 시점인 20x1년 1월 1일에 ₩4,132을 지급하는 방법 중에서 선택할 수 있다. 고객은 이 중에 ②를 선택하였다.

㈜미래는 이 계약에 내재된 이자율을 10%로 산정하였으며[4,132 = 5,000 / (1+0.1)2] 고객과 별도 금융거래를 하는 경우 고객의 신용 특성을 반영한 이자율 역시 이와 동일하다. 화폐의 시간가치는 중요하다고 가정한다. ㈜미래가 20x1년 및 20x2년도에 수행할 회계처리를 제시하시오. 제품 인도시점의 원가는 ₩3,000이다.

해설

						손익효과
1년초						
차)	현금	4,132	대)	계약부채	4,132	
1년말						
차)	이자비용	413	대)	계약부채	413	(413)
	(*) 4,132 × 10% = 413					

2년말

차)	이자비용	455	대)	계약부채	455	(455)
	(*) (4,132+413) × 10% = 455					
차)	계약부채	5,000	대)	매출	5,000	5,000
	매출원가	3,000		재고자산	3,000	(3,000)

3-3 비현금대가

고객이 현금 외의 형태로 대가를 약속한 계약의 경우에 거래가격을 산정하기 위하여 비현금 대가를 공정가치로 측정한다. 비현금 대가의 공정가치를 합리적으로 추정할 수 없는 경우에는, 그 대가와 교환하여 고객에게 약속한 재화나 용역의 개별 판매가격을 참조하여 간접적으로 그 대가를 측정한다.

비현금 대가의 공정가치는 대가의 형태(예 : 고객에게서 받을 권리가 있는 주식의 가격 변동) 때문에 변동될 수 있다. 고객이 약속한 비현금 대가의 공정가치가 대가의 형태만이 아닌 이유로 변동된다면(예 : 공정가치가 기업의 성과에 따라 달라질 수 있음) 변동대가의 추정치의 제약을 적용한다.

기업이 계약을 쉽게 이행할 수 있도록, 고객이 재화나 용역을 제공하는 경우에 기업이 그 제공받은 재화나 용역을 통제하게 되는지를 판단한다. 기업이 제공받은 재화나 용역을 통제한다면, 이를 고객에게서 받은 비현금 대가로 회계처리한다.

기본예제 5 비현금대가

결산일이 매년 말인 ㈜미래는 20x1년 12월 초, 고객 A, B, C에게 각각 제품 1단위를 판매하였다. 제품 1단위의 개별 판매가격은 ₩30,000이며 원가는 ₩10,000이다. 각 고객으로부터 수취한 판매대가의 형태는 다음과 같다.

고 객	대 가	공정가치	
		판매시점	보고기간 말
A	현금	28,000	-
B	임차권	25,000	26,000
C	비상장주식	42,000	42,000

㈜미래는 비상장주식의 공정가치 평가금액이 합리적이지 않은 것으로 보고 있다. 각 고객으로부터 ㈜미래가 인식할 수익금액은 얼마인가?

해설

고 객	대 가	수 익	비 고
A	현금대가	28,000	–
B	비현금대가	25,000	비현금대가의 공정가치
C	비현금대가	30,000	개별판매가격

3-4 고객에게 지급하는 대가

고객에게 지급할 대가에는 기업이 고객에게 지급하거나 지급할 것으로 예상하는 현금 금액을 포함한다. 기업이 고객에게 지급할 대가에는 고객이 기업에 갚아야 할 금액에 적용될 수 있는 공제나 그 밖의 항목(예: 쿠폰이나 상품권)도 포함된다. 고객에게 지급할 대가는 고객이 기업에 이전하는 구별되는 재화나 용역의 대가로 지급하는 것이 아니라면, 그 대가는 거래가격, 즉 수익에서 차감하여 회계처리한다. 고객에게 지급할 대가에 변동금액이 포함되는 경우에는 앞서 서술한 변동대가의 추정방법에 따라 거래가격을 추정한다.

고객에게 지급할 대가가 고객에게서 받은 구별되는 재화나 용역에 대한 지급이라면, 다른 공급자에게서 구매한 경우와 같은 방법으로 회계처리한다. 고객에게 지급할 금액이 고객에게서 받은 구별되는 재화나 용역의 공정가치를 초과한다면, 그 초과액을 거래가격에서 차감하여 회계처리한다. 고객에게서 받은 재화나 용역의 공정가치를 합리적으로 추정할 수 없다면, 고객에게 지급할 대가 전액을 거래가격에서 차감하여 회계처리한다.

따라서 고객에게 지급할 대가를 거래가격에서 차감하여 회계처리하는 경우에는 다음 중 나중의 사건이 일어날 때(또는 일어나는 대로) 수익의 차감을 인식한다.

① 기업이 고객에게 관련 재화나 용역을 이전하여 그 수익을 인식한다.
② (지급이 미래 사건을 조건으로 할지라도) 기업이 대가를 지급하거나 지급하기로 약속한다. 그 약속은 기업의 사업 관행에서 암시될 수 있다.

기본예제 6 고객에게 지급한 금액

결산일이 매년 말인 ㈜바이오는 신약 A를 한국병원에 현금 판매하였다. 판매가격은 ₩3,000,000이며 제품 원가는 ₩800,000이다. 동시에 ㈜바이오는 한국병원에 ₩300,000을 현금으로 지급하였다.

물음 1 ㈜바이오가 지급한 ₩300,000은 ㈜바이오의 종업원에 대한 건강검진 대가인 경우 필요한 회계처리와 ㈜바이오가 인식할 매출수익을 제시하시오.

물음 2 ㈜바이오가 지급한 ₩300,000은 구별되는 재화나 용역의 대가가 아닌 경우 필요한 회계처리와 ㈜바이오가 인식할 매출수익을 제시하시오.

물음 3 ㈜바이오가 지급한 ₩300,000은 ㈜바이오의 종업원에 대한 건강검진 대가인 경우 필요한 회계처리와 ㈜바이오가 인식할 매출수익을 제시하시오. 단, 건강검진을 위한 일반적인 가격은 ₩200,000이다.

물음 4 아래에 제시된 항목별 잔액을 나타내시오.

구 분	(물음 1)	(물음 2)	(물음 3)
매 출			
매 출 원 가			
복리후생비			
당기순이익			

해설

물음 1

						손익효과
차)	현금	3,000,000	대)	매출	3,000,000	3,000,000
	매출원가	800,000		재고자산	800,000	(800,000)
차)	복리후생비	300,000	대)	현금	300,000	(300,000)

물음 2

						손익효과
차)	현금	3,000,000	대)	매출	3,000,000	3,000,000
	매출원가	800,000		재고자산	800,000	(800,000)
차)	매출	300,000	대)	현금	300,000	(300,000)

물음 3

						손익효과
차)	현금	3,000,000	대)	매출	3,000,000	3,000,000
	매출원가	800,000		재고자산	800,000	(800,000)
차)	복리후생비	200,000	대)	현금	300,000	(200,000)
	매출	100,000				(100,000)

∴ 매출 : 1,900,000

물음 4

구 분	(물음 1)	(물음 2)	(물음 3)
매 출	3,000,000	2,700,000	2,900,000
매 출 원 가	800,000	800,000	800,000
복리후생비	300,000	–	200,000
당기순이익	1,900,000	1,900,000	1,900,000

4. 거래가격의 배분

고객과의 계약에서 복수의 독립적인 수행의무가 식별되면 받을 것으로 예상되는 대가 즉, 거래가격을 각 수행의무의 상대적 개별 판매가격을 기초로 배분한다.

4-1 목적

거래가격을 배분하는 목적은 기업이 고객에게 약속한 재화나 용역을 이전하고 그 대가로 받을 권리를 갖게 될 금액을 나타내는 금액으로 각 수행의무에 거래가격을 배분하는 것이다. 거래가격의 배분은 단일 수행의무만 있는 계약에는 적용하지 않는다. 그러나 단일 수행의무로 식별한, 일련의 구별되는 재화나 용역을 이전하기로 약속하고 그 약속한 대가에 변동금액이 포함된다면 아래에서 설명하는 변동대가의 배분지침을 적용할 수 있다.

4-2 개별 판매가격에 기초한 배분

(1) 개별 판매가격 관련 지침

개별 판매가격은 거래가격을 각각의 수행의무에 배분할 때 사용하는 기준금액이다. 기준서 제1115호에서 요구하는 개별 판매가격에 대한 지침은 다음과 같다.

거래가격을 상대적 개별 판매가격에 기초하여 각 수행의무에 배분하기 위하여 계약 개시시점에 계약상 각 수행의무의 대상인 구별되는 재화나 용역의 개별 판매가격을 산정하고 이 개별 판매가격에 비례하여 거래가격을 배분한다.

개별 판매가격은 기업이 고객에게 약속한 재화나 용역을 별도로 판매할 경우의 가격이다. 개별 판매가격의 최선의 증거는 기업이 비슷한 상황에서 비슷한 고객에게 별도로 재화나 용역을 판매할 때 그 재화나 용역의 관측 가능한 가격이다. 재화나 용역의 계약상 표시가격이나 정가는 그 재화나 용역의 개별 판매가격일 수 있지만, 개별 판매가격으로 간주되어서는 안 된다.

(2) 개별 판매가격 추정 지침

개별 판매가격을 직접 관측할 수 없다면, 배분 목적에 맞게 거래가격이 배분되도록 개별 판매가격을 추정한다. 개별 판매가격을 추정할 때, 합리적인 범위에서 구할 수 있는 모든 정보(시장조건, 기업 특유 요소, 고객이나 고객층에 대한 정보 포함)를 고려한다. 이 때, 관측 가능한 투입변수들을 최대한 사용하고 비슷한 상황에서는 추정방법을 일관되게 적용한다.

재화나 용역의 개별 판매가격을 적절하게 추정하는 방법에는 다음이 포함되지만 이에 한정되지는 않는다.

① 시장평가 조정 접근법 : 기업이 재화나 용역을 판매하는 시장을 평가하여 그 시장에서 고객이 그 재화나 용역에 대해 지급하려는 가격을 추정할 수 있다. 비슷한 재화나 용역에 대한 경쟁자의 가격을 참조하고 그 가격에 기업의 원가와 이윤을 반영하기 위해 필요한 조정을 하는 방법을 포함할 수도 있다.

② 예상원가 이윤 가산 접근법 : 수행의무를 이행하기 위한 예상원가를 예측하고 여기에 그 재화나 용역에 대한 적절한 이윤을 더할 수 있다.

③ 잔여접근법 : 재화나 용역의 개별 판매가격은 총 거래가격에서 계약에서 약속한 그 밖의 재화나 용역의 관측 가능한 개별 판매가격의 합계를 차감하여 추정할 수 있다. 그러나 잔여접근법은 다음 기준 중 어느 하나를 충족하는 경우에만, 재화나 용역의 개별 판매가격 추정에 사용할 수 있다.

㈎ 같은 재화나 용역을 서로 다른 고객들에게 광범위한 금액으로 판매한다(과거 거래나 그 밖의 관측 가능한 증거로 하나의 대표적인 개별 판매가격을 분간할 수 없어 판매가격이 매우 다양하다).

㈏ 재화나 용역의 가격을 아직 정하지 않았고 과거에 그 재화나 용역을 따로 판매한 적이 없다(판매가격이 불확실하다).

둘 이상의 재화나 용역의 개별 판매가격이 매우 다양하거나 불확실한 경우에는 계약에서 약속한 재화나 용역의 개별 판매가격 추정에 여러 방법을 결합하여 사용할 필요가 있을 수 있다. 예를 들면 약속한 일부 재화나 용역들 중에서 개별 판매가격이 매우 다양하거나 불확실한 것들의 통합 개별 판매가격 추정에 잔여접근법을 사용한 후에, 잔여접근법으로 산정된 그 추정된 통합 개별 판매가격에 관련된 개별 재화나 용역의 개별 판매가격 추정에는 다른 방법을 사용할 수 있다. 계약에서 약속한 각 재화나 용역의 개별 판매가격 추정에 여러 방법을 결합하여 사용하는 경우에 그렇게 추정 개별 판매가격을 기준으로 거래가격을 배분하는 것이 배분 목적과 개별 판매가격 추정에 관한 요구사항에 일치하는지를 판단한다.

4-3 할인액의 배분

(1) 할인액

계약에서 약속한 재화나 용역의 개별 판매가격 합계가 계약에서 약속한 대가를 초과하면, 고객은 재화나 용역의 묶음을 구매하면서 할인을 받은 것이다.

(2) 배분지침

거래가격의 배분 목적이 달성될 수 있도록 할인액을 각 수행의무에 배분해야 한다. 이를 위하여 기준서에서는 할인액과 각 수행의무의 관련성을 고려하고 그러한 관련성이 없다면 모든 수행의무에 배분하는 것이다. 할인액의 배분과 관련한 기준서의 지침은 다음과 같다.

할인액 전체가 계약상 하나 이상의 일부 수행의무에만 관련된다는 관측 가능한 증거가 있는 때 외에는, 할인액을 계약상 모든 수행의무에 비례하여 배분한다. 이러한 상황에서 할인액을 비례적으로 배분하면 대상이 되는 구별되는 재화나 용역의 상대적 개별 판매가격에 기초하여 거래가격을 각 수행의무에 배분한 결과가 된다.

다음 기준을 모두 충족하면, 할인액 전체를 계약상 하나 이상이나 전부는 아닌 일부 수행의무들에만 배분한다.

① 기업이 계약상 각각 구별되는 재화나 용역(또는 구별되는 재화나 용역의 각 묶음)을 보통 따로 판매한다.

② 기업은 ①의 재화나 용역 중 일부를 묶고 그 묶음 내의 재화나 용역의 개별 판매가격보다 할인하여 그 묶음을 보통 따로 판매한다.

③ ②에서 기술한 재화나 용역의 각 묶음의 할인액이 계약의 할인액과 실질적으로 같고, 각 묶음의 재화나 용역을 분석하면 계약의 전체 할인액이 귀속되는 수행의무(들)에 대한 관측 가능한 증거를 제공한다.

위의 지침에 따라 할인액을 계약에 포함된 하나 이상의 일부 수행의무에 모두 배분하는 경우에 잔여접근법을 사용하여 재화나 용역의 개별 판매가격을 추정하기 전에 그 할인액을 배분한다.

4-4 변동대가의 배분

계약에서 약속한 변동대가는 계약 전체에 기인할 수 있고 다음과 같이 계약의 특정 부분에 기인할 수도 있다.

① 계약상 하나 이상이나 전부는 아닌 일부 수행의무(예: 보너스가 약속한 재화나 용역을 특정 기간 내에 이전하는지에 따라 결정될 수 있다)

② 단일 수행의무의 일부를 구성하는 일련의 구별되는 재화나 용역에서, 약속한 하나 이상이나 전부는 아닌 일부 구별되는 재화나 용역 (예: 2년간의 청소용역 계약에서 두 번째 해의 약속된 대가가 특정 물가지수의 변동에 기초하여 상승할 경우)

다음 기준을 모두 충족하면, 변동금액과 후속 변동액을 전부 하나의 수행의무에 배분하거나 단일 수행의무의 일부(series의 일부)를 구성하는 구별되는 재화나 용역에 배분한다.

① 수행의무를 이행하거나 구별되는 재화나 용역을 이전하는 기업의 노력(또는 그에 따른 특정 성과)과 변동 지급조건이 명백하게 관련되어 있다.

② 계약상 모든 수행의무와 지급조건을 고려할 때, 변동대가(금액)를 전부 그 수행의무나 구별되는 재화 또는 용역에 배분하는 것이 배분 목적에 맞는다.

위의 요건을 충족하지 않는 거래가격의 나머지 금액은 개별 판매가격의 배분 지침 및 할인액의 배분 지침에 관한 요구사항을 적용하여 배분한다.

4-4 거래가격의 변동

(1) 거래가격 변동의 배분 지침

계약을 개시한 다음에 거래가격은 여러 가지 이유로 변동될 수 있고, 그 이유에는 약속한 재화나 용역의 대가로 받을 권리를 갖게 될 것으로 예상하는 금액을 바뀌게 하는 불확실한 사건의 해소나 그 밖의 상황 변화가 포함된다. 다음은 계약을 개시한 이후에 거래가격이 변동할 경우에 요구되는 기준서의 지침이다.

거래가격의 후속 변동은 계약 개시시점과 같은 기준으로 계약상 수행의무에 배분한다. 따라서 계약을 개시한 후의 개별 판매가격 변동을 반영하기 위해 거래가격을 다시 배분하지는 않는다. 이행된 수행의무에 배분되는 금액은 거래가격이 변동되는 기간에 수익으로 인식하거나 수익에서 차감한다.

변동대가의 배분에 관한 기준서의 지침 중 특정 수행의무나 일부의 구별되는 재화나 용역에 변동대가를 배분하는 경우에만, 거래가격의 변동액을 전부 ①이나 ②에 배분한다.

① 하나 이상이나 전부는 아닌 일부 수행의무
② 단일 수행의무의 일부를 구성하는 일련의 구별되는 약속한 재화나 용역

(2) 계약변경과 거래가격의 변동

고객과의 계약은 다양한 원인으로 계약의 범위 등이 변경될 수 있다. 이러한 계약변경으로 인하여 거래가격의 변동이 나타날 수 있으며 이에 대한 기준서의 요구사항은 절을 달리하여 설명한다.

기본예제 7 거래가격의 배분

결산일이 매년 말인 ㈜미래는 구별되는 제품 A와 B를 생산하여 판매하고 있다. 제품별 판매가격 정보는 다음과 같다.

구 분	A	B
판매가격	₩4,000	₩6,000

다음의 독립적인 물음에 답하시오. 단, 모든 제품은 20x1년도에 인도한 것으로 가정한다.

물음 1 ㈜미래는 고객과 제품 A와 B를 ₩10,000에 판매하고 현금을 수취하였다. 거래가격을 구별되는 제품 A와 B에 배분하시오.

물음 2 ㈜미래는 고객과 제품 A와 B를 ₩9,000에 판매하고 현금을 수취하였다. 거래가격을 구별되는 제품 A와 B에 배분하시오.

물음 3 ㈜미래는 고객과 제품 A, B, C를 ₩12,000에 판매하고 현금을 수취하였다. 거래가격을 구별되는 제품 A, B, C에 배분하시오. 단, 제품 C는 관측되는 개별 판매가격이 없으며 잔여접근법에 따라 판매가격을 추정한다.

물음 4 ㈜미래는 고객과 제품 A, B, C를 ₩11,000에 판매하고 현금을 수취하였다. ㈜미래는 제품 A와 B를 묶어서 구입하는 고객에게 ₩1,000을 할인하고 있다. 거래가격을 구별되는 제품 A, B, C에 배분하시오. 단, 제품 C는 관측되는 개별 판매가격이 없으며 잔여접근법에 따라 판매가격을 추정한다.

해설

물음 1

구 분	A	B	계
개별 판매가격	4,000	6,000	10,000
구성비율	40%	60%	100%
거래가격 배분	4,000	6,000	10,000

물음 2

구 분	A	B	계
개별 판매가격	4,000	6,000	10,000
구성비율	40%	60%	100%
할인액 배분	(400)	(600)	(1,000)
거래가격 배분	3,600	5,400	9,000

(*) 할인액 = 10,000(개별판매가격의 합) − 9,000(약속대가) = 1,000

(*) 할인액 배분 지침에 따라 하나 이상이나 전부는 아닌 일부 수행의무에 배분해야 할 요건을 충족하지 않았으므로 할인액 전부를 모든 수행의무에 배분한다.

물음 3

구 분	A	B	C	계
개별 판매가격	4,000	6,000	2,000	12,000
구성비율	33.33%	50%	16.67%	100%
거래가격 배분	4,000	6,000	2,000	10,000

(*) 제품C의 개별 판매가격 추정(잔여접근법) : 12,000 − (4,000 + 6,000) = 2,000

(*) 잔여접근법으로 추정하면 거래가격의 배분결과와 개별 판매가격은 항상 일치한다.

물음 4

구 분	A	B	C	계
개별 판매가격	4,000	6,000	−	10,000
구성비율	40%	60%	−	100%
할인액 배분	(400)	(600)	−	(1,000)
거래가격 배분	3,600	5,400	2,000	11,000

(*) 할인액 배분의 지침에 따라 계약에 표함된 하나 이상의 일부 수행의무(A와 B)에 할인액을 모두 배분하는 경우, 잔여접근법을 사용하여 제품 C의 개별 판매가격을 추정하기 전에 그 할인액을 배분한다.

(*) 제품C의 개별 판매가격 추정(잔여접근법) : 11,000 − (3,600 + 5,400) = 2,000

(*) 상기의 순서를 고려하지 않으면 할인액 1,000 중 일부가 제품 C에도 배분되므로 거래가격의 배분 목적에 부합하지 아니하게 된다.

기본예제 8 **변동대가의 배분 - 복수의 수행의무**

결산일이 매년 말인 ㈜미래는 구별되는 제품 A와 B를 생산하여 판매하고 있다. 제품별 판매가격 정보는 다음과 같다.

구 분	A	B
판매가격	₩4,000	₩6,000

다음의 독립적인 물음에 답하시오. 단, 모든 제품은 20x1년도에 인도한 것으로 가정한다.

물음 1 ㈜미래는 고객과 제품 A와 B를 ₩10,000에 판매하고 현금을 수취하였다. 계약조건에는 인센티브와 관련한 변동대가가 포함되어 있으며 제약을 고려한 변동대가 추정금액은 ₩2,000이다. 거래가격을 구별되는 제품 A와 B에 배분하시오.

물음 2 ㈜미래는 고객과 제품 A와 B를 ₩10,000에 판매하고 현금을 수취하였다. 계약조건에는 인센티브와 관련한 변동대가가 포함되어 있으며 제약을 고려한 변동대가 추정금액은 ₩2,000이다. 인센티브는 제품 A와 명백한 관련성이 있을 때 거래가격을 구별되는 제품 A와 B에 배분하시오.

해 설

물음 1

구 분	A	B	계
개별 판매가격	4,000	6,000	10,000
구성비율	40%	60%	100%
변동대가 배분	800	1,200	2,000
거래가격 배분	4,800	7,200	12,000

(*) 변동대가의 배분 지침에 따라 특정 수행의무에 배분해야 할 요건을 충족하지 않았으므로 변동대가 전액을 모든 수행의무에 배분한다.

물음 2

구 분	A	B	계
개별 판매가격	4,000	6,000	10,000
구성비율	40%	60%	100%
변동대가 배분	2,000	-	2,000
거래가격 배분	6,000	6,000	12,000

(*) 변동대가의 배분 지침에 따라 특정 수행의무에 배분해야 할 요건을 충족하였으므로 변동대가 전액을 제품 A에 배분한다.

기본예제 9 거래가격의 변동 – 단일의 수행의무

결산일이 매년 말인 ㈜대한은 20x1년 1월 1일부터 20x3년 12월 31일까지 3년간 ㈜민국의 본사 건물을 일주일 단위로 청소하고, ㈜민국은 ㈜대한에게 연간 ₩600,000을 매연도 초에 지급한다. 계약 조건에 따르면 매년 용역대금은 직전연도 말의 일반물가지수에 기초하여 변동한다. 시점별 일반물가지수가 다음과 같을 때 물음에 답하시오.

구 분	20×0년 말	20x1년 말	20x2년 말
일반물가지수	100	102	105

물음 1 상기의 청소용역계약이 단일의 수행의무인지 아니면 복수의 수행의무인지 서술하시오.

물음 2 20x1년 말 거래가격 변동을 배분하시오.

물음 3 20x2년 말 거래가격 변동을 배분하시오.

해 설

물음 1

청소용역계약은 1주일 단위로 제공되는 동일한 청소용역이 ㈜민국에게 연속적으로 제공되며 진행률의 측정 방법이 동일하므로 일련의 구별되는 용역에 해당한다. 따라서 복수의 수행의무가 존재하는 계약이 아니며 단일의 수행의무가 존재하는 계약이다.

물음 2

구 분	1년도	2년도	3년도	계
기존 거래가격	600,000	600,000	600,000	1,800,000
신규 거래가격				1,824,000
가격변동 배분	-	12,000	12,000	24,000
거래가격 배분	600,000	612,000	612,000	1,824,000

(*) 새로운 거래가격 : 600,000 + 612,000 + 612,000 = 1,824,000

20x2년 새로운 거래가격 : 600,000 × 102/100 = 612,000

20x3년 새로운 거래가격 : 600,000 × 102/100 = 612,000

(*) 거래가격 변동의 배분 지침에 따라 단일의 수행의무인 일련의 구별되는 용역의 일부에 거래가격 변동액을 배분한다.

물음 3

구 분	1년도	2년도	3년도	계
기존 거래가격	600,000	612,000	612,000	1,824,000
신규 거래가격				1,842,000
가격변동 배분	–	–	18,000	18,000
거래가격 배분	600,000	612,000	630,000	1,842,000

(*) 새로운 거래가격 : 600,000 + 612,000 + 630,000 = 1,842,000
20x3년 새로운 거래가격 : 612,000 × 105/102 = 630,000

(*) 거래가격 변동의 배분 지침에 따라 단일의 수행의무인 일련의 구별되는 용역의 일부에 거래가격 변동액을 배분한다.

기본예제 10 거래가격의 변동 - 복수의 수행의무

결산일이 매년 말인 ㈜현대는 ㈜과거에 구별되는 제품 A와 B를 ₩10,000에 이전하는 계약을 체결하였다. 제품 A는 20x1년 12월 초에 인도하였으며 제품 B는 20x2년 4월 초에 인도하였다. 계약 개시일에 각 제품의 개별 판매가격은 다음과 같다.

구 분	A	B
개시일 기준 판매가격	₩4,000	₩6,000
결산일 기준 판매가격	₩5,400	₩6,600

각 물음은 독립적이다.

물음 1 20x1년 말 변동대가로 인하여 거래가격이 ₩10,000에서 ₩12,000으로 증가하였다. 거래가격 변동을 각 수행의무에 배분하시오.

물음 2 20x1년 말 거래가격이 ₩10,000에서 ₩9,000으로 감소하였다. 이유는 인도한 제품 A에 대한 고객의 클레임에 따라 거래가격을 인하한 것이다. 거래가격 변동을 각 수행의무에 배분하시오.

해설

물음 1

구 분	A	B	계
개별 판매가격	4,000	6,000	10,000
구성비율	40%	60%	100%
가격변동 배분	800	1,200	2,000
거래가격 배분	4,800	7,200	12,000

(*) 거래가격 변동의 배분 지침에 따라 모든 수행의무에 배분하였다. 이 때 거래가격의 후속 변동은 계약 개시시점과 같은 기준으로 계약상 수행의무에 배분한다. 따라서 계약을 개시한 후의 개별 판매가격 변동을 반영하기 위해 결산일 기준 개별 판매가격을 기준으로 거래가격을 다시 배분하지는 않는다.

물음 2

구 분	A	B	계
개별 판매가격	4,000	6,000	10,000
구성비율	40%	60%	100%
가격변동 배분	(1,000)	-	(1,000)
거래가격 배분	3,000	6,000	9,000

(*) 거래가격 변동의 배분 지침에 따라 특정 수행의무만 배분하였다. 거래가격의 변동 이유가 제품 A의 클레임 때문이므로 모든 수행의무에 배분하는 것은 배분의 목적에 부합하지 않기 때문이다.

5. 수익의 인식

고객에게 약속한 재화나 용역, 즉 자산을 이전하여 수행의무를 이행할 때(또는 기간에 걸쳐 이행하는 대로) 수익을 인식한다. 자산은 고객이 그 자산을 통제할 때(또는 기간에 걸쳐 통제하게 되는 대로) 이전된다. 일반적으로 고객에게 약속한 재화가 수행의무인 경우에는 한 시점에 이행하는 것이며 고객에게 약속한 용역이 수행의무인 경우에는 기간에 걸쳐 이행하는 것이다. 기준서에서는 고객과의 계약에서 식별한 각 수행의무를 기간에 걸쳐 이행하는지 또는 한 시점에 이행하는지를 계약 개시시점에 판단하도록 요구하고 있다. 수행의무가 기간에 걸쳐 이행되지 않는다면, 그 수행의무는 한 시점에 이행되는 것이다.

재화와 용역은 받아서 사용할 때 비록 일시적일지라도 자산이다. 자산에 대한 통제란 자산을 사용하도록 지시하고 자산에서 발생하는 경제적효익의 대부분을 획득할 수 있는 능력을 말한다. 통제는 다른 기업이 자산의 사용을 지시하고 그 자산에서 효익을 획득하지 못하게 하는 능력이 포함된다. 자산의 효익은 다음과 같은 다양한 방법으로 직접적으로나 간접적으로 획득할 수 있는 잠재적인 현금흐름(유입이 있거나 유출이 감소)이다.

- 재화를 생산하거나 용역(공공용역 포함)을 제공하기 위한 자산의 사용
- 다른 자산의 가치를 높이기 위한 자산의 사용
- 부채를 결제하거나 비용을 줄이기 위한 자산의 사용
- 자산의 매각 또는 교환
- 차입금을 보증하기 위한 자산의 담보 제공
- 자산의 보유

결국 자산에 대한 통제는 그 자산에 대한 배타적 권리를 의미한다. 자산에 대한 통제가 고객에게 이전되었는지를 판단할 때, 그 자산을 재매입하는 약정을 고려해야 하며 재매입 약정의 내용은 절을 달리하여 설명한다.

5-1 기간에 걸쳐 이행하는 수행의무

다음 기준 중 어느 하나를 충족하면, 기업은 재화나 용역에 대한 통제를 기간에 걸쳐 이전하므로, 기간에 걸쳐 수행의무를 이행하는 것이고 기간에 걸쳐 수익을 인식한다.

① 고객은 기업이 수행하는 대로 기업의 수행에서 제공하는 효익을 동시에 얻고 소비한다.
② 기업이 수행하여 만들어지거나 가치가 높아지는 대로 고객이 통제하는 자산을 기업이 만들거나 그 자산 가치를 높인다.
③ 기업이 수행하여 만든 자산이 기업 자체에는 대체 용도가 없고, 지금까지 수행을 완료한 부분에 대해 집행 가능한 지급청구권이 기업에 있다.

일상적이거나 반복적인 용역들(예 : 청소 용역)은 기업의 수행에서 제공하는 효익을 고객이 얻고 동시에 소비한다는 것을 쉽게 식별할 수 있다. 다른 유형의 수행의무는 기업이 수행하는 대로 그 수행의 효익을 고객이 동시에 얻고 소비하는지를 쉽게 식별하지 못할 수 있다. 그러한 상황에서 다른 기업이 고객에게 나머지 수행의무를 이행한다고 가정할 때, 기업이 지금까지 완료한 업무를 다른 기업이 실질적으로 다시 수행할 필요가 없을 것이라고 판단한다면 그 수행의무는 기간에 걸쳐 이행하는 것이다.

기업이 자산을 만들거나 그 가치를 높이는 동안에 그 자산을 다른 용도로 쉽게 전환하는 데에 계약상 제약이 있거나, 완료된 상태의 자산을 쉽게 다른 용도로 전환하는 데에 실무

상 제한이 있다면, 기업이 수행하여 만든 그 자산은 그 기업에는 대체 용도가 없는 것이다. 자산이 기업에 대체 용도가 있는지는 계약 개시시점에 판단한다. 계약을 개시한 다음에는 계약 당사자들이 수행의무를 실질적으로 변경하는 계약변경을 승인하지 않는 한, 자산이 기업에 대체 용도가 있는지를 다시 판단하지 않는다.

지금까지 수행을 완료한 부분에 대해 집행 가능한 지급청구권이 기업에 있는지를 판단할 때에는 계약에 적용되는 법률뿐만 아니라 계약 조건도 고려한다. 지금까지 수행을 완료한 부분에 대한 지급청구권이 고정금액에 대한 권리일 필요는 없다. 그러나 기업이 약속대로 수행하지 못했기 때문이 아니라 그 밖의 사유로 고객이나 다른 당사자가 계약을 종료한다면 적어도 지금까지 수행을 완료한 부분에 대한 보상 금액을 받을 권리가 계약기간에는 언제든지 있어야 한다. 기업의 지급청구권은 현재의 무조건적인 지급청구권일 필요는 없으며 기업은 자산이 지금까지 수행을 완료한 부분에 대해 지급을 청구하거나 이미 받은 금액을 보유할 집행 가능한 권리가 있는지를 고려한다. 계약에서 정한 지급 일정이 기업이 지금까지 수행을 완료한 부분에 대해 집행 가능한 지급청구권을 갖는지를 반드시 나타내는 것은 아니다. 계약상 지급 일정에서 고객이 대가를 지급할 시기와 금액을 정하더라도, 그 지급 일정이 지금까지 수행을 완료한 부분에 대한 기업의 지급청구권에 관한 증거가 되지 않을 수 있다.

5-2 한 시점에 이행하는 수행의무

수행의무가 기간에 걸쳐 이행되지 않는다면, 그 수행의무는 한 시점에 이행되는 것이다. 고객이 약속된 자산을 통제하고 기업이 수행의무를 이행하는 시점을 판단하기 위해, 전술한 통제에 관한 요구사항을 참고한다. 또 다음과 같은 통제 이전의 지표(다음이 포함되나 이에 한정되지는 않는다)를 참고하여야 한다.

① 기업은 자산에 대해 현재 지급청구권이 있다.

고객이 자산에 대해 지급할 현재 의무가 있다면, 이는 고객이 교환되는 자산의 사용을 지시하고 자산의 나머지 효익의 대부분을 획득할 능력을 갖게 되었음을 나타낼 수 있다.

② 고객에게 자산의 법적 소유권이 있다.

법적 소유권은 계약 당사자 중 누가 '자산의 사용을 지시하고 자산의 나머지 효익의 대부분을 획득할 능력이 있는지' 또는 '그 효익에 다른 기업이 접근하지 못하게 하는 능력이 있는지'를 나타낼 수 있다. 그러므로 자산의 법적 소유권의 이전은 자산을 고객이 통제하게 되었음을 나타낼 수 있다. 고객의 지급불이행에 대비한 안전장치로서만 기업이 법적 소유권을 보유한다면, 그러한 기업의 권리가 고객이 자산을 통제하게 되는 것을 막지는 못할 것이다.

③ 기업이 자산의 물리적 점유를 이전하였다.

자산에 대한 고객의 물리적 점유는 고객이 '자산의 사용을 지시하고 자산의 나머지 효익의 대부분을 획득할 능력'이 있거나 '그 효익에 다른 기업이 접근하지 못하게 하는 능력'이 있음을 나타낼 수 있다. 그러나 물리적 점유는 자산에 대한 통제와 일치하지 않을 수 있다. 예를 들면 일부 재매입약정이나 위탁약정에서는 고객이나 수탁자가 기업이 통제하는 자산을 물리적으로 점유할 수 있다. 이와 반대로, 일부 미인도청구약정에서는 고객이 통제하는 자산을 기업이 물리적으로 점유할 수 있다. 재매입약정 및 위탁약정 그리고 미인도청구약정은 절을 달리하여 설명한다.

④ 자산의 소유에 따른 유의적인 위험과 보상이 고객에게 있다.

자산의 소유에 따른 유의적인 위험과 보상이 고객에게 이전되었다는 것은 자산의 사용을 지시하고 자산의 나머지 효익의 대부분을 획득할 능력이 고객에게 있음을 나타낼 수 있다. 그러나 약속된 자산의 소유에 따른 위험과 보상을 평가할 때에는, 그 자산을 이전해야 하는 수행의무에 더하여 별도의 수행의무를 생기게 할 위험은 고려하지 않는다. 예를 들면 기업이 고객에게 자산에 대한 통제를 이전하였으나 이전한 자산과 관련된 유지용역을 제공해야 하는 추가되는 수행의무는 아직 이행하지 못하였을 수 있다.

⑤ 고객이 자산을 인수하였다.

고객이 자산을 인수한 것은 '자산의 사용을 지시하고 자산의 나머지 효익의 대부분을 획득할 능력'이 고객에게 있음을 나타낼 수 있다. 계약상 고객의 인수 조항이 자산에 대한 통제를 이전하는 시점에 미치는 영향을 평가하기 위한 과정은 절을 달리하여 설명한다.

5-3 수행의무의 진행률

기간에 걸쳐 이행하는 수행의무 각각에 대해, 그 수행의무 완료까지의 진행률을 측정하여 기간에 걸쳐 수익을 인식한다. 진행률을 측정하는 목적은 고객에게 약속한 재화나 용역에 대한 통제를 이전하는 과정에서 기업의 수행 정도를 나타내기 위한 것이다.

기간에 걸쳐 이행하는 각 수행의무에는 하나의 진행률 측정방법을 적용하며 비슷한 상황에서의 비슷한 수행의무에는 그 방법을 일관되게 적용한다. 기간에 걸쳐 이행하는 수행의무의 진행률은 보고기간 말마다 다시 측정한다.

(1) 진행률 측정방법

적절한 진행률 측정방법에는 산출법과 투입법이 포함된다. 적절한 진행률 측정방법을 결정할 때, 고객에게 이전하기로 약속한 재화나 용역의 특성을 고려한다. 진행률 측정방법을 적용할 때, 고객에게 통제를 이전하지 않은 재화나 용역은 진행률 측정에서 제외한다. 이와 반대로, 수해의무를 이행할 때 고객에게 통제를 이전하는 재화나 용역은 모두 진행률 측정에 포함한다. 시간이 흐르면서 상황이 바뀜에 따라 수행의무의 결과 변동을 반영하기 위해 진행률을 새로 수정한다. 이러한 진행률의 변동은 기업회계기준서 1008호 '회계정책, 회계추정의 변경 및 오류'에 따라 회계추정의 변경으로 회계처리한다.

① 산출법

산출법은 계약에서 약속한 재화나 용역의 나머지 부분의 가치와 비교하여 지금까지 이전한 재화나 용역이 고객에 주는 가치의 직접 측정에 기초하여 수익을 인식한다. 산출법은 지금까지 수행을 완료한 정도를 조사, 달성한 결과에 대한 평가, 도달한 단계, 경과한 시간, 생산한 단위와 같은 방법이 포함된다. 진행률을 측정하기 위해 산출법을 적용할지를 판단할 때, 선택한 산출물이 수행의무의 완료 대비 기업의 수행 정도를 충실하게 나타내는지를 고려한다.

기업이 지금까지 수행을 완료한 정도가 고객에게 주는 가치에 직접 상응하는 금액을 고객에게서 받을 권리가 있다면(예: 기업이 제공한 용역 시간당 고정금액을 청구할 수 있는 용역계약), 기업은 청구권이 있는 금액으로 수익을 인식하는 실무적 간편법을 쓸 수 있다.

산출법의 단점은 진행률을 측정하는 데에 사용하는 산출물을 직접 관측하지 못할 수 있고, 과도한 원가를 들이지 않고는 산출법을 적용하기 위해 필요한 정보를 구하지 못할 수도 있다는 점이다. 그러므로 투입법이 필요할 수 있다.

② 투입법

투입법은 해당 수행의무의 이행에 예상되는 총 투입물 대비 수행의무를 이행하기 위한 기업의 노력이나 투입물(예: 소비한 자원, 사용한 노동시간, 발생원가, 경과한 시간, 사용한 기계시간)에 기초하여 수익을 인식하는 것이다. 기업의 노력이나 투입물을 수행기간에 걸쳐 균등하게 소비한다면, 정액법으로 수익을 인식하는 것이 적절할 수 있다.

투입법의 단점은 기업의 투입물과 고객에게 재화나 용역에 대한 통제를 이전하는 것 사이에 직접적인 관계가 없을 수 있다는 것이다. 그러므로 진행률을 측정하는 목적에 따라, 고객에게 재화나 용역에 대한 통제를 이전하는 과정에서 기업의 수행 정도를 나타내지 못하는 투입물의 영향은 투입법에서 제외한다. 예를 들면 원가기준 투입법을 사용할 때, 다음 상황에서는 진행률 측정에 조정이 필요할 수 있다.

가. 발생원가가 기업이 수행의무를 이행할 때 그 진척도에 이바지하지 않는 경우.

계약가격에 반영되지 않았고 기업의 수행상 유의적인 비효율 때문에 든 원가(예: 수행의무를 이행하기 위해 들였으나 예상 밖으로 낭비된 재료원가, 노무원가, 그 밖의 원가)에 기초하여 수익을 인식하지 않는다.

나. 발생원가가 기업이 수행의무를 이행할 때 그 진척도에 비례하지 않는 경우.

이 상황에서 기업의 수행 정도를 나타내는 최선의 방법은 발생원가의 범위까지만 수익을 인식하도록 투입법을 조정하는 것일 수 있다. 예를 들면 계약 개시시점에 다음 조건을 모두 충족할 것이라고 예상한다면, 수행의무를 이행하기 위해 사용한 재화의 원가와 동일한 금액을 수익으로 인식하는 방법이 기업의 수행 정도를 충실하게 나타낼 수 있다.

- 재화가 구별되지 않는다.
- 고객이 재화와 관련된 용역을 제공받는 때 보다 유의적으로 이른 시점에 그 재화를 통제하게 될 것으로 예상된다.
- 이전되는 재화의 원가가 수행의무를 완전히 이행하기 위해 예상되는 총 원가와 비교하여 유의적이다.
- 기업이 제삼자에게서 재화를 조달하고 그 재화의 설계와 생산에 유의적으로 관여하지 않는다(그러나 기업은 본인으로 활동한다).

(2) 합리적인 진행률의 측정

수행의무의 진행률을 합리적으로 측정할 수 있는 경우에만, 기간에 걸쳐 이행하는 수행의무에 대한 수익을 인식한다. 적절한 진행률 측정방법을 적용하는 데 필요한 신뢰할 수 있는 정보가 부족하다면 수행의무의 진행률을 합리적으로 측정할 수 없을 것이다.

어떤 상황(예: 계약 초기 단계)에서는 수행의무의 결과를 합리적으로 측정할 수 없으나, 수행의무를 이행하는 동안에 드는 원가는 회수될 것으로 예상한다. 그 상황에서는 수행의무의 결과를 합리적으로 측정할 수 있을 때까지 발생원가의 범위에서만 수익을 인식한다

기본예제 11 수행의무의 이행

각 사례는 독립적이다.

1. 결산일이 매년 말인 ㈜미래는 ㈜국세의 임직원에게 회계, 세무 강의를 2달간 제공하는 계약을 하였다. 강의제공 약정에서 발생하는 수행의무가 기간에 걸쳐 이행되는지 아니면 한 시점에서 이행되는지를 설명하시오.
2. ㈜현대중공업은 고객의 토지에 플랜트를 제작하는 약정을 체결하였다. 고객의 토지에 플랜트는 30%까지 완공되었으며 고객은 완공된 플랜트에서 특정 제품 생산을 시작하였다. 플랜트 제작 약정에서 발생하는 수행의무가 기간에 걸쳐 이행되는지 아니면 한 시점에서 이행되는지를 설명하시오.
3. ㈜종로는 ㈜인사로부터 인사관리소프트웨어의 개발과 유지보수에 대한 약정을 체결하였다. 해당 소프트웨어의 개발기간은 3개월이며 개발 완료 후 ㈜종로에 설치되어 운영된다. 만약 개발 기간 중 계약 상대방의 요청에 따라 계약 해지가 발생하면 개발에 투입한 원가와 일정한 보상을 ㈜인사에게 청구할 수 있다. ㈜종로는 인사관리소프트웨어에 대한 다른 회사의 수요가 충분하며 개발 중인 프로그램에 사소한 원가를 투입하면 다른 회사에 판매할 수 있다. 이러한 약정에서 발생하는 수행의무가 기간에 걸쳐 이행되는지 아니면 한 시점에서 이행되는지를 설명하시오.

해설

1. 기업이 고객에게 강의 효익을 제공하는 대로 고객은 그 효익을 소비한다. 따라서 기간에 걸쳐 이행하는 수행의무이다.
2. 기업이 플랜트를 만드는 대로 고객이 통제하는 자산의 가치가 높아진다. 따라서 기간에 걸쳐 이행하는 수행의무이다.
3. 기업의 자산이 아직 고객에게 제공되지 않았으므로 자산의 이전을 전제로 판단하는 지표(물음 1과 2의 지표)는 적용할 수 없다. 따라서 기업이 현재 개발 중에 있는 자산에 대하여 대체용도가 없으며 지

급청구권이 있는지를 검토한 결과 지급청구권은 있으나 대체용도가 있으므로 기간에 걸쳐 이행되는 수행의무가 아니며 한 시점에 이행되는 수행의무에 해당한다.

기본예제 12 **수행의무의 이행 - 한 시점에 이행하는 수행의무**

결산일이 매년 말인 ㈜현대는 생산한 제품 A를 고객에게 판매하였다. 제품 A는 구별되는 재화로 독립적인 수행의무이며 기간에 걸쳐 이행되는 수행의무는 아니다. 제품 A와 관련된 정보는 다음과 같다.

- 주문 시점 : 20x1년 12월 1일
- 생산 완료 시점 : 20x1년 12월 20일
- 출고 시점 : 20x1년 12월 22일
- 도착 시점 : 20x2년 1월 2일
- 인수 승낙 시점 : 20x2년 1월 30일
- 대금 청구 시점 : 20x2년 1월 30일
- 대금 회수 시점 : 20x2년 2월 28일

물음 1 ㈜현대는 선적지인도조건으로 제품 A를 판매하였다. 수행의무가 이행되는 한 시점은 언제인가?

물음 2 ㈜현대는 도착지인도조건으로 제품 A를 판매하였다. 수행의무가 이행되는 한 시점은 언제인가?

물음 3 ㈜현대는 고객의 인수여부에 따라 판매되는 조건으로 제품 A를 판매하였다. 수행의무가 이행되는 한 시점은 언제인가?

해설

물음 1

출고 시점이 수행의무를 이행한 시점이다.

물음 2

도착 시점이 수행의무를 이행한 시점이다. 따라서 ㈜현대는 도착될 때까지 제품 A를 회사의 재고자산으로 계속 인식하여야 한다.

물음 3

인수 승낙 시점이 수행의무를 이행한 시점이다. 따라서 ㈜현대는 인수 승낙 시점까지 제품 A를 회사의 재고자산으로 계속 인식하여야 한다.

기본예제 13 진행률의 측정

각 사례는 독립적이며 결산일은 매년 말이다.

1. 서울과 세종의 고속도로 건설 약정(약정 구간 120km)을 체결하였으며 결산일 현재 48km의 구간이 완공된 경우 진행률을 측정하시오.
2. 서울과 세종의 고속도로 건설 약정(약정 구간 120km)을 체결하였으며 결산일 현재 48km의 구간을 완성하였으며 이를 위한 투입원가는 10억이다. 결산일 현재 잔여구간을 완공하기 위한 추가투입원가는 15억으로 예상된다. 투입원가 기준으로 진행률을 측정하시오.
3. 서울과 세종의 고속도로 건설 약정(약정 구간 120km)을 체결하였으며 결산일 현재 48km의 구간을 완성하였으며 이를 위한 투입원가는 11억이다. 11억 중 1억은 수행의무의 이행에 이바지 하지 않고 낭비된 원가에 해당한다. 결산일 현재 잔여구간을 완공하기 위한 추가투입원가는 15억으로 예상된다. 투입원가 기준으로 진행률을 측정하시오.

해 설

1. 진행률 = 48km ÷ 120km = 40% (산출법에 해당한다.)
2. 진행률 = 10억 ÷ (10억 + 15억) = 40% (투입법에 해당한다.)
3. 진행률 = (11억 − 1억) ÷ (11억 − 1억 + 15억) = 40% (투입법에 해당한다.)

(*) 투입원가 1억 중 수행의무의 이행에 이바지 하지 않은 원가는 진행률 측정 시 제외한다.

SECTION 2

거래 형태별 수익 인식

여기서는 전술한 수익의 인식과 측정에 대한 기준서의 요구사항(수익 인식의 5단계)을 거래 형태별로 적용하는 과정과 기준서 제1115호에 수록된 부록(Appendix) 중 적용지침(Application Guidance)에 대하여 살펴본다. 이 적용지침은 이 기준서의 일부를 구성하며 기준서의 본문과 동등한 권위를 가진다. 기준서에서 소개하고 있는 적용지침은 다음과 같다.

- 반품권이 있는 판매
- 보증
- 본인 대 대리인의 고려사항
- 추가 재화나 용역에 대한 고객의 선택권
- 고객이 행사하지 아니한 권리
- 환불되지 않는 선수수수료와 일부 관련 원가
- 라이선싱
- 재매입약정
- 위탁약정
- 미인도청구약정

1. 재화의 판매

기업의 통상적인 활동에 의한 산출물이 재화인 경우, 재화에 대한 통제 이전은 한 시점이며 일반적으로 재화를 구매자에게 인도한 시점이 통제가 이전되는 시점이며 판매자는 인도일에 수익을 인식한다.

1-1 반품권을 부여한 판매

일부 계약에서는 기업이 고객에게 제품에 대한 통제를 이전하고, 다양한 이유로 제품을 반품할 권리와 함께 환불, 공제 또는 다른 제품으로의 교환 등의 권리를 고객에게 부여한다. 고객이 결함이 있는 제품을 정상 제품으로 교환할 수 있는 계약은 보증의 지침에 따라 평가한다. 또한 고객이 한 제품을 같은 다른 제품과 단순 교환하는 경우에는 이 기준서의 적용 목적상 반품으로 보지 않는다.

(1) 인식과 측정

반품권이 있는 제품의 이전을 회계처리 하기 위하여, 다음 사항을 모두 인식한다.

① 수익 : 기업이 받을 권리를 갖게 될 것으로 예상하는 대가를 이전하는 제품에 대한 수익으로 인식한다. 따라서 반품이 예상되는 제품에 대해서는 수익을 인식하지 않을 것이다.

② 환불부채 : 받은(또는 받을) 금액 중 기업이 권리를 갖게 될 것으로 예상하지 않는 부분은 고객에게 제품을 이전할 때 수익으로 인식하지 않고, 환불부채로 인식한다. 보고기간 말마다 반품 예상량의 변동에 따라 환불부채의 측정치를 새로 수정한다. 이에 따라 생기는 조정액을 수익(또는 수익의 차감)으로 인식한다.

③ 재고회수권 : 환불부채를 결제할 때, 고객에게서 제품을 회수할 기업의 권리에 대하여 자산과 이에 상응하는 매출원가 조정액을 인식한다. 재고회수권은 처음 측정할 때 제품의 이전 장부금액에서 그 제품 회수에 예상되는 원가(반품된 제품이 기업에 주는 가치의 잠재적 감소를 포함)를 차감한다. 보고기간 말 마다 반품될 제품에 대한 예상의 변동을 반영하여 자산의 측정치를 새로 수정한다.

(2) 표시

재고회수권과 환불부채는 구분하여 표시한다. 재고회수권을 재고자산의 범주로 분류하여 표시하는지 또는 환불부채에 대응하는 채권적인 성격의 자산 범주로 분류하여 표시하는지는 기준서 상 명확한 지침이 없으나 재고회수권은 고객에게 이전된 재고자산을 회수할 수 있는 권리이므로 판매가능 자산인 재고자산의 범주가 아니라 기타자산의 범주로 구분하는 것이 타당하다.

기본예제 14 **반품권이 부여된 판매**

결산일이 매년 말인 ㈜대치는 20x1년 12월 말, 제품 A(100단위)를 ₩100,000에 현금으로 판매하였다. 판매시점에 제품에 대한 통제는 고객에게 이전되며 고객은 인도일로부터 1달 이내에 사용하지 않은 제품에 대하여 반품할 수 있는 권리가 부여된다. 보고기간 말 현재 인도한 제품의 10%가 반품되는 것으로 추정된다. 제품의 매출원가율은 판매가격의 60%이며 재고자산에 대한 회계처리는 계속기록법을 적용한다.

물음 1 20x1년 말, ㈜대치가 인식할 수익은 얼마인가?

물음 2 20x1년 말, ㈜대치가 인식한 수익에 대응하는 매출원가는 얼마인가?

물음 3 20x1년 말, ㈜대치가 수행할 회계처리를 제시하시오,

물음 4 20x2년 1월 31일까지 고객이 12개의 제품을 반품한 경우, ㈜대치가 수행할 회계처리를 제시하시오.

해설

물음 1

수익 : 100,000 − 100,000 × 10% = 90,000

→ 고객에게 반품권을 부여하였으므로 판매기업은 고객의 반품 여부에 따라 받을 것으로 예상되는 대가가 변동한다. 따라서 보고기간 말 추정되는 반품률에 기초하여 수익금액을 조정한다.

물음 2

수익에 대응하는 원가 : 100,000 × 60% − 100,000 × 10% × 60% = 54,000

물음 3

1년 말 - 판매시점

	차변	금액		대변	금액	손익효과
차)	현금	100,000	대)	매출	100,000	100,000
	매출원가	60,000		제품	60,000	(60,000)

1년 말 - 결산일

	차변	금액		대변	금액	손익효과
차)	매출	10,000	대)	환불부채	10,000	(10,000)
	재고회수권	6,000		매출원가	6,000	6,000

(*) 매출조정 : 100,000 × 10%(추정반품률) = 10,000

(*) 원가조정 : 60,000 × 10% = 6,000

물음 3

2년 1월말 - 실제반품시

	차변	금액		대변	금액	손익효과
차)	환불부채	10,000	대)	현금	12,000	(2,000)
	매출	2,000				

(*) 현금 : 12개 × 1,000 = 12,000
(*) 환불부채 : 10,000(전기이월)
(*) 매출 : 12,000 - 10,000 = 2,000(예상오차)

	차변	금액		대변	금액	손익효과
차)	제품	7,200	대)	재고회수권	6,000	1,200
				매출원가	1,200	

(*) 제품 : 12개 × 600 = 7,200
(*) 재고회수권 : 6,000(전기이월)
(*) 매출원가 : 7,200 - 6,000 = 1,200(예상오차)

보고기간 말 환불부채와 재고회수권은 과거 경험률을 반영한 추정치이므로 실제 반품 시 오차금액이 발생할 수 있다. 이러한 오차는 실제 반품된 회계연도의 매출과 매출원가로 조정한다.

[참고] 보고기간 말 조정법

실제 반품시점에 환불부채를 개별적으로 관리하는 것은 현실적으로 비효율적이다. 따라서 보고기간 말을 기준으로 환불부채와 재고회수권을 환입하거나 추가 조정한다. 회계처리를 제시하면 다음과 같다.

2년 1월말 - 실제반품시

	차변	금액		대변	금액	손익효과
차)	매출	12,000	대)	현금	12,000	(12,000)

(*) 현금 : 12개 × 1,000 = 12,000
(*) 매출 : 12,000 (실제 환불금액 전액을 매출에서 조정)

	차변	금액		대변	금액	손익효과
차)	제품	7,200	대)	매출원가	7,200	7,200

(*) 제품 : 12개 × 600 = 7,200
(*) 매출원가 : 7,200 (실제 반품 재고를 매출원가에서 조정)

2년 12말 - 결산시

	차변	금액		대변	금액	손익효과
차)	환불부채	10,000	대)	매출	10,000	10,000

(*) 환불부채 : 전기이월 잔액을 전액 환입하고 매출에서 조정

	차변	금액		대변	금액	손익효과
차)	매출원가	6,000	대)	재고회수권	6,000	(6,000)

(*) 재고회수권 : 전기이월 잔액을 전액 환입하고 매출원가에서 조정

기본예제 15 재고회수권 측정

결산일이 매년 말인 ㈜대치는 20x1년 12월 말, 제품 A(100단위)를 ₩100,000에 현금으로 판매하였다. 판매시점에 제품에 대한 통제는 고객에게 이전되며 고객은 인도일로부터 1달 이내에 사용하지 않은 제품에 대하여 반품할 수 있는 권리가 부여된다. 보고기간 말 현재 인도한 제품의 10%가 반품되는 것으로 추정되며 반품과정에서 예상 반품비용과 제품의 원가 이하로의 가치감소가 예상되며 그 금액은 각각 ₩200과 ₩500이다. 제품의 매출원가율은 판매가격의 60%이며 재고자산에 대한 회계처리는 계속기록법을 적용한다.

물음 1 20x1년 말, ㈜대치가 수행할 회계처리를 제시하시오,

물음 2 20x2년 1월 31일까지 고객이 12개의 제품을 반품한 경우, ㈜대치가 수행할 회계처리를 제시하시오. 단, 실제 반품비용과 재고자산의 가치감소는 각각 ₩300 및 ₩800이다.

해설

물음 1

1년 말 - 판매시점

						손익효과
차)	현금	100,000	대)	매출	100,000	100,000
	매출원가	60,000		제품	60,000	(60,000)

1년 말 - 결산일

						손익효과
차)	매출	10,000	대)	환불부채	10,000	(10,000)
	재고회수권	6,000		매출원가	6,000	6,000

(*) 매출조정 : 100,000 × 10%(추정반품률) = 10,000
(*) 원가조정 : 60,000 × 10% = 6,000

차)	반품비용	200	대)	재고회수권	200	(200)
	손상차손	500		재고회수권	500	(500)

(*) 매출조정 : 100,000 × 10%(추정반품률) = 10,000
(*) 원가조정 : 60,000 × 10% = 6,000

물음 2

2년 1월말 - 실제반품시

	차변	금액		대변	금액	손익효과
차)	환불부채	10,000	대)	현금	12,000	(2,000)
	매출	2,000				

(*) 현금 : 12개 × 1,000 – 12,000
(*) 환불부채 : 10,000(전기이월)
(*) 매출 : 12,000 – 10,000 = 2,000(예상오차)

	차변	금액		대변	금액	손익효과
차)	제품	7,200	대)	재고회수권	6,000	1,200
				매출원가	1,200	

(*) 제품 : 12개 × 600 = 7,200
(*) 재고회수권 : 6,000(전기이월)
(*) 매출원가 : 7,200 – 6,000 = 1,200(예상오차)

	차변	금액		대변	금액	손익효과
차)	재고회수권	200	대)	현금	300	(100)
	반품비용	100				

(*) 반품비용 : 300 – 200 = 100(반품비용 예상오차)

	차변	금액		대변	금액	손익효과
차)	재고회수권	500	대)	평가충당금	800	(300)
	손상차손	300				

(*) 손상차손 : 800 – 500 = 300(손상 예상오차)
(*) 반품된 제품을 원가로 인식하였기에 가치감소를 평가충당금으로 인식함

기본예제 16 조건부 반품권

유통업을 영위하고 있는 ㈜대한은 20x1년 1월 1일 제품 A를 생산하는 ㈜민국과 다음과 같은 조건의 판매 계약을 체결하였다.

- ㈜대한은 제품 A에 대해 매년 최소 200개의 판매를 보장하며, 이에 대해서는 재판매 여부에 관계없이 ㈜민국에게 매입대금을 지급한다. 다만, ㈜대한이 200개를 초과하여 제품 A를 판매한 경우, ㈜대한은 판매되지 않은 제품 A를 조건 없이 ㈜민국에게 반환할 수 있다.
- 고객에게 판매할 제품 A의 판매가격은 ㈜대한이 결정한다.
- ㈜민국은 ㈜대한에 제품 A를 1개당 ₩1,350에 인도하며, ㈜대한은 판매수수료 ₩150을 가산하여 1개당 ₩1,500에 고객에게 판매한다.

㈜민국은 위 계약을 체결한 즉시 ㈜대한에게 제품 A 250개를 인도하였다. 또한 ㈜대한은 20x1년에 제품 A 150개를 판매하였다. ㈜민국이 20x1년도에 수행할 회계처리를 제시하시오. 단, 계약 개시일 현재 ㈜민국은 ㈜대한의 연간 판매량이 200개를 초과할 것으로 추정하였다. ㈜민국의 제품 A의 단위 원가는 ₩500이다.

해설

1년 초 - 인도시점

					손익효과
차) 매출채권	337,500	대) 매출	270,000		270,000
		환불부채	67,500		
차) 매출원가	100,000	대) 제품	125,000		(100,000)
재고회수권	25,000				

(*) 매출채권 : 250개 × 1,350 = 337,500
(*) 매출 : 200개 × 1,350 = 270,000
(*) 환불부채 : 337,500 - 270,000 = 67,500
(*) 제품 : 250개 × 500 = 125,000
(*) 매출원가 : 200개 × 500 = 100,000
(*) 재고회수권 : 125,000 - 100,000 = 25,000

1년 말 - 결산시점

				손익효과
차) 환불부채	67,500	대) 매출	67,500	67,500
매출원가	25,000	재고회수권	25,000	(25,000)

(*) ㈜대한은 연간 150개를 판매하였으므로 초과 구매수량 50개의 반품은 불가능함
(*) 따라서 ㈜민국은 환불부채와 재고회수권을 모두 환입하고 매출손익에 반영함

1-2 보증

기업은 재화의 판매 또는 용역의 제공과 관련하여 계약, 법률, 기업의 사업 관행에 따라 보증(warranties)을 제공하는 것이 일반적이다. 보증의 특성은 산업과 계약에 따라 상당히 다를 수 있다. 어떤 보증은 관련 제품이 합의된 규격에 부합하므로 당사자들이 의도한 대로 작동할 것이라는 확신을 고객에게 준다. 다른 보증은 제품이 합의된 규격에 부합한다는 확신에 더하여 고객에게 용역을 제공한다. 전자를 확신 유형의 보증(assurance-type warranty), 후자를 용역 유형의 보증(service-type warranty)이라 한다. 보증의 유형에 따라 적용가능한 기준서가 상이하며 확신 유형의 보증은 충당부채 기준서를 적용하며 용역 유형의 보증은 독립적인 수행의무에 해당하므로 수익인식 기준서를 적용하여 회계처리한다.

(1) 용역 유형의 보증 _ 구별되는 용역

① 구매선택권(the option to purchase a warranty)

고객이 보증을 별도로 구매할 수 있는 선택권이 있다면(예: 보증에 대하여 별도로 가격을 정하거나 협상하기 때문), 그 보증은 구별되는 용역이다. 이러한 상황에서는 약속한 보증을 수행의무로 보아 그 수행의무에 거래가격의 일부를 배분하며 배분된 거래가격은 용역이 제공되는 기간에 걸쳐 수익을 인식한다.

② 확신 이상의 가치를 부여하는 경우(a service in addition to the assurance)

보증이 합의된 규격에 제품이 부합한다는 확신에 더하여 고객에게 용역을 제공한다면 이 약속한 용역은 수행의무이다. 그러므로 거래가격을 이 제품과 용역에 배분한다. 보증이 합의된 규격에 제품이 부합한다는 확신에 더하여 고객에게 용역을 제공하는 것인지를 평가할 때, 다음과 같은 요소를 고려한다.

- 법률에서 보증을 요구하는지 : 법률에 따라 기업이 보증을 제공하여야 한다면 그 법률의 존재는 약속한 보증이 수행의무가 아님을 나타낸다. 그러한 규정은 보통 결함이 있는 제품을 구매할 위험에서 고객을 보호하기 위해 존재하기 때문이다.
- 보증기간 : 보증기간이 길수록, 약속한 보증이 수행의무일 가능성이 높다. 제품이 합의된 규격에 부합한다는 확신에 더하여 용역을 제공할 가능성이 더 높기 때문이다.
- 기업이 수행하기로 약속한 업무의 특성 : 제품이 합의된 규격에 부합한다는 확신을 주기 위해 기업이 정해진 업무를 수행할 필요가 있다면(예: 결함이 있는 제품의 반품 운송용역), 그 업무는 수행의무를 생기게 할 것 같지는 않다.

(2) 확신 유형의 보증

고객에게 보증을 별도로 구매할 수 있는 선택권이 없는 경우에는, 약속한 보증이 합의된 규격에 제품이 부합한다는 확신에 더하여 고객에게 용역을 제공하는 것이 아니라면, 이 보증을 기준서 제1037호'충당부채, 우발부채, 우발자산'에 따라 회계처리한다.

제품이 손해나 피해를 끼치는 경우에 기업이 보상하도록 요구하는 법률로 인하여 독립적인 수행의무가 생기지는 않는다. 예를 들면 제조물 책임법이 존재하는 국가에서 제품을 판매하는 경우 제조물로 인한 고객의 피해를 배상하기로 한 기업의 약속은 수행의무는 아니며 기준서 제1037호에 따라 회계처리 한다.

(3) 두 유형의 보증 모두를 약속한 경우

기업이 확신 유형의 보증과 용역 유형의 보증을 모두 약속하였으나 이를 합리적으로 구별하여 회계처리할 수 없다면, 두 가지 보증을 함께 단일 수행의무로 회계처리한다.

기본예제 17 용역 유형의 보증

결산일이 매년 말인 ㈜현대는 20x1년 초 제품 A를 ₩110,000에 현금 판매하였다. 이 대가에는 4년간 제공되는 품질보증 대가 ₩10,000이 포함되어 있으며 고객은 품질보증을 별도로 구매할 수 있다. 제품 판매 시점에 고객은 품질보증에 대한 대가를 지불하였다. 제품의 원가율은 60%이며 4년간 품질보증을 위한 원가는 ₩4,000으로 추정되고 4년동안 균등하게 발생한다. 20x1년 초 제품 A의 개별판매가격은 ₩100,000이며 4년간 제공되는 품질보증의 개별판매가격은 ₩20,000이다. ㈜현대는 품질보증용역에 대한 판매를 증가시킬 목적으로 개별판매가격의 50%를 할인해 주고 있다.

물음 1 거래가격 ₩110,000을 수행의무에 배분하시오.

물음 2 ㈜현대가 20x1년도에 수행할 회계처리를 제시하시오.

해설

물음 1

구 분	제품 A	품질보증	계
개별 판매가격	100,000	20,000	120,000
구성비율	5/6%	1/6%	6/6%
할인액 배분	–	(10,000)	(10,000)
거래가격 배분	100,000	10,000	110,000
수익인식	한 시점	기간	

(*) 할인액은 품질보증과 명백히 관련성이 있으므로 전액 품빌보증에 배분함.

물음 2

					손익효과
1년 초 – 판매시점					
차) 현금	100,000	대) 매출	100,000		100,000
매출원가	60,000	제품	60,000		(60,000)
차) 현금	10,000	대) 이연용역수익	10,000		–
1년 말 – 결산시점					
차) 이연용역수익	2,500	대) 용역수익	2,500		2,500
용역원가	1,000	현금	1,000		(1,000)

(*) 용역수익 : 10,000 × 1년/4년 = 2,500
(*) 용역원가 : 4,000 × 1년/4년 = 1,000

기본예제 18 확신 유형의 보증

결산일이 매년 말인 ㈜현대는 20x1년 말 제품 A 100단위를 총 ₩100,000에 현금 판매하였다. ㈜현대는 판매시점으로부터 1년간 제품 A의 결함이 존재하면 무상으로 수리해 준다. 이는 확신유형의 보증에 해당한다. 제품의 원가율은 판매가격의 60%이며 매출의 5%가 수리비에 대한 최선의 추정치이다. 20x2년도에 수선 요청에 따라 ₩4,200을 수리비로 지출하였다. 관련된 모든 회계처리를 제시하시오.

해설

1년 말 – 제품판매				손익효과
차) 현금	100,000	대) 매출	100,000	100,000
매출원가	60,000	제품	60,000	(60,000)
품질보증비	5,000	보증충당부채	5,000	(5,000)

(*) 충당부채 : 100,000 × 5% = 5,000

2년 중 – 수리비 지출				손익효과
차) 보증충당부채	4,200	대) 현금	4,200	–

2년 말 – 보증기간만료				손익효과
차) 보증충당부채	800	대) 보증충당부채환입	800	800

1-3 본인과 대리인

고객에게 재화나 용역을 제공하는 데에 다른 당사자가 관여할 때, 기업은 약속의 성격이 정해진 재화나 용역 자체를 제공하는 수행의무인지(기업이 본인) 아니면 다른 당사자가 재화나 용역을 제공하도록 주선하는 수행의무인지(기업이 대리인)를 판단한다. 기업은 고객에게 약속한 정해진 각 재화나 용역에 대하여 본인인지 아니면 대리인인지를 판단한다. 정해진 재화나 용역은 고객에게 제공될 구별되는 재화나 용역(또는 재화나 용역의 구별되는 묶음)이다. 고객과의 계약이 둘 이상의 정해진 재화나 용역을 포함한다면 기업은 정해진 재화나 용역의 일부에 대해서는 본인이지만 그 밖의 재화나 용역에 대해서는 대리인일 수 있다.

(1) 본인임을 판단할 수 있는 지표

고객에게 정해진 재화나 용역이 이전되기 전에 기업이 그 정해진 재화나 용역을 통제함을 나타내는 지표에는 다음 사항이 포함되지만 이에 한정되지는 않는다.

- 정해진 재화나 용역을 제공하기로 하는 약속을 이행할 주된 책임이 이 기업에게 있다. 이는 보통 정해진 재화나 용역을 수용할 수 있게 할 책임(예: 재화나 용역을 고객의 규격에 맞출 주된 책임)도 포함한다. 정해진 재화나 용역을 제공하기로 하는 약속을 이행할 주된 책임이 기업에 있다면, 이는 정해진 재화나 용역을 제공하는 데 관여하는 다른 당사자가 기업을 대신하여 활동하고 있음을 나타낼 수 있다.
- 정해진 재화나 용역이 고객에게 이전되기 전이나, 고객에게 통제가 이전된 후에 재고 위험이 이 기업에 있다. (예: 고객에게 반품권이 있는 경우)
- 정해진 재화나 용역의 가격을 결정할 재량이 기업에 있다. 정해진 재화나 용역에 대하여 고객이 지급하는 가격을 기업이 결정한다는 것은 기업이 재화나 용역의 사용을 지시하고 나머지 효익의 대부분을 획득할 능력이 있음을 나타낼 수 있다. 그러나 어떤 경우에는 가격을 결정할 재량이 대리인에게 있을 수 있다. 예를 들면 대리인이 다른 당사자가 고객에게 공급하는 재화나 용역을 주선하는 용역에서 추가 수익을 창출하기 위하여 가격 결정에 일부 융통성을 가질 수 있다.

(2) 수익 인식

① 본인 : 기업이 본인인 경우에 수행의무를 이행할 때 또는 이행하는 대로 기업은 이전되는 정해진 재화나 용역과 교환하여 받을 권리를 갖게 될 것으로 예상하는 대가의 총액을 수익으로 인식한다.

② 대리인 : 기업이 대리인인 경우에는 수행의무를 이행할 때 또는 이행하는 대로 이 기업은 다른 당사자가 그 정해진 재화나 용역을 재공하도록 주선하고 그 대가로 받을 권리를 갖게 될 것으로 예상하는 보수나 수수료 금액을 수익으로 인식한다. 기업의 보수나 수수료는 다른 당사자가 제공하기로 하는 재화나 용역과 교환하여 받은 대가 가운데 그 당사자에게 지급한 다음에 남은 순액일 수 있다.

기본예제 19 본인과 대리인(1)

유통업을 영위하고 있는 ㈜대한은 20x1년 1월 1일 제품 B를 생산하는 ㈜민국과 다음과 같은 조건의 판매 계약을 체결하였다.

- ㈜대한은 제품 B에 대해 연간 최소 판매 수량을 보장하지 않으며, 매년 말까지 판매하지 못한 제품 B를 모두 조건 없이 ㈜민국에게 반환할 수 있다.
- 고객에게 판매할 제품 B의 판매가격은 ㈜민국이 결정한다.
- ㈜대한은 인도 받은 제품 B 중 제3자에게 판매한 부분에 대해서만 ㈜민국에게 관련 대금을 지급한다.
- ㈜민국은 고객에게 판매할 제품 B의 판매가격을 1개당 ₩1,000으로 결정하였으며, ㈜대한은 해당 판매가격에서 ₩50의 판매수수료를 차감한 금액을 ㈜민국에게 지급한다.

㈜민국은 위 계약을 체결한 즉시 ㈜대한에게 제품 B 100개를 인도하였다. 또한 ㈜대한은 20x1년에 제품 B 80개를 판매하였다. 두 기업의 결산일은 모두 매년 말이며 물음에 답하시오.

물음 1 ㈜민국이 20x1년도에 수행할 회계처리를 제시하시오. 단, ㈜민국의 제품 B의 단위 원가는 ₩300이다.

물음 2 ㈜대한이 20x1년도에 수행할 회계처리를 제시하시오.

물음 3 ㈜대한이 20x1년 말에 점유하고 있는 미판매분 20개에 대하여 ㈜민국과 ㈜대한의 기말재고 포함 여부에 대하여 서술하시오.

해설

물음 1

1년 초 – 인도시점

					손익효과
차)	적송품	30,000	대) 제품	30,000	–

(*) 적송품 : 100개 × 300 = 30,000
(*) 적송품의 통제는 ㈜민국에게 있으므로 매출손익을 인식할 수 없음.
(*) 적송품은 타처에 보관된 회사 소유 재고를 관리하기 위한 재고자산 계정임.

1년 중 – 판매시점

					손익효과
차)	매출채권	80,000	대) 매출	80,000	80,000
	매출원가	24,000	적송품	24,000	(24,000)
	지급수수료	4,000	미지급금	4,000	(4,000)

(*) 매출 : 80개 × 1,000 = 80,000 (총액)
(*) 매출원가 : 80개 × 300 = 24,000
(*) 지급수수료 : 80개 × 50 = 4,000

1년 중 – 정산시점

					손익효과
차)	현금	76,000	대) 매출채권	80,000	–
	미지급금	4,000			

(*) 매출 : 80개 × 1,000 = 80,000 (총액)
(*) 매출원가 : 80개 × 300 = 24,000
(*) 지급수수료 : 80개 × 50 = 4,000

물음 2

1년 초 – 인수시점

					손익효과
차)	–	–	대) –	–	–

(*) 수탁품 수량을 비망으로 관리하며 회계처리는 없다.

1년 중 – 판매시점

					손익효과
차)	현금	80,000	대) 미지급금	76,000	
			수수료수익	4,000	4,000

(*) 수수료수익 : 80개 × 50 = 4,000 (순액)
(*) 미지급금 : 80,000 − 4,000 = 76,000

				손익효과
1년 중 – 정산시점				
차) 미지급금	76,000	대) 현금	76,000	–

물음 3

유통업을 영위하고 있는 ㈜민국의 기말재고자산에 포함되어야 하며 ㈜한국의 기말재고자산에는 포함되면 안 된다.

기본예제 20 본인과 대리인(2)

유통업을 영위하고 있는 ㈜대한은 20x1년 1월 1일 제품 A를 생산하는 ㈜민국과 다음과 같은 조건의 판매 계약을 체결하였다.

- ㈜대한은 제품 A에 대해 매년 최소 200개의 판매를 보장하며, 이에 대해서는 재판매 여부에 관계없이 ㈜민국에게 매입대금을 지급한다. 다만, ㈜대한이 200개를 초과하여 제품 A를 취득한 경우에 한하여 판매되지 않은 제품 A를 조건 없이 ㈜민국에게 반환할 수 있다.
- 고객에게 판매할 제품 A의 판매가격은 ㈜대한이 결정한다.
- ㈜민국은 ㈜대한에 제품 A를 1개당 ₩1,350에 인도하며, ㈜대한은 판매수수료 ₩150을 가산하여 1개당 ₩1,500에 고객에게 판매한다.

㈜민국은 위 계약을 체결한 즉시 ㈜대한에게 제품 A 250개를 인도하였다. 또한 ㈜대한은 20x1년에 제품 A 150개를 판매하였다. 두 기업의 결산일은 모두 매년 말이며 물음에 답하시오.

물음 1 ㈜민국이 20x1년도에 수행할 회계처리를 제시하시오. 단, ㈜민국이 제품 A의 단위 원가는 ₩500이다.

물음 2 ㈜대한이 20x1년도에 수행할 회계처리를 제시하시오.

해설

물음 1

1년 초 - 인도시점

	계정	금액		계정	금액	손익효과
차)	매출채권	270,000	대)	매출	270,000	270,000
	매출원가	100,000		제품	100,000	(100,000)

(*) 매출 : 200개 × 1,350 = 270,000
(*) 매출원가 : 200개 × 500 = 100,000

	계정	금액		계정	금액	손익효과
차)	적송품	25,000	대)	제품	25,000	–

(*) 적송품 : 50개 × 500 = 25,000

1년 말 - 결산시점

	계정	금액		계정	금액	손익효과
차)	–	–	대)	–	–	–

(*) ㈜대한의 연간 판매량이 최초 기준 200개를 달성하지 못하였음
(*) 적송품 50개가 판매되지 않았으므로 추가 인식할 매출은 없음

물음 2

1년 초 - 구매시점

	계정	금액		계정	금액	손익효과
차)	상품	270,000	대)	매입채무	270,000	–

(*) 상품 : 200개 × 1,350 = 270,000
(*) 수탁품 50개는 관리를 위해 비망기록함

1년 중 - 판매시점

	계정	금액		계정	금액	손익효과
차)	현금	225,000	대)	매출	225,000	225,000
	매출원가	202,500		상품	202,500	(202,500)

(*) 매출 : 150개 × 1,500 = 225,000
(*) 매출원가 : 150개 × 1,350 = 202,500
(*) 수탁품에 대한 판매가 없으므로 수수료 수익으로 인식할 금액은 없음

1-4 추가 재화나 용역에 대한 고객 선택권

무료나 할인된 가격으로 추가 재화나 용역을 취득할 수 있는 고객의 선택권은 형태가 다양하며 판매 인센티브, 고객보상점수(points), 계약갱신 선택권, 미래의 재화나 용역에 대한 그 밖의 할인 등이 그 예이다.

(1) 수행의무의 식별

계약에서 추가 재화나 용역을 취득할 수 있는 선택권을 고객에게 부여하고 그 선택권이 그 계약을 체결하지 않으면 받을 수 없는 중요한 권리를 고객에게 제공하는 경우에만 그 선택권은 계약에서 수행의무가 생기게 한다. 선택권이 고객에게 중요한 권리를 제공한다면, 고객은 사실상 미래 재화나 용역의 대가를 기업에 미리 지급한 것이므로 기업은 그 미래 재화나 용역이 이전되거나 선택권이 만료될 때 수익을 인식한다. 재화나 용역의 개별 판매가격을 반영하는 가격으로 추가 재화나 용역을 취득할 수 있는 선택권이 고객에게 있다면, 과거에 계약을 체결한 경우에만 행사할 수 있을지라도 그 선택권은 고객에게 중요한 권리를 제공하지 않는다.

(2) 측정

고객 선택권이 수행의무에 해당하면 상대적 개별 판매가격에 기초하여 거래가격을 배분해야 한다. 고객 선택권의 개별 판매가격을 직접 관측할 수 없다면 이를 추정한다. 그 추정에는 고객이 선택권을 행사할 때 받을 할인을 반영하되, 다음 모두에 대해 조정한다.

- 고객이 선택권을 행사하지 않고도 받을 수 있는 할인액
- 선택권이 행사될 가능성

위의 추정 과정과는 별개로 고객 선택권의 개별 판매가격을 추정하기 위한 실무적 대안으로 기업이 제공할 것으로 예상되는 재화나 용역과 이에 상응하는 예상 대가를 참조하여, 선택권이 있는 재화나 용역에 거래가격을 배분할 수 있다.

기본예제 21 개별판매가격의 측정

결산일이 매년 말인 ㈜마마피자는 피자를 구매하는 고객에게 다음 피자 구매 시 사용할 수 있는 할인 쿠폰(40% 할인, 유효기간 30일)을 제공한다. 해당 할인 쿠폰은 고객에게 중요한 권리를 제공한다. 피자의 평균 판매가격은 ₩10,000이며 ㈜마마피자는 판촉 행사의 일환으로 상시 10%의 할인을 제공하고 있으며 쿠폰 사용과 상시 할인은 중복 적용할 수 없다.

물음 1 고객에게 부여한 할인 쿠폰의 사용률을 100%로 가정할 때, 할인 쿠폰의 개별판매가격을 추정하시오.

물음 2 고객에게 부여한 할인 쿠폰의 사용률을 90%로 가정할 때, 할인 쿠폰의 개별판매가격을 추정하시오.

물음 3 ㈜마마피자는 20x1년 12월 31일 100개의 피자를 ₩1,200,000에 판매하였다. 피자 1개당 쿠폰 1개가 지급된다. 피자 1개의 개별 판매가격은 ₩12,000이며 제공한 쿠폰 100%를 사용할 것으로 추정하였다. 12월 31일에 ㈜마마피자가 보고할 수익은 얼마인가?

물음 4 ㈜마마피자는 20x1년 12월 31일 100개의 피자를 ₩1,200,000에 판매하였다. 피자 1개당 쿠폰 1개가 지급된다. 피자 1개의 개별 판매가격은 ₩12,000이며 제공한 쿠폰 90%를 사용할 것으로 추정하였다. 12월 31일에 ㈜마마피자가 보고할 수익은 얼마인가?

물음 5 (물음 3)과 (물음 4)에서 ㈜마마피자가 12월 31일에 인식할 매출에 차이가 나는 이유는 무엇인가?

해 설

물음 1

쿠폰 개별 판매가격 : ₩10,000 × (40% − 10%) × 100% = ₩3,000

물음 2

쿠폰 개별 판매가격 : ₩10,000 × (40% − 10%) × 90% = ₩2,700

물음 3

1. 거래가격의 배분

구분	피자	고객선택권	계
개별 판매가격	1,200,000	300,000	1,500,000
구성비율	80%	20%	100%
할인액 배분	(240,000)	(60,000)	(300,000)
거래가격 배분	960,000	240,000	1,200,000
수익인식	1년 말	쿠폰 사용	

(*) 고객선택권의 개별 판매가격 : 100개 × 3,000 = 300,000

(*) 할인액 : 1,500,000 − 1,200,000 = 300,000

2. 1년말 매출 : 960,000

물음 4

1. 거래가격의 배분

구분	피자	고객선택권	계
개별 판매가격	1,200,000	270,000	1,470,000
구성비율	1,200,000/1,470,000%	270,000/1,470,000%	1,470,000/1,470,000%
할인액 배분	(220,408)	(49,592)	(270,000)
거래가격 배분	979,592	220,408	1,200,000
수익인식	1년 말	쿠폰 사용	

(*) 고객선택권의 개별 판매가격 : 100개 × 2,700 = 270,000

(*) 할인액 : 1,470,000 − 1,200,000 = 270,000

2. 1년말 매출 : 979,592

물음 5

피지 100개의 판매로 인식할 매출이 다른 이유는 부여한 할인 쿠폰의 예상 사용률이 다르기 때문이다. 예상 사용률을 100%로 가정할 때 거래가격 중 고객선택권에 배분되는 상대적 금액이 증가하여 미래(20x2년도)의 수익이 되도록 이연하는 효과가 발생한다.

기본예제 22 고객선택권

결산일이 매년 말인 ㈜현대항공은 고객에게 자사의 항공권을 구매할 수 있는 마일리지를 부여한다. ㈜현대항공은 항공권 구매금액 ₩1,000당 1마일리지를 제공하며 1마일리지는 고객이 항공권 구매 시 ₩10을 차감한다. 마일리지는 고객에게 중요한 권리를 제공하며 ㈜현대항공은 부여한 마일리지 100%가 사용될 것으로 추정한다. 20x1년도의 결산을 위한 자료가 다음과 같을 때 물음에 답하시오.

- 20x1년도 항공권 판매 수입 : ₩1,000,000
- 20x1년도 신규 부여한 마일리지 : ₩1,000,000 ÷ ₩1,000 × 1 = 1,000 마일리지
- 20x1년도 신규 부여한 마일리지 중 사용된 마일리지
  20x1년도 사용 마일리지 : 200 마일리지
  20x2년도 사용 마일리지 : 400 마일리지
  20x3년도 사용 마일리지 : 100 마일리지

물음 1 20x1년도에 부여한 마일리지의 개별 판매가격을 추정하시오.

물음 2 20x1년도의 항공권 판매수입을 수행의무에 배분하시오.

물음 3 20x1년도의 회계처리를 제시하시오.

물음 4 20x2년도의 회계처리를 제시하시오.

물음 5 바이러스 이슈로 인하여 마일리지 사용률이 유의적으로 낮아져 20x3년도부터 사용률에 대한 추정치를 100%에서 80%로 변경하였다. 20x3년도의 회계처리를 제시하시오.

해설

물음 1

개별 판매가격 : 1,000 마일리지 × ₩10 × 100% = ₩10,000

물음 2

구 분	항공권	고객선택권	계
개별 판매가격	1,000,000	10,000	1,010,000
구성비율	1,000,000/1,010,000%	10,000/1,010,000%	1,010,000/1,010,000%
할인액 배분	(9,901)	(99)	(10,000)
거래가격 배분	990,099	9,901	1,000,000
수익인식	운행	마일리지 사용	

(*) 할인액 : 1,010,000 − 1,000,000 = 10,000

물음 3

						손익효과
1년 중						
차)	현금	1,000,000	대)	매출	990,099	990,099
				이연매출	9,901	
1년 말						
차)	이연매출	1,980	대)	매출	1,980	1,980

(*) 마일리지 누적사용률 : 200마일리지 / 1,000마일리지 × 100%= 20%
(*) 매출 : 9,901 × 20% = 1,980

물음 4

						손익효과
2년 말						
차)	이연매출	3,961	대)	매출	3,961	3,961

(*) 마일리지 누적사용률 : 600마일리지 / 1,000마일리지 × 100% = 60%
(*) 매출 : 9,901 × 60% − 1,980 = 3,961

물음 5

						손익효과
3년 말						
차)	이연매출	2,722	대)	매출	2,722	2,722

(*) 마일리지 누적사용률 : 700마일리지 / 1,000마일리지 × 80% = 87.5%
(*) 매출 : 9,901 × 87.5% − (1,980 + 3,961) = 2,722
(*) 사용률이 변경된 경우 추정변경으로 보아 변경된 연도부터 전진적으로 반영함.

1-5 고객이 행사하지 아니한 권리(Customers' unexercised rights)

기업이 고객에게서 선수금을 받은 경우에는 미래에 재화나 용역을 이전할 수행의무에 대한 선수금을 계약부채로 인식한다. 그 재화나 용역을 이전하고 따라서 수행의무를 이행할 때 계약부채를 제거하고 수익을 인식한다.

고객이 환불받을 수 없는 선급금을 기업에 지급하면 고객은 미래에 재화나 용역을 받을 권리를 기업에서 얻게 된다. 그러나 고객은 자신의 계약상 권리를 모두 행사하지 않을 수 있다. 그 행사되지 않은 권리를 흔히 미행사 부분(breakage)라고 부른다. 기업이 계약부채 중 미행사 금액을 받을 권리를 갖게 될 것으로 예상된다면, 고객이 권리를 행사하는 방식에 따라 그 예상되는 미행사 금액을 수익으로 인식한다. 기업이 미행사 금액을 받을 권리를 갖게 될 것으로 예상되지 않는다면, 고객이 그 남은 권리를 행사할 가능성이 희박해질 때 예상되는 미행사 금액을 수익으로 인식한다.

기업이 상품권을 발행하면 고객에게서 선수금을 받은 것이다. 그리고 상품권을 구입한 고객은 미래에 재화나 용역을 받을 권리를 기업으로부터 얻게 된다. 따라서 기업이 상품권을 발행한 경우 선수금으로 인식한 후 미래에 재화나 용역을 이전하고 상품권을 회수하는 시점에 선수금을 제거하고 수익을 인식한다.

기본예제 23 상품권 회계처리

결산일이 매년 말인 ㈜현대백화점은 20x1년 9월 초에 다가올 추석을 위한 현대백화점에서 사용가능한 상품권 판매를 시작하였다. 상품권은 액면금액에 따라 5만원권, 10만원권, 50만원권, 1백만원권으로 구분한다. 백만원권은 액면금액의 3%를 할인하여 판매한다. 9월 한 달 동안 판매된 상품권의 내용은 다음과 같다.

구 분	발행수량	판매수량	비고
5만원권	100매	50매	–
10만원권	100매	100매	–
50만원권	100매	100매	–
1백만원권	100매	80매	권면액의 3% 할인

물음 1 상품권 발행에 대한 회계처리를 제시하시오.

물음 2 ㈜현대백화점은 10월에 회수된 상품권의 내용은 다음과 같다. ㈜현대백화점은 상품권면 금액의 85% 이상을 사용한 경우, 차액은 현금으로 정산하고 있다. 상품권 회수에 대한 회계처리를 제시하시오.

구 분	교환수량	차액 정산
5만원권	40매	₩20,000
10만원권	80매	₩100,000
50만원권	90매	₩220,000
1백만원권	10매	₩450,000

해설

물음 1

					손익효과
1년 9월 - 상품권 판매					
차)	현금	140,100,000	대)	선수금 140,100,000	–

(*) 현금 : 50매 × 50,000 = 2,500,000
(*) 현금 : 100매 × 100,000 = 10,000,000
(*) 현금 : 100매 × 500,000 = 50,000,000
(*) 현금 : 80매 × 1,000,000 × 97% = 77,600,000

물음 2

						손익효과
1년 10월 - 상품권 교환						
차)	선수금	64,700,000	대)	매출	63,910,000	63,910,000
				현금	790,000	

(*) 선수금 : 40매 × 50,000 = 2,000,000
(*) 선수금 : 80매 × 100,000 = 8,000,000
(*) 선수금 : 90매 × 500,000 = 45,000,000
(*) 선수금 : 10매 × 1,000,000 × 97% = 9,700,000
(*) 매출 : 40매 × 50,000 - 20,000 = 1,980,000
(*) 매출 : 80매 × 100,000 - 100,000 = 7,900,000
(*) 매출 : 90매 × 500,000 - 220,000 = 44,780,000
(*) 매출 : 10매 × 1,000,000 × 97% - 450,000 = 9,250,000

기본예제 24 미행사 부분

㈜종로백화점은 상품권을 ₩1,000,000에 판매하였다. 상품권의 유효기간은 1년이며 유효기간이 지난 고객의 미행사권리에 대한 회사의 의무는 다음과 같다.

구 분		액면금액	비 고
유효기간 내	사용분	₩800,000	–
	미사용분	100,000	–
유효기간 경과	1년 이내	60,000	액면의 40% 지급
	1년 초과 2년 이내	30,000	액면의 20% 지급
	2년 초과	10,000	전액 소멸
합 계		₩1,000,000	

㈜종로백화점의 상품권 회계처리에서 인식할 수익과 보고기간 말 보고할 선수금 잔액은 각각 얼마인가?

해 설

구 분	최초 선수금	매출	기타수익	선수금 잔액
사용	₩800,000	₩800,000	–	–
미사용	100,000	–	–	₩100,000
1년 이내	60,000	–	₩36,000	24,000
1년 초과 2년 이내	30,000	–	24,000	6,000
2년 초과	10,000	–	10,000	–
	₩1,000,000	₩800,000	₩70,000	₩130,000

∴ 수익 : 800,000(매출) + 70,000(기간경과수익) = 870,000

∴ 선수금 : 130,000

1-6 환불되지 않은 선수수수료

어떤 계약에서는 기업은 환불되지 않는 선수수수료를 계약 개시시점이나 그와 가까운 시기에 고객에게 부과한다. 예를 들면 헬스클럽 회원계약 가입수수료, 통신계약의 가입수수료, 일부 용역계약 준비수수료, 일부 공급계약의 개시수수료가 이에 해당한다.

이러한 계약에서 수행의무를 식별하기 위해 수수료가 약속한 재화나 용역의 이전에 관련되는지를 판단한다. 많은 경우에 환불되지 않는 선수수수료가 계약 개시시점이나 그와 가까운 시기에 기업이 계약을 이행하기 위하여 착수해야 하는 활동에 관련되더라도, 그 활동으로 고객에게 약속한 재화나 용역이 이전되지는 않는다. 오히려 선수수수료는 미래 재화나 용역에 대한 선수금이므로, 그 미래 재화나 용역을 제공할 때 수익으로 인식한다. 계약을 갱신할 수 있는 선택권을 고객에게 부여하고 그 선택권이 고객에게 중요한 권리를 제공한다면 수익인식기간은 최초 계약기간보다 연장될 것이다. 환불되지 않는 선수수수료가 재화나 용역에 관련된다면, 이 재화나 용역을 별도의 수행의무로 회계처리할지를 판단한다.

기본예제 25 환불이 불가능한 개시 수수료

결산일이 매년 말인 ㈜현대마트는 회원가입을 완료한 고객만 매장 방문을 허용하고 있으며 고객은 회원 가입 시 환불되지 않는 가입 수수료 ₩10,000을 지급한다. 회원 유지기간은 가입시점으로부터 1년이다. ㈜현대마트가 수취한 환불이 불가능한 가입 수수료에 대하여 구별되는 재화나 용역을 제공하는 것은 아니며 고객이 타사에 비하여 저렴하고 차별화된 상품을 구입할 수 있는 효익을 제공하는 것이다. 개시 수수료와 관련한 재무 자료가 다음과 같을 때 20x2년도에 신규로 가입한 회원수는 몇 명인가?

계정과목	20x1년 12월 31일	20x2년 12월 31일
이연수수료수익	₩1,450,000	₩2,000,000
수수료수익	₩2,550,000	₩6,450,000

해설

					손익효과
2년도					
차) 현금	7,000,000	대)	이연수수료수익	550,000	
			수수료수익	6,450,000	6,450,000

(*) 이연수수료수익 : 2,000,000(당기말) − 1,450,000(전기말) = 550,000

(*) 수수료수익 : 6,450,000

(*) 현금 : 대차차액

(*) 회원수 : 7,000,000 ÷ 10,000(인당 가입비) = 700명

1-7 재매입약정

재매입약정은 자산을 판매하고, 같은 계약이나 다른 계약에서 그 자산을 다시 사기로 약속하거나 다시 살 수 있는 선택권을 갖는 계약이다. 재매입 자산은 원래 고객에게 판매했던 자산, 그 자산과 실질적으로 같은 자산, 원래 판매했던 자산이 구성요소가 된 다른 자산일 수 있다. 재매입약정은 일반적으로 세 가지 형태로 나타난다.

- 자산을 다시 사야 하는 기업의 의무(선도)
- 자산을 다시 살 수 있는 기업의 권리(콜옵션 보유)
- 고객이 요청하면 자산을 다시 사야 하는 기업의 의무(풋옵션 부여)

(1) 선도나 콜옵션

기업이 자산을 다시 사야하거나 다시 살 수 있는 권리가 있다면, 고객은 자산을 통제하지 못한다. 고객이 자산을 물리적으로 점유할 수 있더라도, 자산의 사용을 지시하고 자산의 나머지 효익의 대부분을 획득할 수 있는 고객의 능력이 제한되기 때문이다. 따라서 그 계약을 다음 중 하나로 회계처리 한다.

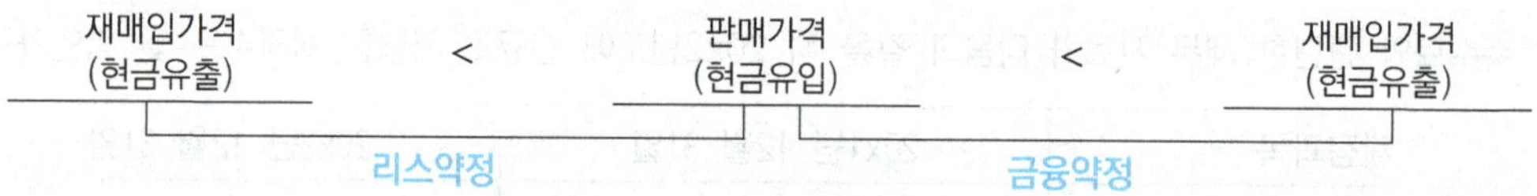

기업이 자산을 원래의 판매가격 보다는 낮은 금액으로 다시 살 수 있거나 다시 사야하는 경우에는 리스약정으로 보며 기업이 자산을 원래 판매가격 이상의 금액으로 다시 살 수 있거나 다시 사야 하는 경우에는 금융약정으로 본다. 이때 재매입가격을 판매가격과 비교할 때 화폐의 시간가치를 고려한다.

재매입약정이 리스에 해당하는 경우 리스제공자의 회계처리 지침을 적용한다. 다만, 해당 계약이 판매후리스 거래인 경우에는 기업은 자산을 계속 인식하고 고객에게서 받은 대가는 금융부채로 인식한다. 금융부채는 기준서 제1109호에 따라 회계처리 한다.

반면에 재매입약정이 금융약정이라면, 기업은 자산을 계속 인식하고 고객에게서 받은 대가는 금융부채로 인식한다. 고객에게서 받은 대가와 고객에게 지급해야 하는 대가의 차이를 이자원가로 인식한다.

콜옵션을 판매자가 보유한 계약에서 옵션이 행사되지 않은 채 소멸된다면 부채를 제거하고 수익을 인식한다.

기본예제 26 재구매약정판매

결산일이 매년 말인 ㈜현대는 20x1년 12월 초, ㈜미래에게 제품 A를 현금 ₩100,000에 인도하고 20x2년 1월 말에 ₩120,000에 재구매하는 약정을 체결하였다. 제품 A의 원가는 ₩80,000이며 두 회사 모두 계속기록법으로 회계처리 한다.

물음 1 ㈜현대의 일자별 회계처리를 제시하시오.

물음 2 ㈜미래의 일자별 회계처리를 제시하시오.

해설

물음 1

					손익효과
1년 12월초 - 인도					
차) 현금	100,000	대)	금융부채	100,000	-
(*) 금융약정이므로 제품은 계속 인식함					
1년 말 - 결산					
차) 이자비용	10,000	대)	미지급이자	10,000	(10,000)
(*) 이자비용 : (120,000 − 100,000) × 1달/2달					
2년 1월말 - 재구매					
차) 이자비용	10,000	대)	미지급이자	10,000	(10,000)
(*) 이자비용 : (120,000 − 100,000) × 1달/2달					
차) 미지급이자	20,000	대)	현금	120,000	-
금융부채	100,000				

물음 2

					손익효과
1년 12월초 - 인도					
차) 금융자산	100,000	대)	현금	100,000	-
(*) 금융약정이므로 제품을 인식할 수 없음					
1년 말 - 결산					
차) 미수이자	10,000	대)	이자수익	10,000	10,000
(*) 이자수익 : (120,000 − 100,000) × 1달/2달					

2년 1월말 – 재구매

차)	미수이자	10,000	대)	이자수익	10,000	10,000
	(*) 이자비용 : (120,000 – 100,000) × 1달/2달					
차)	현금	120,000	대)	미수이자	20,000	–
				금융자산	100,000	

기본예제 27 콜옵션 보유

결산일이 매년 말인 ㈜현대는 20x1년 12월 초, ㈜미래에게 제품 A를 현금 ₩100,000에 인도하고 20x2년 1월 말에 ₩120,000에 제품 A를 구입할 수 있는 콜옵션을 보유한다. 제품 A의 원가는 ₩80,000이며 두 회사 모두 계속기록법으로 회계처리 한다. 20x2년 1월 말, ㈜현대는 보유한 콜옵션을 행사하지 않았다. 일자별 회계처리를 제시하시오.

해설

						손익효과
1년 12월초 – 인도						
차)	현금	100,000	대)	금융부채	100,000	–
	(*) 금융약정이므로 제품은 계속 인식함					
1년 말 – 결산						
차)	이자비용	10,000	대)	미지급이자	10,000	(10,000)
	(*) 이자비용 : (120,000 – 100,000) × 1달/2달					
2년 1월말 – 콜옵션 소멸						
차)	이자비용	10,000	대)	미지급이자	10,000	(10,000)
	(*) 이자비용 : (120,000 – 100,000) × 1달/2달					
차)	미지급이자	20,000	대)	매출	120,000	120,000
	금융부채	100,000				
차)	매출원가	80,000	대)	제품	80,000	(80,000)

기본예제 28 **재구매약정-리스**

결산일이 매년 말인 ㈜현대는 20x1년 12월 초, ㈜미래에게 제품 A를 현금 ₩100,000에 인도하고 20x2년 1월 말에 ₩80,000에 재구매하는 약정을 체결하였다. 제품 A의 원가는 ₩80,000이며 ㈜현대의 일자별 회계처리를 제시하시오. 단, 화폐의 시간가치는 고려하지 아니한다.

해 설

						손익효과
1년 12월초 - 인도						
차)	현금	100,000	대)	금융부채	80,000	-
				이연리스료수익	20,000	-

(*) 금융부채 : 80,000(현금을 지급할 의무)
(*) 이연리스료수익 : 100,000(수취대가) - 80,000 = 20,000

1년 말 - 결산						
차)	이연리스료수익	10,000	대)	리스료수익	10,000	10,000

(*) 리스료수익 : 20,000 × 1달/2달

2년 1월말 - 재구매						
차)	이연리스료수익	10,000	대)	리스료수익	10,000	10,000

(*) 리스료수익 : 20,000 × 1달/2달

차)	금융부채	80,000	대)	현금	80,000	-

(2) 풋옵션

고객의 요청하면 원래의 판매가격보다 낮은 가격으로 자산을 다시 사야 하는 의무가 있는 경우에 계약 개시시점에 고객이 해당 풋옵션을 행사할 경제적 유인이 유의적인지를 고려한다. 고객이 그 권리를 행사하면 사실상 고객이 일정 기간 특정 자산의 사용권 대가를 기업에 지급하는 결과가 된다. 그러므로 고객이 그 권리를 행사할 경제적 유인이 유의적인 경우에, 계약이 판매후리스 거래의 일부가 아니라면 이 약정을 제1116호에 따라 리스로 회계처리한다. 계약이 판매후리스 거래의 일부라면 기업은 자산을 계속 인식하고 고객에게서 받은 대가는 금융부채로 인식한다. 옵션이 행사되지 않은 채 소멸한다면 부채를 제거하고 수익을 인식한다.

1) 풋옵션을 행사할 경제적 유인이 유의적인 경우

일반적으로 재매입 가격이 자산의 시장가치보다 유의적으로 높을 것으로 예상된다면, 이는 고객이 풋옵션을 행사할 경제적 유인이 유의적임을 나타낸다.

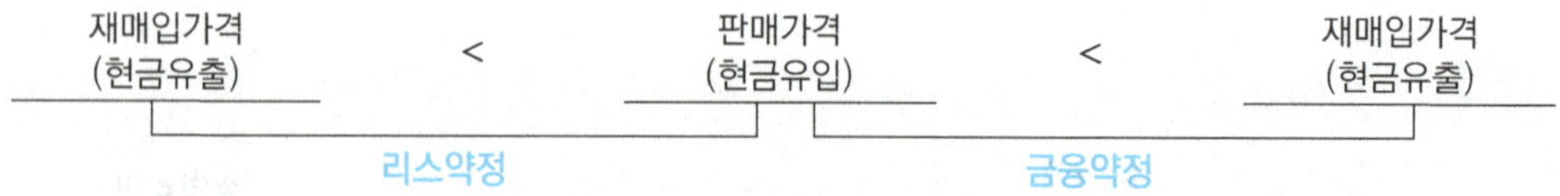

2) 풋옵션을 행사할 경제적 유인이 유의적이지 않은 경우

풋옵션을 행사할 경제적 유인이 유의적이지 않은 경우에는 전술한 반품권이 있는 제품의 판매처럼 회계처리 한다.

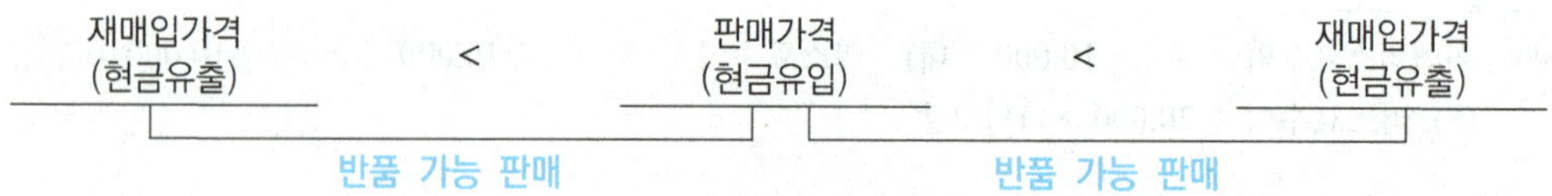

기본예제 29 **재구매약정-풋옵션**

결산일이 매년 말인 ㈜현대는 20x1년 12월 초, ㈜미래에게 제품 A를 현금 ₩100,000에 인도하고 ㈜미래가 20x2년 1월 말에 제품 A를 ㈜현대에게 ₩120,000에 재판매하는 풋옵션을 부여하였다. 제품 A의 원가는 ₩80,000이며 두 회사 모두 계속기록법으로 회계처리 한다.

물음 1 계약 개시일에 고객이 보유한 풋옵션이 행사될 가능성이 낮은 것으로 판단하였으나 옵션 만기일에 ㈜미래는 보유한 풋옵션을 행사하였다. ㈜현대와 ㈜미래의 일자별 회계처리를 제시하시오.

물음 2 계약 개시일에 고객이 보유한 풋옵션이 행사될 가능성이 높은 것으로 판단하였으나 옵션 만기일에 ㈜미래는 보유한 풋옵션은 행사되지 않았다. ㈜현대와 ㈜미래의 일자별 회계처리를 제시하시오.

해 설

물음 1

1. ㈜현대의 회계처리

1년 12월초 - 인도

						손익효과
차)	현금	100,000	대)	매출	100,000	100,000
	매출원가	80,000		제품	80,000	(80,000)

(*) 행사가능성이 낮으므로 제품 A에 대한 통제가 이전된 것임

1년 말 - 결산

차)	−	−	대)	−	−	−

2년 1월말 - 재구매

차)	제품	120,000	내)	현금	120,000	−

2. ㈜미래의 회계처리

1년 12월초 - 인도

						손익효과
차)	제품	100,000	대)	현금	100,000	−

(*) 통제가 이전되었으므로 제품을 원가로 인식함

1년 말 - 결산

차)	−	−	대)	−	−	−

2년 1월말 - 재판매

차)	현금	120,000	대)	매출	120,000	120,000
	매출원가	100,000		제품	100,000	(100,000)

물음 2

1. ㈜현대의 회계처리

구분	차변	금액	대변	금액	손익효과
1년 12월초 - 인도					
차)	현금	100,000	대) 금융부채	100,000	-
	(*) 금융약정이므로 제품은 계속 인식함				
1년 말 - 결산					
차)	이자비용	10,000	대) 미지급이자	10,000	(10,000)
	(*) 이자비용 : (120,000 - 100,000) × 1달/2달				
2년 1월말 - 재구매					
차)	이자비용	10,000	대) 미지급이자	10,000	(10,000)
	(*) 이자비용 : (120,000 - 100,000) × 1달/2달				
차)	미지급이자	20,000	대) 매출	120,000	120,000
	금융부채	100,000			
차)	매출원가	80,000	대) 제품	80,000	(80,000)

2. ㈜미래의 회계처리

구분	차변	금액	대변	금액	손익효과
1년 12월초 - 인도					
차)	금융자산	100,000	대) 현금	100,000	-
	(*) 금융약정이므로 제품을 인식할 수 없음				
1년 말 - 결산					
차)	미수이자	10,000	대) 이자수익	10,000	10,000
	(*) 이자수익 : (120,000 - 100,000) × 1달/2달				
2년 1월말 - 재구매					
차)	미수이자	10,000	대) 이자수익	10,000	10,000
	(*) 이자비용 : (120,000 - 100,000) × 1달/2달				
차)	제품	120,000	대) 미수이자	20,000	-
			금융자산	100,000	

1-8 위탁약정

최종 고객에게 판매하기 위해 기업이 제품을 다른 당사자(예: 중개인이나 유통업자)에게 인도하는 경우에 그 다른 당사자가 그 시점에 제품을 통제하게 되었는지를 평가한다. 다른 당사자가 그 제품을 통제하지 못하는 경우에는 다른 당사자에게 인도한 제품을 위탁약정에 따라 보유하는 것이다. 따라서 인도된 제품이 위탁물로 보유된다면 제품을 다른 당사자에게 인도할 때 수익을 인식하지 않는다. 관련 회계처리는 본인과 대리인에서 제시한 '기본예제20'을 참고한다.

1-9 미인도청구약정

미인도청구약정은 기업이 고객에게 제품의 대가를 청구하지만 미래의 한 시점에 고객에게 이전할 때까지 기업이 제품을 물리적으로 점유하는 계약이다. 고객이 언제 제품을 통제하게 되는지를 파악하여 기업이 그 제품을 이전하는 수행의무를 언제 이행하였는지를 판단한다. 일부 계약에서는 기업이 제품을 물리적으로 점유하고 있더라도 고객이 제품의 사용을 지시하고 제품의 나머지 효익 대부분을 획득할 능력이 있을 수 있다. 따라서 기업은 제품을 통제하지 않는다. 그 대신에 기업은 고객 자산을 보관하는 용역을 고객에게 제공한다. 제품의 미인도청구 판매를 수익으로 인식하는 경우에 나머지 수행의무(예: 보관 용역)가 있어 거래가격의 일부를 배분해야 하는지 고려한다.

기본예제 30 **위탁약정과 미인도청구약정**

결산일이 매년 말인 ㈜현대는 20x1년 말 현재 창고에 보관 중인 재고자산을 실사하였고 그 결과는 다음과 같다.

구 분	수 량	단위당 원가	비 고
제품 A	1,000개	1,000	(주1)
제품 B	3,000개	2,000	(주2)

(주1) 제품 A는 ㈜과거를 수탁자로 한 위탁약정을 체결하였고 결산일 현재 ㈜과거가 보관 중인 제품 A는 500개로 확인되었다. 단위당 원가는 동일하다.

(주2) 제품 B는 ㈜미래와 20x1년 12월 31일에 2,000개를 단위당 ₩5,000에 현금 판매하였으며 ㈜미래의 요청에 따라 20x2년 1월 31일에 인도할 예정이며 보관 중인 제품 B에 대하여 ㈜미래는 그 소유를 주장할 수 없고 다른 제3자에게 판매할 수 없다. 상기 판매대금에는 1달간 보관 용역의 대가가 포함된 금액이며 1달간 보관 용역에 대한 개별 판매가격은

₩2,000,000이다. 해당 대가에 할인액과 변동대가는 없다.

물음 1 ㈜현대의 보고기간 말 재고자산은 얼마인가?

물음 2 ㈜현대가 제품 B에 대하여 20x1년 말에 수행할 회계처리를 제시하시오.

해설

물음 1

구 분	수 량	단위당 원가	금 액
제품 A	1,000개	1,000	1,000,000
적송품	500개	1,000	500,000
제품 B	3,000개	2,000	6,000,000
미인도청구제품	(2,000개)	2,000	(4,000,000)
합계			3,500,000

물음 2

1. 거래가격 배분

구 분	제품 B	보관용역	계
개별 판매가격	8,000,000	2,000,000	10,000,000
구성비율	80%	20%	100%
거래가격 배분	8,000,000	2,000,000	10,000,000
수익인식	1년 말	1월	

2. 회계처리

					손익효과
1년 12월말					
차) 현금	10,000,000	대)	매출	8,000,000	8,000,000
			이연용역수익	2,000,000	–
차) 매출원가	4,000,000		제품(B)	4,000,000	(4,000,000)

1-10 라이선스

라이선스는 기업의 지적재산(intellectual property)에 대한 고객의 권리를 정한다. 지적재산에 대한 라이선스는 다음 사항에 대한 라이선스가 포함될 수 있으나 이에 한정되지는 않는다.

- 소프트웨어, 기술
- 영화, 음악, 그 밖의 형태의 미디어와 오락물
- 프랜차이즈
- 특허권, 상표권, 저작권

고객에게 라이선스를 부여하는 약속에 더하여, 고객에게 다른 재화나 용역을 이전하기로 약속할 수 있다. 그 약속은 계약서에 분명히 기재하거나 기업의 사업 관행, 공개된 경영방침, 특정 성명에서 암시될 수 있다. 다른 유형의 계약과 마찬가지로, 고객과의 계약에 그 밖에 약속한 재화나 용역에 더하여 라이선스를 부여하는 약속이 포함된다면, 각각의 수행의무를 식별하기 위한 이 기준서의 지침을 적용한다.

(1) 단일의 수행의무인 경우

라이선스를 부여하는 약속이 그 밖에 약속한 재화나 용역과 계약에서 구별되지 않는다면, 라이선스를 부여하는 약속과 그 밖에 약속한 재화나 용역을 함께 단일의 수행의무로 보아 회계처리한다. 계약에서 약속한 그 밖의 재화나 용역과 구별되지 않는 라이선스의 예에는 다음 항목이 포함된다.

- 유형 재화의 구성요소이면서 그 재화의 기능성에 반드시 필요한 라이선스
- 관련 용역과 결합되는 경우에만 고객이 효익을 얻을 수 있는 라이선스(예: 라이선스를 부여하여 고객이 콘텐츠에 접근할 수 있도록 제공하는 온라인 서비스)

라이선스가 구별되지 않는다면, 단일의 수행의무가 한 시점에 이행되는지 아니면 기간에 걸쳐 이행되는지 판단하고 관련 수익을 인식한다.

기본예제 31 **라이선스와 그 밖의 약속한 용역을 구분할 수 없는 경우**

결산일이 매년 말인 ㈜현대는 신제품 생산에 ㈜미래가 소유한 특허권과 생산을 위한 기술지원용역이 필요하다. 이에 따라 ㈜미래는 20x1년 초 ㈜현대와 특허권의 라이선스와 기술지원용역을 이전하기로 계약하였다. 약정기간은 3년이며 계약조건은 다음과 같다.

- 특허권 라이선스 대가 ₩3,000,000(20x1년 초 일시지급조건)
- 기술지원용역 대가 ₩1,000,000(매년 말마다 지급조건)

특허권 라이선스와 기술지원용역은 별도로 구별할 수 없는 단일의 수행의무일 때 ㈜미래의 20x1년도 수익은 얼마인가?

해설

특허권 라이선스와 기술지원용역은 별도로 구별할 수 없는 단일의 수행의무에 해당한다. 따라서 단일의 수행의무가 한 시점에 이행되는지 아니면 기간에 걸쳐 이행되는지 판단하여야 하며 이 경우 3년간 ㈜현대의 신제품 생산을 위한 용역제공으로 보아 기간에 걸쳐 이행되는 단일의 수행의무로 판단한다. 총거래가격은 ₩6,000,000이며 3년간 정액법으로 수익을 인식하는 것이 타당하므로 20x1년에 인식할 수익은 ₩2,000,0000이다.

(2) 라이선스가 별도의 수행의무인 경우

리이선스를 부여하는 약속이 계약에서 그 밖에 약속한 재화나 용역과 구별되고, 따라서 라이선스를 부여하는 약속이 별도의 수행의무라면, 그 라이선스가 고객에게 한 시점에 이전되는지 아니면 기간에 걸쳐 이전되는지를 판단한다. 이를 판단할 때, 고객에게 라이선스를 부여하는 약속의 성격이 고객에게 다음 중 무엇을 제공하는 것인지를 고려한다.

- 라이선스 기간 전체에 걸쳐 존재하는, 기업의 지적재산에 접근할 권리
  (right to access, exists throughout the licence period)
- 라이선스를 부여하는 시점에 존재하는, 기업의 지적재산을 사용할 권리
  (right to use, exists at the point in time at which the licence is granted)

1) 접근권(right to access)

① 접근권의 판단 지표

다음의 기준을 모두 충족한다면, 라이선스를 부여하는 약속의 성격은 기업의 지적재산에 고객이 접근할 수 있는 권리를 제공하는 것이다.

- 고객이 권리를 갖는 지적재산에 유의적으로 영향을 미치는 활동을 기업이 할 것을 계약에서 요구하거나 고객이 합리적으로 예상한다.
- 라이선스로 부여한 권리 때문에 고객은 기업 활동의 긍정적 또는 부정적 영향에 직접 노출된다.
- 그 활동들이 행해짐에 따라 재화나 용역을 고객에게 이전하는 결과를 가져오지 않는다.

지적재산에 유의적으로 영향을 미치는 기업의 활동은 다음과 같다.

- 특정 활동이 지적재산의 형식(예: 디자인, 콘텐츠)이나 기능성(예: 기능, 업무처리능력)을 유의적으로 바꿀 것으로 예상된다.
- 지적재산에서 효익을 얻는 고객의 능력이 실질적으로 그 활동에서 생기거나 그 활동에 따라 달라진다. 예를 들면 상표에서 생기는 효익은 흔히 지적재산의 가치를 뒷받침하거나 유지하는 기업의 계속적인 활동에서 생기거나 그 활동에 따라 달라진다.

따라서 고객에게 권리가 있는 지적재산의 개별 기능성이 유의적이라면, 그 지적재산의 효익은 그 기능성에서 생긴다. 따라서 기업의 활동이 형식이나 기능성을 유의적으로 바꾸지 않는다면 그 지적재산에서 효익을 얻는 고객의 능력은 기업의 활동에서 유의적으로 영향을 받지 않을 것이다. 흔히 개별 기능성이 유의적인 지적재산의 유형으로는 소프트웨어, 생물학적 화합물이나 약물의 제조법, 완성된 미디어 콘텐츠가 포함된다.

② 접근권의 수익 인식

접근권의 판단 지표를 충족한다면, 기업은 라이선스를 부여하는 약속을 기간에 걸쳐 이행하는 수행의무로 회계처리 한다. 기업의 지적 재산에 접근을 제공하는 약속을 수행하는 대로 고객이 수행에서 생기는 효익을 동시에 얻고 소비하기 때문이다.

2) 사용권(right to use)

접근권의 판단 지표를 충족하지 못하면, 기업이 한 약속의 성격은 라이선스를 고객에게 부여한 시점에 형식과 기능성 면에서 그 라이선스가 존재하는 대로, 지적재산의 사용권을 제공하는 것이다. 이는 라이선스를 이전하는 시점에 고객이 라이선스의 사용을 지시할 수 있고 라이선스에서 생기는 나머지 효익의 대부분을 획득할 수 있음을 뜻한다.

기업은 리이선스에 대한 통제를 고객에게 이전하는 시점을 판단하여 수익을 인식하여야 한다. 그러나 지적재산 사용권을 제공하는 라이선스에 대한 수익은 고객이 라이선스를 사용하여 효익을 얻을 수 있는 기간이 시작되기 전에는 인식할 수 없다. 예를 들어 고객이 즉시 소프트웨어를 사용할 수 있게 하는 접속번호를 고객에게 제공하거나 다른 방법을 사용할 수 있게 하기 전에, 소프트웨어의 라이선스 기간이 시작될 수 있다. 이 경우에 기업은 그 접속번호를 제공하거나 다른 방법으로 사용할 수 있게 하기 전에는 수익을 인식하지 않는다.

3) 접근권과 사용권의 성격과 무관한 계약의 약속

리이선스가 지적재산 접근권을 제공하는지, 지적재산 사용권을 제공하는지를 판단할 때, 다음 요소는 고려하지 않는다.

- 시간 제약, 지리적 제약, 사용 제약 : 그 제약은 수행의무가 한 시점에 이행되는지 또는 기간에 걸쳐 이행되는지를 정하기보다는 약속한 라이선스의 속성을 정한다.
- 기업이 지적재산에 유효한 특허권이 있고 이 특허권의 무단 사용을 금지하는 보증을 제공 : 특허권을 보호하는 약속은 수행의무가 아니다. 특허권을 보호하는 행위는 기업의 지적재산의 가치를 보호하고, 이전된 라이선스가 계약에서 약속한 라이선스의 규격을 충족한다는 확신을 고객에게 주는 것이기 때문이다.

(3) 판매기준 로열티나 사용기준 로열티

기업은 지적재산의 라이선스를 제공하는 대가로 약속된 판매기준 로열티나 사용기준 로열티의 수익은 다음 중 나중의 사건이 일어날 때(또는 일어나는 대로) 인식한다.

- 후속 판매나 사용
- 판매기준 또는 사용기준 로열티의 일부나 전부가 배분된 수행의무를 이행함

판매기준 로열티나 사용기준 로열티에 대한 상기의 수익 인식의 요구사항은 그 로열티가 다음 중 어느 하나에 해당하는 경우에 적용한다.

- 지적재산의 라이선스에만 관련된다.
- 지적재산의 라이선스는 로열티가 관련되는 지배적인 항목이다.

지적재산의 라이선스에만 관련되지 않거나 지적재산의 라이선스가 로열티의 지배적인 항목이 아닌 경우 판매기준 로열티나 사용기준 로열티에 변동대가에 대한 요구사항을 적용한다.

기본예제 32 사용권

결산일이 매년 말인 ㈜현대는 20x1년 반려로봇사업을 개시하였다. ㈜현대는 반려로봇과 반려로봇 인공지능 소프트웨어를 1년간 사용할 수 있는 라이선스를 판매한다. 개별적으로 판매할 경우 반려로봇은 개당 ₩80,000에 판매하고, 1년간 사용할 수 있는 인공지능 소프트웨어 라이선스는 ₩10,000에 판매한다. 반려로봇을 구입한 고객은 인공지능 소프트웨어 라이선스를 연간 ₩10,000에 갱신가능하다. 20x1년 9월 1일 ㈜현대는 반려로봇사업의 개시 기념으로 반려로봇과 1년간 사용할 수 있는 소프트웨어 라이선스를 고객에게 패키지 형태의 방식으로 패키지당 ₩72,000에 총 60개를 판매하고, 대금은 현금으로 수취하였다.

물음 1 소프트웨어에 대한 라이선스가 접근권인지 사용권인지 서술하시오.

물음 2 ㈜현대의 20x1년 9월 1일의 회계처리를 제시하시오.

해설

물음 1

20x1년 9월 1일에 존재하는 ㈜현대의 소프트웨어를 1년간 사용할 수 있는 고객의 권리를 부여한 것이므로 사용권에 해당한다. 따라서 한 시점에 수행의무가 이행되며 그 시점은 고객이 소프트웨어를 사용할 수 있는 시점인 9월 1일이다.

물음 2

1. 거래가격 배분

구 분	반려로봇	라이선스	계
개별 판매가격	80,000	10,000	90,000
구성비율	80,000/90,000%	10,000/90,000%	90,000/90,000%
할인액의 배분	(16,000)	(2,000)	(18,000)
거래가격의 배분	64,000	8,000	72,000
수익인식	인도시점	사용가능시점	

(*) 할인액 : 90,000 − 72,000 = 18,000

2. 회계처리

					손익효과
1년 9월초					
차) 현금	4,320,000	대)	매출	3,840,000	3,840,000
			매출	480,000	480,000

(*) 제품매출 : 64,000 × 60개 = 3,840,000

(*) 사용권매출 : 8,000 × 60개 = 480,000

기본예제 33 접근권

국내 골프 사업을 영위하는 ㈜현대는 20x1년 초 국내에 Resort 사업을 개시하고 글로벌 기업인 Hilton Resort & Hotel과 3년간 업무상 제휴 계약을 체결하였다. 따라서 ㈜현대는 계약기간 동안 존재하는 Hilton Resort & Hotel의 브랜드 관련 지적재산에 접근할 수 있다. 관련 내용은 다음과 같다.

1. 계약 내용

구 분	대 가	비 고
■ Hilton 브랜드 사용료	3년 총액 ₩3,000,000	20x1년 초에 전액 지급조건
■ Resort 운영지원 대가	3년 총액 ₩6,000,000	매년 초에 ₩2,000,000 지급조건
■ Resort 운영지원 대가	성과 인센티브	(주1)

(주1) Resort 운영지원 대가의 성과 인센티브는 ㈜현대의 Resort 사업부 관련 연간 매출의 1%와 연간 영업이익의 5% 중 큰 금액으로 결정하며 결산일로부터 3개월 이내에 지급을 완료한다. 인센티브의 기준인 매출과 영업이익은 K-IFRS에 따라 산정한 금액으로 하며 영업이익은 브랜드 사용료와 운영지원 대가 및 성과 인센티브를 공제하기 전의 금액으로 한다.

2. 재무 자료

㈜현대의 20x1년도 재무 자료는 다음과 같다.

구 분	골프사업부	리조트사업부	합 계
고객결제금액	₩100,000,000	₩80,000,000	₩180,000,000
총운영비용	₩20,000,000	₩30,000,000	₩50,000,000

(1) 매출 관련 자료

리조트사업부의 고객 결제금액에는 20x2년도에 제공할 투숙료 ₩5,000,000이 포함되어 있으며 ㈜현대는 리조트사업의 활성화를 위해 리조트 이용료의 결제에 사용할 수 있는 포인트를 체크아웃시점에 부여한다. 포인트는 고객에게 중요한 권리를 부여하는 것이며 20x1년 말 이연수익으로 인식할 금액은 ₩800,000이다.

(2) 총운영비용 관련 자료

리조트사업부의 총운영비용에는 Hilton사에 대한 무형자산상각비와 운영지원 대가가 포함되어 있다.

3. Hilton 기업의 자료

㈜현대는 리조트의 운영지원용역과 관련하여 국내의 유명 업체와 계약을 할 수 있었으나 Hilton사가 제시한 파격적인 가격 할인 조건에 의해 계약을 체결한 것이다. 계약 체결 시점에 3년간 브랜드 사용료의 개별판매가격과 3년간 운영지원용역의 개별판매가격은 다음과 같으며 가격할인은 운영지원대가와 명백히 관련된다.

구 분	라이선스	운영지원	합 계
개별판매가격	₩3,000,000	₩9,000,000	₩12,000,000

4. 기타 자료

두 회사 모두 결산일은 매년 말이며 감가상각이나 상각이 필요한 경우 정액법을 적용한다.

물음 1 ㈜현대의 20x1년 초의 회계처리를 제시하시오.

물음 2 ㈜현대의 20x1년도 리조트 사업에서 발생한 매출수익을 측정하시오.

물음 3 ㈜현대가 지급해야 할 20x1년도의 인센티브를 측정하시오.

물음 4 Hilton Resort & Hotel이 20x1년도에 보고할 수익과 관련하여 회계처리를 제시하시오.

해설

물음 1

					손익효과
1년 초					
차) 무형자산	3,000,000	대)	현금	3,000,000	–
선급비용	2,000,000		현금	2,000,000	–

(*) 무형자산(라이선스) : 3,000,000

→ 무형자산 대신 장기선급비용으로 인식하는 것도 가능하다. ㈜현대가 타사의 브랜드를 리스한 것으로 보아 사용권자산으로 회계처리할지 고민할 수 있지만 지적재산에 대한 라이선스 계약은 리스 기준서의 적용 범위가 아니다.

(*) 선급비용 : 2,000,000

물음 2

K-IFRS를 기초로 20x1년 매출수익을 측정해야 한다. 따라서 미리 결제된 투숙료는 선수금으로 인식하여야 하며 고객에게 부여한 포인트는 이연수익으로 배분하여 인식하여야 하므로 이를 조정하면 다음과 같다.

구 분	금 액
고객 결제금액	₩80,000,000
선수금	(–) 5,000,000
포인트 이연수익	(–) 800,000
K-IFRS 상 매출	₩74,200,000

물음 3

1. 무형자산(라이선스)상각비 : 3,000,000 ÷ 3년 = 1,000,000
2. 선급비용의 상각 : 2,000,000
3. 인센티브의 인식 : Max [① × 1% , ③ × 5%] = 2,360,000
   ① 매출 기준 : 74,200,000 × 1% = 742,000
   ② 영업비용(무형자산상각비, 운영지원비용 제외) : 30,000,000 – 3,000,000 = 27,000,000
   ③ 영업이익 기준: (74,200,000 – 27,000,000) × 5% = 2,360,000

4. 참고 - 회계처리

					손익효과
1년 말					
차)	무형자산상각비	1,000,000	대)	상각누계액	1,000,000	(1,000,000)
	지급수수료	2,000,000		선급비용	2,000,000	(2,000,000)
	지급수수료	2,360,000		미지급비용	2,360,000	(2,360,000)

(*) 무형자산상각비 : 3,000,000 ÷ 3년 = 1,000,000

물음 4

1. 거래가격 배분

구 분	라이선스	운영지원	계
개별 판매가격	3,000,000	9,000,000	12,000,000
구성비율	25%	75%	100%
할인액의 배분	-	(3,000,000)	(3,000,000)
거래가격의 배분	3,000,000	6,000,000	9,000,000
수익인식	3년 동안	발생주의	

(*) 할인액 : 12,000,000 - (3,000,000 + 6,000,000) = 3,000,000

2. 회계처리

						손익효과
1년 초						
차)	현금	3,000,000	대)	이연수익	3,000,000	-
	현금	2,000,000		이연수익	2,000,000	-

						손익효과
1년 말						
차)	이연수익	1,000,000	대)	라이선스매출	1,000,000	1,000,000
	이연수익	2,000,000		용역매출	2,000,000	2,000,000
	미수수익	2,360,000		인센티브매출	2,360,000	2,360,000

→ 인센티브 매출은 발생기준에 따라 인식한다.

기본예제 34 라이선스

다음은 각각 독립적인 상황이다. 물음에 답하시오.

물음 1 ㈜아트는 반려로봇을 판매하고 이의 작동을 위한 소프트웨어의 라이선스를 부여하였다. 소프트웨어가 없으면 반려로봇은 작동되지 않는다. 재화의 판매와 라이선스의 부여는 각각 독립적인 수행의무인가?

물음 2 ㈜아트는 반려로봇을 판매하고 이의 작동을 위한 소프트웨어의 라이선스를 부여하였다. 소프트웨어가 없어도 반려로봇은 작동되며 현재 Version의 소프트웨어는 사람과 반려로봇의 간단한 대화가 가능하게 만들어 주는 프로그램이다. 소프트웨어의 라이선스 기간은 1년이다. 재화의 판매와 라이선스의 부여는 각각 독립적인 수행의무인가?

물음 3 ㈜아트는 반려로봇의 판매와 관련한 가맹점을 모집하고 상호사용 및 반려로봇 판매에 대한 프랜차이즈 계약을 체결하였다. 프랜차이즈 기간은 3년이다. 가맹점은 소프트웨어의 수명주기가 3개월인 것으로 보고 새로운 version을 3개월마다 개발하여 출시하는 것을 계약에서 요구할 수 있다. 해당 라이선스의 성격을 서술하시오.

해설

물음 1

소프트웨어는 반려로봇이라는 유형 재화의 구성요소이며 그 재화의 기능성에 반드시 필요한 라이선스이므로 두 약속을 구별할 수 없다. 따라서 두 약속을 함께 단일의 수행의무로 보고 회계처리 한다. 이 경우 자산의 통제 이전은 재화를 인도한 시점이므로 한 시점에 이행하는 수행의무이다.

물음 2

재화의 판매와 라이선스의 부여는 구별되는 약속이므로 각각 수행의무이다. 참고로 라이선스는 기업의 활동에 따라 고객이 소유한 현재 version의 기능성에 유의적인 영향을 미치지 않으므로 접근권으로 볼 수 없다. 따라서 재화의 판매와 라이선스의 부여는 한 시점에 통제가 이전되는 수행의무이다.

물음 3

㈜아트는 가맹점의 매출을 유지하고 증가시키기 위하여 소프트웨어의 개발 활동을 지속적으로 수행해야 한다. 가맹점은 기업의 지적재산에 영향을 주는 개발 활동을 고객이 요구할 수 있고 그 개발 활동에 따라 가맹점은 긍정적이거나 부정적인 영향에 노출된다. 그리고 그러한 개발 활동을 기업이 수행하더라도 재화나 용역이 이전되는 것은 아니다. 따라서 해당 라이선스 계약은 접근권에 해당한다. 참고로 접근권은 기간에 걸쳐 이행되는 수행의무이므로 기간에 걸쳐 수익을 인식한다.

2. 용역의 제공

계약 당사자 간 사전에 합의한 과업을 수행하는 것을 용역의 제공이라 한다. 기업이 고객에게 제공한 용역의 진행률을 측정할 수 있는 경우 그 진행률에 기초한 수익을 인식한다.

2-1 단순 용역

기업이 고객에게 용역을 제공하는 대로 용역의 효익을 소비하는 단순 용역의 경우, 용역 제공 기간에 걸쳐 수익을 인식한다.

기본예제 35 **단순 용역**

결산일이 매년 말인 ㈜현대는 ㈜과거에게 컨설팅 용역을 제공하는 약정을 20x1년 7월 초에 체결하였다. 용역제공기간은 약정일로부터 1년이며 총계약금액은 ₩12,000,000이다. 20x1년도에 고객에게 청구한 계약금액은 ₩6,000,000이며 같은 연도에 ₩4,000,000을 현금으로 회수하였다. 진행률은 원가투입법을 사용하며 용역 제공과 관련된 원가 정보는 다음과 같다.

구 분	20x1년	20x2년
누적발생원가	₩5,000,000	₩8,500,000
보고기간말 추가 예상원가	₩3,000,000	–
총예정원가	₩8,000,000	₩8,500,000

물음 1 20x1년과 20x2년의 진행률을 산정하시오.

물음 2 20x1년과 20x2년의 용역매출을 산정하시오.

물음 3 20x1년과 20x2년의 용역매출원가를 산정하시오.

물음 4 20x1년의 회계처리를 제시하시오.

해 설

물음 1

(1) 진행률(20x1년) : 5,000,000 ÷ 8,000,000 = 62.5%

(2) 진행률(20x2년) : 8,500,000 ÷ 8,500,000 = 100%

물음 2

구 분	20x1년	20x2년
1. 총계약금액	12,000,000	12,000,000
2. 진행률	62.5%	100%
3. 누적매출(1×2)	7,500,000	12,000,000
4. 전기누적매출	–	7,500,000
5. 당기매출(3–4)	7,500,000	4,500,000

물음 3

구 분	20x1년	20x2년
1. 총예정원가	8,000,000	8,500,000
2. 진행률	62.5%	100%
3. 누적매출원가(1×2)	5,000,000	8,500,000
4. 전기누적매출원가	–	5,000,000
5. 당기매출원가(3–4)	5,000,000	3,500,000

물음 4

					손익효과
1년 – 용역원가발생					
차)	미완성용역	5,000,000	대) 현금	5,000,000	–

(*) 미완성용역 : 계약이행원가를 자산으로 인식함

					손익효과
1년 – 대금청구					
차)	매출채권	6,000,000	대) 선수금	6,000,000	–

(*) 대금청구 시 수취채권(매출채권)과 계약부채(선수금)을 인식함

					손익효과
1년 – 대금회수					
차)	현금	4,000,000	대) 매출채권	4,000,000	–

					손익효과
1년 - 결산					
차) 매출원가	5,000,000	대)	매출	7,500,000	7,500,000
미완성용역	2,500,000				(5,000,000)
(*) 미완성용역 : 대차차액					

Study **회계시스템의 비교**

재화의 판매는 재화에 대한 통제가 한 시점에 구매자로 이전되므로 판매자가 인식할 수익과 구매자가 인식할 원가는 동일하다. 그러나 용역의 제공에서는 용역에 대한 통제가 일정기간동안 거래 상대방에게 이전되므로 제공자가 인식할 수익과 상대방이 인식할 원가는 다르다. 이유는 진행률에 기초하여 용역제공자의 수익이 측정되기 때문이다. 따라서 용역의 제공거래에서는 양자의 차이가 재무제표에 반영될 수 있도록 미완성용역과 선수금을 관리해야 한다. 참고로 미완성용역은 총계약금액에 대한 용역제공자의 진행률이 반영된 자산이며 선수금은 거래 상대방의 관점이 반영된 부채이므로 이 두 계정을 비교하여 차이금액을 재무제표에 표시해야 한다. 아래에서 살펴볼 건설계약도 동일한 논리로 정리한다.

2-2 건설계약

건설계약이 기간에 걸쳐 이행되는 수행의무인 경우 진행률에 기초한 수익과 비용을 보고한다. 다만, 진행률을 합리적으로 측정할 수 없는 경우에는 발생한 원가의 범위 내에서 회수가능한 금액을 수익으로 보고하고, 발생원가는 전액 비용으로 보고한다.

(1) 회계처리

건설계약에서 약정한 총계약금액은 용역제공자의 재무제표에는 총수익이며 용역소비자의 재무제표에는 총원가이므로 두 금액에 차이가 없다. 그러나 건설계약이 두 회계기간 이상 제공되는 경우 수익은 진행률에 기초하여 인식하므로 보고기간 말 현재 용역제공자의 재무제표에 수익으로 보고되는 계약금액과 용역소비자의 재무제표 보고되는 원가로 보고되는 계약금액이 다를 수 있으며 이는 진행률 때문에 발생하는 것이다. 따라서 두 금액의 차이를 용역제공자의 재무제표에 노출될 수 있도록 회계처리해야 하며 그 예시는 다음과 같다.

						손익효과
1년 - 건설원가발생						
차)	미성공사	×××	대)	현금 등	×××	-

(*) 미성공사 : 건설원가를 자산으로 인식함

						손익효과
1년 - 대금청구						
차)	매출채권	×××	대)	진행청구액	×××	-

(*) 진행청구액 : 선수금 성격의 부채 계정

						손익효과
1년 - 대금회수						
차)	현금	×××	대)	매출채권	×××	-

						손익효과
1년 - 결산						
차)	매출원가	×××	대)	매출	×××	×××
	미성공사	×××				(×××)

(*) 매출 : 총계약금액 × 당기진행률 - 전기누적매출

(*) 매출원가 : 총예정원가 × 당기진행률 - 전기누적매출원가

참고로 건설계약의 계약 상대방의 회계처리는 다음과 같다.

						손익효과
1년 - 건설원가발생						
차)	-	-	대)	-	-	-

						손익효과
1년 - 대금청구						
차)	건설중인자산	×××	대)	미지급금	×××	-

(*) 청구 시점에 원가가 발생하며 그 원가를 건설중인자산과 미지급금으로 인식함

(*) 결국 청구받은 미지급금의 합은 결국 총계약금액이 됨

(*) 건설회사의 진행청구액과 발주자의 미지급금은 같은 금액이 인식됨

						손익효과
1년 - 대금지급						
차)	미지급금	×××	대)	현금	×××	-

						손익효과
1년 – 결산						
차)	–	–	대)	–	–	–

(2) 표시

발주자의 회계처리에서 살펴본 것처럼 진행청구액의 잔액은 청구된 금액으로 측정하며 미성공사의 잔액은 건설회사의 진행률에 따라 측정된 이익이 반영된 금액이므로 두 계정의 차이를 계약자산(또는 미청구공사) 또는 계약부채(또는 초과청구공사)로 재무상태표에 표시한다. 결국 용역 제공에 해당하는 건설계약의 총계약금액에 대하여 건설회사의 진행률과 발주자의 진행률, 즉, 대금 청구를 받아준 비율의 차이가 계약자산이나 계약부채로 표시되는 것이다.

기본예제 36 **건설계약**

㈜대한건설은 20x0년 3월 1일에 서울시로부터 계약금액 ₩6,000,000인 축구 경기장 공사를 수주하였다. 20x2년 3월 1일에 완공되었으며 공사와 관련된 정보는 아래와 같다.

	20x0년	20x1년	20x2년
추정총계약원가	₩4,500,000	₩5,100,000	₩5,500,000
실제발생계약원가	900,000	3,180,000	1,420,000
대금청구	800,000	4,100,000	1,100,000
대금회수	700,000	3,600,000	1,700,000

상기 건설계약은 단일의 수행의무로 진행기준을 적용하며 진행률은 투입법(누적발생원가와 추정총원가를 사용)으로 측정한다.

물음 1 연도별 진행률을 제시하시오.

물음 2 연도별 수익과 비용을 계산하시오.

물음 3 20x0년에 ㈜대한건설이 수행할 회계처리를 하고 재무상태표에 표시할 계약자산 또는 계약부채를 제시하시오.

물음 4 20x1년에 ㈜대한건설이 수행할 회계처리를 하고 재무상태표에 표시할 계약자산 또는 계약부채를 제시하시오.

물음 5 20x2년에 ㈜대한건설이 수행할 회계처리를 하고 재무상태표에 표시할 계약자산 또는 계약부채를 제시하시오.

해설

물음 1

진행률(0년말) = 900,000 ÷ 4,500,000 = 20%

진행률(1년말) = 4,080,000 ÷ 5,100,000 = 80%

진행률(2년말) = 5,500,000 ÷ 5,500,000 = 100%

물음 2

구 분	20x0년	20x1년	20x2년
1. 총계약금액	₩6,000,000	₩6,000,000	₩6,000,000
2. 진행률	20%	80%	100%
3. 당기누적수익(1×2)	1,200,000	4,800,000	6,000,000
4. 전기누적수익	–	1,200,000	4,800,000
5. 당기수익(3–4)	1,200,000	3,600,000	1,200,000

구 분	20x0년	20x1년	20x2년
1. 총예정원가	₩4,500,000	₩5,100,000	₩5,500,000
2. 진행률	20%	80%	100%
3. 당기누적원가(1×2)	900,000	4,080,000	5,500,000
4. 전기누적원가	–	900,000	4,080,000
5. 당기원가(3–4)	900,000	3,180,000	1,420,000

물음 3

원가발생	차)	미성공사	900,000	대)	현금 등	900,000
대금청구	차)	매출채권	800,000	대)	진행청구액	800,000
대금회수	차)	현금	700,000	대)	매출채권	700,000
손익인식	차)	매출원가	900,000	대)	매출	1,200,000
		미성공사	300,000			

표시
1. 미성공사 : 900,000 + 300,000 = 1,200,000
2. 진행청구액 : 800,000
3. 재무상태표 표시(if 1 > 2, 차액) : 400,000(계약자산 또는 미청구공사)

물음 4

원가발생	차)	미성공사	3,180,000	대)	현금 등	3,180,000
대금청구	차)	매출채권	4,100,000	대)	진행청구액	4,100,000
대금회수	차)	현금	3,600,000	대)	매출채권	3,600,000
손익인식	차)	매출원가	3,180,000	대)	매출	3,600,000
		미성공사	420,000			

표시
1. 미성공사 : 1,200,000(전기이월) + 3,180,000 + 420,000 = 4,800,000
2. 진행청구액 : 800,000(전기이월) + 4,100,000 = 4,900,000
3. 재무상태표 표시(if 1 < 2, 차액) : 100,000(계약부채 또는 초과청구공사)

물음 5

원가발생	차)	미성공사	1,420,000	대)	현금 등	1,420,000
대금청구	차)	매출채권	1,100,000	대)	진행청구액	1,100,000
대금회수	차)	현금	1,700,000	대)	매출채권	1,700,000
손익인식	차)	매출원가	1,420,000	대)	매출	1,200,000
					미성공사	220,000
상계	차)	진행청구액	6,000,000	대)	미성공사	6,000,000

표시
1. 미성공사 : 4,800,000(전기이월) + 1,420,000 − 220,000 = 6,000,000
2. 진행청구액 : 4,900,000(전기이월) + 1,100,000 = 6,000,000
3. 재무상태표 표시 (if 1 = 2, 계약자산 또는 계약부채 없음)

(3) 예상손실

건설계약 전체에서 손실이 예상되는 경우, 해당 건설계약은 손상이 발생한 것이므로 예상되는 손실을 인식하고 미성공사 잔액에서 차감처리한다. 만약 건설계약이 손실부담을 회피할 수 없는 손실부담약정인 경우에는 충당부채 기준서에 따라 손실을 인식하고 손실부담계약충당부채를 인식한다. 인식한 예상손실은 향후 건설이 진행되어 실제원가가 발생하면 진행기준에 따라 장부에 반영되므로 이중으로 인식될 수 있다. 따라서 예상손실을 인식한 다음 연도에는 전액 환입하여 당기손익에 반영하여야 중복을 방지할 수 있다. 회계처리는 손상으로 보아 미성공사에서 차감하거나 손실부담계약에 따라 충당부채를 설정하며 그 예시는 다음과 같다.

① 예상손실의 인식

					손익효과
미성공사 차감법					
차)	매출원가	×××	대)	미성공사	×××	(×××)

					손익효과
충당부채 설정법					
차)	매출원가	×××	대)	손실충당부채	×××	(×××)

② 예상손실의 환입

					손익효과
미성공사 차감법					
차)	미성공사	×××	대)	매출원가	×××	×××

					손익효과
충당부채 설정법					
차)	손실충당부채	×××	대)	매출원가	×××	(×××)

기본예제 37 예상손실 - 미성공사 차감법

㈜민국건설은 20x0년 3월 1일에 서울시로부터 계약금액 ₩5,000,000인 축구경기장공사를 수주하였다. 20x2년 3월 1일에 완공되었으며 공사와 관련된 정보는 아래와 같다.

	20x0년	20x1년	20x2년
추정총계약원가	₩4,500,000	₩5,100,000	₩5,500,000
실제발생계약원가	900,000	3,180,000	1,420,000
대금청구	800,000	2,500,000	1,700,000
대금회수	700,000	2,600,000	1,700,000

상기 건설계약은 단일의 수행의무로 진행기준을 적용하며 진행률은 투입법(누적발생원가와 추정총원가를 사용)으로 측정한다.

물음 1 연도별 진행률을 제시하시오.

물음 2 연도별 수익과 비용을 계산하시오.

물음 3 20x0년에 ㈜민국건설이 수행할 회계처리를 하고 재무상태표에 표시할 계약자산 또는 계약부채를 제시하시오.

물음 4 20x1년에 ㈜민국건설이 수행할 회계처리를 하고 재무상태표에 표시할 계약자산 또는 계약부채를 제시하시오.

물음 5 20x2년에 ㈜민국건설이 수행할 회계처리를 하고 재무상태표에 표시할 계약자산 또는 계약부채를 제시하시오.

풀이

물음 1

진행률(0년말) = 900,000 ÷ 4,500,000 = 20%

진행률(1년말) = 4,080,000 ÷ 5,100,000 = 80%

진행률(2년말) = 5,500,000 ÷ 5,500,000 = 100%

물음 2

구 분	20x0년	20x1년	20x2년
1. 용역대가	₩5,000,000	₩5,000,000	₩5,000,000
2. 진행률	20%	80%	100%
3. 당기누적수익(1×2)	1,000,000	4,000,000	5,000,000
4. 전기누적수익	–	1,000,000	4,000,000
5. 당기수익(3–4)	1,000,000	3,000,000	1,000,000

구 분	20x0년	20x1년	20x2년
1. 총예정원가	₩4,500,000	₩5,100,000	₩5,500,000
2. 진행률	20%	80%	100%
3. 당기누적원가(1×2)	900,000	4,080,000	5,500,000
4. 전기누적원가	–	900,000	4,080,000
5. 당기원가(3–4)	900,000	3,180,000	1,420,000

물음 3

원가발생	차) 미성공사	900,000	대)	현금 등	900,000
대금청구	차) 수취채권	800,000	대)	진행청구액	800,000
대금회수	차) 현금	700,000	대)	수취채권	700,000
손익인식	차) 매출원가	900,000	대)	매출	1,000,000
	미성공사	100,000			

표시

1. 미성공사 : 900,000(누적원가) + 100,000(누적이익) = 1,000,000
2. 진행청구액 : 800,000
3. 재무상태표 표시(if 1 > 2, 차액) : 200,000(계약자산 또는 미청구공사)

물음 4

원가발생	차)	미성공사	3,180,000	대)	현금 등	3,180,000
대금청구	차)	수취채권	2,500,000	대)	진행청구액	2,500,000
대금회수	차)	현금	2,600,000	대)	수취채권	2,600,000
손익인식	차)	매출원가	3,180,000	대)	매출	3,000,000
					미성공사	180,000

(*) 미성공사 : 4,080,000(누적원가) − 80,000(누적손실) = 4,000,000

예상손실	차)	매출원가	20,000	대)	미성공사	20,000

1. 총예상손실 : 5,000,000(계약대가) − 5,100,000(총예상원가) = 100,000
2. 기인식손실 : 100,000(전기이익) − 180,000(당기손실)= 80,000
3. 예상손실 : 100,000(총예상손실) − 80,000(기인식손실) = 20,000

표시
1. 미성공사 : 4,000,000(누적매출, s) − 20,000(예상손실, ei) = 3,980,000
2. 진행청구액 : 800,000 + 2,500,000 = 3,300,000
3. 재무상태표 표시(if 1 > 2, 차액) : 680,000(계약자산 또는 미청구공사)

물음 5

원가발생	차)	미성공사	1,420,000	대)	현금 등	1,420,000
대금청구	차)	수취채권	1,700,000	대)	진행청구액	1,700,000
대금회수	차)	현금	1,700,000	대)	수취채권	1,700,000
손익인식	차)	매출원가	1,420,000	대)	매출	1,000,000
					미성공사	420,000

(*) 미성공사 : 5,500,000(누적원가) − 520,000(누적손실) = 4,980,000

손실환입	차)	미성공사	20,000	대)	매출원가	20,000

1. 총예상손실 : 5,000,000(계약대가) − 5,500,000(총예상원가) = 500,000
2. 기인식손실 : 100,000(전기누적손실) + 420,000(당기손실)= 520,000
3. 전기예상손실환입 : 520,000(기인식액) − 500,000(총예상손실) = 20,000

상계	차)	진행청구액	5,000,000	대)	미성공사	5,000,000

표시
1. 미성공사 : 4,980,000 + 20,000(손실환입) = 5,000,000
2. 진행청구액 : 800,000 + 2,500,000 + 1,700,000 = 5,000,000
3. 재무상태표 표시(if 1 = 2) : 0

SECTION 3 기타의 고려사항

1. 계약원가

(1) 계약체결 증분원가

계약체결 증분원가(Incremental costs)는 고객과의 계약을 체결하기 위해 들인 원가로서 계약을 체결하지 않았다면 들지 않았을 원가이다. (예: 판매수수료) 고객과의 계약체결 증분원가가 회수될 것으로 예상된다면 이를 자산으로 인식한다. 계약체결 증분원가를 자산으로 인식하더라도 상각기간이 1년 이하라면 그 계약체결 증분원가는 발생시점에 비용으로 인식하는 실무적 간편법을 쓸 수 있다.

계약 체결 여부와 무관하게 드는 계약체결원가는 계약 체결 여부와 관계없이 고객에게 그 원가를 명백히 청구할 수 있는 경우가 아니라면 발생시점에 비용으로 인식한다.

(2) 계약이행원가

고객과의 계약을 이행할 때 드는 원가(Costs to fulfil a contract)는 다른 기준서의 적용범위(예: 재고자산, 유형자산, 무형자산)에 포함되지 않는다면, 그 원가는 다음 기준을 모두 충족해야만 자산으로 인식한다.

- 직접적인 관련성 : 원가가 계약에 직접 관련된다.
- 미래경제적효익 : 원가가 미래의 수행의무를 이행할 때 사용할 기업의 자원을 창출하거나 가치를 높인다.
- 회수가능성 : 원가는 회수될 것으로 예상된다.

계약(또는 구체적으로 식별된 예상 계약)에 직접 관련되는 원가에는 다음이 포함된다.

① 직접노무원가(예: 고객에게 약속한 용역을 직접 제공하는 종업원의 급여와 임금)
② 직접재료원가(예: 고객에게 약속한 용역을 제공하기 위해 사용하는 저장품)
③ 계약이나 계약활동에 직접 관련되는 원가 배분액(예: 계약의 관리 · 감독 원가, 보험료, 계약의 이행에 사용된 기기 · 장비 · 사용권자산의 감가상각비)

④ 계약에 따라 고객에게 명백히 청구할 수 있는 원가
⑤ 기업이 계약을 체결하였기 때문에 드는 그 밖의 원가(예: 하도급자에게 지급하는 금액)

상기의 원가와 달리 다음의 원가는 발생시점에 비용으로 인식한다. 즉, 일상적인 경영 관리 과정에서 발생하거나 자산성이 없는 원가 발생액은 즉시 비용으로 인식한다.

① 일반관리원가
② 계약을 이행하는 과정에서 낭비된 재료원가 등
③ 이미 이행한 계약상 수행의무와 관련된 원가
④ 이행하지 않은 수행의무와 관련된 원가인지 이미 이행한 수행의무와 관련한 원가인지 구별할 수 없는 원가

2. 상각과 손상

2-1 상각

계약체결 증분원가와 계약이행원가를 이 기준서에 따라 자산으로 인식한 경우 해당 자산은 그 자산과 관련된 재화나 용역을 고객에게 이전하는 방식과 일치하는 체계적 기준으로 상각한다. 그 자산과 관련된 재화나 용역을 고객에게 이전할 것으로 예상하는 시기에 유의적 변동이 있는 경우에 이를 반영하여 상각 방식을 수정한다. 이러한 변경은 기준세 제1008호'회계변경'에 따라 회계추정의 변경으로 회계처리한다.

2-2 손상

계약원가 중 원가의 회수가능성이 존재하는 경우에 한하여 이 기준서에 따라 자산으로 인식한다. 인식한 자산에 대하여 회수가능성이 낮으면 해당 자산에 대한 손상검사를 다음과 같이 수행한다.

이 기준서에 따라 인식한 자산의 장부금액이 다음 ①에서 ②를 뺀 금액을 초과하는 정도까지는 손상차손을 당기순이익에 반영한다.

① 그 자산과 관련된 재화나 용역의 대가로 기업이 받을 것으로 예상하는 나머지 금액
② 그 재화나 용역의 제공에 직접 관련되는 나머지 원가

기업이 받을 것으로 예상하는 대가를 산정하기 위해 거래가격 산정 원칙(다만 '변동대가 추정치의 제약'에 관한 기준서의 요구사항은 제외)을 사용하고 고객의 신용위험이 미치는 영향을 반영하여 그 금액을 조정한다.

기준서 제1115호에서 요구하는 자산의 손상차손을 인식하기 전에 다른 기준서(예: 기업회계기준서 제1002호, 제1016호, 제1038호)에 따라 계약과 관련하여 인식한 자산의 모든 손상차손을 먼저 인식한다. 그리고 이 기준서에서 요구하는 자산의 손상검사를 적용한 다음에 그 자산이 속하는 현금창출단위에 이 기준서에서 요구하는 손상차손을 반영한 후 장부금액을 그 자산이 속하는 현금창출단위의 장부금액에 포함하고, 그 현금창출단위에 기업회계기준서 제1036호 '자산손상'을 적용한다.

손상 상황이 사라졌거나 개선된 경우에는 이 기준서에 따라 과거에 인식한 손상차손의 일부나 전부를 환입하여 당기순이익에 반영한다. 증액된 자산의 장부금액은 과거에 손상차손을 인식하지 않았다면 산정되었을 금액(상각 후 순액)을 초과해서는 안 된다.

기본예제 38 **계약원가**

결산일이 매년 말인 ㈜현대는 20x1년 초, 고객 A와 용역제공 계약을 체결하였다. 계약을 체결하는 과정에서 다음의 원가가 발생하였다.

실사를 위한 외부 수수료	₩15,000
제안서 제출을 위한 교통비	25,000
영업사원 계약 성공 수수료	10,000

기업은 고객 A의 정보기술자료센터를 관리하는 용역을 제공하며 계약기간은 5년이다. 이러한 용역을 제공하기 위하여 ㈜현대는 기술 플랫폼 설치가 필요하며 이를 위한 최초 원가는 다음과 같다.

설계용역	₩40,000
하드웨이구축	120,000
소프트웨어구축	90,000
데어터센터 이전 및 시험	100,000

물음 1 계약 체결과정에서 발생한 원가를 회계처리 하시오.

물음 2 기술 플랫폼의 최초 원가에 대한 회계처리를 하시오.

물음 3 ㈜현대는 선급비용을 계약기간동안 정액법을 적용하여 상각할 때 20x1년 말 회계처리를 제시하시오.

물음 4 20x3년 말, 고객 A로부터 미래에 회수가능한 금액이 ₩50,000일 때, 회계처리를 제시하시오.

해설

물음 1

1년 초 - 계약체결원가

	차변	금액		대변	금액	손익효과
차)	지급수수료	15,000	대)	현금	15,000	(15,000)
	여비교통비	25,000		현금	25,000	(25,000)
	선급비용	10,000		현금	10,000	−

(*) 성공 수수료는 계약체결증분원가이며 자산으로 인식함

물음 2

1년 초 - 계약이행원가(기술플랫폼투자)

	차변	금액		대변	금액	손익효과
차)	선급비용	40,000	대)	현금	40,000	−
	유형자산	120,000		현금	120,000	−
	무형자산	90,000		현금	90,000	−
	선급비용	100,000		현금	100,000	−

(*) 하드웨어투자 : 유형자산 → 기준서 제1016호(유형), 제1036호(손상)
(*) 소프트웨어투자 : 무형자산 → 기준서 제1038호(무형), 제1036호(손상)
(*) 기술플랫폼 설계, 이전, 시험원가 : 선급비용 → 기준서 제1115호(수익)

물음 3

1년 말 - 선급비용의 상각

	차변	금액		대변	금액	손익효과
차)	용역매출원가	30,000	대)	선급비용	30,000	(30,000)

(*) 선급비용(1년 초) : 10,000 + 40,000 + 100,000 = 150,000
(*) 선급비용 상각(1년) : 150,000 ÷ 5년 = 30,000
(*) 유형 및 무형자산은 해당 기준서에 따라 회계처리 함

물음 4

					손익효과
3년 말 - 선급비용의 상각					
차) 용역매출원가	30,000	대)	선급비용	30,000	(30,000)

(*) 선급비용(1년 초) : 10,000 + 40,000 + 100,000 = 150,000
(*) 선급비용 상각(1년) : 150,000 ÷ 5년 = 30,000
(*) 선급비용 장부금액 : 150,000 − 30,000 × 3년 = 60,000

					손익효과
3년 말 - 선급비용의 손상					
차) 손상차손	10,000	대)	손상차손누계액	10,000	(10,000)

(*) 선급비용 장부금액 : 150,000 − 30,000 × 3년 = 60,000
(*) 잔여 계약기간동안 회수가능액 : 50,000
(*) 선급비용의 손상차손 : 60,000 − 50,000 = 10,000

3. 표시

계약 당사자 중 어느 한 편이 계약을 수행했을 때, 기업의 수행 정도와 고객의 지급과의 관계에 따라 그 계약을 계약자산이나 계약부채로 재무상태표에 표시한다. 대가를 받을 무조건적인 권리는 수취채권으로 구분하여 표시한다.

3-1 계약자산과 수취채권

고객이 대가를 지급하기 전이나 지급기일 전에 기업이 고객에게 재화나 용역의 이전을 수행하는 경우에, 그 계약에 대해 수취채권으로 표시한 금액이 있다면 이를 제외하고 계약자산으로 표시한다. 계약자산은 기업이 고객에게 이전한 재화나 용역에 대해 그 대가를 받을 권리이다. 계약자산의 손상 여부는 기준서 제1109호'금융상품'에 따라 평가한다.

수취채권은 기업이 대가를 받을 무조건적인 권리이다. 시간만 지나면 대가를 지급받기로 한 때가 되는 경우에 그 대가를 받을 권리는 무조건적이다. 예를 들면 기업에 지급청구권이 있다면 그 금액이 미래에 환불될 수 있더라도 수취채권을 인식한다. 실무적인 간편법이 적용되는 단기 수취채권을 제외하고 수취채권은 기준서 제1109호'금융상품'에 따라 상각후원가 측정 금융자산으로 회계처리한다. 고객과의 계약으로 수취채권을 최초로 인식할 때, 기준서 제1109호에 따른 수취채권의 측정치와 인식한 수익에 상응하는 금액 간의 차이는 비용(예: 손상차손)으로 표시한다.

3-2 계약부채

기업이 고객에게 재화나 용역을 이전하기 전에 고객이 대가를 지급하거나 기업이 대가를 받을 무조건적인 권리(수취채권)를 갖고 있는 경우에 기업은 지급받은 때나 지급받기로 한 때에 그 계약을 계약부채로 표시한다. 계약부채는 기업이 고객에게 받은 대가에 상응하여 고객에게 재화나 용역을 이전해야 하는 기업의 의무를 말한다.

이 기준서에서는 '계약자산'과 '계약부채'라는 용어를 사용하지만 재무상태표에서 그 항목에 대해 다른 표현을 사용하는 것을 금지하지는 않는다. 따라서 건설계약의 회계처리에서 사용하는 '미청구공사' 또는 '초과청구공사'라는 명칭도 사용할 수 있을 것이다.

기본예제 39 **표시**

다음은 ㈜대한의 20x1년과 20x2년의 수취채권, 계약자산, 계약부채에 대한 거래이다.

- ㈜대한은 고객에게 제품을 이전하기로 한 약속을 수행의무로 식별하고, 제품을 고객에게 이전할 때 각 수행의무에 대한 수익을 인식한다.
- ㈜대한은 20x2년 1월 31일에 ㈜민국에게 제품A를 이전하는 취소 불가능 계약을 20x1년 10월 1일에 체결하였다. 계약에 따라 ㈜민국은 20x1년 11월 30일에 대가 ₩1,000 전액을 미리 지급하여야 하나 ₩300만 지급하였고, 20x2년 1월 15일에 잔액 ₩700을 지급하였다. ㈜대한은 20x2년 1월 31일에 제품A를 ㈜민국에게 이전하였다.
- ㈜대한은 ㈜만세에게 제품B와 제품C를 이전하고 그 대가로 ₩1,000을 받기로 20x1년 10월 1일에 계약을 체결하였다. 계약에서는 제품B를 먼저 인도하도록 요구하고, 제품B의 인도 대가는 제품C의 인도를 조건으로 한다고 기재되어 있다. ㈜대한은 제품의 상대적 개별판매가격에 기초하여 제품B에 대한 수행의무에 ₩400을, 제품C에 대한 수행의무에 ₩600을 배분한다. ㈜대한은 ㈜만세에게 20x1년 11월 30일에 제품B를, 20x2년 1월 31일에 제품C를 각각 이전하였다.

물음 1 상기 거래에 대하여, 제품 A와 관련한 회계처리를 제시하시오.

물음 2 상기 거래에 대하여, 제품 B와 관련한 회계처리를 제시하시오.

해설

물음 1

1년 10월 1일 – 취소불능계약(A)

	차변	금액		대변	금액	손익효과
차)	–	–	대)	–	–	–

1년 11월 30일

	차변	금액		대변	금액	손익효과
차)	매출채권	1,000	대)	선수금	1,000	–
	현금	300		매출채권	300	–

(*) 매출채권 : 취소불능약정이므로 무조건적 수취권리 있음 → 수취채권

(*) 선수금 : 제품 A를 인도할 계약상 의무 있음 → 계약부채

2년 1월 15일

	차변	금액		대변	금액	손익효과
차)	현금	700	대)	매출채권	700	–

2년 1월 31일 – 의무이행(A)

	차변	금액		대변	금액	손익효과
차)	선수금	1,000	대)	매출	1,000	1,000

물음 2

1년 11월 30일 – 의무이행(B)

	차변	금액		대변	금액	손익효과
차)	계약자산	400	대)	매출	400	400

(*) 계약자산 : 제품 C를 인도해야만 무조건적 수취권리가 발생하므로 계약자산으로 인식

2년 1월 31일 – 의무이행(C)

	차변	금액		대변	금액	손익효과
차)	매출채권	1,000	대)	매출	600	600
				계약자산	400	

(*) 제품 C를 인도하였으므로 대가에 대한 무조건적 수취권리가 발생

4. 계약변경

계약변경(Contract modifications)이란 계약 당사자들이 승인한 계약의 범위나 계약가격 또는 둘 다의 변경을 말한다. 몇몇 산업과 국가에서는 계약변경을 주문변경(change order), 공사변경(variation), 수정이라고 표현하기도 한다. 계약 당사자가 집행 가능한 권리와 의무를 새로 설정하거나 기존의 집행 가능한 권리와 의무를 변경하기로 승인할 때 계약변경이 존재한다. 계약 당사자들이 계약변경을 승인하지 않았다면, 계약변경의 승인을 받을 때까지는 기존 계약에 이 기준서를 계속 적용한다. 계약 당사자들이 계약 범위의 변경을 승인하였지만 아직 이에 상응하는 가격 변경을 결정하지 않았더라도 계약변경은 존재할 수 있다. 결정하지 않은 가격은 변동대가로 보아 추정하고 그 추정치에 대한 제약을 고려하면 된다. 계약변경의 회계처리 방법은 다음으로 구분하여 적용한다.

4-1 별도 계약

계약변경이 다음 두 조건을 모두 충족하는 경우에는 별도 계약으로 보아 회계처리한다.

- 계약 범위의 확장 : 재화나 용역이 추가되어 계약의 범위가 확장된다.
- 계약 가격의 상승 : 재화나 용역의 개별 판매가격에 특정 계약 상황을 반영하여 적절히 조정한 대가(금액)만큼 상승한다.

특정 계약 상황을 반영하여 개별 판매가격을 조정하는 사례는 기업은 기존 고객이 받는 할인을 고려하여 추가 재화나 용역의 개별 판매가격을 조정할 수 있는데, 이는 새로운 고객에게 비슷한 재화나 용역을 판매할 때 들 판매 관련 원가를 들일 필요가 없기 때문이다.

4-2 별도 계약이 아닌 계약변경

계약변경이 별도 계약의 조건을 충족하지 못한 경우라면, 계약변경일에 아직 이전되지 않은 약속한 재화나 용역을 다음 중 해당하는 방법으로 회계처리한다.

(1) 나머지 재화나 용역이 계약변경일이나 그 전에 이전한 재화나 용역과 구별되는 경우

나머지 재화나 용역이 계약변경일이나 그 전에 이전한 재화나 용역과 구별된다면, 그 계약변경은 기존 계약을 종료하고 새로운 계약을 체결한 것처럼 회계처리 한다. 나머지 수행의무(또는 일련의 구별되는 재화나 용역에 따라 식별한 단일 수행의무에서 구별되는 나머

지 재화나 용역)에 배분하는 대가는 다음 항목의 합계로 한다.

나머지 수행의무(또는 일련의 구별되는 나머지 재화나 용역)에 배분할 대가 : 가 + 나

가. 고객이 약속한 대가(고객에게서 이미 받은 대가 포함) 중 거래가격 추정치에는 포함되었으나 아직 수익으로 인식되지 않은 금액

나. 계약변경의 일부로 약속한 대가

(2) 나머지 재화나 용역이 구별되지 않는 경우

나머지 재화나 용역이 구별되지 않아서 계약변경일에 부분적으로 이행된 단일의 수행의무의 일부를 구성한다면, 그 계약변경은 기존 계약의 일부인 것처럼 회계처리한다. 계약변경이 거래가격과 수행의무의 진행률에 미치는 영향은 계약변경일에 수익을 조정하여 인식한다.

기본예제 40 **계약변경 - 구별되는 재화**

20x1년 1월 1일 ㈜세무는 제품 200개를 고객에게 1년에 걸쳐 개당 ₩1,000에 판매하기로 약속하였다. 각 제품에 대한 통제는 한 시점에 이전된다. ㈜세무는 20x1년 4월 1일 동일한 제품 100개를 개당 ₩800에 고객에게 추가 납품하기로 계약을 변경하였으며, 동 시점까지 기존 계약 수량 200개 가운데 30개에 대한 통제를 고객에게 이전하였다. 추가된 제품은 구별되는 재화에 해당한다. 20x1년 4월 1일부터 6월 30일까지 기존 계약 수량 중 58개와 추가 계약 수량 중 50개의 통제를 고객에게 이전하였다. 동 거래와 관련하여 ㈜세무가 20x1년 1월 1일부터 6월 30일 사이에 인식할 수익을 각각의 상황에 따라 측정하시오.

구 분	수 익
추가 제품의 대가는 개별 판매가격을 반영한다.	(물음 1)
추가 제품의 대가는 개별 판매가격을 반영하지 않는다.	(물음 2)

해 설

물음 1

계약의 범위가 확장되고 개별판매가격을 반영하는 계약변경이므로 별도계약으로 식별하여 회계처리 한다.

1. 기존 계약에서의 수익 : 88개 × 1,000 = 88,000
2. 별도 계약에서의 수익 : 50개 × 800 = 40,000

∴ 수익 : 128,000

물음 2

별도계약이 아니고 구별되는 재화이므로 계약 변경일 현재 기존 계약 중 이행된 부분은 종료하고 미이행된 부분과 추가된 부분을 합하여 새로운 계약으로 보아 회계처리한다.

1. 종료된 기존 계약에서의 수익 : 30개 × 1,000 = 30,000
2. 새로운 계약에서의 수익 : (170개×1,000 + 100개×800) ÷ 270개 × 108개 = 100,000

∴ 수익 : 130,000

기본예제 41 계약변경 – 일련의 구별되는 용역

결산일이 매년 말인 ㈜대한이 20x1년 1월 1일 ㈜민국과 체결한 청소용역 계약의 내용은 다음과 같다. 청소용역은 일련의 구별되는 용역인 단일의 수행의무에 해당한다.

- ㈜대한은 20x1년 1월 1일부터 20x2년 12월 31일까지 2년간 ㈜민국의 본사 건물을 일주일 단위로 청소하고, ㈜민국은 ㈜대한에게 연간 ₩600,000을 매연도말에 지급한다.
- 계약 개시시점에 그 용역의 개별 판매가격은 연간 ₩600,000이다. ㈜대한은 용역을 제공한 첫 연도인 20x1년에 ₩600,000을 수령하고 이를 수익으로 인식하였다.
- 20x1년 12월 31일에 ㈜대한과 ㈜민국은 계약을 변경하여 2차 연도의 용역대금을 ₩600,000에서 ₩540,000으로 감액하고 2년을 더 추가하여 계약을 연장하기로 합의하였다.
- 연장기간에 대한 총 대가 ₩1,020,000은 20x3년말과 20x4년말에 각각 ₩510,000씩 지급하기로 하였다.
- 2차 연도 개시일에 용역의 개별 판매가격은 연간 ₩540,000이며, 20x2년부터 20x4년까지 3년간 계약의 개별 판매가격의 적절한 추정치는 ₩1,620,000(연간 ₩540,000×3년)이다.

상기 자료를 기초로 연도별 용역수익을 아래의 표에 나타내시오.

구 분	20x1년	20x2년	20x3년	20x4년
용역수익	600,000	(물음1)	(물음2)	(물음3)

해설

1. 별도계약 검토 : ①과 ②를 모두 만족하지 않으므로 별도계약이 아닌 계약변경
   ① 계약범위의 확장 : 2년계약 → 4년 계약 ∴만족
   ② 계약변경일 현재 개별 판매가격을 반영한 대가 : 1,560,000 ≠ 1,620,000 ∴ 불만족

2. 별도계약이 아닌 계약변경
   계약변경일 현재 남아 있는 구별되는 청소용역(2년, 3년, 4년 청소용역)은 계약변경일 전에 이전한 청소용역(1년 청소용역)과 구별되므로 이 계약변경은 기존 계약을 종료하고 새로운 계약을 체결한 것처럼 회계처리 한다.

3. 남아 있는 구별되는 청소용역에 배분할 대가 : ① + ② = 1,560,000
   ① 아직 수익으로 인식하지 않은 고객이 약속한 대가 : 540,000
   ② 계약변경의 일부로 약속한 대가 : 510,000 + 510,000 = 1,020,000

4. 연도별 수익

구 분	20x1년	20x2년	20x3년	20x4년
용역수익	600,000	520,000	520,000	520,000

(*) 일련의 구별되는 남은 청소용역에 배분 : 1,560,000 ÷ 3년 = 520,000

기본예제 42 계약변경 – 일련의 구별되지 않는 용역

건설업을 운영하는 ㈜현대는 20x1년 초부터 고객A에게 건설용역을 제공하고 있으며 20x2년 초 설계와 관련된 계약변경을 합의하고 대가를 증액하였다. 계약변경은 별도계약은 아니며 계약변경 이전에 제공한 건설용역과 계약변경 이후에 제공할 건설용역은 구별되지 아니한다. 계약변경 자료가 다음과 같을 때 20x2년도 수익금액을 측정하시오.

구 분	20x1년	20x2년
총계약금액	₩1,000	W1,200
누적발생원가	200	600
총예정원가	400	800

해설

기존계약의 내용 중 일부의 내용이 변경된 것이며 변경된 내용으로 회계처리하면 된다.

1. 진행률
   (1) 1년도 : 200 ÷ 400 = 50%
   (2) 2년도 : 600 ÷ 800 = 75%

2. 수익
   (1) 1년도 수익 : 1,000 × 50% = 500
   (2) 2년도 수익 : 1,200 × 75% − 500 = 400

〈별해〉

(1) 1년도 수익 : 1,000 × 50% = 500

(2) 2년도 수익 : ① + ② = 400

① 계약변경 시점 : 1,200 × 50% − 500 = 100 (20x1년에 인식한 누적수익을 조정함)

② 2년말 시점 : 1,200 × 75% − 600 = 300

4-4. 계약변경 후에 생기는 거래가격의 변동

계약변경 후에 생기는 거래가격 변동은 다음의 지침을 적용하여 회계처리한다.

(1) 거래가격 변동이 계약변경 전에 약속했던 변동대가 때문이고 그 정도까지는 계약변경을 별도계약은 아니지만 나머지 재화나 용역이 계약변경일이나 그 전에 이전한 재화나 용역과 구별되는 경우에 적용하는 기준에 따라 회계처리한다면, 계약변경 전에 계약에서 식별된 수행의무에 거래가격 변동액을 배분한다.

(2) 계약변경을 별도 계약으로 회계처리하지 않는 다른 모든 경우에 거래가격 변동액은 변경된 계약상 수행의무(계약변경 직후 이행되지 않은 수행의무나 부분적으로 이행되지 않은 수행의무)에 배분한다

기본예제 43 계약변경 후에 발생한 거래가격 변동

다음 자료를 읽고 물음에 답하시오.

1. 결산일이 매년 말인 ㈜민국은 20x1년 3월 1일 구별되는 제품 A와 제품 B를 고객에게 이전하기로 계약하였다. 제품 A는 계약 시점에, 제품 B는 20x1년 10월 1일에 각각 고객에게 이전하기로 하였다. 고객이 약속한 대가는 총 ₩15,000으로, 여기에는 고정대가 ₩12,000과 불확실성이 해소될 때 이미 인식한 누적 수익금액 중 유의적인 부분을 되돌리지 않을 가능성이 매우 높다고 판단한 변동대가 ₩3,000이 포함되어 있다.

2. ㈜민국은 20x1년 7월 1일에 아직 고객에게 인도하지 않은 제품 B에 추가하여 또 다른 제품 C를 20x1년 12월 1일에 이전하기로 계약의 범위를 변경하고, 계약가격 ₩4,000(고정대가)을 증액하였는데, 이 금액이 제품 C의 개별 판매가격을 나타내지는 않는다.

3. ㈜민국은 20x1년 8월 1일에 권리를 갖게 될 것으로 예상한 변동대가의 추정치와 추정치의 제약을 재검토하여 변동대가를 ₩3,000에서 ₩4,200으로 수정하였다. ㈜민국은 이러한 변동대가 추정치 변경분을 거래가격에 포함할 수 있다고 결론지었다.

4. ㈜민국은 20x1년 9월 1일에 이미 이전한 제품 A에 사소한 결함이 있다는 것을 알게 되어 고객과 합의하여 고정대가를 ₩1,000만큼 할인해 주기로 하였다.

5. 제품 A, 제품 B, 제품 C의 일자별 개별 판매가격은 다음과 같다.

구 분	20x1년 3월 1일	20x1년 7월 1일	20x1년 8월 1일	20x1년 9월 1일
제품A	₩8,000	₩8,000	₩9,000	₩8,500
제품B	7,000	6,000	6,000	6,000
제품C	5,000	6,000	5,000	5,500

㈜민국이 제품 A, B, C를 약속시점에 모두 고객에게 이전하였다고 할 때, 20x1년 ㈜민국이 각 제품과 관련하여 수익으로 인식할 금액을 계산하시오.

구 분	제품A	제품B	제품C
수익	(물음1)	(물음2)	(물음3)

해설

1. 계약 개시 시점(3월 1일)

구 분	제품 A	제품 B	계
개별 판매가격	8,000	7,000	15,000
구성비율	8,000/15,000%	7,000/15,000%	15,000/15,000%
할인액의 배분	(1,600)	(1,400)	(3,000)
변동대가의 배분	1,600	1,400	3,000
거래가격의 배분	8,000	7,000	15,000
수익인식	3월 1일	10월 1일	

(*) 할인액 : 15,000 − 12,000(고정대가) = 3,000

2. 계약변경 시점

1) 별도계약 검토 : ①과 ②를 모두 만족하지 않으므로 별도계약이 아닌 계약변경

① 계약범위의 확장 : 제품 C 추가 ∴만족

② 계약변경일(7월 1일 현재) 개별 판매가격을 반영한 대가 ∴ 불만족

2) 7월 1일 현재 남아 있는 수행의무(제품 B와 C)는 계약변경일 전에 이전한 재화(제품 A)와 구별되므로 이 계약변경은 기존계약을 종료하고 새로운 계약을 체결한 것처럼 회계처리한다.

3) 새로운 계약의 거래가격 : ① + ② = 11,000

① 고객이 약속한 대가 중 아직 수익으로 인식하지 않은 대가 : 7,000(제품 B)

② 계약변경의 일부로 약속한 대가 : 4,000(제품 C)

4) 새로운 계약의 거래가격을 배분

구 분	제품 B	제품 C	계
개별 판매가격	6,000	6,000	12,000
구성비율	50%	50%	100%
할인액의 배분	(500)	(500)	(1,000)
거래가격의 배분	5,500	5,500	11,000
수익인식	10월 1일	12월 1일	

3. 계약변경 후 거래가격의 변동

계약변경(7월 1일) 후 거래가격의 변동이 두 건 발생하였다. 하나는 변동대가 추정치의 변동이며 다른 하나는 사소한 결함에 따른 변동이다. 계약변경 후 거래가격 변동에 적용하는 기준서의 지침에 따라 8월 1일의 변동분은 계약변경일 이후 변경된 계약상 수행의무에 배분하며 9월 1일의 변동분은 계약변경 전 수행의무와 명백히 관련한 대가의 변동이므로 계약변경 전 수행의무에 배분한다.

(1) 8월 1일의 거래가격 변동

거래가격 변동이 계약변경 전에 약속했던 변동대가 때문이고 계약변경을 별도계약은 아니지만 나머지 재화나 용역이 계약변경일이나 그 전에 이전한 재화나 용역과 구별되는 경우에 따라 회계처리하였으므로, 계약변경 전에 계약에서 식별된 수행의무(제품 A와 B)에 거래가격 변동액을 배분한다.

구 분	제품 A	제품 B	계
개별 판매가격	8,000	7,000	15,000
구성비율	8,000/15,000%	7,000/15,000%	15,000/15,000%
가격변동의 배분	640	560	1,200

(*) 여기서 제품 B에 배분한 ₩560을 다시 제품 B와 제품 C에 재배분해야 하는지에 대한 이슈가 존재할 수 있으나 계약변경 전에 약속한 변동대가로 인하여 거래가격이 변동된 것이므로 계약변경 이후의 수행의무인 제품 C에는 배분하지 않는 것이 배분의 목적에 부합한다.

(2) 9월 1일의 거래가격 변동

이미 종료된 계약의 수행의무(제품 A)에서 발생한 거래가격 변동이므로 할인액 ₩1,000을 전액 제품 A의 거래가격에서 차감한다.

4. 결론

구 분	제품 A	제품 B	제품 C	계
3월 1일				
개별 판매가격	8,000	7,000		15,000
구성비율	8,000/15,000%	7,000/15,000%		15,000/15,000%
할인액의 배분	(1,600)	(1,400)		(3,000)
변동대가의 배분	1,600	1,400		3,000
합 계	8,000	7,000		15,000
7월 1일				
개별 판매가격		6,000	6,000	12,000
구성비율		50%	50%	100%
할인액의 배분		1,200	1,200	(2,400)
변동대가		1,400		1,400
가격변동(8월1일)	640	560	-	1,200
가격변동(9월1일)	(1,000)	-		(1,000)
합 계	7,640	6,760	4,800	19,200
수익인식	3월 1일	10월 1일	12월 1일	

[참고]

8월 1일의 거래가격 변동 ₩1,200 중 제품 B에 배분된 ₩560으로 인하여 계약변경의 거래가격이 ₩11,000에서 ₩11,560으로 변동된다. 계약변경으로 인한 새로운 계약의 수행의무는 제품 B와 제품 C이므로 ₩560을 제품 B와 제품 C의 개별 판매가격의 상대적 비중으로 다시 배분할 수 있다. 이는 새로운 계약의 거래가격 변동이 제품 B에만 관련된다는 명백한 증거가 없다고 판단한 경우이며 각 제품별 수익금액은 다음과 같다.

구 분	제품 A	제품 B	제품 C	계
3월 1일				
개별 판매가격	8,000	7,000		15,000
구성비율	8,000/15,000%	7,000/15,000%		15,000/15,000%
할인액의 배분	(1,600)	(1,400)		(3,000)
변동대가의 배분	1,600	1,400		3,000
7월 1일				
개별 판매가격		6,000	6,000	12,000
구성비율		50%	50%	100%
할인액의 배분		(500)	(500)	(1,000)
가격변동(8월1일)	640	560		1,200
가격변동(8월1일)		(280)	280	–
가격변동(9월1일)	(1,000)			(1,000)
합 계	7,640	5,780	5,780	19,200
수익인식	3월 1일	10월 1일	12월 1일	

5. 복합거래

구별되는 재화와 구별되는 용역을 이전하는 하나의 계약을 고객과 체결할 수 있다. 구별되는 재화와 용역을 이전하는 약속을 식별해 낼 수 없는 결합산출물이 아닌 경우에는 거래가격을 각각의 수행의무에 배분하고 재화에 배분된 거래가격은 수행의무를 이행한 한 시점에 용역에 배분된 거래가격은 용역이 제공되는 기간에 걸쳐 수익을 인식해야 한다.

기본예제 44 복합거래

결산일이 매년 말인 ㈜대한은 통신장비인 제품 C의 판매와 통신서비스를 모두 제공하고 있다. ㈜대한은 통상적으로 제품 C를 한 대당 ₩300,000에 현금 판매하고, 통신서비스는 월 ₩2,500씩 24개월에 총 ₩60,000의 약정으로 제공하고 있다. ㈜대한은 신규 고객 유치를 위한 특별 행사로 20x1년 9월 1

일부터 20x1년 12월 31일까지 제품 C와 통신서비스를 결합하여 이용하는 고객에게는 현금보조금 ₩43,200을 계약체결일에 지급하고 있다. 이 결합상품은 20x1년 10월 1일과 12월 1일에 각각 10명과 20명의 고객에게 1인당 1개씩 판매되었다. ㈜대한이 20x1년에 특별행사로 판매한 제품 C와 통신서비스의 결합상품 판매로 인해 20x1년도와 20x2년도에 수익으로 인식할 금액을 각각 계산하시오.

해 설

1. 거래가격의 배분

구 분	제품 C	통신서비스	계
개별 판매가격	300,000	60,000	360,000
구성비율	300,000/360,000%	60,000/360,000%	360,000/360,000%
현금할인의 배분	(36,000)	(7,200)	(43,200)
합계	264,000	52,800	316,800
수익인식	한 시점	24개월	

2. 수익

(1) 10월 1일 계약 건

① 제품 수익 : 264,000 × 10명 = 2,640,000(1년도)

② 통신서비스 수익 : 52,800 × 10명 × 3개월/24개월 = 66,000(1년도)

③ 통신서비스 수익 : 52,800 × 10명 × 12개월/24개월 = 264,000(2년도)

(2) 12월 1일 계약 건

① 제품 수익 : 264,000 × 20명 = 5,280,000(1년도)

② 통신서비스 수익 : 52,800 × 20명 × 1개월/24개월 = 44,000(1년도)

③ 통신서비스 수익 : 52,800 × 20명 × 12개월/24개월 = 528,000(2년도)

∴ 1년도 수익 : 2,640,000 + 5,280,000 + 66,000 + 44,000 = 8,030,000

∴ 2년도 수익 : 264,000 + 528,000 = 792,000

chapter 13 연습문제

01 수행의무의 식별

한국채택국제회계기준 제1115호(고객과의 계약에서 생기는 수익)에서는 고객과의 계약에서 수행의무를 식별해야 한다.

1. A사는 고객에게 병원을 건설해 주는 계약을 체결하였다. A사는 그 프로젝트 전체를 책임지고 있으며, 엔지니어링, 부지 정리, 기초공사, 조달, 구조물 건설, 배관·배선, 장비 설치, 마무리 등을 포함한 여러 가지 약속한 재화와 용역을 식별한다.
2. B사(소프트웨어 개발자)는 2년 동안 소프트웨어 라이선스를 이전하고, 설치용역을 수행하며, 특정되지 않은 소프트웨어 갱신(update)과 기술지원(온라인과 전화)을 제공하는 계약을 고객과 체결하였다. 기업은 라이선스, 설치용역, 기술지원을 별도로 판매한다. 설치용역은 각 이용자 유형(예: 마케팅, 재고관리, 기술정보)에 맞추어 웹 스크린을 변경하는 것을 포함한다. 설치용역은 일상적으로 다른 기업이 수행하는데 소프트웨어를 유의적으로 변형하지 않는다. 소프트웨어는 갱신과 기술지원이 없어도 가동되는 상태이다.
3. C사는 장비를 판매하고 설치용역을 제공하기로 하는 계약을 고객과 체결한다. 그 장비는 어떠한 고객 맞춤화나 변형 없이 가동될 수 있다. 필요한 설치는 복잡하지 않고 몇몇 대체 용역 제공자가 수행할 수도 있다.
4. D사는 기성품 장비(어떤 유의적인 고객 맞춤화나 변형 없이 작동할 수 있음) 한 대와 3년에 걸쳐 미리 정해진 기간마다 장비에 사용할 특수 소모품을 제공하기로 하는 계약을 고객과 체결한다. E사만이 그 소모품을 생산하며 E사는 그 소모품을 별도로 판매한다.
5. E사는 고객의 건물에 대한 청소용역을 제공하는 계약을 체결하였다. 1주일에 1회 제공하는 청소용역이며 1년 계약의 거래가격은 ₩100,000이며 해당 고객과 3년 계약을 체결하였다.
6. 항공사인 H사는 고객충성제도로 마일리지를 부여한다. 마일리지는 고객에게 유의적인 권리이며 추후 항공서비스 이용 시 현금처럼 사용할 수 있다.

물음

다음 예시에 따라 답안을 완성하시오.

사례번호	수행의무의 수
7	2개

해설

구 분	구별되는 수행의무	수행의무
1	단일용역(∵구별 But 결합산출물)	1개
2	라이선스 이전, 설치용역 제공, 업데이트, 기술지원 각각이 구별됨	4개
3	장비 이전, 설치용역 각각이 구별됨	2개
4	장비 이전, 특수 소모품 각각이 구별됨	2개
5	단일용역(∵구별 But 일련의(series))	1개
6	여객운송, 마일리지 각각이 구별됨	2개

02 거래가격의 결정과 수익(1)

결산일은 12월 31일 이며 각 자료는 독립적이다.

〈자료 1〉

㈜미래는 20x1년 7월 1일, ₩1,000,000에 자산을 건설하기로 고객과 계약을 체결하였다. 해당 계약은 기간에 걸쳐 이행하는 수행의무이다. 계약에서는 계약일부터 24개월 이내에 건물을 완성하지 못하면, 위약금이 발생하며 위약금의 수준은 다음과 같다.

구 분	위약금(원)	확 률		
		×1. 7. 1.	×1. 12. 31.	×2. 12. 31.
24개월 초과 25개월 이하	100,000	5%	10%	2%
25개월 초과 26개월 이하	200,000	2%	5%	1%
26개월 초과	500,000	1%	2%	0%

건설계약에 대한 원가정보는 다음과 같으며 투입원가를 기초로 진행률을 산정한다.

구 분	×1. 12. 31.	×2. 12. 31.
누적실제 발생원가	200,000	720,000
완성에 필요한 추가원가	600,000	180,000
총예상원가	800,000	900,000

〈자료 2〉

㈜미래는 20x1년 1월 1일에 자산을 건설하기로 고객과 계약을 체결하였다. 자산을 이전하기로 한 약속은 기간에 걸쳐 이행하는 수행의무이다. 약속된 대가는 ₩2,500,000이지만, 자산의 완성 시기에 따라 증감될 것이다. 특히 20x2년 3월 31일까지 자산이 완성되지 않는다면, 약속된 대가는 그 다음 날부터 매일 ₩10,000씩 감소한다. 20x2년 3월 31일 전에 자산이 완성되면, 약속된 대가는 그 전날부터 매일 ₩10,000씩 증가한다.

그리고 자산이 완성되면, 제3자가 그 자산을 검사하고 계약에 규정된 척도에 기초하여 평점을 매길 것이다. 자산이 특정 평점을 받으면, ㈜미래는 장려금 ₩150,000에 대한 권리를 갖게 될 것이다. ㈜미래는 유사한 수행의무에 대하여 확률분석을 한 결과 약정일에 완공한 경우가 70%, 약정일 보다 6일 전에 완공한 경우가 20% 그리고 약정일 보다 6일 경과한 시점에 완공한 경우가 10%이다. 또한 특정 평점을 획득하여 장려금에 대한 권리를 획득한 경우가 80%정도 된다. ㈜미래는 건설대가는 기댓값으로 장려금은 최빈치의 값으로 추정한다.

〈자료 3〉

㈜미래는 A사와 20x1년 12월 31일에 제품 100개를 개당 ₩100에 판매하고 대금을 청구하였다. ㈜미래의 사업 관행은 고객이 사용하지 않은 제품을 30일 이내에 반품하면 전액을 환불받을 수 있도록 허용한다. 각 제품의 원가는 ₩60이다. ㈜미래는 97개의 제품이 반품되지 않을 것으로 추정하고 있다.

〈자료 4〉

㈜미래는 20x1년 12월 1일에 유통업자인 고객과 계약을 체결한다. ㈜미래는 계약 개시시점에 계약에 표시된 개당 가격 ₩100에 제품 1,000개를 이전한다. 유통업자인 고객은 최종 고객에게 제품을 판매할 때 약속한 대가를 지급할 의무가 생기며 통상적으로 제품을 획득한 날부터 90일 이내에 제품을 판매한다. 제품에 대한 통제는 20x1년 12월 1일에 고객에게 이전한다.
㈜미래는 고객과의 관계를 유지하기 위하여 고객에게 폭넓은 가격할인(price concessions)을 부여한다. 가격할인은 판매가격의 20% ~ 60%의 수준으로 그 범위가 넓다. ㈜미래는 가격할인의 불확실성이 매우 높은 것으로 판단하고 있으며 할인금액을 추정하기 위하여 범위 내에서 각각의 발생확률이 동일한 것으로 추정한다. ㈜미래는 인식한 누적 수익 중 미래의 불확실성이 해소되는 시점에 유의적인 금액을 되돌리지 않을 가능성이 가장 높은 금액은 ₩40,000으로 예상된다.
㈜미래는 20x1년 12월 31일에 변동대가 추정치의 제약을 포함하여 거래가격은 ₩50,000으로 예상된다.

〈자료 5〉

㈜미래는 제품 A를 개당 ₩100에 판매하기로 20x1년 1월 1일에 고객과 계약을 체결하였다. 고객이 제품 A를 1년 동안 1,000개 넘게 구매하면 개당 가격을 ₩90으로 소급하여 낮추기로 계약에서 정하였다. 따라서 계약상 대가는 변동될 수 있다.
20x1년 3월 31일로 종료되는 1분기에, ㈜미래는 고객에게 제품 A 75개를 판매하였다. ㈜미래는 고객이 20x1년에 할인을 받을 수 있는 1,000개의 임계치를 초과하여 구매하지는 않을 것이라고 추정한다.
고객은 20x1년 5월에 다른 회사와 합병하고, 20x1년 6월 30일로 종료되는 2분기에 ㈜미래는 추가로 제품 A 500개를 고객에게 판매하였다. 합병이라는 새로운 사실에 기초하여, 고객이 20x1년에 1,000개의 임계치를 초과하여 구매할 것이고, 따라서 개당 가격을 소급하여 ₩90으로 낮춰줄 것을 요구할 것으로 추정한다.

물음 1

<자료 1>을 기초로 다음 물음에 답하시오.

(1) 시점별 거래가격을 결정하시오.

시 점	거래가격
20x1년 7월 1일	①
20x1년 12월 31일	②
20x2년 12월 31일	③

(2) 연도별 수익을 결정하시오.

시 점	거래가격
20x1년	①
20x2년	②

물음 2

<자료 2>를 기초로 계약 개시시점에 거래가격을 결정하시오.

시 점	거래가격
20x1년 1월 1일	①

물음 3

<자료 3>을 기초로 계약 개시시점에 거래가격을 결정하고 분개를 제시하시오.

시 점	구 분
20x1년 12월 31일	① 거래가격
20x1년 12월 31일	② 회계처리

물음 4

<자료 4>를 기초로 시점별 거래가격을 결정하시오.

시 점	거래가격
20x1년 12월 1일	①
20x1년 12월 31일	②

물음 5

<자료 5>를 기초로 다음 물음에 답하시오.

시 점	구 분
20x1년 3월 31일	① 회계처리
20x1년 6월 30일	② 회계처리

해설

물음 1

(1) 거래가격 결정

① 1,000,000 × 92% + 900,000 × 5% + 800,000 × 2% + 500,000 × 1% = 986,000

② 1,000,000 × 83% + 900,000 × 10% + 800,000 × 5% + 500,000 × 2% = 970,000

③ 1,000,000 × 97% + 900,000 × 2% + 800,000 × 1% + 500,000 × 0% = 996,000

(2) 수익 인식

1. 진행률 : 25%(1년말), 80%(2년말)

2. 수익

① 970,000 × 25% = 242,500

② 996,000 × 80% − 242,500 = 554,300

물음 2

① 거래가격 : 2,506,000 (건설대가) + 150,000(장려금) = ₩2,656,000

(*) 건설대가 :

구 분	6일 전(20%)	3월 31일(70%)	6일 후(10%)
상황별 추정치	2,560,000	2,500,000	2,440,000

∴ 기댓값 : 2,560,000×20% + 2,500,000×70% + 2,440,000×10% = 2,506,000

(*) 장려금 : 150,000(가장 가능성이 높은 단일의 금액)

물음 3

① 거래가격 : (100개 − 3개) × 100 = 9,700

② 회계처리

차)	수취채권	10,000	대)	환불부채	300
				매출	9,700
차)	재고회수권	180	대)	제품	6,000
	매출원가	5,820			

물음 4

1. 거래가격의 범위 : 40,000 ~ 80,000
2. 거래가격의 기댓값 : 60,000(중간값)
3. 변동대가 추정의 제약 : 40,000(되돌리지 않을 가능성이 가장 높은 금액)
   ① 거래가격 : Min[60,000, 40,000] = 40,000
   ② 거래가격 : 50,000

물음 5

① 20x1년 3월 31일

차)	수취채권	7,500	대)	매출	7,500

(*) 75개 × 100 = 7,500

② 20x1년 6월 30일

차)	수취채권	50,000	대)	매출(*)	44,250
				환불부채	5,750

(*) 575개 × 90 − 75개 × 100 =44,250

03 거래가격의 결정과 수익(2)

다음의 독립적인 자료에 대하여 물음에 답하시오.

〈자료 1〉

20x1년 12월 31일, ㈜미래는 A사에게 제작한 건설 장비를 ₩1,500,000인도하였다. 건설 장비의 원가는 ₩800,000이다. 거래가격은 인도시점을 포함하여 3회 분할하여 매년 말에 회수한다. 또한 잔여금액에 5%를 약정이자로 수취한다. 계약 개시시점에 A사의 신용 특성을 반영한 할인율은 연 10%이며 현가계수는 다음을 사용한다.

단일금액 : 0.9091(1기간) , 0.8265(2기간)

〈자료 2〉

㈜미래는 20x1년 1월 1일에 제품을 판매하기로 B사와 계약을 체결하였다. 자산에 대한 통제 이전은 2년경과 후에 할 것이다. 계약에 의하면, B사는 ① 2년 후인 20x2년 12월 31에 ₩5,000을 지급하거나 ② 계약이 개시되는 시점인 20x1년 1월 1일에 ₩4,535를 지급하는 방법 중에서 선택할 수 있다. B사는 이 중에 ②를 선택하였고 ㈜미래는 현금을 수취하였다.
㈜미래는 이 계약에 내재된 이자율이 5%로 산정하였으며[$4,535 = 5,000 / (1 + 0.05)^2$]이는 고객과 별도 금융거래를 하는 경우 B사의 신용 특성을 반영한 이자율과 동일하다.

〈자료 3〉

㈜미래(결산일 12월 말)는 C고객에게 제품 100단위를 제공하는 계약을 체결하였다. 계약에 의하면 20x1년 11월 1일에 100단위를 인도하고 현금 ₩1,000,000과 C사 소유 부동산에 대한 임차권을 획득하였다. 계약 개시일 현재 제품 한 단위의 개별판매가격은 ₩20,000이며 임차권의 공정가치는 ₩900,000이다.

〈자료 4〉

㈜미래는 20x1년 1월 1일에 대형할인점 D마트와 제품 ₩15,000,000을 공급하기로 계약을 체결하고 즉시 인도하였다. 또한 계약 개시 시점에 ㈜미래는 D마트에게 ₩1,500,000을 지급하였다.

물음 1

<자료 1>을 기초로 시점별 회계처리를 제시하시오.

시 점	회계처리
20x1년 12월 31일	①
20x2년 12월 31일	②
20x3년 12월 31일	③

물음 2

<자료 2>를 기초로 시점별 회계처리를 제시하시오.

시 점	회계처리
20x1년 1월 1일	①
20x1년 12월 31일	②
20x2년 12월 31일	③

물음 3

<자료 3>을 기초로 회계처리를 제시하시오.

시 점	회계처리
20x1년 11월 1일	①

물음 4

<자료 4>에서 다음의 각 상황별로 수익과 비용을 제시하시오.

	구 분	수익	비용
①	D마트로부터 구별되는 용역을 제공받고 그 대가로 ₩1,500,000을 지급하는 경우(단, 제공받은 용역의 공정가치는 ₩1,500,000이다.)		
②	D마트로부터 구별되는 용역을 제공받고 그 대가로 ₩1,500,000을 지급하는 경우(단, 제공받은 용역의 공정가치는 ₩1,200,000이다.)		
③	D마트로부터 구별되는 용역을 제공받지 않았으나 ₩1,500,000을 지급하는 경우		

해설

물음 1

1. 거래가격(시간가치 고려) : 500,000 + 550,000×0.9091 + 525,000×0.8265 = 1,433,918

2. 수취채권 : 1,433,918 − 500,000 = 933,918

3. 상각후원가

일 자	유효이자	회수금액	상각	상각후원가
1년 말				933,918
2년 말	93,392	550,000	456,608	477,310
3년 말	47,690(*)	525,000	477,310	−

(*) 단수차이 조정

4. 회계처리

1년 말	차)	현금	500,000	대)	매출	1,433,918
		매출채권	933,918		제품	
	차)	매출원가	800,000	대)	제품	800,000
2년 말	차)	현금	550,000	대)	이자수익	93,392
					매출채권	456,608
3년 말	차)	현금	525,000	대)	이자수익	47,690
					매출채권	477,310

물음 2

1년 초	차)	현금	4,535	대)	계약부채	4,535
1년 말	차)	이자비용	227	대)	계약부채	227
		(*) 4,535 × 5% = 227				
2년 말	차)	이자비용	238	대)	계약부채	238
		(*) (4,535+227) × 5% = 238				
2년 말	차)	계약부채	5,000	대)	매출	5,000

물음 3

11월 초	차)	현금	1,000,000	대)	매출	1,900,000
		사용권자산	900,000			

(*) 비현금대가는 공정가치로 측정하여 거래가격에 포함한다.

물음 4

구 분	수 익	비 용
①	15,000,000	1,500,000
②	15,000,000 − 300,000 = 14,700,000	1,200,000
③	15,000,000 − 1,500,000 = 13,500,000	0

04 거래가격의 배분

〈자료 1〉

결산일이 매년 말인 ㈜미래는 제품 A, B, C를 ₩120에 판매하기로 고객과 계약을 체결하였다. 각 제품은 구별되는 재화로 제품 A는 1월말, B는 2월말, 그리고 C는 3월말에 이전한다. 대가는 제품 C를 이전한 시점에 무조건적인 수취 권리가 발생한다. 제품 별 개별 판매가격은 다음과 같다.

구 분	개별 판매가격	비 고
제품 A	₩50	직접 관측
제품 B	25	직접 관측
제품 C	?	원가 ₩50에 50%의 이윤을 가산함.

〈자료 2〉

㈜미래는 제품 A, B, C, D를 ₩130에 판매하기로 고객과 계약을 체결하였다. 각 제품은 구별되는 재화로 제품 A는 1월말, B는 2월말, C는 3월말, D는 4월 말에 이전한다. 대가는 제품 D를 이전한 시점에 무조건적인 수취 권리가 발생한다. 제품 별 개별 판매가격은 다음과 같다.

구 분	개별 판매가격	비 고
제품 A	₩50	직접 관측
제품 B	25	직접 관측
제품 C	50	직접 관측
제품 D	?	잔여접근법

물음 1

<자료 1>을 기초로 다음에 답하시오.

(1) 제품 C의 개별 판매가격은 얼마인가?
(2) 시점별 회계처리를 제시하시오.

물음 2

<자료 2>를 기초로 다음에 답하시오.

(1) 제품 C의 개별 판매가격은 얼마인가?
(2) 시점별 회계처리를 제시하시오.

해설

물음 1

(1) 제품 C의 개별 판매가격 : 50 × 1.5 = 75

(2) 회계처리

차)	계약자산	40	대)	매출(A)	40
차)	계약자산	20	대)	매출(B)	20
차)	수취채권	120	대)	매출(C)	60
				계약자산	60

(*) 5단계

수행의무	판매가격	배분비율	배분금액	수익인식
제품 A	50	50/150	40	At the point(1월 말)
제품 B	25	25/150	20	At the point(2월 말)
제품 C	75	75/150	60	At the point(3월 말)
계	150	100%	120	

물음 2

(1) 제품 D의 개별 판매가격 : 130 − [50(A) + 60(B+C)] = 20 (관측된 가격범위 이내)

(2) 회계처리

차)	계약자산	50	대)	매출(A)	50
차)	계약자산	20	대)	매출(B)	20
차)	계약자산	40	대)	매출(C)	40
차)	수취채권	130	대)	매출(D)	20
				계약자산	110

(*) 5단계

수행의무	판매가격	할인액	거래가격배분	수익인식
제품 A	50	−	50	At the point(1월 말)
제품 B	25	(5)	20	At the point(2월 말)
제품 C	50	(10)	40	At the point(3월 말)
소계	125	(15)	110	
제품 D			20	At the point(4월 말)
합계			130	

05 계약변경(1)

결산일이 12월 말인 ㈜미래는 20x1년 10월 1일에 제품(X) 120개를 ㈜종로에게 ₩12,000(개당 ₩100)에 판매하기로 계약하였고 20x1년에 60개, 20x2년 상반기에 60개의 제품이 이전되었다. 한편, ㈜미래는 20x2년 1월 1일에 제품(X) 60개를 20x2년 말까지 추가 납품하기로 ㈜종로와 계약을 변경하였다. 계약 변경과 관련하여 추가 제품 60개에 대한 거래대가는 ₩5,700(개당 ₩95)이며 20x2년 상반기와 하반기에 추가 제품 30개가 각각 이전되었다.

물음 1

계약변경은 (1) 별도계약인 경우, (2) 별도계약은 아니지만 계약변경 전과 후에 제공할 재화나 용역을 구분할 수 있는 경우, (3) 별도계약은 아니며 기존계약의 일부가 수정되는 경우로 구분된다. 아래의 답안 형식에 따라 ㈜미래가 보고할 수익금액을 제시하시오.

계약변경	20x1년	20x2년		수익합계 (1년+2년)
		상반기 수익	하반기 수익	
(1)				
(2)				
(3)				

물음 2

계약변경을 별도계약으로 식별하기 위하여 갖추어야 할 속성을 서술하시오.

해설

물음 1

계약변경	20x1년	20x2년		수익합계 (1년+2년)
		상반기 수익	하반기 수익	
(1)	6,000	8,850	2,850	17,700
(2)	6,000	8,775	2,925	17,700
(3)	6,000	8,750	2,950	17,700

1. 수익합계(1년+2년) : 12,000 + 5,700 = 17,700 (공통)
2. 20x1년 수익 : 60개 × 100 = 6,000 (공통)
3. 20x2년 수익(상반기)
   (1) 60개 × 100 + 30개 × 95 = 8,850
   (2) 90개 × (6,000 + 5,700)/120개 = 8,775
   (3) 150개 × (12,000 + 5,700)/180개 − 6,000(전기누적매출) = 8,750
4. 20x2년 수익(하반기) : 나머지

물음 2

계약변경이 계약범위가 확장되고 계약변경으로 인한 대가가 계약변경시점의 개별판매가격을 적절히 반영하여 조정된 경우라면 별도계약으로 식별한다.

06 계약변경(2)

다음 각 자료는 독립적이다.

〈자료 1〉

결산일이 12월 말인 ㈜대치는 20x1년 10월 1일에 제품(X) 120개를 고객에게 ₩12,000(개당 ₩100)에 판매하기로 약속하였다. 제품은 6개월에 걸쳐 고객에게 이전되며 20x1년 말까지 총 60개의 제품이 이전되었다. 한편, ㈜대치는 20x1년 12월 31일에 기존계약을 변경하고 제품(X) 30개를 3개월에 걸쳐 추가 납품하며 거래가격을 ₩12,000에서 ₩14,550으로 증액하였다. 또한 계약 변경과정에서 고객은 이미 이전받은 최초 제품 60개에 그 인도된 제품 특유의 사소한 결함이 있음을 주장하였고 ㈜대치는 그 제품의 낮은 질에 대한 보상으로 고객에게 개당 ₩15씩의 환불을 약속하였다.

〈자료 2〉

결산일이 12월 말인 ㈜현대는 20x1년 7월 1일, A사에게 구별되는 제품 X와 Y를 이전하는 계약을 체결하였다. 제품 X는 계약 개시시점에 고객에게 이전하였고 제품 Y는 20x2년 3월 31일에 이전한다. 해당 계약의 거래가격은 변동대가를 포함하며 제품 Y를 이전한 후에만 거래가격 전체를 청구할 수 있다. 제품 X와 Y의 시점별 개별판매가격은 다음과 같다.

구 분	X	Y
20x1년 7월 1일	₩700	₩700
20x1년 12월 31일	₩702	₩858

〈자료 3〉

결산일이 매년 말인 ㈜미래는 국내 호텔 및 리조트의 관리 및 운영 용역을 제공하는 기업이다. ㈜미래는 20x5년 초에 부산에 위치한 ㈜해운대리조트의 관리 및 운영 용역 계약을 체결하였다. 관련 계약 내용은 다음과 같다.

- 계약기간 : 20x5년 1월 1일부터 20x7년 12월 31일까지 (3년)
- 계약금액 : 연간 ₩12,000,000 (매년 초 선수 조건)
- 인센티브 : 기준매출(계약 전 과거 3년 평균매출) 대비 증가액의 10%

물음 1

<자료 1>을 기초로 다음 물음에 답하시오. 단, 계약변경은 별도계약은 아니다.

⑴ ㈜대치가 20x1년 말에 보고할 다음 항목을 제시하시오.

구 분	금 액
현　　금	₩6,000
환불부채	①
수　　익	②

⑵ ㈜대치는 20x2년에 90개의 제품 X를 이전하고 현금을 수취하였다. ㈜대치의 회계처리를 제시하시오.

물음 2

<자료 2>를 기초로 다음 물음에 답하시오.

⑴ ㈜현대는 계약 개시시점에 변동대가 추정의 제약을 고려한 거래가격을 ₩1,500으로 추정한 경우 20x1년 7월 1일의 회계처리를 제시하시오.

⑵ 결산일에 ㈜현대는 거래가격을 ₩1,600(변동대가 제약 포함)으로 변경하였다. 20x1년 12월 31일의 회계처리를 제시하시오.

⑶ 20x2년 3월 31일에 ㈜현대가 수행할 회계처리를 제시하시오. 단, 거래가격은 ₩1,600으로 동일하다.

물음 3

<자료 3>에 제시된 계약금액은 연도 초에 결정된 소비자 물가지수에 연동하여 결정된다. 시점별 소비자물가지수와 ㈜해운대리조트의 매출 정보는 다음과 같다.

〈추가자료〉

구 분	20x5년 초	20x6년 초	20x7년 초
물가지수	100	103	106

구 분	20x2년	20x3년	20x4년	20x5년	20x6년	20x7년
매출	20억	19억	15억	25억	22억	23억

제시된 <자료 3>과 <추가자료>를 이용하여 ㈜미래가 보고할 연도별 수익금액을 결정하시오.

구 분	20x5년	20x6년	20x7년
수익	①	②	③

해설

물음 1

(1) ① 환불부채 : 900 ② 수익 : 5,100

차)	현금	6,000	대)	매출	5,100
				환불부채	900

(*) 환불부채 : 60개 × 15 = 900
(*) 매출 : 60개 × 100 − 900 = 5,100

(2) 회계처리

차)	현금	8,550	대)	매출	8,550
	환불부채	600		현금	900

(*) 새로운 계약(90개 이전 약속)의 거래가격 : 6,000(기존) + 2,550(추가) = 8,550
(*) 매출 : 8,550

물음 2

<5단계>

수행의무	개시시점 판매가격	배분비율	거래가격	거래가격 후속변동	수익인식
제품 X	700	50%	750	50	7월 초
제품 Y	700	50%	750	50	3월 말
계	1,400	100%	1,500	100	

(1) 회계처리

차)	계약자산	750	대)	매출(X)	750

(*) 거래가격 배분(X) : 1,500 × 50%(개시일 배분비율) = 750

(2) 회계처리

차)	계약자산	50	대)	매출(X)	50

(*) 거래가격 배분(X) : 1,600 × 50%(개시일 배분비율) = 800
(*) 수익조정 : 800 − 750 = 50

(3) 회계처리

차)	수취채권	1,600	대)	매출(Y)	800
				계약자산	800

(*) 거래가격 배분(X) : 1,600 × 50%(개시일 배분비율) = 800

(*) 수익조정 : 800 − 800 = 0
(*) 거래가격 배분(Y) : 1,600 × 50%(개시일 배분비율) = 800
(*) 수익조정 : 800

물음 3

구 분	20x5년	20x6년	20x7년
수익	① 82,000,000	② 52,360,000	③ 62,720,000

1. 20x5년
계약수익 : 12,000,000
인센티브수익 : (2,500,000,000 − 1,800,000,000) × 10% = 70,000,000

∴ 수익 : 82,000,000
(*) 기준매출 : (20억+19억+15억) / 3년 = 18억

2. 20x6년
계약수익 : 12,000,000 × 103/100 = 12,360,000
인센티브수익 : (2,200,000,000 − 1,800,000,000) × 10% = 40,000,000

∴ 수익 : 52,360,000

3. 20x7년
계약수익 : 12,000,000 × 106/100 = 12,720,000
인센티브수익 : (2,300,000,000 − 1,800,000,000) × 10% = 50,000,000

∴ 수익 : 62,720,000

〈해설〉

소비자물가지수에 따라 대가가 조정되는 경우 이는 변동대가에 해당한다. 기준서에서는 단일의 수행의무를 이행하기 위한 구성요소로서 특정 구성요소와 관련된 변동대가와 그 추정치(제약 포함)의 변경은 그 구성요소에만 배분한다.

07 보증

〈자료〉

㈜전자는 컴퓨터를 제조 및 판매하는 회사로서 20x1년과 20x2년 12월 31일에 각각 500대와 800대의 컴퓨터를 대당 ₩1,000에 판매하였다. ㈜전자의 매출총이익률은 40%이다. ㈜전자는 판매시점부터 1년간 무상으로 제품수리보증을 해 주고 있다. 그리고 고객은 제품을 구매할 때 원하는 경우 1 년의 추가보증을 대당 ₩200에 구매할 수 있다. 1년 추가보증과 함께 판매한 컴퓨터 수량은 전체 판매량의 20%이다. 보증활동은 지속적이다.

보증수리 청구 유형별 최선의 추정치에 의한 보증수리비용 및 판매 제품에 대한 보증수리 발생확률은 아래의 표에 제시되어 있다. 보증수리 발생확률은 20x1년과 20x2년에 동일하게 적용된다.

보증수리유형	보증수리 건당 추정비용	보증수리 발생확률	
		판매후 1년이내	판매후 2년이내
본체	₩100	8%	14%
통신장비	50	4%	9%
모니터	200	2%	5%

매입 및 매출과 관련해서는 현금 거래를 가정하고, 화폐의 시간가치는 무시하시오.

물음 1

<자료>를 기초로 20x1년 12월 31일 ㈜전자가 수행할 회계처리(기말수정분개 포함)를 제시하시오.

물음 2

<자료>를 기초로 20x1년 12월 31일 판매된 컴퓨터에 대한 보증수리비용 ₩4,000이 20x2년에 발생하였다.

(1) 위의 주어진 정보 이외의 다른 비용 및 수익은 없다고 가정하고, 20x2년 ㈜전자의 당기순손익을 구하시오.

(2) 20x2년 12월 31일 ㈜전자가 부채로 보고해야 할 항목 및 잔액을 구하시오.

물음 3

기업이 고객에게 약속한 보증은 확신유형과 용역유형으로 구분할 수 있다. 이를 구분하기 위하여 고려할 기준서상의 지표를 간단히 서술하시오.

해설

물음 1

차)	현금	500,000	대)	매출	500,000
	매출원가	300,000		제품	300,000
	판매보증비	7,000		제품보증충당부채	7,000
차)	현금	20,000	대)	계약부채	20,000

(*) 매출 : 500대 × 1,000 = 500,000

(*) 매출원가 : 500,000 × (1 − 40%) = 300,000

(*) 제품단위당 보증비용 추정치 : 100 × 8% + 50 × 4% + 200 × 2% = 14

(*) 충당부채 : 500대 × 14 = 7,000

(*) 계약부채(보증구매권 : 별도의 수행의무) : 500대 × 20% × 200 = 20,000

물음 2

(1) 당기순이익

① 매출총이익 : 800대 × 1,000 × 40% = 320,000

② 제품보증충당부채환입 : 7,000(전기말충당부채) − 4,000(실제보증비) = 3,000

③ 제품보증비용 : 800대 × 14 = 11,200

④ 당기순이익: 320,000 + 3,000 − 11,200 = 311,800

(2) 부채

① 계약부채(이연보증수익) : 52,000

전기판매분 이연보증수익 : 20,000(내년부터 수익으로 환입한다.)

당기판매분 이연보증수익 : 800대 × 20% × 200 = 32,000

② 제품보증충당부채 : 11,200

③ 부채합계 : 63,200

물음 3

- 법적 의무 − 법적의무에 의한 보증은 별도의 수행의무를 생기게 하지 않는다. 고객을 보호하기 위한 목적이기 때문이다.
- 보증의 기간 − 일반적으로 보증의 기간이 길수록 확신에 더하여 용역이 제공될 가능성이 높으므로 별도의 수행의무를 생기게 한다.
- 기업이 수행하기로 약속한 업무의 특성 − 제품이 합의된 규격에 부합한다는 확신을 주기 위해 기업이 정해진 업무를 수행할 필요가 있다면, 그 업무는 수행의무를 생기게 할 가능성은 낮다.

08 본인과 대리인

결산일이 매년 말인 ㈜미래는 K항공사가 대중에게 직접 판매하는 항공권 가격에 비해 낮은 요금으로 항공권을 구매하기 위해 K항공사와 협상하였다. ㈜미래는 k항공사와 20x1년 12월 1일에 다음의 계약을 체결하였다.

- 항공노선 : 서울 – 부산 (편도노선)
- 출발일자 : 20x2년 1월 5일
- 구매가격 : K항공사가 대중에게 직접 판매하는 항공권 가격의 75%
- 인센티브 : ㈜미래가 항공권 1,000매를 초과하여 판매하는 경우 K항공사는 ㈜미래에게 ₩500,000을 지급하기로 약정함.

㈜미래는 구매한 항공권의 원가에 대하여 20%를 목표이익으로 설정한 가격으로 고객에게 재판매하고 있다. ㈜미래는 20x1년 12월 한 달 동안 K항공사로부터 현금으로 구입한 항공권 1,100매를 재판매하였고 12월 31일에 수익금액을 청구하였다. 고객이 K항공사로부터 직접 구매하는 경우에 해당 항공권의 가격은 1매당 ₩300,000이다.

물음 1

㈜미래는 항공권의 재판매시점에 수익을 인식하며 K항공사의 대리인이 아니라고 가정하는 경우 20x1년도의 재무제표에 보고할 아래의 항목을 답하시오. 금액이 없는 경우 '없음'으로 표시하시오.

구 분	㈜미래	K항공사
수익	①	②

물음 2

㈜미래는 항공권의 재판매시점에 수익을 인식하며 K항공사의 대리인이라고 가정하는 경우 20x1년도의 재무제표에 보고할 아래의 항목을 답하시오. 금액이 없는 경우 '없음'으로 표시하시오.

구 분	㈜미래	K항공사
수익	①	②

물음 3

20x2년 1월 5일에 K항공사가 인식할 수익은 얼마인가? 금액이 없는 경우 '없음'으로 표시하시오.

해설

물음 1

구 분	㈜미래	K항공사
수익	① 297,500,000	② 없음

1. ㈜미래의 항공권 재판매가격 : 300,000 × 75% × (1 + 20%) = 270,000

2. ㈜미래의 항공권 구매가격 : 300,000 × 75% = 225,000

3. ① 297,500,000
   - 항공권 판매수익 : 1,100매 × 270,000 = 297,000,000
   - 인센티브 수익 : 500,000

   ∴ 수익총액 : 297,500,000

4. ② 고객에게 약속한 수행의무(여객운송)를 이행하지 아니하였으므로 보고할 수익은 없다.

물음 2

구 분	㈜미래	K항공사
수익	① 50,000,000	② 없음

1. ① 50,000,000
   - 항공권 판매수수료 : 1,100매 × (270,000 − 225,000) = 49,500,000
   - 인센티브 수익 : 500,000

   ∴ 수익총액 : 50,000,000

2. ② 고객에게 약속한 수행의무(여객운송)를 이행하지 아니하였으므로 보고할 수익은 없다.

물음 3

1. 운송수익 : 1,100매 × 225,000 = 247,500,000
2. 리베이트 차감 : 500,000

∴ 수익총액 : 247,000,000

〈해설〉

1. 본인의 경우 유입총액을 수익으로 보고하며 대리인인 경우 유입총액에서 유출총액을 차감한 순액(또는 수수료)을 수익으로 보고한다.
2. K항공사가 ㈜미래에게 지급한 인센티브는 고객에게 지급한 대가이며 구별되는 재화나 용역에 대한 대가가 아니므로 수익에서 차감한다.

09 고객의 선택권

〈상황 1〉

결산일이 12월 말인 ㈜미래는 제품 A를 현금 ₩100에 판매하기로 계약을 체결하였다. 이 계약의 일부로 기업은 앞으로 30일 이내에 ₩100 한도의 구매에 대해 40% 할인권을 고객에게 제공한다. 해당 권리는 고객에게 유의적인 권리를 제공한다.

㈜미래는 계절 판촉활동의 일환으로 앞으로 30일 동안 모든 판매에 10% 할인을 제공할 계획이다. 10% 할인은 40% 할인권에 추가하여 사용할 수 없다.

물음 1

㈜미래는 고객의 80%가 할인권을 사용하고 추가 제품을 평균 ₩50에 구매할 것이라고 추정한다. ㈜미래가 부여한 할인권의 개별 판매가격을 추정하시오.

물음 2

제품 A의 판매와 관련하여 ㈜미래가 수행할 분개를 제시하시오.

물음 3

㈜미래는 부여한 할인권의 30%가 회수되었으며 계약 개시시점에서 추정한 할인권 사용비율을 80%에서 60%로 하향조정하였다. 할인권의 회수와 관련하여 수행할 분개를 제시하시오.

〈상황 2〉

결산일이 12월 말인 ㈜종로는 구매 ₩10당 고객충성포인트 1점을 고객에게 보상하는 고객충성제도를 운영한다. 각 포인트는 기업의 제품을 미래에 구매할 때 ₩1의 할인과 교환할 수 있으며 고객의 권리는 유의적이다. 당해 연도(20x1년)에 고객은 제품을 ₩100,000에 구매하고 미래 구매에 교환할 수 있는 10,000포인트를 얻었다. 대가는 고정금액이고 구매한 제품의 개별 판매가격은 ₩100,000이다. ㈜종로는 9,500포인트가 교환될 것으로 예상하고 이러한 가능성에 기초하여 포인트당 개별 판매가격을 ₩0.95으로 추정하였다.

20x1년 말 현재 4,500포인트가 교환되었고 ㈜종로는 전체적으로 9,500포인트가 교환될 것으로 계속 예상한다. 20x2년 말 현재 8,500포인트가 누적적으로 교환되었다. ㈜종로는 교환될 포인트 추정치를 새로 수정하고, 이제 9,700포인트가 교환될 것으로 예상한다.

물음 4

㈜종로가 20x1년에 보고할 수익과 보고기간 말 현재 계약부채로 보고할 금액은 각각 얼마인가?

물음 5

㈜종로가 20x2년에 보고할 수익과 보고기간 말 현재 계약부채로 보고할 금액은 각각 얼마인가?

해설

물음 1

할인권의 개별 판매가격 추정 : 50 × 30% × 80% = 12

물음 2

1. 거래가격 산정 : 100

2. 거래가격 배분 :

수행의무	판매가격	배분비율	배분액	수익인식시점
제품	100	100/112	89	인도시점
고객선택권	12	12/112	11	할인권 사용시점
계	112	100%	100	

3. 분개

차)	현금	100	대)	매출	89
				계약부채	11

물음 3

차)	계약부채	5.5	대)	매출	5.5

(*) 11 × 30% / 60% = 5.5

물음 4

1. 거래가격 산정 : 100,000

2. 거래가격 배분 :

수행의무	판매가격	배분비율	배분액	수익인식시점
제품	100,000	100,000/109,500	91,324	인도시점
포인트	9,500	9,500/109,500	8,676	포인트 사용시점
계	109,500	100%	100,000	

3. 수익 : 91,324(제품) + 8.676 × 4,500포인트 ÷ 9,500포인트 = 95,434

4. 계약부채 : 8,676 − 4,110 = 4,566

물음 5

수익 : 8.676 × 8,500포인트 ÷ 9,700포인트 − 4,110 = 3,493
계약부채 : 4,566 − 3,493 = 1,073

10 라이선싱

〈자료 1〉

제약회사인 ㈜미래는 ㈜과거와 승인된 약품에 대한 특허권을 고객에게 2년 동안 라이선스하고 승인된 약품의 제조도 약속하는 계약을 20x1년 1월 1일에 체결하였고 계약의 내용은 다음과 같다.

- 특허권 라이선스 대가(2년) : ₩20,000,000 + 약품 매출 × 2%
- 제조용역 대가(2년) : ₩30,000,000

〈추가자료〉

1. 약품 관련 ㈜과거의 20x1년과 20x2년의 매출은 각각 ₩100,000,000과 ₩120,000,000이다.
2. 약품의 제조용역은 기간에 걸쳐 이행되는 수행의무이며 20x1년도의 진행률은 40%이다.
3. 양 사의 결산일은 매년 말이며 화폐의 시간가치는 고려하지 아니한다.

〈자료 2〉

㈜노노치킨은 20x1년 초, 고객 L과 계약을 체결하고 3년 동안 ㈜노노치킨의 상호를 사용하고 관련 상품을 판매할 권리를 제공하는 프랜차이즈 라이선스를 부여하기로 약속하였다. 라이선스에 추가하여 ㈜노노치킨은 프랜차이즈 상점을 운영하기 위해 필요한 장비를 제공하기로 약속한다.

㈜노노치킨은 프랜차이즈 본사로서, 소비자의 선호 변화를 분석하고 프랜차이즈 상호를 지원하기 위해 제품 개선, 가격 전략, 마케팅 캠페인, 운영의 효율화 등의 활동을 지원하기로 한다. 관련 계약 내용은 다음과 같다.

- 프랜차이즈 대가
  계약 체결 시점에서의 일시불 조건 : ₩300,000
  가맹점의 연간 매출액의 일정비율 수취 조건 : 연간 매출을 정산하고 차기에 청구함.
- 장비이전 대가 : ₩150,0000 (20x1년 초 이전하며 이전과 동시에 대금 청구)

물음 1

<자료 1>을 기초로 다음의 각 상황에서 ㈜미래의 연도별 수익금액은 얼마인가?

상 황	20x1년	20x2년
(1) 라이선스를 제조용역과 구별할 수 없는 경우	①	②
(2) 접근권인 라이선스는 제조용역과 구별할 수 있는 경우	③	④
(3) 사용권인 라이선스는 제조용역과 구별할 수 있는 경우	⑤	⑥

물음 1

라이선스의 성격을 접근권으로 판단할 수 있는 지표를 서술하시오.

물음 3

<자료 2>를 기초로 가맹점의 20x1년도 매출이 ₩1,000,000일 때 20x1년에 ㈜노노치킨이 수행할 분개를 제시하시오.

해설

물음 1

(1) 단일의 수행의무로 식별

1. 거래가격 : 50,000,000 + 매출 × 2%
2. 연도별 수익 :
   ① 50,000,000 × 40% + 100,000,000 × 2% = 22,000,000 (20x1년)
   ② 50,000,000 × 60% + 120,000,000 × 2% = 32,400,000 (20x2년)

(2) 접근권과 제조용역을 각각의 수행의무로 식별

③ 20,000,000 ÷ 2년 + 30,000,000 × 40% + 100,000,000 × 2% = 24,000,000 (20x1년)
④ 20,000,000 ÷ 2년 + 30,000,000 × 60% + 120,000,000 × 2% = 30,400,000 (20x2년)

(3) 사용권과 제조용역을 각각의 수행의무로 식별

⑤ 20,000,000 + 30,000,000 × 40% + 100,000,000 × 2% = 34,000,000 (20x1년)
⑥ 30,000,000 × 60% + 120,000,000 × 2% = 20,400,000 (20x2년)

물음 2

아래의 지표를 모두 만족하는 경우 해당 계약은 일정기간 동안 존재하는 기업의 지적재산에 대하여 접근할 수 있는 고객의 권리를 정한 것이다.

- 고객은 기업의 지적재산에 유의적으로 영향을 미칠 수 있는 활동을 계약에서 정하거나 요구할 수 있다.
- 기업의 활동의 결과에 따른 변화를 고객이 실행하도록 요구하고 따라서 고객이 그 활동의 긍정적 또는 부정적 영향에 노출된다.
- 고객이 그 활동에서 효익을 얻을 수 있을지라도, 그 활동이 행해짐에 따라 고객에게 재화나 용역을 이전하지는 않는다.

물음 3

20x1년 1월 1일

차)	현금	300,000	대)	계약부채(*)	300,000
차)	수취채권	150,000	대)	장비매출	150,000

(*) 3년간 지적재산에 접근할 수 있는 권리임. 따라서 기간에 걸쳐 수익인식함.

20x1년 12월 31일

차)	계약부채	100,000	대)	프랜차이즈매출	100,000
차)	계약자산	50,000	대)	프랜차이즈매출	50,000

(*) 프랜차이즈매출 : 300,000 ÷ 3년 + 1,000,000 × 5% = 150,000

〈해설〉

1. 라이선스 : 기업의 재적재산의 권리를 고객에게 부여하는 계약

2. 라이선스 수수료에 대한 수익인식 구조
   (1) 고객에게 라이선스만 제공하는 경우
      ① 접근권 : 라이선스 기간 동안 수익을 인식
      ② 사용권 : 라이선스 부여시점에 수익을 인식
      ③ 매출 연동 라이선스 수수료 : 라이선스 성격과 무관하게 발생주의 적용
   (2) 고객에게 라이선스와 함께 다른 재화나 용역을 제공하는 경우
      ① 다른 재화나 용역과 라이선스를 구별할 수 없는 경우
      라이선스와 다른 재화나 용역을 함께 단일의 수행의무로 식별하고 한 시점(At the point)에 수익을 인식할지 아니면 기간(Period)에 걸쳐 수익을 인식할지를 결정한다.
      ② 다른 재화나 용역과 라이선스를 구별할 수 있는 경우
      • 재화나 용역 : 일반적으로 재화는 한 시점(At the point) 용역은 기간(Period)에 걸쳐 인식
      • 라이선스 : 사용권이면 한 시점(At the point) 접근권이면 기간(Period)에 걸쳐 인식

Chapter 14

종업원급여와 주식기준보상

1. 종업원급여
2. 주식기준보상

SECTION 1

종업원급여

종업원급여란 종업원이 제공한 근무용역의 대가로 또는 종업원을 해고하는 대가로 기업이 제공하는 모든 종류의 보수를 말한다. 기준서 제1019호 '종업원급여'의 목적은 종업원급여의 회계처리와 공시사항을 정하는 것이며 기준서 제1102호 '주식기준보상'을 적용하는 경우를 제외한 모든 종업원급여의 회계처리에 적용한다.

종업원급여는 이 기준서에 따라 다음과 같이 인식한다.

- 미래에 지급할 종업원급여의 대가로 종업원이 근무용역을 제공할 때 부채를 인식
- 종업원급여의 대가로 종업원이 제공하는 근무용역에서 생기는 경제적 효익을 기업이 소비할 때 비용을 인식

1. 종업원급여의 유형

종업원급여는 다음으로 구분한다.

- 단기종업원급여 : 종업원이 관련 근무용역을 제공하는 연차 보고기간 후 12개월이 되기 전에 모두 결제될 것으로 예상하는 종업원급여. 단, 해고급여는 제외한다.
- 퇴직급여 : 퇴직 후에 지급하는 종업원급여. 단, 해고급여와 단기종업원급여는 제외한다.
- 기타장기종업원급여 : 단기종업원급여, 퇴직급여, 해고급여를 제외한 종업원급여
- 해고급여 : 다음 중 어느 하나의 결과로서, 종업원을 해고하는 대가로 제공하는 종업원급여
  ① 기업이 통상적인 퇴직시점 전에 종업원을 해고하는 결정
  ② 종업원이 해고의 대가로 기업에서 제안하는 급여를 받아들이는 결정

2. 단기종업원급여

단기종업원급여에는 다음과 같은 급여가 포함된다. 다만, 종업원이 관련 근무용역을 제공하는 연차 보고기간 말 후 12개월이 되기 전에 모두 결제될 것으로 예상되는 경우로 한정한다.

- 임금, 사회보장분담금
- 유급연차휴가와 유급병가
- 이익분배금, 상여금
- 비화폐성 급여(예: 의료, 주택, 자동차, 무상이나 일부 보조로 제공하는 재화·용역)

결제 예상시기가 일시적으로 바뀐다면 단기종업원급여를 재분류할 필요는 없다. 그러나 급여의 특성이 달라지거나(비누적 급여에서 누적 급여로 변경)하거나 결제 예상시기의 변동이 일시적이지 않다면, 그 급여가 단기종업원 급여의 정의를 계속 충족하는지를 고려한다.

2-1 인식과 측정

종업원이 회계기간에 근무용역을 제공할 때, 그 대가로 지급이 예상되는 단기종업원급여를 할인하지 않은 금액으로 다음과 같이 인식한다.

- 이미 지급한 금액이 있다면 이를 차감한 후 부채(미지급비용)로 인식한다. 이미 지급한 금액이 해당 급여의 할인하지 않은 금액보다 많은 경우, 그 초과액으로 미래 지급액이 감소하거나 현금이 환급된다면 그 만큼을 자산(선급비용)으로 인식한다.
- 다른 기준서에 따라 해당 급여를 자산의 원가에 포함하는 경우가 아니라면, 비용으로 인식한다.

기본예제 1 임금과 4대 보험

결산일이 매년 말인 ㈜현대는 20x1년 12월 말 임금과 4대 보험에 대한 회계처리를 하고자 한다. 12월의 근무용역에 대한 급여는 ₩1,000,000이며 익년 1월 10일에 지급한다. 급여 지급액 중 임직원이 부담해야 할 4대 보험료는 ₩100,000이며 ㈜현대가 부담해야 할 4대 보험료는 ₩120,000이다.

물음 1 임금 및 4대 보험에 대한 회계처리를 제시하시오.

물음 2 급여 중 60%는 제조 관련 원가이며 10%는 연구 관련 원가이다. 나머지 급여는 모두 일반 관리비에 해당한다. 단, 12월 생산품 중 기말재공품은 없으며 판매된 재고자산도 없다. 임금 및 4대 보험을 배분하는 회계처리를 제시하시오.

해설

물음 1

						손익효과
1년 12월말 - 급여발생						
차)	급여	1,000,000	대)	예수보험료	100,000	(1,000,000)
				미지급급여	900,000	
	복리후생비	120,000	대)	미지급보험료	120,000	(120,000)

물음 2

						손익효과
1년 12월말 - 급여배분						
차)	재고자산	600,000	대)	급여	600,000	600,000
	연구비	100,000		급여	100,000	-
	재고자산	72,000		복리후생비	72,000	72,000
	연구비	12,000		복리후생비	12,000	-

2-2 단기유급휴가

유급휴가 형식의 단기종업원급여의 예상원가는 다음과 같이 회계처리한다.

- 누적 유급휴가는 종업원이 미래 유급휴가 권리를 확대하는 근무용역을 제공할 때 인식한다.
- 비누적 유급휴가는 종업원이 휴가를 실제로 사용할 때 인식한다.

기업은 연차, 병가, 출산 등 여러 가지 이유로 생기는 종업원의 휴가에 대해 보상할 수 있다. 이러한 휴가에 대한 기업의 보상은 누적 유급휴가와 비누적 유급휴가로 구분하여 다음과 같이 회계처리 한다.

(1) 누적 유급휴가

누적 유급휴가는 당기에 사용하지 않으면 이월되어 차기 이후에 사용할 수 있는 유급휴가를 말한다. 기업의 채무는 종업원이 미래 유급휴가에 대한 권리를 확대하는 근무용역을 제공함에 따라 생긴다. 유급휴가가 아직 가득되지 않은 경우에도 관련 채무는 존재하므로 그 채무를 인식하여야 한다. 다만, 채무를 측정할 때에는 가득되지 않은 누적 유급휴가를 사용하기 전에 종업원이 퇴사할 가능성을 고려한다.

누적 유급휴가는 종업원이 미래 유급휴가 권리를 확대하는 근무용역을 제공할 때 인식한다. 누적 유급휴가의 예상원가는 보고기간 말 현재 미사용 유급휴가가 누적되어 기업이 지급할 것으로 예상하는 추가 금액으로 측정한다. 참고로 대한민국의 경우 1년에 80% 이상을 출근한 종업원에게 근로기준법 상의 일정 휴가를 부여한다. 예를 들어 1월 1일에 입사한 신입사원이 입사연도에 80% 이상 출근한 경우 다음연도에 법적으로 15일의 휴가가 발생한다. 이러한 휴가는 입사한 연도에 유급휴가 권리를 발생시키는 근무용역을 충족하였기 때문이며 이에 대한 보상의무가 있는 기업은 입사한 연도 말에 비용과 부채를 인식하여야 한다.

기본예제 2 누적유급휴가

결산일이 매년 말인 ㈜현대는 종업원 100명에게 1년에 5일의 근무일수에 해당하는 유급병가를 주고 있으며, 미사용 유급병가는 다음 1년 동안 이월하여 사용할 수 있다. 유급병가는 해당 연도에 부여된 권리를 먼저 사용한 다음 직전 연도에서 이월된 권리를 사용하는 것으로 본다(후입선출법). 20x1년 12월 31일 현재 미사용 유급병가는 종업원 1명에 평균 2일이고, 경험에 비추어 볼 때 20x2년도 중에 종업원 92명이 사용할 유급병가일수는 5일 이하, 나머지 8명이 사용할 유급병가일수는 평균 6.5일이 될 것으로 예상된다. 종업원의 1일 평균 임금이 ₩100,000일 때 20x1년 12월 31일 현재 미사용 유급병가에 대하여 ㈜현대가 지급할 것으로 예상되는 금액을 측정하시오.

해설

누적 유급휴가의 예상원가는 보고기간 말 현재 미사용 유급휴가가 누적되어 기업이 지급할 것으로 예상하는 추가 금액으로 측정한다. 따라서 20x1년 12월 31일 현재 미사용 유급병가는 총 200일(100명×2일)이며 이 중 184일(92명×2일)은 사용될 가능성이 없으며 16일(8명×2일)은 사용될 가능성이 있다. ㈜현대는 16일에 대한 누적유급병가에 대하여 지급할 것으로 예상되는 금액을 추정하여야 하며 그 금액은 ₩1,200,000(8명×1.5일×₩100,000)이다.

(2) 비누적 유급휴가

비누적 유급휴가는 종업원이 휴가를 실제로 사용할 때 인식한다. 비누적 유급휴가의 대표적인 예가 출산 및 육아 등에 따른 보상이다. 이러한 유급휴가는 종업원이 근무용역을 제공하더라도 관련 급여가 증가되지 않기 때문에 종업원이 실제로 유급휴가를 사용하기 전에는 부채나 비용을 인식하지 않는다.

2-3 이익분배제도와 상여금제도

다음을 모두 충족하는 경우 이익분배금과 상여금의 예상원가를 인식한다.

- 과거 사건의 결과로 현재의 지급의무(법적의무나 의제의무)가 생긴다.
- 채무금액을 신뢰성 있게 추정할 수 있다. 현재 의무는 급여를 지급하는 방법 외에 다른 현실적인 대안이 없을 때 존재한다.

종업원이 특정 기간 계속 근무하는 조건으로 이익을 분배받는 이익분배제도가 있다. 이러한 제도에서 종업원이 특정시점까지 계속 근무할 경우, 기업은 종업원이 근무용역을 제공함에 따라 지급할 금액이 증가하므로 의제의무가 생긴다. 이 의제의무를 측정할 때 일부 종업원이 이익분배금을 받지 못하고 퇴사할 가능성을 고려한다. 예를 들어 기업은 회계연도 당기순이익의 일정 부분을 해당 회계연도에 근무한 종업원에게 지급하는 이익분배제도를 두고 있다. 해당 회계연도에 퇴사자가 없다고 가정하면 이익분배금 총액은 당기순이익의 3%가 될 것이지만, 일부 종업원이 퇴사함에 따라 실제 이익분배금 총액은 당기순이익의 2.5%로 감소할 것으로 예상한다. 이 경우 기업은 당기순이익의 2.5%에 상당하는 금액을 부채와 비용으로 인식한다.

기업이 별도의 상여금을 지급할 법적의무가 없음에도 관행적으로 상여금을 지급하는 경우가 있다. 이러한 경우에 기업은 상여금을 지급하는 방법 외에 다른 현실적인 대안이 없으므로 의제의무를 부담한다. 이 의제의무를 측정할 때 일부 종업원이 상여금을 받지 못하고 퇴사할 가능성을 고려한다.

이익분배제도와 상여금제도에 따라 기업이 부담하는 법적의무나 의제의무는 다음 중 어느 하나를 충족할 때 신뢰성 있게 측정할 수 있다.

- 제도의 공식적 규약에 급여계산방식이 포함되어 있다.
- 재무제표 발행이 승인되기 전에 지급액이 산정된다.
- 과거 관행에 비추어 볼 때 기업이 부담하는 의제의무의 금액을 명백히 결정할 수 있다.

이익분배제도와 상여금제도에 따라 기업이 부담하는 의무는 종업원이 제공하는 근무용역에서 생기는 것이지 주주와의 거래에서 생기는 것은 아니다. 따라서 이익분배제도와 상여금제도와 관련된 원가는 이익분배가 아닌 당기 비용으로 인식한다.

이익분배금이나 상여금이 종업원이 관련 근무용역을 제공하는 연차 보고기간 후 12개월이 되기 전에 모두 결제될 것으로 예상되지 않는다면 기타장기종업원급여에 해당된다

3. 퇴직급여

3-1 퇴직급여제도

퇴직급여에는 퇴직연금과 퇴직일시금 그리고 퇴직 후 생명보험이나 퇴직 후 의료급여 등과 같은 그 밖의 퇴직급여가 포함된다. 기업이 퇴직급여를 지급하기로 한 약정은 퇴직급여제도이다. 이 기준서는 이러한 모든 약정에 적용하며, 기여금을 출연 받아 급여를 지급하는 실체의 별도 설립 여부와는 관계가 없다. 퇴직급여제도는 제도의 주요 규약에서 도출되는 경제적 실질에 따라 확정기여제도나 확정급여제도로 분류한다.

(1) 확정기여제도

확정기여제도에서 기업의 법적의무나 의제의무는 기업이 기금에 출연하기로 약정한 금액으로 한정한다. 따라서 종업원이 받을 퇴직급여액은 기업과 종업원이 퇴직급여제도나 보험회사에 출연하는 기여금과 그 기여금에서 생기는 투자수익에 따라 산정한다. 그 결과 종업원이 보험수리적위험(급여가 예상에 미치지 못할 위험)과 투자위험(투자한 자산이 예상급여액을 지급하는 데 충분하지 못할 위험)을 실질적으로 부담한다.

기업의 의무가 기금에 출연하기로 약정한 금액에 한정되지 않는 경우가 있는데, 다음과 같은 경우 기업에 법적의무와 의제의무가 있기 때문이다.

- 제도의 급여계산방식이 단순히 기여금에만 연동되지 않고, 투자한 자산이 제도의 급여계산방식에 따른 급여를 지급하는 데 충분하지 않을 때 기업에 추가로 기여금을 납부하도록 요구하는 경우

- 직접 또는 제도를 이용하여 간접적으로 기여금에 대해 확정수익률을 보장하는 경우
- 의제의무가 생기는 비공식 관행이 있는 경우. 예를 들어 비록 법적의무는 없어도 기업이 관행적으로 물가상승률에 연동하여 전직 종업원의 급여액을 인상해 왔다면 기업에 의제의무가 생길 것이다.

(2) 확정급여제도

확정급여제도는 다음의 특성을 갖는다.

- 기업의 의무는 약정한 급여를 전직, 현직 종업원에게 지급하는 것이다.
- 기업이 보험수리적위험(실제급여액이 예상급여액을 초과할 위험)과 투자위험을 실질적으로 부담한다. 보험수리적 실적이나 투자실적이 예상보다 저조하다면 기업의 의무는 늘어날 수 있다.

3-2 확정기여제도

확정기여제도의 회계처리는 보고기업이 각 기간에 부담하는 채무를 해당 기간의 기여금으로 결정하기 때문에 비교적 단순하다. 따라서 채무나 비용을 측정하기 위해 보험수리적 가정을 할 필요가 없고 그 결과 보험수리적손익이 생길 가능성도 없다. 그리고 기여금 전부나 일부의 납부기일이 종업원이 관련 근무용역을 제공하는 연차 보고기간 말 후 12개월이 되기 전에 모두 결제될 것으로 예상되지 않는 경우를 제외하고는 할인되지 않은 금액으로 채무를 측정한다.

종업원이 일정 기간 근무용역을 제공하면, 기업은 그 대가로 확정기여제도에 납부할 기여금을 다음과 같이 인식한다.

- 이미 납부한 기여금이 있다면 이를 차감한 후 부채(미지급비용)로 인식한다. 이미 납부한 기여금이 보고기간 말 전에 제공된 근무용역에 대해 납부할 기여금을 초과하는 경우, 그 초과 기여금 때문에 미래 지급액이 감소하거나 현금이 환급된다면 그만큼을 자산(선급비용)으로 인식한다.
- 기여금이 다른 한국채택국제회계기준서(예: 기업회계기준서 제1002호, 제1016호)에 따라 자산의 원가에 포함되는 경우를 제외하고는, 비용으로 인식한다.

확정기여제도에 대한 기여금이 종업원의 근무용역을 제공하는 연차 보고기간 말 후 12개월이 되기 전에 모두 결제될 것으로 예상되지 않는 경우, 그 기여금은 후술하는 확정급여제도에서 규정하는 할인율을 사용하여 할인한다.

3-3 확정급여제도

확정급여제도의 회계처리는 채무와 비용의 측정에 보험수리적 가정이 필요하고 보험수리적손익이 생길 가능성이 있기 때문에 복잡하다. 또 채무는 종업원이 관련 근무용역을 제공한 후 오랜 기간이 지나서야 결제될 수 있으므로 할인된 금액으로 측정한다

(1) 인식과 측정

확정급여제도는 기금이 별도로 적립되지 않는 경우도 있으나, 법률적으로 별개인 실체나 기금에 보고기업(경우에 따라서는 종업원도 기여금의 일부를 분담할 수 있음)이 기여금을 납부하여 전부나 일부의 기금이 적립되는 경우도 있다. 기금이 적립되는 확정급여제도는 그 기금에서 종업원급여가 지급된다. 또 지급기일이 도래한 급여의 지급 가능성은 기금의 재무상태와 투자성과뿐만 아니라 기금자산의 부족분을 보전할 수 있는 기업의 능력과 의도에도 달려있다. 따라서 기업이 실질적으로 제도와 관련된 보험수리적위험과 투자위험을 부담한다. 결과적으로 확정급여제도에 대해 인식하는 비용은 반드시 해당 기간에 지급기일이 도래한 기여금만을 의미하는 것은 아니다.

이 기준서에서는 확정급여제도의 회계처리를 위한 절차로 다음을 제시하고 있으며 이 과정에서 보험계리인의 참여를 권장하고 있다.

- 당기말까지 종업원이 획득한 퇴직급여원가를 추정한다.(예측단위적립방식을 사용)
- 상기 퇴직급여원가를 할인한다. 이때 할인율은 다음으로 한다.
  - (a) 보고기간말 현재 우량회사채의 시장수익률을 참조하여 결정함. 만약 회사채에 대해 두터운 시장이 없는 경우 국공채의 시장수익률을 사용함.
  - (b) 할인율에는 보험수리적위험이나 투자위험이 반영되지는 않음
- 확정급여채무와 당기근무원가를 측정한다.
  - (a) 확정급여채무 : 종업원이 지금까지 획득한 퇴직급여원가에 대한 회사의 채무
  - (b) 당기근무원가 : 종업원이 당기에 획득한 퇴직급여원가

- 재무상태표에 표시할 순확정급여부채(또는 자산)을 결정한다. 순확정급여부채(자산)은 재무제표에 인식된 금액이 보고기간 말에 결정될 금액과 중요한 차이가 나지 않을 정도의 주기를 두고 결정한다.
  (a) 확정급여채무 > 사외적립자산 인 경우, 그 차액을 과소적립액이라 함.
  순확정급여부채 = 과소적립액
  (b) 확정급여채무 < 사외적립자산 인 경우, 그 차액을 초과적립액이라 함.
  순확정급여자산 = Min[초과적립액 , 자산인식상한]

- 포괄손익계산서에 표시할 손익을 결정한다.
  (a) 당기손익 요소
    - 당기근무원가
    - 과거근무원가와 정산 손익
    - 순확정급여부채(자산)의 순이자
  (b) 기타포괄손익 요소
    - 보험수리적손익
    - 순확정급여부채(자산)의 순이자에 포함된 금액을 제외한 사외적립자산의 수익
    - 순확정급여부채(자산)의 순이자에 포함된 금액을 제외한 자산인식상한효과의 변동

(2) 확정급여채무의 현재가치와 당기근무원가

확정급여제도의 궁극적인 원가는 여러 가지 변수의 영향을 받을 수 있다. 이러한 변수에는 퇴직 전 최종임금, 종업원 이직률과 사망률, 종업원기여금과 의료원가 추세 등이 있다. 확정급여제도의 궁극적인 원가가 얼마가 될지는 불확실하며 그러한 불확실성은 장기간 지속될 가능성이 높다. 퇴직급여채무의 현재가치와 관련 당기근무원가를 측정하기 위해서는 적절한 보험리적 가정하에 보험수리적 평가방법을 적용하여 퇴직급여원가를 추정하고 그 금액을 종업원의 근무기간에 걸쳐 배분한다.

① 보험수리적 평가방법

확정급여채무의 현재가치와 당기근무원가를 결정하기 위해서는 예측단위적립방식을 사용하며, 적용할 수 있다면 과거근무원가를 결정할 때에도 동일한 방식을 사용한다. 예측단위적립방식('근무기간에 비례하는 발생급여방식'이나 '급여/근무연수방식'이라고도 한다)에서는 근무기간마다 추가적인 급여 수급권 단위가 생긴다고 보며, 궁극적인 확정급여채무액을 결정하기 위하여 각 급여수급권 단위를 별도로 측정한다. 퇴직급여채무의 일부를 보고

기간 후 12개월이 되기 전에 결제할 것으로 예상하더라도 퇴직급여채무 전부를 할인한다.

② 급여의 기간 배분

확정급여채무의 현재가치와 관련 당기근무원가를 결정할 때에는 제도에서 정하는 급여계산방식에 따라 종업원의 근무기간에 걸쳐 급여를 배분하며, 적용할 수 있다면 과거근무원가를 결정할 때에도 동일한 방식을 사용한다. 그러나 종업원의 근무기간 후반의 급여 수준이 근무기간 초반의 급여 수준보다 중요하게 높은 경우에는 정액법에 따라 급여를 배분한다.

예측단위적립방식에 따르면 당기근무원가를 결정하기 위해 급여를 당기에 배분하며, 확정급여채무의 현재가치를 결정하기 위해 확정급여제도의 급여를 당기와 과거 기간에 배분한다. 급여는 기업이 퇴직급여를 지급하여야 할 채무가 생기는 기간에 배분한다. 이 채무는 종업원이 근무용역을 제공할 때 생기며, 그 근무용역은 기업이 미래 보고기간에 지급할 것으로 예상하는 퇴직급여의 대가이다. 확정급여채무를 측정할 때 보험수리적 기법을 사용하면 충분한 신뢰성을 가지고 부채의 인식을 정당화할 수 있다

확정급여제도에서는 종업원이 근무용역을 제공함에 따라 채무가 생기며, 그 급여가 미래의 근무용역 제공을 조건으로 지급되는지와 관계없이, 즉 급여가 가득되었는지와 관계없이 생긴다. 급여가 가득되기 전이라도 각각 연속되는 보고기간 말 현재에 종업원이 앞으로 제공해야 할 근무용역의 양은 점차 감소하므로 가득일 전에 제공되는 종업원의 근무용역에 대해서 기업은 의제의무가 있다. 다만 확정급여채무를 측정할 때에는 일부 종업원이 가득조건을 충족하지 못할 가능성을 고려한다. 마찬가지로 퇴직급여를 종업원이 퇴직한 후 특정 사건이 일어날 때에도 지급하는 경우(예: 퇴직후의료급여)에도 그 급여를 가득하기 위한 조건으로서 종업원이 근무용역을 제공한다면 기업에는 채무가 생긴다. 따라서 특정 사건이 일어날 가능성이 채무의 측정에는 영향을 미치지만 그 채무의 존재 여부를 결정하지는 않는다

종업원이 근무용역을 추가로 제공하더라도 더 이상 중요한 금액의 급여가 생기지 않게 되는 날까지 확정급여채무는 점점 증가한다. 따라서 더 이상 중요한 금액의 급여가 생기지 않는 날까지의 근무기간에 모든 급여를 배분하며, 각 회계기간에 급여를 배분하는 방식은 제도에서 정하는 급여계산방식에 따른다. 그러나 종업원의 근무기간 후반의 급여 수준이

근무기간 초반의 급여 수준보다 중요하게 높은 경우에는 더 이상 중요한 금액의 급여가 생기지 않게 되는 날까지의 근무기간 전체에 정액법에 따라 급여를배분한다. 이는 종업원이 근무기간 전체에 걸쳐 근무용역을 제공하면서 궁극적으로 좀 더 높은 수준의 급여를 받을 수 있기 때문이다.

근무연도마다 귀속되는 급여액이 퇴직 전 최종 임금의 일정 비율인 경우, 미래임금상승은 보고기간 말 전에 제공된 근무용역에 대해 생긴 확정급여채무를 결제하는 데 필요한 금액에 영향을 미치지만 의무가 추가로 생기지는 않는다.

③ 보험수리적 가정

보험수리적 가정은 편의가 없어야 하며 서로 양립할 수 있어야 한다. 보험수리적 가정은 인구통계적 가정(예: 사망률)과 재무적 가정(예: 할인율, 임금상승률 등)으로 구성된다. 보험수리적 가정은 지나치게 낙관적이지 않으면서 지나치게 보수적이지도 않을 때 편의가 없는 것으로 본다. 할인율을 비롯한 그 밖의 재무적 가정은 명목기준으로 결정한다. 재무적 가정은 채무가 결제될 회계기간에 대하여 보고기간 말 현재 시장의 예상에 기초한다.

퇴직급여채무(기금을 적립하는 경우와 적립하지 않는 경우 모두 포함)를 할인하기 위해 사용하는 할인율은 보고기간 말 현재 우량 회사채의 시장수익률을 참조하여 결정한다. 만약 그러한 우량회사채에 대해 거래 층이 두터운 해당 통화의 시장이 없는 경우에는 보고기간 말 현재 그 통화로 표시된 국공채의 시장수익률을 사용한다. 그러한 회사채나 국공채의 통화와 만기는 퇴직급여채무의 통화 및 예상 지급 시기와 일관성이 있어야 한다.

기본예제 3　예측단위적립방식

K씨는 20x1년 초, ㈜현대에 입사하였으며 입사한 연도의 연봉은 ₩1,000이다. ㈜현대는 확정급여제도에 따라 퇴직금을 지급하고 있으며 퇴직금은 퇴사 직전 연봉의 12%에 근속연수를 곱하여 산정한다.

물음 1　20x1년 말 현재, K씨의 예상근속기간 5년과 임금상승률 5%를 가정하고 예측단위적립방식에 따라 매년 발생할 퇴직금을 추정하시오.

물음 2 20x1년 말 현재, 적용할 할인율을 10%로 가정할 때 매년 발생할 퇴직금의 현재가치를 측정하고 확정급여채무의 변동을 나타내는 표를 완성하시오. 단, 퇴직금은 매년 말에 발생하는 것으로 가정한다.

구 분	20x1년	20x2년	20x3년	20x4년	20x5년
매년 퇴직금					
현가계수					
현재가치					
기초확정급여채무					
이자원가					
당기근무원가					
기말확정급여채무					

물음 3 20x2년 말 현재, 적용할 할인율을 8%로 가정할 때 매년 발생할 퇴직금의 현재가치를 측정하고 확정급여채무의 변동을 나타내는 표를 완성하시오. 단, 퇴직금은 매년 말에 발생하는 것으로 가정한다.

구 분	20x1년	20x2년	20x3년	20x4년	20x5년
매년 퇴직금					
현가계수					
현재가치					
기초확정급여채무					
이자원가					
당기근무원가					
기말확정급여채무					

해설

물음 1

1. 20x5년도 K씨의 연봉 추정 : 1,000 × 1.05 × 1.05 × 1.05 × 1.05 = 1,216
2. 5년 근속 시 예상 퇴직금 : 1,216 × 12% × 5년 = 730
3. 연간 퇴직금 발생액 : 730 ÷ 5년 = 146

물음 2

구 분	20x1년	20x2년	20x3년	20x4년	20x5년
매년 퇴직금	146	146	146	146	146
현가계수	×0.68301	×0.75131	×0.82645	×0.90909	×1
현재가치	100	110	121	133	146
기초확정급여채무	–	100	220	363	532
이자원가	–	10	22	36	(*)52
당기근무원가	100	110	121	133	146
기말확정급여채무	100	220	363	532	730

(*) 단수차이 조정

물음 3

구 분	20x1년	20x2년	20x3년	20x4년	20x5년
매년 퇴직금	146	146	146	146	146
현가계수	×0.73503	×0.79383	×0.85734	×0.92593	×1
현재가치	107	116	125	135	146
기초확정급여채무	–	107	232	376	541
이자원가	–	9	19	30	(*)43
당기근무원가	107	116	125	135	146
기말확정급여채무	107	232	376	541	730

(*) 단수차이 조정

Study 측정기준일과 재측정손익

위의 기본예제에서 20x2년 기말확정급여채무는 (물음 2)의 경우 ₩220이며 (물음 3)의 경우 ₩232이다. (물음 2)는 20x1년 말을 기준일로 하여 측정한 금액이며 (물음 3)은 20x2년 말을 기준일로 하여 측정한 금액이다. K씨에 대한 확정급여채무를 측정할 때 사용한 20x1년 말의 할인율(10%)이 20x2년 말에 유의적인 변화가 존재하므로 20x2년 말의 할인율(8%)로 재측정해야 한다. 따라서 K씨에 대한 20x2년 말 확정급여채무는 20x1년 말을 측정기준일로 한 경우의 금액과 차이가 발생하는데 이러한 차이에 따른 손익을 재측정손익이라 하며 해당 손익은 당기순이익이 아니라 기타포괄손익에 반영한다. 해당 기타포괄손익은 당기순이익으로 재순환이 금지된다. 재측정에 따른 손익은 확정급여채무의 재측정에 따른 보험수리적 손익, 그리고 후술하게 될 사외적립자산의 재측정에 따른 기대수익차손익 및 자산인식상한효과의 재측정에 따른 자산인식상한효과의 변동으로 구성된다.

⑶ 사외적립자산

보고기간 말 현재 사외적립자산의 공정가치는 과소적립액이나 초과적립액을 결정할 때 확정급여채무의 현재가치에서 차감한다.

⑷ 확정급여원가의 구성요소

다른 한국채택국제회계기준서에 따라 자산의 원가에 포함하는 경우를 제외하고는 확정급여원가의 구성요소를 다음과 같이 인식한다.

- 근무원가를 당기손익에 인식
- 순확정급여부채(자산)의 순이자를 당기손익에 인식
- 순확정급여부채(자산)의 재측정요소를 기타포괄손익에 인식

기타포괄손익에 인식되는 순확정급여부채(자산)의 재측정요소는 후속 기간에 당기손익으로 재분류하지 아니한다. 그러나 기타포괄손익에 인식된 금액을 자본 내에서 대체할 수 있다.

당기근무원가는 연차보고기간 초에 결정한 보험수리적 가정을 사용하여 결정한다. 순확정급여부채(자산)의 순이자를 결정하기 위해, 연차보고기간 초의 순확정급여부채(자산)와 할인율을 사용한다.

기본예제 4 **확정급여제도(1)**

20x1년 초에 설립한 ㈜현대는 확정급여제도에 따라 퇴직급여를 공시하고자 한다. 20x1년 말 보험계리사가 평가한 확정급여채무는 다음과 같다. 해당 기간 동안 퇴직자는 없는 것으로 가정한다.

연도	×1말	×2말	×3말	×4말	×5말
귀속 급여					
과거연도	–	131	262	393	524
해당연도(퇴직 전 최종 임금의 1%)	131	131	131	131	131
해당연도와 과거연도	131	262	393	524	655
기초 확정급여채무	–	89	196	324	476
이자원가(할인율 = 10%)	–	9	20	33	48
당기근무원가	89	98	108	119	131
기말 확정급여채무	89	196	324	476	655

물음 1 상기 자료를 기초로 ㈜현대가 20x1년 말에 수행할 분개를 제시하시오. 20x1년 말 ㈜현대는 금융기관의 퇴직연금상품에 ₩80을 불입하였다.

물음 2 20x1년 말 다음 항목을 표시하시오.

(1) 순확정급여부채

(2) 당기손익

물음 3 상기 자료와 (물음 1)를 기초로 ㈜현대가 20x2년 말에 수행할 분개를 제시하시오. 20x2년 말 ㈜현대는 퇴직연금상품에 ₩100을 불입하였다.

물음 4 상기 자료와 (물음 3)을 기초로 20x2년 말 다음 항목을 표시하시오.

(1) 순확정급여부채

(2) 당기손익

물음 5 20x2년 말 확정급여채무와 사외적립자산의 재측정 금액이 각각 ₩220과 ₩200인 경우 ㈜현대가 추가할 회계처리를 제시하고 다음의 항목을 표시하시오.

(1) 순확정급여부채

(2) 당기손익

(3) 기타포괄손익

물음 6 (물음 5)와 독립적이다. 만약 확정급여채무와 사외적립자산의 재측정 금액이 각각 ₩190과 ₩200인 경우 다음 항목을 표시하시오. 단, 초과적립액에 대하여 미래에 인출하거나 기여금 납부액을 줄여주는 금액의 현재가치는 ₩4이다.

(1) 순확정급여자산

(2) 당기손익

(3) 기타포괄손익

해설

물음 1

차)	퇴직급여	89	대)	확정급여채무	89
차)	사외적립자산	80	대)	현금	80

물음 2

(1) 순확정급여부채 : 89 − 80 = 9

(2) 당기손익 : 89 (당기근무원가)

물음 3

차)	퇴직급여	9	대)	확정급여채무	9
차)	퇴직급여	98	대)	확정급여채무	98
차)	사외적립자산	8	대)	퇴직급여	8
차)	사외적립자산	100	대)	현금	100

(*) 사외적립자산 : 80 + 8 + 100 = 188

물음 4

(1) 순확정급여부채 : 196 − 188 = 8
(2) 당기손익 : 1 + 98 = 99 (순이자 + 당기근무원가)

물음 5

차)	보험수리적손실	24	대)	확정급여채무	24
차)	사외적립자산	12	대)	기대수익차익	12

(*) 보험수리적손실 : 220 − 196 = 24
(*) 실제수익과 기대수익의 차이 : 200 − 188 = 12

(1) 순확정급여부채 : 220 − 200 = 20
(2) 당기손익 : 99
(3) 기타포괄손실 : 24 − 12 = 12

물음 6

차)	확정급여채무	6	대)	보험수리적이익	6
차)	사외적립자산	12	대)	기대수익차익	12
차)	상한효과변동	6	대)	평가충당금 (순확정급여자산 차감계정)	6

(*) 보험수리적이익 : 196 − 190 = 6
(*) 실제수익과 기대수익의 차이 : 200 − 188 = 12
(*) 기말평가충당금 : 10(초과적립액) − 4(자산인식상한) = 6
(*) 자산인식상한효과의 변동 : 6

(1) 순확정급여자산 : 4
(2) 당기손익 : 99
(3) 기타포괄이익 : 12 (: 6 + 12 − 6)

기본예제 5 확정급여제도(2)

20x1년 1월 1일에 설립된 ㈜대한은 확정급여제도를 채택하고 있으며, 관련 자료는 다음과 같다. 순확정급여부채(자산) 계산 시 적용한 할인율은 연 7%로 변동이 없다.

〈20x1년〉
- 20x1년 말 사외적립자산의 공정가치는 ₩1,000,000이다.
- 20x1년 말 확정급여채무의 현재가치는 ₩1,200,000이다.

〈20x2년〉
- 20x2년도 당기근무원가는 ₩300,000이다.
- 20x2년 말에 일부 종업원의 퇴직으로 ₩150,000을 사외적립자산에서 현금으로 지급하였다.
- 20x2년 말에 ₩200,000을 현금으로 사외적립자산에 출연하였다.
- 20x2년 말 확정급여채무의 현재가치는 ₩1,900,000이다.
- 20x2년 말 순확정급여부채는 ₩400,000이다.

㈜대한의 (A)20x2년 말 회계처리를 제시하고 (B)확정급여제도 적용이 20x2년도 당기순이익과 기타포괄이익에 미치는 영향은 각각 얼마인가?

해설

(A) 회계처리

회계처리				손익효과
2년 말				
차) 퇴직급여 (이자원가)	84,000	대) 확정급여채무	84,000	84,000 감소 PL
(*) 1,200,000 × 7% = 84,000				
차) 사외적립자산	70,000	대) 퇴직급여 (기대수익)	70,000	70,000 증가 PL
(*) 1,000,000 × 7% = 70,000				
차) 퇴직급여 (당기근무원가)	300,000	대) 확정급여채무	300,000	300,000 감소 PL
차) 사외적립자산	200,000	대) 현금	200,000	–
차) 확정급여채무	150,000	대) 사외적립자산	150,000	–

차) 보험수리적손익 466,000 대) 확정급여채무 466,000 466,000 감소 OCI

(*) 확정급여채무 BV : 1,200,000 + 84,000 + 300,000 − 150,000 = 1,434,000

(*) 확정급여채무 FV : 1,900,000

(*) 보험수리적손익 : 1,900,000 − 1,434,000 = 466,000

차) 사외적립자산 380,000 대) 기대수익차이 380,000 380,000 증가 OCI

(*) 사외적립자산 BV : 1,000,000 + 70,000 + 200,000 − 150,000 = 1,120,000

(*) 사외적립자산 FV : 1,900,000 − 400,000 = 1,500,000

(*) 기대수익차이 : 380,000

400,000 감소 CI

(B) 손익영향

1. 당기순이익 : 314,000 감소
2. 기타포괄이익 : 86,000 감소

사외적립자산과 확정급여채무에 대한 회계처리는 기초와 기말의 증감액을 이용한 회계처리를 이용하여 접근할 수도 있다. 20x2년의 자료를 이용하여 회계처리를 제시하면 다음과 같다.

회계처리					손익효과	
2년 말						
차)	사외적립자산(*2)	500,000	대) 확정급여채무(*1)	700,000		
	퇴직급여(*4)	14,000	현금(*3)	200,000	(14,000)	PL
	퇴직급여(*5)	300,000			(300,000)	PL
	재측정요소(*6)	86,000			(86,000)	OCI

(*1) 확정급여채무 증가 : 1,900,000(기말) − 1,200,000(기초) = 700,000

(*2) 사외적립자산 증가 : 1,500,000(기말) − 1,000,000(기초) = 500,000

(*3) 기여금납부액 : 200,000

(*4) 순이자원가 : (1,200,000 − 1,000,000) × 7% = 14,000

(*5) 당기근무원가 : 300,000

(*6) 재측정요소 : 대차차액

기본예제 6 확정급여제도(3)

다음은 ㈜대한이 채택하고 있는 확정급여제도와 관련한 자료이다.

- 순확정급여부채(자산) 계산시 적용한 할인율은 연 5%이다.
- 20x1년초 사외적립자산의 공정가치는 ₩550,000이다.
- 20x1년초 확정급여채무의 현재가치는 ₩500,000이다.
- 20x1년초 순확정급여자산의 자산인식상한금액은 ₩50,000이다.
- 20x1년도 당기근무원가는 ₩700,000이다.
- 20x1년말에 퇴직종업원에게 ₩100,000의 현금이 사외적립자산에서 지급되었다.
- 20x1년말에 사외적립자산에 ₩650,000을 현금으로 출연하였다.
- 20x1년말 사외적립자산의 공정가치는 ₩1,350,000이다.
- 보험수리적 가정의 변동을 반영한 20x1년말 확정급여채무는 ₩1,200,000이다.
- 20x1년말 순확정급여자산의 자산인식상한금액은 ₩100,000이다.

㈜대한의 확정급여제도에 대한 회계처리를 하고 20x1년도 포괄손익계산서의 당기순이익과 기타포괄이익에 미치는 영향은?

해설

회계처리					손익효과
2년 말					
차) 퇴직급여 (이자원가)	25,000	대)	확정급여채무	25,000	25,000 감소 PL
(*) 500,000 × 5% = 25,000					
차) 사외적립자산	27,500	대)	퇴직급여 (기대수익)	27,500	27,500 증가 PL
(*) 550,000 × 5% = 27,500					
차) 퇴직급여 (당기근무원가)	700,000	대)	확정급여채무	700,000	700,000 감소 PL
차) 사외적립자산	650,000	대)	현금	650,000	−
차) 확정급여채무	100,000	대)	사외적립자산	100,000	−
차) 보험수리적손익	75,000	대)	확정급여채무	75,000	75,000 감소 OCI

(*) 확정급여채무 BV : 500,000 + 25,000 + 700,000 − 100,000 = 1,125,000

(*) 확정급여채무 FV : 1,200,000

(*) 보험수리적손익 : 1,200,000 − 1,125,000 = 75,000

					손익효과	
차)	사외적립자산	222,500	대) 기대수익차이	222,500	222,500 증가	OCI

(*) 사외적립자산 BV : 550,000 + 27,500 + 650,000 − 100,000 = 1,127,500
(*) 사외적립자산 FV : 1,350,000
(*) 기대수익차이 : 1,350,000 − 1,127,500 = 222,500

차)	자산인식상한효과	50,000	대) 평가충당금	50,000	50,000 감소	OCI

(*) 당기말 초과적립액 : 1,350,000 − 1,200,000 = 150,000
(*) 당기말 자산인식상한 : 100,000
(*) 당기말 사외적립자산 평가충당금 : 150,000 − 100,000 = 50,000

600,000 감소 CI

∴ 당기순이익 697,500 감소
∴ 기타포괄이익 97,500 증가

별해

사외적립자산과 확정급여채무에 대한 회계처리는 기초와 기말의 증감액을 이용한 회계처리를 이용하여 접근할 수도 있다. 20x2년의 자료를 이용하여 회계처리를 제시하면 다음과 같다.

회계처리					손익효과	
2년 말						
차)	사외적립자산(*2)	800,000	대) 확정급여채무(*1)	700,000		
	퇴직급여(*6)	700,000	현금(*3)	650,000	(700,000)	PL
			평가충당금(*4)	50,000		
			퇴직급여(*5)	2,500	2,500	PL
			재측정요소(*7)	97,500	97,500	OCI

(*1) 확정급여채무 증가 : 1,200,000(기말) − 500,000(기초) = 700,000
(*2) 사외적립자산 증가 : 1,350,000(기말) − 550,000(기초) = 800,000
(*3) 평가충당금 증가 : 50,000(기말) − 0(기초) = 50,000
(*4) 기여금납부액 : 650,000
(*5) 순이자수익 : (550,000 − 500,000 − 0) × 5% = 2,500
(*6) 당기근무원가 : 700,000
(*7) 재측정요소 : 대차차액

(5) 과거근무원가와 정산 손익

① 과거근무원가

과거근무원가는 확정급여제도의 개정이나 축소로 생기는 확정급여채무에 대한 현재가치의 변동이다. 과거근무원가는 확정급여제도의 개정이나 축소가 일어날 시점 그리고 관련되는 구조조정원가나 해고급여를 인식할 시점 중 이른 시점에 비용으로 인식한다.

확정급여제도의 개정은 확정급여제도를 도입하거나, 철회하거나, 기존 확정급여제도에서 지급될 급여를 변경할 때 일어난다. 확정급여제도의 축소는 제도의 대상이 되는 종업원 수를 유의적으로 감소시킬 때 일어난다. 축소는 공장폐쇄, 영업중단, 제도의 종료나 중단과 같은 독립된 사건에서 비롯될 수 있다.

과거근무원가는 정(+)의 금액(급여가 새로 생기거나 변동되어 확정급여채무의 현재가치가 증가하는 경우)이 될 수도 있고 부(−)의 금액(기존 급여가 철회되거나 변동되어 확정급여채무의 현재가치가 감소하는 경우)이 될 수도 있다.

동일한 종업원에게, 현행 확정급여제도에서 지급해야 할 급여를 감액하는 동시에 같은 확정급여제도에서 지급해야 할 다른 급여를 증액하는 경우에는 이 일련의 변경을 순액으로 회계처리한다.

다음의 사건을 원인으로 한 확정급여채무의 현재가치 변동은 과거근무원가에 포함하지 아니한다.

- 과거근무기간 용역에 대한 확정급여채무와 관련하여, 임금상승의 과거 가정치와 실제치의 차이에서 오는 효과(추정임금은 보험수리적 가정에서 이미 고려하므로 과거근무원가가 생기지 않는다.)
- 기업이 재량적으로 연금을 증액하여야 하는 의제의무를 부담할 때 연금 증가액에 대한 과소나 과대 추정의 효과(연금의 증가는 보험수리적 가정에서 이미 고려하므로 과거근무원가가 생기지 않는다.)
- 공식적 제도규약(또는 공식적 제도규약에서 정하지 않은 의제의무)이나 법규에 따라 기업이 제도에서 생긴 초과적립액을 제도가입자의 급여를 위하여 사용하여야 하는 상황에서 보험수리적이익이나 사외적립자산의 수익을 재무제표에 인식하였다면, 해당 보험수리적이익이나 사외적립자산의 수익의 결과로 초래될 퇴직급여의 인상(그 급여인상이 공식화되어 있는지를 불문한다)에 대한 추정치(이로 인한 채무증가액은 보험수리적손실이므로 과거근무원가는 없다.)
- 새로 부여하거나 추가로 부여하는 퇴직급여가 없는 상황에서 종업원이 가득조건을 충족한 경우 가득급여(즉 종업원의 미래 근무를 조건으로 하지 아니하는 급여)의 증가(종업원이 근무용역을 제공할 때 기업이 예상한 퇴직급여원가를 이미 당기근무원가로 인식하였기 때문에 과거근무원가는 없다)

기본예제 7 **과거근무원가**

결산일이 매년 말인 ㈜현대는 20x1년 초, 확정급여제도의 퇴직금 관련 산정식을 다음과 같이 변경하였다.

- 변경 전 : 퇴직 직전 3개월 평균 기본급 × 근속연수
- 변경 후 : 퇴직 직전 3개월 평균 기본급(상여포함) × 근속연수

이러한 확정급여제도의 약정 퇴직금 산정식의 변경으로 인하여 제도 개정일 현재 확정급여채무의 현재가치가 ₩120,000 증가하였다. 관련 회계처리를 제시하시오.

해 설

회계처리				손익효과
1년 초 – 과거근무원가				
차) 퇴직급여 (과거근무원가)	120,000	대) 확정급여채무	120,000	120,000 감소 PL

② 정산 손익

확정급여제도의 정산은 확정급여제도에 따라 생긴 급여의 전부나 일부에 대한 법적의무나 의제의무를 기업이 더 이상 부담하지 않기로 하는 거래가 있을 때 일어난다. 기업은 정산이 일어나는 때에 확정급여제도의 정산 손익을 인식하며 그 금액은 다음 항목의 차이로 측정한다.

- 정산일에 결정되는 정산대상 확정급여채무의 현재가치
- 정산가격(이전되는 사외적립자산과 기업이 직접 지급하는 금액을 포함)

기본예제 8 **정산손익**

결산일이 매년 말인 ㈜현대는 20x1년 초, 확정급여제도에 가입한 일부 종업원에 대한 퇴직급여제도를 확정기여제도로 변경함에 따라 정산손익을 인식하고자 한다. 정산일에 결정된 정산대상 확정급여채무의 현재가치는 ₩100,000이며 정산가격은 ₩120,000이다. 정산가격은 사외적립자산에서 ₩80,000이 지급되며 나머지는 ㈜현대가 직접 정산 대상 종업원에게 지급하기로 할 때 관련 회계처리를 제시하시오.

해설

회계처리						손익효과
1년 초 - 정산손익						
차)	확정급여채무	100,000	대)	사외적립자산	80,000	20,000 감소 PL
	퇴직급여 (정산손익)	20,000		현금	40,000	

③ 기타 고려 사항

과거근무원가나 정산 손익을 결정할 때, 사외적립자산의 현재 공정가치와 현재의 보험수리적 가정(현행 시장이자율과 그 밖의 현행 시장가격 포함)을 사용하여, 다음 항목을 반영한 반영한 순확정급여부채(자산)를 재측정한다.

- 제도의 개정, 축소, 정산 전의 제도에서 제공된 급여와 사외적립자산
- 제도의 개정, 축소, 정산 후의 제도에서 제공된 급여와 사외적립자산

제도의 개정, 축소, 정산이 한꺼번에 일어나는 경우에는 제도 개정에 따른 과거근무원가, 축소에 따른 과거근무원가와 정산 손익을 구분할 필요가 없다. 경우에 따라서는 제도에 따른 급여를 변경하고 개정된 급여를 나중에 정산하는 경우와 같이, 정산 전에 제도를 개정할 수 있다. 이 경우에는 정산 손익을 인식하기 전에 과거근무원가를 인식한다.

확정급여채무가 결제되고 제도가 소멸하는 방식으로 제도가 종료되는 경우에는 제도의 정산이 제도의 개정 및 축소와 동시에 일어난다. 그러나 제도가 종료되더라도 실질적으로 같은 급여를 제공하는 새로운 제도로 대체된다면 정산이 일어났다고 볼 수 없다.

4. 기타장기종업원급여

일반적으로 기타장기종업원급여를 측정할 때 나타나는 불확실성은 퇴직급여를 측정할 때 나타나는 불확실성에 비하여 크지 않다. 따라서 이 기준서에서는 기타장기종업원급여에 대해 비교적 간략한 회계처리방법을 규정하고 있다. 이 회계처리방법에 따르면 퇴직급여에 대한 회계처리와는 달리 재측정요소를 기타포괄손익으로 인식하지 않는다.

확정급여원가 구성요소	근무원가	당기손익
	순확정급여부채(자산)의 순이자	당기손익
	순확정급여부채(자산)의 재측정요소	당기손익

기본예제 9 기타장기종업원급여

결산일이 매년 말인 ㈜현대는 5년 근속한 임직원에게 금 10돈을 지급한다. 20x1년 말 보험수리적가정을 이용하여 평가한 5년 근속자에게 지급할 금의 가치는 ₩500으로 평가되며 매년 근속기간에 배분하면 다음과 같다.

구 분	20x1년	20x2년	20x3년	20x4년	20x5년
매년 장기급여	100	100	100	100	100
현가계수	0.6	0.7	0.8	0.9	1
현재가치	60	70	80	90	100

20x2년에 기초시점의 장기종업원급여채무에서 발생한 이자원가는 ₩10이며 안정자산의 투자수요가 급증하여 금의 가격이 증가함에 따라 20x2년말 재측정한 장기종업원급여채무는 ₩190일 때 20x2년에 필요한 분개를 제시하시오.

해설

회계처리					손익효과
2년 말					
차) 장기종업원급여 (이자원가)	10	대)	장기종업원급여채무	10	(10) PL
장기종업원급여 (당기근무원가)	70		장기종업원급여채무	70	(70) PL
장기종업원급여 (보험수리적손익)	50		장기종업원급여채무	50	(50) PL

(*) 재측정 전 장부금액 : 60 + 10(이자) + 70(당기근무) = 140

(*) 재측정손익 : 190(기말) − 140 = 50

5. 해고급여(기업의 요구, 제안에 대한 종업원의 수락)

이 기준서에서는 해고급여에 대해 다른 종업원급여와 구별하여 규정한다. 왜냐하면 채무가 생기는 사건은 종업원의 근무가 아니라 해고이기 때문이다. 해고급여는 종업원을 해고하는 기업의 결정이나 해고대가로 기업이 제안한 급여를 받아들인 종업원의 결정으로 생긴다.

인식과 측정	해고 시점에 비용으로 인식함 지급일이 12개월 이후인 경우라면 할인함.
종업원의 요청 또는 의무퇴직	퇴직급여임
퇴사이유를 불문하고 지급	해고보상금, 해고퇴직금 등 명칭에 상관없이 퇴직급여
기업의 해고로 지급	자발적 퇴사 시 지급할 금액을 초과한 금액

SECTION 2

주식기준보상

기업은 제3자로부터 재화나 용역을 제공받고 이에 대한 대가를 기업의 주식가격을 기초로 보상하는 약정을 체결할 수 있다. 기업의 임직원으로부터 근로용역을 제공받고 기업의 보통주를 사전에 결정된 가격을 지불하고 구입할 수 있는 스탁옵션 약정이 대표적인 사례이다.

기준서 제1102호 '주식기준보상'은 주식기준보상거래의 회계처리와 공시 사항을 정하는 것이 목적이다. 이 기준서는 주식기준보상거래를 다음 세 가지 유형으로 나누어 각각에 대해 인식과 측정의 원칙을 규정한다.

- 주식결제형 주식기준보상거래
- 현금결제형 주식기준보상거래
- 현금지급이나 지분상품발행 중 하나를 선택할 수 있는 주식기준보상거래

이 기준서 목적상 종업원(또는 다른 거래상대방)이 기업의 지분상품 보유자 자격으로 참여한다면 해당 거래를 주식기준보상거래로 보지 아니한다. 예를 들면 특정 종류의 지분상품 보유자 모두에게 공정가치보다 낮은 금액으로 지분상품을 추가 매입할 수 있는 권리를 부여하는 경우에, 이미 그 특정 종류의 지분상품을 소유하고 있는 종업원은 그 지분상품 보유자 자격으로 그러한 권리를 부여받게 되므로 해당 거래에 대해 이 기준서를 적용하지 아니한다.

이 기준서는 기업이 재화나 용역을 취득하거나 제공받는 주식기준보상거래에 적용한다. 이 경우에 기업이 제공받는 재화에는 재고자산, 소모품, 유형자산, 무형자산, 그 밖의 비금융자산 등이 있다. 이러한 이유로 기업이 보통주를 발행하고 유형자산을 취득하는 현물출자거래에 대하여 이 기준서에 따라 인식하고 측정한다.

1. 용어의 정의

이 기준서에서 사용하는 용어를 다음과 같이 정의한다.

- 가득 : 권리의 획득. 주식기준보상약정에서 거래상대방이 현금, 그 밖의 자산이나 기업의 지분상품을 받을 권리는 가득조건의 충족 여부에 따라 더 이상 거래상대방이 권리를 획득하는지가 좌우되지 않을 때 가득된다.
- 가득기간 : 주식기준보상약정에서 지정하는 모든 가득조건을 충족하여야 하는 기간
- 가득조건 : 주식기준보상약정에 따라 거래상대방이 현금, 그 밖의 자산, 또는 기업의 지분상품을 받을 권리를 획득하게 하는 용역을 기업이 제공받을지를 결정짓는 조건. 가득조건에는 용역제공조건과 성과조건이 있다.
- 내재가치 : 거래상대방이 청약할 수 있는 권리나 제공받을 권리가 있는 주식의 공정가치와 거래상대방이 해당 주식에 대해 지급해야 하는 가격의 차이. 예를 들면, 주식선택권의 행사가격이 15원이고 기초주식의 공정가치가 20원이라면 내재가치는 5원(20원 − 15원)이다.
- 부여일 : 기업과 거래상대방(종업원 포함)이 주식기준보상약정에 합의한 날.
- 주식결제형 주식기준보상거래 : 기업이 재화나 용역을 제공받는 대가로 자신의 지분상품(주식이나 주식선택권 등)을 부여하는 주식기준보상거래
- 현금결제형 주식기준보상거래 : 기업이 재화나 용역을 제공받는 대가로 기업이나 연결실체 내 다른 기업의 지분상품(주식이나 주식선택권 등) 가격(또는 가치)에 기초한 금액만큼 현금이나 그 밖의 자산을 지급해야 하는 부채를 재화나 용역의 공급자에게 부담하는 주식기준보상거래

2. 인식

주식기준보상거래에서 제공받는 재화나 용역은 그 재화나 용역을 제공받는 날에 인식한다. 주식결제형 주식기준보상거래로 재화나 용역을 제공받는 경우에는 그에 상응한 자본의 증가를 인식하고, 현금결제형 주식기준보상거래로 재화나 용역을 제공받는 경우에는 그에 상응한 부채의 증가를 인식한다.

주식기준보상거래에서 제공받는 재화나 용역이 자산의 인식요건을 충족하지 못할 때에는 비용으로 인식한다.

일반적으로 비용은 재화나 용역을 소비함으로써 발생한다. 예를 들면, 용역은 일반적으로 제공받자마자 소비하므로 공급자가 용역을 제공하는 때에 비용으로 인식한다. 재화는

일정 기간에 걸쳐 소비할 수도 있고 재고자산처럼 나중에 판매할 수도 있으므로, 재화는 소비하거나 판매할 때 비용으로 인식한다. 그러나 제공받는 재화나 용역이 자산의 인식요건을 충족하지 못하기 때문에, 소비하거나 판매하기에 앞서 비용으로 인식할 때도 있다. 예를 들면 연구단계에서 신제품을 개발하려고 취득하는 재화는, 비록 소비되지 않더라도 적용가능한 한국채택국제회계기준서에 따르면 자산의 인식요건을 충족하지 못할 수 있다.

그림 1 인식

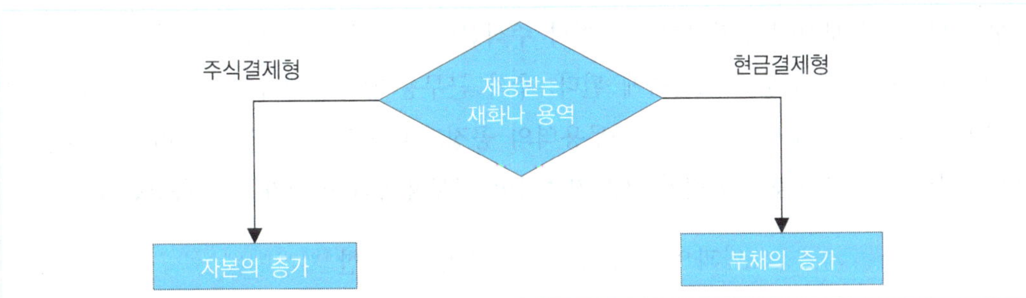

2. 주식결제형 주식기준보상거래

주식결제형 주식기준보상거래에서는, 제공받는 재화나 용역과 그에 상응하는 자본의 증가를 제공받는 재화나 용역의 공정가치로 직접 측정한다. 그러나 제공받는 재화나 용역의 공정가치를 신뢰성 있게 추정할 수 없다면, 제공받는 재화나 용역과 그에 상응하는 자본의 증가는 부여한 지분상품의 공정가치에 기초하여 간접 측정한다.

주식결제형 주식기준보상거래의 상대방이 종업원 및 유사용역제공자인 경우, 제공받는 용역의 공정가치는 일반적으로 신뢰성 있게 추정할 수 없기 때문에, 부여한 지분상품의 공정가치에 기초하여 측정한다. 부여한 지분상품의 공정가치는 부여일을 기준으로 측정한다.

종업원이 아닌 거래상대방과의 거래에서는 반증이 없는 한 제공받는 재화나 용역의 공정가치는 신뢰성 있게 추정할 수 있다고 본다. 이때 공정가치는 재화나 용역을 제공받는 날을 기준으로 측정한다. 그러나 드물지만, 제공받는 재화나 용역의 공정가치를 신뢰성 있게 추정할 수 없다면, 제공받는 재화나 용역과 그에 상응하는 자본의 증가는 부여된 지분상품의 공정가치에 기초하여 간접 측정한다. 다만, 이때에도 재화나 용역을 제공받는 날을 기준으로 측정한다.

일반적으로 주식, 주식선택권, 그 밖의 지분상품은 총 보상의 일부로서 현금급여와 그 밖의 종업원급여에 더하여 종업원에게 부여한다. 그런데 보통 종업원에 대한 총 보상 가운데 특정 요소에 대응하는 근무용역의 가치를 직접 측정하기는 불가능하다. 그리고 부여한 지분상품의 공정가치를 직접 측정하지 않으면, 총 보상의 공정가치를 독립적으로 측정하기 불가능할 수 있다. 더 나아가, 경우에 따라서 기본 보상의 일부라기보다는 장려금의 일부로 주식이나 주식선택권을 부여할 수 있다. 이러한 장려금에는 종업원의 고용을 유지하거나 기업의 성과향상을 위한 종업원의 노력을 유도하기 위하여 추가로 지급하는 보수를 예로 들 수 있다. 다른 보상에 추가하여 주식이나 주식선택권을 부여함으로써, 기업은 추가 근무용역에 대하여 추가 보상을 지급하게 된다. 추가 근무용역의 공정가치를 추정하기는 어려울 것이다. 종업원에게서 제공받은 근무용역의 공정가치를 직접 측정하기 어렵기 때문에, 기업은 부여한 지분상품의 공정가치에 기초하여 근무용역의 공정가치를 측정한다.

종업원이 아닌 거래상대방과의 거래에서는 반증이 없는 한 제공받는 재화나 용역의 공정가치는 신뢰성 있게 추정할 수 있다고 본다. 이때 공정가치는 재화나 용역을 제공받는 날을 기준으로 측정한다. 그러나 드물지만, 제공받는 재화나 용역의 공정가치를 신뢰성 있게 추정할 수 없다면, 제공받는 재화나 용역과 그에 상응하는 자본의 증가는 부여된 지분상품의 공정가치에 기초하여 간접 측정한다. 다만 이때에도 재화나 용역을 제공받는 날을 기준으로 측정한다.

그림 2 측정과 측정기준일

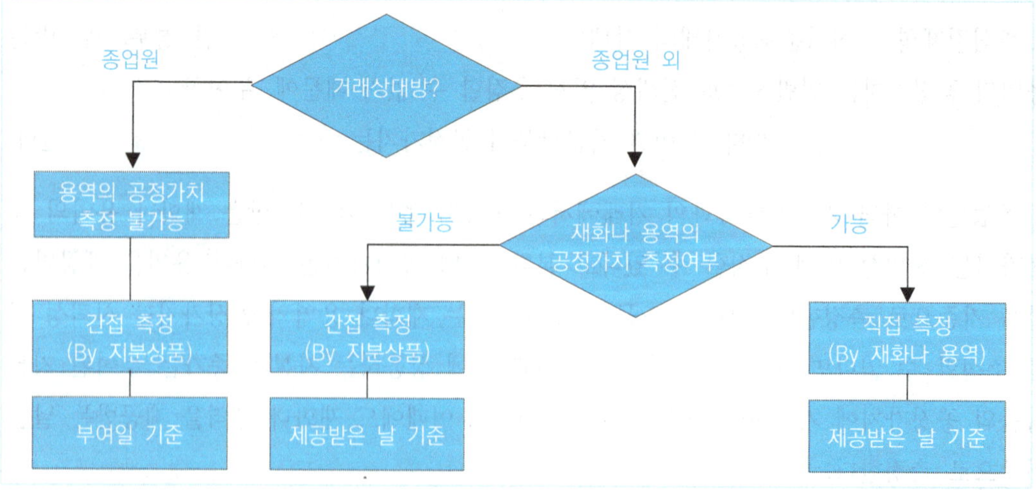

2-1 재화가 제공되는 거래

기업이 거래상대방으로부터 재화를 제공받는 조건으로 지분상품에 대한 권리를 부여하는 경우, 인식시점은 재화를 제공받은 시점이다. 재화는 공정가치를 측정할 수 있으므로 재공받은 날을 기준으로 측정하며 재화의 공정가치를 측정할 수 없다면 재화를 제공받은 날을 기준으로 지분상품의 공정가치로 간접 측정한다.

2-2 용역이 제공되는 거래

(1) 부여일에 즉시 가득되는 경우

지분상품이 부여되자마자 가득된다면 거래상대방은 지분상품에 대한 무조건적인 권리를 획득하려고 특정 기간에 용역을 제공해야 할 의무가 없다. 이때 반증이 없는 한, 지분상품의 대가에 해당하는 용역을 거래상대방에게서 이미 제공받은 것으로 본다. 따라서 기업은 제공받은 용역 전부를 부여일에 인식하고 그에 상응하여 지본의 증가를 인식한다.

(2) 미래에 가득되는 경우

거래상대방이 특정 기간에 용역을 제공하여야 부여한 지분상품이 가득된다면, 기업은 그 지분상품의 대가로 거래상대방에게서 받을 용역을 미래 가득기간에 받는다고 본다. 기업은 거래상대방이 가득기간동안 용역을 제공함에 따라 회계처리하며, 그에 상응하여 자본의 증가를 인식한다. 회계처리의 예는 다음과 같다.

- 종업원에게 3년 동안 근무하는 조건으로 주식선택권을 부여한다면, 주식선택권 대가에 해당하는 근무용역을 미래 가득기간 3년(고정가득기간)에 걸쳐 받는다고 본다.
- 종업원에게 성과조건을 충족할 때까지 계속 근무하는 것을 조건으로 주식선택권을 부여하며, 가득기간은 성과조건이 충족되는 시점에 따라 달라진다면, 주식선택권 대가에 해당하는 근무용역을 미래 기대가득기간에 걸쳐 받는다고 본다. 이때, 기대가득기간은 부여일 현재 가장 실현 가능성이 높다고 판단되는 성과조건의 결과에 기초하여 추정한다. 성과조건이 기업의 주식가격을 기초로 결정되는 시장조건이면, 부여한 주식선택권 공정가치를 추정할 때 사용하는 가정에 맞게 기대가득기간을 추정하며 후속적으로 수정하지 아니한다. 그러나 성과조건이 시장조건이 아니면, 후속적인 정보로 추정한 기대가득기간이 앞서 추정했던 기대가득기간과 다르다면 기대가득기간 추정치를 변경한다.

참고로 시장조건은 기업의 주식가격을 기초로 산정되는 성과조건이며 비시장조건은 기업의 재무제표를 기초로 산정되는 성과조건이다. 예를 들어, 매출, 영업이익, 당기순이익, 매출증가율, 영업이익 증가율, 당기순이익 증가율과 같이 재무제표의 측정치를 기초로 성과지표를 만들고 이를 가득조건으로 부여한다면 이는 비시장조건이며 목표주가, 주가상승률 등과 같이 기업의 주식시장가격을 기초로 성과지표를 만들고 이를 가득조건으로 부여한다면 이는 시장조건에 해당한다.

그림 3 가득기간

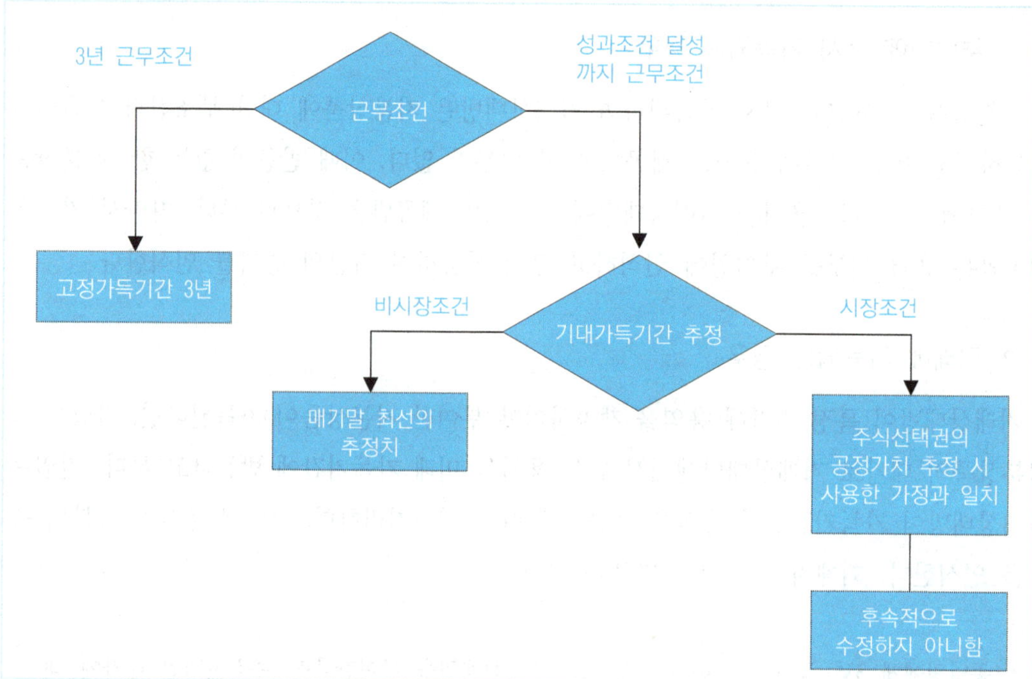

기본예제 10 주식기준보상의 인식과 측정

결산일이 매년 말인 ㈜현대의 20x1년 중 주식기준보상내용 및 주가자료는 다음과 같다. 주식기준보상 계약별로 필요한 회계처리를 제시하시오.

- 주식기준보상 A

  20x1년 4월 1일 현재 근무하고 있는 종업원 100명에게 1인당 주식 20주를 즉시 지급하기로 하였다. 주식 1주의 액면금액은 ₩100이다.

■ 주식기준보상 B

20x1년 4월 1일 현재 근무하고 있는 종업원 100명에게 향후 12개월을 근무할 경우 1인당 주식 20주를 지급하기로 하였다. 20x1년 말 기준 예상 가득인원은 100명이다.

■ 주식기준보상 C

20x1년 8월 1일 ㈜대한으로부터 기계장치를 취득하고 주식 200주를 지급하였다. 기계장치의 공정가치는 신뢰성 있게 측정할 수 없다. 주식 1주의 액면금액은 ₩100이다.

■ 주식기준보상 D

20x1년 10월 1일 ㈜민국이 2개월 이내에 원재료 1톤을 공급하면 주식 300주를 지급하기로 하였다. 동 계약에 따라 ㈜민국은 11월 1일에 공정가치 ₩80,000의 원재료 0.7톤을 공급하였으며, 12월 1일에 공정가치 ₩50,000의 원재료 0.3톤을 공급하여 주식 300주를 수취하였다. 주식 1주의 액면금액은 ₩100이다.

일 자	1주당 주가	일 자	1주당 주가
4월 1일	₩300	12월 1일	₩420
8월 1일	320	12월 31일	450
11월 1일	400		

해설

1. 주식기준보상 A

회계처리						손익효과
1년 4월초-부여일						
차)	주식보상비용	600,000	대)	자본금	200,000	(600,000) PL
				주식발행초과금	400,000	

(*) 부여일에 즉시 가득된다.
(*) 따라서 용역을 이미 제공받은 것으로 본다.
(*) 거래상대방이 종업원이므로 유입되는 용역의 공정가치를 측정할 수 없다.
(*) 간접측정(부여일 기준) : 100명 × 20주 × 300 = 600,000
(*) 자본금 : 2,000주 × 100 = 200,000
(*) 주식발행초과금 : 대차차액

2. 주식기준보상 B

회계처리				손익효과
1년 4월초-부여일				
차) -	-	대) -	-	-

(*) 미래의 기간에 가득된다.
(*) 미래에 종업원으로부터 용역이 유입되는 기간동안 인식한다.
(*) 간접측정

회계처리				손익효과
1년 12월말-결산일				
차) 주식보상비용	450,000	대) 미가득주식	450,000	(450,000) PL

(*) 주식보상비용 : 100명 × 20주 × 300(부여일기준) × 9/12 = 450,000
(*) 미가득주식 : 자본조정으로 분류한 후 추후 자본금 등 대체

3. 주식기준보상 C

회계처리				손익효과
1년 8월초-부여일				
차) 기계장치	64,000	대) 자본금	20,000	-
		주식발행초과금	44,000	-

(*) 기계장치를 받은 날 인식한다.
(*) 직접측정이 불가능하므로 간접측정해야 하며 측정기준일은 기계를 받은 날이다.
(*) 기계장치 : 200주 × 320 = 64,000
(*) 자본금 : 200주 × 100 = 20,000
(*) 주식발행초과금 : 대차차액

4. 주식기준보상 D

회계처리				손익효과
1년 10월초-부여일				
차) -	-	대) -	-	-

(*) 유입된 재화가 없으므로 인식하지 아니한다.

회계처리				손익효과
1년 11월초				
차) 원재료	80,000	대) 미가득주식	80,000	-

(*) 원재료를 받은 날 인식한다.
(*) 직접측정해야 하며 측정기준일은 원재료를 받은 날이다.

(*) 원재료 : 80,000
(*) 미가득주식 : 80,000

회계처리				손익효과
1년 12월초				
차) 원재료	50,000	대) 자본금	30,000	−
미가득주식	80,000	주식발행초과금	100,000	−

(*) 원재료를 받은 날 인식한다.
(*) 직접측정해야 하며 측정기준일은 원재료를 받은 날이다.
(*) 원재료 : 50,000
(*) 자본금 : 300주 × 100 = 30,000
(*) 주식발행초과금 : 대차차액

기본예제 11 가득기간

결산일이 매년 말인 ㈜현대는 임직원과 다양한 주식결제형 주식기준보상약정을 체결하였다. 각각의 약정에 대하여 미래에 임직원으로부터의 용역이 유입되는 기간을 서술하시오.

- 관리부서 직원 : 3년 동안 근무하는 조건이며 별도의 성과조건은 없다.
- 판매부서 직원 : 연평균판매량 증가율이 10%를 달성할 때까지 근무하는 조건이며 부여시점에 연평균판매량 증가율을 2년 동안 달성할 것으로 추정하였으나 당기 말 현재 4년으로 추정치가 변경되었다.
- 대표이사 : 목표주가 달성 시점까지 근무하는 조건이며 부여일 이후 5년 동안 달성하지 못하면 소멸된다. 부여시점에 추정한 가득기간은 3년이며 이를 기초로 주식선택권의 공정가치를 추정하였다. 당기 말 현재 부여시점으로부터 3년이 경과하였으며 아직까지 목표주가를 달성하지 못하였고 현재의 추세로는 앞으로 2년 후에 달성될 가능성이 높은 것으로 파악된다.

해설

- 관리부서
  관리부서는 별도의 성과조건이 없으므로 고정가득기간인 3년동안 임직원으로부터 용역이 유입된다.
- 판매부서
  판매부서는 비시장성과조건이 달성될 때까지 근무하는 조건이므로 당기 말 현재의 최선의 추정치인 4년이 기대가득기간이다.

• 대표이사

대표이사는 시정성과조건이 달성될 때까지 근무하는 조건이므로 부여일 현재 주식선택권의 공정가치 측정 시 고려한 기간에 일치하는 기대가득기간인 3년동안 대표이사로부터 용역이 유입된다. 만약 후속기간동안 입수하는 정보에 기초하여 기대가득기간을 수정하게 되면 주식선택권의 공정가치를 재측정하는 것이므로 이를 방지하고자 기대가득기간을 후속기간동안 수정하지 아니한다.

2-3 부여한 지분상품의 공정가치에 기초하여 측정하는 거래

(1) 부여한 지분상품의 공정가치 결정

부여한 지분상품의 공정가치에 기초하여 거래를 측정하는 때에는, 시장가격을 구할 수 있다면 시장가격을 기초로 하되 지분상품의 부여조건을 고려하여 측정기준일 현재 공정가치를 측정한다.

만일 시장가격을 구할 수 없다면 가치평가기법을 사용하여 부여한 지분상품의 공정가치를 추정하며, 이때 가치평가기법은 합리적 판단력과 거래의사가 있는 독립된 당사자 사이의 거래에서 측정기준일 현재 지분상품 가격이 얼마인지를 추정하는 가치평가기법이어야 한다.

(2) 가득조건의 회계처리

지분상품은 특정 가득조건이 충족될 것을 조건으로 부여될 수 있다. 예를 들면 종업원에게 주식이나 주식선택권을 부여하는 경우 일반적으로 특정기간 계속 근무할 것을 조건으로 한다. 경우에 따라서는 특정 이익성장 또는 주가상승을 달성하는 것과 같은 성과조건을 부과할 수 있다. 이러한 가득조건은 부여한 지분상품의 공정가치 측정 시 고려하거나 주식기준보상거래의 거래금액을 측정할 때 고려할 수 있으며 이에 대한 기준서의 요구사항은 다음과 같다.

시장조건이 아닌 가득조건

시장조건이 아닌 가득조건은, 측정기준일 현재 주식 또는 주식선택권의 공정가치를 추정할 때 고려하지 아니한다. 그 대신에 시장조건이 아닌 가득조건은 거래금액을 측정할 때 포함하는 지분상품의 수량을 조정하는 방식으로 고려함으로써, 부여한 지분상품 대가로 제공받는 재화나 용역에 대해 인식하는 금액이 궁극적으로 가득되는 지분상품의 수량에 기초하여 결정될 수 있도록 한다.

가득기간에 제공받는 재화나 용역의 금액을, 가득될 것으로 예상하는 지분상품 수량에 대한 최선의 추정치에 기초하여 인식한다. 만약 후속적인 정보에 비추어 볼 때, 가득될 것으로 예상하는 지분상품 수량이 앞서 추정했던 지분상품 수량과 다르면 추정치를 바꾼다. 가득일에는 궁극적으로 가득된 지분상품 수량과 같아지도록 추정했던 지분상품 수량을 바꾼다.

따라서 거래상대방이 정해진 용역제공기간을 다 채워 근무하지 못하거나 성과조건을 충족하지 못할 때처럼, 시장조건이 아닌 가득조건이 충족되지 못하여 부여한 지분상품이 가득되지 못한다면, 누적기준으로 볼 때 제공받은 재화나 용역에 대해 어떠한 금액도 인식하지 아니한다.

시장조건인 가득조건

부여한 지분상품의 공정가치를 추정할 때, 가득(이나 행사 가능성) 여부를 좌우하는 목표 주가와 같은 시장조건을 고려한다. 따라서 시장조건이 있는 지분상품을 부여한 때에는 그 시장조건이 충족되는지에 관계없이 다른 모든 가득조건(예: 정해진 기간에 계속 근무하는 종업원에게서 제공받는 근무용역)을 충족하는 거래상대방에게서 제공받는 재화나 용역을 인식한다.

(3) 비가득조건의 회계처리

부여한 지분상품의 공정가치를 추정할 때 모든 비가득조건을 고려한다. 따라서 비가득조건이 있는 지분상품을 부여하면 그러한 비가득조건이 충족되는지에 관계없이 시장조건이 아닌 모든 가득조건을 충족하는 거래상대방에게서 제공받는 재화나 용역을 인식한다.

(4) 재부여특성의 회계처리

주식선택권 보유자가 이미 부여된 주식선택권을 행사하면서 행사가격 지급수단으로 현금이 아니라 이미 자신이 보유한 기업의 주식을 사용하는 때에, 추가 주식선택권이 자동으로 부여되는 특성을 재부여 특성이라 하며 이에 따라 부여된 주식선택권을 재부여주식선택권이라 한다.

부여한 주식선택권의 공정가치를 측정기준일에 추정할 때, 그 주식선택권에 재부여특성이 있다면 재부여 특성은 고려하지 아니한다. 그 대신 사후적으로 재부여주식선택권을 부여할 때 그 재부여주식선택권을 새로운 주식선택권으로 회계처리 한다.

(5) 가득일 후의 회계처리

제공받는 재화나 용역과 그에 상응하는 자본의 증가를 인식한다면, 가득일이 지난 뒤에는 자본을 수정하지 아니한다. 예를 들면 가득된 지분상품이 추후 상실되거나 주식선택권이 행사되지 않더라도 종업원에게서 제공받은 근무용역에 대해 인식한 금액은 환입하지 아니한다. 그러나 자본계정 간 대체 즉, 한 자본계정에서 다른 자본계정으로 대체하는 것을 금지하지 않는다.

기본예제 12 주식결제형 주식기준보상 - 고정가득기간

결산일이 매년 말인 ㈜현대는 임직원 100명에게 다음의 조건으로 주식선택권을 부여하는 약정을 체결하였다. ㈜현대는 주식선택권을 자본조정으로 분류하며 적절한 시점에 자본잉여금으로 대체한다.

- 부여일 : 20x1년 1월 1일
- 근무조건 : 부여일로부터 3년
- 부여수량 : 1인당 주식선택권 100개
- 행사가격 : 단위당 ₩7,000
- 행사기간 : 20x4년 1월 1일부터 3년 간 행사 가능
- 기초주식과 주식선택권의 단위당 공정가치

구 분	부여일	20x1년 말	20x2년 말	20x3년 말	20x4년 말	20x5년 말
보통주	8,000	9,000	12,000	11,000	14,000	15,000
주식선택권	1,000	2,000	5,000	4,000	7,000	8,000

- 퇴사 추정 : 보고기간 말에 3년 동안 10명이 퇴사할 것으로 추정하였으며 20x3년 말 현재까지 실제로 퇴사한 인원은 5명이다.

물음 1 ㈜현대가 가득기간동안 수행할 회계처리를 제시하시오.

물음 2 주식선택권 8,000개가 20x4년 말에 행사되었고 이에 따라 ㈜현대는 액면금액 ₩5,000의 보통주를 발행하였다. 필요한 회계처리를 제시하시오.

물음 3 ㈜현대는 20x5년 말 자기주식 1,500주를 공정가치로 재취득하였다. 필요한 회계처리를 제시하시오.

물음 4 주식선택권 1,000개가 20x6년 초에 행사되었고 ㈜현대는 재취득한 자기주식을 교부하였다. 자기주식처분이익 ₩3,000,000이 있는 경우 필요한 회계처리를 제시하시오.

물음 5 가득된 주식선택권 중 500개가 권리행사기간 동안 사용되지 않아 소멸된 경우 20x6년 말 회계처리를 제시하시오.

해설

구 분	비고	20x1년말	20x2년말	20x3년말
1. 수량	(주1)	9,000개	9,000개	9,500개
2. 공정가치	(주2)	1,000	1,000	1,000
3. 총거래금액(1 × 2)		9,000,000	9,000,000	9,500,000
4. 누적금액	(주3)	3,000,000	6,000,000	9,500,000
5. 전기누적금액(전기4)		–	3,000,000	6,000,000
6. 당기금액(4 – 5)		3,000,000	3,000,000	3,500,000

(주1) 보고기간 말 최선의 추정치 사용하며 궁극적으로 실제 가득수량으로 조정

1년말 : 90명 × 100개 = 9,000개

2년말 : 90명 × 100개 = 9,000개

3년말 : 95명 × 100개 = 9,500개

(주2) 부여일 기준 공정가치

(주3) 용역이 유입되는 기간인 3년 동안 정액법을 적용

1년말 : 9,000,000 × 1/3 = 3,000,000

2년말 : 9,000,000 × 2/3 = 6,000,000

3년말 : 9,500,000 × 3/3 = 9,500,000

물음 1

회계처리				손익효과
1년말				
차) 주식보상비용	3,000,000	대) 주식선택권대가 (자본조정)	3,000,000	(3,000,000) PL
2년말				
차) 주식보상비용	3,000,000	대) 주식선택권대가	3,000,000	(3,000,000) PL
3년말				
차) 주식보상비용	3,500,000	대) 주식선택권대가	3,500,000	(3,000,000) PL

물음 2

회계처리				손익효과
4년말				
차) 현금	56,000,000	대) 자본금	40,000,000	−
주식선택권대가	8,000,000	주식발행초과금	24,000,000	

(*) 현금 : 8,000개 × 7,000 = 56,000,000
(*) 주식선택권대가 : 8,000개 × 1,000 = 8,000,000
(*) 자본금 : 8,000개 × 5,000 = 40,000,000
(*) 주식발행초과금 : 대차차액 또는 8,000개 × (7,000 + 1,000 − 5,000) = 24,000,000

물음 3

회계처리				손익효과
5년말				
차) 자기주식	22,500,000	대) 현금	22,500,000	−

(*) 자기주식 : 1,500주 × 15,000 = 22,500,000(원가)

물음 4

회계처리				손익효과
6년초				
차) 현금	7,000,000	대) 자기주식	15,000,000	−
주식선택권대가	1,000,000			−
자기주식처분이익	3,000,000			−
자기주식처분손실	4,000,000			−

(*) 현금 : 1,000개 × 7,000 = 7,000,000
(*) 주식선택권대가 : 1,000개 × 1,000 = 1,000,000
(*) 자기주식 : 1,000개 × 15,000 = 15,000,000
(*) 자기주식처분이익 : 3,000,000(우선감소)
(*) 자기주식처분손실 : 대차차액

물음 5

회계처리				손익효과
6년말				
차) 주식선택권대가	500,000	대) 기타자본잉여금	500,000	−

(*) 주식선택권대가 : 500개 × 1,000 = 500,000

기본예제 13 주식결제형 주식기준보상 - 기대가득기간

결산일이 매년 말인 ㈜현대는 임직원 100명과 주식기준보상약정을 체결하였다. ㈜현대는 주식선택권을 자본조정으로 분류하며 적절한 시점에 자본잉여금으로 대체한다.

- 부여일 : 20x1년 1월 1일
- 가득조건 : 목표성과가 달성될 때까지 근무하는 조건이며 최대 3년의 기간동안 누적매출 1조를 초과하면 즉시 가득된다.
- 부여한 지분상품 : 1인당 주식선택권 100개
- 행사가격 : ₩7,000
- 행사기간 : 가득일로부터 3년
- 기초주식과 주식선택권의 단위당 공정가치

구 분	부여일	20x1년 말	20x2년 말	20x3년 말
보통주	8,000	9,000	12,000	11,000
주식선택권	1,000	2,000	5,000	4,000

- 퇴사 추정 : 보고기간 말에 퇴사자는 없는 것으로 추정하였으며 실세로 퇴사한 인원도 없다.
- 매출액 추정 : 20x1년 말 현재 성과조건을 2년에 걸쳐 충족할 것으로 예상하였으나 20x2년 말 현재 직전연도 말 예측은 빗나갔으며 3년에 걸쳐 충족할 것으로 수정하였다. 20x3년 말 현재 주식선택권 부여일 이후의 누적매출은 1.1조로 관련 성과조건을 충족하였다.

물음 1 ㈜현대의 가득기간에 수행할 회계처리를 제시하시오.

물음 2 20x3년 말에 목표성과를 달성하지 못하여 주식선택권에 대한 종업원의 권리는 가득되지 못한 것으로 가정한다. 수행할 회계처리를 제시하시오.

해설

구 분	비고	20x1년말	20x2년말	20x3년말
1. 수량	(주1)	10,000개	10,000개	10,000개
2. 공정가치	(주2)	1,000	1,000	1,000
3. 총거래금액(1 × 2)		10,000,000	10,000,000	10,000,000
4 누적금액	(주3)	5,000,000	6,666,667	10,000,000
5. 전기누적금액(전기4)		-	5,000,000	6,666,667
6. 당기금액(4 - 5)		5,000,000	1,666,667	3,333,333

(주1) 보고기간 말 최선의 추정치 사용하며 궁극적으로 실제 가득수량으로 조정
1년말 : 100명 × 100개 = 10,000개
2년말 : 100명 × 100개 = 10,000개

3년말 : 100명 × 100개 = 10,000개

(주2) 부여일 기준 공정가치

(주3) 용역이 유입되는 기대가득기간 동안 정액법을 적용

1년말 : 10,000,000 × 1/2 = 5,000,000

2년말 : 10,000,000 × 2/3 = 6,666,667

3년말 : 10,000,000 × 3/3 = 10,000,000

물음 1

회계처리				손익효과	
1년말					
차) 주식보상비용	5,000,000	대) 주식선택권대가 (자본조정)	5,000,000	(5,000,000)	PL
2년말					
차) 주식보상비용	1,666,667	대) 주식선택권대가	1,666,667	(1,666,667)	PL
3년말					
차) 주식보상비용	3,333,333	대) 주식선택권대가	3,333,333	(3,333,333)	PL

물음 2

회계처리				손익효과	
3년말					
차) 주식선택권대가	6,666,667	대) 주식보상비용환입	6,666,667	6,666,667	PL

(*) 시장조건이 아닌 가득조건이 충족되지 못하여 부여한 지분상품이 가득되지 못한다면, 누적 기준으로 볼 때 제공받은 재화나 용역에 대해 어떠한 금액도 인식하지 아니한다.

기본예제 14 주식결제형 주식기준보상 - 시장조건과 기대가득기간

결산일이 매년 말인 ㈜현대는 임원 1명과 주식기준보상약정을 체결하였다. ㈜현대는 주식선택권을 자본조정으로 분류하며 적절한 시점에 자본잉여금으로 대체한다.

- 부여일 : 20x1년 1월 1일
- 가득조건 : 목표주가가 달성될 때까지 근무하는 조건이며 최대 6년의 기간이 부여된다.
- 부여한 지분상품 : 주식선택권 9,000개
- 행사가격 : ₩7,000
- 행사기간 : 가득일로부터 3년

• 기초주식과 주식선택권의 단위당 공정가치

구 분	부여일	20x1년 말	20x2년 말	20x3년 말
보통주	8,000	9,000	12,000	11,000
주식선택권	1,000	2,000	5,000	4,000

• 부여일 현재 추정한 기대가득기간 : 3년
• 부여일 기준 주식선택권의 단위당 공정가치는 목표주가 달성가능시점을 20x3년 말을 가정하고 측정한 것이다.

물음 1 ㈜현대의 20x1년 말과 20x2년 말에 수행할 회계처리를 제시하시오.

물음 2 20x3년 말에 목표주가를 달성하지 못하였다. 회계처리를 제시하시오.

물음 3 20x3년에 해당 임원은 퇴사하였다. 회계처리를 제시하시오.

해설

구 분	비고	20x1년말	20x2년말	20x3년말
1. 수량	(주1)	9,000개	9,000개	9,000개
2. 공정가치	(주2)	1,000	1,000	1,000
3. 총거래금액(1 × 2)		9,000,000	9,000,000	9,000,000
4. 누적금액	(주3)	3,000,000	6,000,000	9,000,000
5. 전기누적금액(전기4)		-	3,000,000	6,000,000
6. 당기금액(4 - 5)		3,000,000	3,000,000	3,000,000

(주1) 보고기간 말 최선의 추정치 사용하며 궁극적으로 실제 가득수량으로 조정
1년말 : 1명 × 9,000개 = 9,000개
2년말 : 1명 × 9,000개 = 9,000개
3년말 : 1명 × 9,000개 = 9,000개

(주2) 부여일 기준 공정가치

(주3) 부여일에 측정한 주식선택권의 공정가치에 적용한 기간에 대한 가정과 일치하는 기간을 기대가득기간으로 사용하며 시장조건과 관련된 후속정보에 기초하여 수정하지 아니한다.
1년말 : 9,000,000 × 1/3 = 3,000,000
2년말 : 9,000,000 × 2/3 = 6,000,000
3년말 : 9,000,000 × 3/3 = 9,000,000

물음 1

회계처리				손익효과	
1년말					
차) 주식보상비용	3,000,000	대) 주식선택권대가 (자본조정)	3,000,000	(3,000,000)	PL
2년말					
차) 주식보상비용	3,000,000	대) 주식선택권대가	3,000,000	(3,000,000)	PL

물음 2

회계처리				손익효과	
3년말					
차) 주식보상비용	3,000,000	대) 주식선택권대가	3,000,000	(3,000,000)	PL

(*) 부여일의 가정과 일치하는 기간(3년)동안 임원으로부터 제공받은 용역을 인식하며, 시장조건과 관련된 후속정보에 기초하여 수정하지 아니한다.

물음 3

회계처리				손익효과	
3년말					
차) 주식선택권대가	6,000,000	대) 주식보상비용환입	6,000,000	6,000,000	PL

(*) 임원은 주식선택권에 대한 권리를 가득하기 전에 퇴사하였으므로 시장조건을 제외한 다른 가득조건을 충족하지 못한 것이다. 따라서 누적기준으로 볼 때 제공받은 용역에 대해 어떠한 금액도 인식하지 아니하므로 전액 환입한다.

기본예제 15 주식결제형 주식기준보상 - 가득조건과 행사가격

결산일이 매년 말인 ㈜현대는 임원 1명과 주식기준보상약정을 체결하였다. ㈜현대는 주식선택권을 자본조정으로 분류하며 적절한 시점에 자본잉여금으로 대체한다.

- 부여일 : 20x1년 1월 1일
- 근무조건 : 부여일로부터 3년
- 성과조건 : 연평균판매량증가율이 10%를 초과하면 행사가격이 인하되는 조건
- 부여한 지분상품 : 주식선택권 9,000개
- 행사가격 : ₩7,000 (성과 달성 시 ₩4,000)
- 행사기간 : 가득일로부터 3년

• 기초주식과 주식선택권의 단위당 공정가치

구 분	부여일	20x1년 말	20x2년 말	20x3년 말
보통주	8,000	9,000	12,000	11,000
주식선택권(성과 미달)	1,000	2,000	5,000	4,000
주식선택권(성과 달성)	2,000	4,000	10,000	8,000

• 연평균판매량증가율에 대한 추정 : 20x1년 말과 20x2년 말 현재, 10% 초과할 것으로 추정하며 20x3년 말 실제 달성한 연평균판매량증가율은 8%이다.

물음 ㈜현대의 가득기간동안 수행할 회계처리를 제시하시오.

해설

구 분	비고	20x1년말	20x2년말	20x3년말
1. 수량	(주1)	9,000개	9,000개	9,000개
2. 공정가치	(주2)	~~1,000~~	~~1,000~~	1,000
		2,000	2,000	~~2,000~~
3. 총거래금액(1 × 2)		18,000,000	18,000,000	9,000,000
4. 누적금액	(주3)	6,000,000	12,000,000	9,000,000
5. 전기누적금액(전기4)		–	6,000,000	12,000,000
6. 당기금액(4 – 5)		6,000,000	6,000,000	(3,000,000)

(주1) 보고기간 말 최선의 추정치 사용하며 궁극적으로 실제 가득수량으로 조정

1년말 : 1명 × 9,000개 = 9,000개

2년말 : 1명 × 9,000개 = 9,000개

3년말 : 1명 × 9,000개 = 9,000개

(주2) 부여일 기준 공정가치

가득조건에 의해 복수의 행사가격이 존재하는 경우, 각각의 행사가격에 대한 주식선택권의 공정가치를 측정한다. 따라서 행사가격에 대한 경우의 수가 2개이므로 부여일에 측정한 주식선택권의 공정가치도 2개를 측정하며, 후속정보에 비추어 달성가능한 금액을 선택 적용한다. 이러한 적용을 하더라도 측정기준일이 변경되는 것은 아니다.

(주3) 부여일에 측정한 주식선택권의 공정가치에 적용한 기간에 대한 가정과 일치하는 기간을 기대가득기간으로 사용하며 시장조건과 관련된 후속정보에 기초하여 수정하지 아니한다.

1년말 : 18,000,000 × 1/3 = 6,000,000

2년말 : 18,000,000 × 2/3 = 12,000,000

3년말 : 9,000,000 × 3/3 = 9,000,000

회계처리					손익효과	
1년말						
차) 주식보상비용	6,000,000	대)	주식선택권대가 (자본조정)	6,000,000	(6,000,000)	PL
2년말						
차) 주식보상비용	6,000,000	대)	주식선택권대가	6,000,000	(6,000,000)	PL
3년말						
차) 주식선택권대가	3,000,000	대)	주식보상비용환입	3,000,000	3,000,000	PL

2-4 지분상품의 공정가치를 신뢰성 있게 추정할 수 없는 경우의 회계처리

드물지만, 부여한 지분상품의 공정가치를 측정기준일 현재 신뢰성 있게 추정할 수 없을 때가 있다. 이러한 경우에는 다음과 같이 회계처리한다.

(1) 내재가치

거래상대방에게서 재화나 용역을 제공받는 날을 기준으로 지분상품을 내재가치로 최초 측정한다. 이후 매 보고기간 말과 최종 결제일에 내재가치를 재측정하고 내재가치 변동액은 당기손익으로 인식한다. 이 경우에 지분상품이 주식선택권이라면 그 주식선택권이 행사되거나 상실(예: 고용의 중단)되거나 만기소멸(예: 주식선택권 계약기간 만료)되는 날을 주식기준보상약정의 최종결제일로 한다.

(2) 비시장조건

최종적으로 가득되는 지분상품의 수량에 기초하여 제공받는 재화나 용역을 인식한다. 즉, 기업이 거래상대방으로부터 가득기간에 제공받는 재화나 용역을 인식하며, 인식금액은 가득될 것으로 예상하는 주식선택권의 수량에 기초하여 결정한다. 만약 후속적인 정보에 비추어 볼 때 미래에 가득된다고 예상하는 주식선택권의 수량이 앞서 추정했던 수량과 다르면 추정치를 바꾼다. 가득일에는 최종적으로 가득된 지분상품의 수량과 같도록 추정했던 지분상품의 수량을 바꾼다. 그러나 가득일이 지난 뒤, 부여했던 주식선택권이 나중에 상실되거나 만기소멸된다면 제공받은 재화나 용역에 대하여 인식한 금액을 환입한다.

기본예제 16 주식결제형 주식기준보상 - 내재가치 측정

결산일이 매년 말인 ㈜현대는 임원 1명과 주식기준보상약정을 체결하였다. ㈜현대는 주식선택권을 자본조정으로 분류하며 적절한 시점에 자본잉여금으로 대체한다.

- 부여일 : 20x1년 1월 1일
- 근무조건 : 부여일로부터 3년
- 부여한 지분상품 : 주식선택권 9,000개
- 행사가격 : ₩7,000 (성과 달성 시 ₩4,000)
- 행사기간 : 가득일로부터 3년
- 내재가치 : ㈜현대는 부여한 주식선택권의 공정가치를 신뢰성 있게 추정할 수 없는 것으로 보아 주식선택권의 시점별 내재가치를 다음과 같이 측정하였다.

구 분	부여일	20x1년 말	20x2년 말	20x3년 말
내재가치	1,000	2,000	5,000	4,000

물음 1 ㈜현대의 가득기간 및 20x3년 말에 수행할 회계처리를 제시하시오.

물음 2 20x4년 초, 직원의 부정 및 횡령 사고에 대한 책임으로 부여된 주식선택권이 모두 상실된 경우 회계처리를 제시하시오.

해설

구 분	비고	20x1년말	20x2년말	20x3년말
1. 수량	(주1)	9,000개	9,000개	9,000개
2. 내재가치	(주2)	2,000	5,000	4,000
3. 총거래금액(1×2)		18,000,000	45,000,000	36,000,000
4 누적금액	(주3)	9,000,000	45,000,000	36,000,000
5. 전기누적금액(전기4)		–	9,000,000	45,000,000
6. 당기금액(4-5)		9,000,000	36,000,000	(9,000,000)

(주1) 보고기간 말 최선의 추정치 사용하며 궁극적으로 실제 가득수량으로 조정

1년말 : 1명 × 9,000개 = 9,000개

2년말 : 1명 × 9,000개 = 9,000개

3년말 : 1명 × 9,000개 = 9,000개

(주2) 보고기간 말 내재가치로 재측정

주식선택권의 공정가치를 신뢰성 있게 추정할 수 없으므로 보고기간 말 내재가치로 재측정한다.

(주3) 최종결제일까지 재측정

지분상품의 공정가치로 회계처리하는 경우와 달리 가득기간동안에만 인식하는 것이 아니라 최종결제일까지 계속 인식하여야 한다.

1년말 : 18,000,000 × 1/2 = 9,000,000

2년말 : 45,000,000 × 2/2 = 45,000,000

3년말 : 36,000,000(가득이후에는 유입되는 용역이 없으며 내재가치 변동만 인식하면 됨)

물음 1

회계처리				손익효과	
1년말					
차) 주식보상비용	9,000,000	대) 주식선택권대가 (자본조정)	9,000,000	(9,000,000)	PL
2년말					
차) 주식보상비용	36,000,000	대) 주식선택권대가	36,000,000	(36,000,000)	PL
3년말					
차) 주식선택권대가	9,000,000	대) 주식보상비용환입	9,000,000	9,000,000	PL

물음 2

회계처리				손익효과	
4년초					
차) 주식선택권대가	36,000,000	대) 주식보상비용환입 (자본조정)	36,000,000	36,000,000	PL

(*) 지분상품의 공정가치로 회계처리하는 경우와 달리 가득일 이후 권리의 상실되거나 만기에 소멸되는 경우에는 재공받은 용역에 대하여 인식한 금액을 환입한다.

2-5 부여한 지분상품의 조건변경 및 중도청산

기업은 이미 부여한 지분상품의 조건을 바꿀 때도 있다. 예를 들면, 이미 종업원에게 부여한 주식선택권의 행사가격을 낮추어 주식선택권의 공정가치를 높일 수 있다. 아래에서 살펴볼 내용은 종업원과의 주식기준보상거래를 전제로 조건변경 영향에 관한 회계처리를 다룬다. 그러나 부여한 지분상품의 공정가치에 기초하여 종업원이 아닌 자와의 주식기준보상거래를 측정할 때에도 해당 문단의 요구사항을 마찬가지로 적용한다. 다만 이때 아래의 기준서의 요구사항에서 사용하는 부여일은 거래상대방에게서 재화나 용역을 제공받는 날로 갈음한다.

기업이 지분상품을 부여한 당시의 조건을 변경하는지, 부여한 지분상품을 취소하거나 중도청산할지와는 관계없이 제공받는 근무용역은 최소한 지분상품의 부여일 당시의 공정가치에 따라 인식한다. 다만, 부여일에 정했던 어떤 가득조건(시장조건 제외)이 충족되지 않아 지분상품이 가득되지 못한다면 그러하지 아니한다. 이와 더불어 주식기준보상약정의 총공정가치를 높이거나 종업원에게 더 유리하도록 조건을 변경하는 때에도 조건변경의 영향을 인식한다.

(1) 지분상품의 취소나 중도청산

부여한 지분상품이 취소되거나 중도청산이 되면 자기지분상품의 재매입으로 보아 인식한 자본 증가액을 제거한다. 기준서에서 요구하는 회계처리 방법은 부여한 지분상품의 취소나 중도청산 시점에 따라 상이하다. 관련 내용은 다음과 같다.

- 부여한 지분상품이 가득기간 중에 취소되거나 중도청산 되는 경우
  Step 1> 취소나 중도청산 때문에 부여한 지분상품이 일찍 가득되었다고 보아 회계처리 하므로, 취소하거나 중도청산을 하지 않는다면 잔여가득기간에 제공받을 용역에 대해 인식할 금액을 취소나 중도청산 시점에 즉시 인식한다.
  Step 2> 취소나 중도청산으로 종업원에게 지급하는 금액은 자기지분상품의 재매입으로 보아 자본에서 차감한다. 다만 지급액이 부여한 지분상품의 재매입일 현재 공정가치를 초과하는 때는 그 초과액을 비용으로 인식한다. 그러나 주식기준보상약정에 부채요소가 포함되어 있다면 취소일이나 중도청산일에 해당 부채의 공정가치를 재측정한다. 부채요소를 결제하려고 지급한 금액이 있다면 부채의 상환으로 회계처리 한다.
- 가득한 지분상품을 재매입하는 때에는, 종업원에게 지급한 금액을 자본에서 차감한다. 다만, 지급액이 재매입일 현재 지분상품의 공정가치를 초과하는 때에는 그 초과액을 비용으로 인식한다.

만약 기업이 종업원에게 새 지분상품을 부여하면서, 그 새 지분상품을 부여한 날에, 부여한 지분상품이 취소한 지분상품을 대체한다고 본다면, 원래 부여했던 지분상품의 조건을 변경하는 회계처리처럼 대체지분상품을 부여하는 회계처리를 한다. 이때 부여한 증분공정가치는 대체지분상품을 부여한 날 현재 대체지분상품의 공정가치와 취소한 지분상품의 순공정가치의 차이금액이다. 취소한 지분상품의 순공정가치는 취소 직전 공정가치에서 자본

의 감소로 회계처리 하는 지급액을 차감한 금액이다. 기업이 새로 부여한 지분상품을 취소한 지분상품의 대체로 보지 아니하는 경우에는 새로운 지분상품을 부여한 것으로 회계처리 한다.

그림 4 취소 또는 중도청산

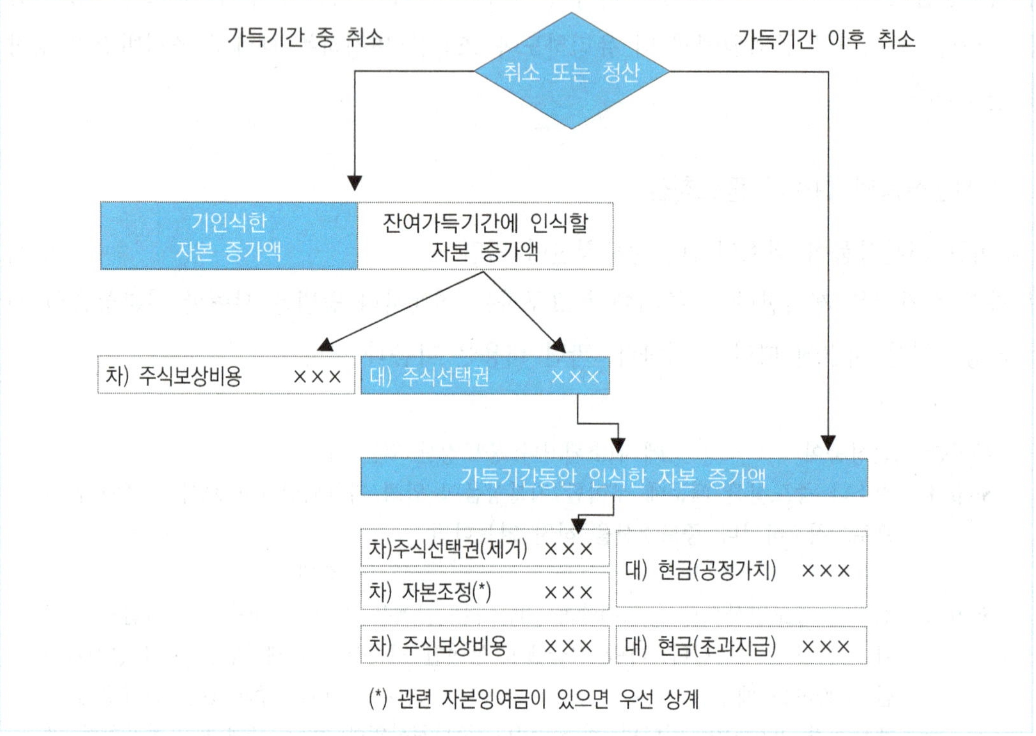

기본예제 17 **주식결제형 주식기준보상 – 취소나 중도청산**

결산일이 매년 말인 ㈜현대는 임직원 90명과 주식기준보상약정을 체결하였다. ㈜현대는 주식선택권을 자본조정으로 분류하며 적절한 시점에 자본잉여금으로 대체한다.

- 부여일 : 20x1년 1월 1일
- 가득조건 : 부여일로부터 3년 근무조건
- 부여한 지분상품 : 1인당 주식선택권 100개
- 행사가격 : ₩7,000
- 행사기간 : 가득일로부터 3년

• 기초주식과 주식선택권의 단위당 공정가치

구 분	부여일	20x1년 말	20x2년 말	20x3년 말
보통주	8,000	9,000	12,000	11,000
주식선택권	1,000	2,000	5,000	4,000

• 퇴사 추정 : 보고기간 말에 퇴사자는 없는 것으로 추정하였으며 실제로 퇴사한 인원도 없다.

물음 1 ㈜현대의 20x1년 말과 20x2년 말에 수행할 회계처리를 제시하시오.

물음 2 20x3년 초에 부여한 주식선택권을 단위당 ₩6,000을 지급하고 취소하였다. 취소시점에 수행할 회계처리를 제시하시오. 단, 취소일에 측정한 주식선택권의 공정가치는 직전 보고기간 말 공정가치와 동일하며 유사한 거래에서 발생한 기타자본잉여금 잔액은 ₩10,000,000이 존재한다.

해설

구 분	비고	20x1년말	20x2년말	20x3년말
1. 수량	(주1)	9,000개	9,000개	9,000개
2. 공정가치	(주2)	1,000	1,000	1,000
3. 총거래금액(1 × 2)		9,000,000	9,000,000	9,000,000
4. 누적금액	(주3)	3,000,000	6,000,000	9,000,000
5. 전기누적금액(전기4)		–	3,000,000	6,000,000
6. 당기금액(4 – 5)		3,000,000	3,000,000	3,000,000

(주1) 보고기간 말 최선의 추정치 사용하며 궁극적으로 실제 가득수량으로 조정

1년말 : 90명 × 100개 = 9,000개

2년말 : 90명 × 100개 = 9,000개

3년말 : 90명 × 100개 = 9,000개

(주2) 부여일 기준 공정가치

(주3) 용역이 유입되는 기대가득기간 동안 정액법을 적용

1년말 : 9,000,000 × 1/3 = 3,000,000

2년말 : 9,000,000 × 2/3 = 6,000,000

3년말 : 9,000,000 × 3/3 = 9,000,000

물음 1

회계처리						손익효과	
1년말							
차)	주식보상비용	3,000,000	대)	주식선택권대가 (자본조정)	3,000,000	(3,000,000)	PL
2년말							
차)	주식보상비용	3,000,000	대)	주식선택권대가	3,000,000	(3,000,000)	PL

물음 2

회계처리						손익효과	
3년초							
차)	주식보상비용(*)	3,000,000	대)	주식선택권대가 (자본조정)	3,000,000	(3,000,000)	PL

(*) 취소를 하지 않았다면 20x3년도에 제공받을 용역에 대해 인식할 금액을 즉시 인식함

회계처리						손익효과	
3년초							
차)	주식선택권대가	9,000,000	대)	현금	45,000,000	–	PL
	기타자본잉여금	10,000,000				–	
	지분상품재매입손실	26,000,000				–	

(*) 현금 : 9,000개 × 5,000(취소일의 공정가치) = 45,000,000
(*) 주식선택권대가 : 6,000,000(전기이월) + 3,000,000 = 9,000,000
(*) 기타자본잉여금 : 10,000,000
(*) 지분상품재매입손실 : 대차차액

회계처리						손익효과	
3년초							
차)	주식보상비용	9,000,000	대)	현금	9,000,000	(9,000,000)	PL

(*) 현금 : 9,000개 × 1,000(취소일의 공정가치 초과 지급액) = 9,000,000

(2) 조건변경

기업이 이미 부여한 지분상품의 조건을 변경하는 경우, 기준서의 요구사항은 다음과 같다.

■ **부여한 지분상품의 총공정가치를 증가시키는 경우**

조건변경으로 인해 부여한 지분상품의 총 공정가치가 조건변경 직전과 직후를 비교하여 증가하는 경우(예: 행사가격의 인하) 부여한 지분상품의 대가로 제공받을 근무용역에 대해 인식할 금액을 측정할 때 그 측정치에 증분공정가치를 포함한다. 증분공정가치란 조건변경된 지분상품 공정가치와 당초 지분상품 공정가치의 차이를 말하며, 이 두 공정가치는 모두 조건을 변경한 날에 추정한 금액이다. 가득기간에 조건이 변경된다면, 그 증분공정가치는 조건을 변경한 날부터 변경된 지분상품이 가득되는 날까지의 기간에 제공받는 근무용역에 대해 인식한 금액을 측정할 때 포함한다. 그리고 부여일에 측정한 당초 지분상품의 공정가치는 당초 가득기간의 잔여기간에 걸쳐 인식한다. 가득일 후에 조건이 변경되면 증분공정가치를 즉시 인식한다. 다만, 종업원이 변경된 지분상품에 대하여 무조건적인 권리를 획득하려고 추가 용역제공기간을 근무해야 한다면 증분공정가치를 추가된 가득기간에 걸쳐 인식한다.

■ **부여한 지분상품의 수량이 증가하는 경우**

조건이 변경되어 부여한 지분상품의 수량이 증가하는 경우에는 부여한 지분상품의 대가로 제공받는 근무용역으로써 인식할 금액을 측정할 때 그 측정치에 추가로 부여한 지분상품의 조건변경일 현재 공정가치를 포함한다. 예를 들면, 가득기간에 조건이 변경되면, 부여일에 측정한 당초 지분상품의 공정가치는 당초 가득기간의 잔여기간에 걸쳐 인식하며, 이에 추가하여 조건변경일에 부여한 추가 지분상품의 공정가치를 조건변경일부터 추가 지분상품이 가득되는 날까지 제공받는 근무용역에 대해 인식할 금액의 측정치에 포함한다.

■ **가득기간을 줄이거나 성과조건을 완화하여 종업원에게 유리하도록 변경하는 경우**

성과조건이 시장조건인 경우에는 부여한 지분상품의 총 공정가치를 증가시키므로 총 공정가치를 증가시키는 경우의 규정에 따라 회계처리 한다. 성과조건이 시장조건이 아닌 경우에는 변경된 가득조건을 고려하여 거래금액에 반영하여 회계처리한다.

■ **부여한 지분상품의 총공정가치를 감소시키거나 종업원에게 불리하도록 변경하는 경우**

부여한 지분상품의 조건이 변경되어 주식기준보상약정의 총 공정가치를 감소시키거나 종업원에게 불리하게 이루어지면 조건이 변경되지 않은 것으로 보고 부여한 지분상품의 대가로 제공받는 근무용역을 계속해서 인식한다. 다만 부여한 지분상품의 일부나 전부를 취소한다면 지분상품의 중도청산에 따라 회계처리 한다. 따라서 조건변경으로 인해 부여한 지분상품의 공정가치가 조건변경 직전과 직후를 비교하여 감소하는 때에는 공정가치 감소분에 대해서 회계처리를 하지 않으며 지분상품의 대가로 제공받는 근무용역에 대해 인식할 금액은 계속해서 부여한 지분상품의 부여일 현재 공정가치에 기초하여 측정한다. 또한 가득기간을 늘리거나 성과조건(다만, 시장조건 제외)을 변경하거나 추가할 때와 같이 가득조건을 종업원에게 불리하게 변경할 때에는 변경된 가득조건을 고려하지 아니한다.

그림 5 종업원에게 유리한 조건변경

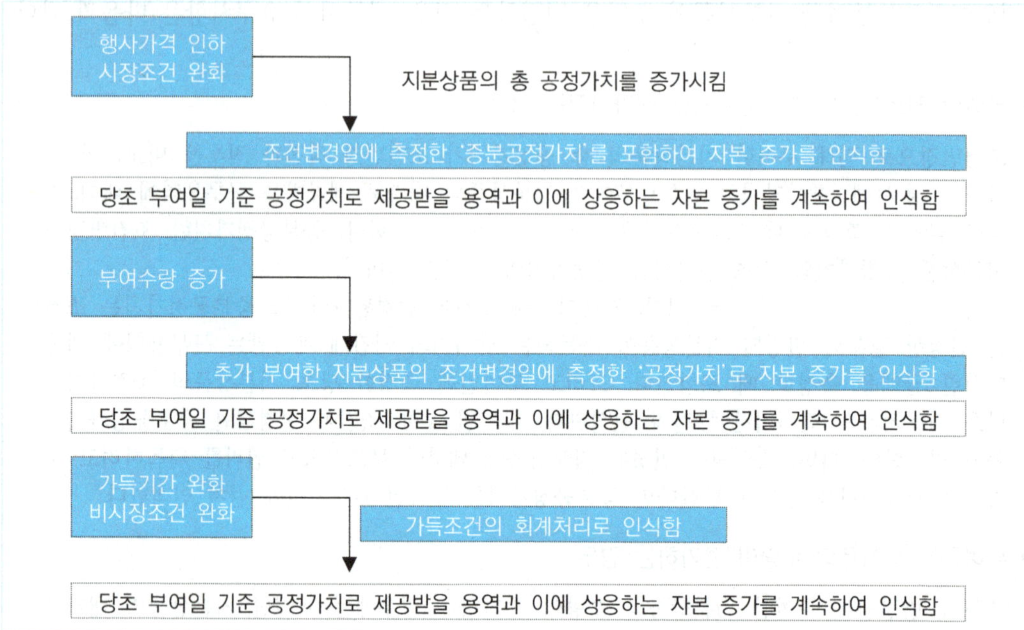

그림 6 종업원에게 불리한 조건변경

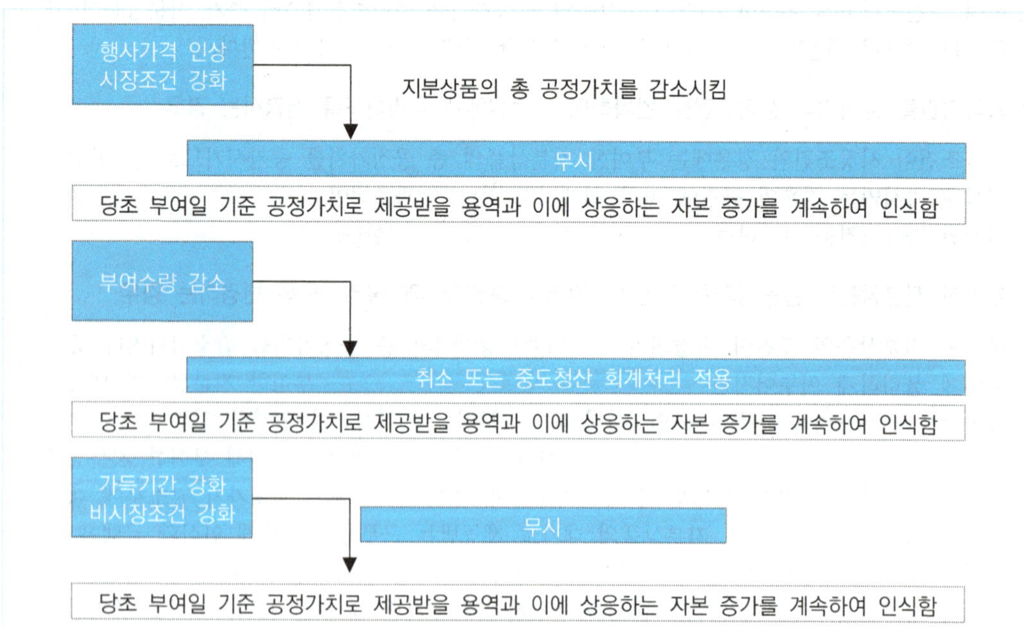

기본예제 18 주식결제형 주식기준보상 - 조건변경

결산일이 매년 말인 ㈜현대는 임직원 90명과 주식기준보상약정을 체결하였다. ㈜현대는 주식선택권을 자본조정으로 분류하며 적절한 시점에 자본잉여금으로 대체한다. 다음의 각 물음은 상호 독립적이다.

- 부여일 : 20x1년 1월 1일
- 근무조건 : 부여일로부터 3년
- 부여한 지분상품 : 1인당 주식선택권 100개
- 행사가격 : ₩7,000
- 행사기간 : 가득일로부터 3년
- 주가와 주식선택권의 단위당 공정가치

구 분	부여일	20x1년 말	20x2년 말	20x3년 말	20x4년 말	20x5년 말
보통주	8,000	4,000	2,000	6,200	8,000	15,000
주식선택권	1,000	500	100	800	6,000	9,000

- 가득기간 동안의 퇴사 추정 : 없음
- 3년 동안의 실제퇴사자 : 없음

물음 1 ㈜현대는 20x1년 말에 주식선택권의 당초 행사가격을 ₩6,000으로 인하하였다. 조건변경일에 인하된 행사가격을 반영한 주식선택권의 공정가치는 단위당 ₩700이다. 가득기간동안 ㈜현대가 수행할 회계처리를 제시하시오.

물음 2 ㈜현대는 20x2년 말, 1인당 주식선택권 10개를 추가 부여하기로 조건을 변경하였다. 추가 부여한 주식선택권을 무조건적으로 가득하기 위해 기존의 근무기간에 더하여 근무용역을 제공할 필요는 없다. 20x3년 말에 필요한 회계처리를 제시하시오.

물음 3 20x3년 초, 약정 근로기간을 3년에서 5년으로 연장하는 조건변경을 하였다. 20x3년 말에 수행할 회계처리를 제시하시오.

해설

물음 1

구 분	비고	20x1년말	20x2년말	20x3년말
1. 수량	(주1)	9,000개	9,000개	9,000개
2. 공정가치	(주2)	1,000	1,000	1,000
3. 증분공정가치	(주3)	–	200	200
4. 총거래금액(1 × 2)		9,000,000	9,000,000	9,000,000

5. 증분거래금액(1 × 3)		–	1,800,000	1,800,000
6. 누적금액	(주4)	3,000,000	6,000,000	9,000,000
7. 증분누적금액	(주5)	–	900,000	1,800,000
8. 전기 '6'		–	3,000,000	6,000,000
9. 전기 '7'		–	–	900,000
10. 당기금액(6 – 8)		3,000,000	3,000,000	3,000,000
11. 당기금액(7 – 9)		–	900,000	900,000

(주1) 보고기간 말 최선의 추정치 사용하며 궁극적으로 실제 가득수량으로 조정
1년말 : 90명 × 100개 = 9,000개
2년말 : 90명 × 100개 = 9,000개
3년말 : 90명 × 100개 = 9,000개

(주2) 부여일 기준 공정가치

(주3) 조건변경일 기준 증분공정가치 : 700(변경 직후) – 500(변경 직전) = 200

(주4) 용역이 유입되는 기대가득기간 동안 정액법을 적용
1년말 : 9,000,000 × 1/3 = 3,000,000
2년말 : 9,000,000 × 2/3 = 6,000,000
3년말 : 9,000,000 × 3/3 = 9,000,000

(주5) 용역이 유입되는 잔여가득기간 동안 정액법을 적용
2년말 : 1,800,000 × 1/2 = 900,000
3년말 : 1,800,000 × 2/2 = 1,800,000

회계처리						손익효과	
1년말							
차)	주식보상비용	3,000,000	대)	주식선택권대가 (자본조정)	3,000,000	(3,000,000)	PL
2년말							
차)	주식보상비용	3,000,000	대)	주식선택권대가	3,000,000	(3,000,000)	PL
	주식보상비용	900,000		주식선택권대가	900,000	(900,000)	PL
3년말							
차)	주식보상비용	3,000,000	대)	주식선택권대가	3,000,000	(3,000,000)	PL
	주식보상비용	900,000		주식선택권대가	900,000	(900,000)	PL

물음 2

회계처리						손익효과	
3년말							
차)	주식보상비용	3,000,000	대)	주식선택권대가 (자본조정)	3,000,000	(3,000,000)	PL
차)	주식보상비용(*)	90,000	대)	주식선택권대가	90,000	(90,000)	PL

(*) 20x2년 말(조건변경일)에 새로운 주식선택권을 부여한 것으로 본다.

(*) 90명 × 10개 × 100(조건변경일 기준 공정가치) × 1년/1년 = 90,000

물음 3

회계처리						손익효과	
3년말							
차)	주식보상비용	3,000,000	대)	주식선택권대가 (자본조정)	3,000,000	(3,000,000)	PL
차)	–	–	대)		–	–	–

(*) 종업원에게 불리한 조건변경이므로 조건변경효과를 무시한다.

기본예제 19 주식결제형 주식기준보상 – 취소하고 부여하는 경우

결산일이 매년 말인 ㈜현대는 20x1년 초, 임원 1명과 주식선택권을 부여하는 약정을 체결하였다. 해당 주식선택권은 임원이 부여일로부터 3년 근무조건을 충족하는 시점에 가득되며 부여일의 주식선택권의 공정가치에 기초하여 인식할 금액은 3년간 ₩900,000이며 20x2년말까지 ₩600,000을 인식한 상태이다. ㈜현대는 20x3년 초, 임원과 협의하에 기존 주식선택권을 취소하고 새로운 주식선택권을 부여하기로 하였으며 협의일 현재 기존 주식선택권의 공정가치는 ₩200,000이며 새로 부여하는 주식선택권의 공정가치는 ₩230,000이다. 다음의 물음에 답하시오.

물음 1 새로 부여한 주식선택권이 기존의 주식선택권을 대체하는 것으로 보는 경우 ㈜현대가 20x3년에 수행할 회계처리를 제시하시오. 새로 부여한 주식선택권의 가득시점의 20x3년 말로 동일하다고 가정한다.

물음 2 새로 부여한 주식선택권이 기존의 주식선택권을 대체하는 것으로 볼 수 없는 경우 ㈜현대가 20x3년에 수행할 회계처리를 제시하시오. 새로 부여한 주식선택권의 가득시점은 20x4년 말인 것으로 가정한다.

해설

물음 1

회계처리					손익효과	
3년말						
차)	주식보상비용	300,000	대) 주식선택권대가	300,000	(300,000)	PL
	주식보상비용	30,000	주식선택권대가	30,000	(30,000)	PL

(*) 기존 지분상품을 대체하는 경우이므로 조건변경에 따라 회계처리함

(*) 따라서 취소일 직전(₩200,000)과 직후(₩230,000)의 총공정가치가 증가하므로 잔여가득기간에 인식할 용역대가에 증분공정가치(₩30,000)를 포함하여 인식함.

물음 2

회계처리					손익효과	
3년말						
차)	주식보상비용	300,000	대) 주식선택권대가	300,000	(300,000)	PL
	주식보상비용	115,000	주식선택권대가	115,000	(115,000)	PL

(*) 기존 지분상품을 대체하지 못하는 경우이므로 새로운 지분상품을 부여한 것으로 회계처리함.

(*) 따라서 취소일에 측정한 새로운 지분상품의 공정가치(₩230,000)를 새로운 가득기간동안 인식함. 즉, 매년 230,000 × 1/2 = 115,000을 제공받은 용역기간동안 인식함.

3. 현금결제형 주식기준보상거래

현금결제형 주식기준보상거래의 경우에 제공받는 재화나 용역과 그 대가로 부담하는 부채를 부채의 공정가치로 측정한다. 또 부채가 결제될 때까지 매 보고기간 말과 결제일에 부채의 공정가치를 재측정하고, 공정가치의 변동액을 당기손익으로 인식한다. 예를 들면, 기업은 특정 기간 기업의 주가 상승액에 기초하여 종업원에게 미래에 현금을 받는 권리를 획득하게 하는 주가차액보상권을 종업원 총 보상의 일부로 부여할 수 있다. 이러한 약정은 현금결제형 주식기준보상거래의 예이다.

3-1 인식과 측정

종업원에게서 제공받는 근무용역과 그 대가로 부담하는 부채는 근무용역을 제공받는 기간에 인식한다. 예를 들면, 부여하자마자 가득되는 주가차액보상권의 경우에 종업원이 현금에 대한 권리를 획득하려고 정해진 용역제공기간에 근무해야 할 의무가 없으므로 반증이

없는 한 종업원에게서 이미 근무용역을 제공받았다고 본다. 따라서 기업은 제공받는 용역과 그 대가 지급에 관한 부채를 즉시 인식한다. 만약 종업원이 특정 용역제공기간을 근무해야만 주가차액보상권이 가득된다면, 제공받는 근무용역과 그 대가로 부담하는 부채는 그 용역제공기간에 종업원이 근무용역을 제공할 때 인식한다.

주가차액보상권을 부여함에 따라 인식하는 부채는 부여일과 부채가 결제될 때까지 매 보고기간 말과 결제일에 주가차액보상권의 공정가치로 측정한다. 공정가치를 측정할 때에는 옵션가격결정모형을 사용하며, 주가차액보상권의 부여조건과 측정기준일까지 종업원에게서 근무용역을 제공받은 정도를 고려한다. 이미 부여한 현금결제형 주식기준보상의 조건을 바꾸는 경우도 있다. 현금결제형에서 주식결제형 주식기준보상거래로 분류를 바꾸는 조건변경과 관련된 지침은 후술하는 내용(3.3)에서 별도로 살펴본다.

3-2 가득조건과 비가득조건의 회계처리

현금결제형 주식기준보상거래는 특정 가득조건이 충족될 것을 조건으로 할 수 있다. 경우에 따라서는 특정 이익성장 또는 주가상승을 달성하는 것과 같은 성과조건을 부과할 수 있다. 시장조건이 아닌 가득조건은 측정기준일 현재 현금결제형 주식기준보상의 공정가치를 추정할 때 고려하지 아니한다. 그 대신에 시장조건이 아닌 가득조건은 거래에서 생기는 부채의 측정에 포함하는 권리의 수량을 조정하는 방식으로 고려한다. 즉 가득기간에 제공받는 재화나 용역의 금액을 인식할 때 그 금액은 가득될 것으로 예상하는 권리의 수량에 대한 최선의 추정치에 기초하여 측정한다. 만약 후속적인 정보에 비추어 볼 때 가득될 것으로 예상하는 권리의 수량이 앞서 추정했던 권리의 수량과 다르면 추정치를 바꾼다. 가득일에는 궁극적으로 가득된 권리의 수량과 같아지도록 추정치를 바꾼다.

가득 여부를 좌우하는 목표 주가와 같은 시장조건과 비가득조건은 부여한 현금결제형 주식기준보상의 공정가치를 추정할 때, 그리고 매 보고기간 말과 결제일에 권리의 공정가치를 재측정할 때 고려한다. 기준서의 이러한 요구사항을 적용한 결과, 현금결제형 주식기준보상의 대가로 제공받는 재화나 용역에 대해 궁극적으로 인식되는 누적금액은 현금지급액과 동일하다.

기본예제 20 현금결제형 주식기준보상 - 주가차액보상권

결산일이 매년 말인 ㈜현대는 임직원 100명과 현금결제형 주식기준보상약정을 체결하였다.

- 부여일 : 20x1년 1월 1일
- 근무조건 : 부여일로부터 3년
- 근무용역에 대한 부여한 권리 : 1인당 주가차액보상권 100개
- 행사가격 : ₩8,000
- 행사기간 : 가득일로부터 3년
- 주가와 주가차액보상권의 단위당 공정가치

구 분	부여일	20x1년 말	20x2년 말	20x3년 말	20x4년 말	20x5년 말
보통주	8,000	9,000	12,000	11,000	14,000	15,000
차액보상권	1,000	2,000	5,000	4,000	7,000	8,000

- 가득기간 동안의 퇴사 추정 : 10명
- 3년 동안의 실제퇴사자 : 5명

물음 1 ㈜현대의 가득기간동안 수행할 분개를 제시하시오.

물음 2 주가차액보상권 8,000개가 20x4년 말에 행사되었고 이에 따라 ㈜현대는 현금을 지급하였다. 결산일에 필요한 모든 분개를 제시하시오.

해설

물음 1

구 분	비고	20x1년말	20x2년말	20x3년말
1. 수량	(주1)	9,000개	9,000개	9,500개
2. 공정가치	(주2)	2,000	5,000	4,000
3. 총거래금액(1 × 2)		18,000,000	45,000,000	38,000,000
4. 누적금액	(주3)	6,000,000	30,000,000	38,000,000
5. 전기누적금액(전기4)		-	6,000,000	30,000,000
6. 당기금액(4 - 5)		6,000,000	24,000,000	8,000,000

(주1) 보고기간 말 최선의 추정치 사용하며 궁극적으로 실제 가득수량으로 조정

1년말 : 90명 × 100개 = 9,000개

2년말 : 90명 × 100개 = 9,000개

3년말 : 95명 × 100개 = 9,500개

(주2) 매 보고기간말 기준 공정가치

(주3) 용역이 유입되는 기간인 3년 동안 정액법을 적용
1년말 : 18,000,000 × 1/3 = 6,000,000
2년말 : 45,000,000 × 2/3 = 30,000,000
3년말 : 38,000,000 × 3/3 = 38,000,000

물음 1

회계처리				손익효과	
1년말					
차) 주식보상비용	6,000,000	대) 장기미지급비용	6,000,000	(6,000,000)	PL
2년말					
차) 주식보상비용	24,000,000	대) 장기미지급비용	24,000,000	(24,000,000)	PL
3년말					
차) 주식보상비용	8,000,000	대) 장기미지급비용	8,000,000	(8,000,000)	PL

물음 2

회계처리				손익효과	
4년말 - 보고기간 말 측정					
차) 주식보상비용	28,500,000	대) 장기미지급비용	28,500,000	(28,500,000)	PL

(*) 장기미지급비용 BV : 38,000,000
(*) 장기미지급비용 FV : 9,500개 × 7,000 = 66,500,000
(*) 주식보상비용 : 66,500,000 − 38,000,000 = 28,500,000

회계처리				손익효과	
4년말 - 결제					
차) 장기미지급비용	56,000,000	대) 현금	48,000,000	8,000,000	PL
		주식보상비용	8,000,000		

(*) 장기미지급비용 BV : 8,000개 × 7,000 = 56,000,000
(*) 현금지급액 : 8,000개 × (14,000 − 8,000) = 48,000,000(내재가치)
(*) 주식보상비용 : 대차차액

Study **회계시스템의 비교**

기준서에서는 결제일에 부채의 공정가치를 재측정하도록 요구하고 있으므로 공정가치 재측정에 대한 회계처리를 먼저 하고 결제에 대한 회계처리를 나중에 하였다. 그러나 이 순서를 반대로 적용하더라도 그 결과는 동일하다. 회계처리를 제시하면 다음과 같다.

회계처리				손익효과
4년말 - 결제				
차) 장기미지급비용	32,000,000	대) 현금	48,000,000	(16,000,000) PL
주식보상비용	16,000,000			
(*) 장기미지급비용 BV : 8,000개 × 4,000(전기말가격) = 32,000,000				
(*) 현금지급액 : 8,000개 × (14,000 − 8,000) = 48,000,000(내재가치)				
(*) 주식보상비용 : 대차차액				
4년말 - 보고기간 말 측정				
차) 주식보상비용	4,500,000	대) 장기미지급비용	4,500,000	(4,500,000) PL
(*) 장기미지급비용 BV : 38,000,000 − 32,000,000 = 6,000,000				
(*) 장기미지급비용 FV : 1,500개 × 7,000 = 10,500,000				
(*) 주식보상비용 : 10,500,000 − 6,000,000 = 4,500,000				

3-3 현금결제형에서 주식결제형 주식기준보상약정으로의 분류 변경

현금결제형 주식기준보상거래의 조건이 변경되어 주식결제형으로 변경되는 경우 그 거래는 조건변경일부터 주식결제형 주식기준보상거래로 식별되며 다음과 같이 회계처리 한다.

- 그 주식결제형 주식기준보상거래는 조건변경일에 부여된 지분상품의 공정가치에 기초하여 측정한다. 주식결제형 주식기준보상거래는 재화나 용역을 기존에 제공받은 정도까지 조건변경일에 자본으로 인식한다.
- 조건변경일 현재의 현금결제형 주식기준보상거래 관련 부채를 그 날에 제거한다.
- 조건변경일에 제거된 부채의 장부금액과 인식된 자본금액의 차이는 즉시 당기손익으로 인식한다.

만약 조건변경의 결과로 가득기간이 연장되거나 단축된다면 위의 요구사항을 적용할 때 변경된 가득기간을 반영한다. 위의 요구사항은 가득기간 이후에 조건변경이 일어나더라도 적용한다.

현금결제형 주식기준보상거래는 취소되거나 결제될 수 있다. 지분상품이 부여되고 부여일에 기업이 그 지분상품을 취소된 현금결제형 주식기준보상을 대체하는 것으로 식별한다면, 현금결제형에서 주식결제형으로의 분류 변경으로 보아 회계처리한다.

기본예제 21 현금결제형에서 주식결제형으로의 분류 변경

결산일이 매년 말인 ㈜현대는 20x1년 1월 1일 종업원 100명에게 앞으로 4년간 근무할 것을 조건으로 각각 주가차액보상권(SARs) 100개씩을 부여하였다. 20x1년 12월 31일 현재 ㈜현대는 주가차액보상권의 단위당 공정가치를 ₩10으로 추정하였고 따라서 현금결제형 주식기준보상의 총 공정가치는 ₩100,000이다. 20x2년 12월 31일 주가차액보상권의 단위당 공정가치는 ₩12이고 따라서 현금결제형 주식기준보상의 총 공정가치는 ₩120,000이다.

한편 20x3년 1월 1일 ㈜현대는 주가차액보상권을 취소하고 그 대신 종업원에게 앞으로 2년간 근무할 것을 조건으로 주식선택권 100개씩을 부여하였다. 따라서 당초 가득기간에는 변함이 없다. 같은 날 주식선택권의 단위당 공정가치는 ₩13.2이고 따라서 새로운 주식선택권의 총 공정가치는 ₩132,000이다. 모든 종업원이 요구되는 용역을 제공할 것으로 예상하였으며 실제로도 그러하였다. 편의상 종업원 보상이 자산의 원가에 포함되는 경우는 없으며 기초시점과 직전 보고기간 말의 공정가치는 동일하다고 가정한다.

물음 1 ㈜현대의 20x2년 말에 수행할 분개를 제시하시오.

물음 2 ㈜현대의 20x3년 1월 1일에 수행할 분개를 제시하시오.

해설

구 분	현금결제형(from)		주식결제형(to)	
	20x1년	20x2년	20x1년	20x2년
1. 수량	10,000개	10,000개	10,000개	10,000개
2. 공정가치(주1)	10	12	13.2	13.2
3. 총거래금액	100,000	120,000	132,000	132,000
4. 누적금액	25,000	60,000	33,000	66,000
5. 전기 '4'	–	25,000	–	33,000
6. 당기금액	25,000	35,000	33,000	33,000

(주1) 공정가치 매 보고기간 말 부채의 공정가치 조건변경일의 지분상품의 공정가치

물음 1

회계처리				손익효과
2년말				
차) 주식보상비용	35,000	대) 장기미지급비용	35,000	(35,000) PL

물음 2

회계처리				손익효과
3년초-분류변경				
차) 장기미지급비용	60,000	대) 주식선택권대가	66,000	(6,000) PL
주식보상비용	6,000			

(*) 장기미지급비용 : 60,000(전기이월) 제거

(*) 주식선택권대가 : 10,000개 × 13.2 × 2/4 = 66,000 인식

(*) 주식보상비용 : 대차차액

4. 현금결제선택권이 있는 주식기준보상거래

기업이나 거래상대방이 결제방식으로 현금지급이나 기업의 지분상품발행 중 하나를 선택할 수 있는 주식기준보상거래의 경우에 해당 거래나 거래의 일부 요소에 대하여, 기업이 현금으로 결제해야 하는 부채를 부담하는 부분만큼만 현금결제형 주식기준보상거래로 회계처리 하고, 그러한 부채를 부담하지 않는 부분은 주식결제형 주식기준보상거래로 회계처리 한다.

4-1 거래상대방이 결제방식을 선택할 수 있는 주식기준보상거래

기업이 거래상대방에게 주식기준보상거래를 현금이나 지분상품발행으로 결제 받을 수 있는 선택권을 부여한 때에는, 부채요소(거래상대방의 현금결제요구권)와 자본요소(거래상대방의 지분상품 결제요구권)가 포함된 복합금융상품을 부여한 것이다.

종업원이 아닌 자와의 주식기준보상거래에서 제공받는 재화나 용역의 공정가치를 직접 측정하는 때에는, 복합금융상품 중 자본요소는 재화나 용역이 제공되는 날 현재 재화나 용역의 공정가치와 부채요소의 공정가치의 차이로 측정한다.

종업원과의 주식기준보상거래를 포함하여 제공받는 재화나 용역의 공정가치를 직접 측

정할 수 없는 거래에서는, 현금이나 지분상품에 부여된 권리의 조건을 고려하여 측정기준일 현재 복합금융상품의 공정가치를 측정한다. 복합금융상품의 공정가치를 측정하기 위하여, 우선 부채요소의 공정가치를 측정한 다음에 자본요소의 공정가치를 측정하는데, 거래상대방이 지분상품을 받으려면 현금수취권리를 포기해야 한다는 점을 고려한다. 복합금융상품의 공정가치는 두 요소의 공정가치를 합한 금액이다. 그러나 거래상대방이 결제방식을 선택할 수 있는 주식기준보상거래는 흔히 각 결제방식의 공정가치가 같도록 설계된다. 예를 들면, 거래상대방이 주식기준보상거래의 결제방식으로 주식선택권이나 현금결제형 주가차액보상권을 선택할 수 있는 때에, 자본요소의 공정가치는 영(0)이며 따라서 복합금융상품의 공정가치는 부채요소의 공정가치와 같다. 반면에 만약 각 결제방식의 공정가치가 다르다면 자본요소의 공정가치는 보통 영(0)보다 크고, 따라서 복합금융상품의 공정가치는 부채요소의 공정가치보다 크다.

부여한 복합금융상품의 대가로 제공받는 재화나 용역은 각각의 구성요소별로 구분하여 회계처리한다. 부채요소는 현금결제형 주식기준보상거래에 관한 규정에 따라 거래상대방에게서 재화나 용역을 제공받을 때 제공받은 재화나 용역과 그 대가로 부담하는 부채를 인식한다. 자본요소가 있는 경우에는 자본요소에 대하여는 주식결제형 주식기준보상거래에 관한 규정에 따라 거래상대방에게서 재화나 용역을 제공받을 때 제공받는 재화나 용역과 그에 상응하여 자본의 증가를 인식한다.

부채는 결제일에 공정가치로 재측정한다. 기업이 결제일에 현금을 지급하는 대신에 지분상품을 발행하는 때에는, 부채를 발행되는 지분상품의 대가로 보아 자본으로 직접 대체한다.

기업이 결제할 때 지분상품을 발행하는 대신 현금을 지급한다면, 현금지급액은 모두 부채의 상환액으로 보며, 이미 인식한 자본요소는 계속 자본으로 분류한다. 거래상대방은 현금을 받기로 선택함으로써 지분상품을 받을 권리를 상실하기 때문이다. 그러나 이 자본계정 간 대체 곧, 한 자본계정에서 다른 자본계정으로 대체하는 것을 금지하지 않는다.

그림 7 거래상대방이 현금결제선택권을 가지는 경우

그림 8 복합금융상품의 후속측정

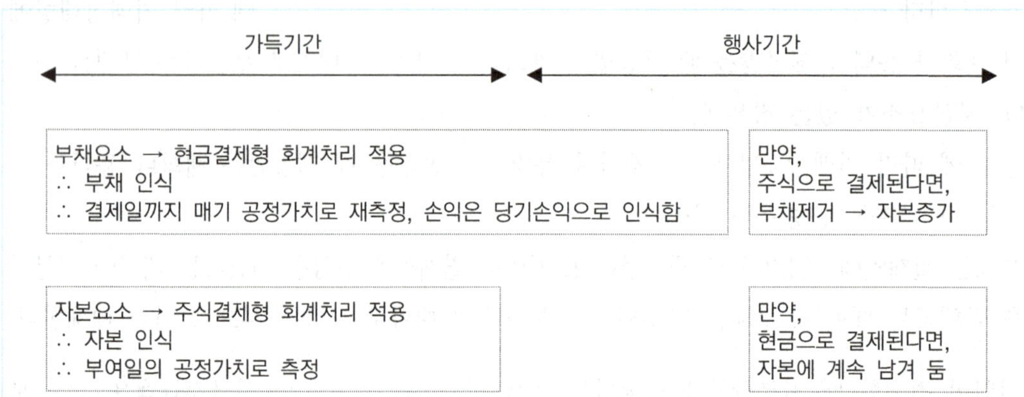

4-2 기업이 결제방식을 선택할 수 있는 주식기준보상거래

기업이 현금이나 지분상품발행으로 결제할 수 있는 선택권을 갖는 조건이 있는 주식기준보상거래의 경우에는, 현금을 지급해야 하는 현재의무가 있는지를 결정하고 그에 따라 주식기준보상거래를 회계처리한다. 다음 중 어느 하나에 해당하는 경우에는 현금을 지급해야 하는 현재의무가 있는 것으로 본다.

- 지분상품을 발행하여 결제하는 선택권에 상업적 실질이 없는 경우(예: 법률에 따른 주식발행의 금지)
- 현금으로 결제한 과거의 실무관행이 있거나 현금으로 결제한다는 방침이 명백한 경우
- 거래상대방이 현금결제를 요구할 때마다 일반적으로 기업이 이를 수용하는 경우

현금을 지급해야 하는 현재의무가 있는 때에는 현금결제형 주식기준보상거래로 보아 회계처리한다.

현금을 지급해야 하는 현재의무가 없으면, 주식결제형 주식기준보상거래로 보아 회계처리하며, 결제하는 때에 다음과 같이 회계처리한다.

- 기업이 현금결제를 선택하는 때에는 자기지분상품의 재매입으로 보아 현금지급액을 자본에서 차감한다. 다만, 기업이 결제일에 더 높은 공정가치를 가진 결제방식을 선택하는 데에는 초과 결제가치를 추가 비용으로 인식한다. 이때 초과 결제가치는 실제로 지급한 금액이 주식결제방식을 선택할 때 발행하여야 하는 지분상품의 공정가치를 초과하는 금액이거나 실제로 발행한 지분상품의 공정가치가 현금결제방식을 선택할 때 지급하여야 하는 금액을 초과하는 금액이다.
- 기업이 지분상품을 발행하여 결제하기로 하는 때에는 별도의 회계처리를 하지 아니한다. 다만 필요하다면 한 자본계정에서 다른 자본계정으로 대체는 가능하다. 다만, 지분상품의 발행이 더 높은 공정가치를 가진 결제방식을 선택한 경우라면 초과 결제가치를 추가 비용으로 인식한다.

기본예제 22 현금결제선택권이 있는 주식기준보상거래(1)

결산일이 매년 말인 ㈜대한은 20x1년 초에 종업원이 결제방식을 선택할 수 있는 주식기준보상을 종업원에게 부여하였다. ㈜대한은 결제방식으로 가상주식 1,000주(주식 1,000주에 상당하는 현금을 지급) 또는 주식 1,200주를 선택할 수 있고, 각 권리는 종업원이 2년 동안 근무할 것을 조건으로 한다. 또한 종업원이 주식 1,200주를 제공받는 경우에는 주식을 가득일 이후 2년 동안 보유하여야 하는 제한이 있다. ㈜대한은 부여일 이후 2년 동안 배당금을 지급할 것으로 예상하지 않으며, 부여일과 보고기간말에 추정한 주식결제방식의 주당 공정가치와 주당 시가는 다음과 같다.

구 분	20x1년 초	20x1년 말	20x2년 말
주식 1,200주 결제방식의 주당 공정가치	₩400	₩480	₩500
주당 시가	₩450	₩520	₩550

주식기준보상약정을 체결한 종업원 모두가 20x2년 말까지 근무할 것으로 예측하였고, 이 예측은 실현되었다고 가정한다.

물음 1 종업원 주식기준보상약정과 관련하여 가득기간동안 ㈜대한의 회계처리를 제시하시오.

물음 2 20x3년 초, 종업원은 가득한 권리 전부를 행사하였으며 ㈜대한에 현금결제를 요청하여 수취하였다. 회계처리를 제시하시오. 권리행사시점의 공정가치 정보는 전기말 공정가치와 일치한다.

물음 3 20x3년 초, 종업원은 가득한 권리 전부를 행사하였으며 ㈜대한에 주식결제를 요청하여 수취하였다. 회계처리를 제시하시오. 권리행사시점의 공정가치 정보는 전기말 공정가치와 일치한다. ㈜대한의 보통주 1주당 액면금액은 ₩100이다.

해설

물음 1

1. 복합금융상품의 공정가치 측정
   (1) 측정기준일 : 부여일(20x1년 1월 1일)
      ① 종업원의 현금결제요구권의 가치 : 1,000주 × 450 = 450,000
      ② 종업원의 주식결제요구권의 가치 : 1,200주 × 400 = 480,000
      ∴ ① < ② 으로 설계된 계약이므로 자본요소의 공정가치가 '0'보다 큼

Study

종업원의 주식결제요구권의 가치를 측정할 때 주당 시가를 450이 아니라 400을 사용한 이유는 주식결제요구권의 행사에 따라 수령하는 주식은 2년간 양도제한이 존재하기 때문이다. 양도가 자유롭지 아니한 주식의 가격이 그렇지 아니한 주식의 가격보다 낮아야 하는 것은 당연한 것이다.

(2) 부채요소의 공정가치 : 450,000

(3) 자본요소의 공정가치 : 480,000 − 450,000(*) = 30,000
(*) 현금결제요구권을 포기해야 한다는 점을 고려해야 함

(4) 복합금융상품의 공정가치((2)+(3)) : 480,000(*)
(*) 결국 복합금융상품의 공정가치는 현금결제요구권과 주식결제요구권 중 큰 금액으로 결정됨.

2. 인식과 측정

구 분	부채요소		자본요소	
	20x1년	20x2년	20x1년	20x2년
1. 수량	1,000주	1,000주	1,200주	1,200주
2. 공정가치(주1)	520	550	25	25
3. 총거래금액	520,000	550,000	30,000	30,000
4. 누적금액	260,000	550,000	15,000	30,000
5. 전기 ‘4’	−	260,000	−	15,000
6. 당기금액	260,000	290,000	15,000	15,000

(주1) 공정가치 매 보고기간 말 부채의 공정가치 부여일 기준 자본요소의 공정가치

3. 회계처리 :

회계처리					손익효과	자본변동
1년 말						
차) 주식보상비용	15,000	대)	미가득주식	15,000	(15,000)	(15,000)
			(자본조정)			15,000
차) 주식보상비용	260,000	대)	장기미지급비용	260,000	(260,000)	(260,000)
2년 말						
차) 주식보상비용	15,000	대)	미가득주식	15,000	(15,000)	(15,000)
			(자본조정)			15,000
차) 주식보상비용	290,000	대)	장기미지급비용	290,000	(290,000)	(290,000)

(*) 1,000주 × 550 × 2/2 − 260,000 = 290,000

물음 2

회계처리					손익효과	자본변동
3년 초						
차)	장기미지급비용	550,000	대) 현금(*)	550,000	–	–
	(*) 모두 부채의 상환액으로 봄					
차)	미가득주식(*)	30,000	대) 기타자본잉여금	30,000	–	(30,000) 30,000
	(*) 다른 자본으로 대체가능하므로 회계처리 하지 않을 수도 있음					

물음 3

회계처리					손익효과	자본변동
3년 초						
차)	장기미지급비용	550,000	대) 자본금	120,000	–	120,000
			주식발행초과금	430,000		430,000
	(*) 자본금 : 1,200주 × 100 = 120,000					
	(*) 주식발행초과금 : 대차차액					
차)	미가득주식(*)	30,000	대) 주식발행초과금	30,000	–	(30,000) 30,000
	(*) 다른 자본으로 대체가능하므로 회계처리 하지 않을 수도 있음					

기본예제 23 현금결제선택권이 있는 주식기준보상거래(2)

결산일이 매년 말인 ㈜대한은 20x1년 초에 기업이 결제방식을 선택할 수 있는 주식기준보상을 종업원에게 부여하였다. ㈜대한은 결제방식으로 가상주식 1,000주(주식 1,000주에 상당하는 현금을 지급) 또는 주식 1,200주를 선택할 수 있고, 각 권리는 종업원이 2년 동안 근무할 것을 조건으로 한다. 또한 종업원이 주식 1,200주를 제공받는 경우에는 주식을 가득일 이후 2년 동안 보유하여야 하는 제한이 있다. ㈜대한은 부여일 이후 2년 동안 배당금을 지급할 것으로 예상하지 않으며, 부여일과 보고기간 말에 추정한 주식결제방식의 주당 공정가치와 주당 시가는 다음과 같다.

구 분	20x1년 초	20x1년 말	20x2년 말
주식 1,200주 결제방식의 주당 공정가치	₩400	₩480	₩500
주당 시가	₩450	₩520	₩550

주식기준보상약정을 체결한 종업원 모두가 20x2년 말까지 근무할 것으로 예측하였고, 이 예측은 실현되었다고 가정한다.

물음 1 종업원 주식기준보상약정과 관련하여 현금을 지급해야 하는 현재의무가 ㈜대한에게 있는 경우 가득기간동안 ㈜대한의 회계처리를 제시하시오.

물음 2 종업원 주식기준보상약정과 관련하여 현금을 지급해야 하는 현재의무가 ㈜대한에게 없는 경우 가득기간동안 ㈜대한의 회계처리를 제시하시오.

해설

물음 1

구 분	1년말	2년말
1. 수량	1,000주	1,000주
2. 공정가치	520	550
3. 총거래금액(1 × 2)	520,000	550,000
4. 누적금액	520,000 × 1/2 = 260,000	550,000 × 2/2 = 550,000
5. 전기'4'	–	260,000
6. 당기금액(4 – 5)	260,000	290,000

회계처리				손익효과	자본변동
1년 말					
차) 주식보상비용	260,000	대) 장기미지급비용	260,000	(260,000)	(260,000)
2년 말					
차) 주식보상비용	290,000	대) 장기미지급비용	290,000	(290,000)	(290,000)

물음 2

구 분	1년말	2년말
1. 수량	1,200주	1,200주
2. 공정가치	400	400
3. 총거래금액(1 × 2)	480,000	480,000
4. 누적금액	480,000 × 1/2 = 240,000	480,000 × 2/2 = 480,000
5. 전기'4'	–	240,000
6. 당기금액(4 – 5)	240,000	240,000

회계처리				손익효과	자본변동
1년 말					
차) 주식보상비용	240,000	대) 미가득주식	240,000	(240,000)	−
2년 말					
차) 주식보상비용	240,000	대) 미가득주식	240,000	(240,000)	−

4-3 후속적으로 현금결제선택권이 추가된 조건변경

기업은 당초 주식결제형 주식기준보상거래를 부여하고 후속기간에 현금결제선택권을 추가하는 조건변경을 할 수 있다. 현금결제선택권이 추가되어 현금으로 결제할 의무를 부담하게 되면, 조건변경일 현재 주식의 공정가치와 당초 특정된 근무용역을 제공받은 정도에 기초하여 조건변경일에 현금으로 결제될 부채를 인식한다. 또한 기업은 각 보고기간 말과 결제일에 부채의 공정가치를 재측정하고 그 공정가치 변동을 그 기간의 당기손익으로 인식한다.

기본예제 24 현금결제선택권을 추가하는 조건변경

결산일이 매년 말인 ㈜종로는 20x1년 초 대표이사 1명에게 보통주식 10,000주를 부여하였다. 부여일 현재 보통주식의 단위당 공정가치는 ₩33이다. 대표이사는 부여된 주식을 가득하기 위하여 3년간 근무하여야 한다.

㈜종로는 20x3년 초, 당초 부여한 주식에 현금결제선택권을 추가하는 조건변경을 하였다. 따라서 대표이사는 가득일에 선택적으로 보통주 10,000주를 수취하거나 10,000주에 상당하는 현금을 수취할 수 있다. 조건변경일 현재 ㈜종로의 보통주식의 단위당 공정가치는 ₩24이며 20x3년 말 현재 보통주의 단위당 공정가치는 ₩22이다.

물음 1 ㈜종로가 20x1년 말에 수행할 회계처리를 제시하시오.

물음 2 ㈜종로가 20x2년 말에 수행할 회계처리를 제시하시오.

물음 3 ㈜종로가 20x3년에 수행할 회계처리를 제시하시오.

해설

구 분	비고	20x1년말	20x2년말	20x3년말
1. 수량	(주1)	10,000주	10,000주	10,000주
2. 공정가치	(주2)	33	33	33
3. 총거래금액(1 × 2)		330,000	330,000	330,000
4. 누적금액	(주3)	110,000	220,000	330,000
5. 전기누적금액(전기4)		-	110,000	220,000
6. 당기금액(4 - 5)		110,000	110,000	110,000

(*) 20x3년 초, 현금결제요구권이 추가되는 조건변경이 있는 경우에도 대표이사로부터 제공받는 근무용역은 조건변경과 무관하게 당초 부여시점의 주식가격을 기초로 측정하고 인식한다. 이는 주식결제형 주식기준보상거래의 조건변경 회계처리의 내용에서 이미 다룬 부분이다.

물음 1

회계처리				손익효과	자본변동
1년 말					
차) 주식보상비용	110,000	대) 미가득주식	110,000	(110,000)	-

물음 2

회계처리				손익효과	자본변동
2년 말					
차) 주식보상비용	110,000	대) 미가득주식	110,000	(110,000)	-

물음 3

회계처리				손익효과	자본변동
3년 초 - 현금결제권 추가					
차) 미가득주식	160,000	대) 장기미지급비용	160,000		(160,000)

(*) 조건변경일의 보통주 가격과 제공받은 근무용역에 기초하여 부채를 인식

(*) 장기미지급비용 : 10,000주 × 24 × 2/3 = 160,000

회계처리				손익효과	자본변동
3년 말 - 결산일					
차) 주식보상비용	110,000	대) 장기미지급비용	80,000	(110,000)	(110,000)
		미가득주식	30,000		50,000

(*) 주식보상비용 : 110,000(당초 주식보상비용을 먼저 인식)

(*) 장기미지급비용 : 10,000주 × 24(조건변경일의 주가) × 3/3 - 160,000 = 80,000

(*) 미가득주식 : 110,000 - 80,000 = 30,000 (대차차액)

3년 말 - 부채의 재측정

차) 장기미지급비용 20,000 대) 주식보상비용 20,000 20,000 20,000

(*) 장기미지급비용 BV : 10,000주 × 24 = 240,000

(*) 장기미지급비용 FV : 10,000주 × 22 = 220,000

(*) 주식보상비용(공정가치 변동) : 240,000 - 220,000 = 20,000 이익

(*) 20x3년도의 주식보상비용은 결국 ₩90,000이 되는데 이는 3년초 현금결제요구권의 추가에 따라 부채가 인식되었으며 부채는 보고기간 말의 공정가치로 재측정하여 공정가치 변동을 당기손익에 반영하기 때문이다.

chapter 14

연습문제

01 확정급여제도

결산일이 매년 말인 ㈜현대의 확정급여제도와 관련된 자료이다. 제도의 축소 및 정산을 제외한 모든 거래는 기말에 발생한 것으로 가정한다. 법인세는 고려하지 않는다.

〈자료 1〉

	20x1년말	비 고
확정급여채무의 현재가치	₩600,000	할인율 10%
사외적립자산의 공정가치	400,000	

〈자료 2〉

㈜현대는 20x2년 7월 1일에 확정급여채무의 절반을 축소하였고 이에 따른 정산대가로 ₩370,000을 종업원에게 지급하였다. 정산자금은 사외적립자산에서 절반을 인출하였고 부족액은 현금으로 지급하였다. 정산일 기준 확정급여채무와 사외적립자산의 재측정금액은 다음과 같으며 상반기까지 퇴사한 종업원은 없다.

	20x2년 7월초	비 고
확정급여채무의 현재가치	700,000	할인율 8%
사외적립자산의 공정가치	500,000	
당기근무원가	60,000	

〈자료 3〉

㈜현대는 20x2년 12월 말 현재 확정급여채무 및 사외적립자산의 자료는 다음과 같다.

	20x2년 말	비 고
확정급여채무의 현재가치	₩400,000	할인율 9%
사외적립자산의 공정가치	300,000	
당기근무원가	80,000	
기여금납부액	100,000	
퇴직자에 지급한 퇴직급여	30,000	

물음 1

20x2년 7월 1일에 ㈜현대가 수행할 회계처리를 제시하시오.

물음 2

20x2년 12월 31일에 ㈜현대가 수행할 회계처리를 제시하시오.

물음 3

20x2년도 ㈜현대의 당기순이익과 기타포괄이익에 미친 영향을 제시하시오. 손실인 경우에는 금액에 (−)를 표시하시오.

해설

물음 1

구분	차변	금액	대변	금액
이자원가	차) 퇴직급여	30,000	대) 확정급여채무	30,000
	(*) 이자원가 : 600,000 × 10% × 6/12 = 30,000			
근무원가	차) 퇴직급여	60,000	대) 확정급여채무	60,000
기대수익	차) 사외적립자산	20,000	대) 퇴직급여	20,000
	(*) 기대수익 : 400,000 × 10% × 6/12 = 20,000			
부채 재측정	차) 보험수리적손익	10,000	대) 확정급여채무	10,000
	(*) 채무 BV : 600,000 + 30,000 + 60,000 = 690,000			
	(*) 채무 증가 : 690,000 → 700,000			
자산 재측정	차) 사외적립자산	80,000	대) 기대수익차이	80,000
	(*) 자산 BV : 400,000 + 20,000 = 420,000			
	(*) 자산 증가 : 420,000 → 500,000			
정산손익	차) 확정급여채무	350,000	대) 사외적립자산	250,000
	퇴직급여	20,000	현금	120,000
	(*) 채무 축소 : 700,000 × 50% = 350,000			
	(*) 자산 인출 : 500,000 × 50% = 250,000			
	(*) 현금 : 370,000 − 250,000 = 120,000			
	(*) 정산손실 : 370,000 − 350,000 = 20,000			

물음 2

이자원가	차) 퇴직급여	14,000	대) 확정급여채무	14,000
	(*) 이자원가 : 350,000 × 8% × 6/12 = 14,000			
근무원가	차) 퇴직급여	80,000	대) 확정급여채무	80,000
기대수익	차) 사외적립자산	10,000	대) 퇴직급여	10,000
	(*) 기대수익 : 250,000 × 8% × 6/12 = 10,000			
기여금 납입	차) 사외적립자산	100,000	대) 현금	100,000
퇴직금 지급	차) 확정급여채무	30,000	대) 사외적립자산	30,000
부채 재측정	차) 확정급여채무	14,000	대) 보험수리적손익	14,000
	(*) 채무 BV : 350,000 + 14,000 + 80,000 − 30,000 = 414,000			
	(*) 채무 증가 : 414,000 → 400,000			
자산 재측정	차) 기대수익차이	30,000	대) 사외적립자산	30,000
	(*) 자산 BV : 250,000 + 10,000 + 100,000 − 30,000 = 330,000			
	(*) 사외적립자산 증가 : 330,000 → 300,000			

물음 3

1. 당기순이익

구 성	상반기	하반기
순이자(이자원가 - 기대수익)	(10,000)	(4,000)
근무원가	(60,000)	(80,000)
정산손실	(20,000)	-
계	(90,000)	(84,000)

∴ 당기순이익 (-)174,000

2. 기타포괄손익

구 성	상반기	하반기
보험수리적손익	(10,000)	14,000
기대수익차이	80,000	(30,000)
상한효과변동	-	-
계	70,000	(16,000)

∴ 기타포괄이익 54,000

참고

확정급여제도를 축소하거나 정산하는 경우 축소일을 기준으로 확정급여채무와 사외적립자산을 재측정한 후 정산 회계처리를 수행한다. 재측정하는 과정에서 발생한 손익은 기타포괄손익으로 표시하며 축소나 정산에 따른 손익은 당기손익으로 표시한다.

02 주식선택권과 고정가득기간

결산일이 매년 말인 ㈜성대는 임직원 100명과 주식기준보상약정을 체결하였다. ㈜성대는 주식선택권을 자본조정으로 분류하며 적절한 시점에 자본잉여금으로 대체한다.

- 부여일 : 20x1년 1월 1일
- 근무조건 : 부여일로부터 3년
- 부여한 지분상품 : 1인당 주식선택권 100개
- 행사가격 : ₩7,000
- 행사기간 : 가득일로부터 3년
- 주가와 주식선택권의 단위당 공정가치

구 분	부여일	20x1년 말	20x2년 말	20x3년 말	20x4년 말	20x5년 말
보통주	8,000	9,000	12,000	11,000	14,000	15,000
주식선택권	1,000	2,000	5,000	4,000	7,000	8,000

- 가득기간 3년 동안의 퇴사 추정 : 10%
- 3년 동안의 실제퇴사자 : 5명

물음 1

㈜성대의 20x3년 말에 수행할 분개를 제시하시오.

물음 2

주식선택권 8,000개가 20x4년 말에 행사되었고 이에 따라 ㈜성대는 액면금액 ₩5,000의 보통주를 발행하였다. 필요한 분개를 제시하시오.

물음 3

㈜성대는 20x5년 말 자기주식 1,500주를 공정가치로 재취득하였다. 필요한 분개를 제시하시오.

물음 4

주식선택권 1,000개가 20x6년 초에 행사되었고 ㈜성대는 재취득한 자기주식을 교부하였다. 자기주식처분이익 ₩3,000,000이 자본잉여금에 있는 경우 필요한 분개를 제시하시오.

해설

물음 1

차)	주식보상비용	3,500,000	대)	주식선택권	3,500,000

(*) 근무용역의 측정

20x2년 말 기준 : 100명 × 90% × 100개 × 1,000 = 9,000,000

20x3년 말 기준 : 95명 × 100개 × 1,000 = 9,500,000

∴ 당기손익 : 9,500,000 × 3/3 − 9,000,000 × 2/3 = 3,500,000

물음 2

차)	현금	56,000,000	대)	자본금	40,000,000
	주식선택권	8,000,000		주식발행초과금	24,000,000

(*) 현금 : 8,000개 × 7,000 = 56,000,000

(*) 자본금 : 8,000개 × 5,000 = 40,000,000

(*) 주식선택권 : 8,000개 × 1,000 = 8,000,000

(*) 주식발행초과금 : 8,000개 × (7,000 + 1,000 − 5,000) = 24,000,000

물음 3

차)	자기주식	22,500,000	대)	현금	22,500,000

(*) 1,500주 × 15,000 = 22,500,000

물음 4

차)	현금	7,000,000	대)	자기주식	15,000,000
	주식선택권	1,000,000			
	자기주식처분이익	3,000,000			
	자기주식처분손실	4,000,000			

(*) 현금 : 1,000개 × 7,000 = 7,000,000

(*) 자기주식 : 1,000주 × 15,000 = 15,000,000

(*) 자기주식처분손실 : 7,000,000 − 3,000,000 = 4,000,000

03 주식선택권과 비시장성과조건

결산일이 매년 말인 ㈜현대는 임직원 100명과 주식기준보상약정을 체결하였다. ㈜현대는 주식선택권을 자본조정으로 분류하며 적절한 시점에 자본잉여금으로 대체한다.

- 부여일 : 20x1년 1월 1일
- 근무조건 : 부여일로부터 2년
- 성과조건 : 부여일로부터 2년 간 매출액이 1조를 달성하는 경우 행사가격 인하 조건
- 부여한 지분상품 : 1인당 주식선택권 100개
- 행사가격 : ₩7,000 (성과 달성 시 ₩4,000)
- 행사기간 : 가득일로부터 3년
- 주가와 주식선택권의 단위당 공정가치

구 분	부여일	20x1년 말	20x2년 말	20x3년 말
보통주	8,000	9,000	12,000	11,000
주식선택권(성과 미달)	1,000	2,000	5,000	4,000
주식선택권(성과 달성)	2,000	4,000	10,000	8,000

- 가득기간 동안의 퇴사 추정 : 10%
- 2년 동안의 실제퇴사자 : 5명
- 매출액 정보

구 분	부여일	20x1년	20x2년
실제 매출	–	4,000억	7,000억
추가 예상매출	8,000억	5,000억	–

물음 1

㈜현대의 20x1년 말에 수행할 분개를 제시하시오.

물음 2

㈜현대의 20x2년 말에 수행할 분개를 제시하시오.

해설

물음 1

차)	주식보상비용	4,500,000	대)	주식선택권	4,500,000

(*) 근무용역의 측정

20x1년 말 기준 : 100명 × 90% × 100개 × 1,000 = 9,000,000

∴ 당기손익 : 9,000,000 × 1/2 = 4,500,000

물음 2

차)	주식보상비용	14,500,000	대)	주식선택권	14,500,000

(*) 근무용역의 측정

20x2년 말 기준 : 95 × 100개 × 2,000 = 19,000,000

∴ 당기손익 : 19,000,000 × 2/2 − 4,500,000 = 14,500,000

04 주식선택권 부여취소와 조건변경

결산일이 매년 말인 ㈜딜라이트는 임직원 100명과 주식기준보상약정을 체결하였다. ㈜딜라이트는 주식선택권을 자본조정으로 분류하며 적절한 시점에 자본잉여금으로 대체한다.

〈기본자료〉

- 부여일 : 20x1년 1월 1일
- 근무조건 : 부여일로부터 3년
- 부여한 지분상품 : 1인당 주식선택권 100개
- 행사가격 : ₩7,000
- 행사기간 : 가득일로부터 3년
- 주가와 주식선택권의 단위당 공정가치

구 분	부여일	20x1년 말	20x2년 말	20x3년 말	20x4년 말	20x5년 말
보통주	8,000	9,000	12,000	11,000	14,000	15,000
주식선택권	1,000	2,000	5,000	4,000	7,000	8,000

- 가득기간 동안의 퇴사 추정 : 없음
- 3년 동안의 실제퇴사자 : 없음

물음 1

㈜딜라이트는 20x4년 말에 현금 ₩80,000,000을 지급하고 부여한 주식선택권을 취소하였다. 필요한 분개를 제시하시오.

물음 2

㈜딜라이트는 20x3년 초에 현금 ₩60,000,000을 지급하고 부여한 주식선택권을 취소하였다. 필요한 분개를 제시하시오.

〈추가자료〉

주가와 주식선택권의 단위당 공정가치는 <기본자료>와 달리 다음과 같다. <추가자료>를 이용하여 아래의 물음에 답하시오.

구 분	부여일	20x1년 말	20x2년 말	20x3년 말	20x4년 말	20x5년 말
보통주	8,000	7,000	6,000	6,200	8,000	15,000
주식선택권	1,000	500	100	800	6,000	9,000

물음 3

㈜딜라이트는 20x1년 말에 행사가격을 ₩6,000으로 인하하였다. 조건변경일에 인하된 행사가격을 반영한 주식선택권의 공정가치는 단위당 ₩700이다. 20x3년 말에 필요한 분개를 제시하시오.

물음 4

(물음 3)을 기초로 20x4년 말에 부여한 주식선택권 전부 행사된 경우 ㈜딜라이트가 수행할 분개를 제시하시오. 주당 액면금액은 ₩5,000이다.

해설

물음 1

차)	주식선택권	10,000,000	대)	현금	70,000,000
	자본조정	60,000,000			
차)	주식보상비용	10,000,000	대)	현금	10,000,000

(*) 주식선택권의 공정가치(취소일) : 10,000개 × 7,000 = 70,000,000

(*) 공정가치 초과 지급액 : 80,000,000 − 70,000,000 = 10,000,000

물음 2

차)	주식보상비용	3,333,333	대)	주식선택권	3,333,333
차)	주식선택권	10,000,000	대)	현금	50,000,000
	자본조정	40,000,000			
차)	주식보상비용	10,000,000	대)	현금	10,000,000

(*) 주식선택권 장부금액 : 10,000개 × 1,000 × 2/3 = 6,666,667

(*) 잔여보상비용 인식 : 10,000,000 − 6,666,667 = 3,333,3333

(*) 취소일 현재 공정가치 : 10,000개 × 5,000 = 50,000,000
(*) 공정가치 초과 지급액 : 60,000,000 − 50,000,000 = 10,000,000

물음 3

차)	주식보상비용	4,333,333	대)	주식선택권	4,333,333

(*) 근무용역의 가치(부여일의 공정가치 기준)
20x2년 말 기준 : 100명 × 100개 × 1,000 = 10,000,000
20x3년 말 기준 : 100명 × 100개 × 1,000 = 10,000,000
∴ 당기손익 : 10,000,000 − 10,000,000 × 2/3 = 3,333,333

(*) 증분공정가치(조건변경일 기준) = 700 − 500 = 200
20x2년 말 기준 : 100명 × 100개 × 200 = 2,000,000
20x3년 말 기준 : 100명 × 100개 × 200 = 2,000,000
∴ 당기손익 : 2,000,000 − 2,000,000 × 1/2 = 1,000,000

물음 4

차)	현금	60,000,000	대)	자본금	50,000,000
	주식선택권	12,000,000		주식발행초과금	22,000,000

(*) 현금 : 10,000개 × 6,000(인하한 행사가) = 60,000,000
(*) 자본금 : 10,000개 × 5,000 = 50,000,000
(*) 주식선택권 : 10,000개 × (1,000 + 200) = 12,000,000
(*) 주식발행초과금 : 대차차액

05 현금결제형 주식기준보상

결산일이 매년 말인 ㈜현대는 임직원 100명과 현금결제형 주식기준보상약정을 체결하였다.

- 부여일 : 20x1년 1월 1일
- 근무조건 : 부여일로부터 3년
- 근무용역에 대한 부여한 권리 : 1인당 주가차액보상권 100개
- 행사가격 : ₩8,000
- 행사기간 : 가득일로부터 3년
- 주가와 주가차액보상권의 단위당 공정가치

구 분	부여일	20x1년 말	20x2년 말	20x3년 말	20x4년 말	20x5년 말
보통주	8,000	9,000	12,000	11,000	14,000	15,000
차액보상권	1,000	2,000	5,000	4,000	7,000	8,000

- 가득기간 동안의 퇴사 추정 : 10%
- 3년 동안의 실제퇴사자 : 5명

물음 1

㈜현대의 20x3년 말에 수행할 분개를 제시하시오.

물음 2

주가차액보상권 8,000개가 20x4년 말에 행사되었고 이에 따라 ㈜현대는 현금을 지급하였다. 결산일에 필요한 모든 분개를 제시하시오.

해설

물음 1

차)	주식보상비용	8,000,000	대)	장기미지급비용	8,000,000

(*) 근무용역의 가치

20x2년 말 기준 : 100명 × 90% × 100개 × 5,000 = 45,000,000

20x3년 말 기준 : 95명 × 100개 × 4,000 = 38,000,000

∴ 당기손익 : 38,000,000 − 45,000,000 × 2/3 = 8,000,000

물음 2

차)	장기미지급비용	32,000,000	대)	현금	48,000,000
	주식보상비용	16,000,000			

(*) 현금 : 8,000개 × (14,000 − 8,000) = 48,000,000

(*) 장기미지급비용 : 8,000개 × 4,000 = 32,000,000

(*) 주식보상비용 : 대차차액

차)	주식보상비용	4,500,000	대)	장기미지급비용	4,500,000

(*) 부채의 재측정손익 : 1,500개 × (7,000 − 4,000) = 4,500,000

Chapter 15

법인세

1. 법인세의 기초
2. 법인세 회계
3. 법인세의 인식

SECTION 1

법인세의 기초

기업은 당해연도의 소득에 대한 일정액을 법인소득세로 납부해야 한다. 법인소득세는 법인세법에 의해 신고 · 납부하는 법인세와 지방소득세법에 의해 신고 · 납부하는 지방소득세로 구성된다. 우리나라의 경우 기업이 법인세를 100원 납부해야 하는 경우, 그 법인세의 10%인 10원을 법인지방소득세로 부담해야 하므로 법인소득세 납부액은 110원이 된다. 여기서는 법인이 부담할 지방소득세를 제외한 법인세의 기초적인 내용을 정리하고자 한다.

1. 과세소득

법인세 부담액을 계산하기 위해서는 법인세법에 근거한 과세소득을 측정해야 한다. 과세소득을 측정하는 방법은 법인세법에 기초한 수익(이를 '익금'이라 함)과 비용(이를 '손금'이라 함)을 측정한 후 차감하여 산정하는 방법과 결산서의 당기순이익을 법인세법에 기초한 과세소득으로 전환하여 산정하는 방법이 있다. 전자를 직접법이라 하며 후자를 간접법이라 한다. 간접법을 사용하면 결산서의 당기순이익과 법인세법에 기초한 과세소득의 차이를 조정해야 하며 이러한 과정을 세무조정이라고 한다.

회계기준은 기업의 미래 전망을 예측하는데 도움이 되는 유용한 정보를 재무제표에 인식하는 것이 목적이지만 법인세법은 기업의 재산권을 침해하지 않는 범위 내에서 세금을 부과하여 조세형평과 조세정의를 실현하는 것이 목적이므로 특정 경제적 사건에 대한 시각 차이가 존재할 수 있다. 이러한 시각 차이는 주로 특정 경제적 사건에 대한 귀속시기의 차이, 자산 · 부채의 평가방법 차이 그리고 국가의 정책 목적 등의 이유로 발생한다. 또한 과세소득을 파악하는 과정에서 발생한 세무조정 항목에 대하여 법인세법은 기업으로부터 소득을 얻어간 경제주체의 추적 과세를 목적으로 소득처분을 유도한다.

2. 세무조정과 소득처분

기업의 순자산을 증가시키는 경제적 사건을 회계에서는 '수익'이라 하며 법인세법에서는

'익금'이라 한다. 수익보다 익금이 더 큰 경우, 익금산입으로 조정하며 그 반대는 익금불산입으로 조정한다. 또한 기업의 순자산을 감소시키는 경제적 사건을 회계에서는 '비용'이라 하며 법인세법에서는 '손금'이라 한다. 비용보다 손금이 더 큰 경우, 손금산입으로 조정하며 그 반대는 손금불산입으로 조정한다. 일반적으로 익금산입과 손금불산입은 회계이익보다 과세소득을 증가시키는 조정항목이며 손금산입과 익금불산입은 회계이익보다 과세소득을 감소시키는 조정항목이다.

2-1 가산조정

익금산입과 손금불산입에 따라 기업의 소득은 증가하게 되며 그 소득은 자연인 또는 다른 기업에게 지급되거나 분배될 수 있으므로 자연인 또는 다른 기업의 유형에 따라 추적 과세를 위한 소득처분을 하게 된다. 만약 익금산입 등에 따라 증가한 소득이 아직은 기업 내부에 남아 있다면, 유보로 소득처분하여 관리한다. 반면에 익금산입 등에 따라 증가한 소득이 기업 내부에 남아 있지 않고 유출되었다면, 그 소득이 귀속된 주체의 유형, 즉 주주, 임직원, 기업이나 사업자, 그 이외의 자에 따라 소득처분을 배당, 상여, 기타사외유출, 기타로 구분하여 관리한다. 예를 들어 주주의 사적경비를 기업이 부담하고 접대비로 비용처리하였지만 법인세법에서는 손금이 아니므로 해당 금액만큼 손금불산입하고 추적 과세를 위해 배당으로 소득처분한다. 또한 기업이 보유한 차량에 대한 감가상각비가 법인세법상 감가상각비보다 많은 경우 해당 차이 금액을 손금불산입하고 동 차량이 기업에 남아 있으므로 유보로 소득처분하여 관리한다.

2-2 차감조정

손금산입과 익금불산입에 따라 기업의 소득은 감소하게 된다. 따라서 가산조정과 달리 추적 과세의 필요성은 없으며 사후관리 목적으로 소득처분을 △유보와 기타로 구분한다. 예를 들어 기업이 임직원의 퇴직연금상품에 예지한 경우 회계상 예금자산으로 인식하지만 법인세법에서는 손금에 해당하므로 손금산입으로 조정하고 예금자산의 사후관리를 위하여 △유보로 소득처분한다.

3. 법인세 계산구조

기업의 당해 사업연도에 대한 법인세는 다음의 계산구조를 통해 산출한다. 구체적인 내용과 과정은 법인세법을 참고한다. 참고로 본서에서는 법인세비용차감전순이익을 조정하여 과세세소득으로 전환하지만 법인세법의 실제 신고서식에서는 당기순이익에서 출발하여 세무조정한다.

	법인세비용차감전순이익	포괄손익계산서의 법인세비용차감전순이익
+	익금산입 · 손금불산입	배당, 상여, 기타사외유출, 기타소득, 유보, 기타
−	손금산입 · 익금불산입	△유보, 기타
=	각사업연도소득금액	
−	이월결손금	세무상 이월결손금
−	비과세소득	
−	소득공제	
=	과세표준	
×	법정세율	소득구간에 따라 10%, 20%, 22%, 25%를 적용
=	산출세액	
−	세액공제 · 감면	특정 공제감면항목은 이월세액공제나 감면이 가능함
=	총부담세액	당기법인세부담액
−	기납부세액	원천징수, 중간예납 등
=	차감납부할세액	결산일로부터 3월 내 신고 · 납부

SECTION 2

법인세 회계

재무제표는 법인세를 반영하여 작성해야 한다. 일반적으로 법인세 관련 부채를 결산 과정을 통해 반영하게 되면, 기업의 자본은 감소하게 된다. 기준서 제1012호'법인세'는 재무제표에 반영할 법인세 관련 자산 및 부채에 대한 인식과 측정을 다룬다.

기준서에서 요구하는 법인세 관련 자산 · 부채는 당해연도의 과세소득에 대하여 납세의무가 성립한 당기법인세 뿐만 아니라 세무조정 과정에서 발생한 소득처분 중 유보나 △유보에 대한 이연법인세를 포함한다. 기준서에서는 당기법인세 관련 자산 · 부채와 이연법인세 관련 자산 · 부채를 측정한 후 법인세로 인한 자본변동을 적절히 인식하도록 요구하고 있다. 이를 위하여 자본항목에 직접 인식하는 법인세, 기타포괄손익으로 인식하는 법인세, 당기순이익으로 인식하는 법인세로 구분해야 한다. 자본항목 및 기타포괄손익으로 인식하는 법인세는 절을 달리하여 설명한다.

1. 당기법인세

당기법인세란 당해연도에 납세의무가 성립한 법인세를 말한다. 당기법인세는 기업의 각 사업연도 소득금액에 대한 법인세, 토지 등 양도차익에 대한 법인세, 미환류소득에 대한 법인세 그리고 지방소득세 및 부가세액(예: 농어촌특별세)으로 구성된다. 각 사업연도 소득금액에 대한 법인세는 위에서 살펴본 법인세 계산구조로 산정한 총부담세액을 의미한다.

1-1 인식

당기 및 과거기간에 대한 당기법인세 중 납부되지 않은 부분을 부채로 인식한다. 만일 과거기간에 이미 납부한 금액이 그 기간 동안 납부하여야 할 금액을 초과하였다면 그 초과금액은 자산으로 인식한다.

과거 회계기간의 당기법인세에 대하여 소급공제가 가능한 세무상결손금과 관련된 혜택은 자산으로 인식한다. 과거 회계기간의 당기법인세를 환급받기 위하여 세무상결손금을 이용하는 경우(예: 중소기업의 결손금 소급공제), 당해 혜택이 기업으로 유입될 가능성이 높고 이를 신뢰성 있게 측정할 수 있기 때문에 세무상결손금이 발생한 회계기간에 자산으로 인식한다.

1-2 측정

당기 및 과거기간의 당기법인세부채(자산)는 보고기간말까지 제정되었거나 실질적으로 제정된 세율 및 세법을 사용하여, 과세당국에 납부할 또는 과세당국으로부터 환급받을 것으로 예상되는 금액으로 측정한다. 일반적으로 당기법인세는 납부 및 환급에 소요되는 기간이 짧기 때문에 시간가치 효과는 고려하지 아니한다.

1-3 상계

다음의 조건을 모두 충족하는 경우에만 당기법인세자산과 당기법인세부채를 상계한다.

- 기업이 인식된 금액에 대한 법적으로 집행가능한 상계권리를 가지고 있다.
- 기업이 순액으로 결제하거나, 자산을 실현하는 동시에 부채를 결제할 의도가 있다.

당기법인세자산과 부채가 구분되어 인식되고 측정되더라도 기준서 제1032호에서 규정한 금융상품에 대한 상계기준과 유사한 기준에 따라 재무상태표에서 상계한다. 동일 과세당국에 의해 부과되고 과세당국이 순액으로 납부하거나 환급받도록 허용하는 경우, 기업은 일반적으로 당기법인세자산을 당기법인세부채와 상계할 법적으로 집행가능한 권리를 가지게 될 것이다.

연결재무제표에서, 관련 기업들이 순액으로 납부하거나 환급받을 법적으로 집행가능한 권리를 가지고 있고 순액으로 결제하거나, 자산을 실현하는 동시에 부채를 결제할 의도가 있는 경우에만, 연결실체 내 한 기업의 당기법인세자산을 다른 기업의 당기법인세부채와 상계한다.

기본예제 1 회계시스템

다음은 ㈜현대(결산일 12월 말)의 20x2년의 법인세 관련 자료이다.

- 법인세차감전순이익 ₩1,000,000
- 소득금액조정합계표

익금산입 및 손금불산입			손금산입 및 익금불산입		
과 목	금 액	소득처분	과 목	금 액	소득처분
접대비한도초과	100,000	기타사외유출	배당금수익	50,000	기타
과태료	200,000	기타사외유출			

- 법정세율 : 20% (전기를 포함하여 세율은 계속하여 일정함)
- 당기법인세자산과 부채는 상계 조건을 충족한다.
- 법인세와 관련된 기타 부가세액은 없는 것으로 가정한다.

물음 1 ㈜현대의 20x2년도 법인세 총부담세액을 측정하고 회계처리를 제시하시오.

물음 2 ㈜현대는 20x2년도 법인세에 대하여 기납부세액 ₩100,000을 같은 회계연도 8월 31일에 납부한 경우, 법인세 관련 회계처리를 제시하시오.

해설

물음 1

1. 당기법인세

세전이익		1,000,000
세무조정		250,000
• 접대비한도초과	100,000	
• 과태료	200,000	
• 배당금수익	(50,000)	
과세소득		1,250,000
법정세율		20%
산출세액		250,000
공제감면세액		-
총부담세액		250,000

2. 회계처리

						손익효과
2년말						
차)	법인세비용	250,000	대)	당기법인세부채	250,000	(250,000)

(*) 당기법인세부채 대신 미지급법인세를 사용하기도 함

물음 2

						손익효과
2년말						
차)	당기법인세자산	100,000	대)	현금	100,000	-

(*) 당기법인세자산 대신 선급법인세를 사용하기도 함

2년말						
차)	법인세비용	250,000	대)	당기법인세자산	100,000	(250,000)
				당기법인세부채	150,000	

2. 이연법인세

기준서 제1012호 '법인세'에서는 재무상태표 상 자산 또는 부채의 장부금액과 세무기준액의 차이를 일시적 차이로 정의하고 있다. 대부분의 일시적 차이는 수익이나 비용이 회계이익에 포함되는 기간과 과세소득에 포함되는 기간이 다를 때 발생한다. 이러한 일시적 차이를 '기간적 차이'라고 설명하기도 한다.

세무조정의 과정에서 일시적 차이 항목이 발생하면 당기의 법인세뿐만 아니라 미래에 법인세에도 영향을 준다. 따라서 일시적 차이는 미래의 법인세를 증가시키는지 아니면 감소시키는지에 따라 가산할 일시적 차이와 차감할 일시적 차이로 구분한다. 참고로 세무조정 과정에서 발생한 소득처분 중 유보와 △유보가 차감할 일시적 차이 및 가산할 일시적 차이에 해당하며 법인세법의 신고 서식인 '자본금과 적립금조정명세서(을)'에서 항목별로 관리된다.

참고 자본금과 적립금조정명세서(을)

항 목	기 초	감 소	증 가	기 말	
감가상각비한도초과	1,000	100	200	1,100	→ 유보
토 지	△300	△50	△200	△450	→ △유보
계	700	50	0	650	

2-1 가산할 일시적 차이와 이연법인세부채

기준서에서는 모든 가산할 일시적 차이에 대하여 이연법인세부채를 인식하도록 요구하고 있다. 다만, 다음의 경우에 발생하는 이연법인세부채는 인식하지 아니한다.

- 영업권을 최초로 인식할 때
- 자산 또는 부채가 최초로 인식되는 거래가 사업결합거래가 아니고, 거래 당시 회계이익이나 과세소득(또는 세무상결손금)에 영향을 미치지 아니하는 거래

그러나 종속기업, 지점 및 관계기업에 대한 투자자산 그리고 공동약정 투자지분과 관련된 가산할 일시적 차이에 대하여는 후술하는 별도의 지침에 따라 이연법인세부채를 인식한다.

자산의 인식은 미래 회계기간에 기업에 유입될 경제적 효익의 형태로 장부금액만큼 회수될 것을 의미한다. 자산의 장부금액이 세무기준액을 초과하는 경우 과세대상 경제적 효익이 세무상 손금으로 차감될 금액을 초과하게 될 것이다. 이러한 차이가 가산할 일시적 차이이며 이로 인하여 미래 회계기간에 법인세를 납부하게 될 의무가 이연법인세부채이다. 자산의 장부금액을 회수할 때 가산할 일시적 차이가 소멸되며 과세소득이 발생한다. 이에 따라 기업은 법인세를 납부하게 될 것이므로, 경제적 효익이 유출될 가능성이 높아진다. 그러므로 몇 몇 인식의 예외를 제외하고, 모든 이연법인세부채를 인식한다.

가산할 일시적 차이의 발생 원인은 매우 다양하다. 기준서에서는 기간적 차이로 인하여 발생하는 예시와 그 밖의 사유 때문에 발생하는 예시를 구분하여 제시하고 있으며 이는 다음과 같다.

■ 기간적 차이 (손익의 귀속시기 차이)

예 시

취득원가가 150원인 자산의 장부금액이 100원이다. 당해 자산의 세무상 감가상각누계액은 90원이며, 세율은 25%이다.

⇨ 이 자산의 세무기준액은 60원이다. 장부금액 100원을 회수하기 위하여 기업은 100원의 과세대상수익을 얻어야 하나 세무상 감가상각비는 60원만큼만 공제할 수 있을 뿐이다. 결과적으로, 기업은 자산의 장부금액을 회수할 때 10원의 법인세를 납부할 것이다. 장부금액 100원과 세무기준액 60원의 차이인 40원이 가산할 일시적 차이이다. 그러므로 기업은 자산의 장부금액을 회수할 때 납부할 법인세인 10원을 이연법인세부채로 인식한다.

예 시

이자수익은 발생기준으로 기간경과 시 회계이익에 포함하지만, 일부 국가에서는 현금이 수취될 때 과세소득에 포함하는 경우가 있다.

⇨ 재무상태표에 인식한 이러한 미수수익의 세무기준액은 영(0)이다. 이는 당해 미수수익이 현금으로 수취되기 전까지 과세소득에 영향을 주지 않기 때문이다.

예 시

개발원가는 회계이익을 결정할 때 자본화하여 미래 회계기간에 걸쳐 상각될 수 있지만, 과세소득을 결정할 때에는 해당 개발원가가 발생한 기간에 공제될 수 있다.

⇨ 이러한 개발원가는 과세소득에서 이미 공제되었으므로 당해 세무기준액은 영(0)이다. 따라서 그 일시적 차이는 개발원가의 장부금액과 영(0)의 세무기준액의 차이가 된다.

■ 사업결합

일부 제한적인 예외는 있지만, 사업결합에서 식별가능한 취득자산과 인수부채는 취득일의 공정가치로 인식한다. 사업결합이 식별가능한 취득자산과 인수부채의 세무기준액에 영향을 미치지 않거나 다르게 영향을 미치는 경우 일시적 차이가 발생한다. 예를 들어 자산의 장부금액은 공정가치로 증가하였으나 자산의 세무기준액은 이전 소유자의 원가로 남아있는 경우 이연법인세부채를 초래하는 가산할 일시적차이가 발생한다. 이 경우 이연법인세부채는 영업권의 금액에 영향을 미친다. 자세한 내용은 고급회계를 참고한다.

■ 공정가치를 장부금액으로 하는 자산

한국채택국제회계기준에서는 특정 자산의 경우에 공정가치를 장부금액으로 하거나 재평가하도록 요구하거나 허용하고 있다(기준서 제1016호 '유형자산', 제1038호 '무형자산', 제1040호 '투자부동산', 제1109호 '금융상품', 제1116호 '리스' 등 참조). 일반적으로 자산을 재평가하거나 재작성하더라도 해당 기간의 과세소득에 영향을 미치지 않고 따라서 자산의 세무기준액이 조정되지 아니 한다. 이 경우에 재평가된 자산의 장부금액과 세무기준액의 차이는 일시적 차이가 되고 이연법인세부채(또는 자산)을 생기게 한다.

■ 영업권

많은 과세당국은 영업권 장부금액의 감소를 과세소득에서 차감하는 것을 인정하지 않는다. 더욱이 그러한 국가에서는 종종 종속기업이 당해 사업을 처분할 때에도 영업권의 원가가 공제되지 아니한다. 이 경우 영업권의 세무기준액은 영(0)이고, 당해 영업권의 장부금액과의 차이는 가산할 일시적 차이이다. 그러나 이 기준서에서는 그로 인한 이연법인세부채를 인식하지 않도록 하였다. 왜냐하면 영업권은 잔여금액으로 측정되므로 이연법인세부채의 인식은 영업권의 장부금액을 다시 증가시킬 것이기 때문이다. 즉 순환의 문제가 발생한다.

영업권의 최초인식에서 발생하였기 때문에 인식되지 아니한 이연법인세부채가 향후 감소되는 경우에도 영업권의 최초인식으로부터 발생한 것으로 간주하여 인식하지 않는다. 예를 들어, 사업결합에서 ₩100의 영업권을 인식하는데 그 세무기준액은 영(0)인 경우 인식의 예외 규정에 따라 이연법인세부채를 인식하지 아니 한다. 만일 당해 영업권에 대하여 ₩20의 손상차손을 인식한다면, 영업권과 관련된 가산할 일시적차이는 ₩100에서 ₩80으로 감소되고, 그 결과 미인식된 이연법인세부채의 가치가 감소한다. 당해 미인식된 이연법인세부채의 가치 감소는 영업권의 최초인식과 관련된 것으로 보아 인식하지 아니한다.

■ 자산 또는 부채의 최초 인식

일시적차이는 자산 또는 부채를 최초로 인식하는 시점에도 발생할 수 있다. 예를 들어, 자산 취득원가의 일부 또는 전부가 세무 상 공제되지 아니할 경우 일시적 차이가 존재한다. 이러한 일시적차이를 회계처리하는 방법은 자산 혹은 부채를 최초 인식하도록 한 거래의 성격에 따라 다르다.

가. 사업결합에서 인식한 이연법인세자산이나 이연법인세부채는 인식하는 영업권 금액이나 염가매수차익의 금액에 영향을 미친다. (위의 영업권 내용 참고)

나. 최초인식 거래가 회계이익이나 과세소득에 영향을 미치는 경우, 이연법인세부채나 자산을 인식하고 이에 따른 이연법인세 비용이나 수익을 당기손익으로 인식한다. (예: 기간적차이)

다. 사업결합이 아니며 회계이익과 과세소득에 영향을 미치지 않는 거래의 경우, 이연법인세부채를 인식하지 아니한다. 만약 사업결합이 아니며 회계이익과 과세소득에 영향을 미치지 않는 거래에서 이연법인세부채를 인식하게 된다면 동일한 금액만큼 해당 자산의 장부금액이 증가하게 되어 자산의 장부금액이 과다하게 측정된다. 이렇게 처리하는 이유는 해당 거래로 인하여 회계이익과 과세소득에 영향을 미치지 않기 때문에 상기 '나'의 규정처럼 이연법인세부채를 당기손익에 반영할 수 없고 관련 자산이나 부채의 장부금액을 조정해야 한다. 기준서 제1012호에서는 이러한 조정이 오히려 재무제표의 투명성을 저해하는 것으로 보아 최초 인식 시점 또는 그 이후에 그에 따른 이연법인세부채를 인식하지 아니하도록 하였다. 특히, 관련 자산의 감가상각에 따라 최초에 미인식한 이연법인세부채는 향후에 변동하여도 이를 인식하지 않는다. 이 규정을 이해하시 위한 기준서 상 제시 사례는 다음과 같다.

예 시

기업이 취득원가 1,000원인 자산을 내용연수 5년 동안 사용한 후 영(0)의 잔존가치에 처분하려고 한다. 법인세율은 40%이다. 해당 자산에서 인식한 감가상각비는 세무상 공제되지 아니한다. 또한 자산의 처분 시 발생할 수 있는 자본이득과 자본손실도 과세소득을 계산할 때 반영하지 않는다.

⇨ 자산의 장부금액을 회수하면서 기업은 과세대상수익 1,000원을 획득하고 법인세 400원을 납부하게 된다. 그러나 기업은 이연법인세부채 400원을 인식하지 않는데, 그 이유는 자산의 최초 인식으로부터 발생한 것이며 해당 거래가 최초 인식 시점에 회계이익과 과세소득에 영향을 미치지 않기 때문이다.

⇨ 다음연도에 자산의 장부금액은 800원이 된다. 향후 800원의 과세대상수익을 획득하면서 기업은 320원의 법인세를 납부하게 된다. 그러나 기업은 이연법인세부채 320원을 인식하지 않는데, 그 이유는 자산의 최초인식으로부터 발생한 것이기 때문이다.

그림 1 자산(부채) 최초 인식 시 발생한 가산할 일시적 차이

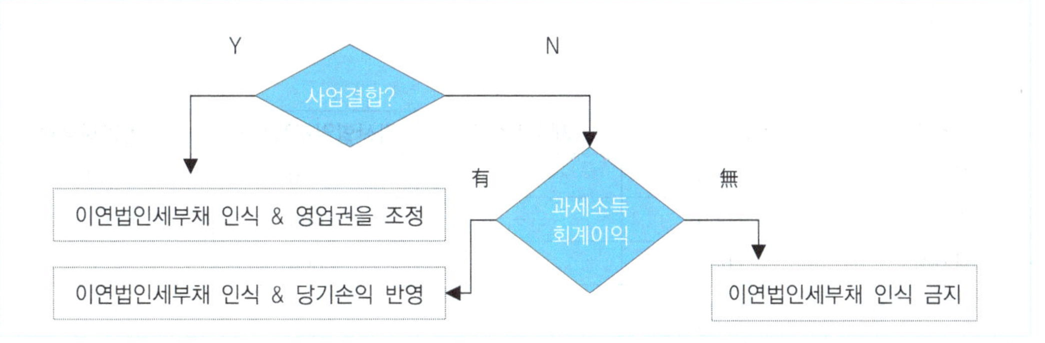

■ 복합금융상품

기준서 제1032호 '금융상품: 표시'에 따라, 복합금융상품(예: 전환사채)의 발행자는 당해 금융상품의 부채요소와 자본요소를 각각 부채와 자본으로 분류한다. 일부 국가에서는 최초 인식 시 부채요소의 세무기준액이 부채요소와 자본요소의 최초 장부금액을 합한 금액과 동일하다. 이 경우 가산할 일시적차이는 부채요소에서 자본요소를 분리하여 최초 인식하기 때문에 발생한 것이며 기준서 상 예외 사항이 아니므로, 결과적으로 이연법인세부채를 인식한다. 이 경우 이연법인세는 후술하는 별도 지침에 따라 자본요소의 장부금액에 직접 반영한다. 향후 이연법인세부채가 변동될 때 당기손익으로 인식한다.

기본예제 2 가산할 일시적 차이

결산일이 매년 말인 ㈜미래의 20x1년도에 발생한 가산할 일시적 차이와 관련된 내용이다. 항목별로 이연법인세부채를 측정하시오. 단, 법인세율은 20%를 가정한다.

항 목	장부금액	세무기준액
미수수익	1,000	–
사외적립자산	9,000	–
업무무관자산(주1)	5,000	–
개발중인무형자산(주2)	4,000	–
영업권(주3)	3,000	–
전환사채(부채요소)(주4)	9,000	10,000

(주1) 업무무관자산은 20x1년 말에 취득하였고 잔존가치 없이 5년간 정액법 상각한다.
(주2) 개발중인 무형자산은 20x2년부터 4년간 정액법 상각한다.

(주3) 당기 중 사업결합 회계처리에서 인식한 영업권이다.
(주4) 당기 말 전환권대가(자본요소) 1,000을 인식하였다.

해설

항 목	장부금액	세무기준액	가산할일시적차이	이연법인세부채
미수수익	1,000	–	1,000	200
사외적립자산	9,000	–	9,000	1,800
업무무관자산	5,000	–	5,000	–
개발중인무형자산	4,000	–	4,000	800
영업권	3,000	–	3,000	–
전환사채	9,000	10,000	1,000	200

1. 미수수익

미래의 과세대상수익에 대하여 공제할 세무기준액은 '0'이므로 가산할 일시적 차이 ₩1,000에 대한 미래 법인세 부담액 ₩400을 이연법인세부채로 인식한다.

2. 사외적립자산

미래의 과세대상수익에 대하여 공제할 세무기준액은 '0'이므로 가산할 일시적 차이 ₩9,000에 대한 미래 법인세 부담액 ₩1,800을 이연법인세부채로 인식한다. 사외적립자산의 세무기준액이 '0'인 이유는 현재까지의 과세대상수익에 대하여 이미 손금으로 공제되었기 때문이다.

3. 업무무관자산

미래의 과세대상수익에 대하여 공제할 세무기준액은 '0'이므로 가산할 일시적 차이 ₩5,000에 대한 미래 법인세 부담액 ₩1,000의 유출가능성이 높다. 그러나 기준서 인식 예외 규정을 적용하면 동 업무무관자산 취득 거래는 사업결합 거래가 아니며 회계이익과 과세소득에 영향을 미치지 아니하는 거래이므로 이연법인세부채를 인식하지 아니한다

4. 개발중인 무형자산

미래의 과세대상수익에 대하여 공제할 세무기준액은 '0이므로 가산할 일시적 차이 ₩4,000에 대한 미래 법인세 부담액 ₩800을 이연법인세부채로 인식한다. 개발중인 무형자산의 세무기준액이 '0'인 이유는 현재까지의 과세대상수익에 대하여 이미 손금으로 공제되었기 때문이다.

5. 영업권

영업권의 세무기준액이 '0'이므로 가산할 일시적 차이 ₩3,000이 존재하지만 잔여금액으로 인식하는 영업권의 순환문제를 해결하기 위해 이연법인세부채를 인식하지 아니한다.

6. 전환사채

전환사채의 세무기준액이 '10,000'이므로 미래의 과세대상수익에서 공제될 금액이 장부금액 ₩9,000을

초과한다. 이 초과금액 ₩1,000이 가산할 일시적 차이이며 인식의 예외를 적용할 수 없으므로 이연법인세부채 ₩200을 인식한다. 후술하는 내용에 기초하면 이연법인세부채 ₩200의 증가에 대응하는 자본감소 효과는 당기손익으로 인식하지 아니하고 전환권대가에서 직접 차감한다. 이를 자본에 반영하는 법인세라고 한다.

2-2 차감할 일시적 차이와 이연법인세자산

차감할 일시적 차이가 사용될 수 있는 과세소득의 발생가능성이 높은 경우에, 모든 차감할 일시적 차이에 대하여 이연법인세자산을 인식한다. 다만, 자산이나 부채를 최초로 인식할 때 발생하는 거래로 사업결합거래가 아니고 거래 당시 회계이익이나 과세소득에 영향을 미치지 않는 경우에 대하여 이연법인세자산은 인식하지 아니한다. 종속기업, 지점 및 관계기업에 대한 투자자산 그리고 공동약정 투자지분과 관련된 차감할 일시적 차이에 대하여는 별도의 요구사항에 따라 이연법인세자산을 인식한다.

부채의 인식은 당해 경제적 효익이 있는 자원이 기업으로부터 유출되는 형태로 장부금액만큼 미래 회계기간에 결제될 것을 의미한다. 기업으로부터 유출되는 자원의 일부 또는 전부가 부채를 인식한 기간보다 나중에 과세소득에서 공제될 수 있다. 이러한 경우 부채의 장부금액과 세무기준액 사이에 일시적 차이가 존재한다. 따라서 미래 회계기간에 당해 부채의 일부가 과세소득에서 공제되는 때 회수가능한 법인세만큼 이연법인세자산이 발생한다. 이와 마찬가지로 자산의 장부금액이 세무기준액보다 작다면 당해 일시적 차이는 미래 회계기간에 회수가능한 법인세만큼 이연법인세자산을 발생시킨다.

차감할 일시적 차이의 발생원인은 매우 다양하다. 기준서에서는 기간적 차이로 인하여 발생하는 예시와 그 밖의 사유 때문에 발생하는 예시를 구분하여 제시하고 있으며 이는 다음과 같다.

■ 기간적 차이 (손익의 귀속시기 차이)

예 시

기업이 미지급된 제품보증원가 100원을 부채로 인식한다. 세무상 제품보증원가는 지급되기 전에는 공제되지 아니한다. 법인세율은 25%이다.

⇨ 당해 부채의 세무기준액은 영(0)이다. 당해 부채를 장부금액으로 결제할 때, 기업의 미래 과세소득이 100원만큼 감소될 것이며 따라서 향후 법인세납부액은 25원만큼 감소하게 된다. 장부금액 100원과 세무기준액 영(0)과의 차이 100원이 차감할 일시적 차이이다. 그러므로 미래 회계기간에 법인세납부액이 감소하는 혜택을 볼 수 있을 만큼 충분한 과세소득을 창출할 가능성이 높은 경우, 25원의 이연법인세자산을 인식한다.

예 시

퇴직급여원가는 회계이익을 결정할 때에는 종업원이 근무용역을 제공하는 시점에 차감되지만, 과세소득을 결정할 때에는 퇴직연금기금에 출연하는 시점이나 퇴직급여를 지급하는 시점에 공제될 수 있다.

⇨ 당해 부채의 세무기준액은 영(0)이므로 차감할 일시적 차이가 존재한다. 이는 미래에 퇴직급여를 지급하는 시점에 과세소득에서 차감됨으로써 경제적 효익이 기업에 유입되므로 이연법인세자산을 초래한다.

■ 영업권

사업결합에서 발생한 영업권의 장부금액이 세무기준액보다 작을 경우에 그 차이로 이연법인세자산이 발생한다. 영업권의 최초 인식시점에서 발생한 이연법인세자산은 차감할 일시적 차이가 사용될 수 있는 과세소득의 발생가능성이 높은 경우 그 범위 안에서 사업결합에 대한 회계처리의 일부로 인식한다.

■ 자산 또는 부채의 최초 인식

자산의 최초인식에서 발생하는 이연법인세자산의 예로는 자산과 관련된 비과세 정부보조금을 회계상 장부금액에서 차감하였으나 세무상 당해 자산의 감가상각대상금액(즉, 세무기준액)에서는 공제하지 않는 경우를 들 수 있다. 이 경우는 당해 자산의 장부금액이 세무기준액보다 작으므로 차감할 일시적차이가 발생한다. 정부보조금은 수익을 이연하는 방식으로 처리될 수도 있는데 이러한 경우에는 이연수익과 영(0)인 세무기준액의 차이가 차감할 일시적차이가 된다. 정부보조금을 표시하는 방법에 관계없이, 이연법인세자산의 인식금지 규정에 의해 이러한 일시적 차이로 인한 이연법인세자산은 인식하지 아니한다.

기본예제 3 차감할 일시적 차이

결산일이 매년 말인 ㈜미래의 20x1년도에 발생한 차감할 일시적 차이와 관련된 내용이다. 항목별로 이연법인세자산을 측정하시오. 단, 법인세율은 20%이며 이연법인세자산의 실현가능성은 높은 것으로 가정한다.

항 목	장부금액	세무기준액
유형자산(주1)	5,000	6,000
확정급여채무(주2)	9,000	–
제품보증충당부채(주3)	5,000	–

(주1) 유형자산은 정률법을 적용하였으나 세무상 정액법만 허용한다.
(주2) 전액 보험수리적가정을 이용한 평가금액이다.
(주3) 전액 과거 경험률을 이용한 추정금액이다.

해설

항 목	장부금액	세무기준액	가산할일시적차이	이연법인세부채
유형자산	5,000	6,000	1,000	200
확정급여채무	9,000	–	9,000	1,800
제품보증충당부채	5,000	–	5,000	1,000

1. 유형자산
   미래의 과세대상수익에 대하여 공제할 세무기준액이 장부금액을 초과하므로 그 초과금액 ₩1,000이 차감할 일시적 차이이며 미래 법인세 감소액 ₩200을 이연법인세자산으로 인식한다.

2. 확정급여채무
   확정급여채무를 미래에 결제할 때 과세대상수익에 대하여 공제할 세무기준액이 장부금액보다 더 크므로 차감할 일시적 차이 ₩9,000에 대한 미래 법인세 절감액 ₩1,800을 이연법인세자산으로 인식한다.

3. 제품보증충당부채
   제품보증충당부채를 미래에 결제할 때 과세대상수익에 대하여 공제할 세무기준액이 장부금액보다 더 크므로 차감할 일시적 차이 ₩5,000에 대한 미래 법인세 절감액 ₩1,000을 이연법인세자산으로 인식한다.

Study 회계시스템의 비교

보고기간 말 자산의 장부금액 > 세무기준액 → 가산할 일시적 차이 → 이연법인세부채
보고기간 말 자산의 장부금액 < 세무기준액 → 차감할 일시적 차이 → 이연법인세자산
보고기간 말 부채의 장부금액 > 세무기준액 → 차감할 일시적 차이 → 이연법인세자산
보고기간 말 부채의 장부금액 < 세무기준액 → 가산할 일시적 차이 → 이연법인세부채

2-3 이연법인세자산의 실현가능성 검토

차감할 일시적 차이는 미래 회계기간에 과세소득에서 차감되는 형태로 소멸된다. 그러나 법인세납부액이 감소되는 형태의 경제적 효익은 공제가 상쇄될 수 있는 충분한 과세소득을 획득할 수 있는 경우에만 기업에 유입될 것이다. 따라서 차감할 일시적 차이가 사용될 수 있는 과세소득의 발생가능성이 높은 경우에만 이연법인세자산을 인식한다. 참고로 차감할 일시적 차이가 사용될 수 있는 과세소득의 발생가능성이 높은 경우란 다음을 말한다.

- 동일 과세당국과 동일 과세대상기업에 관련하여 차감할 일시적 차이의 소멸이 예상되는 기간과 동일한 회계기간 또는 이연법인세자산으로 인하여 발생되는 세무상결손금이 이월공제될 수 있는 회계기간에 소멸이 예상되는 충분한 가산할 일시적 차이가 있는 경우
- 차감할 일시적 차이가 소멸될 회계기간에 충분한 과세소득이 발생할 가능성이 높다.

2-4 차감할 일시적 차이를 제외한 이연법인세자산

기업은 차감할 일시적 차이를 제외한 다른 원인으로도 이연법인세자산을 인식할 수 있다. 과거 회계기간동안 발생한 누적 결손금이 존재하거나 특정 회계연도에 발생한 세액공제나 감면세액을 이월시키는 경우가 그러한 예이다.

(1) 이월결손금과 세액공제

미사용 세무상결손금과 세액공제가 사용될 수 있는 미래 과세소득의 발생가능성이 높은 경우 그 범위 안에서 이월된 미사용 세무상 결손금과 세액공제에 대하여 이연법인세자산을 인식한다.

(2) 이연법인세자산의 재검토

이연법인세자산은 보고기간 말 마다 실현가능성을 재검토한다. 만약 미래 과세소득에 의해 이연법인세자산이 회수될 가능성이 이전에 비해 높아진 경우, 그 범위까지 과거 인식되지 않은 이연법인세자산을 다시 인식한다. 예를 들어 이월결손금에 대하여 과세소득의 발생가능성이 높지 않아 이연법인세자산을 인식하지 않았으나 합병으로 인하여 향후 과세소득이 충분할 것으로 예상되는 경우에는 미인식한 이연법인세자산의 인식 여부를 재검토한다.

2-5 이연법인세부채와 자산의 측정

(1) 적용 세율

이연법인세자산과 부채는 보고기간 말까지 제정되었거나 실질적으로 제정된 세율 및 세법에 근거하여 당해 자산이 실현되거나 부채가 결제될 회계기간에 적용될 것으로 기대되는 세율을 사용하여 측정한다. 과세대상수익의 수준에 따라 적용되는 세율이 다른 경우에는 일시적 차이가 소멸될 것으로 예상되는 기간의 과세소득에 적용될 것으로 기대되는 평균세율을 사용하여 이연법인세자산과 부채를 측정한다.

이연법인세부채와 이연법인세자산을 측정할 때에는 보고기간 말에 기업이 관련 자산과 부채의 장부금액을 회수하거나 결제할 것으로 예상되는 방식에 따른 세금효과를 반영한다. 예를 들어 유형자산을 매각하면 30% 세율을 적용하며 사용을 통하여 장부금액을 회수하면 20% 세율이 적용되는 경우라면 장부금액의 회수방식에 따라 이연법인세자산과 부채를 측정하는 데 적용할 세율이 다를 것이다.

(2) 시간가치

이연법인세자산과 부채는 할인하지 아니한다. 이연법인세자산과 부채를 신뢰성 있게 현재가치로 할인하기 위해서는 각 일시적 차이의 소멸시점을 상세히 추정하여야 한다. 많은 경우 소멸시점을 실무적으로 추정할 수 없거나 추정이 매우 복잡하다. 따라서 이연법인세자산과 부채를 할인하도록 하는 것은 적절하지 않다. 또한 할인을 강요하지 않지만 허용한다면 기업 간 이연법인세자산과 부채의 비교가능성이 저해될 것이다. 따라서 이 기준서에서는 이연법인세자산과 부채를 할인하지 않도록 하였다.

(3) 이연법인세자산의 장부금액 재검토

이연법인세자산의 장부금액은 매 보고기간말에 검토한다. 이연법인세자산의 일부 또는 전부에 대한 혜택이 사용되기에 충분한 과세소득이 발생할 가능성이 더 이상 높지 않다면 이연법인세자산의 장부금액을 감액시킨다. 감액된 금액은 사용되기에 충분한 과세소득이 발생할 가능성이 높아지면 그 범위 내에서 환입한다.

(4) 이연법인세자산과 부채의 상계

다음의 조건을 모두 충족하는 경우에만 이연법인세자산과 이연법인세부채를 상계한다.

- 기업이 당기법인세자산과 당기법인세부채를 상계할 수 있는 법적으로 집행가능한 권리를 가지고 있다.
- 이연법인세자산과 이연법인세부채가 다음의 각 경우에 동일한 과세당국에 의하여 부과되는 법인세와 관련되어 있다.
  가. 과세대상기업이 동일한 경우
  나. 과세대상기업은 다르지만 당기법인세부채와 자산을 순액으로 결제할 의도가 있거나, 유의적인 금액의 이연법인세부채가 결제되거나 이연법인세자산이 회수될 미래의 각 회계기간마다 자산을 실현하는 동시에 부채를 결제할 의도가 있는 경우

기본예제 4 **이연법인세자산**

다음은 ㈜현대(결산일 12월 말)의 20x2년의 법인세 관련 자료이다.

- 법인세차감전순이익 ₩1,000,000
- 소득금액조정합계표

익금산입 및 손금불산입			손금산입 및 익금불산입		
과 목	금 액	소득처분	과 목	금 액	소득처분
접대비한도초과	100,000	기타사외유출	판매보증충당부채	50,000	유보
감가상각비한도초과	200,000	유보			

- 자본금과 적립금조정명세서(을)

항 목	기 초	감 소	증 가	기 말
감가상각비한도초과	–	–	200,000	200,000
판매보증충당부채	100,000	50,000	–	50,000

- 법정세율 : 20% (전기를 포함하여 세율은 계속하여 일정함)
- 차감할 일시적 차이를 사용할 수 있는 미래의 과세소득은 충분하다.
- 당기법인세자산과 부채는 상계 조건을 충족하며 기납부세액은 없다.

물음 1 20x2년의 법인세 총부담세액을 계산하시오.

물음 2 20x2년의 이연법인세 변동을 계산하시오.

물음 3 20x2년의 법인세와 관련된 회계처리를 제시하시오.

물음 4 20x2년의 유효세율(= 법인세비용/세전이익)을 측정하시오.

물음 5 만약 유효세율과 법정세율이 다르다면 그 이유는 무엇인가?

해설

물음 1

1. 세전이익 : 1,000,000
2. 가산조정 : 100,000(접대비한도초과) + 200,000(감가상각비한도초과) = 300,000
3. 차감조정 : 50,000(판매보증충당부채추인)
4. 과세소득 : 1,000,000 + 300,000 − 50,000 = 1,250,000
5. 총부담세액 : 1,250,000 × 20% − 250,000

물음 2

1. 당기말 이연법인세

항 목	차감할 일시적차이	적용세율	이연법인세자산
감가상각비한도초과	200,000	20%	40,000
판매보증충당부채	50,000	20%	10,000
합계			50,000

(*) 당기말 일시적차이 잔액을 기준으로 측정한다.
(*) 당기말 이연법인세자산에 대한 실현가능성을 검토해야 하며 그 가능성이 충분하다.

2. 전기말 이연법인세

항 목	가산할(차감할) 일시적차이	적용세율	이연법인세부채(자산)
판매보증충당부채	100,000	20%	20,000
합계			20,000

(*) 전기말 일시적차이 잔액을 기준으로 측정한다.
(*) 전기말 이연법인세자산에 대한 실현가능성을 검토해야 하며 그 가능성이 충분하다.

3. 이연법인세자산의 당기변동 : 50,000 − 20,000 = 30,000 증가

물음 3

회계처리				손익효과
2년 말				
차) 법인세비용	220,000	대) 당기법인세부채	250,000	(220,000) PL
이연법인세자산	30,000			
(*) 법인세비용 : 대차차액				

물음 4

1. 법인세비용 : 220,000
2. 법인세비용차감전순이익 : 1,000,000
3. 유효세율(1 ÷ 2) : 22%

물음 5

구 분	금 액
법인세비용차감전순이익 × 법정세율	1,000,000 × 20% = 200,000
공제되지 아니하는 비용으로 인한 법인세(*)	100,000 × 20% = 20,000
법인세비용차감전순이익 × 유효세율	1,000,000 × 22% = 220,000

(*) 접대비한도초과

기본예제 5 이연법인세부채

다음은 ㈜현대(결산일 12월 말)의 법인세 관련 자료이다.

1. 20x1년
   - 법인세차감전순이익 ₩800,000
   - 소득금액조정합계표

익금산입 및 손금불산입			손금산입 및 익금불산입		
과 목	금 액	소득처분	과 목	금 액	소득처분
과태료	100,000	기타사외유출	금융자산평가이익	100,000	(유보)

(*) 당기손익-공정가치 측정 금융자산의 평가이익에 대한 세무조정이다.

   - 자본금과 적립금조정명세서(을)

항 목	기 초	감 소	증 가	기 말
금융자산평가이익	–	–	(100,000)	(100,000)

2. 20x2년

- 법인세차감전순이익 ₩1,000,000
- 소득금액조정합계표

익금산입 및 손금불산입			손금산입 및 익금불산입		
과 목	금 액	소득처분	과 목	금 액	소득처분
접대비한도초과	100,000	기타사외유출	미수수익	50,000	(유보)
금융자산평가이익	20,000	(유보추인)			

- 자본금과 적립금조정명세서(을)

항 목	기 초	감 소	증 가	기 말
금융자산평가이익	(100,000)	(20,000)	–	(80,000)
미수수익			(50,000)	(50,000)

3. 법정세율은 20%이며 세율은 계속 일정하다.

4. 차감할 일시적 차이를 사용할 수 있는 과세소득은 충분하다.

5. 당기법인세자산과 부채는 상계 조건을 충족하며 기납부세액은 없다.

물음 1 20x1년의 법인세 부담세액을 계산하시오.

물음 2 20x1년의 이연법인세 변동을 측정하시오.

물음 3 20x1년의 법인세와 관련된 회계처리를 제시하시오.

물음 4 20x2년 3월 31일에 법인세를 납부한 경우 회계처리를 제시하시오.

물음 5 20x2년의 법인세 부담세액을 계산하시오.

물음 6 20x2년의 이연법인세 변동을 측정하시오.

물음 7 20x2년의 법인세와 관련된 회계처리를 제시하시오.

물음 8 연도별 유효세율(= 법인세비용/세전이익)을 측정하시오.

해설

물음 1

1. 세전이익 : 800,000
2. 가산조정 : 100,000(과태료)
3. 차감조정 : 100,000(FV-PL금융자산평가이익)
4. 과세소득 : 800,000 + 100,000 − 100,000 = 800,000
5. 총부담세액 : 800,000 × 20% = 160,000

물음 2

1. 당기말 이연법인세

항 목	가산할 일시적차이	적용세율	이연법인세부채
FV-PL금융자산평가이익	100,000	20%	20,000
합계			20,000

2. 전기말 이연법인세 : 없음
3. 이연법인세부채 당기증가 : 20,000

물음 3

회계처리					손익효과
1년 말					
차) 법인세비용	180,000	대)	당기법인세부채	160,000	(180,000) PL
			이연법인세부채	20,000	

(*) 법인세비용 : 대차차액

물음 4

회계처리					손익효과
2년 3월말					
차) 당기법인세부채	160,000	대)	현금	160,000	−

물음 5

1. 세전이익 : 1,000,000
2. 가산조정 : 100,000(접대비한도초과) + 20,000(FV-PL금융자산평가이익 추인) = 120,000
3. 차감조정 : 50,000(미수수익)
4. 과세소득 : 1,000,000 + 120,000 − 50,000 = 1,070,000
5. 총부담세액 : 1,070,000 × 20% = 214,000

물음 6

1. 당기말 이연법인세

항 목	가산할 일시적차이	적용세율	이연법인세부채
FV-PL금융자산평가이익	80,000	20%	16,000
미수수익	50,000	20%	10,000
합계			26,000

2. 전기말 이연법인세

항 목	가산할 일시적차이	적용세율	이연법인세부채
FV-PL금융자산평가이익	100,000	20%	20,000
합계			20,000

3. 이연법인세부채 당기변동 : 6,000 증가

물음 7

회계처리					손익효과
2년 말					
차) 법인세비용	220,000	대)	당기법인세부채	214,000	(220,000) PL
			이연법인세부채	6,000	

(*) 법인세비용 : 대차차액

물음 8

구 분	유효세율	
	20x1년	20x2년
법인세비용 / 법인세비용차감전순이익	$\frac{180,000}{800,000} = 22.5\%$	$\frac{220,000}{1,000,000} = 22\%$

참고 유효세율과 법정세율의 차이 분석

20x1년도	금 액
법인세비용차감전순이익 × 법정세율	800,000 × 20% = 160,000
공제되지 아니하는 비용으로 인한 법인세(*)	100,000 × 20% = 20,000
법인세비용차감전순이익 × 유효세율	800,000 × 22.5% = 180,000

(*) 과태료

20x2년도	금 액
법인세비용차감전순이익 × 법정세율	1,000,000 × 20% = 200,000
공제되지 아니하는 비용으로 인한 법인세(*)	100,000 × 20% = 20,000
법인세비용차감전순이익 × 유효세율	1,000,000 × 22% = 220,000

(*) 접대비한도초과

기본예제 6 이연법인세자산-실현가능성 검토

다음은 ㈜현대(결산일 12월 말)의 20x1년도 법인세 관련 자료이다.

- 법인세차감전순이익 ₩300,000
- 소득금액조정합계표

익금산입 및 손금불산입			손금산입 및 익금불산입		
과 목	금 액	소득처분	과 목	금 액	소득처분
과태료	100,000	기타사외유출			

- 법정세율은 20%이며 세율은 계속 일정하다.
- 20x2년도의 예상 과세소득은 ₩50,000으로 예상되며 20x3년 이후부터 과세소득은 발생하지 아니할 것으로 추정된다.

물음 1 20x1년의 법인세 부담세액을 계산하시오.

물음 2 20x1년의 이연법인세 변동을 측정하시오.

물음 3 20x1년의 법인세와 관련된 회계처리를 제시하시오.

해 설

물음 1

1. 세전손실 : (300,000)
2. 가산조정 : 100,000(과태료)
3. 결손금 : (300,000) + 100,000 = (200,000)
4. 총부담세액 : 0

물음 2

1. 당기말 이연법인세

항 목	가산할 일시적차이	적용세율	이연법인세부채
이월결손금	Min[200,000, 50,000]	20%	10,000
합계			10,000

(*) 실현가능성 검토

구 분	20x2년	20x3년	20x4년 후
예상과세소득	50,000	–	–
이월결손금의 공제	(50,000)	불가	불가
예상법인세	–	–	–

(*) 20x1년도에 발생한 결손금 ₩200,000 중 미래 과세소득에서 공제가능한 금액은 ₩50,000이다.

(*) 이연법인세자산 = Min[200,000 , 50,000] × 20% = 10,000

2. 전기말 이연법인세 : 없음

3. 이연법인세자산의 당기변동 : 10,000 증가

물음 3

회계처리				손익효과
1년 말				
차) 이연법인세자산	10,000	대) 법인세수익	10,000	10,000 PL

(*) 법인세수익 : 대차차액

(*) 법인세차감전순손실(₩300,000)에 법인세수익을 가산하면 당기순손실은 ₩290,000이다.

(*) 매 보고기간 말 마다 이월결손금의 실현가능성을 재검토하고, 가능한 경우 추가인식한다.

기본예제 7 세율변경

다음은 ㈜현대(결산일 12월 말)의 20x2년의 법인세 관련 자료이다.

- 법인세차감전순이익 ₩1,000,000
- 소득금액조정합계표

익금산입 및 손금불산입			손금산입 및 익금불산입		
과 목	금 액	소득처분	과 목	금 액	소득처분
			미수수익	50,000	△유보
			감가상각비한도초과	60,000	△유보

- 자본금과 적립금조정명세서(을)

항 목	기 초	감 소	증 가	기 말
감가상각비한도초과	100,000	60,000	–	40,000
미수수익	–	–	△50,000	△50,000

(*) 감가상각비한도초과 ₩40,000은 20x3년과 20x4년에 각각 ₩20,000씩 추인될 예정이다.
(*) 미수수익은 전액 20x3년에 추인될 예정이다.

- 법정세율 : 20% (20x2년도의 세법 개정에 따라 20x4년부터 30%를 적용)
- 차감할 일시적 차이를 사용할 수 있는 과세소득은 충분하다.
- 당기법인세자산과 부채는 상계 조건을 충족하며 기납부세액은 없다.

물음 1 20x2년의 법인세 총부담세액을 계산하시오.

물음 2 20x2년의 이연법인세 변동을 측정하시오.

물음 3 20x2년의 법인세와 관련된 회계처리를 제시하시오.

물음 4 20x2년의 유효세율(= 법인세비용/세전이익)을 측정하시오.

물음 5 법정세율과 유효세율의 차이원인을 분석하시오.

해설

물음 1

1. 세전이익 : 1,000,000
2. 차감조정 : 50,000(미수수익) + 60,000(감가상각비 추인) = 110,000
3. 과세소득 : 1,000,000 − 110,000 = 890,000
4. 총부담세액 : 890,000 × 20% = 178,000

물음 2

1. 당기말 이연법인세

항 목	가산할(차감할) 일시적차이	적용세율	이연법인세부채(자산)
감가상각비한도초과	(20,000)	20%	(4,000)
감가상각비한도초과	(20,000)	30%	(6,000)
미수수익	50,000	20%	10,000
합계			–

2. 전기말 이연법인세

항 목	가산할(차감할) 일시적차이	적용세율	이연법인세부채(자산)
감가상각비한도초과	(100,000)	20%	(20,000)
합계			(20,000)

3. 이연법인세자산의 당기감소 : 20,000

물음 3

회계처리					손익효과
2년 말					
차) 법인세비용	198,000	대)	당기법인세부채	178,000	(198,000) PL
			이연법인세자산	20,000	

(*) 법인세비용 : 대차차액

물음 4

1. 법인세비용 : 198,000
2. 법인세비용차감전순이익 : 1,000,000
3. 유효세율(1÷2) : 19.8%

물음 5

20x2년도	금 액
법인세비용차감전순이익 × 법정세율	1,000,000 × 20% = 200,000
세율변동으로 인한 이연법인세자산 증가(*)	20,000 × 10% = (2,000)
법인세비용차감전순이익 × 유효세율	1,000,000 × 19.8% = 198,000

(*) 감가상각비한도초과(20x4년 추인) : 20,000 × (30% − 20%) = 2,000 (이연법인세자산의 증가)

SECTION 3

법인세의 인식

거래나 사건의 당기법인세 및 이연법인세의 효과는 그 사건이나 거래 자체에 대한 회계처리와 일관되게 회계처리 한다.

1. 당기손익으로 인식되는 항목

당기법인세와 이연법인세의 효과는 다음으로부터 발생하는 세액을 제외하고는 수익이나 비용으로 인식하여 당기순이익에 포함한다.

- 동일 회계기간 또는 다른 회계기간에, 당기손익 이외에 기타포괄손익이나 자본에 직접 인식되는 거래나 사건
- 사업결합(투자기업의 정의를 충족하는 종속기업 취득은 제외)

대부분의 이연법인세부채와 자산은 수익 또는 비용이 회계이익에 포함되는 기간과 과세소득에 포함되는 기간이 다를 때 발생한다. 이로 인한 이연법인세는 당기순이익으로 인식한다. 이연법인세자산과 부채의 장부금액은 관련된 일시적 차이의 금액에 변동이 없는 경우에도 다음과 같은 원인으로 변경될 수 있다.

- 세율이나 세법이 변경되는 경우
- 이연법인세자산의 회수가능성을 재검토하는 경우
- 예상되는 자산의 회수 방식이 변경되는 경우

2. 당기손익 이외로 인식되는 항목

동일 회계기간 또는 다른 회계기간에, 당기순이익 이외로 인식되는 항목과 관련된 당기법인세와 이연법인세의 효과는 당기손익 이외의 항목으로 인식된다.

- 동일 회계기간 또는 다른 회계기간에 기타포괄손익에 인식된 항목과 관련된 금액은 기타포괄손익으로 인식한다. (예: 유형자산의 재평가에 따른 장부금액 변동, 해외사업장 재무제표 환산에서 발생하는 외환차이)
- 동일 회계기간 또는 다른 회계기간에 자본에 직접 인식된 항목과 관련된 금액은 자본에 직접 인식한다. (예: 소급적용의 회계정책변경이나 오류의 수정으로 인한 기초이익잉여금 잔액의 조정, 복합금융상품의 자본요소에 대한 최초 인식에서 발생하는 금액)

3. 법인세비용 등의 공시

법인세비용(수익)의 주요 구성요소는 구분하여 공시한다. 법인세비용(수익)의 구성요소는 다음을 포함한다.

- 당기법인세비용(수익)
- 과거기간의 당기법인세에 대하여 당기에 인식한 조정사항
- 일시적 차이의 발생과 소멸로 인한 이연법인세비용(수익)의 금액
- 새로운 세금의 부과나 세율의 변동으로 인한 이연법인세비용(수익) 금액
- 당기법인세비용을 감소시키는 데 사용된 이전에 인식하지 못한 세무상 결손금, 세액공제 또는 전기 이전의 일시적 차이로 발생한 효익의 금액
- 이연법인세비용을 감소시키는 데 사용된 과거에 인식하지 못한 세무상 결손금, 세액공제 또는 과거기간의 일시적 차이로 인한 효익의 금액
- 이연법인세자산의 감액 또는 전기 이전 감액의 환입에서 발생한 이연법인세비용
- 소급적용 하지 않은 회계정책의 변경 및 오류와 관련된 법인세비용(수익)의 금액

4. 종속기업, 지점 및 관계기업에 대한 투자자산과 공동약정 투자지분

종속기업, 지점 및 관계기업에 대한 투자자산 또는 공동약정 투자지분의 장부금액이 세무기준액과 다른 경우 일시적 차이가 발생한다. 일시적 차이가 발생하는 상황은 종속기업 등 미배당 이익이 존재하거나 지배기업과 종속기업이 서로 다른 국가에 소재하고 있을 때 환율이 변동하는 경우, 관계기업에 대한 투자자산의 장부금액을 회수가능액으로 감액하는 경우가 있다.

4-1 가산할 일시적 차이

다음의 두 가지 조건을 모두 만족하는 정도까지를 제외하고는 종속기업, 지점 및 관계기업에 대한 투자자산과 공동약정 투자지분과 관련된 모든 가산할 일시적 차이에 대하여 이연법인세부채를 인식한다.

- 지배기업, 투자자, 공동기업 참여자 또는 공동영업자가 일시적 차이의 소멸시점을 통제할 수 있다.
- 예측가능한 미래에 일시적 차이가 소멸하지 않을 가능성이 높다.

4-2 차감할 일시적 차이

종속기업, 지점 및 관계기업에 대한 투자자산과 공동약정 투자지분과 관련된 모든 차감할 일시적 차이에 대하여 다음의 조건을 모두 만족하는 정도까지만 이연법인세자산을 인식한다.

- 일시적 차이가 예측가능한 미래에 소멸할 가능성이 높다.
- 일시적 차이가 사용될 수 있는 과세소득이 발생할 가능성이 높다.

기본예제 8 당기손익 이외의 법인세 - 기타포괄손익

결산일이 매년 말인 ㈜한국은 20x1년 초, 토지(유형자산)를 ₩100,000에 취득하였다. 20x1년 말 공정가치 ₩150,000으로 재평가하고 20x2년 중 ₩180,000에 처분하였다. ㈜한국은 토지를 처분한 시점에 재평가잉여금을 이익잉여금으로 대체한다. 법인세율은 20%로 일정하다. 법인세효과를 고려하여 토지와 관련된 회계처리를 제시하시오.

해 설

회계처리					손익효과
1년 초					
차) 토지	100,000	대)	현금	100,000	-
1년 말 - 재평가					
차) 토지	50,000	대)	재평가잉여금	50,000	50,000 OCI
1년 말 - 법인세					
차) 재평가잉여금	10,000	대)	이연법인세부채	10,000	(10,000) OCI

(*) 당기법인세부채 : 없음

(*) 토지 장부금액(150,000) > 토지 세무기준액(100,000) ∴ 가산할 일시적차이 50,000

(*) 이연법인세부채의 당기증가 : 50,000(가산할일시적차이) × 20% = 10,000

(*) 관련 사건의 회계처리와 일관성 있게 법인세 효과를 인식하므로 기타포괄손익에 반영함.

회계처리					손익효과
2년 중 - 처분					
차) 현금	180,000	대)	토지	150,000	
			유형자산처분이익	30,000	30,000 PL
차) 재평가잉여금	40,000	대)	이익잉여금	40,000	-
2년 말 - 법인세					
차) 이연법인세부채	10,000	대)	당기법인세부채	16,000	
법인세비용	6,000				(6,000) PL

(*) 당기법인세부채 : 80,000(토지로 인한 과세소득) × 20%

(*) 이연법인세부채의 당기감소 : 10,000(전기말 이연법인세부채 선액 세서)

(*) 법인세비용 : 대치치액

기본예제 9 당기손익 이외의 법인세 - 자본

결산일이 매년 말인 ㈜한국은 20x1년 10월 초, 자기주식을 ₩100,000에 현금 취득하고 같은 연도 12월 초, ₩150,000에 전부 처분하였다. 법인세율은 20%로 일정하다. 법인세효과를 고려하여 자기주식과 관련된 회계처리를 제시하시오.

해설

회계처리					손익효과
1년 10월 초					
차)	자기주식	100,000	대) 현금	100,000	-
1년 12월 초					
차)	현금	150,000	대) 자기주식	100,000	-
			자기주식처분이익 (자본잉여금)	50,000	-
1년 말 - 법인세					
차)	자기주식처분이익 (자본잉여금)	10,000	대) 당기법인세부채	10,000	-

(*) 당기법인세부채 : 50,000(자사주 처분에 따른 과세소득) × 20% = 10,000

(*) 이연법인세의 당기변동 : 없음

(*) 관련 사건의 회계처리와 일관성 있게 법인세 효과를 인식하므로 자본에 반영함.

기본예제 10 당기손익 이외의 법인세 - 자본(2)

결산일이 매년 말인 ㈜한국은 20x1년 초, 상환할증금이 없는 전환사채를 ₩100,000에 액면발행하고 부채요소로 ₩95,026, 자본요소로 ₩4,974를 분리하여 인식하였다. 전환사채에 대한 부채요소의 세무기준액은 ₩100,000이다. 액면이자율은 8%이며 전환권이 없는 일반사채의 시장이자율은 10%이다. 20x2년 초, 상기 전환사채 전부 보통주로 전환되어 보통주 100주를 발행하였고 이에 따라 자본금 ₩50,000이 증가하였다. 법인세율은 20%로 가정하고 시점별 회계처리를 제시하시오.

해설

회계처리						손익효과
1년 초						
차)	현금	95,026	대)	사채	95,026	−
차)	현금	4,974	대)	전환권대가	4,974	−
차)	전환권대가	995	대)	이연법인세부채	995	−

(*) 사채의 장부금액(95,026) < 사채의 세무기준액(100,000) ∴ 가산할 일시적차이 4,974

(*) 이연법인세부채 증가 : 4,974(가산할 일시적차이) × 20% = 995

(*) 관련 사건의 회계처리와 일관성 있게 법인세 효과를 인식하므로 자본에 반영함.

회계처리						손익효과
1년 말						
차)	이자비용	9,503	대)	현금	8,000	(9,503) PL
				사채	1,503	−

회계처리						손익효과
1년 말 − 법인세						
차)	당기법인세자산	1,600	대)	법인세수익	1,901	1,901 PL
	이연법인세부채	301				

(*) 당기법인세자산 : 8,000(부의 과세소득) × 20% = 1,600

(*) 사채의 장부금액(96,529) < 사채의 세무기준액(100,000) ∴ 가산할 일시적차이 3,471

(*) 이연법인세부채의 감소 : 1,503(가산할 일시적차이의 감소) × 20% = 301

(*) 관련 사건의 회계처리와 일관성 있게 법인세 효과를 인식하므로 당기손익에 반영함.

회계처리						손익효과
2년 초 − 전환						
차)	사채	96,529	대)	자본금	50,000	−
	전환권대가	3,979		주식발행초과금	51,199	−
	이연법인세부채	694				−

(*) 당기법인세자산 : 없음

(*) 전환권대가 : 4,974 − 995 = 3,979

(*) 이연법인세부채의 감소 : 995 − 301 = 694

(*) 주식발행초과금 : 대차차액

(*) 관련 사건의 회계처리와 일관성 있게 법인세 효과를 인식하므로 자본에 반영함.

기본예제 11 당기손익 이외의 법인세 - 재순환 가능 기타포괄손익

결산일이 매년 말인 ㈜현대는 20x1년 초, ㈜미래가 발행한 사채를 ₩100,000(액면이자율 10%, 매년 말 지급)에 취득하고 기타포괄손익 공정가치 측정 금융자산으로 분류하였다. 20x1년 말 공정가치 ₩105,000으로 평가하고 20x2년 초 ₩105,000에 처분하였다. 법인세율은 20%로 일정하다. 법인세 효과를 고려하여 금융자산과 관련된 회계처리를 제시하시오.

해설

	회계처리				손익효과
1년 초					
차)	금융자산 (FV-OCI)	100,000	대) 현금	100,000	-
1년 말					
차)	현금	10,000	대) 이자수익	10,000	10,000 PL

(*) 이자수익 : 100,000 × 10% = 10,000

차)	금융자산	5,000	대) 금융자산평가손익	5,000	5,000 OCI

(*) 평가 전 장부금액 : 100,000 + 0(차액상각) = 100,000
(*) 공정가치 : 105,000
(*) 재평가증가액 : 5,000

1년 말 - 법인세

차)	법인세비용	2,000	대) 당기법인세부채	2,000	(2,000) PL
	금융자산평가손익	1,000	이연법인세부채	1,000	(1,000) PCI

(*) 당기법인세부채 : 10,000(이자로 인한 과세소득) × 20% = 2,000
(*) 금융자산의 장부금액(105,000) < 세무기준액(100,000) ∴ 가산할 일시적차이 5,000
(*) 이연법인세부채의 증가 : 5,000(가산할 일시적차이) × 20% = 1,000
(*) 관련 사건의 회계처리와 일관성 있게 법인세 효과를 인식하므로 이자에 대한 세금효과는 당기손익에 반영하며 평가손익에 대한 세금효과는 기타포괄손익에 반영함.

2년 초 - 처분

차)	현금	105,000	대) 금융자산	105,000	-
	금융자산평가손익	4,000	금융자산처분이익	5,000	5,000 PL
	이연법인세부채	1,000			(4,000) OCI

(*) 금융자산평가손익 : 5,000 - 1,000 = 4,000(전기말 잔액 제거)
(*) 이연법인세부채의 감소 : 1,000 (전기말 잔액 제거)
(*) 금융자산처분이익 : 대차차액
(*) 세금효과를 반영한 금융자산평가손익을 처분시점에 당기손익으로 재순환할 때 세후금액

을 재순환하지 않고 세전금액으로 재순환하여야 한다. 수익과 비용은 언제나 세전금액으로 인식하여야 하기 때문이다. 따라서 금융자산평가손익 잔액과 관련 이연법인세부채를 합산한 금액을 금융자산처분손익으로 재순환(Recycle)해야 한다는 것에 주의한다.

2년 말 – 법인세

차) 법인세비용 1,000 대) 당기법인세부채 1,000 (1,000) PL

(*) 당기법인세부채 : 5,000(처분에 따른 과세소득) × 20% = 1,000

(*) 이연법인세부채의 감소 : 없음 (이미 처분시점에 그 감소를 고려하였음)

(*) 법인세비용 : 대차차액

chapter 15

연습문제

01 법인세종합(1)

다음은 ㈜익선(결산일 12월 말)의 20x2년의 법인세 관련 자료이다.

- 당기의 총부담세액은 ₩300,000이며 기납부세액으로 ₩180,000을 납부하였다. 세법에서 허용하는 세액공제나 감면세액은 발생하지 아니하였다.
- 소득금액조정합계표

익금산입 및 손금불산입			손금산입 및 익금불산입		
과 목	금 액	소득처분	과 목	금 액	소득처분
재평가잉여금	80,000	기타	토 지	80,000	△유보
토 지	50,000	△유보추인	자기주식처분손실	20,000	기타
접대비한도초과	10,000	기타사외유출			
감가상각비한도초과	10,000	유보			

- 자본금과 적립금조정명세서(을)

항 목	기 초	감 소	증 가	기 말
토 지	△100,000	△50,000	△80,000	△130,000
감가상각비한도초과	20,000	-	10,000	30,000

(*) 토지와 관련한 △유보의 감소와 증가는 처분과 재평가증가액에 따라 변동한 것이며 이를 제외한 변동이유는 없다.

- 법정세율 : 전기와 당기의 세율은 20%로 동일하며 향후 세율변동은 없다.
- 기타포괄손익에 대한 법인세는 기타포괄손익에 직접 반영하고 순액으로 표시한다.
- 차감할 일시적 차이에 대한 미래의 과세소득은 충분하다.
- 이연법인세자산과 부채는 상계한다.

물음 1

20x1년 말 현재 이연법인세자산과 이연법인세부채를 측정하시오.

물음 2

20x2년 말 현재 이연법인세자산과 이연법인세부채를 측정하시오.

물음 3

20x2년의 재무제표에 반영할 다음 항목의 금액을 제시하시오.

(1) 포괄손익계산서에 표시할 세후 재평가잉여금
(2) 재무상태표에 표시할 세후 자기주식처분손실
(3) 법인세비용

해설

물음 1

이연법인세부채(20x1년 말) : 80,000 × 20% = 16,000

물음 2

이연법인세부채(20x2년 말) : 100,000 × 20% = 20,000

물음 3

(1) 재평가잉여금(OCI) : 64,000
(2) 자기주식처분손실 : 16,000
(3) 법인세비용 : 292,000

(*) 회계처리

Step 1> 당기법인세와 이연법인세의 인식

차)	법인세비용	300,000	대)	선급법인세	180,000
				미지급법인세	120,000
차)	법인세비용	4,000	대)	이연법인세부채	4,000

(*) 이연법인세부채 증가 : 4,000 (물음 1,2 참고)

Step 2> 당기법인세와 이연법인세의 기간내배분

차)	재평가잉여금	16,000	대)	법인세비용	16,000
차)	법인세비용	4,000	대)	자기주식처분손실	4,000

(*) 재평가증가분에 대한 이연법인세 : 80,000 × 20% = 16,000
(*) 자기주식처분손실로 인한 당기법인세 : 20,000 × 20% = 4,000
(*) 법인세비용 : 300,000 + 4,000 − 16,000 + 4,000 = 292,000

02 법인세종합(2) 2014 CPA 2차

다음에 제시되는 (물음)은 각각 독립된 상황이다.

㈜대한의 당기(20x1년) 법인세 관련 〈공통자료〉는 다음과 같다.

〈공통자료〉

1. 당기의 법인세부담액 즉, 당기법인세는 ₩23,000이다.
2. 당기 중 일시적 차이의 변동 내용은 다음과 같다.

구 분	기 초	감 소	증 가	기 말
당기손익 공정가치 측정 금융자산	(5,600)	(2,400)	(3,500)	(6,700)
대손충당금	13,400	3,400	2,500	12,500
계	7,800	1,000	(1,000)	5,800

(*)주 : (×××)는 가산할 일시적차이

3. 당기의 평균세율과 20x0년 말 및 20x1년 말의 일시적 차이가 소멸될 것으로 예상되는 기간의 과세소득에 적용될 것으로 예상되는 평균세율은 20%이다.
4. 전기 말과 당기 말 현재 차감할 일시적차이가 사용될 수 있는 과세소득의 발생가능성은 높다.
5. 이연법인세자산과 이연법인세부채는 상계하며, 포괄손익계산서에서 기타포괄손익은 관련 법인세효과를 차감한 순액으로 표시한다.

물음 1

당기 중 ₩9,500에 취득하였던 자기주식을 ₩10,000에 전부 처분한 경우 ① 당기 포괄손익계산서에 인식할 법인세비용과 ② 당기 말 재무상태표에 계상할 이연법인세자산(이연법인세부채일 경우에는 금액 앞에 (−)를 표시함)을 각각 구하시오.

물음 2

당기 중 일시적차이의 변동 내용은 다음과 같다.

구 분	기 초	감 소	증 가	기 말
당기손익 공정가치 측정 금융자산	(5,600)	(2,400)	(3,500)	(6,700)
대손충당금	13,400	3,400	2,500	12,500
토 지	(1,750)	(1,500)	(800)	(1,050)
계	6,050	(500)	(1,800)	4,750

토지 일시적차이의 기초와 당기 증가는 재평가이익(기타포괄이익)으로 발생한 것이며, 감소는 재평가

한 토지의 처분에 따른 것이다. 그 외의 내용은 <공통자료>와 같다. 당기 포괄손익계산서에 인식할 법인세비용을 구하시오.

물음 3

당기 중 일시적차이의 변동 내용은 다음과 같다.

구 분	기 초	감 소	증 가	기 말
당기손익 공정가치 측정 금융자산	(5,600)	(2,400)	(3,500)	(6,700)
대손충당금	13,400	3,400	2,500	12,500
기타포괄손익 공정가치 측정 금융자산	(1,750)	(1,500)	(800)	(1,050)
계	6,050	(500)	(1,800)	4,750

기타포괄손익 공정가치 측정 금융자산은 채무상품으로 관련 일시적차이 감소액 ₩1,500은 당기 중 금융자산 처분에 따른 감소분 ₩1,000과 공정가치 하락에 따른 감소분 ₩500이며, 당기 중 ₩800의 금융자산평가이익이 발생하였다. 그 외의 내용은 <공통자료>와 같다. ① 당기 포괄손익계산서에 인식할 법인세비용과 ② 당기 말 재무상태표에 계상할 이연법인세자산(이연법인세부채일 경우에는 금액 앞에 (−)를 표시함)을 각각 구하시오.

해설

물음 1

① 법인세비용 : 23,300

② 이연법인세자산 : 1,160

Step 1> 당기법인세와 이연법인세의 인식

차)	법인세비용	23,000	대)	미지급법인세	23,000
차)	법인세비용	400	대)	이연법인세자산	400

(*) 전기말 이연법인세 : △7,800 × 20% = △1,560(자산)

(*) 당기말 이연법인세 : △5,800 × 20% = △1,160(자산)

∴ 이연법인세자산 감소 : 400

Step 2> 당기법인세와 이연법인세의 재배분

차)	자기주식처분이익	100	대)	법인세비용	100

(*) 자기주식처분이익에 대한 당기법인세 : 500 × 20% = 100

∴ 법인세비용 : 23,000 + 400 − 100 = 23,300

물음 2

Step 1> 당기법인세와 이연법인세의 인식

차)	법인세비용	23,000	대)	미지급법인세	23,000
차)	법인세비용	260	대)	이연법인세자산	260

(*) 이연법인세자산(기초) : △6,050 × 20% = △1,210

(*) 이연법인세자산(기말) : △4,750 × 20% = △950

∴ 이연법인세자산 감소 : 260

Step 2> 당기법인세와 이연법인세의 재배분

차)	재평가잉여금	160	대)	법인세비용	160

(*) 재평가로 인한 토지 증가에 대한 이연법인세 : 800 × 20% = 160

∴ 법인세비용 : 23,000 + 260 − 160 = 23,100

물음 3

① 법인세비용 : 23,400

② 이연법인세자산 : 950

Step 1> 당기법인세와 이연법인세의 인식

차)	법인세비용	23,000	대)	미지급법인세	23,000
차)	법인세비용	460	대)	이연법인세자산	460

(*) 이연법인세 기중거래 :

차)	이연법인세자산	200	대)	금융자산처분이익	200

(*) 전기말 이연법인세 : △6,050 × 20% = △1,210(자산)

(*) 당기말 이연법인세 : △4,750 × 20% = △950(자산)

∴ 이연법인세자산 감소 : 260

∴ 기중거래 효과를 고려하면 기말에 이연법인세자산 감소 460이 필요하다.

Step 2> 당기법인세와 이연법인세의 기간내배분

차)	금융자산평가이익	60	대)	법인세비용	60

(*) 공정가치 순증가(300)로 인한 이연법인세 : 300 × 20% = 60

∴ 법인세비용 : 23,000 + 460 − 60 = 23,400

03 법인세종합(3) 2016 CTA 2차

(물음 1)과 (물음 2)는 독립적인 상황이다. 물음에 답하시오.

물음 1

다음은 20x1년 1월 1일에 설립되어 영업을 시작한 ㈜세무의 20x1년도 법인세와 관련된 자료이다. 물음에 답하시오.

1) ㈜세무의 법인세비용 세무조정을 제외한 20x1년도 세무조정사항은 다음과 같다.

〈소득금액조정합계표〉

익금산입 및 손금불산입			손금산입 및 익금불산입		
과 목	금 액	소득처분	과 목	금 액	소득처분
감가상각부인액	₩20,000	유보	미수수익	₩10,000	유보
제품보증충당부채	5,000	유보	금융자산(*)	5,000	유보
접대비한도초과액	10,000	기타사외유출			
금융자산평가이익(*)	5,000	기타			
합 계	₩40,000		합 계	₩15,000	

(*) 해당 금융자산은 기타포괄손익-공정가치 측정 금융자산의 범주로 분류하며 기타포괄손익은 특정 시점에 당기손익으로 재분류 한다.

2) 20x1년도 과세소득에 적용되는 법인세율은 20%이며, 차기 이후 관련 세율 변동은 없는 것으로 가정한다.

3) 20x1년도 법인세비용차감전순이익(회계이익)은 ₩120,000이다.

4) 세액공제 ₩8,000을 20x1년도 산출세액에서 공제하여 차기 이후로 이월되는 세액공제는 없으며, 최저한세와 농어촌특별세 및 법인지방소득세는 고려하지 않는다.

5) 20x1년도 법인세부담액(당기법인세)은 ₩21,000이며, 20x1년 중 원천징수를 통하여 ₩10,000의 법인세를 납부하고 아래와 같이 회계처리 하였다.

(차) 당기법인세자산	10,000	(대) 현 금	10,000

6) 당기법인세자산과 당기법인세부채는 상계조건을 모두 충족하며, 이연법인세자산과 이연법인세부채는 인식조건 및 상계조건을 모두 충족한다.

7) 포괄손익계산서 상 기타포괄손익항목은 관련 법인세 효과를 차감한 순액으로 표시하며, 법인세 효과를 반영하기 전 기타포괄이익은 ₩5,000이다.

8) 이연법인세자산의 실현가능성은 높은 것으로 가정한다.

(물음 1-1)

㈜세무의 20x1년도 포괄손익계산서와 20x1년말 재무상태표에 계상될 다음 각 계정과목의 금액을 계산하시오.

재무제표	계정과목	금 액
포괄손익계산서	법인세비용	①
	기타포괄이익	②
재무상태표	이연법인세자산	③
	이연법인세부채	④
	당기법인세부채(미지급법인세)	⑤

(물음 1-2)

㈜세무의 20x1년도 평균유효세율(%)을 계산하시오.

(물음 1-3)

㈜세무의 회계이익에 적용세율(20%)을 곱하여 산출한 금액과 (물음 1-1)에서 계산된 법인세비용 간에 차이가 발생한다. 해당 차이를 발생시키는 각 원인을 모두 수치화하여 기술하시오.

물음 2

다음은 이연법인세자산과 이연법인세부채의 인식과 표시에 관한 내용이다. 물음에 답하시오.

(물음 2-1)

이연법인세자산은 차감할 일시적차이 등과 관련하여 미래 회계기간에 회수될 수 있는 법인세 금액을 말한다. 미래 과세소득의 발생가능성이 높은 경우, 차감할 일시적차이 이외에 재무상태표 상 이연법인세자산을 인식할 수 있는 항목을 모두 기술하시오.

(물음 2-2)

재무상태표 상 이연법인세자산과 이연법인세부채를 상계하여 표시할 수 있는 조건을 기술하시오.

해설

물음 1

(물음 1-1)

법인세비용	①	18,000
기타포괄이익	②	4,000
이연법인세자산	③	2,000
이연법인세부채	④	–
당기법인세부채	⑤	11,000

1. 당기법인세 및 이연법인세

	20x1년	20x2년 이후
1) 세전이익	120,000	
2) 세무조정		
감가상각비	20,000	(20,000)
제품보증충당부채	5,000	(5,000)
접대비한도초과	10,000	–
금융자산평가이익	5,000	–
금융자산	(5,000)	5,000
미수수익	(10,000)	10,000
3) 과세소득(= 과표)	145,000	(10,000)
4) 법정세율	× 20%	× 20%
5) 산출세액	29,000	(2,000)
6) 세액공제	(8,000)	
7) 총부담세액	21,000	
8) 기납부세액	(10,000)	
9) 차감납부세액	11,000	

2. 회계처리

Step 1> 당기법인세와 이연법인세의 인식

차)	법인세비용	21,000	대)	선급법인세	10,000
				미지급법인세	11,000
차)	이연법인세자산	2,000	대)	법인세비용	2,000

Step 2> 당기법인세와 이연법인세의 기간내배분

차) 금융자산평가이익	1,000	대) 법인세비용	1,000

∴ 공정가치 증가에 대한 이연법인세 : 5,000 × 20% = 1,000

∴ 법인세비용 : 21,000 − 2,000 − 1,000 = 18,000

(물음 1-2)

유효세율 : 18,000(법인세비용) ÷ 120,000(법인세차감전순이익) = 15%

(물음 1-3)

회계이익에 대한 법인세	120,000 × 20% =	24,000
세무상 공제받지 못한 비용	10,000 × 20% =	2,000
세액공제		(8,000)
법인세비용		18,000

물음 2

(물음 2-1)

차김할 일시적 차이를 제외하고 이연법인세자산을 인식할 수 있는 세무상 항목은 이월세액공제 및 세액감면 그리고 이월결손금이 있다.

(물음 2-2)

당기법인세자산(부채)를 상계할 권리가 있으며 과세대상기업이 동일한 경우, 동일한 과세당국이 부과한 법인세이거나 과세대상기업이 다르면, 순액으로 결제할 의도가 있다면 상계한다.

Chapter 16

주당이익

1. 기본주당이익
2. 회석주당이익

SECTION 1
기본주당이익

보통주에 귀속되는 당기순손익에 대하여 기본주당이익을 계산하고, 보통주에 귀속되는 계속영업손익을 표시할 경우 이에 대한 기본주당이익도 계산한다. 기본주당이익은 보통주에 귀속되는 특정 회계기간의 당기순손익을 그 기간에 유통된 보통주식수를 가중평균한 주식수로 나누어 계산한다. 기본주당이익 정보의 목적은 회계기간의 경영성과에 대한 기업의 보통주 1주당 지분의 측정치를 제공하는 것이다.

$$\text{기본주당이익} = \frac{\text{보통주 귀속 당기순이익}}{\text{가중평균 유통보통주식수}}$$

아래에서는 기본주당이익을 산정하기 위한 기준서 제1033호 '주당손익'의 요구사항을 살펴본다.

1. 보통주 귀속 당기순이익

기본주당이익을 계산할 때 보통주에 귀속되는 금액은 당기순이익에서 자본으로 분류된 우선주에 대한 세후 우선주배당금, 우선주 상환 시 발생한 차액 및 유사한 효과를 조정한 금액이다.

보통주 귀속 당기순이익 = 당기순이익 − (자본으로 분류된) 세후 우선주배당금 등

1-1 우선주 배당금

특정 우선주는 금융부채로 분류된다. 당기순이익에서 차감할 우선주배당금은 해당 우선주가 자본으로 분류된 경우에 한한다. 당기순이익에서 차감할 세후 우선주 배당금은 다음과 같다.

• 당해 회계기간과 관련하여 배당결의된 비누적적 우선주에 대한 배당금
• 배당결의 여부와 관계없이 당해 회계기간과 관련한 누적적 우선주에 대한 배당금
따라서 전기 이전의 기간과 관련하여 당기에 지급되거나 결의된 누적적 우선주 배당금은 제외한다.

기본예제 1 **우선주배당금**

다음은 ㈜현대(결산일 12월 말)의 20x2년의 법인세 관련 자료이다.

- 우선주 자본금 : ₩1,000,000(1,000주, 주당 액면금액 ₩1,000, 배당률 5%)
- 당기순이익 : ₩1,000,000

물음 1 비누적적 우선주로 당기에 배당을 결의하지 않았다. 보통주 귀속 당기순이익은 얼마인가?

물음 2 누적적 우선주로 당기에 배당을 결의하지 않았다. 보통주 귀속 당기순이익은 얼마인가?

물음 3 누적적 우선주로 당기에 배당을 결의하였다. 과거 연체된 배당금 ₩100,000을 포함하여 ₩150,000이 지급된다. 보통주 귀속 당기순이익은 얼마인가?

해설

물음 1

₩1,000,000 − ₩0 = ₩1,000,000
⇨ 비누적적 우선주이며 당기에 배당결의가 없으므로 당기순이익에서 차감할 우선주배당액은 없다.

물음 2

₩1,000,000 − ₩50,000 = ₩950,000
⇨ 누적적 우선주이므로 배당결의가 없더라도 당기순이익에서 당기 우선주배당액을 차감한다.

물음 3

₩1,000,000 − (₩150,000 − ₩100,000) = ₩950,000
⇨ 누적적 우선주이며 연체배당을 포함한 배당결의가 있는 경우, 당해 연도 배당액만 당기순이익에서 차감한다.

1-2 할증배당우선주

할증배당우선주는 우선주를 시가보다 할인 발행한 기업에 대한 보상으로 초기에 낮은 배당을 지급하는 우선주 또는 우선주를 시가보다 할증금액으로 매수한 투자자에 대한 보상으로 이후 기간에 시장보다 높은 배당을 지급하는 우선주를 말한다.

할증배당우선주의 당초 할인발행차금이나 할증발행차금은 유효이자율법을 사용하여 상각하여 이익잉여금에 가감하고 주당이익을 계산할 때 우선주 배당금으로 처리한다.

기본예제 2 할증배당우선주

물음 1 당기 초, 시가 ₩10,000의 우선주(매년 ₩500의 배당지급)를 ₩9,000에 할인발행하고 2년 동안 배당을 지급하지 않기로 하였다. 편의 상 할인발행차금은 정액법으로 상각한다. 당기순이익이 ₩100,000인 경우 우선주의 회계처리를 제시하고 보통주 귀속 당기순이익을 측정하시오.

물음 2 당기 초, 시가 ₩10,000의 우선주(매년 ₩500의 배당지급)를 ₩11,000에 할증발행하고 2년 동안 배당을 매년 ₩500씩 더 지급하기로 하였다. 편의 상 할증발행차금은 정액법으로 상각한다. 당기순이익이 ₩100,000인 경우 우선주의 회계처리를 제시하고 보통주 귀속 당기순이익을 측정하시오.

해설

물음 1

차)	현금	9,000	대)	자본금	10,000
	주식할인발행차금	1,000			
차)	이익잉여금	500	대)	주식할인발행차금	500

∴ 보통주 귀속 당기순이익 : ₩100,000 − ₩500 = ₩99,500

물음 2

차)	현금	11,000	대)	자본금	10,000
				주식발행초과금	1,000
차)	이익잉여금	500	대)	현금	500
	이익잉여금	500		현금(추가분)	500
차)	주식발행초과금	500	대)	이익잉여금	500

∴ 보통주 귀속 당기순이익 : ₩100,000 − ₩1,000 + ₩500 = ₩99,500

1-3 우선주 재매입

기업이 공개매수 방식으로 우선주를 재매입할 때 우선주 주주에게 지급한 대가의 공정가치가 우선주의 장부금액을 초과하는 부분은 우선주 주주에 대한 이익배분으로서 이익잉여금에서 차감한다. 이 금액은 보통주에 귀속되는 당기순이익을 계산할 때 차감한다. 반면에 우선주의 장부금액이 우선주의 매입을 위하여 지급하는 대가의 공정가치를 초과하는 경우 그 차액을 보통주에 귀속되는 당기순이익을 계산할 때 가산한다.

예를 들어 공개매수 방식으로 납입자본 ₩10,000의 우선주를 공정가치인 ₩12,000에 매입하여 소각하는 경우 감자차손에 해당하는 금액 ₩2,000을 이익잉여금에서 차감하고 보통주 귀속 당기순이익을 계산할 때 차감한다. 만약 우선주를 공정가치인 ₩8,000에 매입하여 소각하면 감자차익에 해당하는 금액 ₩2,000을 보통주 귀속 당기순이익을 계산할 때 가산한다.

1-4 전환우선주

전환우선주 발행기업이 처음의 전환조건보다 유리한 조건을 제시하거나 추가적인 대가를 지급하여 조기 전환을 유도하는 경우가 있다. 이 경우 처음의 전환조건에 따라 발행될 보통주의 공정가치를 초과하여 지급하는 보통주나 그 밖의 대가의 공정가치는 전환우선주에 대한 이익배분으로 보아 기본주당이익을 계산할 때 보통주 귀속 당기순이익에서 차감한다.

2. 가중평균유통보통주식수

기본주당이익을 계산하기 위한 보통주식수는 그 기간에 유통된 보통주식수를 가중평균한 주식수(이하 '가중평균유통보통주식수'라 한다)로 한다.

특정 회계기간의 가중평균유통보통주식수는 그 기간 중 각 시점의 유통주식수의 변동에 따라 자본금액이 변동할 가능성을 반영한다. 가중평균유통보통주식수는 기초의 유통보통주식수에 회계기간 중 취득된 자기주식수 또는 신규 발행된 보통주식수를 각각의 유통기간에 따른 가중치를 고려하여 조정한 보통주식수이다. 이 경우 유통기간에 따른 가중치는 그 회계기간의 총일수에 대한 특정 보통주의 유통일수의 비율로 산정하며, 가중평균에 대한 합리적 근사치(예: 월수)도 사용될 수 있다.

가중평균유통보통주식수를 산정하기 위한 보통주유통일수 계산의 기산일은 통상 주식발행의 대가를 받을 권리가 발생하는 시점(일반적으로 주식발행일)이다. 보통주유통일수를 계산하는 기산일의 예를 들면 다음과 같다.

- 현금납입의 경우 현금을 받을 권리가 발생하는 날
- 배당금을 자발적으로 재투자하여 보통주가 발행되는 경우 배당금의 재투자일
- 채무상품의 전환으로 인하여 보통주를 발행하는 경우 최종이자발생일의 다음날
- 채무를 변제하기 위하여 보통주를 발행하는 경우 채무결제일
- 현금 외의 자산을 취득하기 위하여 보통주를 발행하는 경우 그 자산의 취득을 인식한 날
- 용역의 대가로 보통주를 발행하는 경우 용역제공일

보통주유통일수를 계산하는 기산일은 주식발행과 관련된 특정 조건에 따라 결정하며, 이때 주식발행에 관한 계약의 실질을 적절하게 고려한다.

1-1 사업결합 이전대가로 발행된 보통주

사업결합 이전대가의 일부로 발행된 보통주의 경우 취득일을 가중평균유통보통주식수를 산정하는 기산일로 한다. 왜냐하면 사업 취득일부터 피취득자 손익을 취득자의 포괄손익계산서에 반영하기 때문이다.

1-2 전환의무가 있는 전환금융상품

보통주로 반드시 전환하여야 하는 전환금융상품은 계약체결시점부터 기본주당이익을 계산하기 위한 보통주식수에 포함한다.

1-3 조건부발행보통주

특정 조건이 충족되면 주식을 발행하기로 하는 약정을 조건부주식약정이라 한다. 조건부주식약정에 명시된 특정 조건이 충족된 경우에 현금 등의 대가가 없거나 거의 없이 발행하게 되는 보통주를 조건부발행보통주라 한다.

조건부발행보통주는 모든 필요조건이 충족된 날에 발행된 것으로 보아 기본주당이익을 계산하기 위한 보통주식수에 포함한다. 단순히 일정기간이 경과한 후 보통주를 발행하기로 하는 계약의 경우 기간의 경과에는 불확실성이 없으므로 조건부발행보통주로 보지 아니한다.

조건부로 재매입할 수 있는 보통주를 발행한 경우 이에 대한 재매입가능성이 없어질 때까지는 보통주로 간주하지 아니하고, 기본주당이익을 계산하기 위한 보통주식수에 포함하

지 아니한다.

1-4 자원의 변동 없이 유통보통주식수를 변동시키는 사건

당해 기간 및 비교표시 되는 모든 기간의 가중평균유통보통주식수는 상응하는 자원의 변동 없이 유통보통주식수를 변동시키는 사건을 반영하여 조정한다. 다만, 잠재적보통주의 전환은 제외한다.

자원의 실질적인 변동을 유발하지 않으면서 보통주가 새로 발행될 수도 있고 유통보통주식수가 감소할 수도 있다. 다음과 같은 사례가 이에 해당한다.

- 자본금전입이나 무상증자 또는 주식배당
- 증자에서의 무상증자 요소(예: 기존 주주에 대한 주주우선배정 신주발행의 무상증자 요소)
- 주식분할
- 주식병합

자본금 전입, 무상증자, 주식분할의 경우에는 추가로 대가를 받지 않고 기존 주주에게 보통주를 발행하므로 자원은 증가하지 않고 유통보통주식수만 증가한다. 이 경우 당해 사건이 있기 전의 유통보통주식수를 비교표시 되는 최초 기간의 개시일에 그 사건이 일어난 것처럼 비례적으로 조정한다. 주식병합은 일반적으로 자원의 실질적인 유출 없이 유통보통주식수를 감소시킨다.

기본예제 3 유상증자 등

결산일이 매년 말인 ㈜현대의 20x1년도 보통주식수의 변동 내역은 다음과 같다. ㈜현대의 20x1년도 가중평균유통보통주식수를 산정하시오. 유통기간은 편의상 월수를 기준으로 산정한다.

일 자	구 분	주식수	비 고
1월 1일	전기이월	1,000주	유통주식수
4월 1일	유상증자	1,000주	공정가치 발행
10월 1일	전환사채의 전환	500주	최종이자지급일 : 20x1년 9월 30일
11월 1일	자기주식의 취득	300주	
12월 1일	자기주식의 처분	200주	

해설

기 간	유통주식수	조 정	유통기간	적 수
전기이월	1,000	–	3	3,000
4월 1일 ~	2,000	–	6	12,000
10월 1일 ~	2,500	–	1	2,500
11월 1일 ~	2,200	–	1	2,200
12월 1일 ~	2,400	–	1	2,400
			12	22,100

(*) 적수 = 유통주식수 × 조정 × 유통기간

(*) 유통기간의 합은 반드시 12개월이 되어야 한다.

(*) 자기주식을 취득하면 유통보통주식수에는 제외하고 처분한 경우에는 다시 포함한다.

(*) 가중평균유통보통주식수 = 22,100주÷12 = 1,842주(반올림)

기본예제 4 무상증자 등

결산일이 매년 말인 ㈜현대의 보통주식수는 다음과 같다.

- 20x1년 01. 01. 유통보통주식수 : 10,000주
- 20x2년 01. 01. 유통보통주식수 : 10,000주

20x2년 7월 1일에 주식수의 변동이 발생하는 아래의 사건에 따라 20x2년과 비교표시 되는 20x1년의 가중평균유통보통주식수를 각각 산정하시오.

구 분	내 용	가중평균유통보통주식수		
		20x2년	20x1년 (비교표시)	20x1년 (당초)
(상황 1)	주식분할(1주 → 4주)			
(상황 2)	주식병합(10주 → 1주)			
(상황 3)	무상증자(무상증자비율 20%)			
(상황 4)	공정가치 유상증자 10,000주			
(상황 5)	공정가치 미만 유상증자 10,000주			

(상황 5)에 대한 추가자료
20x2년 7월 1일의 유상증자는 기존주주에 대한 우선배정을 위해 공정가치 미만으로 발행하였으며 유상증자 직전일의 주당 공정가치는 ₩5,000이며 신주 발행금액은 주당 ₩3,000이다.

해설

구 분	내 용	가중평균유통보통주식수		
		20x2년 (당기)	20x1년 (비교표시)	20x1년 (전기)
(상황 1)	주식분할(1주 → 4주)	40,000주	40,000주	10,000주
(상황 2)	주식병합(10주 → 1주)	1,000주	1,000주	10,000주
(상황 3)	무상증자(무상증자비율 20%)	12,000주	12,000주	10,000주
(상황 4)	공정가치 유상증자 10,000주	15,000주	10,000주	10,000주
(상황 5)	공정가치 미만 유상증자 10,000주	16,250주	12,500주	10,000주

(상황 1)

기 간	유통주식수	조 정	유통기간	적 수
전기이월	10,000	4	6	240,000
7월 1일 ~	40,000	–	6	240,000
			12	480,000

(*) 적수 = 유통주식수 × 조정 × 유통기간

(*) 비교표시되는 회계기간(20x1년)의 유통주식수(10,000주)도 주식분할이 있었던 것처럼 조정한다.

(*) 가중평균유통보통주식수 = 480,000주÷12 = 40,000주

(상황 2)

기 간	유통주식수	조 정	유통기간	적 수
전기이월	10,000	0.1	6	6,000
7월 1일 ~	1,000	–	6	6,000
			12	12,000

(*) 적수 = 유통주식수 × 조정 × 유통기간

(*) 비교표시되는 회계기간(20x1년)의 유통주식수(10,000주)도 주식병합이 있었던 것처럼 조정한다.

(*) 가중평균유통보통주식수 = 12,000주÷12 = 1,000주

(상황 3)

기 간	유통주식수	조 정	유통기간	적 수
전기이월	10,000	1.2	6	72,000
7월 1일 ~	12,000	–	6	72,000
			12	144,000

(*) 적수 = 유통주식수 × 조정 × 유통기간

(*) 비교표시되는 회계기간(20x1년)의 유통주식수(10,000주)도 무상증자가 있었던 것처럼 조정한다.
(*) 가중평균유통보통주식수 = 144,000주÷12 = 12,000주

(상황 4)

기 간	유통주식수	조 정	유통기간	적 수
전기이월	10,000	–	6	60,000
7월 1일 ~	20,000	–	6	120,000
			12	180,000

(*) 적수 = 유통주식수 × 조정 × 유통기간
(*) 공정가치 발행 유상증자이므로 유통주식수의 조정은 적용할 이유가 없다.
(*) 가중평균유통보통주식수 = 180,000주÷12 = 15,000주

(상황 5)

기 간	유통주식수	조 정	유통기간	적 수
전기이월	10,000	1.25	6	75,000
7월 1일 ~	20,000	–	6	120,000
			12	195,000

(*) 적수 = 유통주식수 × 조정 × 유통기간
(*) 실질 유상증자 주식수 = 10,000주×₩3,000÷₩5,000 = 6,000주
(*) 유상증자 속 무상증자 주식수 = 10,000주 – 6,000주 = 4,000주
(*) 무상증자비율 : 4,000주 ÷ (20,000주 – 4,000주) = 25%
(*) 가중평균유통보통주식수 = 195,000주÷12 = 16,250주

Study 자원의 변동 없이 유통보통주식수를 변동시키는 사건의 조정

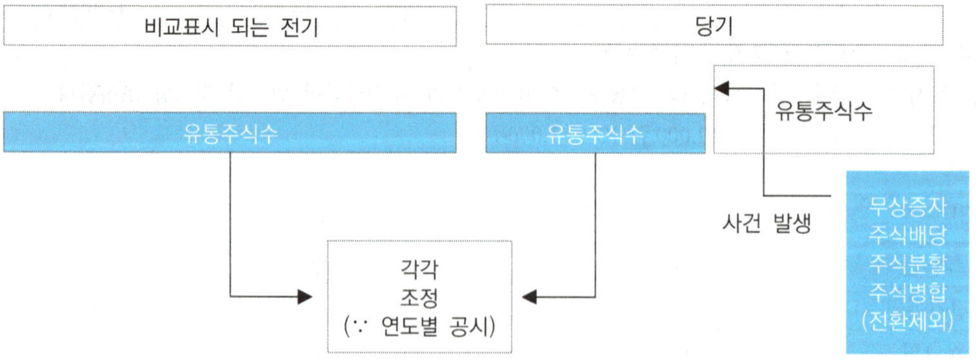

기본예제 5 기본주당이익

결산일이 매년 말인 ㈜혜화의 20x1년 기본주당이익을 계산하기 위한 자료가 다음과 같다.

1. 보통주 귀속 당기순이익
   - 당기순이익 : ₩1,000,000
   - 누적적 우선주 배당금 : 약정 배당액은 ₩10,000이며 당기에 지급 결의는 없다.

2. 가중평균유통보통주식수

일 자	유통보통주식수	비 고
1월 1일	10,000주	전기이월
4월 1일	14,000주	유상증자 4,000주 발행
7월 1일	22,000주	유상증자 8,000주 발행
9월 1일	20,000주	자기주식 2,000주 재매입
12월 31일	20,000주	

(*) 유상증자(4월 1일)는 증자 직전일의 공정가치인 주당 ₩3,000에 발행하였다.
(*) 유상증자(7월 1일)는 증자 직전일의 공정가치가 주당 ₩4,000이나 기존 주주의 우선배정을 위하여 주당 ₩3,000에 발행하였다.

3. 주식수 계산 시 가중치는 유통월수로 계산하며 가중평균 주식수 및 금액 계산 시 발생하는 소수점 이하는 반올림 한다.

물음 1 ㈜혜화의 20x1년 보통주 귀속 당기순이익을 측정하시오.

물음 2 ㈜혜화의 20x1년 가중평균유통보통주식수를 측정하시오.

물음 3 ㈜혜화의 20x1년 포괄손익계산서에 표시할 기본주당이익을 계산하시오.

물음 4 ㈜혜화의 20x0년 포괄손익계산서에 공시한 기본주당이익이 ₩100이다. 이는 20x0년 보통주 귀속 당기순이익이 ₩1,000,000이며 가중평균유통보통주식수가 10,000주로 계산된 것이다. ㈜혜화의 20x1년에 비교표시 되는 20x0년의 주당이익을 재계산하시오.

해설

물음 1

- 당기순이익 : 1,000,000
- 누적적 우선주의 세후배당금 : 10,000 (결의 여부 무관)
- 보통주 귀속 당기순이익(1 - 2) : 990,000

물음 2

1. 가중평균유통보통주식수 : 203,200주 ÷ 12 = 16,933

기 간	유통주식수	조정(*)	유통기간(월수)	적 수
1. 1 ~ 3. 31	10,000	1.1	3	33,000
4. 1 ~ 6. 30	14,000	1.1	3	46,200
7. 1 ~ 8. 31	22,000		2	44,000
9. 1 ~ 12. 31	20,000		4	80,000
계			12	203,200

2. 주주우선배정의 무상증자요소 :

   ① 발행가액 : 8,000주 × 3,000 = 24,000,000

   ② 공정가치로 발행한 경우의 주식수 : 24,000,000 ÷ 4,000 = 6,000주

   ③ 무상증자요소 : 8,000주 - 6,000주 = 2,000주

   ∴ 무상증자비율 : 2,000주 ÷ (22,000주 - 2,000주) = 10%

   ∴ 무상증자 전 유통주식수의 조정비율 = 1 + 0.1 = 1.1

물음 3

기본주당이익 : 990,000 ÷ 16,933주 = 58

물음 4

- 기본주당이익(비교공시) : 91
- 보통주 귀속 당기순이익(20x0년) : 1,000,000
- 가중평균유통보통주식수(20x0년) : 10,000주 × 1.1 = 11,000주

  (*) 비교 표시되는 기간의 개시일에 무상증자가 일어난 것처럼 조정한다.

SECTION 2

희석주당이익

희석주당이익의 목적은 기본주당이익의 목적과 같은 경영성과에 대한 보통주 1주당 지분의 측정치를 제공하는 것이다. 희석주당이익을 계산하기 위해서는 모든 희석효과가 있는 잠재적보통주(이하 '희석성 잠재적보통주'라 한다)의 영향을 고려하여 보통주에 귀속되는 당기순이익 및 가중평균유통보통주식수를 조정한다.

잠재적보통주란 보통주를 받을 수 있는 권리가 보유자에게 부여된 금융상품이나 계약을 말한다. 잠재적보통주는 보통주로 전환할 수 있는 금융부채(예: 전환사채)나 지분상품(예: 전환우선주), 옵션과 주식매입권 그리고 특정 조건이 충족되면 발행하는 보통주 등이 있다.

전환금융상품이 전환되거나 옵션 또는 주식매입권이 행사되거나 특정 조건이 충족되어 보통주가 발행된다고 가정하는 경우 주당이익이 증가하거나 주당손실이 감소한다면 반희석효과가 있는 잠재적보통주라 하며 반대로 주당이익이 감소하거나 주당손실이 증가한다면 희석효과가 있는 잠재적보통주라 한다.

그림 1 잠재적 보통주와 희석효과

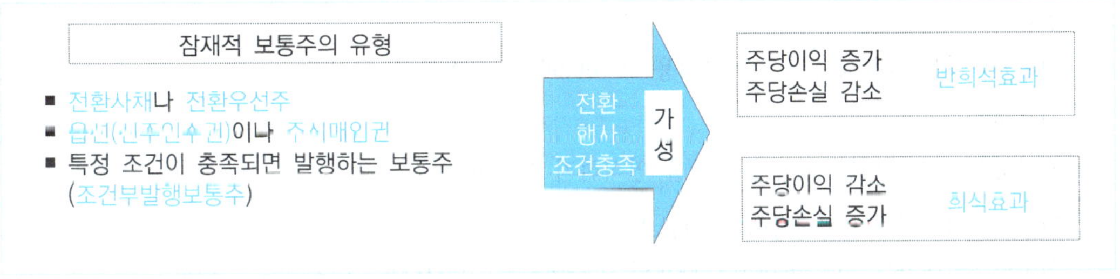

희석주당이익은 특정 회계기간에 유통된 모든 희석성 잠재적보통주의 영향을 고려하여 다음과 같이 계산한다.

- 보통주에 귀속되는 당기순이익에 희석성 잠재적보통주와 관련하여 그 회계기간에 인식된 배당과 이자비용에서 법인세효과를 차감한 금액을 가산하고, 그 밖의 희석성 잠재적보통주가 보통주로 전환되었다면 변동되었을 수익 또는 비용을 조정한다.

- 가중평균유통보통주식수에 모든 희석성 잠재적보통주가 보통주로 전환되었다고 가정할 경우 추가적으로 유통되었을 가정평균유통보통주식수를 가산한다.

1. 보통주 귀속 당기순이익의 조정

희석주당이익을 계산하기 위해서는 보통주에 귀속되는 당기순이익에 다음을 조정한다.

- 희석성 잠재적보통주에 대한 배당금이나 기타항목
- 희석성 잠재적보통주와 관련하여 그 회계기간에 인식한 세후 이자비용
- 희석성 잠재적보통주를 보통주로 전환하였다면 발생하였을 세후 수익 또는 비용

기본예제 6 보통주 귀속 당기순이익의 조정

결산일이 매년 말인 ㈜현대는 20x1년도에 다음과 같은 다양한 잠재적보통주를 발행하였다. 다음 각각의 상황에서 보통주 귀속 당기순이익과 조정 후 보통주 귀속 당기순이익을 산정하시오.

〈기본자료〉

- 당기순이익 ₩1,000,000
- 법인세율 20%

〈추가자료〉

1. 전환우선주
   지분상품이며 우선주 배당금 ₩100,000을 결의함
2. 전환사채
   전환권대가는 지분상품이며 이자비용 ₩100,000을 비용으로 인식함
3. 신주인수권
   지분상품이며 어떠한 수익과 비용을 인식하지 아니함
4. 신주인수권부사채(상환할증금 미지급조건)
   신주인수권대가는 지분상품이며 사채의 이자비용 ₩100,000을 비용으로 인식함
5. 신주인수권부사채(상환할증금 지급조건)
   사채와 상환할증금에서 각각 ₩100,000과 ₩20,000을 이자비용으로 인식함
6. 주식선택권
   주식선택권대가는 지분상품이며 용역 유입 정도를 고려한 주식보상비용 ₩100,000을 비용으로 인식함

물음 다음 각각의 잠재적보통주 별로 보통주 귀속 당기순이익과 조정 후 보통주 귀속 당기순이익을 산정하시오.

구 분	기본주당이익	희석주당이익
	보통주 귀속 당기순이익	조정 후 보통주 귀속 당기순이익
전환우선주		
전환사채		
신주인수권		
신주인수권부사채(無)		
신주인수권부사채(有)		
주식선택권		

해설

구 분	기본주당이익	희석주당이익
	보통주 귀속 당기순이익	조정 후 보통주 귀속 당기순이익
전환우선주	900,000	1,000,000
전환사채	1,000,000	1,080,000
신주인수권	1,000,000	1,000,000
신주인수권부사채(無)	1,000,000	1,000,000
신주인수권부사채(有)	1,000,000	1,016,000
주식선택권	1,000,000	1,080,000

1. 전환우선주

① 보통주 귀속 당기순이익 : 1,000,000 − 100,000(배당) = 900,000

② 조정후 보통주 귀속 당기순이익(전환가정) : 900,000 + 100,000(배당) = 1,000,000

(*) 배당 : 배당은 법인세가 과세된 이익잉여금의 분배이므로 그 자체가 세후금액임

2. 전환사채

① 보통주 귀속 당기순이익 : 1,000,000

② 조정후 보통주 귀속 당기순이익(전환가정) : 1,000,000 + 80,000(세후이자) = 1,080,000

(*) 세후이자 : 100,000×(1−20%) = 80,000

(*) 전환권대가가 지분상품이므로 평가 관련 당기손익은 발생하지 않으므로 그 밖의 조정사항은 없음

3. 신주인수권

① 보통주 귀속 당기순이익 : 1,000,000

② 조정후 보통주 귀속 당기순이익(행사가정) : 1,000,000

(*) 신주인수권행사에 따른 현금유입에 의한 당기순이익 증가효과는 측정이 불가능하여 고려하지 않음

(*) 신주인수권이 지분상품이므로 평가 관련 당기손익은 발생하지 않으므로 그 밖의 조정사항은 없음

4. 신주인수권부사채 - 상환할증금 미지급조건

① 보통주 귀속 당기순이익 : 1,000,000

② 조정후 보통주 귀속 당기순이익(행사가정) : 1,000,000

(*) 사채의 이자비용은 행사와 무관하게 발생하므로 조정대상비용이 아님

(*) 신주인수권행사에 따른 현금유입에 의한 당기순이익 증가효과는 측정이 불가능하여 고려하지 않음

(*) 신주인수권이 지분상품이므로 평가 관련 당기손익은 발생하지 않으므로 그 밖의 조정사항은 없음

(*) 따라서 신주인수권과 상환할증금 미지급조건의 신주인수권부사채는 같은 상품으로 취급

5. 신주인수권부사채 - 상환할증금 지급조건

① 보통주 귀속 당기순이익 : 1,000,000

② 조정후 보통주 귀속 당기순이익(행사가정) : 1,000,000 + 16,000 = 1,016,000

(*) 사채의 이자비용은 행사와 무관하게 발생하므로 조정대상비용이 아님

(*) 상환할증금의 이자비용은 행사한 경우 발생하지 않으므로 조정대상 비용이며 세후이자를 가산함

(*) 상환할증금 관련 세후이자비용 : 20,000×(1-20%) = 16,000

(*) 신주인수권행사에 따른 현금유입에 의한 당기순이익 증가효과는 측정이 불가능하여 고려하지 않음

(*) 신주인수권이 지분상품이므로 평가 관련 당기손익은 발생하지 않으므로 그 밖의 조정사항은 없음

6. 주식선택권

① 보통주 귀속 당기순이익 : 1,000,000

② 조정후 보통주 귀속 당기순이익(행사가정) : 1,000,000 + 80,000 = 1,080,000

(*) 행사 이후 주식보상비용은 발생하지 않으므로 조정대상 비용이며 세후보상비용을 가산함

(*) 세후보상비용 : 100,000×(1-20%) = 80,000

(*) 주식선택권행사에 따른 현금유입에 의한 당기순이익 증가효과는 측정이 불가능하여 고려하지 않음

(*) 주식선택권이 지분상품이므로 평가 관련 당기손익은 발생하지 않으므로 그 밖의 조정사항은 없음

2. 가중평균유통보통주식수의 조정

희석주당이익을 계산하기 위한 보통주식수는 기본주당이익에서 산출한 가중평균유통보통주식수에 희석성 잠재적보통주가 모두 전환되거나 행사될 경우에 발행되는 보통주의 가중평균유통보통주식수를 가산하여 산출한다. 희석성 잠재적보통주는 회계기간의 기초에 전환되거나 행사된 것으로 보되 당기에 발행된 것은 그 발행일에 전환되거나 행사된 것으로 본다.

잠재적보통주는 유통기간을 가중치로 하여 가중평균한다. 해당 기간에 효력을 잃었거나 유효기간이 지난 잠재적보통주는 해당 기간 중 유통된 기간에 대해서만 희석주당이익의 계산에 포함하며, 당기에 보통주로 전환되거나 행사된 잠재적보통주는 기초부터 전환(행사)일의 전일까지 희석주당이익의 계산에 포함한다. 따라서 전환이나 행사로 발행되는 보통주는 전환일부터 기본 및 희석주당이익의 계산에 포함한다.

희석성 잠재적보통주의 전환으로 인하여 발행되는 보통주식수는 잠재적보통주의 계약조건에 따라 결정된다. 이때 두 가지 이상의 전환기준이 존재하는 경우에는 잠재적보통주의 보유자에게 가장 유리한 전환비율이나 행사가격을 적용하여 계산한다.

기본예제 7 가중평균유통보통주식수의 조정 - 전환증권

결산일이 매년 말인 ㈜현대의 20x1년 기초유통보통주식수는 10,000주이다. ㈜현대는 전환증권 10,000 단위를 발행하였으며 동 전환증권 1단위는 보통주 1주로 전환가능한 상품이다. 아래의 각 물음은 모두 독립적이다.

물음 1 20x1년도에 전환증권의 전환은 없었다. 가중평균유통보통주식수와 조정 후 가중평균유통보통주식수를 각각 산정하시오. 단, 전환증권은 20x0년 초에 발행되었다.

물음 2 20x1년도에 전환증권의 전환은 없었다. 가중평균유통보통주식수와 조정 후 가중평균유통보통주식수를 각각 산정하시오. 단, 전환증권은 20x1년 4월 초에 발행되었다.

물음 3 20x1년 10월 초, 전환증권 전부 보통주로 전환되었다. 가중평균유통보통주식수와 조정 후 가중평균유통보통주식수를 각각 산정하시오. 단, 전환증권은 20x0년 초에 발행되었다.

물음 4 20x1년 10월 초, 전환증권 전부 보통주로 전환되었다. 가중평균유통보통주식수와 조정 후 가중평균유통보통주식수를 각각 산정하시오. 단, 전환증권은 20x1년 4월 초에 발행되었다.

물음 5 20x1년 10월 초, 전환증권의 절반이 보통주로 전환되었다. 가중평균유통보통주식수와 조정 후 가중평균유통보통주식수를 각각 산정하시오. 단, 전환증권은 20x0년 초에 발행되었다.

물음 6 20x1년 10월 초, 전환증권의 절반이 보통주로 전환되었다. 가중평균유통보통주식수와 조정 후 가중평균유통보통주식수를 각각 산정하시오. 단, 전환증권은 20x1년 4월 초에 발행되었다.

해설

물음 1

1. 가중평균유통보통주식수 : 10,000주 × 12 ÷ 12 = 10,000주
2. 조정 후 가중평균유통보통주식수 : ① + ② = 20,000주
   ① 가중평균유통보통주식수 : 10,000주
   ② 전환증권의 전환(기초전환가정) : 10,000주 × 12 ÷ 12 = 10,000주

물음 2

1. 가중평균유통보통주식수 : 10,000주 × 12 ÷ 12 = 10,000주
2. 조정 후 가중평균유통보통주식수 : ① + ② = 17,500주
   ① 가중평균유통보통주식수 : 10,000주
   ② 전환증권의 전환(발행일 전환가정) : 10,000주 × 9 ÷ 12 = 7,500주

물음 3

1. 가중평균유통보통주식수 : (10,000주 × 9 + 20,000주 × 3) ÷ 12 = 12,500주
2. 조정 후 가중평균유통보통주식수 : ① + ② = 20,000주
   ① 가중평균유통보통주식수 : 12,500주
   ② 전환증권의 전환(기초전환가정) : 10,000주 × 9 ÷ 12 = 7,500주
   (*) 당기 중에 전환된 경우, 기초시점부터 전환일의 전일까지 조정 후 가중평균주식수에 포함함

물음 4

1. 가중평균유통보통주식수 : (10,000주 × 9 + 20,000주 × 3) ÷ 12 = 12,500주
2. 조정 후 가중평균유통보통주식수 : ① + ② = 17,500주
   ① 가중평균유통보통주식수 : 12,500주
   ② 전환증권의 전환(발행일 전환가정) : 10,000주 × 6 ÷ 12 = 5,000주
   (*) 당기 중에 전환된 경우, 발행일부터 전환일의 전일까지 조정 후 가중평균주식수에 포함함

물음 5

1. 가중평균유통보통주식수 : (10,000주 × 9 + 15,000주 × 3) ÷ 12 = 11,250주
2. 조정 후 가중평균유통보통주식수 : ① + ② = 20,000주
   ① 가중평균유통보통주식수 : 11,250주
   ② 전환증권의 전환(기초전환가정) : (5,000주 × 12 + 5,000주 × 9) ÷ 12 = 8,750주
   (*) 당기 중에 전환된 경우, 기초시점부터 전환일의 전일까지 조정 후 가중평균주식수에 포함함

물음 6

1. 가중평균유통보통주식수 : (10,000주 × 9 + 15,000주 × 3) ÷ 12 = 11,250주
2. 조정 후 가중평균유통보통주식수 : ① + ② = 17,500주
   ① 가중평균유통보통주식수 : 11,250주
   ② 전환증권의 전환(발행일 전환가정) : (5,000주 × 9 + 5,000주 × 6) ÷ 12 = 6,250주
   (*) 당기 중에 전환된 경우, 발행일부터 전환일의 전일까지 조정 후 가중평균주식수에 포함함

기본예제 8 가중평균유통보통주식수의 조정 - 현금유입이 있는 주식옵션

결산일이 매년 말인 ㈜현대의 20x1년 기초유통보통주식수는 10,000주이다. ㈜현대는 신주인수권 10,000 단위를 발행하였으며 동 신주인수권 1단위는 보통주 1주를 인수할 수 있으며 행사가격은 단위당 ₩2,000이다. 20x1년도 ㈜현대의 보통주 1주당 공정가치는 ₩5,000이다. 아래의 각 물음은 모두 독립적이다.

물음 1 20x1년도에 신주인수권의 행사는 없었다. 가중평균유통보통주식수와 조정 후 가중평균유통보통주식수를 각각 산정하시오. 단, 신주인수권은 20x0년 초에 발행되었다.

물음 2 20x1년도에 신주인수권의 행사는 없었다. 가중평균유통보통주식수와 조정 후 가중평균유통보통주식수를 각각 산정하시오. 단, 신주인수권은 20x1년 4월 초에 발행되었다.

물음 3 20x1년 10월 초, 신주인수권 전부 행사되었다. 가중평균유통보통주식수와 조정 후 가중평균유통보통주식수를 각각 산정하시오. 단, 신주인수권은 20x0년 초에 발행되었다.

물음 4 20x1년 10월 초, 신주인수권 전부 행사되었다. 가중평균유통보통주식수와 조정 후 가중평균유통보통주식수를 각각 산정하시오. 단, 신주인수권은 20x1년 4월 초에 발행되었다.

물음 5 20x1년 10월 초, 신주인수권의 절반이 행사되었다. 가중평균유통보통주식수와 조정 후 가중평균유통보통주식수를 각각 산정하시오. 단, 신주인수권은 20x0년 초에 발행되었다.

물음 6 20x1년 10월 초, 신주인수권의 절반이 행사되었다. 가중평균유통보통주식수와 조정 후

가중평균유통보통주식수를 각각 산정하시오. 단, 신주인수권은 20x1년 4월 초에 발행되었다.

해설

물음 1

1. 가중평균유통보통주식수 : 10,000주 × 12 ÷ 12 = 10,000주
2. 조정 후 가중평균유통보통주식수 : ① + ② = 16,000주
   ① 가중평균유통보통주식수 : 10,000주
   ② 신주인수권의 행사(기초행사가정) : (가 - 나) × 12 ÷ 12 = 6,000주
      가) 발행주식수 : 10,000주
      나) 현금유입에 따른 유통주식수 차감 : 10,000주 × 2,000 ÷ 5,000 = 4,000주

(*) 전환증권은 전환가정에 따라 세후이자비용만큼 당기순이익의 개선 효과가 발생하며 신주인수권은 행사가정에 따라 현금유입으로 인한 당기순이익의 개선 효과가 발생할 수 있다. 기업은 현금유입으로 기존의 차입금을 상환하여 이자비용을 절감할 수 있고 금융상품에 투자하여 금융수익을 창출할 수도 있다. 당기순이익이 개선되면 주당이익 역시 개선되는 효과가 존재하는데 현금유입에 따른 당기순이익 개선 효과는 신뢰성 있는 측정이 불가능하므로 유통보통주식수에서 차감하는 방식을 사용한다. 유통보통주식수에서 차감할 주식수는 현금유입액으로 재취득가능한 보통주식수로 산정하며 재취득금액은 회계기간의 평균 공정가치로 가정한다.

물음 2

1. 가중평균유통보통주식수 : 10,000주 × 12 ÷ 12 = 10,000주
2. 조정 후 가중평균유통보통주식수 : ① + ② = 14,500주
   ① 가중평균유통보통주식수 : 10,000주
   ② 신주인수권의 행사(발행일 행사가정) : (가 - 나) × 9 ÷ 12 = 4,500주
      가) 발행주식수 : 10,000주
      나) 현금유입에 따른 유통주식수 차감 : 10,000주 × 2,000 ÷ 5,000 = 4,000주

물음 3

1. 가중평균유통보통주식수 : (10,000주 × 9 + 20,000주 × 3) ÷ 12 = 12,500주
2. 조정 후 가중평균유통보통주식수 : ① + ② = 17,000주
   ① 가중평균유통보통주식수 : 12,500주
   ② 신주인수권의 행사(기초행사가정) : (가 - 나) × 9 ÷ 12 = 4,500주
      가) 발행주식수 : 10,000주
      나) 현금유입에 따른 유통주식수 차감 : 10,000주 × 2,000 ÷ 5,000 = 4,000주

(*) 당기 중에 행사된 경우, 기초시점부터 행사일의 전일까지 조정 후 가중평균주식수에 포함함

물음 4

1. 가중평균유통보통주식수 : (10,000주 × 9 + 20,000주 × 3) ÷ 12 = 12,500주
2. 조정 후 가중평균유통보통주식수 : ① + ② = 15,500주
   ① 가중평균유통보통주식수 : 12,500주
   ② 신주인수권의 행사(발행일 행사가정) : (가 − 나) × 6 ÷ 12 = 3,000주
      가) 발행주식수 : 10,000주
      나) 현금유입에 따른 유통주식수 차감 : 10,000주 × 2,000 ÷ 5,000 = 4,000주
   (*) 당기 중에 행사된 경우, 발행일부터 행사일의 전일까지 조정 후 가중평균주식수에 포함함

물음 5

1. 가중평균유통보통주식수 : (10,000주 × 9 + 15,000주 × 3) ÷ 12 = 11,250주
2. 조정 후 가중평균유통보통주식수 : ① + ② + ③ = 16,500주
   ① 가중평균유통보통주식수 : 11,250주
   ② 신주인수권의 행사(기초행사가정) : (가 − 나) × 12 ÷ 12 = 3,000주
      가) 발행주식수(미행사분) : 5,000주
      나) 현금유입에 따른 유통주식수 차감 : 5,000주 × 2,000 ÷ 5,000 = 2,000주
   ③ 신주인수권의 행사(기초행사가정) : (가 − 나) × 9 ÷ 12 = 2,250주
      가) 발행주식수(행사분) : 5,000주
      나) 현금유입에 따른 유통주식수 차감 : 5,000주 × 2,000 ÷ 5,000 = 2,000주
   (*) 부분 행사의 경우 미행사분과 행사분으로 구분하여 주식수를 산출함
   (*) 당기 중에 행사된 경우, 기초시점부터 행사일의 전일까지 조정 후 가중평균주식수에 포함함

물음 6

1. 가중평균유통보통주식수 : (10,000주 × 9 + 15,000주 × 3) ÷ 12 = 11,250주
2. 조정 후 가중평균유통보통주식수 : ① + ② + ③ = 15,000주
   ① 가중평균유통보통주식수 : 11,250주
   ② 신주인수권의 행사(기초행사가정) : (가 − 나) × 9 ÷ 12 = 2,250주
      가) 발행주식수(미행사분) : 5,000주
      나) 현금유입에 따른 유통주식수 차감 : 5,000주 × 2,000 ÷ 5,000 = 2,000주
   ③ 신주인수권의 행사(기초행사가정) : (가 − 나) × 6 ÷ 12 = 1,500주
      가) 발행주식수(행사분) : 5,000주
      나) 현금유입에 따른 유통주식수 차감 : 5,000주 × 2,000 ÷ 5,000 = 2,000주
   (*) 부분 행사의 경우 미행사분과 행사분으로 구분하여 주식수를 산출함
   (*) 당기 중에 행사된 경우, 기초시점부터 행사일의 전일까지 조정 후 가중평균주식수에 포함함

3. 희석성 잠재적보통주

잠재적보통주는 보통주로 전환된다고 가정할 경우 주당계속영업이익을 감소시키거나 주당계속영업손실을 증가시킬 수 있는 경우에만 희석성 잠재적보통주로 취급한다. 잠재적보통주가 희석효과를 가지는지 반희석효과를 가지는지는 기준이익인 기업에 귀속되는 계속영업손익에 대한 희석효과 유무로 판단한다. 잠재적보통주가 보통주로 전환된다고 가정할 경우 주당계속영업이익을 증가시키거나 주당계속영업손실을 감소시킬 수 있는 경우에는 반희석성 잠재적보통주가 된다. 희석주당이익을 계산할 때 반희석성 잠재적보통주는 전환, 행사 또는 기타의 발행이 이루어지지 않는다고 가정한다.

여러 종류의 잠재적보통주를 발행한 경우에는 잠재적보통주가 희석효과를 가지는지 반희석효과를 가지는지에 대하여 판단할 때 여러 종류의 잠재적보통주를 모두 통합해서 고려하는 것이 아니라 개별적으로 고려한다. 이때 잠재적보통주를 고려하는 순서가 각각의 잠재적보통주가 희석효과를 가지는지 반희석효과를 가지는지에 대하여 판단하는 데 영향을 미칠 수 있다. 따라서 기본주당이익을 최대한 희석할 수 있도록 희석효과가 가장 큰 잠재적보통주부터 순차적으로 고려한다. 즉, 증분주식 1주당 이익이 가장 작은 희석성 잠재적보통주를 증분주식 1주당 이익이 상대적으로 큰 희석성 잠재적보통주보다 먼저 희석 주당이익의 계산에 포함시킨다. 옵션과 주식매입권은 계산식에서 분자에 영향을 미치지 않으므로 일반적으로 가장 먼저 고려될 것이다. 이유는 옵션과 주식매입권은 지분상품의 정의를 충족하여 자본으로 인식하고 후속기간 동안 별도의 재측정에 따른 손익이 발생할 수 없다. 따라서 기초시점에 행사를 가정하여 보통주가 발행된다고 하더라도 보통주 귀속 당기순이익에서 조정할 손익이 존재하지 않는다.

그림 2 희석주당이익의 계산 과정

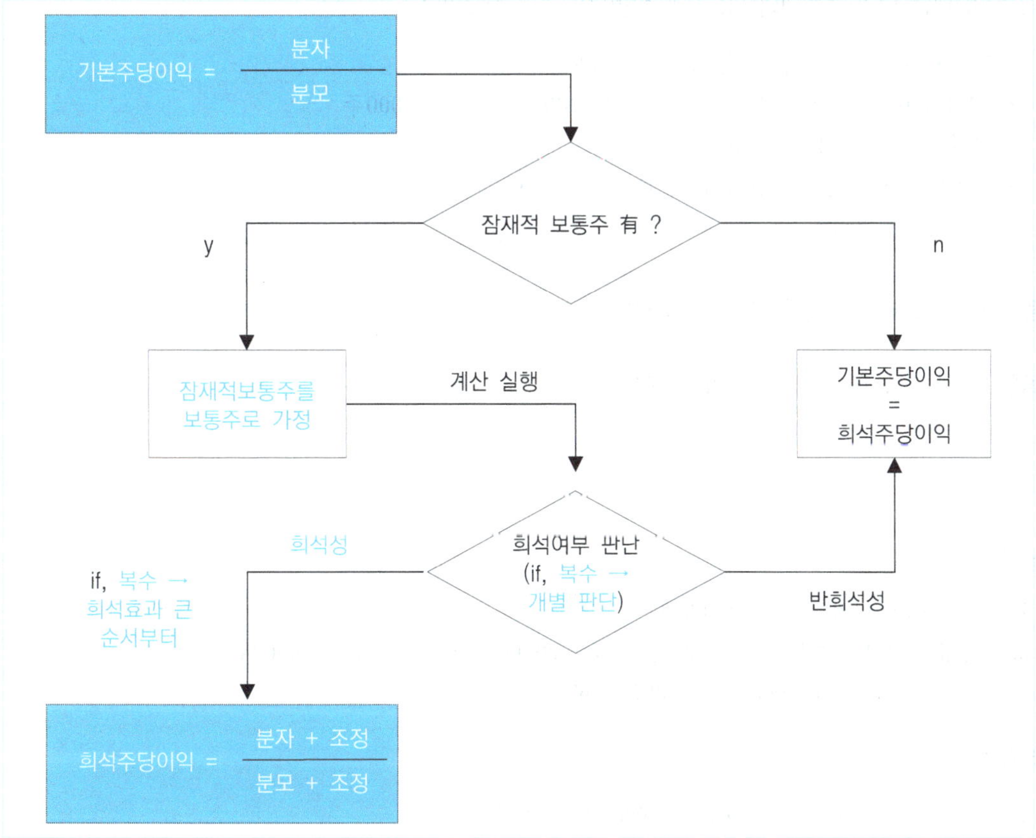

3-1 전환금융상품

전환우선주의 전환으로 발행하게 되는 보통주 1주당 그 회계기간과 관련하여 결의되거나 누적된 전환우선주 배당금이 기본주당이익을 초과하면 전환우선주는 반희석효과가 있는 것이다. 그리고 전환사채의 전환으로 발행하게 되는 보통주 1주당 전환사채의 세후 이자비용이 기본주당이익을 초과하면 전환사채는 반희석효과가 있는 것이다.

전환우선주 가운데 일부만 전환되거나 상환될 수 있다. 이 경우 보통주 귀속 당기순이익에서 차감된 전환우선주의 유도전환을 위한 초과지급액은 전환되거나 상환된 전환우선주와 관련된 것으로서 나머지 유통 전환우선주가 희석효과가 있는지를 결정하는 데 영향을 미치므로 전환되거나 상환된 전환우선주는 그렇지 않은 나머지 전환우선주와는 구분하여 고려한다.

기본예제 9 희석주당이익-전환사채

결산일이 매년 말인 ㈜현대의 20x1년 주당이익 관련 자료이다.

- 20x1년 01. 01. 유통보통주식수 : 10,000주
- 20x1년 07. 01. 전환사채(전기 발행분) 100% 전환 : 10,000주
- 당기순이익 : ₩1,000,000
- 전환사채에서 인식한 당기의 이자비용 : ₩100,000
- 법인세율 : 20%

물음 1 20x1년 기본주당이익을 계산하시오.

물음 2 20x1년 희석주당이익을 계산하시오.

해 설

물음 1

1. 보통주 귀속 당기순이익 : 1,000,000
2. 가중평균유통보통주식수 : (10,000주 × 6 + 20,000주 × 6) ÷ 12 = 15,000주
3. 기본주당이익 : 1,000,000 ÷ 15,000주 = 67

물음 2

1. 희석효과 : ① ÷ ② = 80,000 ÷ 5,000 = 16 ∴ 희석성
   ① 조정 세후이자비용 : 100,000 × (1 − 20%) = 80,000
   ② 조정 가중평균유통보통주식수 : 10,000 × 6/12 = 5,000주
2. 희석주당이익

	분 자	분 모	주당이익
기본주당이익	1,000,000	15,000	67
전환사채	+ 80,000	+ 5,000	16
계	1,080,000	20,000	54

∴ 희석주당이익 = 54

참고 기중 전환된 보통주

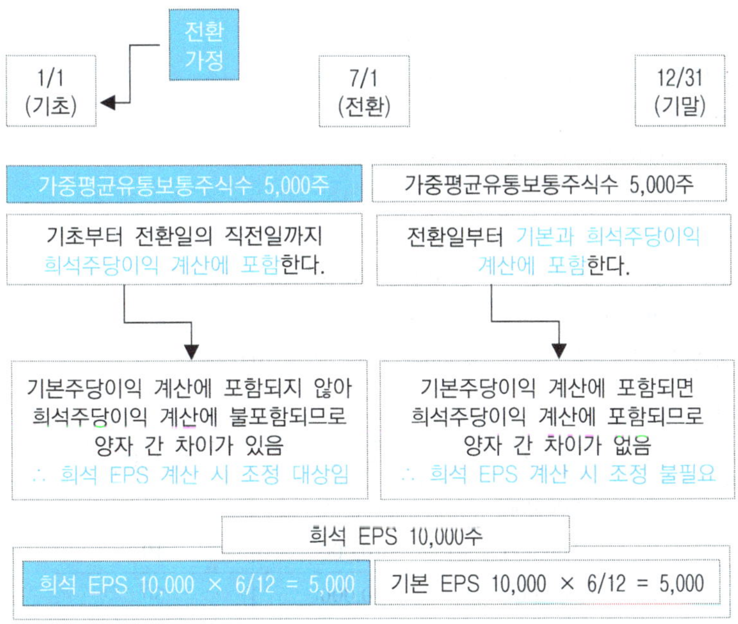

기본예제 10 희석주당이익-전환우선주

결산일이 매년 말인 ㈜현대의 20x1년 주당이익 관련 자료이다.

- 20x1년 기초 유통보통주식수 : 10,000주
- 당기순이익 : ₩1,000,000
- 전환우선주 : 전기 10,000단위를 발행함. 우선주 1주당 보통주 1주로 전환됨.
- 비누적적 우선주이며 당기에 배당 결의 금액은 ₩100,000임

물음 1 20x1년 기본주당이익을 계산하시오. 단, 당기에 전환한 옵션은 없다.

물음 2 20x1년 희석주당이익을 계산하시오.

해설

물음 1

1. 보통주 귀속 당기순이익 : 1,000,000 − 100,000 = 900,000
2. 가중평균유통보통주식수 : 10,000주
3. 기본주당이익 : 900,000 ÷ 10,000주 = 90

물음 1

1. 희석효과 : ① ÷ ② = 100,000 ÷ 10,000주 = 10 (< 90) ∴희석성
   ① 조정 배당 : 100,000
   ② 조정 가중평균유통보통주식수 : 10,000주 × 12/12 = 10,000주

2. 희석주당이익

	분 자	분 모	주당이익
기 본	900,000	10,000	90
전환우선주	100,000	10,000	10
계	1,000,000	20,000	50

∴ 희석주당이익 = 50

기본예제 11 희석주당이익-전환사채(부분전환)

결산일이 매년 말인 ㈜현대의 20x1년 주당이익 관련 자료이다.

- 20x1년 01. 01. 유통보통주식수 : 10,000주
- 20x1년 07. 01. 전환사채(전기 발행분) 50% 전환 : 5,000주
- 20x1년 당기순이익 : ₩1,000,000
- 전환사채에서 인식한 20x1년 이자비용 : ₩100,000
- 법인세율 : 20%

물음 1 20x1년 기본주당이익을 계산하시오.

물음 2 20x1년 희석주당이익을 계산하시오.

해설

물음 1

1. 보통주 귀속 당기순이익 : 1,000,000
2. 가중평균유통보통주식수 : (10,000주 × 6 + 15,000주 × 6) ÷ 12 = 12,500주
3. 기본주당이익 : 1,000,000 ÷ 12,500주 = 80

물음 2

1. 희석효과 : 80,000 ÷ 7,500주 = 10.67 (< 80) ∴희석성
   ① 조정세후이자비용 : 100,000 × (1 − 20%) = 80,000
   ② 조정 가중평균유통보통주식수 : (5,000 × 12 + 5,000 × 6) ÷ 12 = 7,500주
2. 희석주당이익

	분 자	분 모	주당이익
기 본	1,000,000	12,500	80
전환사채	80,000	7,500	10.67
계	1,080,000	20,000	54

∴ 희석주당이익 = 54

3-2 옵션과 주식매입권 등

희석주당이익을 계산할 때 희석효과가 있는 옵션이나 주식매입권은 행사된 것으로 가정한다. 이 경우 권리행사에서 예상되는 현금유입액은 보통주를 회계기간의 평균시장가격으로 발행하여 유입된 것으로 가정한다. 그 결과 권리를 행사할 때 발행하여야 할 보통주식수(①)와 회계기간의 평균시장가격으로 발행한 것으로 가정하여 환산한 보통주식수(②)의 차이는 무상으로 발행한 것(① − ②)으로 본다.

예를 들어 기업이 발행한 옵션의 행사가격은 단위당 ₩1,000이며 행사되지 아니한 옵션 1,000개(인수비율 1 : 1)가 행사된 것으로 가정하면 예상되는 현금유입액은 ₩1,000,000이나. 이 금액은 보통주가 회계기간의 평균시장가격으로 발행된 것을 가정한다. 만약 회계기간의 평균시장가격이 주당 ₩2,000이고 이 금액으로 환산한 보통주식수는 500주가 된다. 옵션을 행사할 때 발행하여야 할 보통주식수는 실제 1,000주이므로 환산한 보통주식수 500주와의 차이는 무상으로 발행한 것으로 본다.

옵션과 주식매입권은 그 회계기간이 보통주 평균시장가격보다 낮은 금액으로 보통주를 발행하는 결과를 가져올 수 있는 경우에 희석효과가 있으며 이때 그 회계기간의 보통주 평균시장가격에서 발행금액을 차감한 금액이 희석효과 금액이 된다. 그러므로 희석주당이익을 계산할 때 잠재적보통주를 다음 두 가지로 구성되어 있는 것으로 처리한다.

- 일정한 수의 보통주에 대해서는 그 회계기간의 평균시장가격으로 발행하기로 하는 계약. 이러한 보통주는 공정한 가치로 평가된 것으로 보며, 희석효과도 반희석효과도 없다고 가정하므로 이는 희석주당이익을 계산할 때 고려하지 아니한다.
- 잔여 보통주에 대해서는 무상으로 발행하기로 하는 계약. 이러한 보통주는 자금의 유입을 수반하지 않으며, 유통보통주에 귀속되는 당기순이익에도 아무런 영향을 미치지 아니한다. 따라서 이와 같은 보통주는 희석효과가 있으며, 희석주당이익을 계산할 때 유통보통주식수에 가산한다.

옵션과 주식매입권은 그 회계기간의 보통주 평균시장가격이 옵션과 주식매입권의 행사가격을 초과하는 경우 즉, 내가격(in the money)에서만 희석효과가 있다. 과거에 이미 보고된 주당이익은 보통주의 가격 변동을 반영하기 위한 소급수정을 하지 않는다.

Study Guide　옵션의 무상증자 효과

옵션의 무상증자 효과는 비교표시 되는 기간의 기초시점에 무상증자가 있었던 것처럼 비례적으로 조정하지 아니한다. 이유는 옵션의 무상증자 효과는 옵션을 행사하는 계약의 상대방에게만 귀속되는 이익이므로 모든 주식의 주당이익을 비례적으로 조정시킬 이유가 없다.

또한 전술한 주주우선배정 유상증자의 무상증자 효과는 기본주당이익의 계산과정에서 고려하며 옵션의 무상증자 효과를 회계기간의 평균시장가격으로 계산하는 것과 달리 유상증자 직전일의 공정가치로 무상증자 효과를 계산하는 것에 주의한다.

기본예제 12　희석주당이익-신주인수권

결산일이 매년 말인 ㈜현대의 20x1년 주당이익 관련 자료이다.

- 20x1년 기초시점의 유통보통주식수 : 10,000주
- 20x1년 당기순이익 : ₩1,000,000
- 옵션의 단위당 행사가격 : ₩100(보통주 1주 인수)
- 옵션의 발행수량 : 10,000단위를 전기에 발행함.
- 20x1년 보통주 1주의 평균시장가격 : ₩200

물음 1 20x1년 기본주당이익을 계산하시오. 단, 당기에 행사한 옵션은 없다.

물음 2 20x1년 희석주당이익을 계산하시오.

해 설

물음 1

1. 보통주 귀속 당기순이익 : 1,000,000
2. 가중평균유통보통주식수 : 10,000주
3. 기본주당이익 : 1,000,000 ÷ 10,000주 = 100

물음 2

1. 옵션은 희석성 잠재적보통주임 (∵ 평균시장가격 > 행사가격)
2. 희석효과 : 0 ÷ 5,000주 = 0
   ① 조정 당기순이익 : 0
   ② 조정 가중평균유통보통주식수: (가 − 나) × 12 ÷ 12 = 5,000주
      가) 발행주식수 : 10,000주
      나) 현금유입에 따른 유통주식수 차감 : 10,000주 × 100 ÷ 200 = 5,000주
3. 희석주당이익

	분 자	분 모	주당이익
기본EPS	1,000,000	10,000	100
옵 션	0	5,000	−
계	1,000,000	15,000	67

∴ 희석주당이익 = 67

기본예제 13 희석주당이익-신주인수권부사채(상환할증금 지급조건)

결산일이 매년 말인 ㈜현대의 20x1년 주당이익 관련 자료이다.

- 20x1년 기초시점의 유통보통주식수 : 10,000주
- 20x1년 당기순이익 : ₩1,000,000
- 신주인수권부사채 : 액면금액 ₩1,000,000(만기 3년), 전기 초 상환할증 조건으로 발행.
- 신주인수권의 단위당 행사가격 : ₩1,000(보통주 1주 인수)
- 20x1년 보통주 1주의 평균시장가격 : ₩2,000
- 신주인수권의 수량 : 1,000단위
- 신주인수권부사채의 부채요소에서 인식한 20x1년도 이자비용 : ₩120,000

- 부채요소 중 상환할증금의 상각후원가에서 발생한 20x1년도 이자비용 : ₩10,000
- 법인세율 : 20%

물음 1 20x1년 기본주당이익을 계산하시오. 단, 당기에 행사한 옵션은 없다.

물음 2 20x1년 희석주당이익을 계산하시오.

해설

물음 1

1. 보통주 귀속 당기순이익 : 1,000,000
2. 가중평균유통보통주식수 : 10,000주
3. 기본주당이익 : 1,000,000 ÷ 10,000주 = 100

물음 2

1. 희석효과 : 8,000 ÷ 500주 = 16 (< 기본EPS) ∴희석성
   ① 조정 세후이자비용 : 10,000 × (1 − 20%) = 8,000
   ② 조정 가중평균유통보통주식수 : (1,000 − 500주) × 12 ÷ 12 = 500주
      가) 발행주식수 : 1,000주
      나) 현금유입에 따른 유통주식수 차감 : 1,000주 × 1,000 ÷ 2,000 = 500주
2. 희석주당이익 계산

	분 자	분 모	주당이익
기본EPS	1,000,000	10,000	100
옵 션	8,000	500	16
계	1,000,000	10,500	96

∴ 희석주당이익 = 96

3-3 주식선택권

기준서 제1102호 '주식기준보상'이 적용되는 주식선택권이나 그 밖의 주식기준보상약정의 경우, 행사가격에는 주식선택권 등 주식기준보상약정에 따라 미래에 유입될 재화나 용역의 공정가치가 포함된다.

조건은 확정되었거나 결정할 수 있지만 아직 가득되지 않은 종업원 주식선택권은 미래 가득여부에 대한 불확실성에도 불구하고 희석주당이익을 계산할 때 옵션으로 보며 부여일부터 유통되는 것으로 취급한다. 성과조건이 부과된 종업원 주식선택권은 시간의 경과 외에 특정 조건이 충족되는 경우에 발행되므로 조건부발행보통주로 취급한다.

기본예제 14 희석주당이익-주식선택권

결산일이 매년 말인 ㈜현대의 20x1년 주당이익 관련 자료이다.

- 20x1년 기초 유통보통주식수 : 10,000주
- 당기순이익 : ₩1,000,000
- 주식선택권 : 행사가격 ₩100 당 신주 1주를 인수하며 10,000단위를 부여함.
- 부여일 : 20x1년 01. 01.
- 부여일의 주식선택권의 단위당 공정가치 : ₩30
- 약정용역제공기간 : 3년
- 보통주 1주의 회계기간의 평균시장가격 : ₩200
- 당기순이익에 반영된 주식보상비용 : ₩100,000
- 법인세율 : 20%

물음 1 20x1년 기본주당이익을 계산하시오.

물음 2 20x1년, 20x2년, 20x3년의 매년 기초 행사를 가정한 경우 매년 희석주당이익의 계산과정에서 필요한 주식선택권의 행사가격을 산정하시오.

물음 3 20x1년 희석주당이익을 계산하시오.

해설

물음 1

1. 보통주 귀속 당기순이익 : 1,000,000
2. 가중평균유통보통주식수 : 10,000주

3. 기본주당이익 : 1,000,000 ÷ 10,000주 = 100

물음 2

미래에 유입될 재화나 용역의 공정가치를 행사가격에 포함한다.

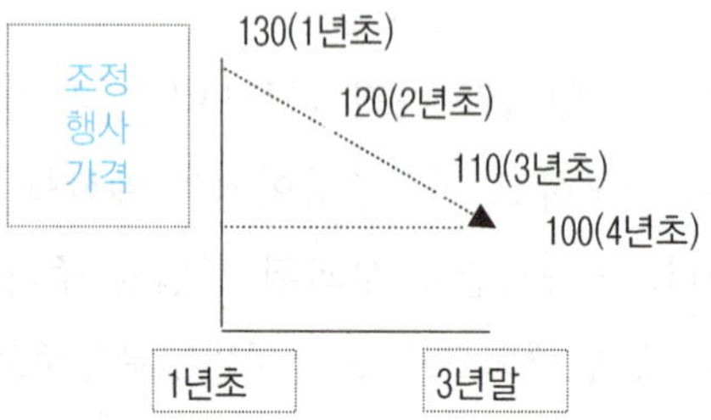

(*) 행사가격(20x1년 기초행사가정) : 100 + 30(미래 3년간 노동력의 공정가치 = 130
(*) 행사가격(20x2년 기초행사가정) : 100 + 20(미래 2년간 노동력의 공정가치 = 120
(*) 행사가격(20x3년 기초행사가정) : 100 + 10(미래 1년간 노동력의 공정가치 = 110
(*) 행사가격(20x4년 기초행사가정) : 100 + 0 = 100

물음 3

1. 희석효과 : 80,000 ÷ 3,500주 = 23 (< 100) ∴희석성
   ① 조정 세후주식보상비용 : 100,000 × (1 − 20%) = 80,000
   ② 조정 가중평균유통보통주식수 : (10,000주 − 6,500주) × 12 ÷ 12 = 3,500주
      가) 발행주식수 : 10,000주
      나) 현금유입에 따른 유통주식수 차감 : 10,000주 × 130 ÷ 200 = 6,500주

2. 희석주당이익 계산

	분 자	분 모	주당이익
기본EPS	1,000,000	10,000	100
주식선택권	80,000	3,500	23
계	1,000,000	13,500	80

∴ 희석주당이익 = 80

3-4 조건부발행보통주

기본주당이익을 계산할 때와 마찬가지로 희석주당이익을 계산할 때에도 조건부발행보통주는 그 조건이 충족된 상태(즉, 사건의 발생)라면 이미 발행되어 유통되고 있는 것으로 보아 희석주당이익을 계산하기 위한 보통주식수에 포함한다. 조건부발행보통주는 그 회계기간 초부터(그 회계기간에 조건부발행보통주에 대한 약정이 이루어졌다면 약정일부터) 포함한다. 만약 조건이 충족되지 않은 상태일 경우 조건부발행보통주는 그 회계기간 말이 조건기간의 만료일이라면 발행할 보통주식수만큼 희석주당이익을 계산하기 위한 보통주식수의 계산에 포함한다. 그러나 실제로 조건기간이 만료될 때까지 조건이 충족되지 않은 경우에도 그 계산결과를 수정하지 아니한다.

(1) 목표이익 달성 조건

일정기간 동안 특정한 목표이익을 달성하거나 유지한다면 보통주를 발행하기로 하는 경우, 보고기간 말에 그 목표이익이 달성되었지만 그 보고기간 말 이후의 추가적인 기간 동안 그 목표이익이 유지되어야 한다면 추가로 발행해야 하는 보통주가 희석효과를 가지고 있는 경우 희석주당이익을 계산할 때 추가로 발행해야 하는 그 보통주가 유통되고 있는 것으로 본다. 이 때 희석주당이익은 보고기간 말의 이익수준이 조건기간 말의 이익수준과 같다면 발행될 보통주식수에 기초하여 계산한다. 이익수준이 미래의 기간에 변동할 수 있기 때문에 모든 필요조건이 아직 충족된 것은 아니므로 이러한 조건부발행보통주를 조건기간 말까지 기본주당이익의 계산에는 포함하지 아니한다.

기본예제 15 조건부발행보통주

결산일이 매년 말인 ㈜대박은 상장사로 분기마다 재무제표를 작성하여 공시하여야 한다. ㈜대박의 20x1년 1분기(1월 1일부터 3월 31일까지)의 당기순이익은 ₩100,000이고 해당 기간의 가중평균유통보통주식수는 10,000주이다. ㈜대박은 전략적 투자자(SI)에 대하여 20x1년이 연간 당기순이익이 ₩70,000을 초과하는 경우 초과금액 ₩10,000당 500주를 발행하는 약정을 20x1년 1월 1일에 체결하였다.

물음 1 20x1년 1분기의 기본주당이익을 계산하시오.

물음 2 20x1년 1분기의 희석주당이익을 계산하시오.

해 설

물음 1

1. 보통주 귀속 당기순이익 : 100,000
2. 가중평균유통보통주식수 : 10,000주
3. 기본주당이익 : 100,000 ÷ 10,000주 = 10

(*) 분기에 달성한 당기순이익이 ₩70,000을 초과하였지만 조건기간 말은 분기 말이 아니라 결산기간 말(연간 당기순이익 기준임)이므로 조건의 달성여부는 미래 기간에 변동할 수 있기 때문에 모든 필요조건을 충족한 것으로 해석하면 안 된다. 따라서 모든 필요조건을 충족한 것이 아니므로 기본주당이익 계산에 조건부발행보통주를 포함하면 안 된다.

물음 2

1. 희석효과 : 0 ÷ 1,500주 = 0
   ① 조정 당기순이익 : 0
   ② 조정 가중평균유통보통주식수 : 30,000 ÷ 10,000 × 500주 = 1,500주
2. 희석주당이익

	분 자	분 모	주당이익
기 본	100,000	10,000	10
조건부발행	0	1,500	–
계	100,000	11,500	8.7

참고 1분기 공시 자료를 사후적으로 수정할 수 있는가?

예를 들어 2분기까지 달성한 당기순이익이 ₩110,000이라면 희석주당이익에 포함할 가중평균유통보통주식수는 1분기에 계산한 1,500주가 아니라 2,000주가 된다. 그러면 1분기에 공시한 희석주당이익 ₩8.7을 2,000주에 기초하여 수정하여야 하는지에 대한 문제가 발생한다. 기준서에서는 조건기간이 만료될 때까지 실제로 조건을 충족하지 않은 경우에도 그 계산 결과를 수정하지 않도록 요구하고 있다.

⑵ 목표주가 달성 조건

조건부발행보통주식수는 보통주의 미래 시장가격에 따라 결정될 수도 있다. 이러한 경우에는 보고기간 말의 시장가격이 조건기간 말의 시장가격과 같다면 발행될 보통주식수가 희석효과를 가진다면 희석주당이익의 계산에 반영한다. 만약 조건이 보고기간 말 후의 일정기간의 평균시장가격에 기초하고 있는 때에는 이미 경과된 기간의 평균시장가격을 사용한다. 시장가격은 미래 기간에 변동할 수 있기 때문에 모든 필요조건이 아직 충족된 것은 아니므로 이러한 조건부발행보통주를 조건기간 말까지 기본주당이익의 계산에는 포함하지 아니한다.

⑶ 목표이익과 목표주가 모두 달성 조건

조건부발행보통주식수는 미래의 이익과 보통주의 미래 시장가격 모두에 의해 결정될 수도 있다. 이 경우 희석주당이익의 계산에 포함되는 보통주식수는 두 가지 조건(즉, 회계기간의 이익과 보고기간 말 현재의 시장가격) 모두에 기초하게 된다. 따라서 두 가지 조건이 충족되지 않은 경우라면, 희석주당이익의 계산에 조건부발행보통주를 포함하지 아니한다.

⑷ 목표이익과 목표주가 이외의 특정 조건(예: 영업점 개설)

조건부발행보통주식수는 이익이나 보통주의 시장가격 외에 다른 조건(예: 특정한 수의 영업점 개설)에 따라 결정될 수도 있다. 이 경우에는 현재의 조건 상태가 조건기간이 만료할 때까지 변동하지 않을 것으로 가정하고 조건부발행보통주를 보고기간 말의 상태에 기초하여 희석주당이익의 계산에 고려한다.

기본예제 16 조건부발행보통주

결산일이 매년 말인 ㈜중박은 상장사로 분기마다 재무제표를 작성하여 공시하여야 한다. ㈜중박의 20x1년 1분기(1월 1일부터 3월 31일까지)의 당기순이익은 ₩100,000이고 해당 기간의 기초시점의 유통보통주식수는 10,000주이다. ㈜중박은 프로젝트 투자자(PI)에 대하여 20x1년도에 개설되는 영업점포 1개에 대하여 300주를 발행하는 약정을 20x1년 1월 1일에 체결하였다. 20x1년 3월 1일에 영업점포 2개가 개설되었다.

물음 1 20x1년 1분기의 기본주당이익을 계산하시오.

물음 2 20x1년 1분기의 희석주당이익을 계산하시오.

해설

물음 1

1. 보통주 귀속 당기순이익 : 100,000
2. 가중평균유통보통주식수 : (10,000주 × 2 + 10,600주 × 1) ÷ 3 = 10,200주
3. 기본주당이익 : 100,000 ÷ 10,200주 = 9.8

(*) 당 분기에 개설된 영업점포로 인하여 모든 필요조건이 충족되었으며 이로 인하여 발행될 보통주 600주는 모든 필요조건이 충족된 시점부터 기본주당이익 계산에 포함한다.

물음 2

1. 희석효과

① 조정 당기순이익 : 0

② 조정 가중평균유통보통주식수 : 400주

(*) 현재의 조건 상태가 조건기간이 만료할 때까지 변동하지 않을 것으로 가정하고 조건부발행보통주를 보고기간 말의 상태(즉, 점포 2개 개설)에 기초하여 희석주당이익의 계산에 고려한다. ∴ 2개 × 300주 = 600주

(*) 600주는 회계기간 초부터 유통되고 있는 것으로 가정하여 희석주당이익 계산에 포함하므로 가중평균유통보통주식수 400주(: 600 × 2/3)를 조정한다.

2. 희석주당이익

	분 자	분 모	주당이익
기 본	100,000	10,200	9.8
조건부발행	0	400	–
계	100,000	10,600	9.4

3-5 보통주나 현금으로 결제할 수 있는 계약

기업의 선택에 따라 보통주나 현금으로 결제할 수 있는 계약을 한 경우에 기업은 그 계약이 보통주로 결제될 것으로 가정하고 그로 인한 잠재적보통주가 희석효과를 가진다면 희석주당이익의 계산에 포함한다.

보유자의 선택에 따라 보통주나 현금으로 결제하게 되는 계약의 경우에는 주식결제와 현금결제 중 희석효과가 더 큰 방법으로 결제된다고 가정하여 희석주당이익을 계산한다.

chapter 16 연습문제

01 주당이익(1)

다음은 ㈜서초의 자본거래와 주당이익을 계산하기 위한 자료이다.

1. 자본금 내역

구 분		보통주	우선주
20x1년 1월 1일	전기이월	₩50,000,000	₩25,000,000
20x1년 12월 1일	자기주식 소각	(5,000,000)	-
20x2년 1월 1일	전기이월	45,000,000	-
20x2년 7월 1일	유상증자	25,000,000	-

2. 두 주식 모두 액면금액은 5,000이며 약정 배당률이 5%인 누적적 우선주에 해당한다.
3. 자기주식 거래내역
   20x1년 7월 1일에 자기주식 2,000주를 ₩12,000,000에 재취득하고 10월 1일에 일부를 단위당 ₩6,200에 재발행하고 남은 자기주식은 12월 1일에 전량 소각하였다.
4. 유상증자
   20x2년 7월 1일에 주주우선배정 방식으로 유상증자를 실시하였다. 유상증자 직전 신주의 공정가치는 단위당 ₩10,000이며 발행금액은 단위당 ₩2,000이다. 신주 발행과정에서 신주 발행비 ₩1,000,000을 지출하였다.
5. 당기순이익
   20x1년과 20x2년의 당기순이익은 각각 ₩10,000,000과 ₩15,000,000이다.
6. 20x1년 末, 자본은 자본금과 이익잉여금만 존재한다.
7. 기타정보
   20x1년과 20x2년의 법인세율은 20%이며 계산과정에서 발생하는 소수점은 첫째자리에서 반올림한다.

다음의 독립적인 물음에 답하시오.

물음 1

자기주식 거래와 관련하여 시점별 회계처리를 제시하시오.

7월 1일	차)	대)
10월 1일	차)	대)
12월 1일	차)	대)

물음 2

㈜서초의 20x1년 기본주당이익을 계산하시오.

물음 3

㈜서초의 20x2년 유상증자에 필요한 회계처리를 제시하시오.

물음 4

㈜서초의 20x2년의 기본주당이익과 비교 재무제표로 공시되는 20x1년의 기본주당이익을 각각 계산하시오.

물음 5

㈜서초가 발행한 우선주를 전환우선주로 가정한다. 전환가격은 ₩5,000으로 우선주 1주당 보통주 1주로 전환된다. 20x2년 말까지 전환 청구된 우선주는 없을 때 20x2년의 희석주당이익은 얼마인가?

해설

물음 1

차)	자기주식	12,000,000	대)	현금	12,000,000
차)	현금	6,200,000	대)	자기주식	6,000,000
				자기주식처분이익	200,000

(*) 소각 주식수 : 5,000,000 ÷ 5,000 = 1,000주

(*) 재발행 주식수 : 2,000주 − 1,000주 = 1,000주

(*) 재발행금액 : 1,000 × 6,200 = 6,200,000

차)	자본금	5,000,000	대)	자기주식	6,000,000
	감자차손	1,000,000			

물음 2

1. 보통수 귀속 당기순이익 : 10,000,000 − 25,000,000 × 5% = 8,750,000

2. 가중평균유통보통주식수 : 111,000주 ÷ 12 = 9,250주

기 간	유통주식수	조 정	유통기간(월수)	적 수
1. 1 ~ 6. 30	10,000		6	60,000
7. 1 ~ 9. 30	8,000		3	24,000
10. 1 ~ 12. 31	9,000		3	27,000
계			12	111,000

3. 기본주당이익 : 8,750,000 ÷ 9,250주 = 946

물음 3

차)	현금	9,000,000	대)	자본금	25,000,000
	주식할인발행차금	16,000,000			

(*) 현금(신주발행비 차감) : 5,000주 × 2,000 − 1,000,000 = 9,000,000

(*) 주식할인발행차금 : 9,000,000 − 25,000,000 = 16,000,000

물음 4

<20x2년>

1. 보통주 귀속 당기순이익 : 15,000,000 − 25,000,000 × 5% = 13,750,000

2. 가중평균유통보통주식수 : 159,600주 ÷ 12 = 13,300주

기 간	유통주식수	조 정	유통기간(월수)	적 수
1. 1 ~ 6. 30	9,000	1.4	6	75,600
7. 1 ~ 12.. 31	14,000		6	84,000
계			12	159,600

(*) 주주우선배정
발행주식수 : 5,000주
공정가치로 발행한 경우에 발행주식수 : 5,000주 × 2,000 ÷ 10,000 = 1,000주
무상증자로 발행한 주식수 : 5,000주 − 1,000주 = 4,000주
무상증자비율 : 4,000주 ÷ (14,000주 − 4,000주) = 40%
조정비율 : 1.4

3. 기본주당이익 : 13,750,000 ÷ 13,300주 = 1,034

4. 비교 공시하는 직전연도 기본주당이익 : 8,750,000 ÷ (9,250주 × 1.4) = 676

물음 5

1. 주당세후배당
   ① 보통주 귀속 당기순이익 조정 : 1,250,000
   ② 가중평균유통보통주식수 조정 : 5,000주 ×12/12 = 5,000

2. 희석주당이익의 계산

	분 자	분 모	주당이익
기 본	13,750,000	13,300	1,034
전환우선주	1,250,000	5,000	250
계	15,000,000	18,300	820

∴ 희석주당이익 = 820

참고

우선주배당금은 이미 법인세과 과세된 이익잉여금을 분배하는 것이므로 그 자체가 세후금액이다. 따라서 20%의 법인세율을 고려할 필요가 없다.

02 주당이익(2)

다음은 결산일이 12월 말인 ㈜세무의 주당이익을 선정하기 위한 자료이다.

[공통자료]

㈜세무의 20x1년 당기순이익은 ₩1,000,000이며 기초시점의 유통보통주식수는 1,000주이다. 법인세율은 20%이며 계산과정에서 발생한 소수점은 첫째자리에서 반올림하며 주당이익의 계산 시 상법의 규정은 고려하지 아니한다.

[추가자료]

■ 유상증자

20x1년 7월 초, ㈜세무는 보통주 2,000주를 단위당 ₩3,000에 발행하였다. 보통주의 공정가치는 유상증자 직전일에 단위당 ₩6,000이며 20x1년의 평균시장가격은 ₩5,000이다.

■ 복합금융상품

20x1년 4월 초, ㈜세무는 액면금액 ₩1,000,000(만기 3년)의 복합금융상품인 사채를 액면발행하였다. 해당 사채의 액면이자율은 연2%이며 매년 3월말 지급조건이다. 부여된 옵션을 행사하여 보통주 1주를 수취하는 경우 필요한 사채의 액면금액은 ₩1,000이다. 옵션이 없는 유사 사채의 시장이자율은 연 10%이며 부채요소의 공정가치는 ₩801,047이다. 보장수익률은 액면이자율과 동일하게 설계되었으며 당기에 행사되거나 전환된 옵션은 없었다. 공통자료에 제시된 당기순이익에는 복합금융상품에서 발생한 이자비용이 포함된 금액이다.

물음 1

㈜세무의 20x1년도 기본주당이익을 산정하시오.

물음 2

<추가자료>에서 제시된 복합금융상품이 전환사채인 경우 20x1년도 희석주당이익을 산정하시오.

물음 3

<추가자료>에서 제시된 복합금융상품이 신주인수권부사채인 경우 20x1년도 희석주당이익을 산정하시오.

해설

물음 1

1. 보통주 귀속 당기순이익 : 1,000,000

2. 가중평균유통보통주식수 : 27,000주 ÷ 12 = 2,250주

기 간	유통주식수	조 정	유통기간(월수)	적 수
1. 1 ~ 6. 30	1,000	1.5	6	9,000
7. 1 ~ 12.. 31	3,000		6	18,000
계			12	27,000

(*) 주주우선배정 무상증자 조정
① 공정가치 발행주식수 : 2,000주 × 3,000 ÷ 6,000 = 1,000주
② 무상증자 요소 : 2,000주 − 1,000주 = 1,000주
③ 무상증자비율 : 1,000주 / (3,000주 − 1,000주) = 50%

3. 기본주당이익 : 1,000,000 ÷ 2,250주 = 444

물음 2

1. 전환사채 이자비용 : 801,047 × 10% × 9/12 = 60,079

2. 전환사채 희석효과
① 보통주 귀속 당기순이익 조정 : 60,079 × (1 − 20%) = 48,063
② 가중평균유통보통주식수 조정 : 1,000주 × 9/12 = 750주
③ 희석효과 : 64 (< 444 ∴ 희석성)

3. 희석주당이익

	분 자	분 모	주당이익
기 본	1,000,000	2,250주	444
전환사채	48,063	750주	64
계	1,048,063	3,000주	349

물음 3

1. 신주인수권부사채 이자비용 : 60,079
   행사가격 < 평균시장가격 ∴ 희석성
2. 신주인수권부사채 희석효과
   ① 보통주 귀속 당기순이익 조정 : 0
   ② 가중평균유통보통주식수 조정 : 800주 × 9/12 = 600주
   - 공정가치로 발행한 계약 : 1,000주 × 1,000 ÷ 5,000 = 200주
   - 무상으로 발행한 계약 : 1,000주 − 200주 = 800주
3. 희석주당이익

	분 자	분 모	주당이익
기 본	1,000,000	2,250주	444
전환사채	−	600주	−
계	1,000,000	2,850주	351

Chapter 17

리스

1. 리스
2. 리스제공자
3. 리스이용자

SECTION 1

리스

리스의 인식, 측정, 표시, 공시의 원칙은 기업회계기준서 제1116호'리스'에서 제시한다. 이 기준서의 목적은 리스이용자와 리스제공자가 리스 거래를 충실하게 표현하여 목적 적합한 정보를 제공하는 것이다.

이 기준서를 종전 리스 기준서 제1017호와 비교해보면 리스제공자의 회계처리는 종전 리스 기준서와 거의 유사하며 리스이용자의 회계처리는 종전 리스 기준서와 상당히 상이하다.

- 이 기준서에서는 단일 리스이용자 회계모형을 도입하여 일부 리스를 제외한 모든 리스에 대하여 사용권 자산과 리스부채를 인식하도록 요구한다. 따라서 계약의 약정일에 해당 계약이 리스인지, 리스를 포함하는지 식별하는 것이 중요한 과제이다.
- 리스이용자는 다른 비금융자산(예 : 유형자산)과 비슷하게 사용권자산을 측정하고 다른 금융부채와 비슷하게 리스부채를 측정한다. 따라서 리스이용자는 사용권자산의 감가상각비와 리스부채에 대한 이자를 인식하고, 리스부채의 현금 상환액을 원금 부분과 이자 부분으로 분류하며, 기준서 제1007호(현금흐름표)를 적용하여 이 부분들을 현금흐름표에 표시한다.

이 기준서는 리스계약에 적용하지만 다음에는 적용하지 아니한다.

- 광물 등 비재생 천연자원을 탐사하거나 사용하기 위한 리스
- 생물자산 리스
- 지적재산 라이선스
- 라이선싱 계약에 따라 영화필름, 비디오 녹화물, 저작권과 같은 항목에 대하여 리스이용자가 보유하는 권리

1. 리스의 식별

1-1 리스의 정의

리스(Lease)란 대가와 교환하여 자산(기초자산)의 사용권을 일정 기간 이전하는 계약이다.

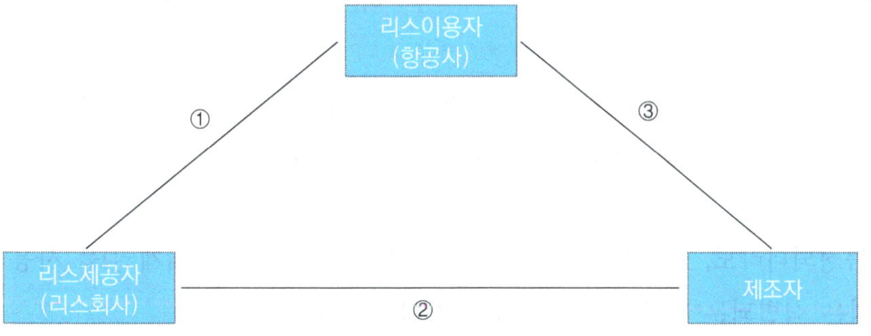

① 리스약정 : 리스제공자와 리스이용자는 리스 세반 사항을 합의하고 약정한다.
② 기초자산 취득 : 리스제공자는 기초자산의 제조자로부터 기초자산을 취득한다.
③ 기초자산의 인도 : 제조자는 리스이용자에게 기초자산을 인도한다.

1-2 리스의 식별

어떤 회사가 다른 회사에게 자동차를 3년간 리스하고 해당 자동차에 대한 3년간 유지보수용역을 함께 제공하는 단일의 계약을 하였다면, 해당 계약이 리스인지 또는 리스를 포함하는지를 식별하여야 한다. 이를 위하여 계약 당사자는 계약의 약정시점에, 계약 자체가 리스인지, 계약이 리스를 포함하는지를 리스의 정의에 기초하여 다음의 식별 기준을 적용한다. 리스의 식별 기준은 리스 약정일에 판단하며 계약 조건이 변경된 경우에만 계약이 리스인지, 리스를 포함하는지 다시 판단한다.

[리스의 식별 기준]

계약에서 대가와 교환하여, 식별되는 자산의 사용 통제권을 일정 기간 이전하게 한다면 그 계약은 리스이거나 리스를 포함한다. 계약이 식별되는 자산의 사용 통제권을 일정 기간 이전하는지를 판단하기 위하여 고객이 사용기간 내내 다음의 권리를 모두 갖는지를 판단한다.

- 식별되는 자산의 사용으로 생기는 경제적 효익의 대부분을 얻을 권리
- 식별되는 자산의 사용을 지시할 권리

리스의 식별 기준의 핵심은 식별되는 자산의 사용 통제권을 고객에게 이전하였는지를 판단하는 것이다. 이를 위하여 식별되는 자산과 사용 통제권의 의미를 살펴본다.

(1) 식별되는 자산

기초자산이 식별되기 위해서 다음 모두를 충족하여야 한다.

- 자산이 특정될 것 - 자산은 계약상 분명히 또는 암묵적으로 특정되어 식별된다.
- 실질적 대체권이 없을 것 - 공급자는 자산에 대한 실질적인 대체권이 없어야 한다.

자산이 특정되더라도, 공급자가 그 자산을 대체할 실질적 권리(대체권)를 사용기간 내내 가지면 고객은 식별되는 자산의 사용권을 가지지 못한다. 다음 조건을 모두 충족하는 경우에만 공급자의 자산 대체권이 실질적이다.

- 공급자가 대체 자산으로 대체할 실질적인 능력을 사용기간 내내 가진다.
- 공급자는 자산 대체권의 행사에서 경제적으로 효익을 얻을 것이다. 즉, 자산 대체에 관련되는 경제적 효익이 자산 대체에 관련되는 원가를 초과할 것으로 예상된다.

특정일이 되거나 특정한 사건이 일어난 이후에만 공급자가 자산을 대체할 권리 또는 의무를 가지는 경우에 공급자의 대체권은 실질적이지 않다. 왜냐하면 공급자가 대체 자산으로 대체할 실질적인 능력을 사용기간 내내 가지지는 못하기 때문이다.

공급자의 대체권이 실질적인지는 계약 약정시점의 사실과 상황에 기초하여 판단하고, 앞으로 일어날 것 같지 않은 미래 사건은 고려하지 않는다. 공급자가 실질적인 대체권을 가지는지를 쉽게 판단할 수 없는 경우에, 고객은 그 대체권이 실질적이지 않다고 본다.

자산의 용량 일부가 물리적으로 구별된다면(예: 건물의 한 층) 자산의 해당 부분은 식별되는 자산이다. 물리적으로 구별되지 않는 자산의 용량 일부(예 : 광케이블의 용량 일부)는 식별되는 자산이 아니다.

(2) 사용 통제권

자산이 특정되어 식별되더라도, 고객은 사용기간 내내 그 자산의 i) 사용으로 생기는 경제적 효익의 대부분을 얻고 ii) 그 자산의 사용을 지시할 수 있어야만 식별되는 자산의 사용 통제권이 이전되는 리스 계약으로 판단한다. 즉, 특정 자산에 대하여 사용기간 내내 경제적 효익의 대부분을 얻지 못하거나 그 자산의 사용을 지시할 수 없다면 그 계약은 리스 또는 리스를 포함하는 계약으로 식별하지 않으므로 리스 기준서를 적용하지 않고 적절한 다른 기준서를 적용한다.

i) 사용으로 생기는 경제적 효익을 얻을 권리

식별되는 자산의 사용을 통제하려면, 고객은 사용기간 내내 자산의 사용으로 생기는 경제적 효익의 대부분을 얻을 권리를 가질 필요가 있다. 즉, 고객은 사용기간 내내 그 자산을 배타적으로 사용해야 한다. 고객은 그 자산의 사용, 보유, 전대리스와 같이 여러 가지 방법으로 경제적 효익을 얻을 수 있다.

자산의 사용으로 생기는 경제적 효익의 대부분을 얻을 권리가 있는지를 판단할 때, 고객의 자산 사용권으로 정해진 범위에서 자산을 사용하는 결과로 생기는 경제적 효익을 고려한다. (예: 자동차 리스 시 연간 10,000km까지 운행하는 경우, 허용된 거리까지 자동차의 사용으로 생기는 경제적 효익만을 고려한다.)

계약에 따라 자산의 사용으로 생기는 현금흐름의 일부를 고객이 공급자나 그 밖의 상대방에게 대가로 지급해야 하는 경우에, 대가로 지급하는 그 현금흐름은 고객이 자산의 사용으로 얻는 경제적 효익의 일부로 본다. (예: 점포 임차 시 점포에서 발생하는 매출의 1%를 공급자에게 지급해야 하는 경우 고객이 얻은 경제적 효익은 매출액 전체로 본다.)

ii) 사용을 지시할 권리

다음 중 어느 하나에 해당하는 경우에만 고객은 사용기간 내내 식별되는 자산의 사용을 지시할 권리를 가진다.

- 고객이 자산을 사용하는 방법 및 목적을 지시할 권리를 가진다.
- 고객이 자산을 사용하는 방법 및 목적과 관련한 의사결정이 미리 내려지고 고객이 그 자산을 운용할 권리를 가지며, 공급자는 그 운용 지시를 바꿀 권리가 없다.

기본예제 1 **리스의 식별**

㈜미래는 ㈜종로해운과 특정 선박(#1234)을 2년간 이용하는 계약을 체결하였다.

물음 1 ㈜종로해운은 필요한 경우 선박(#1234)을 유사한 다른 선박으로 대체하여 ㈜미래가 이용하게 할 수 있게 한다면 계약상 식별되는 자산이 존재하는가?

물음 2 ㈜종로해운은 특정 선박(#1234)을 다른 선박으로 대체하기 위해서는 사전에 ㈜미래의 동의를 얻어야 하고 더 큰 규모와 더 좋은 성능을 가진 선박으로만 대체해야만 한다. 이러한 대체는 ㈜종로해운에게 유의적인 원가를 발생시킨다. 이 경우 선박(#1234)는 계약상 식별되는 자산인가?

물음 3 ㈜미래는 식별되는 특정 선박(#1234)에 대하여 그 선박의 사용에 따라 발생하는 효익의 대부분을 얻을 수 있고 또한 사용을 지시할 권리를 가진다면, 해당 계약에 대하여 ㈜미래와 ㈜종로해운의 최초 회계처리를 설명하시오.

물음 4 상기 계약에서 ㈜종로해운은 리스를 실행하기 위해 선박을 새로 취득하였고 이에 따라 투자세액공제 및 각종 세금 혜택을 얻게 된다고 가정한다. 이러한 세금 절세의 효익은 ㈜종로해운이 전적으로 누리므로 리스로 식별할 수 없다는 주장이 있다. 이 주장은 타당한가?

해설

물음 1

선박(#1234)는 계약상 분명히 기재되어 있으나 공급자인 ㈜종로해운이 다른 선박으로 대체할 실질적인 능력을 가지므로 계약상 식별되는 자산은 없다. 따라서 해당 계약은 리스 계약이 아니라 2년간 ㈜종로해운의 선박운송용역계약을 체결한 것이다. 따라서 ㈜종로해운은 해당 계약에 기준서 1115호(수익)를 적용하여 수행의무의 이행시점에 또는 이행할 때마다 수익을 인식하며 ㈜미래는 적절한 다른 기준서에 따라 회계처리한다.

물음 2

선박(#1234)는 계약상 분명히 기재되어 특정되고 ㈜종로해운은 해당 선박을 다른 선박으로 대체할 실질적 권리가 없다. ㈜종로해운은 선박의 대체 과정에서 유의적인 원가를 부담하므로 대체로 인한 경제적 효익이 발생하지 않는다. 따라서 ㈜종로해운은 실질적인 대체권을 보유하지 않는다. 따라서 특정 선박은 식별되는 자산이다.

물음 3

해당 계약은 리스로 식별된다. 따라서 리스 기준서를 적용하여 회계처리한다. ㈜미래는 리스이용자이므로 선박에 대한 사용권 자산과 리스부채를 인식한다. ㈜종로해운은 리스제공자이므로 해당 계약이 금융리스에 해당하는지 판단하고 금융리스가 아니라면 운용리스로 분류하여 회계처리한다.

물음 4

리스 계약의 상대방은 사용기간 내내 기초자산의 사용에 따른 효익의 대부분을 얻어야 한다. 세금 절세와 관련된 효익은 선박의 사용에 따라 발생하는 것이 아니라 선박의 취득으로 인하여 발생하는 효익이므로 사용 통제권의 이전을 판단하는 과정에서는 고려할 필요가 없다. 따라서 상기 주장은 타당하지 않다.

---

(3) 계약의 구성요소 분리

기준서에서는 리스로 식별되는 계약에서 계약의 각 리스요소를 비리스요소와 분리하여 리스로 회계처리하도록 요구하고 있다. 계약에서 하나 이상의 기초자산에 대한 사용권을 이전하는 경우 다음 조건을 모두 충족하면 개별적인 리스요소에 해당한다.

- 리스이용자가 기초자산 그 자체를 사용하여 효익을 얻을 수 있다.
- 하나의 기초자산은 다른 기초자산에 대한 의존도나 상호관련성이 매우 높지는 않다.

예를 들어 기업이 고객에게 정수기와 공기청정기를 리스하고 각 자산에 대한 케어서비스(유지보수용역계약)를 제공하기로 계약을 체결한 경우, 정수기와 공기청정기는 그 자체로부터 효익을 얻으며 의존도가 없으므로 각각을 리스요소로 보며 케어서비스는 비리스요소로 구분한다.

① 리스이용자

하나의 리스요소와, 하나 이상의 추가 리스요소나 비리스요소를 포함하는 계약에서 리스이용자는 리스요소의 상대적 개별 가격과 비리스요소의 총 개별 가격에 기초하여 계약 대가를 각 리스요소에 배분한다. 각 리스요소에 배분된 대가는 리스로 회계처리하며 비리스요소에 배분된 대가는 적용 가능한 다른 기준서를 적용하여 회계처리한다.

리스요소와 비리스요소의 상대적 개별 가격은 리스제공자나 이와 비슷한 공급자가 그 요소나 그와 비슷한 요소에 개별적으로 부과할 가격을 기초로 산정한다. 관측 가능한 개별 가격을 쉽게 구할 수 없다면, 리스이용자는 관측 가능한 정보를 최대한 활용하여 그 개별

가격을 추정한다.

리스이용자는 비리스요소를 리스요소와 분리하지 않고, 각 리스요소와 이에 관련되는 비리스요소를 하나의 리스요소로 회계처리하는 방법을 기초자산의 유형별로 선택할 수 있는 실무적 간편법을 적용할 수 있다.

② 리스제공자

하나의 리스요소와, 하나 이상의 추가 리스요소나 비리스요소를 포함하는 계약에서 리스제공자는 기준서 1115호(수익)을 적용하여 계약 대가를 배분한다.

기본예제 2 리스의 구성요소 판단

종로에서 study cafe를 운영하고 있는 A사는 B사로부터 공기청정기와 커피머신을 리스하고 그 자산에 대한 유지보수용역계약을 체결하였다. A사는 리스이용자의 인식 면제와 비리스요소와 관련된 실무적 간편법은 적용하지 아니한다. 화폐의 시간가치는 무시한다.

- 리스기간 : 20x1년 7월 1일 ~ 20x2년 6월 30일
- 리스료 : ₩200,000 (리스계약일에 모두 현금 지급한다.)
- 개별 자산과 용역의 개별판매가격 :

공기청정기	₩80,000	관찰된 가격
커 피 머 신	100,000	관찰된 가격
유 지 보 수	20,000	합리적으로 추정된 가격
합 계	₩200,000	

- 각 기초자산에 대한 유지보수는 1년간 평균적으로 발생한다.

물음 1 A사는 해당 계약에 대하여 리스요소와 비리스요소를 구분하시오.

물음 2 계약의 대가 ₩200,000을 계약의 구성요소에 배분하시오.

해 설

물음 1

리스요소는 공기청정기, 커피머신이며 비리스요소는 유지보수용역이다. 공기청정기와 커피머신은 그 자체로부터 효익을 얻을 수 있고 상호관련성이 매우 높은 자산이 아니므로 각각을 리스요소로 본다.

물음 2

구성요소	배분비율	대가의 배분
공기청정기	40%	₩80,000
커 피 머 신	50%	100,000
유 지 보 수	10%	20,000
합 계	100%	₩200,000

Study **실무적 간편법의 효과 분석**

리스이용자가 비리스요소를 별도로 분리하지 않는 경우 실무적 간편법을 적용하지 않은 경우에 비하여 리스부채가 더 크게 측정된다. 상기 사례에서 실무적 간편법을 적용하면 결국 리스부채 ₩200,000을 인식하므로 비리스요소를 별도로 분리하는 경우에 비하여 ₩20,000의 리스부채가 더 많이 인식된다. 따라서 실무적 간편법을 적용하면 기업의 부채비율이 다소 높아질 수 있다.

2. 용어 정의

여기서는 이 기준서를 이해하기 위한 용어와 그 내용을 정리한다. 필요한 경우 다음의 기본자료를 이용한다.

기본자료

- 리스물건 : 승객운송용 항공기(A380, 가격 ₩200,000, 내용연수 5년)
- 리스계약 관련 증분원가 : ₩48,685(리스제공자), ₩20,000(리스이용자)
- 사용기간 : 20x2년 1월 1일부터 20x4년 12월 31일까지
- 연장선택권 : 해지불능기간만큼 재연장 가능하며 행사가능성이 상당히 불확실함
- 사용료 : 매년 말 ₩80,000씩 3회 지급조건
- 추가사용료 : 약정한 연간 운행거리(10,000km)를 초과 운행하는 경우 지급
- 특약사항 : 리스기간 종료 시 항공기는 리스제공자에게 반환하는 조건
- 잔존가치 : ₩66,200
- 잔존가치보증(리스이용자) : ₩60,000

- **기초자산** : 리스의 대상이 대는 자산
- **경제적 내용연수** : 하나 이상의 사용자가 자산을 경제적으로 사용할 수 있을 것으로 예상하는 기간이나 자산에서 얻을 것으로 예상하는 생산량 또는 이와 비슷한 단위 수량
- 리스기간 : 리스이용자가 기초자산 사용권을 갖는 해지불능기간 + 다음 기간

① 리스이용자가 리스 연장선택권을 행사할 것이 상당히 확실한 경우 그 선택권의 대상 기간
② 리스이용자가 리스 종료선택권을 행사하지 않을 것이 상당히 확실한 경우 그 선택권의 대상 기간

- 리스료 : 기초자산 사용권과 관련하여 리스기간에 리스이용자가 리스제공자에게 지급하는 금액으로 다음 항목으로 구성됨

① 고정리스료(실질적인 고정리스료를 포함하고, 리스 인센티브는 차감)
② 지수나 요율(이율)에 따라 달라지는 변동리스료
③ 리스이용자가 매수선택권을 행사할 것이 상당히 확실한 경우 그 매수선택권의 행사가격
④ 리스기간이 리스이용자의 종료선택권 행사를 반영하는 경우에, 그 리스를 종료하기 위하여 부담하는 금액
⑤ (리스제공자) 잔존가치보증(리스이용자, 리스이용자의 특수관계자, 제3자)
(리스이용자) 리스이용자가 지급할 것으로 예상되는 잔존가치보증

리스료 중 잔존가치보증에 의하여 리스제공자의 리스료와 리스이용자의 리스료가 다를 수 있다. 리스제공자의 경우 잔존가치보증이 리스료에 포함되지만 리스이용자의 경우에는 포함되지 아니한다. 리스의 각 계약당사자는 리스료의 현재가치를 기초로 자산과 부채를 인식하므로 이를 구분하는 것은 매우 중요하다. 상기 사례에서 리스제공자와 리스이용자의 리스료를 파악하면 다음과 같다.

리스제공자	리스료	리스이용자
80,000 + 80,000 + 80,000	① 고정리스료	80,000 + 80,000 + 80,000
–	② 변동리스료(지수, 요율)	–
–	③ 매수선택권 행사가격	–
–	④ 종료선택권 부담액	–
60,000	⑤ 잔존가치보증	–
₩300,000	합 계	₩240,000

- **고정리스료** : 리스기간의 기초자산 사용권에 대하여 리스이용자가 리스제공자에게 지급하는 금액에서 변동리스료를 뺀 금액
- **변동리스료** : 리스기간에 기초자산의 사용권에 대하여 리스이용자가 리스제공자에게 지급하는 리스료의 일부로서 시간의 경과가 아닌 리스개시일 후 사실이나 상황의 변화 때문에 달라지는 부분
- **선택권 리스료** : 리스를 연장하거나 종료하는 선택권의 대상 기간(리스기간에 포함되는 기간은 제외)에 기초자산 사용권에 대하여 리스이용자가 리스제공자에게 지급하는 리스료
- **무보증잔존가치** : 리스제공자가 실현할 수 있을지 확실하지 않거나 리스제공자의 특수관계자만이 보증한, 기초자산의 잔존가치 부분
- **금융리스** : 기초자산의 소유에 따른 위험과 보상의 대부분을 리스이용자에게 이전하는 리스
- **운용리스** : 기초자산의 소유에 따른 위험과 보상의 대부분을 이전하지 않는 리스
- **단기리스** : 리스개시일에, 리스기간이 12개월 이하인 리스. 매수선택권이 있는 리스는 단기리스에 해당하지 않는다.
- **전대리스** : 리스이용자가 기초자산을 제3자에게 다시 리스하는 거래.
- **리스개시일** : 리스제공자가 리스이용자에게 기초자산을 사용할 수 있게 하는 날
- **리스약정일** : 리스계약일과 리스의 주요 조건에 대하여 계약당사자들이 합의한 날 중 이른 날
- **리스 인센티브** : 리스와 관련하여 리스제공자가 리스이용자에게 지급하는 금액이나 리스의 원가를 리스제공자가 보상하거나 부담하는 금액
- **리스개설직접원가** : 리스를 체결하지 않았더라면 부담하지 않았을 리스체결의 증분원가. 다만, 금융리스와 관련하여 제조자 또는 판매자인 리스제공자가 부담하는 원가는 제외
- **리스총투자** : 금융리스에서 리스제공자가 받게 될 리스료와 무보증잔존가치의 합계액

- 리스의 내재이자율 : 리스료 및 무보증잔존가치의 현재가치 합계액을 다음 ①과 ②의 합계액과 동일하게 하는 할인율

① 기초자산의 공정가치
② 리스제공자의 리스개설직접원가

상기 사례에서 리스의 내재이자율(r%)을 산정하면 다음과 같다.

기초자산 공정가치		리스개설 직접원가		고정리스료 pv		고정리스료 pv		고정리스료 pv		잔존가치 보증pv		잔존가치 무보증pv
200,000	+	48,685	=	$\frac{80,000}{(1+r)^1}$	+	$\frac{80,000}{(1+r)^2}$	+	$\frac{80,000}{(1+r)^3}$	+	$\frac{60,000}{(1+r)^3}$	+	$\frac{6,200}{(1+r)^3}$

$\therefore\ r = 10\%$

- **리스순투자** : 리스총투자를 리스의 내재이자율로 할인한 금액
- **미실현 금융수익** : 리스총투자와 리스순투자의 차이
- 리스이용자의 증분차입이자율 : 리스이용자가 비슷한 경제적 환경에서 비슷한 기간에 걸쳐 비슷한 담보로 사용권자산과 가치가 비슷한 자산 획득에 필요한 자금을 차입한다면 지급해야 하는 이자율
- 리스변경 : 변경 전 리스 조건의 일부가 아니었던 리스의 범위 또는 리스대가의 변경(예: 하나 이상의 기초자산 사용권을 추가하거나 종료함, 계약상 리스기간을 연장하거나 단축함)
- **변경 유효일** : 두 당사자가 리스변경에 동의하는 날

SECTION 2

리스제공자

1. 리스의 분류

리스제공자는 각 리스를 운용리스 아니면 금융리스로 분류한다. 기초자산의 소유에 따른 위험과 보상의 대부분(substantially all)을 이전하는 리스는 금융리스로 분류한다. 기초자산의 소유에 따른 위험과 보상의 대부분을 이전하지 않는 리스는 운용리스로 분류한다.

리스가 금융리스인지 운용리스인지는 계약의 형식보다는 거래의 실질에 달려있다. 리스가 일반적으로 금융리스로 분류되는 상황(개별적으로나 결합되어)의 예는 다음과 같다.

- 리스기간 종료시점 이전에 기초자산의 소유권이 리스이용자에게 이전되는 리스
- 리스이용자가 선택권을 행사할 수 있는 날의 공정가치보다 충분히 낮을 것으로 예상되는 가격으로 기초자산을 매수할 수 있는 선택권을 가지고 있고, 그 선택권을 행사할 것이 리스약정일 현재 상당히 확실한 경우
- 기초자산의 소유권이 이전되지는 않더라도 리스기간이 기초자산의 경제적 내용연수의 상당 부분(major part)을 차지하는 경우
- 리스약정일 현재, 리스료의 현재가치가 적어도 기초자산 공정가치의 대부분에 해당하는 경우
- 기초자산이 특수하여 해당 리스이용자만이 주요한 변경 없이 사용할 수 있는 경우

리스가 금융리스로 분류될 수 있는 상황의 지표(개별적으로나 결합되어)는 다음과 같다.

- 리스이용자가 리스를 해지할 수 있는 경우에 리스이용자가 해지에 관련되는 리스제공자의 손실을 부담하는 경우
- 잔존자산의 공정가치 변동에서 생기는 손익이 리스이용자에게 귀속되는 경우(예: 리스 종료시점에 매각대가의 대부분에 해당하는 금액이 리스료 환급의 형태로 리스이용자에게 귀속되는 경우)
- 리스이용자가 시장리스료보다 현저하게 낮은 리스료로 다음 리스기간에 리스를 계속할 능력이 있는 경우

상기의 금융리스 예시나 지표가 항상 결정적인 것은 아니다. 계약의 다른 속성들을 고려할 때 기초자산의 소유에 따른 위험과 보상의 대부분을 이전하지 않는다는 점이 분명하다면 그 리스는 운용리스로 분류한다. 예를 들면 다음과 같은 경우가 이에 해당할 수 있다.

- 리스기간 종료시점에 기초자산의 소유권을 그 시점의 공정가치에 해당하는 변동 지급액으로 이전하는 경우
- 변동리스료가 있고 그 결과로 리스제공자가 기초자산의 소유에 따른 위험과 보상의 대부분을 이전하지 않는 경우

리스는 리스약정일에 분류하며 리스변경이 있는 경우에만 분류를 다시 판단한다. 추정의 변경(예: 기초자산의 내용연수 또는 잔존가치 추정치의 변경)이나 상황의 변화(예: 리스이용자의 채무불이행)는 회계 목적상 리스를 새로 분류하는 원인이 되지 않는다.

기본예제 3 리스의 분류

결산일이 매년 말인 ㈜Air K(리스이용자)는 ㈜B(리스제공자)와 특정 항공기를 이용하는 계약을 체결하였다.

- 리스물건 : 승객운송용 항공기(A380, 공정가치 ₩248,000, 내용연수 5년)
- 사용기간 : 20x2년 1월 1일부터 20x4년 12월 31일까지
- 사용료 : 매년 말 ₩80,000씩 3회 지급조건
- 잔존가치보증 : ₩60,000
- 무보증잔존가치 : ₩6,200
- 내재이자율 : 연 10%
- 현가계수 : 3기간 단일금액(0.75131), 3기간 기말연금(2.48685)

물음 해당 리스는 금융리스인가? 다음에 제시한 판단기준의 근거를 제시하시오.

금융리스 지표	해당 여부
소유권이전	
매수선택권	
리스기간 ≥ 경제적 내용연수의 75%	
리스료의 현가 ≥ 공정가치의 95%	

해설

금융리스 지표	해당 여부
– 소유권이전	아니오
– 매수선택권	아니오
– 리스기간 ≥ 경제적 내용연수의 75%	아니오
– 리스료의 현가 ≥ 공정가치의 95%	예

(*) 3년 < 3.75년 (: 5년 × 75%)

(*) 리스료의 현재가치 : 80,000×2.48685+60,000×0.75131=244,027 (> 248,000 × 95%)

∴ 리스제공자는 금융리스 지표 중 하나를 충족하므로 금융리스로 분류한다.

2. 금융리스

2-1 인식과 측정

리스제공자는 리스개시일에 금융리스에 따라 보유하는 자산을 재무상태표에 인식하고 그 자산을 리스순투자와 동일한 금액의 수취채권(예: 금융리스채권)으로 표시한다.

(1) 최초 측정

리스제공자는 리스순투자를 측정할 때 리스의 내재이자율을 사용한다. 리스개설직접원가는 리스순투자의 최초 측정치에 포함되어 리스기간에 걸쳐 인식되는 수익 금액을 줄인다. 리스개설직접원가가 자동적으로 리스순투자에 포함되도록 리스의 내재이자율이 정의되었으므로 리스개설직접원가를 별도로 더할 필요는 없다. 리스개시일의 회계처리를 제시하면 다음과 같다.

구분	(차변)		(대변)	
	과 목	금 액	과 목	금 액
기초자산의 취득	선급기초자산	×××	현 금	×××
리스개시일	금융리스채권	×××	선급기초자산	×××
			현 금	×××

(*) 금융리스채권 : 다음 중 하나의 방법으로 측정하며 그 결과는 동일하다.

가. 리스총투자의 현가(내재이자율) : 리스료의 현재가치 + 무보증잔존가치의 현재가치

나. 기초자산 공정가치 + 리스개설직접원가

Study Guide 수취채권의 최초 측정

리스개시일 전에 수취한 리스료가 없는 경우, 금융리스채권은 다음의 식이 성립한다.

리스채권 = 리스순투자 = PV(리스료) + PV(무보증잔존가치) = 기초자산 공정가치 + 리스개설직접원가

Study Guide 리스개설직접원가

수취채권을 리스총투자를 내재이자율로 할인한 리스순투자로 측정하는 경우(위의 사례에서 '가'의 방법), 리스개설직접원가는 해당 리스의 내재이자율에 이미 포함되어 있으므로 금융리스채권에 별도로 더할 필요가 없다.

(2) 후속 측정

리스제공자는 자신의 리스순투자 금액에 일정한 기간수익률을 반영하는 방식으로 리스기간에 걸쳐 금융수익을 인식한다. 즉, 리스제공자는 미실현 금융수익을 유효이자율법에 따라 리스기간에 걸쳐 배분한다. 앞의 기본 자료를 기초로 금융수익의 배분과정을 살펴 본다.

■ 미실현 금융수익 : 306,200(리스총투자) − 248,685(리스순투자) = 57,515

■ 미실현 금융수익을 리스기간에 걸쳐 배분

일 자	유효이자 (10%)	상각후원가 (리스료 차감 전)	고정리스료	상각후원가 (리스료 차감 후)
2년 초				×××
2년 말	×××	×××	×××	×××
3년 말	×××	×××	×××	×××
4년 말	×××	×××	×××	×××
계	×××			

■ 시점별 회계처리

구 분	(차변)		(대변)	
	과목	금액	과목	금액
2년 말	금융리스채권	×××	이자수익	×××
	현 금	×××	금융리스채권	×××
3년 말	금융리스채권	×××	이자수익	×××
	현 금	×××	금융리스채권	×××
4년 말	금융리스채권	×××	이자수익	×××
	현 금	×××	금융리스채권	×××

(3) 무보증잔존가치의 재검토

리스제공자는 리스순투자에 기준서 제1109호의 제거 및 손상에 대한 요구사항을 적용한다. 리스제공자는 리스총투자를 계산할 때 사용한 추정 무보증잔존가치를 정기적으로 검토한다. 추정 무보증잔존가치가 줄어든 경우에 리스제공자는 리스기간에 걸쳐 수익 배분액을 조정하고 발생된 감소액을 즉시 인식한다. 만약 3년 말, 무보증잔존가치가 없는 것으로 추정되는 경우, 동 시점에서의 회계처리와 향후 이자수익은 다음과 같다.

구 분	(차변)		(대변)	
	과목	금액	과목	금액
3년 말	손상차손	×××	금융리스채권	×××
4년 말	금융리스채권	×××	이자수익	×××
	현금	×××	금융리스채권	×××

(4) 리스종료

리스가 종료되어 기초자산의 소유권이 이전되는 경우(매수선택권 행사한 경우 포함)와 리스이용자로부터 기초자산이 반환되는 경우로 구분하여 설명한다.

① 소유권 이전 또는 매수선택권의 행사

기초자산에 대한 소유권이 이전되는 경우 약정액을 수취하고 수취채권의 잔액을 제거한다.

구 분	(차변)		(대변)	
	과목	금액	과목	금액
소유권 이전	현금 등	×××	금융리스채권	×××

② 기초자산의 반환

리스기간 종료 시점에 리스이용자로부터 기초자산이 반환되는 경우 수취채권을 제거하고 리스자산을 인식한다. 리스자산은 반환시점의 공정가치와 수취채권의 장부금액 중 낮은 금액으로 측정하고 차액은 당기손익(기초자산회수손실a/c)으로 인식한다. 앞의 기본 자료에서 4차연도 말 회수한 기초자산의 공정가치가 ₩50,000인 경우 회계처리는 다음과 같다

구 분	(차변)		(대변)	
	과목	금액	과목	금액
반환	해지기초자산(*)	×××	수취채권	×××
	기초자산회수손실	×××		

(*) 해지기초자산 : Min[기초자산의 공정가치 , 금융리스채권의 장부금액]

이 경우 리스제공자는 반환된 리스물건의 공정가치가 보증잔존가치에 미달한다면 그 차액을 리스이용자 등에게 청구하고 당기손익(리스보증이익a/c)으로 인식한다.

구 분	(차변)		(대변)	
	과목	금액	과목	금액
반환	현금	×××	리스보증이익(*)	×××

(*) 보증이익 : 보증잔존가치 - 공정가치

기본예제 4 **금융리스 - 매수선택권 부여**

㈜미래캐피탈(결산일 12월 말)은 20x1년 초, ㈜종로로부터 특정 기계장치에 대한 리스 약정에 따라 기계장치를 ₩260,000(공정가치)에 취득하고 즉시 금융리스를 실행하였다. 금융리스계약의 내용은 다음과 같다.

- 기초자산 : 기계장치(경제적 내용연수 5년, 잔존가치 ₩10,000)
- 사용기간 : 20x1년 1월 1일부터 20x5년 12월 31일까지(해지불능조건)
- 고정리스료 : 매년 말 ₩70,000씩 5회 지급
- 매수선택권 : 리스 종료 시점에 ₩5,000을 지급하고 매수할 수 있는 권리를 부여
- 리스개설직접원가 : ₩8,460(리스제공자가 리스실행 시 지출함)
- 내재이자율 : 연 10%
- 현가계수 : 5기간 단일금액(0.62092), 5기간 기말연금(3.79079)

물음 1 ㈜미래캐피탈의 리스개시일 현재 금융리스채권을 측정하시오. 단, 매수선택권의 행사가능성은 상당히 확실한 것으로 가정한다.

물음 2 금융리스채권에 대한 상각표를 작성하시오.

물음 3 20x1년도에 ㈜미래캐피탈이 수행할 회계처리를 제시하시오.

물음 4 20x5년 말에 ㈜종로는 매수선택권을 행사한 경우 ㈜미래캐피탈의 회계처리를 제시하시오.

물음 5 20x5년 말에 ㈜종로는 매수선택권을 행사하지 아니한 경우 ㈜미래캐피탈의 회계처리를

제시하시오. 단, 기초자산의 공정가치는 ₩2,000으로 확인되었다.

해설

물음 1

1. 리스료 :
   ① 고정리스료 : 350,000(70,000×5회)
   ② 매수선택권의 행사가격 : 5,000(행사가능성이 상당히 확실함)
   ③ 보증잔존가치 : n/a

2. 리스순투자 : ① + ② = 268,460
   ① 리스료의 현재가치 : 70,000×3.79079 + 5,000×0.62092 = 268,460
   ② 무보증잔존가치의 현재가치 : n/a

3. 리스지출 : ① + ② = 268,460
   ① 기초자산의 공정가치 : 260,000
   ② 리스개설직접원가 : 8,460
   ∴ 금융리스채권(리스순투자 = 리스지출) : 268,460

물음 2

일 자	유효이자 (10%)	상각후원가 (리스료 차감 전)	고정리스료	상각후원가 (리스료 차감 후)
1년 초				268,460
1년 말	26,846	295,306	70,000	225,306
2년 말	22,531	247,837	70,000	177,837
3년 말	17,784	195,621	70,000	125,621
4년 말	12,562	138,183	70,000	68,183
5년 말	6,817	75,000	70,000	5,000
계	86,540			

(*) 미실현 이자수익 : 리스총투자 − 리스순투자 = 355,000 − 268,460 = 86,540

물음 3

회계처리					손익효과
1년 초 − 기초자산 구입					
차) 기초자산	260,000	대)	현금	260,000	−
1년 초 − 금융리스 개시					
차) 금융리스채권	268,460	대)	기초자산	260,000	−
			현금	8,460	−

회계처리				손익효과
1년 말 - 리스료 수취				
차) 금융리스채권	22,531	대) 이자수익	22,531	22,531
현금	70,000	금융리스채권	70,000	-

물음 4

회계처리				손익효과
5년 말 - 매수선택권 행사				
차) 현금	5,000	대) 금융리스채권	5,000	-

물음 5

회계처리				손익효과
5년 말 - 기초자산 회수				
차) 기초자산	2,000	대) 금융리스채권	5,000	
기초자산회수손실	3,000			(3,000)
(*) 기초자산 : Min[공정가치, 금융리스채권 장부금액] = 2,000				
(*) 기초자산회수손실 : 대차차액				

기본예제 5 금융리스 - 잔존가치보증

㈜미래캐피탈(결산일 12월 말)은 20x1년 초, ㈜종로로부터 특정 기계장치에 대한 리스 약정에 따라 기계장치를 ₩260,000(공정가치)에 취득하고 즉시 금융리스를 실행하였다. 금융리스계약의 내용은 다음과 같다.

- 기초자산 : 기계장치(경제적 내용연수 5년, 잔존가치 ₩5,000)
- 사용기간 : 20x1년 1월 1일부터 20x5년 12월 31일까지(해지불능조건)
- 고정리스료 : 매년 말 ₩70,000씩 5회 지급
- 잔존가치보증 : 리스종료시점의 잔존가치 중 ₩3,000을 ㈜종로가 보증함
- 리스개설직접원가 : ₩8,460(리스제공자가 리스실행 시 지출함)
- 내재이자율 : 연 10%
- 현가계수 : 5기간 단일금액(0.62092), 5기간 기말연금(3.79079)

물음 1 ㈜미래캐피탈의 리스개시일 현재 금융리스채권을 측정하시오.

물음 2 금융리스채권에 대한 상각표를 작성하시오.

물음 3 20x1년도에 ㈜미래캐피탈이 수행할 회계처리를 제시하시오.

물음 4 20x5년 말에 ㈜미래캐피탈의 기초자산 반환에 대한 회계처리를 제시하시오. 반환된 기초자산의 공정가치는 ₩9,000으로 확인되었다.

물음 5 20x5년 말에 ㈜미래캐피탈의 기초자산 반환에 대한 회계처리를 제시하시오. 단, 기초자산의 공정가치는 ₩2,000으로 확인되었다.

해설

물음 1

1. 리스료 :
   ① 고정리스료 : 350,000(70,000×5회)
   ② 매수선택권의 행사가격 :n/a
   ③ 보증잔존가치 : 3,000

2. 리스순투자 : ① + ② = 268,460
   ① 리스료의 현재가치 : 70,000×3.79079 + 3,000×0.62092 = 267,218
   ② 무보증잔존가치의 현재가치 : 2,000×0.62092 = 1,242

3. 리스지출 : ① + ② = 268,460
   ① 기초자산의 공정가치 : 260,000
   ② 리스개설직접원가 : 8,460
   ∴ 금융리스채권(리스순투자 = 리스지출) : 268,460

물음 2

일 자	유효이자 (10%)	상각후원가 (리스료 차감 전)	고정리스료	상각후원가 (리스료 차감 후)
1년 초				268,460
1년 말	26,846	295,306	70,000	225,306
2년 말	22,531	247,837	70,000	177,837
3년 말	17,784	195,621	70,000	125,621
4년 말	12,562	138,183	70,000	68,183
5년 말	6,817	75,000	70,000	5,000
계	86,540			

(*) 미실현 이자수익 : 리스총투자 − 리스순투자 = 355,000 − 268,460 = 86,540

물음 3

회계처리						손익효과
1년 초 – 기초자산 구입						
차)	기초자산	260,000	대)	현금	260,000	–
1년 초 – 금융리스 개시						
차)	금융리스채권	268,460	대)	기초자산	260,000	–
				현금	8,460	–
1년 말 – 리스료 수취						
차)	금융리스채권	22,531	대)	이자수익	22,531	22,531
	현금	70,000		금융리스채권	70,000	–

물음 4

회계처리						손익효과
5년 말 – 기초자산 회수						
차)	기초자산	5,000	대)	금융리스채권	5,000	–
	(*) 기초자산 : Min[공정가치, 금융리스채권 장부금액] = 5,000					

물음 5

회계처리						손익효과
5년 말 – 기초자산 회수						
차)	기초자산	2,000	대)	금융리스채권	5,000	
	기초자산회수손실	3,000				(3,000)
	(*) 기초자산 : Min[공정가치, 금융리스채권 장부금액] = 2,000					
	(*) 기초자산회수손실 : 대차차액					
5년 말 – 보증청구						
차)	현금	1,000	대)	리스보증이익	1,000	1,000
	(*) 리스보증이익 : 3,000(보증잔존가치) – 2,000(기초자산가치) = 1,000					

기본예제 6 금융리스 - 추정 무보증잔존가치의 감소

[기본예제 5]의 자료와 동일하다. ㈜미래캐피탈은 리스개시일에 추정한 무보증잔존가치가 감소한 사실을 20x3년 말에 확인한 경우 다음에 답하시오.

물음 1 ㈜미래캐피탈은 20x3년 말 현재 기초자산의 예상잔존가치가 ₩5,000에서 ₩4,000으로 감소한 사실을 확인하였다. 필요한 회계처리를 제시하시오. 단, 이자율 10%의 2기간 현가계수는 0.82645, 연금현가계수는 1.73554이다.

물음 2 잔여리스기간동안 금융리스채권에 대한 상각표를 작성하시오.

물음 3 20x4년도에 ㈜미래캐피탈이 수행할 회계처리를 제시하시오.

물음 4 20x5년 말에 ㈜미래캐피탈의 기초자산 반환에 대한 회계처리를 제시하시오. 반환된 기초자산의 공정가치는 ₩3,500으로 확인되었다.

해설

물음 1

1. 리스순투자(3년 말 기준) : ① + ② = 124,793
   ① 리스료의 현재가치 : 70,000×1.73554 + 3,000×0.82645 = 123,967
   ② 무보증잔존가치의 현재가치 : 1,000×0.82645 = 826
2. 금융리스채권의 장부금액(3년 말, 기본예제5의 상각표 참고) : 125,621
3. 금융리스채권의 손상차손(2-1) : 125,621 - 124,793 = 828

물음 2

일 자	유효이자 (10%)	상각후원가 (리스료 차감 전)	고정리스료	상각후원가 (리스료 차감 후)
1년 초				268,460
1년 말	26,846	295,306	70,000	225,306
2년 말	22,531	247,837	70,000	177,837
3년 말	17,784	195,621	70,000	125,621
손상				(828)
3년 말				124,793
4년 말	12,479	137,272	70,000	67,272
5년 말	6,728	74,000	70,000	4,000
계	86,368			

물음 3

회계처리						손익효과
4년 말 - 리스료 수취						
차)	금융리스채권	12,479	대)	이자수익	12,479	12,479
	현금	70,000		금융리스채권	70,000	-

물음 4

회계처리						손익효과
5년 말 - 기초자산 회수						
차)	기초자산	3,500	대)	금융리스채권	4,000	
	기초자산회수손실	500				(500)
	(*) 기초자산 : Min[공정가치, 금융리스채권 장부금액] = 3,500					
	(*) 기초자산회수손실 : 대차차액					

3. 운용리스

기초자산에 대한 위험과 효익의 대부분이 리스이용자에게 이전되지 아니하는 리스약정을 리스제공자는 운용리스로 구분한다. 리스제공자는 정액 기준이나 다른 체계적인 기준으로 운용리스의 리스료를 수익으로 인식한다. 다른 체계적인 기준이 기초자산의 사용으로 생기는 효익이 감소되는 형태를 더 잘 나타낸다면 리스제공자는 그 기준을 적용한다.

리스제공자는 리스료수익 획득 과정에서 부담하는 원가(감가상각비를 포함)를 비용으로 인식한다. 리스제공자는 운용리스 체결 과정에서 부담하는 리스개설직접원가를 기초자산의 장부금액에 더하고 리스료 수익과 같은 기준으로 리스기간에 걸쳐 비용으로 인식한다.

운용리스에 해당하는 감가상각 대상 기초자산의 감가상각 정책은 리스제공자가 소유한 비슷한 자산의 보통 감가상각 정책과 일치해야 한다. 리스제공자는 감가상각비를 기준서 제1016호(유형자산)과 제1038호(무형자산)에 따라 계산한다.

리스제공자는 운용리스의 대상이 되는 기초자산이 손상되었는지를 판단하고, 식별되는 손상차손을 회계처리하기 위하여 기준서 1036호(자산손상)을 적용한다.

기본예제 7 운용리스

㈜미래(결산일 12월 말)는 20x1년 초, ㈜종로로부터 특정 기계장치에 대한 리스 약정에 따라 기계장치를 ₩250,000(공정가치)에 취득하고 즉시 운용리스를 실행하였다. 운용리스계약의 내용은 다음과 같다.

- 기초자산 : 기계장치(경제적 내용연수 5년, 잔존가치 ₩20,000)
- 사용기간 : 20x1년 1월 1일부터 20x2년 12월 31일까지(해지불능조건)
- 고정리스료 : 20x1년 1월 1일에 리스기간에 대한 리스료 ₩200,000을 모두 지급함
- 리스개설직접원가 : ₩10,000(리스제공자가 리스실행 시 지출함)
- 감가상각방법 : 정액법

물음 1 20x1년도에 ㈜미래캐피탈이 수행할 회계처리를 제시하시오.

물음 2 해당 운용리스계약 체결 과정에서 ㈜미래(리스제공자)가 ㈜종로(리스이용자)에게 인센티브를 매년 말마다 지급하기로 하였다. 연간 인센티브는 현금으로 지급하며 그 금액은 연간 ₩5,000이다. 인센티브에 대하여 ㈜미래가 수행할 회계처리를 제시하시오.

해설

물음 1

회계처리					손익효과
1년 초 - 기초자산 구입					
차)	기초자산	250,000	대) 현금	250,000	-
1년 초 - 운용리스 개시					
차)	운용리스자산	250,000	대) 기초자산	250,000	-
	운용리스자산	10,000	현금	10,000	-
1년 초 - 리스료 수취					
차)	현금	200,000	대) 이연리스료수익	200,000	-
1년 말 - 결산일					
차)	이연리스료수익	100,000	대) 리스료수익	100,000	100,000
	(*) 매년 리스료수익(정액기준) : 200,000 ÷ 2년 = 100,000				
1년 말 - 결산일					
차)	감가상각비	56,000	대) 감가상각누계액	56,000	(56,000)
	(*) 감가상각비 : ① + ② = 56,000				

① (250,000 − 20,000) ÷ 5년 = 46,000
② 20,000 ÷ 2년(리스기간) = 10,000

물음 2

회계처리				손익효과
1년 말 - 인센티브 지급시				
차) 리스료수익	5,000	대) 현금	5,000	(5,000)
(*) 인센티브 : 고객에게 지급한 대가이므로 수익에서 차감함				

4. 계약변경

4-1 금융리스에서의 계약변경

(1) 별도 리스인 계약변경

리스제공자는 다음 조건을 모두 충족하는 금융리스의 변경을 별도 리스로 회계처리한다.

- 리스 범위 확장 : 하나 이상의 기초자산 사용권이 추가되어 리스의 범위가 넓어진다.
- 리스 대가 증액 : 넓어진 리스 범위의 개별 가격에 상응하는 금액과 특정한 계약의 상황을 반영하여 그 개별 가격에 적절히 조정하는 금액만큼 리스대가가 증액된다.

(2) 별도 리스가 아닌 계약변경

별도 리스로 회계처리하지 않는 금융리스의 변경에 대하여 리스제공자는 다음과 같이 회계처리한다.

- 운용리스로의 변경 : 변경이 리스약정일에 유효하였다면 그 리스를 운용리스로 분류하였을 경우 리스제공자는 리스변경을 변경 유효일부터 새로운 운용리스로 회계처리한다. 이 때 변경 유효일에 인식할 기초자산의 장부금액은 리스변경 유효일 직전의 리스순투자로 측정한다.
- 그 밖의 경우 : 기준서 제1109호(금융상품)의 요구사항에 따라 변경된 현금흐름을 기초로 금융리스채권을 재측정하고 그 손익을 당기손익으로 인식한다.

그림 1 금융리스에서의 계약변경

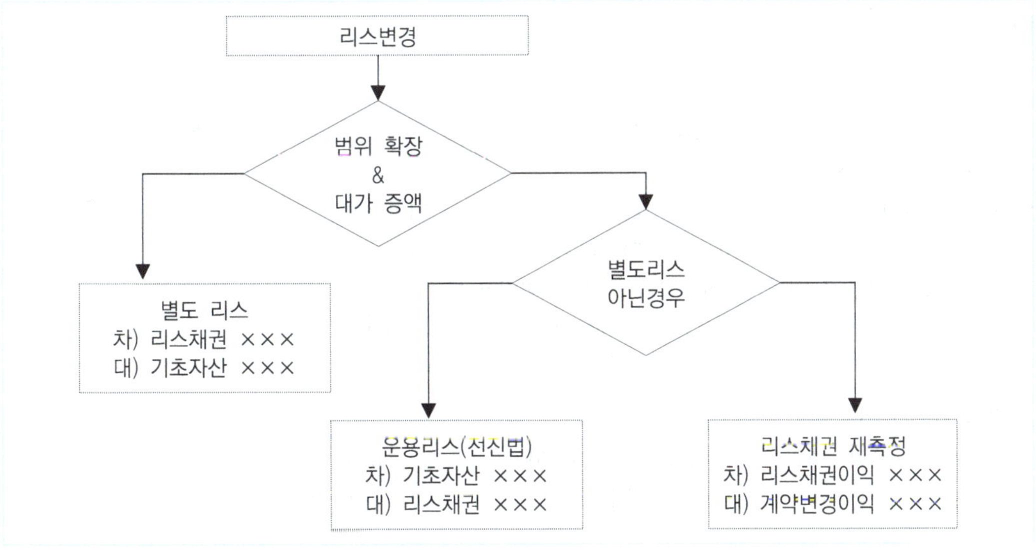

기본예제 8 금융리스 - 계약변경

리스회사인 ㈜현대(결산일 12월 말)는 기존 금융리스 계약과 관련하여 20x1년 말 금융리스채권 ₩248,000(내재이자율 10%, 3기간 연금현가 2.48)를 재무제표에 보고하였다. 기존 리스의 잔여리스기간은 3년이며 리스료는 매년 말 ₩100,000을 지급하는 조건이다.

물음 1 고객은 기존 리스와 동일한 기초자산(공정가치 ₩120,000)에 대하여 잔여리스기간동안 사용권을 추가하고 매년 말 기존 리스료를 포함하여 ₩150,000을 지급하기로 리스변경하였다. 추가 사용권에 대하여 리스변경일 현재 적절한 가격을 반영하여 리스 대가가 증액되었다면 리스변경 유효일에 ㈜현대의 회계처리를 제시하고 20x2년도에 인식할 이자수익을 계산하시오. 리스변경 유효일의 내재이자율은 연 12%이며 3기간 연금현가는 2.4이다.

물음 2 추가 사용권에 대하여 리스변경일 현재 적절한 가격을 반영하여 리스 대가가 증액된 것은 아닌 경우, 리스변경 유효일에 ㈜현대의 회계처리를 제시하시오. 단, ㈜현대는 리스변경의 내용이 리스약정일에 유효하였다면 그 리스를 운용리스로 분류하였을 것이며 리스 변경일 직전의 리스순투자는 ₩248,000으로 가정한다.

물음 3 별도 리스는 아니며 운용리스로 분류 변경되는 경우도 아닌 경우 리스변경 유효일에 ㈜현대의 회계처리를 제시하시오.

해설

물음 1

1. 회계처리

회계처리					손익효과
1년 말 - 별도리스					
차)	기초자산	120,000	대) 현금	120,000	
차)	금융리스채권	120,000	대) 기초자산	120,000	-
	(*) 별도리스로 식별 (∵리스범위 증가 & 적절한 대가 반영)				
	(*) 별도리스의 리스순투자(12%) : 50,000 × 2.4 = 120,000				

2. 20x2년도의 이자수익 : ① + ② = 39,200
   ① 기존 금융리스채권에서의 이자수익 : 248,000 × 10% = 24,800
   ② 별도리스 금융리스채권에서의 이자수익 : 120,000 × 12% = 14,400

물음 2

회계처리					손익효과
1년 말 - 운용리스로의 변경					
차)	기초자산	120,000	대) 현금	120,000	
차)	운용리스자산	248,000	대) 금융리스채권	248,000	-
	운용리스자산	120,000	기초자산	120,000	
	(*) 리스변경 직전일의 리스순투자 : 248,000(금융리스채권의 장부금액)				

물음 3

회계처리					손익효과
1년 말 - 리스채권의 재측정					
차)	기초자산	120,000	대) 현금	120,000	-
	금융리스채권	124,000	기초자산	120,000	-
			리스변경이익	4,000	4,000

(*) 금융리스채권(기존) : 248,000
(*) 금융리스채권(재측정, 10%) : 150,000 × 2.48 = 372,000
(*) 금융리스채권의 증가 : 372,000 - 248,000 = 124,000
(*) 리스변경이익 : 대차차액
(*) 기준서 1109호에서는 계약상 현금흐름의 변경과 관련한 요구사항은 다음과 같다.
금융자산의 계약상 현금흐름이 재협상되거나 변경되었으나 그 금융자산이 제거되지 아니하는 경우에는 해당 금융자산의 총 장부금액을 재계산하고 변경손익을 당기손익으로 인식한다. 금융자산의 총장부금액은 변경된 계약상 현금흐름을 해당 금융자산의 최초 유효이자율

(취득시 신용이 손상된 경우에는 신용조정 유효이자율)로 할인하여 재계산한다. 재협상 등과 관련하여 발생한 원가나 수수료는 변경된 금융자산의 장부금액에 반영하여 해당 금융자산의 남은 존속기간에 상각한다.

4-2 운용리스에서의 계약변경

리스제공자는 운용리스의 변경을 변경 유효일부터 새로운 리스로 회계처리한다. 이 경우에 변경 전 리스에 관련하여 선수하였거나 발생한(미수) 리스료를 새로운 리스의 리스료의 일부로 본다.

5. 제조자 또는 판매자인 리스제공자

5-1 의의

리스제공자가 제조자이거나 판매자인 경우, 해당 리스계약을 판매형리스로 식별한다. 이 경우 기초자산은 리스제공자의 재고자산이므로 해당 리스가 금융리스로 분류된다면 리스개시일에 매출과 매출원가 그리고 관련된 판매비용을 인식한다. 단, 운용리스는 기초자산의 위험과 보상이 이전된 것으로 볼 수 없으므로 매출 관련 손익을 인식할 수 없다.

5-2 금융리스

제조자 또는 판매자인 리스제공자는 리스개시일에 리스료를 시장이자율로 할인한 현재가치와 기초자산의 공정가치 중 적은 금액을 수익(매출)으로 인식한다. 기초자산의 원가(원가와 장부금액이 다른 경우에는 장부금액)에서 무보증잔존가치의 현재가치를 뺀 금액을 매출원가로 인식한다. 리스제공자는 기초자산을 이전하는지에 관계없이 리스개시일에 금융리스에 대한 매출손익을 인식한다.

제조자 또는 판매자인 리스제공자는 금융리스 체결과 관련하여 부담하는 원가를 리스개시일에 비용으로 인식한다. 그 원가는 주로 제조자 또는 판매자인 리스제공자가 매출이익을 벌어들이는 일과 관련되기 때문이다. 제조자 또는 판매자인 리스제공자가 금융리스 체결과 관련하여 부담하는 원가는 리스개설직접원가의 정의에서 제외되고, 따라서 리스순투자에서도 제외된다.

- 매출 : Min[리스료의 현재가치(*), 기초자산 공정가치]
  (*) 할인율 : 시장이자율
- 매출원가 : 재고자산 장부금액 - 무보증잔존가치의 현재가치
- 판매비용 : 금융리스 체결과 관련하여 부담하는 증분원가
- 회계처리 :

차)	금융리스채권	×××	대)	매출	×××	×××
	매출원가	×××		재고자산	×××	(×××)
	판매비용	×××		현금	×××	(×××)

Study Guide 시장이율로 할인하는 이유

제조자 또는 판매자인 리스제공자는 고객을 끌기 위하여 의도적으로 낮은 이자율을 제시하기도 한다. 이러한 낮은 이자율의 사용은 리스제공자가 거래에서 생기는 전체 이익 중 과도한 부분을 리스개시일에 인식하는 결과를 가져온다. 의도적으로 낮은 이자율을 제시하는 경우라면 제조자 또는 판매자인 리스제공자는 시장이자율을 부과하였을 경우의 금액으로 매출이익을 제한한다.

Study Guide 무보증잔존가치를 매출에서 제외하는 이유

리스 종료시점에 기초자산이 회수될 것이고 이를 외부에 판매하면 무보증잔존가치를 회수 할 수 있다. 즉, 무보증잔존가치는 고객(리스이용자)이 아닌 제3자로부터 회수할 금액이다. 따라서 무보증잔존가치는 고객에 대한 매출이 아니며 재고자산에서 차감하여 매출원가에서도 제외한다.

5-3 운용리스

제조자 또는 판매자인 리스제공자의 운용리스 체결은 판매와 동등하지 않으므로 운용리스 체결 시점에 매출이익을 인식하지 않는다.

기본예제 9 **판매형리스 - 금융리스**

자동차 제조·판매 법인인 ㈜방배(결산일 12월 말)는 특정 자동차를 고객에게 리스하였다. 리스 계약은 20×0년 11월 1일에 하였으나 생산 지연으로 20x1년 1월 1일부터 사용할 수 있다. 리스기간은 3년이다.

- 기초자산 : 자동차(공정가치 ₩310,000, 제조원가 ₩180,000)
- 고정리스료 : 매년 말 ₩120,000씩 3회 지급
- 거래원가 : ₩10,000(리스제공자)
- 잔존가치 : ₩10,000
- 잔존가치보증 : ₩8,000
- 시장이자율 : 연 10%
- 현가계수 : 3기간 단일금액(0.75), 3기간 기말연금(2.48)

물음 1 ㈜방배가 리스실행일에 인식할 다음 항목을 측정하시오.

(1) 금융리스채권
(2) 매출
(3) 매출원가
(4) 영업이익

물음 2 ㈜방배의 20x1년도에 수행할 회계처리를 제시하시오.

해 설

물음 1

1. 리스료 :
   ① 고정리스료 : 360,000(120,000 × 3회)
   ② 매수선택권의 행사가격 : n/a
   ③ 보증잔존가치 : 8,000

2. 리스순투자 : ① + ② = 305,100
   ① 리스료의 현재가치(10%) : 120,000×2.48 + 8,000 × 0.75 = 303,600
   ② 무보증잔존가치의 현재가치(10%) : 2,000 × 0.75 = 1,500

3. 항목 측정
   (1) 금융리스채권 : 305,100 (리스순투자)
   (2) 매출 : Min[303,600, 310,000] = 303,600
   (3) 매출원가 : 180,000 − 1,500 = 178,500
   (4) 영업이익 : 303,600 − 178,500 − 10,000(거래원가) = 115,100

물음 2

회계처리					손익효과
1년 초 - 리스실행					
차)	금융리스채권	305,100	대) 매출	303,600	303,600
	매출원가	178,500	재고자산	180,000	(178,500)
	판매비용	10,000	현금	10,000	(10,000)
1년 말 - 리스료 수취					
차)	금융리스채권	30,510	대) 이자수익	30,510	30,510
	현금	120,000	금융리스채권	120,000	−
	(*) 이자수익 : 305,100 × 10% = 30,510				

SECTION 3

리스이용자

1. 인식

리스이용자는 일부 인식 면제를 제외하고 리스개시일에 사용권자산과 리스부채를 인식한다. 리스로 식별되는 계약을 금융리스와 운용리스로 구분하여 각각의 회계처리 지침을 제공하는 리스제공자와 달리 리스이용자는 단일의 회계처리 모형을 적용한다.

2. 최초 측정

2-1 사용권자산의 최초 측정

리스이용자는 리스개시일에 사용권자산을 원가로 측정한다. 사용권자산의 원가는 다음 항목으로 구성된다.

- 리스부채의 최초 측정금액
- 리스개시일이나 그 전에 지급한 리스료(받은 리스 인센티브는 차감)
- 리스이용자가 부담하는 리스개설직접원가
- 리스 조건에서 요구하는 대로 기초자산을 해체하고 제거하거나, 기초자산이 위치한 부지를 복구하거나, 기초자산 자체를 복구할 때 리스이용자가 부담하는 원가의 추정치

리스이용자는 복구 원가에 대한 의무를 부담할 때 사용권자산 원가의 일부로 그 원가를 인식한다. 다만, 특정한 기간에 재고자산을 생산하기 위하여 사용권자산을 사용한 결과로 그 기간에 부담하는 원가에는 기준서 제1002호(재고자산)을 적용한다. 이 기준서나 재고자산 기준서를 적용하여 회계처리하는 그러한 복구 원가에 대한 의무는 기준서 제1037호(충당부채 등)을 적용하여 인식하고 측정한다.

예를 들어 리스이용자가 영업소로 사용하기 위한 사무실을 임차하고 인테리어를 한 후 그 개조나 변형을 원래대로 복구해야 한다면 복구추정원가를 충당부채와 사용권자산의 원가로 인식한다. 반면에 기초자산이 공장이며 제품 생산과정에서 발생하는 가스가 공장 외

벽을 오염시키는 경우에는 제품 생산의 결과로 복구원가가 발생하므로 복구추정원가를 충당부채와 재고자산의 원가로 인식하여야 한다.

2-2 리스부채의 최초 측정

리스이용자는 리스개시일에 그날 현재 지급되지 않은 리스료의 현재가치로 리스부채를 측정한다. 리스의 내재이자율을 쉽게 산정할 수 있는 경우에는 내재이자율로 리스료를 할인한다. 내재이자율을 쉽게 산정할 수 없는 경우에는 리스이용자의 증분차입이자율을 사용한다.

(1) 리스부채에 포함하는 리스료

리스개시일에 리스부채의 측정치에 포함되는 리스료는, 리스기간에 걸쳐 기초자산을 사용하는 권리에 대한 지급액 중 그날 현재 지급되지 않은 다음 금액으로 구성된다.

- 고정리스료 (실질적인 고정리스료를 포함하고, 받을 리스 인센티브는 차감)
- 지수나 요율에 따라 달리지는 변동리스료
- 잔존가치보증에 따라 리스이용자가 지급할 것으로 예상되는 금액
- 리스이용자가 매수선택권을 행사할 것이 상당히 확실한 경우 매수선택권의 행사가격
- 리스기간이 리스이용자의 종료선택권 행사를 반영하는 경우에 그 리스를 종료하기 위하여 부담하는 금액

(2) 리스부채에 포함하는 변동리스료

지수나 요율(이율)에 따라 달라지는 변동리스료의 예에는 소비자물가지수에 연동되는 지급액, 기준금리(LIBOR)에 연동되는 지급액, 시장대여 요율의 변동을 반영하기 위하여 변동되는 지급액이 포함된다.

리스부채에 포함하는 변동리스료는 지수나 요율에 따라 리스기간동안 계속 갱신된다. 따라서 리스부채를 최초로 측정할 때에는 리스개시일의 지수나 요율을 사용하여 변동리스료를 산정하고 그 현재가치를 리스부채에 포함하면 된다.

기본예제 10 사용권자산과 리스부채 - 최초 측정

㈜현대(결산일 12월 말)는 A사로부터 기계장치를 리스하였다. ㈜현대는 유사 자산에 대한 감가상각으로 정액법을 적용하고 있다. 다음의 공통자료를 이용하여 독립적인 물음에 답하시오.

- 기초자산 : 기계장치
- 사용기간 : 20x1년 1월 1일부터 20x3년 12월 31일까지(해지불능조건)
- 리스개설직접원가 : ₩10,000 - ㈜현대 부담
- 내재이자율 : 10%, 3기간 단일금액(0.75131), 3기간 기말연금(2.48685)
- 증분차입이자율 : 12%, 3기간 단일금액(0.71178), 3기간 기말연금(2.40183)

물음 1 ㈜현대는 매년 말 ₩80,000의 리스료를 3년간 지급한다. 20x1년 초, ㈜현대의 회계처리를 제시하시오. ㈜현대는 내재이자율을 쉽게 산정할 수 있다.

물음 2 ㈜현대는 매년 말 ₩80,000의 리스료를 3년간 지급한다. 20x1년 초, ㈜현대의 회계처리를 제시하시오. ㈜현대는 내재이자율을 쉽게 산정할 수 없다.

물음 3 ㈜현대는 매년 말 ₩80,000의 리스료를 3년간 지급한다. ㈜현대는 리스기간 종료시점에 기초자산을 ₩20,000에 매수할 수 있는 선택권이 있으며 그 가능성은 상당히 확실하다. 20x1년 초, ㈜현대의 회계처리를 제시하시오. ㈜현대는 내재이자율을 쉽게 산정할 수 있다.

물음 4 ㈜현대는 매년 말 ₩80,000의 리스료를 3년간 지급한다. ㈜현대는 리스기간 종료시점에 기초자산을 반환해야 하며 기초자산 가치 중 ₩20,000을 보증하였다. ㈜현대는 이러한 가치 보증에 따라 ₩8,000을 지출할 것으로 예상한다. 20x1년 초, ㈜현대의 회계처리를 제시하시오. ㈜현대는 내재이자율을 쉽게 산정할 수 없다.

물음 5 ㈜현대는 매년 말 ₩80,000의 리스료를 3년간 지급한다. ㈜현대는 리스기간 종료시점에 리스기간을 2년 더 연장할 수 있다. 리스기간이 연장될 가능성은 상당히 확실하며 연장된 2년 동안 매년 ₩60,000의 리스료를 지급한다. 20x1년 초, ㈜현대의 회계처리를 제시하시오. ㈜현대는 내재이자율을 쉽게 산정할 수 있으며 10%, 2기간 연금현가계수는 1.73554이다.

해설

물음 1

회계처리				손익효과
1년 초				
차) 사용권자산	208,948	대) 리스부채	198,948	–
		현금	10,000	–

(*) 리스부채 : 80,000 × 2.48685 = 198,948

(*) 사용권자산(원가) : 198,948 + 10,000(리스개설직접원가) = 208,948

물음 2

회계처리				손익효과
1년 초				
차) 사용권자산	202,146	대) 리스부채	192,146	–
		현금	10,000	–

(*) 리스부채 : 80,000 × 2.40183 = 192,146

(*) 사용권자산(원가) : 192,146 + 10,000(리스개설직접원가) = 202,146

물음 3

회계처리				손익효과
1년 초				
차) 사용권자산	223,974	대) 리스부채	213,974	–
		현금	10,000	–

(*) 리스부채 : 80,000 × 2.48685 + 20,000 × 0.75131 = 213,974

(*) 사용권자산(원가) : 213,974 + 10,000(리스개설직접원가) = 223,974

물음 4

회계처리				손익효과
1년 초				
차) 사용권자산	207,840	대) 리스부채	197,840	–
		현금	10,000	–

(*) 리스부채 : 80,000 × 2.40183 + 8,000 × 0.71178 = 197,840

(*) 사용권자산(원가) : 197,840 + 10,000(리스개설직접원가) = 207,840

물음 5

회계처리				손익효과
1년 초				
차) 사용권자산	287,184	대) 리스부채	277,184	–
		현금	10,000	–

(*) 리스부채 : 80,000 × 2.48685 + 60,000 × 1.73554×0.75131 = 277,184

(*) 사용권자산(원가) : 277,184 + 10,000(리스개설직접원가) = 287,184

기본예제 11 변동리스료 - 최초 측정

결산일이 매년 말인 ㈜현대는 20x1년 초, 매장으로 사용하기 위한 점포를 3년 간 임차하였다. 연간 리스료는 매년 초에 지급하며 직전연도 말 물가지수에 연동하여 변동한다. 20×0년 말에 결정된 물가지수는 100이며 이를 기초로 한 첫 연도의 리스료는 ₩80,000이다. 또한 ㈜현대는 매장에서 발생하는 연간 매출액의 1%를 변동리스료로 지급하기로 하였다. 연간 추정 매출액은 ₩10,000,000으로 산정된다. 리스개시일에 수행할 ㈜현대의 회계처리를 제시하시오. 단, 증분차입이자율은 연 12%이며 2기간 연금현가는 1.690이다.

해설

회계처리				손익효과
1년 초				
차) 사용권자산	215,200	대) 현금	80,000	–
		리스부채	135,200	–

(*) 지급한 리스료 : 80,000

(*) 리스부채 : 80,000 × 1.69 = 135,200

(*) 사용권자산(원가) : 80,000 + 135,200 = 215,200

(*) 물가지수 연동 변동리스료 → 현재 물가지수를 기초로 추정하며 리스부채에 포함함

(*) 매출 연동 변동리스료 → 리스부채에 포함하지 아니하며 발생한 시점에 손익으로 인식함

3. 후속 측정

3-1 사용권자산

리스이용자는 리스개시일 후에 사용권자산을 원가로 측정하거나 공정가치로 측정한다. 리스이용자 소유의 다른 자산과 그 다른 자산과 유사한 특성을 가진 사용권자산의 후속 측정에 일관성이 있어야 하므로 이 기준서는 다음의 요구사항을 두고 있다.

- 리스이용자가 투자부동산에 공정가치모형을 적용하는 경우에는, 투자부동산의 정의를 충족하는 사용권자산에도 공정가치모형을 적용한다.
- 사용권자산이 재평가모형을 적용하는 유형자산의 유형에 관련되는 경우에, 리스이용자는 그 유형자산의 유형에 관련되는 모든 사용권자산에 재평가모형을 적용하기로 선택할 수 있다.
- 공정가치모형과 재평가모형 중 어느 하나를 적용하지 않는 경우에, 리스이용자는 리스개시일 후에 원가모형을 적용하여 사용권자산을 측정한다.

투자부동산에 공정가치모형을 적용하는 경우에는 사용권자산의 후속 측정 방법으로 원가모형은 적용이 배제된다. 반면 특정 분류의 유형자산에 대하여 재평가모형을 적용하는 경우에도 그 유형과 관련되는 모든 사용권자산에 원가모형과 재평가모형 중 선택하여 적용할 수 있다.

원가모형을 적용하기 위하여, 리스이용자는 사용권자산의 원가에서 감가상각누계액과 손상차손누계액을 차감하고 리스부채의 재측정에 따른 조정을 반영하여 사용권자산을 측정한다.

(1) 감가상각

리스이용자는 사용권자산을 감가상각할 때 감가상각의 기간과 관련된 지침을 제외하고 기준서 제1016호(유형자산)의 감가상각에 대한 요구사항을 적용한다.

- 리스가 리스기간 종료시점 이전에 리스이용자에게 기초자산의 소유권을 이전하는 경우나 사용권자산의 원가에 리스이용자가 매수선택권을 행사할 것임이 반영되는 경우에, 리스이용자는 리스개시일부터 기초자산의 내용연수 종료시점까지 사용권자산을 감가상각한다.
- 그 밖의 경우 리스이용자는 리스개시일부터 사용권자산의 내용연수 종료일과 리스기간 종료일 중 이른 날까지 사용권자산을 감가상각한다.

(2) 손상

리스이용자는 사용권자산이 손상되었는지를 판단하고 식별되는 손상차손을 회계처리하기 위하여 기준서 제1036호(자산손상)을 적용한다.

3-2 리스부채

리스이용자는 리스개시일 후에 다음을 반영하여 리스부채를 측정한다.

- 리스부채에 대한 이자를 반영하여 장부금액을 증액
- 지급한 리스료를 반영하여 장부금액을 감액
- 리스부채의 재측정에 따른 장부금액의 증액 또는 감액

(1) 리스부채에 대한 이자와 지급한 리스료

리스기간 중 각 기간의 리스부채에 대한 이자는 리스부채 잔액에 대하여 일정한 기간이자율이 산출되도록 하는 금액이다. 기간이자율은 리스부채의 현재가치를 측정할 때 사용한 할인율이거나, 해당 사항이 있다면 수정 할인율이다.

■ 상각표

일 자	유효이자 (10%)	상각후원가 (리스료 차감 전)	고정리스료	상각후원가 (리스료 차감 후)
2년 초				×××
2년 말	×××	×××	×××	×××
3년 말	×××	×××	×××	×××
4년 말	×××	×××	×××	×××
계	×××			

■ 시점별 회계처리

구 분	(차변)		(대변)	
	과목	금액	과목	금액
2년 말	이자비용	×××	리스부채	×××
	리스부채	×××	현 금	×××
3년 말	이자비용	×××	리스부채	×××

	리스부채	×××	현 금	×××
4년 말	이자비용	×××	리스부채	×××
	리스부채	×××	현 금	×××

리스이용자는 리스개시일 후에 다음의 원가를 모두 당기손익으로 인식한다. 다만, 적용 가능한 다른 기준서를 적용하는, 다른 자산의 장부금액에 포함되는 원가의 경우는 제외한다.

- 리스부채에 대한 이자
- 변동리스료를 유발하는 사건 또는 조건이 생기는 기간의 리스부채 측정치에 포함되지 않은 변동리스료.[1)]

⑵ 리스부채 재측정

리스이용자는 리스개시일 후에 리스료에 생기는 변동을 반영하기 위하여 리스부채를 다시 측정한다. 리스이용자는 사용권자산을 조정하여 리스부채의 재측정 금액을 인식한다. 그러나 사용권자산의 장부금액이 영(0)으로 줄어들고 리스부채 측정치가 그보다 많이 줄어드는 경우에 리스이용자는 나머지 재측정 금액을 당기손익으로 인식한다.

구 분	(차변)		(대변)	
	과목	금액	과목	금액
리스부채 증가	사용권자산	×××	리스부채	×××

구 분	(차변)		(대변)	
	과목	금액	과목	금액
리스부채 감소	리스부채	×××	사용권자산	×××
			리스부채평가이익	×××
			(당기손익)	

1) 자동차를 장기 렌트할 경우 연간 운행거리가 사전에 약정될 수 있다. 만약 연 10,000Km를 초과 운행한 경우, 초과 운행에 대한 리스료를 추가 지급해야 하며 이러한 리스료는 예측이 불가능하므로 리스부채의 측정에 포함할 수 없다. 이러한 변동리스료는 해당 사건이 발생한 그 기간에 당기손익으로 인식한다.

① 할인율이 수정되는 경우

리스이용자는 다음 중 어느 하나에 해당하는 경우에 수정 할인율로 수정 리스료를 할인하여 리스부채를 다시 측정한다.

가. 리스기간에 변경이 있는 경우. 리스이용자는 변경된 리스기간에 기초하여 수정 리스료를 산정한다.

나. 매수선택권 평가에 변동이 있는 경우. 리스이용자는 매수선택권에 따라 지급할 금액의 변동을 반영하여 수정 리스료를 산정한다.

이 경우 리스이용자는 내재이자율을 쉽게 산정할 수 있는 경우에는 남은 리스기간의 내재이자율로 수정 할인율을 산정하나, 리스의 내재이자율을 쉽게 산정할 수 없는 경우에는 재평가시점의 증분차입이자율로 수정 할인율을 산정한다.

② 할인율이 수정되지 아니하는 경우

리스이용자는 다음 중 어느 하나에 해당하는 경우에 수정된 리스료를 기존의 할인율로 할인하여 리스부채를 다시 측정한다.

다. 잔존가치보증에 따라 지급할 것으로 예상되는 금액에 변동이 있는 경우. 리스이용자는 잔존가치보증에 따라 지급할 것으로 예상되는 금액의 변동을 반영하여 수정 리스료를 산정한다.

라. 리스료를 산정할 때 사용한 지수나 요율(이율)의 변동으로 생기는 미래 리스료에 변동이 있는 경우. 리스이용자는 현금흐름에 변동이 있을 경우(리스료 조정액이 유효할 때)에만 수정 리스료를 반영하여 리스 부채를 다시 측정한다. 리스이용자는 변경된 계약상 지급액에 기초하여 남은 리스기간의 수정 리스료를 산정한다.

이 경우 변동이자율의 변동으로 리스료에 변동이 생긴 것이 아니라면 리스이용자는 변경되지 않은 할인율을 사용한다. 리스료의 변동이 변동이자율의 변동으로 생긴 경우에 리스이용자는 그 이자율 변동을 반영하는 수정 할인율을 사용한다.

그림 2 할인율

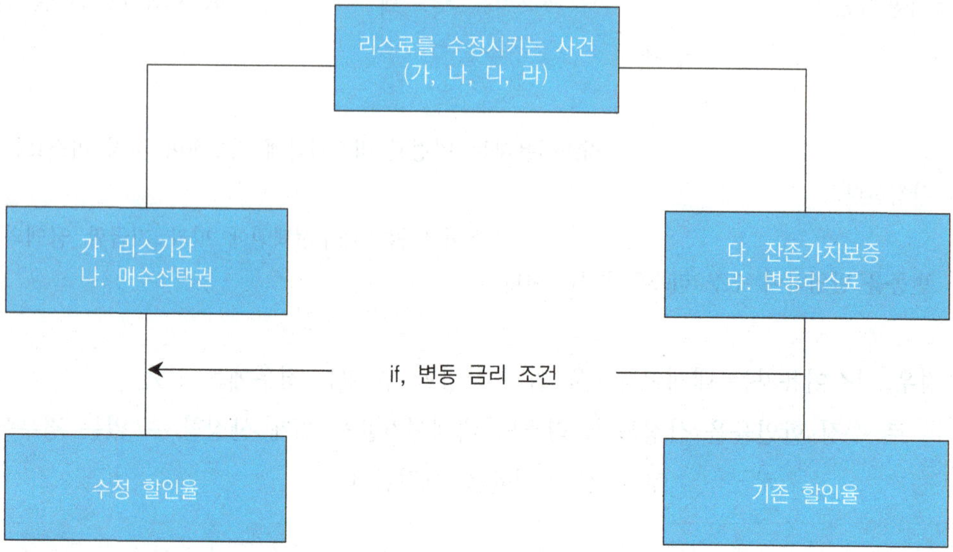

(*) 할인율 : 산정가능하면 내재이자율, 그렇지 않으면 증분차입이자율

Study Guide 리스부채의 재측정과 리스 변경

리스 변경 즉, 계약 변경 역시 리스료를 수정시키는 사건 중 하나이다. 리스 변경은 리스료에 대한 집행 가능한 권리와 의무를 발생시키는 것이므로 승인을 기초로 존재한다. 상기의 가, 나, 다, 라는 승인을 기초로 존재하는 리스 변경과 구분된다.

기본예제 12 리스이용자 – 후속측정

㈜아트(결산일 12월 말)는 자동차를 리스하였다. 유형자산으로 분류되는 자동차에 대하여 회사는 원가모형과 정액법을 적용하고 있다. 이 리스는 리스이용자의 인식 면제는 적용할 수 없다.

- 기초자산 : 자동차 (경제적 내용연수 5년, 잔존가치 없음)
- 사용기간 : 20x1년 1월 1일부터 20x3년 12월 31일까지(해지불능조건)
- 고정리스료 : 매년 말 ₩100,000씩 3회 지급
- 매수선택권 : ₩20,000 (리스 종료일에 행사 가능)
- 내재이자율 : 연 10%
- 현가계수 : 3기간 단일금액(0.75131), 3기간 기말연금(2.48685)

물음 1 리스실행일의 리스부채를 측정하고 상각표를 작성하시오. 단, 매수선택권을 행사할 가능성이 상당히 확실한 것으로 가정한다.

물음 2 리스기간동안 ㈜아트의 회계처리를 제시하시오.

물음 3 20x2년 말, 매수선택권은 행사하지 않을 것으로 추정함에 따라 향후 리스료가 수정되었다면 이와 관련하여 ㈜아트가 수행할 회계처리를 제시하시오. 단, 현재 시점의 내재이자율은 12%이며 1기간 단일금액의 현가요소는 0.89286이다.

물음 4 (물음 3)과 관련하여 20x3년도의 회계처리를 제시하시오.

해설

물음 1

1. 리스부채 : 100,000×2.48685 + 20,000×0.75131 = 263,711
2. 상각표

일 자	유효이자 (10%)	상각후원가 (리스료 차감 전)	고정리스료	상각후원가 (리스료 차감 후)
1년 초				263,711
1년 말	26,371	290,082	100,000	190,082
2년 말	19,008	209,090	100,000	109,090
3년 말	10,910	120,000	100,000	20,000
계	56,289			

물음 2

회계처리						손익효과
1년 초						
차)	사용권자산	263,711	대)	리스부채	263,711	-
1년 말						
차)	감가상각비	52,742	대)	감가상각누계액	52,742	(52,742)
	(*) 감가상각비 : 263,711 ÷ 5년(경제적 내용연수) = 52,742					
1년 말						
차)	이자비용	26,371	대)	리스부채	26,371	(26,371)
	리스부채	100,000		현금	100,000	
2년 말						
차)	감가상각비	52,742	대)	감가상각누계액	52,742	(52,742)
	(*) 감가상각비 : 263,711 ÷ 5년(경제적 내용연수) = 52,742					
2년 말						
차)	이자비용	19,008	대)	리스부채	19,008	(19,008)
	리스부채	100,000		현금	100,000	
3년 말						
차)	감가상각비	52,742	대)	감가상각누계액	52,742	(52,742)
	(*) 감가상각비 : 263,711 ÷ 5년(경제적 내용연수) = 52,742					
3년 말						
차)	이자비용	10,910	대)	리스부채	10,910	(10,910)
	리스부채	100,000		현금	100,000	
3년 말 - 매수선택권 행사						
차)	리스부채	20,000	대)	현금	20,000	-
3년 말 - 계정대체						
차)	차량운반구	263,711	대)	사용권자산	263,711	-
	감가상각누계액 (사용권자산)	158,226		감가상각누계액 (차량운반구)	158,226	-

물음 3

회계처리					손익효과
2년 말 - 리스부채 재평가					
차)	리스부채	19,804	대)	사용권자산 19,804	-

(*) 수정 리스료 : 100,000(고정리스료) + 0(매수선택권) = 100,000
(*) 수정 할인율 : 12% (∵ 매수선택권의 변경)
(*) 리스부채 재측정 : 100,000 × 0.89286 = 89,286
(*) 리스부채 감소 : 109,090(상각표) - 89,286 = 19,804

물음 4

1. 리스부채(기초) : 89,286
2. 이자비용 : 89,286×12% = 10,714
3. 사용권자산(기초) : 263,711 - 52,742 × 2년 - 19,804 = 138,423
4. 감가상각비 : 138,423 ÷ 1년(잔여리스기간) = 138,423
5. 회계처리

회계처리						손익효과
3년 말						
차)	감가상각비	138,423	대)	감가상각누계액	138,423	(138,423)
3년 말						
차)	이자비용	10,714	대)	리스부채	10,714	(10,714)
	리스부채	100,000		현금	100,000	
3년 말 - 기초자산 반환						
차)	감가상각누계액	243,907	대)	사용권자산	243,907	-

기본예제 13 리스이용자 - 후속측정

㈜현대(결산일 12월 말)는 자동차를 리스하였다. 유형자산으로 분류되는 자동차에 대하여 회사는 원가모형과 정액법을 적용하고 있다. 이 리스는 리스이용자의 인식 면제는 적용할 수 없다.

- 기초자산 : 자동차 (경제적 내용연수 8년, 잔존가치 없음)
- 사용기간 : 20x1년 1월 1일부터 20x3년 12월 31일까지(해지불능조건)
- 고정리스료 : 매년 말 ₩100,000씩 3회 지급
- 연장선택권 : 리스 종료일부터 3년 연장 가능하며 매년 말 ₩20,000씩 3회 지급
- 내재이자율 : 20x1년 초 연 10%, 20x1년 말 연 12%
- 현가계수 : 10%, 3기간 단일금액(0.75), 3기간 기말연금(2.48)
- 현가계수 : 12%, 2기간 단일금액(0.80), 2기간 기말연금(1.69), 3기간 기말연금(2.40)

리스실행일 현재 연장선택권은 행사하지 않을 것으로 추정하였으나 20x1년 말 자동차의 공급부족으로 인하여 ㈜현대는 연장선택권을 행사할 것으로 추정을 변경하였다. ㈜현대가 20x1년도와 20x2년도에 수행할 회계처리를 제시하시오.

해설

1. 리스부채(1년 초, 10%) : 100,000 × 2.48 = 248,000
2. 리스부채(1년 말, 12%) : 100,000 × 1.69 + 20,000 × 2.4 × 0.8 = 207,400
3. 상각표

일 자	유효이자 (10%, 12%)	상각후원가 (리스료 차감 전)	고정리스료	상각후원가 (리스료 차감 후)
1년 초				248,000
1년 말	24,800	272,800	100,000	172,800
1년 말				34,600
1년 말				207,400
2년 말	24,888	232,288	100,000	132,288
3년 말	15,875	148,163	100,000	48,163
4년 말	5,780	53,943	20,000	33,943
5년 말	4,073	38,016	20,000	18,016
6년 말	1,984	20,000	20,000	–
계	77,400			

4. 회계처리

회계처리				손익효과
1년 초				
차) 사용권자산	248,000	대) 리스부채	248,000	–
1년 말				
차) 감가상각비	82,667	대) 감가상각누계액	82,667	(82,667)
(*) 감가상각비 : 248,000 ÷ 3년(리스기간) = 82,667				
1년 말				
차) 이자비용	24,800	대) 리스부채	24,800	(24,800)
리스부채	100,000	현금	100,000	
1년 말 – 재측정				
차) 사용권자산	34,600	대) 리스부채	34,600	–
(*) 사용권자산 장부금액 : 248,000 – 82,667 + 34,600 = 199,933				
2년 말				
차) 감가상각비	39,987	대) 감가상각누계액	39,987	(39,987)
(*) 감가상각비 : 199,933 ÷ 5년(잔여리스기간) = 39,987				
2년 말				
차) 이자비용	24,888	대) 리스부채	24,888	(24,888)
리스부채	100,000	현금	100,000	
(*) 이자비용 : 207,400 × 12%(수정할인율) = 24,888				

기본예제 14 리스이용자 – 후속측정

㈜서초(결산일 12월 말)는 자동차를 리스하였다. 유형자산으로 분류되는 자동차에 대하여 회사는 원가모형과 정액법을 적용하고 있다. 이 리스는 리스이용자의 인식 면제는 적용할 수 없다.

- 기초자산 : 자동차 (경제적 내용연수 6년, 잔존가치 없음)
- 사용기간 : 20x1년 1월 1일부터 20x3년 12월 31일까지(기초자산 반환 조건)
- 고정리스료 : 매년 말 ₩100,000씩 3회 지급
- 잔존가치보증 : ₩20,000
- 잔존가치보증에 따라 ㈜서초가 지급할 것으로 예상되는 금액 : ₩0
- 내재이자율 : 20x1년 초 연 10% , 20x1년 말 연 12%
- 현가계수 : 10%, 3기간 단일금액(0.75), 3기간 기말연금(2.48)
- 현가계수 : 10%, 2기간 단일금액(0.83), 2기간 기말연금(1.74)
- 현가계수 : 12%, 2기간 기말연금(0.80), 2기간 기말연금(1.69)

㈜서초는 20x1년 말, 기초자산의 가치감소가 예상되어 잔존가치 보증에 따라 지급할 것으로 예상되는 금액을 ₩10,000으로 재추정한 경우 20x1년에 수행할 회계처리를 제시하시오.

해 설

1. 리스부채(1년 초, 10%) : 100,000 × 2.48 = 248,000
2. 리스부채(1년 말, 10%) : 100,000 × 1.74 + 10,000×0.83 = 182,300
3. 상각표

일 자	유효이자 (10%)	상각후원가 (리스료 차감 전)	고정리스료	상각후원가 (리스료 차감 후)
1년 초				248,000
1년 말	24,800	272,800	100,000	172,800
1년 말				9,500
1년 말				182,300
2년 말	18,230	200,530	100,000	100,530
3년 말	9,470	110,000	100,000	10,000
계	52,500			

4. 회계처리

회계처리						손익효과
1년 초						
차)	사용권자산	248,000	대)	리스부채	248,000	-
1년 말						
차)	감가상각비	82,667	대)	감가상각누계액	82,667	(82,667)
	(*) 감가상각비 : 248,000 ÷ 3년(리스기간) = 82,667					
1년 말						
차)	이자비용	24,800	대)	리스부채	24,800	(24,800)
	리스부채	100,000		현금	100,000	
1년 말 - 재측정						
차)	사용권자산	9,500	대)	리스부채	9,500	-
	(*) 사용권자산 장부금액 : 248,000 - 82,667 + 9,500 - 174,833					

4. 리스변경

리스변경이란 기초자산에 대한 사용권의 추가나 축소, 리스기간의 연장 및 단축 등으로 리스의 범위나 리스의 대가가 변경되는 계약 변경을 말한다. 전술한 바와 같이 리스 변경은 계약 당사자 간 승인을 기초로 존재한다. 리스 변경은 별도 리스와 기존 계약의 변경으로 구분하여 회계처리한다.

4-1 별도 리스

별도 리스는 기존 리스와 무관한 독립적인 리스 계약으로 보아 별도의 사용권자산과 리스부채를 인식한다. 따라서 기존 리스계약에서 인식한 사용권자산과 리스부채는 기존의 회계처리를 그대로 수행한다. 별도 리스는 다음의 조건을 모두 충족한 리스변경을 말한다.

- 리스범위 확장 : 기초자산에 대한 사용권이 추가되어 리스의 범위가 넓어진다.
- 적절한 대가 : 넓어진 리스 범위의 개별 가격에 상응하는 금액과 특정한 계약의 상황을 반영하여 그 개별 가격에 적절히 조정하는 금액만큼 리스대가가 증액된다.

4-2 별도 리스로 회계처리하지 않는 리스변경

별도 리스로 회계처리하지 않는 리스변경에 대하여 리스이용자는 리스변경 유효일에 다음과 같이 처리한다.

- 전술한 리스의 식별에서 각 리스요소의 배분의 방법을 적용하여 변경된 계약의 대가를 배분한다. (복수의 리스요소가 존재하는 경우 계약 변경에 따른 대가의 배분이 필요하다.)
- 전술한 리스기간의 지침을 고려하여 변경된 리스의 리스기간을 산정한다.
- 수정 할인율로 수정 리스료를 할인하여 리스부채를 다시 측정한다. 내재이자율을 쉽게 산정할 수 있는 경우에는 남은 리스기간의 내재이자율로 수정 할인율을 산정하나, 리스의 내재이자율을 쉽게 산정할 수 없는 경우에는 리스변경 유효일 현재 리스이용자의 증분차입이자율로 수정 할인율을 산정한다.

별도 리스가 아닌 리스변경에 대하여 리스이용자는 다음과 같이 리스부채의 재측정을 회계처리한다.

(1) 리스 범위를 좁히는 리스변경

리스의 범위를 좁히는 리스변경에 대하여 리스의 일부나 전부의 종료를 반영하기 위하여 사용권자산의 장부금액을 줄인다. 리스이용자는 리스의 일부나 전부의 종료에 관련되는 차손익을 당기손익으로 인식한다. 예를 들어 사무실 2개에 대한 사용권을 1개로 축소하는 리스변경의 경우 사용권자산과 리스부채의 장부금액을 각각 50%씩 감소시키고 차손익을 당기손익으로 인식한다. 그리고 수정 리스료를 수정 할인율로 할인하여 리스부채를 다시 측정한다.

(2) 그 밖의 모든 리스변경

그 밖의 모든 리스변경에 대하여 사용권자산에 상응하는 조정을 한다.

그림 3 리스변경

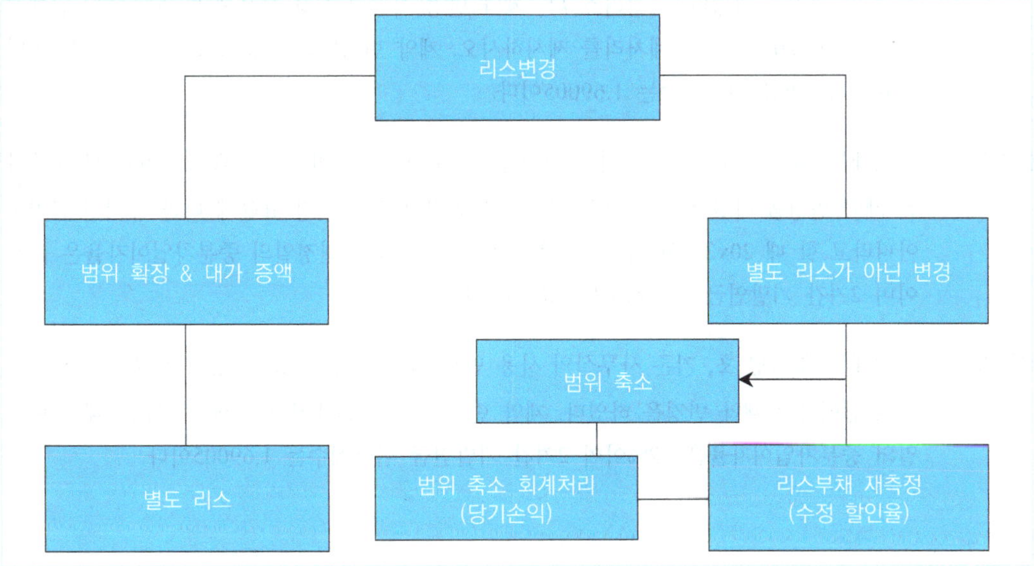

Study Guide 수정 할인율을 사용하는 경우

- 리스기간 평가의 변경
- 매수선택권 평가의 변경
- 변동 금리조건에 따라 변동리스료가 달라지는 경우
- 리스변경

기본예제 15 리스이용자 – 리스변경

㈜미래(결산일 12월 말)는 20x1년 초 사무실을 리스(3년 약정)하였다. 기존 리스계약과 관련하여 20x2년 초 재무상태표는 다음과 같다.

사용권자산(순액)	165,000	리스부채	173,554

(*) 사용권자산은 정액법을 적용하여 감가상각 한다.
(*) 고정리스료로 매년 말 ₩100,000을 지급한다.
(*) 해당 리스 약정의 증분차입이자율은 연 10%이다.

물음 1 ㈜미래는 20x2년 초, 사무실 사용 면적을 추가하고 고정 리스료를 ₩120,000으로 증액하는 계약 변경을 하였다. 고정리스료는 계약 변경 시점의 시장 요율에 따라 증액된 금액이라고 할 때 20x2년의 회계처리를 제시하시오. 계약 변경일의 증분차입이자율은 12%이며 2기간 기말연금 현가계수는 1.69005이다.

물음 2 ㈜미래는 20x2년 초, 사무실 사용 면적을 추가하고 고정 리스료를 ₩120,000으로 증액하는 계약 변경을 하였다. 고정리스료는 계약 변경 시점의 시장 요율에 따라 증액된 금액이 아니라고 할 때 20x2년의 회계처리를 제시하시오. 계약 변경일의 증분차입이자율은 12%이며 2기간 기말연금 현가계수는 1.69005이다.

물음 3 ㈜미래는 20x2년 초, 기존 사무실의 사용 면적 절반을 축소하고 고정 리스료를 ₩50,000으로 감액하는 계약 변경을 하였다. 계약 변경 시점의 회계처리를 제시하시오. 계약 변경일의 증분차입이자율은 12%이며 2기간 기말연금 현가계수는 1.69005이다.

해설

물음 1

회계처리					손익효과
2년 초					
차)	사용권자산	33,801	대) 리스부채	33,801	–
	(*) 리스부채(2년 초, 별도리스, 12%) : 20,000 × 1.69005 = 33,801				
2년 말					
차)	감가상각비	99,401	대) 감가상각누계액	99,401	(99,401)
	(*) 감가상각비 : 165,000÷2년 + 33,801 ÷ 2년 = 99,401				
2년 말					
차)	이자비용	17,356	대) 리스부채	17,356	(17,356)
	리스부채	100,000	현금	100,000	
	(*) 이자비용 : 173,554 × 10% = 17,356				
2년 말					
차)	이자비용	4,056	대) 리스부채	4,056	(4,056)
	리스부채	20,000	현금	20,000	
	(*) 이자비용 : 33,801 × 12% = 4,056				

물음 2

회계처리					손익효과
2년 초					
차) 사용권자산	29,252	대)	리스부채	29,252	-
(*) 리스부채(2년 초, 재측정, 12%) : 120,000 × 1.69005 = 202,806					
(*) 리스부채 증가 : 202,806 − 173,554 = 29,252					
(*) 사용권자산(2년 초) : 165,000 + 29,252 = 194,252					
2년 말					
차) 감가상각비	97,126	대)	감가상각누계액	97,126	(97,126)
(*) 감가상각비 : 194,252 ÷ 2년 = 97,126					
2년 말					
차) 이자비용	24,337	대)	리스부채	24,337	(24,337)
리스부채	120,000		현금	120,000	
(*) 이자비용 : 202,806 × 12% = 24,337					

물음 3

회계처리					손익효과
2년 초 - 축소					
차) 리스부채	86,777	대)	사용권자산(순액)	82,500	-
			사용권자산처분이익	4,277	4,277
(*) 사용권자산 제거 : 165,000 × 50% = 82,500					
(*) 리스부채 제거 : 173,554 × 50% = 86,777					
(*) 사용권자산처분손익 : 대차차액					
2년 초 - 재측정					
차) 리스부채	2,274	대)	사용권자산	2,274	-
(*) 리스부채(2년 초, 재측정, 12%) : 50,000 × 1.69005 = 84,503					
(*) 리스부채 감소 : 86,777 − 84,503 = 2,274					
(*) 사용권자산(2년 초) : 165,000 − 82,500 − 2,274 = 80,226					
2년 말					
차) 감가상각비	40,113	대)	감가상각누계액	40,113	(40,113)
(*) 감가상각비 : 80,226 ÷ 2년 = 40,113					
2년 말					
차) 이자비용	10,413	대)	리스부채	10,413	(10,413)

리스부채	50,000	현금	50,000

(*) 이자비용 : 86,777 × 12% = 10,413

5. 기타 고려 사항

5-1 인식 면제 선택권

리스이용자는 다음 리스에는 사용권자산과 리스부채를 인식하지 않기로 선택할 수 있다.

- 단기리스
- 소액 기초자산 리스

단기리스에 대한 인식 면제의 선택은 사용권이 관련되어 있는 기초자산의 유형별로 한다. 소액 기초자산 리스에 대한 인식 면제의 선택은 리스별로 할 수 있다.

[소액 기초자산 리스에 대한 추가 지침]

- 리스이용자는 리스대상 자산이 사용된 기간에 관계없이 기초자산이 새것일 때의 가치에 기초하여 기초자산의 가치를 평가한다. 새것일 때 일반적으로 소액이 아닌 특성이 있는 자산이라면, 해당 기초자산 리스는 소액자산 리스에 해당하지 않는다. 예를 들면 자동차는 새것일 때 일반적으로 소액이 아닐 것이므로, 자동차 리스는 소액자산 리스에 해당하지 않을 것이다. 기준서에서는 그 면제 규정을 개발하는 과정에서 기초자산이 새것일 때 대략 US $ 5,000 이하인 리스를 염두해 두었다.
- 기초자산이 소액인지는 절대적 기준에 따라 평가한다. 소액자산 리스는 그 리스가 리스이용자에게 중요한지와 관계없이 인식 면제 회계처리를 할 수 있다. 그 평가는 리스이용자의 규모, 특성, 상황에 영향을 받지 않는다. 따라서 서로 다른 리스이용자라도 특정한 기초자산이 소액인지에 대해서는 같은 결론에 이를 것으로 예상된다.
- 리스이용자가 자산을 전대리스하거나 전대리스할 것으로 예상하는 경우에 상위리스(head lease)는 소액자산 리스에 해당하지 않는다.

단기리스나 소액 기초자산 리스에 인식 면제를 선택한 경우에 리스이용자는 해당 리스에 관련되는 리스료를 리스기간에 걸쳐 정액 기준이나 다른 체계적인 기준에 따라 비용으로 인식한다. 다른 체계적인 기준이 리스이용자의 효익의 형태를 더 잘 나타내는 경우에는 그 기준을 적용한다.

5-2 전대리스

리스이용자가 당초 리스계약을 통해 획득한 기초자산에 대한 사용권을 제3자에게 다시 리스하는 것을 전대리스라 한다. 따라서 당초 리스계약에 따라 리스이용자이면서 동시에 전대리스 계약에 따라 리스제공자가 된다. 리스제공자는 앞에서 학습한 것처럼 금융리스와 운용리스로 구분하여 회계처리해야 하며 기초자산이 아니라 사용권자산의 위험과 효익의 이전 여부로 판단하는 것에 주의해야 한다.

전대리스(sub lease)의 경우에 전대리스의 내재이자율을 쉽게 산정할 수 없다면, 중간리스제공자는 전대리스의 순투자를 측정하기 위하여 상위리스(head lease)에 사용된 할인율(전대리스에 관련되는 리스개설직접원가를 조정함)을 사용할 수 있다.

기본예제 16 **리스이용자 - 전대리스**

㈜현대(결산일 12월 말)는 20x1년 초 사무실을 리스(3년 약정)하고 다음을 인식하였다.

사용권자산	₩248,685	리스부채	₩248,685

(*) 사용권자산은 정액법을 적용하여 감가상각 한다.
(*) 고정리스료로 매년 말 ₩100,000을 지급한다.
(*) 해당 리스 약정의 증분차입이자율은 연 10%이다.

물음 1 ㈜현대는 20x1년 초, 사용권을 ㈜미래에 리스(1년 약정, 고정리스료 ₩100,000)하였다. 해당 리스는 운용리스로 분류될 때 ㈜현대의 20x1년도 회계처리를 제시하시오.

물음 2 ㈜현대는 20x1년 초, 사용권을 ㈜미래에 리스(3년 약정, 고정리스료 ₩100,000)하였다. 해당 리스는 금융리스로 분류될 때 ㈜현대의 20x1년도 회계처리를 제시하시오. 단, 금융리스채권의 현재가치는 ₩248,685로 가정한다.

해설

물음 1

회계처리						손익효과
1년 초						
차)	운용리스자산	248,685	대)	사용권자산	248,685	-

1년 말

차)	감가상각비	82,895	대)	감가상각누계액	82,895	(82,895)

(*) 감가상각비 : 248,685 ÷ 3년(사용권자산의 리스기간) = 82,895

1년 말

차)	이자비용	24,869	대)	리스부채	24,869	(24,869)
	리스부채	100,000		현금	100,000	

(*) 이자비용 : 248,685 × 10% = 24,869

1년 말

차)	현금	100,000	대)	리스료수익	100,000	100,000
	리스부채	100,000		현금	100,000	

(*) 이자비용 : 173,554 × 10% = 17,356

물음 2

회계처리						손익효과
1년 초						
차)	금융리스채권	248,685	대)	사용권자산	248,685	–
1년 말						
차)	금융리스채권	24,869	대)	이자수익	24,869	24,869
	현금	100,000		금융리스채권	100,000	
(*) 이자비용 : 173,554 × 10% = 17,356						
1년 말						
차)	이자비용	24,869	대)	리스부채	24,869	(24,869)
	리스부채	100,000		현금	100,000	
(*) 이자비용 : 248,685 × 10% = 24,869						

5-3 판매후리스

판매후리스는 기업이 다른 기업에 자산을 이전하고 그 구매자에게서 그 자산을 다시 리스하는 경우를 말한다. 판매자(= 리스이용자)와 구매자(= 리스제공자)는 모두 자산 이전 계약과 리스에 다음의 지침을 적용하여 회계처리한다.

(1) 자산의 이전을 판매로 보는 경우

기업은 자산 이전을 자산의 판매로 회계처리할지를 판단하기 위하여 기준서 제1115호 '고객과의 계약으로부터의 수익'의 요구사항을 적용한다. 그 결과 자산의 이전이 자산의 판매로 볼 수 있는 기준서의 요구사항을 충족한다면 다음과 같이 회계처리한다.

① 판매자 - 리스이용자

판매자는 자산의 이전 시점에 이전한 자산의 장부금액을 제거한다. 그리고 리스이용자로써 사용권자산을 인식한다. 판매자는 계속 보유하는 사용권에 관련되는 자산의 종전 장부금액에 비례하여 판매후리스에서 생기는 사용권자산을 측정한다. 따라서 판매자는 구매자에게 이전한 권리에 관련되는 손익 금액만을 인식한다.

② 구매자 - 리스제공자

구매자는 자산의 매입에 적용할 수 있는 기준서를 적용하고 리스에는 이 기준서의 리스제공자 회계처리 요구사항을 적용한다.

③ 판매금액의 조정

자산 판매대가(considerration for the sale)의 공정가치가 그 자산의 공정가치와 같지 않거나 리스에 대한 지급액이 시장요율이 아니라면 판매금액(sale proceeds)을 공정가치로 측정하기 위하여 다음과 같이 조정한다.

- 시장조건을 밑도는 부분 : 리스료의 선급으로 회계처리한다.
- 시장조건을 웃도는 부분 : 구매자가 판매자에 제공한 추가 금융으로 회계처리한다.

시장조건과의 차이로 인한 조정액은 다음 중 더 쉽게 산정할 수 있는 기준에 따라 측정한다.

- 판매대가의 공정가치와 그 자산의 공정가치의 차이
- 리스에 대한 계약상 지급액의 현재가치와 시장요율에 따른 지급액의 현재가치의 차이

(2) 자산의 이전이 판매가 아닌 경우

판매자가 행한 자산 이전이 자산의 판매로 회계처리하게 하는 기준서 1115호의 요구사항을 충족하지 못한다면 다음과 같이 회계처리한다.

① 판매자 - 리스이용자

판매자는 이전한 자산을 계속 인식하고, 이전금액(transfer proceeds)과 같은 금액으로 금융부채를 인식한다. 그 금융부채는 기준서 1109호(금융상품)을 적용하여 회계처리한다.

② 구매자 - 리스제공자

구매자는 이전된 자산을 인식하지 않고, 이전금액과 같은 금액으로 금융자산을 인식한다. 그 금융자산은 기준서 1109호(금융상품)을 적용하여 회계처리한다.

기본예제 17　판매후리스

각 물음은 서로 독립적이다. 리스제공자의 경우 운용리스로 분류된다고 가정한다.

물음 1　20x1년 초, ㈜현대는 ㈜대치에 건물을 ₩1,800,000에 판매한다. 동시에 ㈜현대는 ㈜대치와 18년간 연간 리스료를 매년 말에 ₩103,334씩 지급하기로 하는 건물 사용권 계약을 아래와 같이 체결하였다.

- 건물의 공정가치 : ₩1,800,000
- 건물의 장부금액 : ₩1,000,000
- 리스의 내재이자율 : 연 4,5% (18기간, 연금현가요소 12)

건물의 이전이 자산의 판매에 해당하는 경우(A)와 그렇지 않은 경우(B)로 구분하고 20x1년 초 ㈜현대와 ㈜대치가 수행할 회계처리를 제시하시오.

물음 2　20x1년 초, ㈜현대는 ㈜대치에 건물을 ₩2,000,000에 판매한다. 동시에 ㈜현대는 ㈜대치와 18년간 연간 리스료를 매년 말에 ₩120,000씩 지급하기로 하는 건물 사용권 계약을 체결하였다. 이 거래와 관련한 추가 자료는 다음과 같다.

- 건물의 공정가치 : ₩1,800,000
- 건물의 장부금액 : ₩1,000,000
- 리스의 내재이자율 : 연 4,5% (18기간, 연금현가 12)
- 건물의 공정가치와 판매금액의 차이를 조정액으로 측정한다.

건물의 이전이 자산의 판매에 해당하는 경우(A)와 그렇지 않은 경우(B)로 구분하고 20x1년 초 ㈜현대와 ㈜대치가 수행할 회계처리를 제시하시오.

물음 3 20x1년 초, ㈜현대는 ㈜대치에 건물을 ₩1,600,000에 판매한다. 동시에 ㈜현대는 ㈜대치와 18년간 연간 리스료를 매년 말에 ₩86,667씩 지급하기로 하는 건물 사용권 계약을 체결하였다. 이 거래와 관련한 추가 자료는 다음과 같다.

- 건물의 공정가치 : ₩1,800,000
- 건물의 장부금액 : ₩1,000,000
- 리스의 내재이자율 : 연 4,5% (18기간, 연금현가 12)
- 건물의 공정가치와 판매금액의 차이를 조정액으로 측정한다.

건물의 이전이 자산의 판매에 해당하는 경우(A)와 그렇지 않은 경우(B)로 구분하고 20x1년 초 ㈜현대와 ㈜대치가 수행할 회계처리를 제시하시오.

해설

물음 1

1. 건물의 공정가치(1,800,000) = 대가의 공정가치(1,800,000)
2. 리스부채 = 순수리스부채
3. 리스부채 : 103,334 × 12 = 1,240,000 (8원 버림)
4. 사용권자산 비율 ; 1,240,000(순수리스부채) ÷ 1,800,000(건물의 공정가치) = 약 69%
5. 회계처리

〈A〉 판매인 경우

㈜현대 – 판매자이면서 리스이용자					손익효과
1년 초					
차) 현금	1,800,000	대)	건물(순액)	1,000,000	–
사용권자산	690,000		리스부채	1,240,000	–
			건물처분이익	250,000	250,000

(*) 사용권자산 : 1,000,000(장부금액) × 69% = 690,000

(*) 건물처분이익 : 대차차액

㈜대치 - 구매자이면서 리스제공자					손익효과
1년 초					
차)	운용리스자산	1,800,000	대)	현금	1,800,000	-

〈B〉 판매가 아닌 경우

㈜현대 - 판매자이면서 리스이용자						손익효과
1년 초						
차)	현금	1,800,000	대)	장기차입금	1,800,000	-

㈜대치 - 구매자이면서 리스제공자						손익효과
1년 초						
차)	장기대여금	1,800,000	대)	현금	1,800,000	-

물음 2

1. 건물의 공정가치(1,800,000) < 대가의 공정가치(2,000,000)
2. 리스부채 = 순수리스부채 + 차입부채
3. 리스부채 : 120,000 × 12 = 1,440,000
4. 차입부채 : 2,000,000 - 1,800,000 = 200,000(기준서에서는 이를 '조정액'이라고 함)
5. 순수리스부채 : 1,440,000 - 200,000 = 1,240,000
6. 사용권자산 비율 : 1,240,000(순수리스부채) ÷ 1,800,000(건물의 공정가치) = 약 69%
7. 회계처리

〈A〉 판매인 경우

㈜현대 - 판매자이면서 리스이용자						손익효과
1년 초						
차)	현금	200,000	대)	장기차입금	200,000	-
차)	현금	1,800,000	대)	건물(순액)	1,000,000	-
	사용권자산	690,000		리스부채	1,240,000	-
				건물처분이익	250,000	250,000

(*) 사용권자산 : 1,000,000(장부금액) × 69% = 690,000
(*) 건물처분이익 : 대차차액

㈜대치 - 구매자이면서 리스제공자						손익효과
1년 초						
차)	장기대여금	200,000	대)	현금	200,000	-
차)	운용리스자산	1,800,000	대)	현금	1,800,000	-

〈B〉 판매가 아닌 경우

㈜현대 - 판매자이면서 리스이용자						손익효과
1년 초						
차)	현금	2,000,000	대)	장기차입금	2,000,000	-

㈜대치 - 구매자이면서 리스제공자						손익효과
1년 초						
차)	장기대여금	2,000,000	대)	현금	2,000,000	-

물음 2

1. 건물의 공정가치(1,800,000) > 대가의 공정가치(1,600,000)
2. 선급리스료 : 1,800,000 - 1,600,000 = 200,000(기준서에서는 이를 '조정액'이라고 함)
3. 리스부채 : 86,667 × 12 + 200,000 = 1,240,000 (4원 버림)
4. 사용권자산 비율 : 1,240,000(순수리스부채) ÷ 1,800,000(건물의 공정가치) = 약 69%
5. 회계처리

〈A〉 판매인 경우

㈜현대 - 판매자이면서 리스이용자						손익효과
1년 초						
차)	현금	1,800,000	대)	건물(순액)	1,000,000	-
	사용권자산	690,000		리스부채	1,240,000	-
				건물처분이익	250,000	250,000
차)	리스부채	200,000	대)	현금	200,000	-

(*) 사용권자산 : 1,000,000(장부금액) × 69% = 690,000
(*) 건물처분이익 : 대차차액

㈜대치 - 구매자이면서 리스제공자						손익효과
1년 초						
차)	운용리스자산	1,800,000	대)	현금	1,800,000	-
차)	현금	200,000	대)	이연리스료수익	200,000	-

〈B〉 판매가 아닌 경우

㈜현대 - 판매자이면서 리스이용자						손익효과
1년 초						
차)	현금	1,600,000	대)	장기차입금	1,600,000	-

㈜대치 - 구매자이면서 리스제공자				손익효과
1년 초				
차) 장기대여금	1,600,000	대) 현금	1,600,000	-

6. 표시

6-1 재무상태표

리스이용자는 사용권자산을 재무상태표에 표시하거나 주석으로 공시한다.

- 투자부동산의 정의를 충족하는 사용권자산은 재무상태표에 투자부동산으로 표시한다. 주석 공시는 허용되지 않는다.
- 다른 자산과 구분하여 표시하거나 기초자산을 보유하였을 경우에 표시하였을 항목과 같은 항목에 사용권자산을 포함한다.

6-2 포괄손익계산서

포괄손익계산서에서 리스이용자는 리스부채에 대한 이자비용을 사용권자산의 감가상각비와 구분하여 표시한다.

6-3 현금흐름표

리스이용자는 리스와 관련한 현금흐름을 다음과 같이 표시한다.

- 리스부채의 원금에 해당하는 현금지급액은 재무활동으로 분류한다.
- 리스부채의 이자에 해당하는 현금지급액은 기준서 제1007호(현금흐름표)의 이자 지급에 관한 요구사항을 적용하여 분류한다. 따라서 영업활동 또는 재무활동으로 분류한다.
- 리스부채 측정치에 포함되지 않은 단기리스료, 소액자산 리스료, 변동리스료는 영업활동으로 분류한다.

chapter 17 연습문제

01 리스이용자

결산일이 12월 말인 ㈜미래는 건물의 한 층을 리스하는 계약을 체결하였다. 해당 리스계약은 리스이용자의 인식 면제 규정을 적용할 수 없으며 구체적인 계약 내용은 다음과 같다.

- 리스기간 : 20x1년 1월 1일부터 20x3년 12월 31일까지 (3년)
- 리 스 료 : 연간 ₩50,000 (매년 말 지급조건)
- 선 택 권 : 리스기간을 2년 연장할 수 있는 선택권이 ㈜미래에 부여되었고 연장된 기간 동안의 연간 리스료는 연간 ₩55,000이며 매년 말 지급조건

1) **리스개설직접원가**
리스개시일 현재 ㈜미래는 상기 리스계약을 체결하기 위하여 ₩20,000의 리스개설직접원가를 부담하였다. 이 중 ₩5,000은 이 리스를 주선한 부동산 중개인에게 지급한 수수료이며 리스제공자는 인센티브로 부동산 중개수수료 전액을 변제해 주기로 합의하였다.

2) **임차자산개량**
㈜미래는 임차한 건물 한 층의 공조시설을 개량하는 과정에서 ₩15,000을 부담하였으며 리스제공자가 ₩7,000을 변제해 주기로 하였다. 공조시설 개량의 원가는 사용권자산이 아니라 별도의 유형자산으로 인식한다.

3) **할인율**
리스의 내재이자율은 쉽게 산정할 수 없으며 리스개시일 현재 ㈜미래의 증분차입이자율은 연 5%이다. 현재가치 계산을 위하여 다음의 현가표를 이용한다.

현재가치	이자율	1	2	3
단일금액 ₩1	5%	0.9524	0.9070	0.8638
	6%	0.9434	0.8900	0.8396
정상연금 ₩1	5%	0.9524	1.8594	2.7232
	6%	0.9434	1.8334	2.6730

물음 1

선택권으로 인하여 연장되는 2년을 리스기간에 포함할지에 대하여 기준서상의 내용을 서술하시오.

물음 2

리스개시일 현재 연장선택권의 행사가능성이 낮은 것으로 판단한 경우, ㈜미래가 20x1년 1월 1일에 수행할 분개를 제시하시오.

물음 3

(물음 2)를 전제로 ㈜미래가 사용권자산과 리스부채에 대하여 20x1년 12월 31일의 필요한 회계처리를 제시하시오. ㈜미래의 사용권자산은 원가모형을 적용하며 이와 유사한 자산의 감가상각은 정액법을 적용한다.

물음 4

㈜미래는 20x2년 12월 31일 현재 연장선택권의 행사가능성이 상당히 확실한 것으로 판단하였다. ㈜미래가 사용권자산과 리스부채에 대하여 필요한 분개를 제시하시오. 동 시점에서 잔여 리스기간동안의 내재이자율은 쉽게 산정할 수 없으며 ㈜미래의 증분차입이자율은 연 6%이다.

물음 5

㈜미래가 인식할 20x3년도의 사용권자산에 대한 감가상각비와 리스부채에 대한 이자비용은 각각 얼마인가?

물음 6

리스부채의 측정 시 적용할 할인율에 대하여 서술하시오.

물음 7

리스부채의 후속 측정 시 할인율은 리스부채의 최초 측정 시 적용한 할인율을 계속 사용하나 특정 상황에서는 수정된 할인율을 사용해야 한다. 수정된 할인율을 사용하는 몇 가지 상황을 나열하시오.

해설

물음 1

리스기간은 리스이용자가 연장선택권을 행사할 가능성이 상당히 확실한 경우에 그 선택권의 대상기간을 포함하여 리스기간을 산정한다.

물음 2

차)	사용권자산	151,160	대)	리스부채	136,160
				현금	15,000
차)	유형자산	8,000	대)	현금	8,000

(*) 리스부채 : 50,000 × 2.7232(3기간, 5%) = 136,160
(*) 리스개설직접원가 : 20,000 − 5,000(인센티브) = 15,000
(*) 사용권자산 : 리스부채 + 리스개설직접원가 = 151,160
(*) 유형자산(공조시설 개량) : 15,000 − 7,000(인센티브) = 8,000

참고 리스자산 개량

임차한 자산에 대하여 리스이용자가 개량하는 경우 관련 원가는 사용권자산이 아닌 별도 자산으로 인식한다. 따라서 리스자산에 대한 개량은 리스기준서를 적용하지 않고 다른 기준서를 적용한다. 공조시설에 대한 개량은 별도의 유형자산으로 인식하는 것이 타당하며 내용연수에 걸쳐 감가상각한다.

물음 3

차)	감가상각비	50,387	대)	감가상각누계액	50,387
차)	이자비용	6,808	대)	현금	50,000
	리스부채	43,192			

(*) 감가상각비 : 151,160 ÷ 3년 = 50,387(반올림)
(*) 이자비용 : 136,160 × 5% = 6,808
(*) 리스부채 상환 : 50,000 − 6,808 = 43,192

물음 4

차) 감가상각비	50,387	대) 감가상각누계액	50,387
차) 이자비용	4,648	대) 현금	50,000
리스부채	45,352		

(*) 이자비용 : (136,160 − 43,192) × 5% = 4,648
(*) 리스부채 상환 : 50,000 − 4,648 = 45,352

차) 사용권자산	94,684	대) 리스부채	94,684

(*) 리스부채(재측정, 6%) : (50,000 + 55,000 × 1.8334) × 0.9434 = 142,300(반올림)
(*) 리스부채(장부금액) : 136,160 − 43,192 − 45,352 = 47,616
(*) 리스부채 증가액 : 94,684

물음 5

감가상각비 : (151,160 − 50,387 × 2년 + 94,684) ÷ 3년(남은 리스기간) = 48,357
이자비용 : 142,300 × 6% = 8,538

물음 6

리스이용자가 리스부채 측정 시 적용할 할인율은 리스의 내재이자율을 쉽게 산정할 수 있는 경우에는 그 이자율을 사용하고 그 이자율을 쉽게 산정할 수 없는 경우에는 리스이용자의 증분차입이자율을 적용한다.

물음 7

수정된 할인율을 사용하는 경우는 다음과 같다.

- 계약변경
- 변동금리조건의 리스
- 리스기간의 변경
- 매수선택권 등의 행사가능성의 변경

02 리스이용자 – 변동리스료

결산일이 매년 말인 ㈜헐리스는 광화문에 위치한 상가 건물 1층을 리스하였다. 계약조건은 다음과 같다.

〈공통자료〉

- 리스기간 : 20x1년 1월 1일 ~ 20x3년 12월 31일
- 연간 리스료 : ₩120,000 (매년 초 지급)
- 리스의 내재이자율은 쉽게 산정할 수 없으며 리스약정일 현재 리스이용자의 증분차입이자율은 연 10%이다.
- 현가계수는 다음과 같다.
  단일금액 ₩1의 현가계수 1기간, 10% : 0.90909
  단일금액 ₩1의 현가계수 2기간, 10% : 0.82645
  단일금액 ₩1의 현가계수 3기간, 10% : 0.75131
  정상연금 ₩1의 현가계수 2기간, 10% : 1.73554
  정상연금 ₩1의 현가계수 3기간, 10% : 2.48685

다음 각각의 〈추가자료〉는 독립적이다.

〈추가자료 1〉

- 건물은 계약 당시의 상태로 반환하는 계약상 의무가 부여되어 있다. 3년 후 원상 회복을 위한 지출액은 ₩30,000으로 예상하며 적절한 할인율은 연 10%로 가정한다.
- ㈜헐리스는 리스계약 체결과정에서 리스개설직접원가로 ₩9,196을 지출하였다.

〈추가자료 2〉

- 회계기간 초에 지급하는 선불리스료는 지급시점에 결정된 소비자물가지수를 반영하여 조정하며 물가지수의 증가(감소) 정도에 비례하여 리스료를 수정하여 지급한다.
- 회계기간 초에 결정된 소비자물가지수는 다음과 같다.
  20x1년 1월 1일 소비자물가지수 120
  20x2년 1월 1일 소비자물가지수 130
  20x3년 1월 1일 소비자물가지수 140

〈추가자료 3〉

- ㈜헐리스는 회계기간 초에 지급하는 선불리스료에 추가하여 직전 회계연도의 특정 상품(바나나 딜라이트) 매출액의 1%를 지급하기로 약정하였다.

물음 1

<공통자료>와 <추가자료 1>을 이용한다. ㈜헐리스가 20x1년 초에 수행할 분개를 제시하시오.

물음 2

㈜헐리스는 소유 건물에 대하여 원가모형을 적용한다. (물음 1)을 기초로 ㈜헐리스가 20x1년 말에 보고할 다음 항목을 계산하시오.

① 감가상각비
② 이자비용
③ 사용권자산의 장부금액
④ 리스부채의 장부금액

물음 3

<공통자료>와 <추가자료 2>를 이용한다. ㈜헐리스가 20x2년 초에 수행할 분개를 제시하시오. 단. 20x2년 초 ㈜헐리스의 증분차입이자율은 연 12%이며 2기간 정상연금의 현가계수는 1.69005이다.

물음 4

(물음 3)을 기초로 ㈜헐리스가 20x2년 말에 보고할 다음 항목을 계산하시오.

① 감가상각비
② 이자비용

물음 5

<추가자료 3>을 기초로 ㈜헐리스의 20x1년 '바나나 딜라이트'의 매출이 ₩5,000,000일 때, ㈜헐리스가 추가적으로 부담할 리스료와 관련하여 ①회계처리 일자와 ②회계처리를 제시하시오.

일 자	①	회계처리	②

해설

물음 1

차)	사용권자산	360,000	대)	현금	120,000
				리스부채	208,265
				복구충당부채	22,539
				현금	9,196

(*) 선불리스료 : 120,000
(*) 리스부채 : 120,000 × 1.73554 = 208,265
(*) 복구충당부채 : 30,000 × 0.75131 = 22,539
(*) 사용권자산 : 120,000 + 208,265 + 75,131 + 9,196 = 435,131

물음 2

① 감가상각비 : 360,000 ÷ 3년(리스기간) = 120,000
② 이자비용 : 23,081
  (*) 리스부채의 이자비용 : 208,265 × 10% = 20,827
  (*) 복구충당부채의 이자비용 : 22,539 × 10% = 2,254
③ 사용권자산의 장부금액 : 360,000 − 120,000 = 240,000
④ 리스부채의 장부금액 : 208,265 + 20,827 = 229,092

물음 3

차)	사용권자산	19,090	대)	리스부채	19,090
차)	리스부채	130,000	대)	현금	130,000

(*) 리스부채 장부금액 : 229,092(물음 1 참고)
(*) 수정리스료 : 120,000 × 130/120 = 130,000
(*) 리스부채 재측정 : 130,000 × (1 + 0.90909) = 248,182
(*) 리스부채 증가액 : 248,182 − 229,092 = 19,090

물음 4

① 감가상각비 : 259,090 ÷ 2년 = 129,545
② 이자비용 : 118,182 × 10% = 11,818
  (*) 사용권자산 장부금액(2년 초) : 240,000 + 19,090 = 259,090
  (*) 리스부채 장부금액(2년 초) : 248,182 − 130,000 = 118,182

물음 5

① 20x1년 12월 31일

② 회계처리

차) 리스료비용	50,000	대) 미지급비용	50,000

(*) 5,000,000 × 1% = 50,000

참고

1. 지수나 요율에 기초한 변동리스료

   지수나 요율에 기초한 변동리스료는 리스부채에 포함하며 현재의 지수나 요율에 기초하여 리스료를 추정한다. 지수나 요율의 변화에 의해 리스료가 수정되면 리스부채를 조정하고 동시에 사용권자산을 조정한다.

   변동금리에 기초한 변동리스료를 제외하고 기존 할인율을 사용하여 리스부채를 재측정하며 사용권자산의 장부금액이 수정되므로 후속보고기간의 감가상각 역시 수정한다.

2. 성과에 기초한 변동리스료

   성과에 기초한 변동리스료는 리스부채에 포함하지 아니하며 발생한 연도의 손익으로 인식한다. (물음 5)에서 매출액이 발생한 20x1년도의 비용으로 인식하며 지급하는 시점은 20x2년 초이므로 미지급비용으로 인식하였다.

03 리스이용자 – 잔존가치보증

결산일이 매년 말인 ㈜종로는 한강리스로부터 업무용 승용차(10대)를 리스하였다. 계약조건은 다음과 같다.

- 리스기간 : 20x1년 1월 1일 ~ 20x3년 12월 31일(3년)
- 기초자산 : 차량운반구 (공정가치 ₩31,000,000, 경제적 내용연수 5년, 잔존가치 없음)
- 리 스 료 : 매년 말 ₩12,000,000을 지급
- 잔존가치 : ㈜종로는 리스 종료시점의 잔존가치 중 ₩1,000,000을 보증하였다.

상기 리스계약의 내재이자율은 연 10%이며 ㈜종로는 리스계약 체결 및 협상과정에서 ₩50,000의 직접원가를 현금으로 지출하였다. ㈜종로의 소유한 차량운반구에 대하여 원가모형을 적용하며 감가상각방법은 정액법이다. ㈜종로는 사용권자산을 반환하는 경우 잔존가치는 없는 것으로 보아 감가상각한다. 현재가치 계산을 위한 현가계수는 10%, 기간 3년 기말연금 ₩1의 현재가치는 ₩2.4869, 단일금액 ₩1원의 현재가치는 ₩0.7513이다.

물음 1

리스 종료시점에서의 예상 잔존가치가 ₩1,200,000으로 추정된다. 다음의 물음에 답하시오.

(1) ㈜종로의 20x1년 초에 수행할 분개를 제시하시오.

(2) ㈜종로의 20x1년에 보고할 감가상각비와 이자비용을 각각 제시하시오.

물음 2

20x2년 말 현재 차량운반구의 예상 잔존가치가 ₩1,200,000에서 ₩800,000으로 감소한 경우 리스부채 수정 관련 회계처리를 제시하시오. 단, 20x2년 말 현재 내재이자율은 연 12%이며 1기간 현가계수는 각각 0.8929이며 연 10%의 1기간 현가계수는 0.9091이다.

물음 3

20x3년 말 현재 기초자산을 반환하였으며 반환시점에 차량운반구의 공정가치는 ₩800,000이다. 회계처리를 제시하시오.

해설

물음 1

⑴ 회계처리

차)	사용권자산	29,892,800	대)	리스부채	29,842,800
				현금	50,000

(*) 리스부채 :

리스료	12,000,000 × 2.4869 =	29,842,800
보증잔존가치		0 (∵ 1,200,000 > 1,000,000)
		29,842,800

(*) 사용권자산 : 29,842,800 + 50,000(리스개설직접원가) = 29,892,800

⑵ 항목 계산

① 감가상각비 : 29,892,800 ÷ 3년 = 9,964,267

② 이자비용 : 29,842,800 × 10% = 2,984,280

물음 2

차)	사용권자산	181,240	대)	리스부채	181,240

(*) 리스부채 장부금액(1년말) : 29,842,800 × 1.1 − 12,000,000 = 20,827,080

(*) 리스부채 장부금액(2년말) : 20,827,080 × 1.1 − 12,000,000 = 10,909,780

(*) 리스부채 재측정(2년말) : 12,200,000 × 0.9091(기존할인율) = 11,091,020

(*) 리스부채 증가액 : 11,091,020 − 10,909,780 = 181,240

물음 3

차)	감가상각비	10,146,086	대)	감가상각누계액	10,146,086

(*) 9,964,266 + 181,820 = 10,146,086

차)	이자비용	1,108,980	대)	현금	12,000,000
	리스부채	10,891,020			

(*) 리스부채 장부금액(3년말) : 200,000

(*) 리스부채 상환 : 11,091,020 − 200,000 = 10,891,020

(*) 이자비용 : 12,000,000 − 10,891,020 = 1,108,980(단수차이 조정)

차)	감가상각누계액	30,074,040	대)	사용권자산	30,074,040
차)	리스부채	200,000	대)	현금	200,000

(*) 사용권자산 : 29,892,800 + 181,240 = 30,074,040

참고 리스이용자의 보증잔존가치와 리스부채의 측정

리스이용자가 잔존가치에 대하여 보증한 경우 보증금액 중 지급할 것으로 예상하는 금액을 리스부채에 포함한다. 따라서 리스이용자는 보증금액의 유출가능성을 평가하여 리스부채에 포함할지를 결정하여야 한다. 상기 문제에서 리스기간 개시일에는 보증금액 보다 예상 잔존가치가 더 크기 때문에 리스부채에 포함할 금액은 없지만 후속기간에 예상 잔존가치가 작아져 지급할 것으로 예상하는 금액이 발생하였으므로 리스부채에 포함하였다. 이 때 수정된 리스부채에 적용할 할인율은 기존할인율을 사용한다.

04 리스이용자 – 계약변경

다음의 〈공통자료〉와 〈추가자료〉를 이용하여 각 물음에 답하시오.

[공통자료]

결산일이 매년 말인 ㈜청구는 20x1년 초 사무실(200m^2)을 리스하였다. 리스계약은 다음과 같다.

- 리스기간 : 20x1년 1월 1일부터 20x5년 12월 31일
- 리스료 : ₩200,000(리스기간 개시일에 지급하고 매년 말마다 5회 지급조건)
- 내재이자율 : 쉽게 산정할 수 없음
- 증분차입이자율 : 20x1년 초 10%, 20x2년 말 12%, 20x3년 말 11%
- 현가계수

기간 & 이자율	10%	11%	12%
1	0.9091	0.9009	0.8929
2	0.8265	0.8116	0.7972
3	0.7513	0.7312	0.7118

- ㈜청구의 사용권자산과 관련한 20x1년 초 재무상태표는 다음과 같다.

사용권자산	958,157	리스부채	758,177

- 리스 계약 및 계약 변경에 있어서 리스개설직접원가는 발생하지 않은 것으로 가정한다.

[추가자료]

1. ㈜청구는 20x3년 초, 사무실 사용면적(100m^2)을 넓히는 계약변경을 체결하였다. 이러한 계약변경으로 매년 말 지급하는 리스료는 ₩300,000으로 증액되었다. 추가된 리스료는 적절한 시장요율을 반영한 것이며 계약변경의 만료일은 기존 계약과 동일하다.
2. ㈜청구는 20x3년 초, 사무실 사용면적(100m^2)을 넓히는 계약변경을 체결하였다. 이러한 계약변경으로 매년 말 지급하는 리스료는 ₩250,000으로 증액되었다. 추가된 리스료는 적절한 시장요율을 반영하지 못하였다. 계약변경의 만료일은 기존 계약과 동일하다.
3. ㈜청구는 20x3년 초, 사무실 사용면적(100m^2)을 좁히는 계약변경을 체결하였다. 이러한 계약변경으로 매년 말 지급하는 리스료는 ₩120,000으로 감액되었다.

다음 각 물음은 서로 독립적이다.

물음 1

공통자료와 <추가자료 1>을 이용한다. ㈜청구의 20x3년에 수행할 모든 회계처리를 제시히사오.

물음 2

공통자료와 <추가자료 2>를 이용한다. ㈜청구의 20x3년에 수행할 모든 회계처리를 제시하시오.

물음 3

공통자료와 <추가자료 3>을 이용한다. ㈜청구의 20x3년에 수행할 모든 회계처리를 제시하시오.

해설

〈자료정리〉

1. 리스부채 장부금액
   리스부채(1년말) : 758,177 × 1.1 − 200,000 = 633,995
   리스부채(2년말) : 633,995 × 1.1 − 200,000 = 497,395

2. 사용권자산 장부금액
   감가상각비 : 958,157 ÷ 5년 = 191,631
   사용권자산(2년말) : 958,157 − 191,631 × 2년 = 574,895

물음 1

3년초	차)	사용권자산	240,190	대)	리스부채	240,190
	(*) 리스부채(별도, 12%) : 100,000 × 2.4019 = 240,190					
3년말	차)	감가상각비	271,694	대)	감가상각누계액	271,694
	(*) 감가상각비 : 191,631 + 240,190 ÷ 3년 = 271,694					
3년말	차)	이자비용	49,740	대)	현금	200,000
		리스부채	150,260			
	(*) 이자비용 : 497,395 × 10% = 49,740					
3년말	차)	이자비용	28,823	대)	현금	100,000
		리스부채	71,177			
	(*) 240,190 × 12% = 28,823					

물음 2

3년초	차) 사용권자산	103,080	대) 리스부채	103,080
	(*) 리스부채 재측정(12%) : 250,000 × 2.4019 = 600,475			
	(*) 리스부채 증가 : 600,475 − 497,395 = 103,080			
3년말	차) 감가상각비	225,992	대) 감가상각누계액	225,992
	(*) 감가상각비 : (574,895 + 103,080) ÷ 3년 = 225,992			
3년말	차) 이자비용	72,057	대) 현금	250,000
	리스부채	177,943		
	(*) 이자비용 : 600,475 × 12% = 49,740			

물음 3

〈20x3년 초〉

1. 범위 축소 회계처리

차) 리스부채	248,698	대) 사용권자산(순액)	287,448
계약변경손실	38,750		

(*) 사용권자산 축소 : 574,895 × 50% = 287,448

(*) 리스부채 축소 : 497,395 × 50% = 248,698

2. 리스부채 재평가

차) 사용권자산	39,531	대) 리스부채	39,531

(*) 리스부채(재측정 후) : 120,000 × 2.4019 = 288,228

(*) 리스부채 증가액 : 288,228 − 248,697 = 39,531

〈20x3년 말〉

차) 감가상각비	108,993	대) 감가상각누계액	108,993
차) 이자비용	34,587	대) 현금	120,000
리스부채	85,413		

(*) 감가상각비 : (287,447 + 39,531) ÷ 3년 = 108,993

(*) 이자비용 : 288,228 × 12% = 34,587

05 리스제공자 - 무보증잔존가치

결산일이 매년 말인 ㈜현대리스는 ㈜종로에 기계장치를 리스하였다. 계약조건은 다음과 같다.

- 리스기간 : 20x1년 1월 1일 ~ 20x3년 12월 31일(3년)
- 기초자산 : 기계장치 (경제적 내용연수 5년, 잔존가치 없음)
- 리 스 료 : 매년 말 ₩12,000,000을 지급
- 잔존가치 : 리스기간 종료시점에서의 예상 잔존가치는 ₩1,200,000
- 잔존가치의 보증 : ㈜종로는 리스기간 종료 시점에 잔존가치 ₩1,000,000을 보증

상기 리스계약의 내재이자율은 연 10%이며 ㈜현대리스는 리스계약 체결 및 협상과정에서 ₩744,360의 직접원가를 현금으로 지출하였다. 두 기업의 감가상각방법은 모두 정액법이다. 현재가치 계산을 위한 현가계수는 10%에서 기간 3년 기말연금 ₩1의 현재가치는 ₩2.4869, 단일금액 ₩1원의 현재가치는 ₩0.7513이다.

물음 1

리스약정일에 ㈜현대리스는 상기 리스계약을 금융리스와 운용리스로 분류하여야 한다. 금융리스로 분류할 수 있는 평가지표를 제시하시오.

물음 2

상기 리스계약은 금융리스로 분류된다고 가정한다. 20x1년 초 ㈜현대리스가 수행할 회계처리를 제시하시오.

물음 3

20x1년 말 현재 ㈜현대리스가 재무제표에 보고할 다음 항목을 제시하시오.

① 이자수익

② 수취채권(금융리스채권)

물음 4

20x2년 말 현재 ㈜현대리스가 추정한 예상 잔존가치가 ₩1,100,000으로 감소된 경우 재무제표에 보고할 다음 항목을 제시하시오. 단일금액 1원의 10%, 1기간 현재가치는 0.9091이다.

① 20x2년 법인세차감전순이익

② 20x2년 말 수취채권(금융리스채권) 장부금액

물음 5

20x3년 말 현재 ㈜현대리스는 ㈜종로로부터 기초자산을 반환받았다. 동 시점에서 기계장치의 공정가치는 ₩980,000인 경우 반환 시 수행할 회계처리를 제시하시오.

해설

〈자료정리〉

1. 리스채권 = 리스순투자 = 기초자산 공정가치 + 리스개설직접원가

고정리스료	12,000,000 × 2.4869 =	29,842,800
잔존가치 보증	1,000,000 × 0.7513 =	7,513,000
리스료의 현재가치(①)		30,594,100
무보증잔존가치(②)	200,000 × 0.7513 =	150,260
리스순투자(① + ②)		30,744,360

2. 상각표

일 자	리스채권	이자(10%)	리스료	채권회수
1년 초	30,744,360			
1년 말	21,818,796	3,074,436	12,000,000	8,925,564
2년 말	12,000,676	2,181,880	12,000,000	9,818,120
3년 말	1,200,000	(*)1,199,324	12,000,000	10,800,676

(*) 단수차이조정

물음 1

기준서에서는 기초자산에 대한 위험과 효익의 대부분이 리스이용자에게 이전되어 금융리스로 분류될 수 있는 지표를 다음으로 제시하였다.

- 기초자산에 대한 매수선택권 조항이 있다.
- 기초자산에 대한 소유권 이전 조항이 있다.
- 리스기간이 기초자산의 경제적 내용연수와 유사하다.
- 리스료의 현재가치가 기초자산의 공정가치와 유사하다.
- 기초자산에 대한 범용성이 없다.

물음 2

차)	수취채권	30,744,360	대)	기초자산	30,000,000
				현금	744,360

물음 3

① 이자수익 : 3,074,436

② 수취채권 : 21,818,796

물음 4

① 세전이익 : 2,090,414 증가

② 수취채권 장부금액 : 11,909,210

(*) 이자수익 : 2,181,880

(*) 수취채권 재측정 : 13,100,000 × 0.9091 = 11,909,210

(*) 수취채권 손상차손 : 12,000,676 - 11,909,210 = 91,466

물음 5

차)	기초자산	(*)980,000	대)	수취채권	1,100,000
	기초자산회수손실	120,000			
차)	현금	20,000	대)	리스보증이익	20,000

(*) Min[980,000, 1,100,000]

06 리스제공자 – 운용리스

다음의 공통자료를 이용하여 독립적인 물음에 답하시오.

[공통자료]

결산일이 매년 말인 ㈜대한은 ㈜세무에게 식별되는 특정 자산의 사용통제권을 이전하는 계약을 체결하였다.

- 기초자산 취득원가 : ₩600,000(20x1년 초 취득)
- 리스기간 : 20x1년 1월 1일부터 20x3년 12월 31일까지
- 고정리스료 :
  20x1년 01월 01일 지급 ₩150,000
  20x2년 01월 01일 지급 ₩100,000
  20x3년 01월 01일 지급 ₩050,000
- 내재이자율 : 연 12%(1기간: 0.89286, 2기간: 0.79719, 3기간: 0.71178)
- 리스개설직접원가 : ₩9,000(리스제공자 부담)
- 감가상각방법 : 정액법
- 기초자산의 내용연수와 잔존가치 : 10년, 없음.

물음 1

상기 리스계약은 운용리스로 분류된다. ㈜대한은 ㈜세무가 부담할 리스개설직접원가 ₩12,000을 대신 부담하기로 하였다. 20x1년에 ㈜대한이 수행할 모든 분개를 제시하시오.

물음 2

(물음 1)을 기초로 20x2년에 ㈜대한이 수행할 모든 분개를 제시하시오.

해설

물음 1

〈20x1년 초〉

차)	운용리스자산	600,000	대)	현금	600,000
	운용리스자산	9,000		현금	9,000
	선급인센티브	12,000		현금	12,000
차)	현금	150,000	대)	선수수익	150,000

〈20x1년 말〉

차)	선수수익	100,000	대)	리스료수익	100,000
차)	감가상각비	63,000	대)	감가상각누계액	63,000
차)	리스료수익	4,000	대)	선급인센티브	4,000

(*) 리스료수익 : (150,000 + 100,000 + 50,000) ÷ 3년 = 100,000

(*) 운용리스자산 감가상각비

기초자산 : 600,000 ÷ 10년 = 60,000

리스개설작접원가 : 9,000 ÷ 3년(리스기간) = 3,000

(*) 선급인센티브 상각 : 12,000 ÷ 3년(리스기간) = 4,000(리스료수익에서 차감)

물음 1

〈20x2년 초〉

차)	현금	100,000	대)	선수수익	100,000

〈20x2년 말〉

차)	선수수익	100,000	대)	리스료수익	100,000
차)	감가상각비	63,000	대)	감가상각누계액	63,000
차)	리스료수익	4,000	대)	선급인센티브	4,000

참고

리스제공자의 운용리스수익은 정액기준을 적용한다. 리스계약 체결을 위한 인센티브는 리스료수익에서 차감한다. 운용리스 관련 리스개설직접원가는 리스기간 동안 감가상각한다.

07 리스제공자 - 제조자 또는 판매자

㈜현대는 제조한 승용차를 금융리스 형식으로 판매하고 있다. ㈜현대와 ㈜성지는 다음의 조건으로 금융리스계약을 체결하였다. 두 기업의 감가상각방법은 모두 정액법이다.

- 자동차의 판매가격 : ₩200,000,000(공정가치)
- 자동차의 제조원가 : ₩150,000,000
- 리스약정일 : 20×0년 12월 01일
- 리스기간 : 20x1년 01월 01일부터 20x3년 12월 31일까지(3년)
- 고정리스료 : 리스개시일 ₩50,000,000 지급
  20x1년 말과 20x2년 말에 각각 ₩50,000,000 지급
- 잔존가치 보증 : 잔존가치 ₩70,000,000 중 ₩60,000,000을 리스이용자가 보증

상기 계약조건은 연 8%의 내재이자율을 적용하여 산출한 것이다. 리스 약정일의 시장이자율은 연 10%이다. ㈜현대는 리스계약을 체결하는 과정에서 직접적인 증분원가 ₩200,000을 지출하였다.

[현가계수]

단일금액 1원의 3년, 8% : 0.7938
기말연금 1원의 2년, 8% : 1.7833
단일금액 1원의 3년, 10% : 0.7513
기말연금 1원의 2년, 10% : 1.7355

물음 1

리스기간 개시일(20x1년 1월 1일)에 상기 금융리스로 인하여 ㈜현대의 재무제표 요소는 각각 얼마나 증가(감소)하는지 아래의 답안 양식에 따라 답하시오.

〈답안양식〉

자 산	부 채	자 본	수 익	비 용

물음 2

㈜현대의 20x1년 12월 31일에 수행할 회계처리를 제시하시오.

물음 3

㈜성지의 20x1년 1월 1일에 수행할 분개를 제시하시오. 단, ㈜성지가 부담한 리스개설직접원가는 ₩265,000이며 내재이자율은 쉽게 산정하기 어려우며 ㈜성지의 증분차입이자율은 연 10%이다.

해설

물음 1

자 산	부 채	자 본	수 익	비 용
189,366,000 − 150,000,000 − 200,000 = 39,166,000	−	39,166,000	181,853,000	142,687,000

(*) 리스순투자

수취채권	고정리스료	50,000,000 + 50,000,000 × 1.7355(10%,2기간) =	136,775,000	매출
	잔존가치보증	60,000,000 × 0.7513 =	45,078,000	
	리스료		181,853,000	
	무보증잔존가치	10,000,000 × 0.7513 =	7,513,000	
	∴ 리스순투자		189,366,000	

(*) 매출 : Min[181,853,000, 200,000,000]

(*) 매출원가 : 150,000,000 − 7,513,000 = 142,487,000

(*) 판매비 : 200,000

물음 2

차)	현금	50,000,000	대)	이자수익	13,936,600
				수취채권	36,063,400

(*) 이자수익 : 139,366,000 × 10% = 13,936,600

물음 3

차)	사용권자산	137,040,000	대)	리스부채	86,775,000
				현금	50,000,000
				현금	265,000

(*) 리스부채

리스료	50,000,000 × 1.7355(10%,2기간) =	86,775,000
보증잔존가치		0
리스부채		86,775,000

참고 판매형리스

1) 무보증잔존가치

무보증잔존가치는 고객으로부터 회수하는 계약상 대가가 아니므로 매출(수익)에 포함하면 안된다. 또한 무보증잔존가치의 현재가치를 매출원가에서도 제외하여 매출에 대응하도록 한다.

2) 할인율

판매형리스에서는 리스료의 현재가치를 측정할 때 시장이자율을 사용한다. 시장이자율을 적용한 리스료의 현재가치는 기초자산의 공정가치를 초과하지 않는 범위 내에서 매출로 인식한다.

3) 리스개설직접원가

리스제공자가 제조업자 또는 판매업자인 리스에서 리스계약 체결과정에서 발생하는 증분원가는 리스개설직접원가의 정의에서 제외한다. 따라서 발생 시점에 당기손익으로 인식한다.

4) 회계처리

차변	금액	대변	금액
현금 수취채권	50,000,000 139,366,000	매출	181,853,000
매출원가	142,487,000	재고자산	150,000,000
판매비용	200,000	현금	200,000

08 판매후리스

결산일이 매년 말인 ㈜세무는 20x1년 초 보유하고 있는 선박을 ㈜대한에 매각하고 동시에 해당 선박에 대한 사용권을 획득하는 리스계약을 체결하였다. 기초자산에 대한 정보와 리스계약의 내용은 다음과 같다.

[기본자료]

- 선박 : 취득원가 ₩2,000,000, 감가상각누계액 ₩1,000,000, 공정가치 ₩1,200,000
- 리스기간 : 3년(20x1년 1월 1일부터 20x3년 12월 31일까지)
- 리스의 내재이자율 : 연 10%(3기간, 연금현가계수 2.48685)
- 고정리스료 : 매년 말 ₩400,000 지급
- 선박은 리스기간 종료 시점에 반환하며 잔존가치 보증에 따라 ㈜세무가 지급이 예상되는 금액은 없다. ㈜세무의 감가상각은 정액법을 적용한다.

다음의 독립적인 물음에 답하시오.

물음 1

상기 거래로 인하여 ㈜세무의 20x1년 1월 1일의 재무제표 요소는 각각 얼마나 증가(감소)하는지 아래의 답안 양식에 따라 답하시오. 단, 선박의 이전거래를 통해 선박에 대한 통제는 ㈜대한에게 이전되며 선박의 매각으로 수취한 금액은 ₩1,200,000이다.

〈답안양식〉

자 산	부 채	자 본	수 익	비 용

물음 2

(물음 1)을 기초로 ㈜세무가 20x1년 12월 말에 수행할 분개를 제시하시오.

물음 3

<기본자료>의 고정리스료 ₩500,000을 제외하고 내용은 동일하다. 리스기간 개시일(20x1년 1월 1일)에 상기 거래로 인하여 ㈜세무의 재무제표 요소는 각각 얼마나 증가(감소)하는지 아래의 답안 양식에 따라 답하시오. 단, 선박의 이전거래를 통해 선박에 대한 통제는 ㈜대한에게 이전되며 선박의 매각으로 수취한 금액은 ₩1,448,685이다.

〈답안양식〉

자 산	부 채	자 본	수 익	비 용

물음 4

<기본자료>의 고정리스료 ₩300,000을 제외하고 내용은 동일하다. 리스기간 개시일(20x1년 1월 1일)에 상기 거래로 인하여 ㈜세무의 재무제표 요소는 각각 얼마나 증가(감소)하는지 아래의 답안 양식에 따라 답하시오. 단, 선박의 이전거래를 통해 선박에 대한 통제는 ㈜대한에게 이전되며 선박의 매각으로 수취한 금액은 ₩951,315이다.

〈답안양식〉

자 산	부 채	자 본	수 익	비 용

물음 5

리스기간 개시일(20x1년 1월 1일)에 상기 거래로 인하여 ㈜세무의 재무제표 요소는 각각 얼마나 증가(감소)하는지 아래의 답안 양식에 따라 답하시오. 단, 선박의 이전거래를 통해 선박에 대한 통제는 ㈜대한에게 이전되지 않으며 선박의 매각으로 수취한 금액은 ₩994,740이다.

〈답안양식〉

자 산	부 채	자 본	수 익	비 용

해설

물음 1

자 산	부 채	자 본	수 익	비 용
1,200,000 + 828,950 − 1,000,000 = 1,028,950	994,740	34,210	34,210	−

차)	현금	1,200,000	대)	선박(순액)	1,000,000
	사용권자산	828,950		리스부채	994,740
				유형자산처분이익	34,210

(*) 리스료의 현재가치 : 400,000 × 2,48685 = 994,740(=리스부채)

(*) 사용권자산 : 1,000,000 × 994,740 ÷ 1,200,000 = 828,950

(*) 유형자산처분이익 : ① 또는 ②

① 대차차액

② (1,200,000 − 1,000,000) × (1 − 994,740 ÷ 1,200,000) = 34,210

사용권비율 = 82.895%

물음 2

차)	감가상각비	276,317	대)	감가상각누계액	276,317
차)	이자비용	99,474	대)	현금	400,000
	리스부채	300,526			

(*) 감가상각비 : 828,950 ÷ 3년 = 276,317

(*) 이자비용 : 994,740 ÷ 10% = 99,474

물음 3

자 산	부 채	자 본	수 익	비 용
1,448,685 + 828,950 − 1,000,000 = 1,277,635	248,685 + 994,740 = 1,243,425	34,210	34,210	−

차)	현금	248,685	대)	금융부채	248,685
차)	현금	1,200,000	대)	선박(순액)	1,000,000
	사용권자산	828,950		리스부채	994,740
				유형자산처분이익	34,210

(*) 리스료의 현재가치 : 500,000 × 2,48685 = 1,243,425(추가금융+리스부채)

① 추가금융 : 1,448,685 − 1,200,000 = 248,685

② 리스부채 : 1,243,425 − 248,685 = 994,740

(*) 사용권자산 : 1,000,000 × 994,740 ÷ 1,200,000 = 828,950

(*) 유형자산처분이익 : ① 또는 ②

① 대차차액

② (1,200,000 − 1,000,000) × (1 − 994,740 ÷ 1,200,000) = 34,210

물음 4

자 산	부 채	자 본	수 익	비 용
951,315 + 828,950 − 1,000,000 = 780,265	746,055	34,210	34,210	−

차)	선급리스료	248,685	대)	현금	248,685
차)	현금	1,200,000	대)	선박(순액)	1,000,000
	사용권자산	828,950		선급리스료	248,685
				리스부채	746,055
				유형자산처분이익	34,210

(*) 선급리스료 : 1,200,000 − 951,315 = 248,685

(*) 리스부채 : 300,000 × 2,48685 = 746,055

(*) 리스료의 현재가치 : 248,685 + 746,055 = 994,740

(*) 사용권자산 : 1,000,000 × 994,740 ÷ 1,200,000 = 828,950

(*) 유형자산처분이익 : ① 또는 ②

① 대차차액

② (1,200,000 − 1,000,000) × (1 − 994,740 ÷ 1,200,000) = 34,210

물음 5

자 산	부 채	자 본	수 익	비 용
994,740	994,740	−	−	−

차) 현금	994,740	대) 금융부채	994,740

(*) 기초자산을 계속 인식하며 수취한 금액만큼 부채를 인식한다.

Chapter 18

회계변경 및 오류

1. 오류수정
2. 회계변경

SECTION 1

오류수정

재무제표가 한국채택국제회계기준에서 인정하지 않는 방법으로 작성되거나 기준서의 요구사항을 잘못 적용하여 작성된 경우, 그 재무제표를 한국채택국제회계기준에서 인정하는 방법으로 작성한 재무제표로 수정하여야 한다. 이러한 과정을 오류 수정이라고 한다.

1. 오류의 유형

오류는 발생 시점에 따라 당기오류와 전기오류로 구분한다. 당해 보고기간에 발생한 오류를 당기오류라고 하며 전기 이전에 발생한 오류를 전기오류라고 한다.

재무제표의 인식과 측정 과정에 오류가 발생하더라도 오류가 재무제표 이용자의 의사결정에 항상 영향을 주는 것은 아니다. 해당 오류를 정보이용자가 알았더라면 의사결정의 결과가 수정되었을 수도 있는 오류를 중요한 오류라고 하며 그렇지 않은 경우를 사소한 오류라고 한다.

매출채권을 대여금으로 회계처리하면 기업의 총자산은 왜곡이 없으나 그 계정과목에는 왜곡이 존재한다. 또한 매출채권의 손상차손은 영업이익을 감소시키지만 대여금의 손상차손은 영업외손익에만 영향을 미치므로 당기순이익에는 왜곡이 없으나 회계기준에서 요구하는 손익의 구분이 달라진다. 이러한 오류는 계정과목의 적용에 따른 오류로 순자산에 영향을 주지 않는 오류라고 한다. 반면에 매출을 누락하거나 감가상각을 누락하는 오류는 기업의 자산 크기를 왜곡시키므로 이러한 오류를 순자산에 영향을 주는 오류라고 한다.

순자산에 영향을 주는 오류는 왜곡이 존재하는 자산과 부채가 재무제표에서 소멸할 때 반대의 영향을 발생시키므로 순자산에 미친 왜곡의 정도는 결국 소멸된다. 오류는 그 왜곡의 정도가 소멸되는 기간에 따라 자동조정오류와 비자동조정오류로 구분한다. 자동조정오류는 오류가 두 개의 보고기간 동안 소멸하는 경우를 말하며 비자동조정오류는 두 개의 보고기간을 초과하여 소멸하는 경우를 말한다. 일반적으로 자산과 부채의 회전율이 높은 유동자산 및 유동부채에서 발생한 오류는 자동조정오류에 해당하며 비유동자산 및 비유동부채에서 발생한 오류는 비자동조정오류에 해당한다.

2. 오류 수정

2-1 오류 수정을 위한 접근법

오류 수정은 회사가 인식한 회계처리와 회계기준에서 요구하는 회계처리를 비교하여 그 차이를 수정하면 된다. 이를 위하여 회사가 인식한 회계처리를 식별할 수 있어야 하며 동시에 해당 거래에 대하여 한국채택국제회계기준에서 요구하는 인식과 측정을 정확히 알고 있어야 한다. 이 둘의 차이를 적절히 수정하는 회계처리를 적용하면 왜곡된 재무제표가 올바른 재무제표로 수정된다. 예를 들어 기업이 20x1년 초에 취득한 기계장치(내용연수 3년, 잔존가치 없으며 정액법 적용) ₩90,000을 수선비로 인식한 경우, 회사의 회계처리와 내용연수 동안 올바른 회계처리를 하고 양자의 차이를 살펴보면 다음과 같다.

[회사의 회계처리]

회계처리					손익효과
1년 초					
차)	수선비	90,000	대) 현금	90,000	(90,000)

[올바른 회계처리]

회계처리					손익효과
1년 초					
차)	기계장치	90,000	대) 현금	90,000	-
1년 말					
차)	감가상각비	30,000	대) 감가상각누계액	30,000	(30,000)
	(*) 감가상각비 : 90,000 ÷ 3년 = 30,000				
2년 말					
차)	감가상각비	30,000	대) 감가상각누계액	30,000	(30,000)
	(*) 감가상각비 : 90,000 ÷ 3년 = 30,000				
3년 말					
차)	감가상각비	30,000	대) 감가상각누계액	30,000	(30,000)
	(*) 감가상각비 : 90,000 ÷ 3년 = 30,000				

[과목별 차이]

회계처리					손익효과
1년 초					
차)	기계장치	90,000	대) 수선비	90,000	90,000
1년 말					
차)	감가상각비	30,000	대) 감가상각누계액	30,000	(30,000)
	(*) 감가상각비 : 90,000 ÷ 3년 = 30,000				
2년 말					
차)	감가상각비	30,000	대) 감가상각누계액	30,000	(30,000)
	(*) 감가상각비 : 90,000 ÷ 3년 = 30,000				
3년 말					
차)	감가상각비	30,000	대) 감가상각누계액	30,000	(30,000)
	(*) 감가상각비 : 90,000 ÷ 3년 = 30,000				

회사의 회계처리는 ₩90,000을 20x1년도의 비용으로 인식하였고 올바른 회계처리는 20x1년부터 3년 동안 매년 ₩30,000을 비용으로 인식하여야 한다. 이러한 오류는 결국 내용연수가 종료되는 20x3년 말이 되면 비용으로 인식한 총액이 같아지므로 20x3년말 이익잉여금의 차이는 소멸하게 되며 소멸하는데 소요되는 기간이 3년이므로 비자동조정오류에 해당한다.

오류 수정분개는 상기의 과목별 차이를 나타내는 분개와 동일하지만 오류를 적발한 시점에 따라 다음과 같이 회계처리 한다.

[오류수정] – 20x1년도에 발견한 경우

회계처리					손익효과
1년 초					
차)	기계장치	90,000	대) 수선비	90,000	90,000
1년 말					
차)	감가상각비	30,000	대) 감가상각누계액	30,000	(30,000)
	(*) 감가상각비 : 90,000 ÷ 3년 = 30,000				

[오류수정] - 20x2년도에 발견한 경우

회계처리					손익효과
1년 초					
차) 기계장치	90,000	대)	미처분이익잉여금	90,000	90,000
(*) 전기의 수선비가 이익잉여금으로 마감된 상태이므로 이익잉여금을 조정함					
1년 말					
차) 미처분이익잉여금	30,000	대)	감가상각누계액	30,000	(30,000)
(*) 감가상각비 : 90,000 ÷ 3년 = 30,000					
(*) 전기의 감가상각비가 이익잉여금으로 마감된 상태이므로 이익잉여금을 조정함					
2년 말					
차) 감가상각비	30,000	대)	감가상각누계액	30,000	(30,000)
(*) 감가상각비 : 90,000 ÷ 3년 = 30,000					
(*) 당기순이익이 마감되기 전이라면 해당 손익과목을 직접 조정함					

[오류수정] - 20x3년도에 발견한 경우

회계처리					손익효과
1년 초					
차) 기계장치	90,000	대)	미처분이익잉여금	90,000	90,000
1년 말					
차) 미처분이익잉여금	30,000	대)	감가상각누계액	30,000	(30,000)
(*) 감가상각비 : 90,000 ÷ 3년 = 30,000					
2년 말					
차) 미처분이익잉여금	30,000	대)	감가상각누계액	30,000	(30,000)
(*) 감가상각비 : 90,000 ÷ 3년 = 30,000					
3년 말					
차) 감가상각비	30,000	대)	감가상각누계액	30,000	(30,000)
(*) 감가상각비 : 90,000 ÷ 3년 = 30,000					

2-2 정산표

오류수정 분개가 다수인 경우 과목별로 수정사항을 요약하는 표를 일목요연하게 작성할 수 있다. 이를 오류수정 정산표라고 한다. 정산표는 자유로운 형식으로 작성할 수 있으며 본 서에서는 다음의 형식을 사용한다.

[정산표]

	20x1년	20x2년	계	
왜곡된 자본	×××	×××	×××	
수정 사항(손익관점)				
1. 수선비	20x1년 자본 수정	20x2년 자본 수정	20x2년 말 자본 수정	자산 부채 관점
2. 감가상각비				
3. 법인세 효과				
소계				
올바른 자본	×××	×××	×××	

위의 오류수정 분개를 정산표로 정리하면 다음과 같다. 단, 법인세효과는 무시한다.

	20x1년	20x2년	계	
왜곡된 자본	×××	×××	×××	
수정 사항(손익관점)				
1. 수선비	90,000		90,000	자산 부채 관점
2. 감가상각비	(30,000)	(30,000)	(60,000)	
3. 법인세 효과				
소계				
올바른 자본	×××	×××	×××	

2-3 누적효과의 처리 방법

전기오류수정 누적효과란 기초시점까지 존재하는 회사의 자산 및 부채와 올바른 자산 및 부채의 차이금액을 말한다. 기업회계기준서 제1008호 '회계정책, 회계추정의 변경 및 오류'에서는 오류가 재무제표에 중요한 영향을 미치는 경우, 누적효과를 소급하여 수정할 것을 요구하고 있다. 다만, 소급 적용이 실무적으로 불가능한 경우에는 소급 적용이 가능한 시점부터 수정하며 그 시점이 경우에 따라서는 당기일 수도 있다. 당기의 재무제표에 비교표시 되는 과거 재무제표는 재작성하여야 한다.

기준서는 사소한 오류에 대하여 별도의 요구사항을 두고 있지 않다. 따라서 정보이용자의 의사결정에 중요한 영향을 주지 않는 오류의 경우에는 누적효과를 '전기오류수정손익'의 과목으로 당기순이익에 반영하고 비교표시 되는 재무제표를 재작성하지 않을 수 있다.

3. 실제 적용

재무제표에 존재할 수 있는 오류는 그 종류와 범위를 한정할 수 없다. 따라서 발생가능한 모든 오류에 대하여 학습하는 것은 불가능하며 대표적인 사례의 분석을 통해 오류수정의 논리를 익히도록 한다.

3-1 유형자산 및 무형자산

토지와 같이 비상각자산의 취득원가 오류는 향후 손상이 발생하거나 토지를 처분한 시점의 처분손익에 영향을 준다. 반면에 감가상각대상자산의 취득원가 오류는 내용연수동안 감가상각비에도 영향을 준다. 유형자산 등의 회계처리에 오류가 존재하면 해당 오류로 인하여 내용연수동안의 감가상각비가 왜곡될 가능성이 있다. 따라서 해당 오류는 내용연수동안 자본에 영향을 주므로 자동조정오류에는 해당하지 아니한다.

기본예제 1 **유형자산 등**

결산일이 매년 말인 ㈜현대는 다음의 항목의 회계처리가 잘못된 것을 20x2년 결산과정에서 발견하였다.

- 20x1년 초 ₩100,000에 현금 취득한 구축물에 대하여 내용연수 종료시점의 복구원가를 취득원가에 포함하지 않았다. 추정 복구원가의 현재가치는 ₩10,000이며 할인율은 10%이다. 구축물의 내용연수는 5년이며 잔존가치 없이 정액법으로 상각한다.

- 20x1년 7월 초 ₩90,000에 취득한 소프트웨어에 대하여 소모품비로 비용처리하였다. 해당 소프트웨어의 내용연수는 3년이며 유사 무형자산의 상각방법은 정액법이다.
- 20x1년 및 20x2년도 당기순이익은 각각 ₩800,000과 ₩900,000이다.

물음 1 회사의 회계처리를 제시하시오.

물음 2 올바른 회계처리를 제사하시오.

물음 3 과목별 차이를 회계처리로 나타내시오.

물음 4 오류수정 회계처리를 제시하시오.

물음 5 20x1년 초, 미처분이익잉여금은 ₩1,000,000이다. 20x2년도 자본변동표에 표시할 미처분이익잉여금을 나타내시오.

해설

물음 1

회계처리 - 구축물					손익효과
1년 초					
차)	구축물	100,000	대) 현금	100,000	-
1년 말					
차)	감가상각비	20,000	대) 감가상각누계액	20,000	(20,000)
	(*) 감가상각비 : 100,000 ÷ 5년 = 20,000				
2년 말					
차)	감가상각비	20,000	대) 감가상각누계액	20,000	(20,000)
	(*) 감가상각비 : 100,000 ÷ 5년 = 20,000				

회계처리 - 소프트웨어					손익효과
1년 7월초					
차)	소모품비	90,000	대) 현금	90,000	(90,000)

물음 2

회계처리 - 구축물					손익효과
1년 초					
차)	구축물	110,000	대) 현금	100,000	-
			복구충당부채	10,000	-
	(*) 복구충당부채 : 10,000				
1년 말					
차)	감가상각비	22,000	대) 감가상각누계액	22,000	(20,000)
	(*) 감가상각비 : 110,000 ÷ 5년 = 22,000				
1년 말					
차)	이자비용	1,000	대) 복구충당부채	1,000	(1,000)
	(*) 이자비용 : 10,000 × 10% = 1,000				
2년 말					
차)	감가상각비	22,000	대) 감가상각누계액	22,000	(20,000)
	(*) 감가상각비 : 110,000 ÷ 5년 = 22,000				
2년 말					
차)	이자비용	1,100	대) 복구충당부채	1,100	(1,100)
	(*) 이자비용 : 11,000 × 10% = 1,100				

회계처리 - 소프트웨어					손익효과
1년 7월초					
차)	소프트웨어	90,000	대) 현금	90,000	-
1년 말					
차)	무형자산상각비	15,000	대) 상각누계액	15,000	(15,000)
	(*) 무형자산상각비 : 90,000 ÷ 3년 × 6/12 = 15,000				
2년 말					
차)	무형자산상각비	30,000	대) 상각누계액	30,000	(30,000)
	(*) 무형자산상각비 : 90,000 ÷ 3년 = 30,000				

물음 3

회계처리 - 구축물					손익효과
1년 초					
차) 구축물	10,000	대)	복구충당부채	10,000	–
1년 말					
차) 감가상각비	2,000	대)	감가상각누계액	2,000	(2,000)
1년 말					
차) 이자비용	1,000	대)	복구충당부채	1,000	(1,000)
2년 말					
차) 감가상각비	2,000	대)	감가상각누계액	2,000	(2,000)
2년 말					
차) 이자비용	1,100	대)	복구충당부채	1,100	(1,100)

회계처리 - 소프트웨어					손익효과
1년 7월초					
차) 소프트웨어	90,000	대)	소모품비	90,000	90,000
1년 말					
차) 무형자산상각비	15,000	대)	상각누계액	15,000	(15,000)
2년 말					
차) 무형자산상각비	30,000	대)	상각누계액	30,000	(30,000)

물음 4

회계처리 - 구축물					손익효과
2년 말					
차) 구축물	10,000	대)	복구충당부채	12,100	–
미처분이익잉여금	3,000		감가상각누계액	4,000	–
감가상각비	2,000				(2,000)
이자비용	1,100				(1,100)

회계처리 - 소프트웨어					손익효과
2년 말					
차)	소프트웨어	90,000	대) 미처분이익잉여금	75,000	-
	무형자산상각비	30,000	상각누계액	45,000	(30,000)

물음 5

1. 올바른 당기순이익(20x2년) :
   900,000(회사) - 2,000(감가상각) - 1,100(이자비용) - 30,000(무형자산상각) = 866,900

2. 자본변동표

구 분	미처분이익잉여금
20x2년 초	1,800,000
전기오류수정 누적효과	72,000
당기순이익	866,900
20x2년 말	2,738,900

3-2 사용권자산

리스이용자는 일부 인식 면제항목을 제외하고 사용권자산 및 리스부채를 인식해야 한다. 리스기준서의 요구사항과 달리 회사가 인식하고 측정한 경우 오류 수정이 필요하다.

기본예제 2 **사용권자산**

결산일이 매년 말인 ㈜현대는 20x1년 초, 사무실을 임차하여 사용하였다. 매년 말 지급하는 임차료는 ₩100,000이며 3년 약정이다. 회사는 임차료를 지급하는 시점에 임차료의 과목으로 비용으로 인식하였다. 해당 리스계약은 소액 기초자산 리스 및 단기리스에는 해당하지 아니한다. 유사 자산에 대한 감가상각방법은 정액법이다. 회사의 증분차입이자율은 10%이며 3기간 연금현가요소는 2.48685이다. 회사는 20x2년 말, 상기 오류를 적발한 경우 필요한 회계처리를 제시하시오.

해설

1. 회사의 회계처리

회계처리 - 구축물					손익효과
1년 말					
차)	임차료	100,000	대) 현금	100,000	(100,000)

2년 말					
차)	임차료	100,000	대) 현금	100,000	(100,000)

2. 올바른 회계처리

회계처리 - 구축물					손익효과
1년 初					
차)	사용권자산	248,685	대) 리스부채	248,685	-
	(*) 리스부채 : 100,000 × 2.48685 = 248,685 (= 사용권자산)				
1년 말					
차)	감가상각비	82,895	대) 감가상각누계액	82,895	(82,895)
	(*) 감가상각비 : 248,685 ÷ 3년 = 82,895				
차)	이자비용	24,869	대) 리스부채	24,869	(24,869)
	리스부채	100,000	현금	100,000	-
	(*) 이자비용 : 248,685 × 10% = 24,869				
2년 말					
차)	감가상각비	82,895	대) 감가상각누계액	82,895	(82,895)
	(*) 감가상각비 : 248,685 ÷ 3년 = 82,895				
차)	이자비용	17,355	대) 리스부채	17,355	(17,355)
	리스부채	100,000	현금	100,000	-
	(*) 이자비용 : (248,685 + 24,869 - 100,000) × 10% = 17,355				

3. 과목별 차이 조정

회계처리 - 구축물					손익효과
1년 初					
차)	사용권자산	248,685	대) 리스부채	248,685	-
1년 말					
차)	감가상각비	82,895	대) 감가상각누계액	82,895	(82,895)
차)	이자비용	24,869	대) 리스부채	24,869	(24,869)
	리스부채	100,000	임차료	100,000	100,000

2년 말					
차) 감가상각비	82,895	대) 감가상각누계액	82,895		(82,895)
차) 이자비용	17,355	대) 리스부채	17,355		(17,355)
리스부채	100,000	임차료	100,000		100,000

4. 오류수정 회계처리

회계처리 - 구축물				손익효과
2년 말				
차) 사용권자산	248,685	대) 리스부채	90,909	-
미처분이익잉여금	7,764	감가상각누계액	165,790	100,000
감가상각비	82,895	임차료	100,000	(82,895)
이자비용	17,355			(17,355)

3-3 채무상품

투자사채 또는 사채 회계처리에 오류가 존재하면 해당 오류로 인하여 만기동안의 이자수익이나 이자비용이 왜곡된다. 동시에 금융자산이나 금융부채의 보고 금액이 왜곡된다. 따라서 해당 오류는 투자사채나 사채의 만기동안 자본에 영향을 주므로 자동조정오류에는 해당하지 아니한다.

기본예제 3 채무상품

결산일이 매년 말인 ㈜미래는 다음의 항목의 회계처리가 잘못된 것을 20x2년 결산과정에서 발견하였다.

> 20x1년 초 액면금액 ₩100,000, 액면이자율 8%, 매년 말 이자 지급, 만기 3년의 사채를 ₩95,026(시장이자율 연 10%)에 발행 또는 취득하였다. 단, 거래원가는 없다.

물음 1 ㈜미래는 사채를 발행하고 상각후원가 측정 금융부채로 분류하였다. 회사는 액면이자 지급액만을 이자비용으로 인식한 경우 오류 수정 회계처리를 제시하시오.

물음 2 ㈜미래는 사채를 취득하고 상각후원가 측정 금융자산으로 분류하였다. 회사는 할인 취득액을 정액법에 따라 상각한 경우 오류 수정 회계처리를 제시하시오.

해설

참고 할인발행차금 또는 할인 취득액의 상각표

일 자	유효이자 (10%)	액면이자 (8%)	차금상각	상각후원가
1년 초				95,026
1년 말	9,503	8,000	1,503	96,529
2년 말	9,653	8,000	1,653	98,182
3년 말	9,818	8,000	1,828	100,000
계	28,974	24,000	4,974	

물음 1

1. 회사의 회계처리

회계처리				손익효과
1년 초				
차) 현금	95,026	대) 사채	95,026	−
1년 말				
차) 이자비용	8,000	대) 현금	8,000	(8,000)
2년 말				
차) 이자비용	8,000	대) 현금	8,000	(8,000)

2. 올바른 회계처리

회계처리				손익효과
1년 초				
차) 현금	95,026	대) 사채	95,026	−
1년 말				
차) 이자비용	9,503	대) 현금	8,000	(9,503)
		사채	1,503	
2년 말				
차) 이자비용	9,653	대) 현금	8,000	(9,653)
		사채	1,653	

3. 과목별 차이 조정

회계처리					손익효과
1년 말					
차)	이자비용	1,503	대)	사채	1,503	(1,503)
2년 말					
차)	이자비용	1,653	대)	사채	1,653	(1,653)

4. 오류 수정

회계처리						손익효과
2년 말						
차)	미처분이익잉여금	1,503	대)	사채	3,156	(1,653)
	이자비용	1,653				

물음 2

1. 회사의 회계처리

회계처리						손익효과
1년 초						
차)	금융자산	95,026	대)	현금	95,026	–
1년 말						
차)	현금	8,000	대)	이자수익	9,658	9,658
	금융자산	1,658				
	(*) 할인취득 상각 : 4,974 ÷ 3년 = 1,658(정액법)					
2년 말						
차)	현금	8,000	대)	이자수익	9,658	9,658
	금융자산	1,658				
	(*) 할인취득 상각 : 4,974 ÷ 3년 = 1,658(정액법)					

2. 올바른 회계처리

회계처리						손익효과
1년 초						
차)	금융자산	95,026	대)	현금	95,026	–
1년 말						
차)	현금	8,000	대)	이자수익	9,503	9,503
	금융자산	1,503				
2년 말						
차)	현금	8,000	대)	이자수익	9,653	9,653
	금융자산	1,653				

3. 과목별 차이 조정

회계처리						손익효과
1년 말						
차)	이자수익	155	대)	금융자산	155	(155)
2년 말						
차)	이자수익	5	대)	금융자산	5	(5)

4. 오류 수정

회계처리						손익효과
2년 말						
차)	미처분이익잉여금	155	대)	금융자산	160	(5)
	이자수익	5				

3-4 재고자산

재고자산 회계처리에 오류가 존재하면 해당연도의 매출원가가 왜곡되며 다음연도의 매출원가에 정확히 반대의 영향을 준다. 따라서 해당 오류는 두 회계연도의 당기순이익에 영향을 주며 그 효과가 반대이므로 자동조정오류에 해당한다.

특정 연도의 기말재고의 오류가 해당연도와 다음연도의 손익에 미치는 영향은 다음의 등식을 통해 확인할 수 있다. 특정 연도의 기말재고가 과대 계상되면 매출원가는 과소 계상된다. 또한 과대 계상된 기말재고는 다음연도의 기초재고로 이월되어 다음연도의 매출원가에 반대의 영향을 미친다. 따라서 특정 연도의 기말재고자산의 왜곡은 해당 연도의 매출원가와 다음 연도의 매출원가에 영향을 미치며 금액은 같고 방향이 반대이므로 자동조정오류에 해당한다.

In		발생연도	Out	
기초재고	당기매입	=	매출원가	기말재고
正	正		과소	과대

In		다음연도	Out	
기초재고	당기매입	=	매출원가	기말재고
과대	正		과대	正

기본예제 4 **재고자산**

20x1년 초에 설립한 ㈜현대(결산일 : 매년 말)의 상품 재고와 관련한 자료는 다음과 같다. 모든 거래는 현금을 가정하고 법인세 효과는 무시한다.

- 20x1년도 당기매입은 ₩100,000이며 기말상품재고는 ₩20,000을 기록하였다.
- 20x2년도 당기매입은 없으며 기말상품재고는 남아 있지 않다.
- 20x1년말 미처분이익잉여금은 ₩500,000이며 20x2년도 당기순이익은 ₩150,000이다.

물음 1 회사의 회계처리를 제시하시오.

물음 2 20x1년 말 정확한 상품재고가 ₩15,000일 때 올바른 회계처리를 제시하시오.

물음 3 과목별로 차이를 조정하는 회계처리를 제시하시오.

물음 4 20x2년 말 상기 오류를 수정하는 회계처리를 제시하시오.

물음 5 20x2년도 자본변동표의 미처분이익잉여금을 나타내시오.

해설

물음 1

회계처리					손익효과
1년 - 취득					
차)	상품	100,000	대) 현금	100,000	-
1년 - 판매					
차)	매출원가	80,000	대) 상품	80,000	(80,000)
2년 - 판매					
차)	매출원가	20,000	대) 상품	20,000	(20,000)

물음 2

회계처리					손익효과
1년 - 취득					
차)	상품	100,000	대) 현금	100,000	-
1년 - 판매					
차)	매출원가	85,000	대) 상품	85,000	(85,000)
2년 - 판매					
차)	매출원가	15,000	대) 상품	15,000	(15,000)

물음 3

회계처리					손익효과
1년 - 판매					
차)	매출원가	5,000	대) 상품	5,000	(5,000)
2년 - 판매					
차)	상품	5,000	대) 매출원가	5,000	5,000

물음 4

회계처리				손익효과
2년 말				
차) 미처분이익잉여금	5,000	대) 매출원가	5,000	5,000

물음 5

1. 올바른 당기순이익(20x2년) : 150,000(회사) + 5,000(매출원가) = 155,000

2. 자본변동표

구 분	미처분이익잉여금
20x2년 초	500,000
전기오류수정 누적효과	(5,000)
당기순이익	155,000
20x2년 말	600,000

기본예제 5 재고자산

20x1년 초에 설립한 ㈜현대(결산일 : 매년 말)의 기말재고자산에 대한 오류를 20x4년 말에 발견하였다.

과 목	20x1년 말	20x2년 말	20x3년 말	20x4년 말
기말재고	₩8,000 과대	₩5,000 과소	₩3,000 과소	₩1,000 과대

물음 1 과목별 차이 조정 회계처리를 제시하시오.

물음 2 회사가 기록한 연도별 매출원가가 다음과 같을 때 연도별 정확한 매출원가를 산정하시오.

과 목	20x1년	20x2년	20x3년	20x4년
매출원가	₩88,000	₩40,000	₩53,000	₩100,000

물음 3 오류수정 회계처리를 제시하시오.

해설

물음 1

회계처리				손익효과
1년 말				
차) 매출원가	8,000	대) 상품	8,000	(8,000)
2년 초 – 반대조정				
차) 상품	8,000	대) 매출원가	8,000	8,000
2년 말				
차) 상품	5,000	대) 매출원가	5,000	5,000
3년 초 – 반대조정				
차) 매출원가	5,000	대) 상품	5,000	(5,000)
3년 말				
차) 상품	3,000	대) 매출원가	3,000	3,000
4년 초 – 반대조정				
차) 매출원가	3,000	대) 상품	3,000	(3,000)
4년 말				
차) 매출원가	1,000	대) 상품	1,000	(1,000)

물음 2

과 목	20x1년	20x2년	20x3년	20x4년
수정 전 매출원가	88,000	40,000	53,000	100,000
증가(감소)	8,000	(13,000)	2,000	4,000
수정 후 매출원가	96,000	27,000	55,000	104,000

물음 3

회계처리				손익효과
4년 말				
차) 매출원가	4,000	대) 미처분이익잉여금	3,000	(4,000)
		상품	1,000	

3-5 매출

매출에 오류가 존재하는 경우 해당연도의 매출이 왜곡되며 다음연도의 매출에 반대의 영향을 준다. 따라서 매출 오류는 두 회계연도의 순이익에 영향을 주는 자동조정오류에 해당하며 매출채권 또는 선수금 계정과 연결된다.

매출 오류와 관련하여 주의할 점은 반드시 기말재고자산의 적정성을 동시에 검토하여야 한다. 예를 들어 선적지 인도 조건에서 선적이 완료된 판매 재고에 대하여 회사가 매출을 인식하지 않은 경우 매출은 누락되었지만 기말재고자산은 적정하다. 이 경우 매출원가는 왜곡이 없을 것이다. 반면에 도착지 인도 조건에서 미도착 재고에 대하여 회사가 매출을 인식한 경우 매출이 과대 계상되고 동시에 기말재고자산은 과소 계상되므로 매출원가는 과대 계상될 것이다.

기본예제 6 매출과 매출원가

결산일이 매년 말인 ㈜삼정은 매출 오류를 20x2년 결산과정에서 발견하였다. ㈜삼정은 기말재고자산을 실물재고만을 고려하여 매출원가를 산정하였다. 매출원가율은 80%이다.

- 20x1년 말 선적지 조건의 판매에 대하여 선적일(20x1년 12월 29일)이 아니라 도착일(20x2년 1월 9)에 매출 ₩10,000을 인식하였다. 매출채권의 평균 회수기간은 40일이다.
- 20x2년 말 도착지 조건의 판매에 대하여 도착일(20x3년 1월 2일)이 아니라 선적일(20x2년 12월 31)에 매출 ₩20,000을 인식하였다. 매출채권의 평균 회수기간은 40일이다.

물음 1 선적지 조건의 판매에 대한 오류 수정 회계처리를 제시하시오.

물음 2 도착지 조건의 판매에 대한 오류 수정 회계처리를 제시하시오.

해설

물음 1

1. 회사의 회계처리

회계처리					손익효과
1년 말					
차)	매출원가	8,000	대) 상품	8,000	(8,000)
2년					
차)	매출채권	10,000	대) 매출	10,000	10,000

2. 올바른 회계처리

회계처리						손익효과
1년 말						
차)	매출채권	10,000	대)	매출	10,000	10,000
	매출원가	8,000		상품	8,000	(8,000)

3. 과목별 차이 조정

회계처리						손익효과
1년 말						
차)	매출채권	10,000	대)	매출	10,000	10,000
2년						
차)	매출	10,000	대)	매출채권	10,000	(10,000)

4. 오류 수정

회계처리						손익효과
2년						
차)	매출	10,000	대)	미처분이익잉여금	10,000	(10,000)

물음 2

1. 회사의 회계처리

회계처리						손익효과
1년 말						
차)	매출채권	20,000	대)	매출	20,000	20,000
	매출원가	16,000		상품	16,000	(16,000)

2. 올바른 회계처리

회계처리						손익효과
2년						
차)	매출채권	20,000	대)	매출	20,000	20,000
	매출원가	16,000		상품	16,000	(16,000)

3. 과목별 차이 조정

	회계처리				손익효과
1년					
차)	매출	20,000	대) 매출채권	20,000	(20,000)
	상품	16,000	매출원가	16,000	16,000
2년					
차)	매출채권	20,000	대) 매출	20,000	20,000
	매출원가	16,000	상품	16,000	(16,000)

4. 오류 수정

	회계처리				손익효과
2년					
차)	미처분이익잉여금	4,000	대) 매출	20,000	20,000
	매출원가	16,000			(16,000)

3-6 이연과 발생

회계는 발생주의를 기초로 수익과 비용을 보고한다. 수익과 비용의 발생시점 이전에 현금을 수수하는 경우 선급비용 또는 선수수익 등의 이연계정을 통해 귀속시기를 조정하여야 한다. 또한 수익과 비용 발생시점에 현금을 수수하지 않은 경우에는 미수수익 또는 미지급비용 등의 발생계정을 통해 당해연도에 귀속시켜야 한다. 이러한 이연계정과 발생계정의 누락은 결국 손익과 순자산의 왜곡이 발생하며 단기 항목과 관련되는 경우에는 자동조정오류에 해당하게 된다. 예를 들어, 12월의 급여를 차기 1월에 지급하고 지급하는 시점에 비용으로 인식하는 경우 12월의 비용은 누락되어 자본이 과대계상 되지만 지급하는 시점에는 비용이 과대 계상되어 자본이 과소계상 된다.

기본예제 7 **이연과 발생**

결산일이 매년 말인 ㈜현대는 급여와 임대료수익을 현금주의로 회계처리하였다. 오류 수정 회계처리를 제시하시오.

- 20x1년 12월의 급여 ₩10,000을 다음 연도 1월에 인식하였다.
- 20x2년 1월의 임대료 ₩20,000을 직전 연도 12월에 수취하였다.

해설

회계처리				손익효과
2년				
차) 미처분이익잉여금	10,000	대) 급여	10,000	10,000

회계처리				손익효과
2년				
차) 미처분이익잉여금	20,000	대) 임대료수익	20,000	20,000

3-7 법인세 효과를 고려한 경우

당기순이익에 영향을 주는 오류는 법인세에도 영향을 준다. 전기오류수정 누적효과에 대한 법인세 효과는 자본(예: 미처분이익잉여금)에서 직접 조정한다.

SECTION 2

회계변경

회계변경은 재무제표 작성 시 사용한 가정이나 추정 및 정책 등이 변경되는 경우를 말하며 회계정책의 변경과 회계추정의 변경으로 구분한다.

1. 회계정책과 변경

회계정책이란 기업이 재무제표를 작성할 때 사용하는 구체적인 지침으로 상장기업 등은 한국채택국제회계기준이 이에 해당한다. 만약 특정 항목의 재무보고와 관련하여 한국체택국제회계기준에 내용이 없는 경우, 경영자는 목적적합하고 신뢰할 수 있는 회계정책을 개발하여야 한다.[1] 기업이 회계정책으로 채택한 방법은 매기 일관성 있게 적용하여야 한다. 단, 한국채택국제회계기준에서 회계정책의 변경을 요구하거나 새로운 회계정책이 기존의 회계정책보다 신뢰성 있고 목적적합한 재무보고가 가능한 경우에는 예외적으로 회계정책의 변경을 허용한다. 회계정책의 변경이란 유사한 경제적 현상을 재무 보고할 때, 한국채택국제회계기준에서 허용한 대체가능한 다른 회계처리방법으로 변경하는 것을 말한다.

1-1 회계정책변경의 예

다음은 회계정책 변경의 대표적인 예이다.

- 재고자산의 단위원가결정방법을 변경하는 경우(가중평균법 ↔ 선입선출법)
- 유형, 무형자산의 후속보고방법을 변경하는 경우(원가모형 ↔ 재평가모형)
- 투자부동산의 후속보고방법을 변경하는 경우(원가모형 ↔ 공정가치모형)
- 측정기준을 변경하는 경우(진행률 측정기준으로 투입법 ↔ 산출법)

1) 경영자는 회계정책의 개발 시 유사하고 관련된 IFRS의 규정을 우선 검토하며 관련 규정이 없다면 개념체계의 내용을 검토한다.

1-2 회계정책의 변경이 아닌 경우

다음은 회계정책 변경과 유사하지만 실무적 이유 등에 따라 기준서에서 회계정책 변경으로 보지 않는 사례이다.

- 과거에 발생한 거래와 실질이 다른 거래에 다른 회계정책을 적용하는 경우
- 과거에 발생하지 않았거나 중요하지 않았던 거래에 새로운 회계정책을 적용하는 경우
- 잘못된 정책을 적용하다가 기업회계기준의 정책으로 변경하는 경우(이는 오류수정이다.)

2. 회계추정과 변경

미래에 대한 불확실성으로 재무제표에 인식하는 항목 중 상당수가 추정을 필요로 한다. 추정은 이용가능한 정보를 기초로 미래에 대한 불확실성을 합리적으로 예측하는 과정이기 때문에 새로 입수되는 정보에 따라 계속 수정된다. 회계정책의 변경과 추정의 변경이 복합적인 경우에는 각각을 구분하여야 하나 구분이 어렵다면 회계추정의 변경으로 본다. 회계추정이 필요한 상황의 예는 다음과 같다.

- 감가상각 – 미래소비형태의 변경, 잔존가치 및 내용연수의 변경
- 기대신용손실 – 채무불이행 관련 발생확률의 변경
- 복구원가 – 미래 복구원가 추정치에 대한 변경
- 판매보증 – 미래 보증원가에 대한 변경
- 건설계약 – 미래 추정공사원가의 변경

3. 회계변경 누적효과

회계변경 누적효과란 새로운 방법을 처음부터 적용한 경우, 회계변경연도의 기초시점에 존재해야 할 자산, 부채, 자본의 금액과 기존 방법에서 계상한 자산, 부채, 자본 금액과의 차이를 누적효과라 한다. 누적효과의 측정 방법은 오류수정의 과정과 동일하며 회계변경에 대한 회계처리 방법은 이러한 누적효과의 인식 여부에 따라 다음으로 구분한다.

3-1 소급법

회계변경의 누적효과를 소급하여 반영하고 비교 표시되는 과거기간의 재무제표를 재작

성하는 방법이다. 소급법을 적용하면 과거 재무제표가 수정되어 재무제표의 신뢰성이 상실되지만 기간별 또는 기업간 비교가능성이 재고된다.

3-2 전진법

회계변경의 누적효과를 무시하고 변경된 방법을 당기 및 미래의 기간에만 반영하며 비교 표시되는 과거기간의 재무제표를 재작성하지 않는 방법이다. 전진법을 적용하면 기간별 또는 기업간 비교가능성이 낮아지지만 과거 재무제표가 수정되지 않으므로 신뢰성은 유지될 수 있다.

3-3 기준서의 요구사항

기준서 제1008호에서는 회계변경에 대하여 상기 방법을 상황별로 적용하도록 규정하고 있다. 원칙적으로 정책변경의 경우 소급적용을 요구하며 추정변경의 경우 전진적용을 요구하고 있다. 기준서에서는 실무적으로 원칙적인 소급적용이 불가능한 경우에는 소급적용이 가능한 시점부터 적용하도록 하고 있으며 그 시점이 당기일 수 있도록 원칙적인 적용의 실무적 예외를 두고 있다.

기준서에서는 유형자산에 대하여 최초로 재평가모형을 적용하는 경우 정책변경에 해당하지만 소급적용의 면제 조항을 두고 있다. 따라서 당기와 미래기간에 재평가모형을 전진적으로 적용하면 되며 비교 표시되는 과거기간의 재무제표를 재작성하지 않아도 된다.

기본예제 8 재고자산 정책변경

결산일이 매년 말인 ㈜현대는 20x2년도에 재고자산의 단위원가 결정방법으로 선입선출법에서 가중평균법으로 변경하였다. 각 방법에서의 기말재고자산은 다음과 같다.

구 분	20x1년 말	20x2년 말
선입선출법	₩10,000	₩12,000
가중평균법	8,000	9,000

20x2년도의 정책변경과 관련한 회계처리를 제시하시오.

해설

회계처리						손익효과
2년						
차)	미처분이익잉여금	2,000	대)	재고자산	3,000	
	매출원가	1,000				(1,000)

참고 과목별 차이 조정

회계처리						손익효과
1년말						
차)	매출원가	2,000	대)	재고자산	2,000	(2,000)
2년초-반대조정						
차)	재고자산	2,000	대)	매출원가	2,000	2,000
2년말						
차)	매출원가	3,000	대)	재고자산	3,000	(3,000)

기본예제 9 원가모형과 재평가모형의 정책변경

결산일이 매년 말인 ㈜현대는 20x1년 초, 건물을 ₩100,000(내용연수 5년, 잔존가치 없고 정액법 적용)에 취득하였다. 건물의 시점별 공정가치는 다음과 같다.

구 분	20x1년 말	20x2년 말
공정가치	₩99,000	₩89,100

정책변경에 따른 누적효과는 소급적용하는 방식을 따를 때 독립적인 물음에 답하시오. 단, 법인세 효과는 무시한다.

물음 1 유형자산인 건물에 대하여 20x2년도에 원가모형에서 재평가모형으로 변경하였다. 정책변경과 관련된 회계처리를 제시하시오. 단, 재평가잉여금은 이익잉여금으로 대체하지 아니하며 재평가 회계처리 시 감가상각누계액을 전액 제거하는 방법을 사용한다.

물음 2 투자부동산인 건물에 대하여 20x2년도에 원가모형에서 공정가치모형으로 변경하였다. 정책변경과 관련된 회계처리를 제시하시오.

해설

물음 1

회계처리					손익효과
2년					
차)	감가상각누계액	40,000	대) 재평가잉여금(*)	19,000	–
	감가상각비	4,750	재평가잉여금	14,850	14,850 OCI
			건물	10,900	(4,750) PL

(*) 기초시점의 자본(재평가잉여금)에 직접 반영. 따라서 20x2년도의 손익효과에서 제외됨

참고

1. 변경 전 회계처리(원가모형)

회계처리					손익효과
1년 초					
차)	건물	100,000	대) 현금	100,000	–
1년 말					
차)	감가상각비	20,000	대) 감가상각누계액	20,000	(20,000) PL

(*) 감가상각비 : 100,000 ÷ 5년 = 20,000

회계처리					손익효과
2년 말					
차)	감가상각비	20,000	대) 감가상각누계액	20,000	(20,000) PL

2. 변경 후 회계처리(재평가모형)

회계처리					손익효과
1년 초					
차)	건물	100,000	대) 현금	100,000	–
1년 말					
차)	감가상각비	20,000	대) 감가상각누계액	20,000	(20,000) PL
차)	감가상각누계액	20,000	대) 건물	1,000	
			재평가잉여금	19,000	19,000 OCI

(*) 재평가증가액 : 99,000 – 80,000 = 19,000

(*) 감가상각누계액 : 전액 제거

(*) 건물 : 100,000 – 99,000 = 1,000

2년 말

차) 감가상각비	24,750	대) 감가상각누계액	24,750		(24,750) PL

(*) 감가상각비 : 99,000 ÷ 4년 = 24,750

차) 감가상각누계액	24,750	대) 건물	9,900	
		재평가잉여금	14,850	14,850 OCI

(*) 재평가증가액 : 89,100 − (99,000−24,750) = 14,850
(*) 감가상각누계액 : 전액 제거
(*) 건물 : 99,000 − 89,100 = 9,900

3. 과목별 차이 조정 회계처리

회계처리				손익효과
1년말				
차) 감가상각누계액	20,000	대) 건물	1,000	
		재평가잉여금	19,000	19,000 OCI
2년말				
차) 감가상각비	4,750	대) 감가상각누계액	4,750	(4,750) PL
감가상각누계액	24,750	재평가잉여금	14,850	14,850 OCI
		건물	9,900	

물음 2

회계처리				손익효과
2년				
차) 감가상각누계액	40,000	대) 미처분이익잉여금	19,000	(9,900)
투자부동산평가손실	9,900	감가상각비	20,000	20,000
		건물	10,900	

(*) 기초시점의 자본(미처분이익잉여금)에 직접 반영. 따라서 20x2년도의 손익효과에서 제외됨

참고

1. 변경 전 회계처리(원가모형)

회계처리				손익효과
1년 초				
차) 건물	100,000	대) 현금	100,000	-
1년 말				
차) 감가상각비	20,000	대) 감가상각누계액	20,000	(20,000) PL
(*) 감가상각비 : 100,000 ÷ 5년 = 20,000				
2년 말				
차) 감가상각비	20,000	대) 감가상각누계액	20,000	(20,000) PL

2. 변경 후 회계처리(공정가치모형)

회계처리				손익효과
1년 초				
차) 건물	100,000	대) 현금	100,000	-
1년 말				
차) 투자부동산평가손실	1,000	대) 건물	1,000	(1,000) PL
(*) 재평가감소액 : 100,000 - 99,000 = 1,000				
2년 말				
차) 투자부동산평가손실	9,900	대) 건물	9,900	(9,900) PL
(*) 재평가감소액 : 99,000 - 89,100 = 9,900				

3. 과목별 차이 조정 회계처리

회계처리				손익효과
1년말				
차) 감가상각누계액	20,000	대) 감가상각비	20,000	20,000 PL
투자부동산평가손실	1,000	건물	1,000	(1,000) PL
2년말				
차) 감가상각누계액	20,000	대) 감가상각비	20,000	20,000 PL
투자부동산평가손실	9,900	건물	9,900	(9,900)

기본예제 10 회계추정변경

결산일이 매년 말인 ㈜현대는 20x1년 10월 1일 기계장치를 취득(취득원가 ₩4,800,000, 내용연수 5년, 잔존가치 ₩0)하여 정액법으로 감가상각하였다. 20x2년 4월 1일 동 기계장치에 대하여 ₩1,200,000을 지출하고, 이를 내용연수를 증가시키는 자본적지출로 처리하였으며 다음과 같은 회계변경을 실행하였다.

감가상각방법	내용연수	잔존가치
정액법에서 연수합계법	잔존 내용연수를 8년으로 재추정	₩0에서 ₩120,000으로 재추정

20x3년 7월 1일 현금 ₩4,000,000을 수령하고 동 기계장치를 처분하였다. 취득시점부터 처분시점까지 일자별 회계처리를 제시하시오. 단, 감가상각은 월할 계산한다.

해설

회계처리				손익효과
1년 10월 초				
차) 기계	4,800,000	대) 현금	4,800,000	-
1년 말				
차) 감가상각비	240,000	대) 감가상각누계액	240,000	(240,000) PL
(*) 감가상각비 : 4,800,000 ÷ 5년 × 3/12 = 240,000				
2년 4월 초				
차) 감가상각비	240,000	대) 감가상각누계액	240,000	(240,000) PL
(*) 감가상각비 : 4,800,000 ÷ 5년 × 3/12 = 240,000				
차) 기계	1,200,000	대) 현금	1,200,000	--
2년 말				
차) 감가상각비	900,000	대) 감가상각누계액	900,000	(900,000) PL
(*) 기계 : 4,800,000 − 480,000 + 1,200,000 = 5,520,000				
(*) 감가상각비 : (5,520,000 − 120,000) × 8년 ÷ 36년 × 9/12 = 900,000				
3년 3월 말				
차) 감가상각비	300,000	대) 감가상각누계액	300,000	(300,000) PL
(*) 감가상각비 : (5,520,000 − 120,000) × 8년 ÷ 36년 × 3/12 = 300,000				
3년 7월 초				
차) 감가상각비	262,500	대) 감가상각누계액	262,500	(262,500) PL

(*) 감가상각비 : (5,520,000 − 120,000) × 7년 ÷ 36년 × 3/12 = 262,500

차) 현금	4,000,000	대) 기계	6,000,000	
감가상각누계액	1,942,500			
기계처분손실	57,500			(57,500) PL

(*) 기계 : 4,800,000 + 1,200,000 = 6,000,000

(*) 감가상각누계액 : 480,000 + 1,200,000 + 262,500 = 1,942,500

(*) 기계처분손실 : 대차차액

chapter 18

연습문제

01 회계정책변경

결산일이 매년 말인 ㈜성지의 20x2년 결산 과정에서 다음의 상황이 파악되었다. 다음의 각 상황을 기초로 물음에 답하시오.

〈상황 1〉

㈜성지는 20x1년 초에 영업을 시작하였다. 다음은 재고자산과 관련한 자료이다.

	20x1년	20x2년
총평균법 하의 당기순이익	₩180,000	₩120,000
선입선출법 하의 기말재고	210,000	350,000
총평균법 하의 기말재고	160,000	310,000

㈜성지는 20x1년부터 총평균법을 적용하여 왔으나 20x2년 초 총평균법에서 선입선출법으로 변경하여 적용하기로 결정하였다. 20x2년 말 기말재고는 ₩310,000으로 평가하였다. 동 회계변경은 정당하다.

〈상황 2〉

㈜성지는 20x1년 초, 건물을 ₩100,000에 취득하였다. 내용연수는 10년이며 잔존가치는 없고 감가상각은 정액법을 적용한다. 건물의 시점별 공정가치는 다음과 같다.

	20x1년말	20x2년말
공정가치	₩99,000	₩120,000

㈜성지는 건물에 대하여 원가모형을 적용하였으나 20x2년 말에 재평가모형(또는 공정가치모형)으로 변경하였다. 동 회계변경의 정당성은 인정되며 회계변경에 대한 누적효과는 소급적용하며 비교표시하는 재무제표를 재작성한다.

물음 1

<상황 1>을 기초로 20x1년도와 20x2년도의 당기순이익은 얼마인가?

물음 2

<상황 1>을 기초로 20x2년 말에 ㈜성지가 수행할 분개를 제시하시오.

물음 3

<상황 2>에서 건물이 유형자산으로 분류되는 경우 20x2년도에 수행한 분개를 나타내시오. 재평가회계처리는 감가상각누계액을 전액 제거하는 방법을 적용하며 재평가잉여금은 이익잉여금으로 대체하지 아니한다.

물음 4

<상황 2>에서 건물이 투자부동산으로 분류되는 경우 20x2년도에 수행할 분개를 나타내시오.

해설

물음 1

수익(비용)	20x1년	20x2년	20x2년 말	자산(부채)
(매출원가)	50,000	(50,000)	-	재고자산
(매출원가)		40,000	40,000	재고자산
	230,000	110,000	340,000	

물음 2

차)	매출원가	50,000	대)	미처분이익잉여금(기초)	50,000
차)	재고자산	40,000	대)	매출원가	40,000

물음 3

차)	건물(순액)	9,000	대)	재평가잉여금	9,000
	감가상각비	1,000		건물(순액)	1,000
	건물(순액)	32,000		재평가잉여금	32,000

수익(비용)	20x1년	20x2년	20x2년 말	자산(부채)
(감가상각비)	-	(1,000)	(1,000)	건물(순액)
재평가잉여금	9,000	32,000	41,000	건물(순액)
	9,000	31,000	40,000	

(*) 올바른 금액(×1년) : 감가상각비 10,000, 재평가잉여금 9,000

(*) 올바른 금액(×2년) : 감가상각비 99,000 ÷ 9년 = 11,000, 재평가잉여금 32,000

물음 3

차)	건물(순액)	10,000	대)	미처분이익잉여금	10,000
	미처분이익잉여금	1,000		건물(순액)	1,000
	건물(순액)	10,000		감가상각비	10,000
	건물(순액)	21,000		투자부동산평가이익	21,000

수익(비용)	20x1년	20x2년	20x2년 말	자산(부채)
(감가상각비)	10,000	10,000	20,000	건물(순액)
평가이익(손실)	(1,000)	21,000	20,000	건물(순액)
	9,000	31,000	40,000	

(*) 올바른 금액(×1년) : 감가상각비 0, 투자부동산평가손실 1,000

(*) 올바른 금액(×2년) : 감가상각비 0, 투자부동산평가이익 21,000

02 오류수정(1)

결산일이 12월 말인 ㈜세무의 20x1년 결산 자료는 다음과 같다.

기말재고	매출원가	매출
₩1,000,000	₩9,000,000	₩12,000,000

대한회계법인은 ㈜세무의 외부감사 과정에서 다음의 사항이 추가적으로 발견되어 적절하게 수정할 것을 요청하였다. ㈜세무가 제시한 기말재고는 결산일 현재 창고에 존재하는 실물재고금액이며 재고자산에 대한 회계처리는 실지재고조사법을 적용하고 있다.

(1) 운송중인 매입상품(선적지인도조건) : ₩1,500,000
선적일 : 20x1년 12월 25일
도착일 : 20x2년 01월 09일
㈜세무는 상기 매입에 대하여 아무런 회계처리를 수행하지 않았다.

(2) 운송중인 판매상품(선적지인도조건) : 판매가 ₩2,100,000, 원가 ₩1,800,000
선적일 : 20x1년 12월 30일
도착일 : 20x2년 01월 02일
㈜세무는 상기 판매에 대하여 아무런 회계처리를 수행하지 않았다.

(3) 시용판매를 위해 고객에게 발송한 상품 : 판매가 ₩500,000, 원가 ₩350,000
㈜세무는 고객에게 발송한 시점에서 대금을 청구하고 매출을 인식하였으나 발송한 상품 중 고객이 구매의사를 표시한 것은 없다.

(4) 위탁판매를 위해 적송한 상품 : 판매가 ₩1,000,000, 원가 ₩700,000
㈜세무는 상품을 적송한 시점에 대금을 청구하고 매출을 인식하였으며 적송한 상품 중 80%는 대리인인 ㈜상암이 판매를 완료하였다.

(5) ㈜세무는 20x1년 12월 1일에 C-Bank로부터 ₩2,000,000을 차입하고 원가 ₩2,000,000의 상품을 담보로 제공하였다. 관련 상품은 기말 현재 창고에 별도 보관 중이다.

(6) ㈜세무는 20x1년 12월 31일에 자금이 부족하여 고객에게 원가 ₩100,000의 상품을 ₩150,000에 판매하여 매출로 기록하고, 1개월 후 ₩160,000에 재구매하기로 약정하였다. 상품을 판매한 시점에 자산에 대한 통제가 고객에게 이전된 것은 아니다.

(7) ㈜세무는 12월 31일에 ㈜미래에게 원가 ₩100,000(판매가 ₩120,000)의 상품을 인도하고 매출을 인식하였다. 동 상품은 결산일로부터 2개월 이내에 반품이 가능하며 5%의 반품이 예상된다.

물음 1

상기의 추가 발견사항을 고려하여 다음 결산 항목에 대한 정확한 금액을 산정하시오. 단, 재고회수권은 기말재고자산에 포함한다.

구 분	기말재고	매출원가	매 출
수정 전 금액	₩1,000,000	₩9,000,000	₩12,000,000
(1)			
.....			
수정 후 금액			

물음 2

(1)부터 (5)까지의 항목에 대하여 필요한 경우 수정분개를 제시하시오.

물음 3

상기 자료(6)의 재구매약정과 관련하여 12월 31일과 1월 31일에 수행할 적절한 분개를 제시하시오.

물음 4

상기 자료(7)의 반품판매와 관련하여 12월 31일에 수행할 적절한 분개를 제시하시오. 단, 인도시점에 대금 청구를 하였다.

해설

물음 1

구 분	기말재고	매출원가	매출
수정 전 금액	₩1,000,000	₩9,000,000	₩12,000,000
(1)	1,500,000	–	–
(2)	–	–	2,100,000
(3)	350,000	(–)350,000	(–)500,000
(4)	140,000	(–)140,000	(–)200,000
(5)	–	–	–
(6)	100,000	(–)100,000	(–)150,000
(7)	5,000	(–)5,000	(–)6,000
수정 후 금액	3,095,000	8,405,000	13,091,000

(*) 받을 권리 중 갖게 될 것으로 예상하지 않는 금액 : 120,000 × 5% = 6,000

(*) 한불부채에 대응하는 재고회수권 : 100,000 × 5% = 5,000

물음 2

(1)	(차)	미착품	1,500,000	(대)	매입채무	1,500,000
(2)	(차)	매출채권	2,100,000	(대)	매출	2,100,000
(3)	(차)	매출	500,000	(대)	계약부채	1,500,000
		재고자산	350,000		매출원가	350,000
(4)	(차)	매출	200,000	(대)	계약부채	200,000
		재고자산	140,000		매출원가	140,000

물음 3

12월말	(차)	현금	150,000	(대)	단기차입금	150,000
1월말	(차)	단기차입금	150,000	(대)	현금	160,000
		이자비용	10,000			

물음 4

(차)	현금	120,000	(대)	매출	120000
	매출원가	100,000		재고자산	100,000
(차)	매출	6,000	(대)	환불부채	6,000
	재고회수권	5,000		매출원가	5,000

03 오류수정(2)

〈상황 1〉

공인회계사 홍길동은 20x3년 ㈜한국의 재무제표에 대한 회계감사를 수임하였다. ㈜한국은 해양 여객운송을 주된 사업목적으로 하며 이를 위한 해양구조물도 설치 운영하고 있다. ㈜한국은 20x2년 초 선박구입 및 해양구조물 설치를 완료한 후 다음 자료에 의하여 회계처리하고 있다.

< 자 료 >

1) 선박의 취득원가 : ₩600,000
2) 해양구조물의 취득원가 : ₩200,000
3) 선박 감가상각방법 : 내용연수 20년. 잔존가액 없음. 정액법 적용
4) 해양구조물 감가상각방법 : 내용연수 10년. 잔존가액 없음. 정액법 적용

〈상황 2〉

㈜한국은 20x1년에 초에 토지(투자부동산)를 ₩200,000, 건물(유형자산)을 ₩100,000에 취득하였다. 건물의 내용연수는 10년이며 잔존가치는 없고 감가상각은 정액법을 적용한다. 토지와 건물의 시점별 공정가치는 다음과 같다.

	20x1년 말	20x2년 말
토지(투자부동산)	₩210,000	₩185,000
건물(유형자산)	₩99,000	₩60,000

㈜한국은 투자부동산과 유형자산에 대하여 매기 말 공정가치로 평가한 금액을 보고해야 하지만 지금까지 공정가치 평가를 고의로 누락하였다. 해당 오류는 재무제표의 신뢰성에 유의적인 영향이 있다. 재평가잉여금은 이익잉여금으로 대체하지 않으며 재평가 시 감가상각누계액은 전액 제거한다.

〈상황 3〉

㈜한국은 20x1년에 초부터 상품에 대한 도소매업을 추가하였다. ㈜한국은 상품에 대한 단위원가를 가중평균법을 적용하였으며 20x3년 초에 선입선출법으로 변경하였다. 동 변경은 정당하며 관련 자료는 다음과 같다.

	20x1년 말	20x2년 말
가중평균법의 매출원가	₩200,000	₩285,000
선입선출법의 매출원가	₩220,000	₩300,000

가중평균법을 적용한 경우 20x2년 말 재고자산은 ₩80,000이다.

물음 1

<상황 1>과 관련하여 공인회계사 홍길동은 ㈜한국이 취득한 해양구조물의 취득원가에 복구원가가 누락되었다는 사실을 발견하였다. 이 구조물의 경제적 사용이 종료된 후 지출될 원상회복비용을 할인율 6%로 취득시점의 현재가치로 환산하면 ₩50,000이다. 또한 선박의 엔진에 대해서는 그 경제적 효익을 유지하기 위해 주기적인 교체를 필요로 하고 있으며, 회사는 교체와 관련된 비용을 20x2년과 20x3년에 각각 ₩10,000씩 수선충당부채로 인식하는 회계처리를 하였다. 수선충당부채는 충당부채의 인식요건을 충족하지 못한다. 공인회계사 홍길동은 이러한 사실에 대하여 ㈜한국에 재무제표 수정을 요청하였다. 이와 관련한 모든 수정분개를 하시오. 단, 법인세 효과는 고려하지 않는다.

물음 2

<상황 2>에 대한 오류수정으로 인하여 연도별로 당기순이익과 기타포괄손익은 얼마나 증가(감소)하는가? 또한 오류수정분개도 제시하시오. 법인세는 무시한다.

물음 3

<상황 3>에 대한 회계변경으로 인하여 20x2년 말 재고자산과 20x3년 초 미처분이익잉여금은 얼마나 증가(감소)하는가? 단, 법인세율은 20%이며 감소하는 경우 (−)를 표시하시오.

해설

물음 1

차)	구축물	50,000	대)	복구충당부채	50,000
차)	이익잉여금	5,000	대)	감가상각누계액	10,000
	감가상각비	5,000			
차)	이익잉여금	3,000	대)	복구충당부채	6,180
	이자비용	3,180			
차)	수선충당부채	20,000	대)	이익잉여금	10,000
				수선비	10,000

수익(비용)	20x2년	20x3년	계	
n/a	–	–	50,000	구축물
n/a	–	–	50,000	(복구충당부채)
(감가상각비)	(5,000)	(5,000)	(10,000)	(감가상각누계액)
(이자비용)	(3,000)	(3,180)	(6,180)	(복구충당부채)
(수선비)	10,000	10,000	20,000	(수선충당부채)
소 계	2,000	1,820	3,820	

(*) 이자비용

20x2년도 : 50,000 × 6% = 3,000

20x3년도 : 53,000 × 6% = 3,180

물음 2

차)	투자부동산평가손실	25,000	대)	이익잉여금	10,000
				투자부동산(토지)	15,000
차)	감가상각비	1,000	대)	유형자산(건물)	1,000
	재평가손실	19,000		유형자산(건물)	19,000

구 분	20x1년	20x2년	계	
투자부동산평가이익(손실)	10,000	(25,000)	(15,000)	투자부동산
재평가잉여금	9,000	(9,000)	0	
(재평가손실)		(19,000)	(19,000)	유형자산(순액)
(감가상각비)		(1,000)	(1,000)	유형자산(순액)
소 계	19,000	(54,000)	(35,000)	

(*) 투자부동산(토지)

20x1년도 투자부동산평가이익 : 210,000(공정가치) − 200,000 = 10,000

20x2년도 투자부동산평가손실 : 185,000(공정가치) − 210,000 = (−)25,000

(*) 유형자산(건물)

20x1년도 재평가증가액 : 99,000(공정가치) − 90,000(장부금액) = 9,000

∴ 전액 재평가잉여금 증가시키고 기타포괄이익 인식

20x2년도 재평가감소액 : 60,000(공정가치) − 88,000(장부금액) = (−)28,000

∴ 재평가잉여금 감소시키고 기타포괄손실 인식 그리고 재평가손실로 당기손실 인식

(*) 감가상각비

취득원가 기준 감가상각비(20x2년) : 10,000

재평가액 기준 감가상각비(20x2년) : 99,000 ÷ 9년 = 11,000

물음 2

구 분	20x1년	20x2년	계	
(매출원가)	(20,000)	20,000	0	재고자산
(매출원가)		(35,000)	(35,000)	재고자산
소계	(20,000)	(15,000)	(35,000)	

∴ 재고자산(2년말) (−)35,000

∴ 미처분이익잉여금(3년초) (−)35,000

04 회계변경 및 오류수정 - 종합(1)

진성㈜는 20x1년 초에 설립된 상장법인이며 회계기간은 1월 1일부터 12월 31일까지이다. 진성㈜는 20x3년 12월 31일 결산수정분개 직전에 다음과 같은 회계변경을 결정하고 오류사항들을 발견하였다. 회계변경과 오류수정에 대한 법인세 효과는 고려하지 않는다.

〈자료 1〉

진성㈜는 20x1년 초 기계장치를 ₩1,100,000으로 구입하고 이를 내용연수 4년, 잔존가액 ₩100,000으로 추정하여 이중체감법으로 감가상각하여 왔다. 그러나 새로이 획득한 정보를 반영하여 20x3년 말 잔존내용연수를 2년, 잔존가액 ₩5,000으로 추정변경하고, 감가상각방법은 정액법으로 변경하였다. 이 회계변경은 정당성이 인정된다. 진성㈜는 당기 감가상각비를 인식하지 않았다.

〈자료 2〉

진성㈜는 미착재고자산의 누락으로 20x2년도와 20x3년도 기말재고자산을 각각 ₩5,000 및 ₩6,000만큼 과소계상 하였다.

〈자료 3〉

진성㈜는 20x2년도와 20x3년도 중에 손실충당금을 설정하지 않고 채권에 대한 대손이 실제로 발생하는 경우 손상차손으로 회계처리하는 직접차감법을 사용하여 왔다. (20x1년도에는 대손이 발생하지 않았다.) 다음은 직접차감법에 의하여 계상하여 온 손상차손과 충당금설정법에 의한 경우 계상되어야 할 손상차손에 대한 것이다.

구 분	20x2년	20x3년
직접차감법에 의하여 계상한 손상차손	₩50,000	₩900,000
충당금설정법에 의한 경우의 손상차손	750,000	500,000

물음 1

<자료 1>의 회계변경과 관련된 20x3년 말 회계처리를 하시오.

물음 2

<자료2, 3>의 오류와 관련된 20x3년 말 수정 회계처리를 하시오.

물음 3

20x2년도와 20x3년도의 비교손익계산서를 작성하려 한다. 비교표시될 20x2년도 손익계산서가 재작성된다면 이미 보고된 법인세비용차감전순이익이 <자료 1>, <자료 2>, 그리고 <자료 3>으로 인하여 얼

마나 '증가', '변화 없음', 또는 '감소'하게 되는지를 설명하는 다음 표를 완성하시오.

구 분	법인세비용차감전순이익에 미치는 영향 ('증가', '변화 없음', '감소')	법인세비용 차감전 순이익의 변동액
(자료1)	①	②
(자료2)	③	④
(자료3)	⑤	⑥

해설

물음 1

차)	감가상각비	90,000	대)	감가상각누계액	90,000

(*) 장부금액(×3년 초) : 1,100,000 × (1 − 2/4년)² = 275,000

(*) 새로운 감가상각비 : (275,000 − 5,000) ÷ 3년 = 90,000

차)	감가상각비	90,000	대)	감가상각누계액	90,000
				투자부동산(토지)	15,000
차)	감가상각비	1,000	대)	유형자산(건물)	1,000
	재평가손실	19,000		유형자산(건물)	19,000

물음 2

차)	매출원가	5,000	대)	이익잉여금	5,000
	재고자산	6,000		매출원가	6,000
차)	이익잉여금	700,000	대)	손실충당금	300,000
				손상차손	400,000

[오류분석]

수익(비용)	20x2년	20x3년	20x3년말	자산(부채)
(매출원가) ×2년	5,000	(5,000)	−0−	재고자산
×3년		6,000	6,000	재고자산
(손상차손)	(700,000)	400,000	(300,000)	(손실충당금)
소계	(695,000)	401,000	(294,000)	

물음 3

(자료1)	① 변화 없음	② 0
(자료2)	③ 증가	④ 5,000
(자료3)	⑤ 감소	⑥ 700,000

05 회계변경 및 오류수정 - 종합(2)

12월말 결산법인인 ㈜변경은 20x8년도 회계변경 및 오류수정과 관련하여 아래와 같은 사항들을 발견하였다. 20x8년 재무제표 작성 시 각각에 대하여 필요한 분개(또는 수정분개)를 하시오. 분개(또는 수정분개)가 필요 없는 경우에는 "필요 없음"이라고 기재하시오. 특별한 언급이 없는 한 법인세효과는 무시하고, 모든 오류는 재무제표의 신뢰성을 심각하게 손상시킬 수 있는 매우 중요한 오류로 가정하시오.

물음 1

㈜변경은 A제품에 대하여 위탁판매를 20x8년에 시작하였는데, 수탁자에게 운송하는 시점에 모두 매출로 기록하였다. 당기의 매출액은 ₩1,500,000이고 매출총이익률은 10%이다. 수탁자는 당해 연도에 위탁받은 A제품의 1/3을 기말재고로 보유하고 있다. 회사는 계속기록법으로 재고자산을 기록하고 있다.

물음 2

20x8년에 퇴직급여충당부채 한도초과액이 ₩200,000 발생하였으며, 당해 한도초과액이 20x9년과 그 다음 해인 2×10년에 각각 ₩100,000씩 손금으로 추인될 것이다. 현행 법인세율은 30%이나, 20x8년 중에 개정된 세법에 의하면 2×10년부터 적용되는 법인세율은 20%이다. ㈜변경은 현행 법인세율을 적용하여 회계처리하였다.

물음 3

20x7년에 출품을 시작한 C제품에 대한 품질보증비용이 중요하지 않아 동 연도에 발생한 ₩20,000을 비용으로 처리하였다. 그러나 20x8년에 중요성이 증대됨에 따라 ㈜변경은 매출액의 2%를 품질보증충당부채로 설정하였다. 20x7년과 20x8년의 C제품의 매출액은 각각 ₩4,000,000과 ₩10,000,000이다.

물음 4

20x6년부터 구입 및 판매를 시작한 D제품에 대하여 재고자산의 원가흐름가정으로 선입선출법을 사용하여 왔으나 20x8년에 총평균법으로 변경하였다. ㈜변경은 20x8년에도 계속 선입선출법을 사용하여 회계처리하였다. 이 변경은 정당한 변경이다. 이와 관련된 자료는 다음과 같다.

구 분	20x6년	20x7년	20x8년
매출원가(선입선출법)	₩1,200,000	₩1,800,000	₩1,900,000
기말재고(선입선출법)	400,000	800,000	750,000
기말재고(총평균법)	300,000	650,000	500,000

해설

물음 1

차)	매출	500,000	대)	매출채권	540,000
	재고자산	450,000		매출원가	450,000

(*) 매출 과대 : 1,500,000 × 1/3 = 500,000

(*) 매출원가 과대 : 500,000 × (1 − 10%) = 450,000

물음 2

차)	법인세비용	10,000	대)	이연법인세자산	10,000

(*) 이연법인세자산(장부금액) : 200,000 × 30% = 60,000

(*) 이연법인세자산(올바른 금액) : 100,000 × 30% + 100,000 × 20% = 50,000

∴ 이연법인세자산 과대계상 : 10,000

물음 3

동일한 거래에 대하여 중요성의 증가에 따라 회계처리방법을 변경하는 경우 이는 회계변경이나 오류수정에 해당하지 않는다. 따라서 회사의 회계처리는 적정하므로 수정할 금액은 없다.

물음 4

차)	이익잉여금	150,000	대)	매출원가	150,000
	매출원가	250,000		재고자산	250,000

[정산표]

수익(비용)	20x6년	20x7년	20x8년	20x8년말	자산(부채)
(매출원가)	(100,000)	100,000		0	재고자산
(매출원가)		(150,000)	150,000	0	재고자산
(매출원가)			(250,000)	(250,000)	재고자산
소계	(100,000)	(50,000)	(100,000)	(250,000)	

Chapter 19

현금흐름표

1. 현금흐름표
2. 현금흐름 정산표
3. 투자활동 및 재무활동 현금흐름
4. 현금흐름표의 표시와 공시

SECTION 1

현금흐름표

기업의 현금흐름정보는 재무제표이용자에게 현금및현금성자산의 창출능력과 현금흐름의 사용 용도를 평가하는 데 유용한 기초를 제공한다. 재무제표이용자는 경제적 의사결정을 하기 위하여 현금및현금성자산의 창출능력 및 현금흐름의 시기와 확실성을 평가해야 한다.

기준서 제1007호 '현금흐름표'의 목적은 회계기간 동안 발생한 현금흐름을 영업활동, 투자활동 및 재무활동으로 분류하는 현금흐름표를 통하여 현금및현금성자산의 역사적 변동에 관한 정보를 제공하도록 요구하는 데 있다.

기업은 이 기준서의 요구사항에 따라 현금흐름표를 작성하여야 하며, 재무제표를 보고하는 각 회계기간에 재무제표의 일부로서 보고하여야 한다. 재무제표이용자는 기업이 현금및현금성자산을 어떻게 창출하고 사용하는지에 대하여 관심이 있다. 이것은 기업활동의 성격에 관계없이, 그리고 금융회사의 경우와 같이 현금이 그 기업의 상품으로 간주될 수 있는지의 여부와 관계없이 모든 기업에 적용된다. 기업은 주요 수익창출활동이 서로 다르더라도 본질적으로 동일한 이유에서 현금을 필요로 한다. 기업은 영업활동을 수행하고, 채무를 상환하며, 투자자에게 투자수익을 분배하기 위하여 현금이 필요하다. 따라서 이 기준서는 모든 기업이 현금흐름표를 작성 · 공시할 것을 요구한다.

1. 현금흐름정보의 효익

현금흐름표는 다른 재무제표와 같이 사용되는 경우 순자산의 변화, 재무구조(유동성과 지급능력 포함), 그리고 변화하는 상황과 기회에 적응하기 위하여 현금흐름의 금액과 시기를 조절하는 능력을 평가하는 데 유용한 정보를 제공한다. 현금흐름정보는 현금및현금성자산의 창출능력을 평가하는 데 유용할 뿐만 아니라, 서로 다른 기업의 미래현금흐름의 현재가치를 비교 · 평가하는 모형을 개발할 수 있도록 한다. 또한 현금흐름정보는 동일한 거래와 사건에 대하여 서로 다른 회계처리를 적용함에 따라 발생하는 영향을 제거하기 때문에 영업성과에 대한 기업 간의 비교가능성을 제고한다. 역사적 현금흐름정보는 미래현금흐름의 금액, 시기 및 확실성에 대한 지표로 자주 사용된다. 또한 과거에 추정한 미래현금흐름의 정확성을 검증하고, 수익성과 순현금흐름 간의 관계 및 물가 변동의 영향을 분석하는데 유용하다. 이상의 현금흐름정보의 효익을 요약하면 다음과 같다.

- 기업의 현금창출능력을 평가할 수 정보
- 가치평가과정(Valuation)에 활용되는 정보
- 영업성과에 대한 기업 간 비교가능성에 활용되는 정보

2. 용어의 정의

(1) 현금 : 현금과 요구불예금

(2) 현금성자산 : 현금성자산은 투자나 다른 목적이 아닌 단기의 현금수요를 충족하기 위한 목적으로 보유한다. 투자자산이 현금성자산으로 분류되기 위해서는 확정된 금액의 현금으로 전환이 용이하고, 가치변동의 위험이 경미해야 한다. 따라서 투자자산은 일반적으로 만기일이 단기에 도래하는 경우(예를 들어, 취득일로부터 만기일이 3개월 이내인 경우)에만 현금성자산으로 분류된다. 지분상품은 현금성자산에서 제외한다. 다만, 상환일이 정해져 있고 취득일로부터 상환일까지의 기간이 단기인 우선주와 같이 실질적인 현금성자산인 경우에는 예외로 한다.

■ 금융회사의 요구에 따라 즉시 상환하여야 하는 당좌차월

은행 차입은 일반적으로 재무활동으로 간주된다. 그러나 일부 국가의 경우 금융회사의 요구에 따라 즉시 상환하여야 하는 당좌차월은 기업의 현금관리의 일부를 구성한다. 이 때 당좌차월은 현금및현금성자산의 구성요소에 포함된다.

(3) 현금흐름 : 현금및현금성자산의 유입 및 유출을 말한다. 현금및현금성자산을 구성하는 항목 간 이동은 영업활동, 투자활동 및 재무활동의 일부가 아닌 현금관리의 일부이므로 이러한 항목 간의 변동은 현금흐름에서 제외한다. 예를 들어 보통예금에서 특정 현금성자산으로의 이체는 현금흐름이 아니다.

(4) 영업활동 : 기업의 주요 수익창출활동 및 투자활동이나 재무활동이 아닌 기타활동

(5) 투자활동 : 장기성자산 및 현금성자산이 아닌 투자자산의 취득과 처분

(6) 재무활동 : 납입자본과 차입금의 변동을 가져오는 활동

3. 현금흐름의 구분

현금흐름표는 회계기간 동안 발생한 현금흐름을 영업활동, 투자활동 및 재무활동으로 분류하여 보고한다. 하나의 거래에는 서로 다른 활동으로 분류되는 현금흐름이 포함될 수 있다. 예를 들어 이자와 차입금을 함께 상환하는 경우, 이자지급은 영업활동으로 분류될 수 있고 원금상환은 재무활동으로 분류된다.

3-1 영업활동

영업활동에서 발생하는 현금흐름의 금액은 기업이 외부의 재무자원에 의존하지 않고 영업을 통하여 차입금 상환, 영업능력의 유지, 배당금 지급 및 신규투자 등에 필요한 현금흐름을 창출하는 정도에 대한 중요한 지표가 된다. 역사적 영업현금흐름의 특정 구성요소에 대한 정보를 다른 정보와 함께 사용하면, 미래 영업현금흐름을 예측하는 데 유용하다. 일반적인 영업활동현금흐름의 예는 다음과 같다.

(1) 재화 판매와 용역 제공에 따른 현금유입(예: 매출활동)
(2) 로열티, 수수료, 중개료 및 기타수익에 따른 현금유입(예: 기타수익활동)
(3) 재화와 용역의 구입에 따른 현금유출(예: 매입활동)
(4) 종업원과 관련하여 발생하는 현금유출(예: 급여지급활동)
(5) 보험회사의 경우 수입보험료, 보험금, 연금과 관련된 현금유입과 현금유출
(6) 법인세의 납부 또는 환급(재무활동, 투자활동에 명백히 관련되는 것은 제외)
(7) 단기매매목적으로 보유하는 계약에서 발생하는 현금유입과 현금유출

현금흐름의 구분에서 주의를 요하는 항목은 다음과 같다.

■ **임대목적의 유형자산을 후속적으로 재고자산으로 대체하는 경우**

기준서 제1106호 '유형자산'에서는 통상적인 활동과정에서 타인에게 임대할 목적으로 보유하던 유형자산을 판매하는 기업은, 유형자산의 임대가 중단되고 판매목적으로 보유하게 되는 시점에 이러한 자산의 장부금액을 재고자산으로 대체하도록 요구하고 있다. 이러한 자산의 판매 대가는 기업회계기준서 제1115호 '고객과의 계약에서 생기는 수익'에 따라 수익으로 인식해야 한다. 통상적인 활동과정에서 판매목적으로 보유하는 자산이 재고자산으로 대체되는 경우에는 기업회계기준서 제1105호 '매각예정비유동자산'은 적용되는 않는다. 재고자산으로 대체된 이후에 발생하는 현금흐름은 투자활동 현금흐름이 아니라 영업활동 현금흐름으로 분류한다.

■ 단기매매목적의 유가증권이나 대출채권

기업은 단기매매목적으로 유가증권이나 대출채권을 보유할 수 있으며, 이 때 유가증권이나 대출채권은 판매를 목적으로 취득한 재고자산과 유사하다. 따라서 단기매매목적으로 보유하는 유가증권의 취득과 판매에 따른 현금흐름은 영업활동으로 분류한다. 마찬가지로 금융회사의 현금 선지급이나 대출채권은 주요 수익창출활동과 관련되어 있으므로 일반적으로 영업활동으로 분류한다.

3-2 투자활동

투자활동 현금흐름은 미래수익과 미래현금흐름을 창출할 자원의 확보를 위하여 지출된 정도를 나타내기 때문에 현금흐름을 별도로 구분 공시하는 것이 중요하다. 재무상태표에 자산으로 인식되는 지출만이 투자활동으로 분류하기에 적합하다. 투자활동의 현금흐름의 예는 다음과 같다.

(1) 유형자산, 무형자산, 장기성자산의 취득에 따른 현금유출
(2) 유형자산, 무형자산, 장기성자산의 처분에 따른 현금유입
(3) 다른 기업의 지분상품 및 채무상품의 취득에 따른 현금유출
(4) 다른 기업의 지분상품 및 채무상품의 처분에 따른 현금유입
(5) 제3자에 대한 선급금 및 대여금의 지급에 따른 현금유출(금융회사의 선지급과 대출채권 제외)
(6) 제3자에 대한 선급금 및 대여금의 회수에 따른 현금유입(금융회사의 선지급과 대출채권 제외)
(7) 선물계약, 선도계약, 옵션계약 및 스왑계약에 따른 현금유출(단기매매목적, 재무활동으로 분류되는 경우 제외)
(8) 선물계약, 선도계약, 옵션계약 및 스왑계약에 따른 현금유입(단기매매목적, 재무활동으로 분류되는 경우 제외)

■ 파생상품계약에 대하여 위험회피회계를 적용하는 경우 현금흐름의 구분

파생상품계약에서 식별가능한 거래에 대하여 위험회피회계를 적용하는 경우, 그 계약과 관련된 현금흐름은 위험회피대상 거래의 현금흐름과 동일하게 분류한다.

3-3 재무활동

재무활동 현금흐름은 미래현금흐름에 대한 자본 제공자의 청구권을 예측하는 데 유용하기 때문에 현금흐름을 별도로 구분 공시하는 것이 중요하다. 재무활동 현금흐름의 예는 다음과 같다.

(1) 주식이나 기타 지분상품의 발행에 따른 현금유입
(2) 주식의 취득이나 상환에 따른 소유주에 대한 현금유출
(3) 사채의 발행 및 장 · 단기차입금에 따른 현금유입
(4) 사채의 및 차입금의 상환에 따른 현금유출
(5) 리스이용자의 리스부채 상환에 따른 현금유출

SECTION 2

현금흐름 정산표

한 보고기간 동안 기업의 현금유입과 현금유출을 파악하기 위하여 정산표를 사용한다. 정산표를 작성하기 위해서는 비교 표시 재무상태표와 당기 포괄손익계산서 그리고 비현금거래를 파악하기 위한 추가자료가 필요하다. 정산표는 차변과 대변의 합은 항상 일치한다는 대차평균의 원리를 사용하며 이에 대한 이해를 위해 다음의 자료를 살펴본다.

과 목	전기말	당기말	증감액	차변, 대변	정산표
현 금	100	300	200	차변	n/a
자 산	900	1,200	300	차변	(300)
부 채	300	400	100	대변	100
자 본	700	1,100	400	대변	400
합 계					200

현금흐름 정산표는 현금및현금성자산을 제외한 자산, 부채 그리고 자본의 증감액을 정산표에 집계한다. 현금및현금성자산을 제외한 자산, 부채 그리고 자본의 증감액은 비교 표시 재무상태표를 사용하며 당기말 잔액에서 전기말 잔액을 차감하여 측정한 후 자산의 증감액은 그 부호의 반대 방향으로 정산표에 집계하며 부채와 자본의 증감액은 그 부호의 방향대로 정산표에 집계한다. 그 결과 정산표에 집계된 금액의 합은 (+)200이며 이는 차변 잔액보다 대변 잔액이 더 크다는 의미이다. 대차평균의 원리를 만족하기 위하여 동일한 금액의 차변이 잔액이 존재해야 한다. 정산표에는 현금및현금성자산의 증감액은 집계에서 제외하였으므로 정산표에 집계된 금액과 현금및현금성자산의 증감액은 항상 같아야 한다.

현금흐름표는 해당 보고기간의 현금및현금성자산의 증감액을 그 원천별로 표시하는 재무제표이다. 기준서 제1007호'현금흐름표'에서는 현금흐름을 영업활동, 투자활동 그리고 재무활동으로 구분하여 표시하도록 요구하고 있으므로 현금흐름 정산표 역시 활동별로 구분하여 작성한다.[1)] 또한 투자활동 및 재무활동에서 중요한 비현금거래는 주석으로 공시할 것을 요구하고 있으므로 영업활동, 투자활동, 재무활동 그리고 비현금거래로 구분하여 정

1) 편의상 본 서에서는 영업활동, 투자활동, 재무활동을 각각 'O', 'I', 'F'로 구분한다.

산표를 작성한다. 현금흐름 정산표는 영업활동 현금흐름의 표시법에 따라 간접법에 의한 정산표와 직접법에 의한 정산표로 구분한다.

그러면 현금흐름 정산표를 작성하기 위하여 당기 포괄손익계산서와 추가정보는 왜 필요한 것일까? 당기 포괄손익계산서는 이익잉여금의 증감 원천과 기타포괄손익누계액의 증감 원천을 파악하여 영업활동, 투자활동 그리고 재무활동 별로 현금흐름을 집계하기 위하여 필요하다. 또한 추가정보는 비현금거래를 분석하여 정확한 현금흐름을 파악하기 위해 필요하다. 아래의 사례를 통해 현금흐름 정산표를 작성하는 과정을 살펴본다.

개념이해 **공통자료**

I. 재무상태표

과 목	구 분	전기말	당기말	증감액
현 금		100	300	200
매 출 채 권	O	900	1,200	300
재 고 자 산	O	300	100	(200)
유 형 자 산	I	700	1,100	400
자 산 합 계		2,000	2,700	700
매 입 채 무	O	200	100	(100)
차 입 금	F	500	800	300
자 본 금	F	1,000	1,200	200
이 익 잉 여 금	O,I,F	300	600	300
부채와자본합계		2,000	2,700	700

(*) 유형자산은 감가상각누계액을 차감한 순액으로 표시한 것이다. 당기에 매각한 자산은 없다.
(*) 이익잉여금은 당기순이익과 현금배당으로 감소한 것이다. 배당지급액은 재무활동에 해당한다.
(*) 자본금은 당기에 보통주를 액면발행하여 증가한 것이다.

II. 손익계산서

과 목	구 분	전기말
매 출	O	2,000
매 출 원 가	O	(1,200)
감 가 상 각 비	I	(200)
이 자 비 용	O	(100)
법 인 세 비 용	O	(50)
당 기 순 이 익		450

1. 직접법에 의한 정산표

직접법이란 영업활동 현금흐름을 영업활동을 구성하는 개별 활동별로 파악하는 방법이다. 상기 사례에서 영업활동을 구성하는 개별 활동을 판매, 구매, 이자 그리고 법인세로 구분할 수 있으며 각각의 활동별로 현금흐름을 집계하기 위한 정산표를 이용한다.

과 목	증감액	영업활동				투자	재무
		판매	구매	이자	법인세		
현 금	200						
매 출 채 권	300	(300)					
재 고 자 산	(200)		200				
유 형 자 산	400					(400)	
매 입 채 무	(100)		(100)				
차 입 금	300						300
자 본 금	200						200
이 익 잉 여 금	300	2,000	(1,200)	(100)	(50)	(200)	(150)
합 계		1,700	(1,100)	(100)	(50)	(600)	350
		450				(600)	350
		200					

여기서 이익잉여금은 당기순이익과 현금배당이 그 증가액의 원천이므로 당기 손익계산서를 통해 영업활동을 구성하는 개별 활동별로 관련 수익과 비용을 집계하는 것이 직접법의 특징이다. 이익잉여금 300 증가는 당기순이익 450 증가와 현금배당 150 감소로 분석할 수 있다. 관련 수익과 비용을 해당 활동별로 구분하여 집계한 근거는 아래와 같으며 수익은 이익잉여금의 증가 원천이므로 (+)로 비용은 이익잉여금의 감소 원천이므로 (−)로 집계한다.

구 분	활동	판매	구매	이자	법인세	투자	재무
매 출	O	2,000					
매 출 원 가	O		(1,200)				
감 가 상 각 비	I					(200)	
이 자 비 용	O			(100)			
법 인 세 비 용	O				(50)		

결론적으로 판매로 인한 현금유입 1,700원, 구매로 인한 현금유출 1,100원, 이자지급 100원 그리고 법인세 납부 50원이므로 영업활동으로 인한 현금유입은 450원이다. 또한 유형자산으로 인한 현금유출 600원이므로 투자활동으로 인한 현금유츌은 600원이며 차입으로 인한 현금유입 300원, 유상증자로 인한 현금유입 200원 그리고 배당지급 150원이므로 재무활동으로 인한 현금유입 350원이다. 이러한 원천으로 이 기업의 현금은 200원 증가한 것이며 이는 현금의 증가액과 항상 일치한다.

2. 간접법에 의한 정산표

간접빕이란 영업활동 현금흐름을 개별 항목별로 구분하여 집계하는 것이 아니라 포괄손익계산서의 당기순이익과 영업활동 현금흐름의 차이 원인을 정보이용자에게 전달하는 것이 목적인 방법이다. 예를 들어 기업이 매출 성장을 위해 신용도가 떨어지는 고객에게 외상매출을 하는 경우 당기순이익은 개선되지만 영업활동 현금흐름은 개선되지 아니할 것이다. 이와 같이 영업활동 현금흐름을 간접법에 따라 표시하게 되면 정보이용자는 발생주의 성과인 당기순이익과 현금주의 성과인 영업활동 현금흐름의 비교가 가능하게 된다. 따라서 간접법은 당기순이익에서 출발하여 조정하는 방식으로 영업활동 현금흐름을 도출한다. 상기 사례를 간접법에 의한 정산표로 작성하면 다음과 같다.

과 목	구분	증감액	영업활동	투자활동	재무활동
현 금		200			
매 출 채 권	O	300	(300)		
재 고 자 산	O	(200)	200		
유 형 자 산	I	400		(400)	
매 입 채 무	O	(100)	(100)		
차 입 금	F	300			300
자 본 금	F	200			200
이 익 잉 여 금	O,I,F	300	450(*)		(150)
감가상각비조정	I		200	(200)	
합 계			450	(600)	350
				200	

(*) 당기순이익

간접법에서는 당기순이익에서 출발하여 조정사항을 반영하면 영업활동 현금흐름이 도출된다. 조정사항은 매출채권, 재고자산, 매입채무, 감가상각비이며 이를 영업활동 관련 자산, 부채 조정 그리고 영업활동과 무관한 수익, 비용 조정이라 한다. 영업활동과 무관한 수익, 비용은 투자활동과 재무활동에서 집계되어야 하지만 당기순이익에 포함되어 있으므로 영업활동에서 조정하는 것이다.

3. 현금흐름표의 작성

직접법과 간접법에 따라 현금흐름표를 작성하면 다음과 같다. 직접법과 간접법은 영업활동 현금흐름을 표시하는 방법에 따른 구분이며 투자활동과 재무활동 현금흐름은 해당 사항이 없다.

[직접법]

항목		금액
I. 영업활동현금흐름		**450**
판매활동	1,700	
구매활동	(1,100)	
이자지급	(100)	
법인세납부	(50)	
II. 투자활동현금흐름		**(600)**
유형자산 취득	(600)	
III. 재무활동현금흐름		**350**
차입	300	
유상증자	200	
배당지급	(150)	
IV. 현금의 증가		**200**
V. 기초의 현금		**100**
VI. 기말의 현금		**300**

[간접법]

항목		금액
I. 영업활동현금흐름		**450**
당기순이익	450	
감가상각비	200	
매출채권 증가	(300)	
재고자산 감소	200	
매입채무 증가	(100)	
II. 투자활동현금흐름		**(600)**
유형자산 취득	(600)	
III. 재무활동현금흐름		**350**
차입	300	
유상증자	200	
배당지급	(150)	
IV. 현금의 증가		**200**
V. 기초의 현금		**100**
VI. 기말의 현금		**300**

기본예제 1 **영업활동 현금흐름 - 간접법**

다음은 유통업을 영위하는 ㈜대한의 20x1년 현금흐름표를 작성하기 위한 자료이다. ㈜대한은 간접법으로 현금흐름표를 작성하며, 이자지급 및 법인세납부는 영업활동현금흐름으로 분류한다. ㈜대한이 20x1년 현금흐름표에 보고할 영업활동순현금흐름은 얼마인가?

- 법인세비용차감전순이익: ₩534,000
- 건물 감가상각비: ₩62,000
- 이자비용: ₩54,000
- 법인세비용: ₩106,800
- 매출채권 감소: ₩102,000
- 재고자산 증가: ₩68,000
- 매입채무 증가: ₩57,000
- 미지급이자 감소: ₩12,000
- 당기법인세부채 증가: ₩22,000

해 설

구 분	영 업	투 자	재 무
매출채권 감소	102,000		
재고자산 증가	(68,000)		
매입채무 증가	57,000		
미지급이자 감소	(12,000)		
당기법인세부채 증가	22,000		
이익잉여금 증가(감소)			
당기순이익(*)	427,200		
감가상각비	62,000	(62,000)	
계(순현금흐름)	590,200	?	?

(*) 당기순이익 : 534,000(세전이익) - 106,800(법인세비용) = 427,200

기본예제 2 **당기순이익 - 간접법**

㈜대한의 20x1년도 현금흐름표상 영업활동 현금흐름은 ₩90,000이다. 다음에 제시된 자료를 이용하여 계산한 ㈜대한의 20x1년도 포괄손익계산서상 법인세비용차감전순이익은 얼마인가? 단, 이자와 배당금 수취, 이자지급 및 법인세납부는 영업활동으로 분류한다.

- 감가상각비 ₩2,000
- 유형자산처분이익 1,000
- 이자비용 5,000
- 법인세비용 4,000
- 재고자산평가손실 500
- 배당금수익 1,500
- 미지급이자 감소 ₩1,500
- 재고자산(순액) 증가 3,000
- 매입채무 증가 4,000
- 매출채권(순액) 증가 2,500
- 미수배당금 감소 1,000
- 미지급법인세 감소 2,000

해설

구 분	활 동	영 업	투 자	재 무
미지급이자 감소	O	(1,500)		
재고자산 증가	O	(3,000)		
매입채무 증가	O	4,000		
매출채권 증가	O	(2,500)		
미수배당금 감소	O	1,000		
미지급법인세 감소	O	(2,000)		
이익잉여금 증가(감소)				
당기순이익	O,I,F	X		
감가상각비	I	2,000	(2,000)	
유형자산처분이익	I	(1,000)	1,000	
계(현금흐름)		90,000	?	?

∴ X - 3,000 = 90,000

∴ X = 93,000(당기순이익)

∴ 법인세비용차감전순이익 : 93,000(당기순이익) + 4,000(법인세비용) = 97,000

기본예제 3 **영업활동 현금흐름 - 직접법**

다음은 ㈜대한의 20x1년도 재무제표의 일부 자료이다. 직접법을 사용하여 20x1년도 현금흐름표의 영업활동 현금흐름을 구할 때, 고객으로부터 유입된 현금흐름(판매활동)과 공급자에 대해 유출된 현금흐름(구매활동)을 각각 도출하시오.

1. 재무상태표의 일부

계정과목	기초 잔액	기말 잔액
매출채권	₩200,000	₩140,000
대손충당금	(10,000)	(14,000)
재고자산	60,000	50,000
매입채무	50,000	100,000
선수금	10,000	8,000

2. 포괄손익계산서의 일부

계정과목	금액
매출액	₩1,500,000
매출원가	1,000,000
대손상각비	7,000
재고자산감모손실	50,000
외환차익(매입채무 관련)	20,000

3. ㈜대한은 재고자산감모손실과 외환차익을 매출원가에 반영하지 않는다.

해설

구분	영업		투자	재무
	판매 관련	구매 관련		
매출채권 감소	60,000			
대손충당금 증가	4,000			
재고자산 감소		10,000		
매입채무 증가		50,000		
선수금 감소	(2,000)			
이익잉여금 증가(감소)				
매출액	1,500,000			
매출원가		(1,000,000)		
대손상각비	(7,000)			
재고감모손실		(50,000)		
외환차익		20,000		

계(현금흐름)	1,555,000	(970,000)	?	?

고객으로부터 유입된 현금 : 1,555,000
공급자에게 유출한 현금 : (970,000)

기본예제 4 영업활동 현금흐름 - 직접법

다음은 ㈜대한의 20x1년도 재무제표의 일부 자료이다. 직접법을 사용하여 20x1년도 현금흐름표의 영업활동 현금흐름을 구할 때, 이자지급액과 법인세납부액을 각각 도출하시오.

1. 재무상태표의 일부

계정과목	기초 잔액	기말 잔액
이연법인세자산	₩200,000	₩140,000
당기법인세부채	10,000	14,000
미 지 급 이 자	50,000	40,000
사 채 (순 액)	96,529	98,182

2. 포괄손익계산서의 일부

계정과목	금 액
이 자 비 용	₩201,653
법 인 세 비 용	1,000,000

3. ㈜대한의 이자비용 중 ₩1,653은 사채할인발행차금 당기 상각액이다.

해설

구 분	영업		투자	재무
	이자지급	법인세납부		
이연법인세자산 감소		60,000		
당기법인세부채 증가		4,000		
미 지 급 이 자 감 소	(10,000)			
사 채 증 가				1,653
이익잉여금 증가(감소)				
이 자 비 용	(200,000)			(1,653)
법 인 세 비 용		(1,000,000)		
계(현금흐름)	(210,000)	(936,000)	?	?

(*) 이자비용 중 사채할인발행차금 상각액은 재무활동으로 집계한다. 따라서 영업활동에 포함할 이자비용은 ₩200,000만 집계된다.

SECTION

3 투자활동 및 재무활동 현금흐름

영업활동과 달리 투자활동과 재무활동 현금흐름은 동일한 보고기간 동안 현금유입과 현금유출이 동시에 존재한다. 예를 들어 보유 중인 유형자산을 현금 매각한 경우에는 현금유입이 발생하며 신규 유형자산을 현금 취득한 경우에는 현금유출이 발생한다. 또한 기존의 차입금을 상환하는 경우에는 현금유출이 발생하며 신규 차입한 경우에는 현금유입이 발생한다. 앞에서 살펴본 정산표에서 집계한 투자활동 및 재무활동 관련 증감액의 결과는 현금유입과 현금유출을 가감한 순현금흐름이 도출된 것이다.

또한 투자활동과 재무활동 현금흐름에서는 비현금거래를 분석하여 정산표에 고려하여야 한다. 이는 현금흐름을 정확하게 파악하고 유의적인 비현금거래를 주석으로 공시하기 위한 목적이다.

1. 유형자산 등

유형자산, 무형자산 그리고 투자부동산의 취득 및 처분에 의한 현금흐름은 대표적인 투자활동 현금흐름에 해당한다. 감가상각누계액이나 상각누계액은 해당 자산의 총장부금액에서 차감하는 계정이므로 차감표시한 후 증감액을 도출해야 한다.

기본예제 5 투자활동 현금흐름 - 유형자산

다음은 ㈜현대(결산일 : 매년 말)의 부분 재무제표이다.

관련계정	기초	기말	증가(감소)
건물감가상각비	–	400	400
건물처분이익	–	100	100
건 물	1,000	800	(200)
감가상각누계액	(400)	(500)	(100)

〈추가자료〉

1. 당기에 취득한 건물은 ₩300이며 이 중 ₩100은 차기에 결제될 예정이다.

2. 건물은 원가모형을 적용한다.
3. 영업활동 현금흐름은 간접법을 적용한다.

물음 정산표를 작성하고 투자활동 현금흐름을 분석하시오.

해설

1. 정산표

구 분	영업	투자	재무	비현금
건물 감소		300		(100)
감가상각누계액 증가		100		
미지급금 증가				100
이익잉여금 증가(감소)				
당기순이익	×××			
건물감가상각비 조정	400	(400)		
건물처분이익 조정	(100)	100		
합계(현금흐름)	?	100		–

2. 투자활동 현금흐름
① 투자활동 순현금유입 : 100 (정산표)
② 건물 취득에 따른 현금유출 : 300(취득원가) – 100(미지급금) = 200
③ 건물 처분에 따른 현금유입 : 300 (역산: ③ – ② = 100)

기본예제 6 **투자활동 현금흐름 – 유형자산(재평가모형)**

다음은 ㈜현대(결산일 : 매년 말)의 부분 재무제표이다.

관련계정	기초	기말	증가(감소)
토지처분이익	–	2,000	2,000
토지재평가잉여금	–	1,000	1,000
토 지	10,000	8,000	(2,000)

〈추가자료〉
1. 당기에 취득한 토지는 없다.
2. 토지는 재평가모형을 적용하며 결산일을 기준으로 재평가하였다.
3. 영업활동 현금흐름은 간접법을 적용한다.

물음 정산표를 작성하고 투자활동 현금흐름을 분석하시오.

해설

1. 정산표

구 분	영업	투자	재무	비현금
토지 감소		2,000		
재평가잉여금 증가		1,000		
이익잉여금 증가(감소)				
당기순이익	×××			
토지처분이익 조정	(2,000)	2,000		
합계(현금흐름)	?	5,000		–

2. 투자활동 현금흐름
   ① 투자활동 순현금유입 : 5,000 (정산표)
   ② 토지 취득에 따른 현금유출 : 0 (추가자료)
   ③ 토지 처분에 따른 현금유입 : 5,000 (역산)

참고

정산표는 재평가에 따른 토지 증가를 비현금거래로 보아 다음과 같이 작성할 수도 있다. 토지 재평가와 재평가잉여금은 같은 투자활동으로 분류할 수 있으므로 비현금 항목으로 별도 집계하지 않은 경우와 같은 결과를 도출할 수 있다.

구 분	영업	투자	재무	비현금
토지 감소		3,000		(1,000)
재평가잉여금 증가				1,000
이익잉여금 증가(감소)				
당기순이익	×××			
토지처분이익 조정	(2,000)	2,000		
합계(현금흐름)	?	5,000		–

2. 금융자산

금융자산의 취득과 처분에 따른 현금흐름은 투자활동 현금흐름으로 분류한다. 다만, 단기매매목적으로 보유하는 금융자산의 경우 관련 현금흐름은 영업활동으로 분류한다.

기본예제 7 투자활동 현금흐름 – 상각후원가 측정 금융자산

다음은 ㈜현대(결산일 : 매년 말)의 부분 재무제표이다.

관련계정	기초	기말	증가(감소)
상각후원가측정금융자산	970	490	(480)
금융자산처분이익	–	15	15

〈추가자료〉
1. 당기 초 장부금액의 50%를 매각하였다.
2. 당기 중 취득한 금융자산은 없다. 액면이자 ₩50을 수취하였다.
3. 금융자산과 관련하여 손익계산서에 인식한 이자수익은 ₩55이다.
4. 이자수취는 영업활동 분류한다.

물음 정산표를 작성하고 투자활동 현금흐름을 분석하시오.

해설

1. 정산표

구 분	영업	투자	재무	비현금
금융자산 감소		480		
이익잉여금 증가(감소)				
당기순이익	xxx			
할인취득액상각 조정	(5)	5		
처분이익 조정	(15)	15		
합계(현금흐름)	?	500		

2. 투자활동 현금흐름
   ① 투자활동 순현금유입 : 500 (정산표)
   ② 금융자산 취득에 따른 현금유출 : 0 (추가자료)
   ③ 금융자산 처분에 따른 현금유입 : 500 (역산)

기본예제 8 투자활동 현금흐름 – 공정가치 측정 금융자산

다음은 ㈜현대(결산일 : 매년 말)의 부분 재무제표이다.

관련계정	기초	기말	증가(감소)
FVOCI 금융자산	–	1,000	1,000
기타포괄손익누계액	–	20	20

〈추가자료〉

1. 당기 초에 액면금액 ₩1,000의 채무상품을 할인 취득하였다.
2. 해당 금융자산의 이자수익은 ₩110이며 액면이자는 ₩100을 수취하였다.
3. 당기에 처분한 금융자산은 없다.
4. 이자수취는 영업활동으로 분류한다.

물음 정산표를 작성하고 투자활동 현금흐름을 분석하시오.

해 설

1. 정산표

구 분	영업	투자	재무	비현금
금융자산 증가		(1,000)		
기타포괄손익누계액 증가		20		
이익잉여금 증가(감소)				
당기순이익	×××			
이자수익 조정(*)	(10)	10		
합계(현금흐름)	?	(970)		

(*) 할인취득액 상각액에 대한 이자수익은 투자활동이므로 이를 당기순이익에서 조정한다.

2. 투자활동 현금흐름

① 투자활동 순현금유출 : (970) (정산표)

② 금융자산 취득에 따른 현금유출 : (970) (역산)

③ 금융자산 처분에 따른 현금유입 : 0 (추가자료)

3. 외화차입금

기능통화 이외의 통화, 즉 외화로 차입을 하거나 상환을 하는 경우 환산과정에서 적용한 환율의 차이에 따라 손익이 발생할 수 있다. 차입에 따른 현금유입과 상환에 따른 현금유출은 모두 재무활동이며 이에 대한 환율변동효과 역시 재무활동 관련 손익으로 구분하여 정산표에 집계한다.

기본예제 9 재무활동 현금흐름 - 외화차입금

다음은 ㈜현대(결산일 : 매년 말)의 부분 재무제표이다.

관련계정	기초	기말	증가(감소)
차입금	-	1,100	1,100
외화환산이익		100	100
외환차손		50	50

〈추가자료〉

1. 당기 중 장부금액 ₩300을 상환하고 외환차손을 보고하였다.
2. 영업활동 현금흐름은 간접법을 적용한다.

물음 정산표를 작성하고 투자활동 현금흐름을 분석하시오.

해설

1. 정산표

구 분	영업	투자	재무	비현금
차입금 증가			1,100	
이익잉여금 증가(감소)				
당기순이익	×××			
외화환산이익 조정	(100)		100	
외환차손 조정	50		(50)	
합계(현금흐름)	?		1,150	

2. 재무활동 현금흐름
   ① 재무활동 순현금유입 : 1,150 (정산표)
   ② 차입금 상환에 따른 현금유출 : 350 (추가자료)
   ③ 신규 차입에 따른 현금유입 : 1,500 (역산)

기본예제 10 재무활동 현금흐름 - 사채

다음은 ㈜현대(결산일 : 매년 말)의 부분 재무제표이다.

관련계정	기초	기말	증가(감소)
사채	1,000	–	(1,000)
사채할인발행차금	(30)	–	30
이자비용	–	110	110
사채상환손실	–	50	50

〈추가자료〉
1. 당기에 발행한 사채는 없으며 보고기간 말 전액 상환하였다.
2. 당기말 액면이자 지급액은 ₩100이다.
3. 이자지급액은 영업활동으로 분류한다.

물음 정산표를 작성하고 투자활동 현금흐름을 분석하시오.

해설

1. 정산표

구 분	영업	투자	재무	비현금
사채 감소			(1,000)	
할인발행차금 감소			30	
이익잉여금 증가(감소)				
당기순이익	×××			
이자비용 조정(*)	10		(10)	
사채상환손실 조정	50		(50)	
합계(현금흐름)	?		(1,030)	

(*) 할인차금 상각액에 대한 이자비용은 재무활동이므로 당기순이익에서 조정한다.

2. 재무활동 현금흐름
   ① 재무활동 순현금유출 : (1,030) (정산표)
   ② 사채 상환에 따른 현금유출 : (1,030) (역산)
   ③ 사채 발행에 따른 현금유입 : 0 (추가자료)

기본예제 11 재무활동 현금흐름 – 유상증자

다음은 ㈜현대(결산일 : 매년 말)의 부분 재무제표이다.

관련계정	기초	기말	증가(감소)
자본금	1,000	5,000	4,000
주식발행초과금	500	2,000	1,500

〈추가자료〉

1. 당기 중 주식발행초과금 ₩500이 자본금으로 전입되었다.
2. 당기 중 공정가치 ₩300의 토지를 현물출자 받았다. 신주의 액면금액은 ₩200이다.
3. 당기 중 감자는 없었다.

물음 정산표를 작성하고 투자활동 현금흐름을 분석하시오.

해설

1. 정산표

구 분	영업	투자	재무	비현금
자본금 증가			3,800	200
주식발행초과금 증가			1,400	100
토지 증가				(300)
이익잉여금 증가(감소)				
당기순이익	×××			
합계(현금흐름)	?		5,200	–

(*) 현물출자는 대표적인 비현금거래이며 유의적인 비현금거래는 주석공시한다.

2. 재무활동 현금흐름

① 재무활동 순현금유입 : 5,200 (정산표)

② 감자에 따른 현금유출 : 0 (추가자료)

③ 증자에 따른 현금유입 : 5,200 (역산)

SECTION 4

현금흐름표의 표시와 공시

본 절에서는 기준서 제1007호'현금흐름표'에서 요구하는 표시와 공시 방법을 살펴본다.

1. 이자와 배당금

이자와 배당금의 수취 및 지급에 따른 현금흐름은 각각 별도로 공시한다. 각 현금흐름은 매 기간 일관성 있게 영업활동, 투자활동 또는 재무활동으로 분류한다.

기업회계기준서 제1023호 '차입원가'에 따라 회계기간 동안 지급한 이자금액은 당기손익의 비용항목으로 인식하는지 또는 자본화하는지에 관계없이 현금흐름표에 총지급액을 공시한다.

금융회사의 경우 이자지급, 이자수입 및 배당금수입은 일반적으로 영업활동 현금흐름으로 분류한다. 그러나 다른 업종의 경우 이러한 현금흐름의 분류방법에 대하여 합의가 이루어지지 않았다. 이자지급, 이자수입 및 배당금수입은 당기순손익의 결정에 영향을 미치므로 영업활동 현금흐름으로 분류할 수 있다. 대체적인 방법으로 이자지급 그리고 이자수입 및 배당금수입은 재무자원을 획득하는 원가나 투자자산에 대한 수익이므로 각각 재무활동 현금흐름과 투자활동 현금흐름으로 분류할 수도 있다.

배당금의 지급은 재무자원을 획득하는 원가이므로 재무활동 현금흐름으로 분류할 수 있다. 대체적인 방법으로, 재무제표이용자가 영업활동 현금흐름에서 배당금을 지급할 수 있는 기업의 능력을 판단하는 데 도움을 주기 위하여 영업활동 현금흐름의 구성요소로 분류할 수도 있다.

구 분	영업활동	투자활동	재무활동
이자수취	○	○	–
이자지급	○	–	○
배당수취	○	○	–
배당지급	○	–	○

2. 법인세

법인세로 인한 현금흐름은 별도로 공시하며, 재무활동과 투자활동에 명백히 관련되지 않는 한 영업활동 현금흐름으로 분류한다. 예를 들어, 자기주식처분손익에 대한 법인세는 재무활동과 명백히 관련되는 법인세에 해당한다.

3. 외화현금흐름

외화거래에서 발생하는 현금흐름은 현금흐름 발생일의 기능통화와 외화 사이의 환율을 외화 금액에 적용하여 환산한 기능통화의 금액으로 기록한다. 해외 종속기업의 현금흐름은 현금흐름 발생일의 기능통화와 외화 사이의 환율로 환산한다.

외화로 표시된 현금흐름은 기업회계기준서 제1021호 '환율변동효과'와 일관된 방법으로 보고한다. 이 기준서에서는 실제 환율에 근접한 환율의 적용을 허용하고 있다. 그러나 기준서 제1021호는 해외 종속기업의 현금흐름을 환산할 때 보고기간말의 환율을 적용하는 것은 허용하지 않는다.

환율변동으로 인한 미실현손익은 현금흐름이 아니다. 그러나 외화로 표시된 현금및현금성자산의 환율변동효과는 기초와 기말의 현금및현금성자산을 조정하기 위해 현금흐름표에 표시한다. 이 금액은 영업활동, 투자활동 및 재무활동 현금흐름과 구분하여 별도로 표시하며, 그러한 현금흐름을 기말 환율로 보고하였다면 발생하게 될 차이를 포함한다.

예를 들어 어떤 기업이 결산일 현재 외화를 보유하고 있으며 시점별 환율이 다음과 같은 경우 현금흐름표에 표시하는 방법은 다음과 같다.

- 현금및현금성자산(기초) $100 (전기말 환율 $ = ₩1,000)
- 현금및현금성자산의 증가 $1,000 (당기 평균 환율 $ = ₩1,100)
- 현금및현금성자산(기말) $1,100 (당기말 환율 $ = ₩1,200)

현금흐름표를 외화기준과 원화기준으로 각각 작성하면 다음과 같다.

구 분	외화기준($)	적용환율	원화기준(₩)
영업활동현금흐름	?		?
투자활동현금흐름	?		?
재무활동현금흐름	?		?
현금및현금성자산의 환율변동효과	–		₩120,000
현금및현금성자산의 증가	$1,000	× 1,100	₩1,100,000
기초 현금및현금성자산	$100	× 1,000	₩100,000
기말 현금및현금성자산	$1,100	× 1,200	₩1,320,000

4. 투자활동 현금흐름과 재무활동 현금흐름의 보고

순증감액으로 현금흐름을 보고하는 경우를 제외하고는, 투자활동과 재무활동에서 발생하는 총현금유입과 총현금유출은 주요 항목별로 구분하여 총액으로 표시한다. 다만, 다음의 경우 투자활동과 재무활동 현금흐름을 순증감액에 의해 보고할 수 있다.

① 현금흐름이 기업의 활동이 아닌 고객의 활동을 반영하는 경우로서 고객을 대리함에 따라 발생하는 현금유입과 현금유출. 예를 들어 은행의 요구불예금 수신 및 인출, 투자기업이 보유하고 있는 고객 예탁금, 부동산 소유주를 대신하여 회수한 임대료와 소유주에게 지급한 임대료 등이 있다.

② 회전율이 높고 금액이 크며 만기가 짧은 항목과 관련된 현금유입과 현금유출. 예를 들어 신용카드 고객에 대한 대출과 회수, 투자자산의 구입과 처분, 기타 단기차입금 등이 있다.

5. 비현금거래

현금및현금성자산의 사용을 수반하지 않는 투자활동과 재무활동 거래는 현금흐름표에서 제외한다. 그러한 거래는 투자활동과 재무활동에 대하여 모든 목적적합한 정보를 제공할 수 있도록 재무제표의 다른 부분에 (주석)공시한다. 기준서에서 제시한 비현금거래의 사례는 다음과 같다.

- 자산 취득시 부채를 인수하거나 금융리스를 통하여 자산을 취득하는 경우
- 주식 발행을 통한 기업의 인수
- 채무의 지분전환

6. 종속기업 등

종속기업 및 기타사업에 대한 지배력의 획득 또는 상실에 따른 총현금흐름은 별도로 표시하고 투자활동으로 분류한다. 또한 다음의 내용을 주석으로 공시한다. 지배력을 상실하지 않는 종속기업에 대한 소유지분의 변동은 자본거래로 회계처리하므로 관련 현금흐름은 재무활동 현금흐름으로 분류한다.

■ 연결현금흐름표

연결현금흐름표에서 지배력의 획득 또는 상실에 따른 현금흐름은 투자활동으로 분류하며 지배력의 획득 또는 상실의 대가로 현금을 지급하거나 수취한 경우 종속기업이 보유한 현금및현금성자산을 가감한 순액으로 보고한다. 또한 기업이 보유한 현금및현금성자산 중 유의적인 금액을 연결실체가 사용할 수 없는 경우, 경영진의 설명과 함께 그 금액을 공시한다.

7. K-IFRS 표시 사례

기준서 제1007호'현금흐름표'의 부록에서는 영업활동 현금흐름을 표시할 때, '영업에서 창출된 현금'을 구분하여 표시하고 있다. 이는 발생주의 성과를 표시하는 포괄손익계산서에서 영업이익을 구분하여 표시하는 것과 같은 이치이다.

기준서에서는 '영업에서 창출된 현금'의 명확한 정의를 하고 있지 않다. 저자의 생각으로는, 본업을 통해 만들어 낸 현금으로 풀이되며 독자들은 영업활동으로 분류되는 이자 및 배당 그리고 법인세를 가감하기 전의 영업활동 현금흐름으로 이해하면 되겠다. 기업이 영업활동 현금흐름을 영업에서 창출된 현금과 그렇지 않은 현금으로 구분표시하기 위해서는 진술했던 정신표 역시 수정하여 사용해야 한다. 이는 이후에 소개되는 기본예제를 통해 살펴본다.

7-1 직접법

영업활동현금흐름		
고객으로부터의 유입된 현금	xxx	
공급자와 종업원에 대한 현금 유출	(xxx)	
영업에서 창출된 현금	xxx	
이자수취	xxx	
배당수취	xxx	
이자지급	(xxx)	
법인세지급	(xxx)	
영업활동순현금흐름		xxx

7-2 간접법

간접법의 경우 당기순이익에서 조정하는 방법과 법인세비용차감전순이익에서 조정하는 방법이 있다. 양자의 결과는 동일하지만 조정항목에 있어서 차이가 있으므로 주의를 요한다.

(1) 당기순이익 조정

영업활동현금흐름		
당기순이익	xxx	
가감 :		
감가상각비	xxx	
사채상환이익	xxx	
이자수익	(xxx)	
배당금수익	(xxx)	
이자비용	xxx	
법인세비용	xxx	
매출채권의 증가	(xxx)	
재고자산의 감소	xxx	
영업으로부터 창출된 현금	xxx	
이자수취	xxx	
배당수취	xxx	
이자지급	(xxx)	
법인세지급	(xxx)	
영업활동순현금흐름		xxx

(2) 법인세비용차감전순이익 조정

영업활동현금흐름		
법인세차감전순이익	xxx	
가감 :		
감가상각비	xxx	
사채상환이익	xxx	
이자수익	(xxx)	
배당금수익	(xxx)	
이자비용	xxx	
매출채권의 증가	(xxx)	
재고자산의 감소	xxx	
영업으로부터 창출된 현금	xxx	
이자수취	xxx	
배당수취	xxx	
이자지급	(xxx)	
법인세지급	(xxx)	
영업활동순현금흐름		xxx

기본예제 12 **영업에서 창출한 현금 – 간접법**

다음은 제조기업인 ㈜대한의 20x1년도 간접법에 의한 현금흐름표를 작성하기 위한 자료이다.

- 법인세비용차감전순이익 : ₩500,000
- 대손상각비 : ₩30,000
- 재고자산평가손실 : ₩10,000
- 건물 감가상각비 : ₩40,000
- 이자비용 : ₩100,000
- 법인세비용 : ₩140,000
- 단기매매목적 금융자산 처분이익 : ₩15,000
- 재무상태표 계정과목의 기초금액 대비 기말금액의 증감
  - 매출채권(순액) : ₩100,000 증가

    매입채무 : ₩50,000 감소
  - 재고자산(순액) : ₩20,000 증가
  - 단기매매목적 금융자산 : ₩50,000 감소
  - 미지급이자 : ₩70,000 증가

이자지급 및 법인세납부를 영업활동으로 분류한다고 할 때, 20x1년 ㈜대한이 현금흐름표에 보고할 영업에서 창출된 현금, 이자지급 및 법인세납부액은 각각 얼마인가?

해설

구 분	영업		투자	재무
	영업창출	창출 외		
매출채권 증가	(100,000)			
매입채무 감소	(50,000)			
재고자산 증가	(20,000)			
단기매매금융자산 감소	50,000			
미지급이자 증가		70,000		
이익잉여금 증가(감소)				
당기순이익	360,000			
감가상각비	40,000		(40,000)	
이자비용	100,000	(100,000)		
법인세비용	140,000	(140,000)		
계(순현금흐름)	520,000	(170,000)	?	?

(*) 당기순이익 : 500,000(세전이익) − 140,000(법인세비용) = 360,000

1. 영업에서 창출한 현금 : 520,000
2. 이자지급액 : 70,000 + (100,000) = (30,000)
3. 법인세납부액 : (140,000)

기본예제 13 영업에서 창출한 현금 - 간접법

다음은 유통업을 영위하는 ㈜대한의 20x1년도 현금흐름표를 작성하기 위한 자료이다. 이를 이용하여 물음에 답하시오.

(1) 20x1년 포괄손익계산서 관련 자료

- 매출 : ₩435,000
- 매출원가 : ₩337,000
- 급여 : ₩8,000
- 매출채권 대손상각비 : ₩1,500
- 차량운반구 감가상각비 : ₩16,000
- 재고자산평가손실(기타 비용) : ₩5,000
- 매출채권 외화환산이익 : ₩1,000
- 유형자산처분손실 : ₩2,000

(2) 20x1년 재무상태표 관련 자료(단위 : ₩)

계정과목	기 초	기 말
매출채권	92,400	135,500
매출채권대손충당금	4,400	5,500
재고자산	120,000	85,000
(재고자산평가충당금)	–	(5,000)
매입채무	70,000	40,000
차량운반구	400,000	371,000
(차량운반구 감가상각누계액)	(100,000)	(77,000)

(3) 20x1년 중 취득가액이 ₩40,000(감가상각누계액 ₩20,000)인 차량운반구를 처분하여 처분손실 ₩2,000이 발생하였다. 또한 차량운반구를 ₩50,000에 신규 취득하였으며 이는 당기 중 유일한 취득 거래이다. 당기 중 차량운반구의 증감은 전부 취득과 처분으로 발생한 것이다.

(4) 매출액 중 W25,000은 현금매출이며 나머지는 신용매출이다.

(5) 별도의 언급이 없는 한, 당기 중 거래는 현금으로 이루어졌다.

물음 1 ㈜대한이 20x1년 현금흐름표에 보고할 영업으로부터 창출된 현금은 얼마인가?

물음 1 ㈜대한의 차량운반구 관련 거래가 20x1년도 투자활동 현금흐름에 미치는 영향은?

해설

1. 당기순이익

435,000 − 337,000 − 8,000 − 1,500 − 16,000 − 5,000 + 1,000 − 2,000 = 66,500

2. 정산표

구 분	영업		투자	재무
	영업창출	창출 외		
매출채권 증가	(43,100)			
대손충당금 증가	1,100			
재고자산 감소	35,000			
(평가충당금 증가)	5,000			
매입채무 감소	(30,000)			
차량운반구 감소			29,000	
(감가상각누계액 감소)			(23,000)	
이익잉여금 증가(감소)				
당기순이익	66,500			
감가상각비	16,000		(16,000)	
유형자산처분손실	2,000		(2,000)	
계(순현금흐름)	52,500	–	(12,000)	–

물음 1

영업에서 창출한 현금 : 52,500 유입

물음 2

투자활동순현금흐름 : 12,000 유출

chapter 19 연습문제

01 현금흐름표(1)

다음은 ㈜현대의 2020년 재무제표 및 이와 관련된 자료이다.

1. 손익계산서

2020년 1월 1일-2020년 12월 31일

Ⅰ. 매 출 액		₩6,020,000
Ⅱ. 매출원가		4,822,000
Ⅲ. 매출총이익		1,198,000
Ⅳ. 판매비와관리비		
1. 급 여	₩460,000	
2. 퇴직급여	85,000	
3. 대손상각비	3,000	
4. 보 험 료	500,000	
5. 감가상각비	19,000	
6. 무형자산상각비	30,000	1,097,000
Ⅴ. 영업이익		101,000
Ⅵ. 영업외수익		
1. 이자수익	200,000	
2. 금융자산처분이익	64,000	264,000
Ⅶ. 영업외비용		
1. 금융자산평가손실	5,000	
2. 이자비용	58,000	
3. 재고자산감모손실	11,000	
4. 외화환산손실	16,000	
5. 토지처분손실	40,000	
6. 사채상환손실	15,000	145,000
Ⅷ. 법인세비용차감전순이익		220,000
Ⅸ. 법인세비용		120,000
Ⅹ. 당기순이익		₩100,000

2. 비교재무상태표

자 산	2020.12.31.	2019.12.31.	부 채 와 자 본	2020.12.31.	2019.12.31.
현금및현금성자산	₩328,000	₩167,000	매 입 채 무	₩20,000	₩166,000
금 융 자 산	100,000	85,000	미 지 급 금	100,000	-
매 출 채 권	120,000	155,000	미 지 급 비 용	60,000	45,000
대 손 충 당 금	(4,000)	(6,000)	유동성 장기 차입금	46,000	33,000
재 고 자 산	179,000	150,000	장 기 차 입 금	180,000	110,000
선 급 비 용	450,000	870,000	퇴 직 급 여 부 채	150,000	120,000
토 지	650,000	300,000	사 채	300,000	500,000
기 계 장 치	660,000	450,000	사채할인발행차금	(24,000)	(50,000)
감가상각누계액	(97,000)	(78,000)	자 본 금	1,000,000	800,000
산 업 재 산 권	230,000	260,000	자 본 잉 여 금	520,000	400,000
			이 익 잉 여 금	264,000	229,000
합 계	₩2,616,000	₩2,353,000	합 계	₩2,616,000	₩2,353,000

3. 추가자료

1) 재무상태표의 금융자산은 단기매매목적으로 취득한 것이며 2020년 6월 1일에 금융자산의 일부를 ₩24,000에 처분하였으며, 2020년 11월 10일에 ₩40,000의 금융자산을 취득하였다. 이외에 금융자산과 관련된 외부와의 거래는 없었다.

2) 2020년 2월 초 토지를 취득하였으며, 2020년 10월 2일에 장부가액 ₩350,000의 토지를 처분하였다. 토지와 관련된 다른 거래는 없었다.

3) 2020년 1월 2일 기계장치를 ₩210,000에 취득하였으며, 손익계산서에 보고되는 감가상각비는 모두 기계장치에 관련된 것이다. 기중에 기계장치의 처분이나 추가 취득은 없었다.

4) 기초의 유동성장기차입금은 모두 상환하였으며, 2020년 7월 1일에 추가로 장기(외화)차입금 ₩100,000을 차입하였는데 외화환산손실은 이에 대한 것이다.

5) 2020년 1월 2일에 사채 액면금액 ₩200,000의 사채를 ₩195,000에 상환하였다. 이외의 사채와 관련된 거래는 사채할인발행차금의 상각뿐이다.

6) 2020년도에 총액면가 ₩200,000에 해당하는 보통주를 현금을 받고 발행하였으며, 이외에 자본금과 자본잉여금의 변동을 초래하는 거래는 없었다.

7) 당기 중 배당금 지급액은 ₩65,000이다.

8) 미지급금 ₩100,000은 토지의 취득과 관련된 것이다.

9) 이자수취나 지급은 영업활동으로 배당지급액은 재무활동으로 구분한다.

물음 1

간접법에 의한 영업활동순현금흐름을 표시하시오.

물음 2

투자활동순현금흐름을 표시하시오.

물음 3

재무활동순현금흐름을 표시하시오.

물음 4

직접법에 의한 영업활동순현금흐름을 표시하시오.

해설

〈자료정리〉

1. 자산, 부채, 자본의 증가(감소) 정리

자 산	증가(감소)	부채자본	증가(감소)
현금및현금성자산	161,000	매 입 채 무	(146,000)
금 융 자 산	15,000	미 지 급 금	100,000
매 출 채 권	(35,000)	미 지 급 비 용	15,000
(대 손 충 당 금)	2,000	유동성 장기차입금	13,000
재 고 자 산	29,000	장 기 차 입 금	70,000
선 급 비 용	(420,000)	퇴직급여부채	30,000
토 지	350,000	사 채	(200,000)
기 계 장 치	210,000	(사채할인발행차금)	26,000
(감가상각누계액)	(19,000)	자 본 금	200,000
산 업 재 산 권	(30,000)	자 본 잉 여 금	120,000
		이 익 잉 여 금	35,000
계	263,000	계	263,000

2. 거래분석

1) 사채할인발행차금

차)	사채	200,000	대)	차금	20,000
	사채상환손실	15,000		현금	195,000
차)	이자비용(7)	6,000	대)	차금	6,000
	이자비용(4)	52,000		현금	52,000

2) 유동성 장기차입금과 장기차입금

차)	유동성장기차입금	33,000	대)	현금	33,000
차)	장기차입금(9)	46,000	대)	유동성장기차입금(9)	46,000
차)	현금	100,000	대)	장기차입금	100,000
	외화환산손실(7)	16,000		장기차입금	16,000

3) 토지

차)	토지(9)	100,000	대)	미지급금(9)	100,000
	토지	600,000		현금	600,000
차)	현금	310,000	대)	토지	350,000
	토지처분손실(6)	40,000			

4) 증자

차)	현금	320,000	대)	자본금	200,000
				주식발행초과금	120,000

2. 정산표

과 목	영업	투자 및 처분	차입 및 상환	자본거래	비현금거래
	(1)~(5)	(6)	(7)	(8)	(9)
당기순이익	100,000				
감가상각비	19,000	(19,000)			
상각비	30,000	(30,000)			
이자비용	6,000		(6,000)		
외화환산손실	16,000		(16,000)		
토지처분손실	40,000	(40,000)			
사채상환손실	15,000		(15,000)		
금융자산 증가	(15,000)				
매출채권 감소	35,000				
대손충당금 감소	(2,000)				
재고자산 증가	(29,000)				
선급비용 감소	420,000				
토지 증가		(250,000)			(100,000)
기계 증가		(210,000)			
감누 증가		19,000			
산업재산권 감소		30,000			
매입채무 감소	(146,000)				
미지급금 감소					100,000

미지급비용 증가	15,000				
유동성부채 증가			(33,000)		46,000
장기차입금 증가			116,000		(46,000)
퇴직부채 증가	30,000				
사채 감소			(200,000)		
할인차금 감소			26,000		
자본금 증가				200,000	
자본잉여금 증가				120,000	
이익잉여금 증가				(65,000)	
현금증가(감소)	534,000	(500,000)	(128,000)	255,000	–
검증	161,000				

물음 1

영업활동순현금흐름 : 534,000

물음 2

투자활동순현금흐름 : (−)500,000

물음 3

재무활동순현금흐름 : (−)128,000 + 255,000 = 127,000

물음 4

구 분	매출	구매	급여지출	기타지출	기타유입	이자수취	이자지급	법인세납부
	(1)	(2)	(3)	(3)	(3)	(4)	(4)	(5)
매출액	6,020,000							
매출원가		(4,822,000)						
급여			(460,000)					
퇴직급여			(85,000)					
대손상각비	(3,000)							
보험료				(500,000)				
이자수익						200,000		
금융처분이익					64,000			
금융평가손실					(5,000)			
이자비용							(52,000)	

감모손실		(11,000)						
법인세비용								(120,000)
금융자산 증가					(15,000)			
매출채권 감소	35,000							
대손충당금 감소	(2,000)							
재고자산 증가		(29,000)						
선급비용 감소				420,000				
매입채무 감소		(146,000)						
미지급비용 증가				15,000				
퇴직부채 증가			30,000					
현금 증가(감소)	6,050,000	(5,008,000)	(515,000)	(65,000)	44,000	200,000	(52,000)	(120,000)
	534,000							

참고

1. 이자, 배당 관련 현금흐름 구분

기준서에서는 이자, 배당 관련 현금흐름에 대하여 다음의 범주 중에서 선택하도록 요구한다. 관련 내용은 다음과 같다.

구 분	결산서	영업	투자	재무
이자수취	수익	(4)	(6)	–
이자지급	비용	(4)	–	(7)
배당수취	수익	(4)	(6)	–
배당지급	이익잉여금처분	(4)	–	(8)

2. 단기매매목적 금융상품

단기매매목적으로 보유하는 자산이나 부채는 영업활동으로 구분한다.

3. 비현금거래

비현금거래는 현금흐름표에 표시할 수 없다. 재무제표 간 연계를 위하여 중요한 비현금거래는 주석으로 공시한다. 현물출자, 전환사채 전환, 출자전환 등이 비현금거래이다.

02 현금흐름표(2)

다음은 결산일이 매년 말인 ㈜대치의 2020년 결산자료이다. 이자지급은 영업활동으로 분류한다.

포괄손익계산서상 당기순이익	₩2,400,000
법인세비용	200,000
감가상각비	320,000
이자비용(사채할인발행차금 상각분 ₩150,000)	300,000
단기매매금융자산평가이익	400,000
단기매매금융자산처분이익	100,000
사채상환이익	180,000
손상차손(매출채권)	200,000
퇴직급여	270,000
급여(주식결제형 주식보상비용 ₩20,000 포함)	120,000
매출채권의 증가(순액)	280,000
매입채무의 증가	350,000
이연법인세자산의 감소	150,000
미지급법인세의 감소	50,000
미지급이자의 증가	10,000
퇴직급여부채의 증가	240,000
재고자산(순액)의 감소	500,000
단기매매금융자산의 증가	200,000

물음 1

당기순이익을 조정하여 영업에서 창출된 현금과 영업활동현금흐름을 도출하시오.

물음 2

법인세차감전순이익을 조정하여 영업에서 창출된 현금과 영업활동현금흐름을 도출하시오.

해설

〈자료정리〉

정산표

구분	(1)~(3)	(4)	(5)
당기순이익	2,400,000		
법인세비용	200,000		(200,000)
감가상각비	320,000		
이자비용(*)	300,000	(150,000)	
사채상환이익	(180,000)		
주식보상비용	20,000		
매출채권의 증가(순액)	(280,000)		
매입채무의 증가	350,000		
이연법인세자산의 감소			150,000
미지급법인세의 감소			(50,000)
미지급이자의 증가		10,000	
퇴직급여부채의 증가	240,000		
재고자산(순액)의 감소	500,000		
단기매매금융자산의 증가	(200,000)		
현금 증가(감소)	3,670,000	(140,000)	(100,000)

(*) 이자비용 중 할인차금 상각은 (7)으로 분류한다.

물음 1

① 영업창출현금흐름 : 3,670,000

② 영업활동순현금흐름 : 3,670,000 − 140,000 − 100,000 = 3,430,000

물음 2

구 분	(1)~(3)	(4)	(5)
법인세비용차감전순이익	2,600,000		(200,000)
감가상각비	320,000		
이자비용	300,000	(150,000)	
사채상환이익	(180,000)		
주식보상비용	20,000		
매출채권의 증가(순액)	(280,000)		
매입채무의 증가	350,000		
이연법인세자산의 감소			150,000
미지급법인세의 감소			(50,000)
미지급이자의 증가		10,000	
퇴직급여부채의 증가	240,000		
재고자산(순액)의 감소	500,000		
단기매매금융자산의 증가	(200,000)		
현금 증가(감소)	3,670,000	(140,000)	(100,000)

Chapter 20

기타재무보고

1. 매각예정비유동자산과 중단영업
2. 농림어업
3. 재무제표 표시

SECTION

1 매각예정비유동자산과 중단영업

기준서 제1105호'매각예정비유동자산과 중단영업'의 목적은 매각예정자산의 회계처리와 중단영업의 표시 및 공시에 필요한 사항을 정하는 데 있다. 이 기준서의 주요 내용은 다음과 같다.

- 매각예정분류기준을 충족하는 자산은 공정가치에서 처분부대원가를 뺀 금액과 장부금액 중 작은 금액으로 측정하고, 감가상각을 중단한다.
- 매각예정분류기준을 충족하는 자산은 재무상태표에 별도로 표시하고 중단영업의 성과는 포괄손익계산서에 별도로 표시한다.

이 기준서의 분류와 표시에 관한 규정은 인식된 모든 비유동자산과 모든 처분자산집단에 적용한다. 이 기준서의 측정에 관한 규정은 일부 자산을 제외하고, 모든 비유동자산과 처분자산집단에 적용한다. 이 기준서의 측정에 관한 규정을 적용하지 아니하는 자산(처분자산집단의 일부인 경우도 포함)은 다음과 같다.

- 이연법인세자산 (기준서 제1012호)
- 종업원급여에서 발생하는 자산 (기준서 제1019호)
- 기준서 제1109호가 적용되는 금융자산
- 기준서 제1040호 '투자부동산'에 따라 공정가치모형으로 회계처리 하는 비유동자산
- 기준서 제1041호 '농림어업'에 따라 순공정가치로 측정되는 비유동자산
- 기준서 제1104호 '보험계약'에서 정의하는 보험계약의 계약상 권리

기업회계기준서 제1001호 '재무제표 표시'에 따라 비유동자산으로 분류하는 자산은 이 기준서의 매각예정분류기준을 충족할 때까지는 유동자산으로 재분류할 수 없다. 통상적으로 비유동자산으로 분류하는 자산을 매각만을 목적으로 취득한 경우라 하더라도 이 기준서의 매각예정분류기준을 충족하지 못한다면 유동자산으로 분류할 수 없다.

1. 비유동자산의 매각예정으로의 분류

비유동자산(또는 처분자산집단)의 장부금액이 계속 사용이 아닌 매각거래를 통하여 주로 회수될 것이라면 이를 매각예정으로 분류한다. 이를 위해서는 당해 자산(또는 처분자산집단)은 현재의 상태에서 통상적이고 관습적인 거래조건만으로 즉시 매각가능하여야 하며 매각될 가능성이 매우 높아야 한다. 매각될 가능성이 매우 높으려면 적절한 지위의 경영진이 자산(또는 처분자산집단)의 매각계획을 확약하고, 매수자를 물색하고 매각 계획을 이행하기 위한 적극적인 업무진행을 이미 시작하였어야 한다. 또한 당해 자산(또는 처분자산집단)의 현행 공정가치에 비추어 볼 때 합리적인 가격 수준으로 적극적으로 매각을 추진하여야 한다.

종속기업에 대한 지배력의 상실을 포함하는 매각계획을 확약하는 기업은, 매각예정으로의 분류 기준을 충족하면, 매각 후 종전 종속기업에 대한 비지배지분의 보유 여부에 관계없이 그 종속기업의 모든 자산과 부채를 매각예정으로 분류한다.

매각완료시점은 일반적으로 매각예정 분류시점으로부터 1년 이내이어야 한다. 그러나 사건이나 상황에 따라서는 매각을 완료하는 데 소요되는 기간이 연장되어 1년을 초과할 수도 있다. 만약 기업이 통제할 수 없는 사건 또는 상황 때문에 매각기간이 연장되었지만 기업이 여전히 해당 자산(또는 처분자산집단)의 매각계획을 확약한다는 충분한 증거가 있다면 매각이 완료되기까지의 기간이 연장된다고 하더라도 해당 자산(또는 처분자산집단)을 매각예정으로 분류할 수 없는 것은 아니다. 비유동자산 간의 교환거래가 기업회계기준서 제1016호 '유형자산'에 따라 상업적 실질이 있는 경우에는 매각거래에 포함한다. 처분만을 목적으로 취득한 비유동자산(또는 처분자산집단)이 취득일에 매각예정 분류요건을 충족한는 경우 취득시점부터 매각예정으로 분류하여 이 기준서를 적용한다.

폐기될 비유동자산(또는 처분자산집단)은 매각예정으로 분류할 수 없다. 왜냐하면 해당 장부금액은 원칙적으로 계속사용함으로써 회수되기 때문이다. 그러나 폐기될 처분자산집단이 중단영업의 요건을 충족한다면 처분자산집단의 성과와 현금흐름을 사용이 중단된 날에 중단영업으로 표시한다. 폐기될 비유동자산(또는 처분자산집단)에는 경제적 내용연수가 끝날 때까지 사용될 비유동자산(또는 처분자산집단)과 매각되지 아니하고 폐쇄될 비유동자산(또는 처분자산집단)을 포함한다. 일시적으로 사용을 중단한 비유동자산은 폐기될 자산으로 회계처리할 수 없다.

2. 측정

매각예정으로 분류된 비유동자산 또는 처분자산집단은 공정가치에서 처분부대원가를 뺀 금액과 장부금액 중 작은 금액으로 측정한다. 신규로 취득한 자산(또는 처분자산집단)이 매각예정분류기준을 충족한다면 최초 인식 시점에 공정가치에서 처분부대원가를 뺀 금액과 매각예정으로 분류되지 않았을 경우의 장부금액(예: 원가) 중 작은 금액으로 측정한다.

매각예정 비유동자산(또는 처분자산집단) : Min [공정가치 - 처분부대원가 , 장부금액]

1년 이후에 매각될 것으로 예상된다면 처분부대원가는 현재가치로 측정한다. 기간 경과에 따라 발생하는 처분부대원가 현재가치의 증가분은 금융원가로서 당기손익으로 회계처리한다. 자산(또는 처분자산집단)을 매각예정으로 최초 분류하기 직전에 해당 자산(또는 처분자산집단 내의 모든 자산과 부채)의 장부금액은 적용가능한 한국채택국제회계기준서에 따라 측정한다. 그 이후 처분자산집단을 재측정하는 경우 매각예정으로 분류된 처분자산집단에 포함되지만 이 기준서의 측정 규정이 적용되지 않는 자산과 부채에 대해서는 적용가능한 한국채택국제회계기준서에 따라 장부금액을 재측정하여 반영한다. 그 후 처분자산집단의 공정가치에서 처분부대원가를 뺀 금액을 재측정한다.

2-1 손상차손과 손상차손환입액의 인식

자산(또는 처분자산집단)의 최초 또는 향후 공정가치에서 처분부대원가를 뺀 금액의 하락을 손상차손으로 인식한다. 자산의 공정가치에서 처분부대원가를 뺀 금액이 증가하면 이익을 인식한다. 그러나 그 금액은 이 기준서 또는 기업회계기준서 제1036호 '자산손상'에 따라 과거에 인식하였던 손상차손누계액을 초과할 수 없다.

처분자산집단에 대하여 인식한 손상차손(또는 손상차손환입)은 기업회계기준서 제1036호 '자산손상'에서 규정한 배분 순서에 따라 집단에 속한 자산 중 이 기준서의 측정 규정이 적용되는 비유동자산의 장부금액을 감소(또는 증가)시킨다.

2-2 감가상각

비유동자산이 매각예정으로 분류되거나 매각예정으로 분류된 처분자산집단의 일부이면 그 자산은 감가상각(또는 상각)하지 아니한다. 매각예정으로 분류된 처분자산집단의 부채와 관련된 이자와 기타 비용은 계속해서 인식한다.

2-3 매각계획의 변경

매각예정으로 분류되던 자산(또는 처분자산집단)이 분류기준의 요건을 더 이상 충족할 수 없다면 그 자산(또는 처분자산집단)은 매각예정으로 분류할 수 없다. 더 이상 매각예정으로 분류할 수 없는 비유동자산(또는 처분자산집단)은 다음 중 작은 금액으로 측정한다.

- 당해 자산(또는 처분자산집단)을 매각예정으로 분류하기 전 장부금액에 감가상각, 상각, 또는 재평가 등 매각예정으로 분류하지 않았더라면 인식하였을 조정사항을 반영한 금액
- 매각하지 않기로 결정한 날의 회수가능액

더 이상 매각예정으로 분류할 수 없는 비유동자산의 장부금액에 반영하는 조정금액은 요건을 더 이상 충족하지 않게 된 기간의 계속영업손익에 포함한다.

매각예정으로 분류된 처분자산집단에서 개별 자산이나 부채를 제외하는 경우에 매각예정인 처분자산집단의 나머지 자산과 부채는 해당 집단이 매각예정 분류 요건을 충족해야만 계속해서 집단단위로 측정한다. 그렇지 않다면, 개별적으로 매각예정으로 분류하는 기준을 충족하는 나머지 비유동자산은 각각 그 시점에서 처분부대원가(또는 분배부대원가)를 차감한 공정가치와 장부금액 중 작은 금액으로 측정한다.

3. 표시와 공시

재무제표이용자가 중단영업과 비유동자산(또는 처분자산집단)처분의 재무효과를 평가할 수 있도록 정보를 표시하고 공시한다.

3-1 중단영업

기업의 구분단위는 재무보고 목적뿐만 아니라 영업상으로도 기업의 나머지 부분과 영업 및 현금흐름이 명확히 구별된다. 즉 기업의 구분단위는 계속사용을 목적으로 보유 중인 경

우 하나의 현금창출단위 또는 현금창출단위집단이 될 것이다.

중단영업은 이미 처분되었거나 매각예정으로 분류된 다음 중 하나에 해당하는 기업의 구분단위이다.

- 별도의 주요 사업계열이나 영업지역이다.
- 별도의 주요 사업계열이나 영업지역을 처분하려는 단일 계획의 일부이다.
- 매각만을 목적으로 취득한 종속기업이다.

3-2. 중단영업 공시

중단영업은 다음을 공시한다.

(1) 포괄손익계산서

중단영업과 관련하여 다음의 합계를 포괄손익계산서에 단일금액으로 표시한다.

- 세후 중단영업손익
- 중단영업에 포함된 자산(처분자산집단)을 공정가치에서 처분부대원가를 뺀 금액으로 측정하거나 처분함에 따른 세후 손익

(2) 공시

포괄손익계산서에 표시된 단일금액은 다음과 같이 분석하여 공시한다.

- 중단영업의 수익, 비용 및 세전 중단영업손익과 관련 법인세비용
- 중단영업에 포함된 자산(처분자산집단)을 공정가치에서 처분부대원가를 뺀 금액으로 측정하거나 처분함에 따라 인식된 손익과 관련 법인세비용

이러한 공시는 주석이나 포괄손익계산서에 표시할 수 있다. 포괄손익계산서에 표시하는 경우에는 계속영업과 구분되도록 별도의 중단영업항목으로 표시한다. 처분자산집단이 취득 당시 매각예정분류기준을 충족한 신규 취득 종속기업인 경우 이러한 내용을 반드시 공시할 필요는 없다.

(3) 현금흐름표

중단영업의 영업활동, 투자활동 및 재무활동으로부터 발생한 순현금흐름은 주석이나 재무제표 본문에 표시한다. 처분자산집단이 취득 당시 매각예정분류기준을 충족한 신규로 취득한 속기업인 경우 이러한 내용을 반드시 공시할 필요는 없다.

(4) 기타

기업회계기준서 제1001호에 따라 별개의 보고서에 당기순손익의 항목을 표시하는 경우에는 중단영업과 관련된 부문은 그 보고서에 표시한다. 표시된 최종기간의 보고기간말까지 모든 중단영업과 관련된 공시사항이 표시될 수 있도록 과거재무제표에 위의 공시사항을 다시 표시한다. 과거기간에 중단영업의 처분과 직접 관련하여 중단영업으로 표시했던 금액을 당기에 조정하는 경우 그 금액은 중단영업 내에서 별도로 분류하여 표시한다. 매각예정으로 분류하였으나 중단영업의 정의를 충족하지 않는 비유동자산(또는 처분자산집단)을 재측정하여 인식하는 평가손익은 계속영업손익에 포함한다.

3-3 매각예정으로 분류된 비유동자산이나 처분자산집단의 표시

매각예정으로 분류된 비유동자산은 다른 자산과 별도로 재무상태표에 표시한다. 매각예정으로 분류된 처분자산집단에 포함되는 자산이나 부채는 다른 자산이나 부채와 별도로 재무상태표에 표시한다. 해당 자산과 부채는 상계하여 단일금액으로 표시할 수 없다. 매각예정으로 분류된 자산과 부채는 주요 종류별로 재무상태표 또는 주석에 별도로 공시한다. 다만, 처분자산집단이 취득 당시 매각예정분류기준을 충족한 신규 취득 종속기업인 경우에는 자산과 부채를 주요 종류별로 반드시 공시할 필요는 없다. 매각예정으로 분류된 비유동자산(또는 처분자산집단)과 관련하여 기타포괄손익으로 인식한 손익누계액은 별도로 표시한다.

과거 재무상태표에 매각예정으로 분류된 비유동자산 또는 처분자산집단에 포함된 자산과 부채의 금액은 최근 재무상태표의 분류를 반영하기 위하여 재분류하거나 재작성하지 아니한다.

기본예제 1 매각예정비유동자산

결산일이 매년 말인 ㈜장흥은 20x1년 초, 기계장치를 ₩100,000(내용연수 5년, 잔존가치 없으며 정액법 적용)을 취득하였다. 20x2년 말 현재 동 기계장치의 공정가치와 처분부대원가는 각각 ₩60,000과 ₩5,000이다. 다음 물음에 답하시오.

물음 1 ㈜장흥은 해당 기계장치에 대하여 기준서 제1016호 '유형자산'의 원가모형을 적용한다. 기계장치의 취득시점부터 20x2년 말까지의 회계처리를 제시하시오.

물음 2 20x2년 말 현재 해당 기계장치는 매각가능한 상태이며 매각될 가능성이 매우 높아 매각예정비유동자산의 분류 요건을 모두 충족하였다. 필요한 회계처리를 제시하시오.

물음 3 20x3년 말 현재 매각예정비유동자산의 순공정가치는 ₩52,000이다. 필요한 분개를 제시하시오.

물음 4 20x4년 말 현재 매각예정비유동자산의 순공정가치는 ₩62,000이다. 필요한 분개를 제시하시오.

물음 5 20x5년 초, ㈜장흥은 기계장치에 대한 매각계획을 공식적으로 철회하였다. 동 시점에서 기계장치에 대한 회수가능액은 ₩65,000이다. 필요한 회계처리를 제시하시오.

해설

물음 1

회계처리				손익효과
1년 초				
차) 기계장치	100,000	대) 현금	100,000	-
1년 말				
차) 감가상각비	20,000	대) 감가상각누계액	20,000	(20,000)
(*) 감가상각비 : 100,000 ÷ 5년 = 20,000				
2년 말				
차) 감가상각비	20,000	대) 감가상각누계액	20,000	(20,000)
(*) 감가상각비 : 100,000 ÷ 5년 = 20,000				

물음 2

회계처리				손익효과
2년 말 - 매각예정				
차) 매각예정자산	55,000	대) 기계장치	100,000	(5,000)
감가상각누계액	40,000			
손상차손	5,000			

(*) 매각예정비유동자산(5호) : Min[55,000(순공정가치) , 60,000] = 55,000
(*) 손상차손(5호) : 60,000 - 55,000 = 5,000

물음 3

회계처리				손익효과
3년 말				
차) 손상차손	3,000	대) 매각예정자산	3,000	(3,000)

(*) 매각예정으로 분류한 자산은 후속기간동안 감가상각을 중단함
(*) 매각예정비유동자산(5호) : Min[52,000(순공정가치) , 55,000] = 52,000
(*) 손상차손(5호) : 55,000 - 52,000 = 3,000
(*) 유형자산인 경우와 달리 매각예정비유동자산은 순공정가치를 기준으로 손상차손을 측정함

물음 4

회계처리				손익효과
4년 말				
차) 매각예정자산	8,000	대) 손상차손환입	8,000	8,000

(*) 순공정가치의 증가액 : 62,000 - 52,000 = 10,000
(*) 과거 손상차손누계액(5호) : 5,0000 + 3,000 = 8,000
(*) 손상차손환입(5호) : Min[10,000 , 8,000] = 8,000
(*) 매각예정자산 : 52,000(전기이월) + 8,000 = 60,000

물음 5

회계처리				손익효과
5년 초				
차) 기계장치	20,000	대) 매각예정자산	60,000	(40,000)
기타비용	40,000			

(*) 매각예정으로 분류하기 전 장부금액(2년 말) : 60,000(물음 1 참고)
(*) 조정금액 : 60,000 ÷ 3년(잔존내용연수) × 2년 = 40,000 (미인식한 누적 감가상각비)
(*) 조정금액을 반영한 장부금액(5년 초) : 60,000 - 40,000 = 20,000
(*) 기계장치(5년 초) : Min[20,000 , 65,000(회수가능액)] = 20,000

(*) 기타비용 : 대차차액
(*) 기타비용은 계속영업손익으로 귀속됨

기본예제 2 **처분자산집단**

결산일이 매년 말인 ㈜장흥은 과거 사업결합을 통해 취득한 사업부 A를 매각하고자 한다. 사업부 A는 비유동자산과 유동자산(재고자산)으로 구성되어 있으며 20x2년 말 내역은 다음과 같다.

항 목	분류 전 장부금액	분류 직전 재측정금액	
		사용가치	순공정가치 (또는 순실현가능가치)
영업권	1,000	−	−
토지(원가모형)	7,000	−	−
건물(원가모형)	5,000	−	−
재고자산	2,000	−	1,200
계	15,000		

20x2년 말 현재 처분자산집단인 사업부 A의 순공정가치는 ₩7,500이며 ㈜장흥이 사업부 A를 매각하기로 결정한 경우 20x2년 말 필요한 회계처리를 제시하시오. 단, 모든 회수가능액의 등락은 손상징후와 관련된 것으로 가정한다.

해 설

1. 기준서 1105호의 측정 규정을 적용할 수 없는 재고자산은 관련 기준서(1002호)에 따라 재측정한다. 따라서 다음의 회계처리를 적용한다.

회계처리				손익효과
2년 말				
차) 매출원가	800	대) 평가충당금	800	(800)

(*) 재고자산 : Min[2,000, 1,200] = 1,200
(*) 재고자산평가손실 : 2,000 − 1,200 = 800 (전액 매출원가로 인식)

2. 처분자산집단으로 분류하고 관련 분류 직전 장부금액과 순공정가치 중 작은 금액으로 측정한다.

구 분	영업권	토 지	건 물	재고자산	합 계
장부금액(분류 전)	1,000	7,000	5,000	1,200	14,200
손상차손 배분	(1,000)	(3,325)	(2,375)	n/a	(6,700)
장부금액(분류 후)	–	3,675	2,625	1,200	7,500

(*) 손상차손 배분(토지) : (6,700 − 1,000) × 7,000 ÷ (7,000 + 5,000) = 3,325
(*) 손상차손 배분(건물) : (6,700 − 1,000) × 5,000 ÷ (7,000 + 5,000) = 2,375

3. 회계처리

회계처리 - 손상차손 인식					손익효과
2년 말					
차) 손상차손	1,000	대)	영업권	1,000	(1,000)
차) 손상차손	3,325	대)	손상차손누계액	3,325	(3,325)
차) 손상차손	2,375	대)	손상차손누계액	2,375	(2,375)

회계처리 - 처분자산집단으로 분류 변경					손익효과
2년 말					
차) 처분자산집단	7,500	대)	토지	7,000	–
손상차손누계액	3,325		건물	5,000	–
손상차손누계액	2,375		재고자산	2,000	–
평가충당금	800				–

기본예제 3 **중단영업**

결산일이 매년 말인 ㈜현대의 20x1년도 부문별 정보는 다음과 같다. 법인세율은 20%이다.

구 분	사업부 A	사업부 B	합계
수 익	500,000	1,000,000	1,500,000
비 용	(200,000)	(800,000)	(1,000,000)
세 전 이 익	300,000	200,000	500,000
법 인 세 비 용	(60,000)	(40,000)	(100,000)
당 기 순 이 익	240,000	160,0000	400,000

1. 법인세율은 20%이다.
2. 20x1년의 가중평균유통보통주식수는 1,000주이며 우선주는 없다.

물음 1 ㈜현대가 사업부 B를 중단하지 않는 경우와 중단하는 경우로 구분하여 포괄손익계산서를 작성하고 주당이익을 산정하시오.

물음 2 사업부 B에서 사용하는 기계장치의 순장부금액은 20x1년 말 ₩100,000이며 공정가치에서 처분부대비용을 차감한 금액은 ₩82,000이다. ㈜현대가 사업부 B를 중단하는 경우 포괄손익계산서를 작성하고 주당이익을 산정하시오.

해설

물음 1

[중단영업이 없는 경우]

수 익	1,500,000
비 용	(1,000,000)
법인세비용차감전순이익	500,000
법인세비용	(100,000)
당기순이익	400,000
기본주당순이익	400

(*) 기본주당순이익 : 400,000 ÷ 1,000주

[중단영업이 있는 경우]

수 익	500,000
비 용	(200,000)
법인세비용차감전계속영업이익	300,000
법인세비용	(60,000)
계속영업이익	240,000
중단영업이익	160,000
당기순이익	400,000
기본주당계속영업이익	240
기본주당순이익	400

(*) 기본주당계속영업이익 : 240,000 ÷ 1,000주

(*) 기본주당순이익 : 400,000 ÷ 1,000주

물음 2

[중단영업이 있는 경우]

수 익	500,000
비 용	(200,000)
법인세비용차감전계속영업이익	300,000
법인세비용	(60,000)
계속영업이익	240,000
중단영업이익	145,600
당기순이익	385,600
기본주당계속영업이익	240
기본주당순이익	386

(*) 중단영업이 존재하면 해당 사업에 필요한 기계장치를 매각예정으로 분류 변경해야 함

(*) 매각예정비유동자산 : Min[100,000, 82,000] = 82,000

(*) 매각예정으로 분류 변경시 발생한 손상차손 : 100,000 − 82,000 = 18,000

(*) 해당 손상차손은 법인세효과를 반영한 후 중단영업손익에 포함

(*) 중단영업손익 : 160,000 − 18,000 × (1 − 20%) = 145,600

(*) 기본주당계속영업이익 : 240,000 ÷ 1,000주

(*) 기본주당순이익 : 385,600 ÷ 1,000주

SECTION 2

농림어업

기업회계기준서 제1041호'농림어업'는 농림어업활동과 관련된 회계처리와 공시에 관한 사항을 정하는 데 있다.

1. 용어의 정의

이 기준서에서 사용하는 용어의 정의는 다음과 같다.

- **농림어업활동** : 판매목적 또는 수확물이나 추가적인 생물자산으로의 전환목적으로 생물자산의 생물적 변환과 수확을 관리하는 활동
- **매각부대원가** : 자산의 처분에 직접 귀속되는 증분 원가(금융원가와 법인세비용 제외)
- **수확** : 생물자산에서 수확물의 분리 또는 생물자산의 생장 과정의 중지
- **수확물** : 생물자산에서 수확한 생산물
- **생산용식물** : 다음 모두에 해당하는 살아있는 식물
  (1) 수확물을 생산하거나 공급하는 데 사용한다.
  (2) 한 회계기간을 초과하여 생산물을 생산할 것으로 예상한다.
  (3) 수확물로 판매될 가능성이 희박하다[부수적인 폐물(scrap)로 판매하는 경우는 제외한다].

> [생산용식물이 아닌 경우]
> - 수확물로 수확하기 위해 재배하는 식물(예: 목재로 사용하기 위해 재배하는 나무)
> - 부수적인 폐물 판매가 아닌, 수확물로도 식물을 수확하고 판매 가능성이 희박하지 않은 경우 수확물을 생산하기 위해 재배하는 식물(예: 과일과 목재 모두를 얻기 위해 재배하는 나무)
> - 한해살이 작물(예: 옥수수와 밀)

- **생물자산** : 살아있는 동물이나 식물을 말하며 생산용식물에서 자라는 생산물은 생물자산이다.

2. 적용범위

이 기준서는 생산용식물을 제외한 생물자산, 수확시점의 수확물 그리고 농림어업활동과 관련한 정부보조금에 대하여 적용한다. 다만, 농림어업활동에 관련된 토지, 농림어업활동에 관련된 생산용식물은 유형자산 기준서를 적용하며 생산용식물에서 자라는 생산물에는 이 기준서를 적용한다. 이 기준서는 수확물, 즉 기업의 생물자산에서 수확한 생산물에 수확시점에 적용한다. 수확시점 후에는 기업회계기준서 제1002호'재고자산'이나 적용 가능한 다른 한국채택국제회계기준서를 적용한다. 따라서 이 기준서는 수확시점 후 수확물의 가공과정(예를 들어, 포도를 재배한 양조업자가 포도를 포도주로 가공하는 과정)에 대해서는 규정하지 아니한다.

3. 인식과 측정

3-1 인식

다음의 조건이 모두 충족되는 경우에 한하여 생물자산이나 수확물을 인식한다.

- 과거 사건의 결과로 자산을 통제한다.
- 자산과 관련된 미래경제적효익의 유입가능성이 높다.
- 자산의 공정가치나 원가를 신뢰성 있게 측정할 수 있다.

농림어업활동에서 자산에 대한 통제는 예를 들어, 법적 소유권에 의하거나 취득·출생 시점에 낙인을 찍거나 그 밖의 방법으로 가축에 표시하여 입증할 수 있다. 미래의 효익은 일반적으로 유의적인 물리적 특성을 측정하여 평가한다.

3-2 측정

(1) 순공정가치

생물자산은 최초 인식시점과 매 보고기간말에 공정가치에서 처분부대원가를 뺀 금액으로 측정하여야 한다. 다만, 공정가치를 신뢰성 있게 측정할 수 없는 경우는 제외한다.

생물자산에서 수확된 수확물은 수확시점에 공정가치에서 처분부대원가를 뺀 금액으로 측정하여야 한다. 이러한 측정치는 기업회계기준서 제1002호 '재고자산'이나 적용가능한 다른 한국채택국제회계기준서를 적용하는 시점의 원가가 된다.

생물자산이나 수확물을 유의적인 특성(예: 연령, 품질)에 따라 분류하면 해당 자산의 공정가치 측정이 용이할 수 있을 것이다. 이러한 경우에는 시장에서 가격결정기준으로 사용하는 특성과 부합하는 특성을 선택한다.

생물자산이나 수확물을 미래 일정시점에 판매하는 계약을 체결할 수 있다. 공정가치는 시장에 참여하는 구매자와 판매자가 거래하게 될 현행시장의 상황을 반영하기 때문에 계약가격이 공정가치의 측정에 반드시 목적적합한 것은 아니다. 따라서 계약이 존재한다고 하여 생물자산이나 수확물의 공정가치를 조정해야 하는 것은 아니다.

최초의 원가 발생 이후에 생물적 변환이 거의 일어나지 않는 경우(예: 보고기간말 직전에 심은 묘목이나 새로 취득한 가축), 생물적 변환이 가격에 미치는 영향이 중요할 것이라고 예상되지 않는 경우(예: 소나무조림지의 생산주기인 30년 중 처음 단계의 성장에 해당하는 경우)에는 원가가 공정가치의 근사치가 될 수 있다.

(2) 평가손익

생물자산을 최초 인식시점에 공정가치에서 처분부대원가를 뺀 금액으로 인식하여 발생하는 평가손익과 생물자산의 공정가치에서 처분부대원가를 뺀 금액의 변동으로 발생하는 평가손익은 발생한 기간의 당기손익에 반영한다. 생물자산의 공정가치에서 처분부대원가를 뺀 금액을 산정할 때에 추정 매각부대원가를 차감하기 때문에 생물자산의 최초 인식시점에 손실이 발생할 수 있다. 송아지가 태어나는 경우와 같이 생물자산의 최초 인식시점에 이익이 발생할 수도 있다.

수확물을 최초 인식시점에 공정가치에서 처분부대원가를 뺀 금액으로 인식하여 발생하는 평가손익은 발생한 기간의 당기손익에 반영한다. 수확의 결과로 수확물의 최초 인식시점에 평가손익이 발생할 수 있다.

(3) 공정가치를 신뢰성 있게 측정할 수 없는 경우

생물자산의 공정가치는 신뢰성 있게 측정할 수 있다고 추정한다. 그러나 생물자산을 최초로 인식하는 시점에 시장 공시가격을 구할 수 없고, 대체적인 공정가치측정치가 명백히 신뢰성 없게 결정되는 경우에는 최초 인식 시점에 한해 그러한 추정에 반론이 제기될 수 있다. 그러한 경우 생물자산은 원가에서 감가상각누계액과 손상차손누계액을 차감한 금액으로 측정한다. 이후 그러한 생물자산의 공정가치를 신뢰성 있게 측정할 수 있게 되면 공정가치에서 처분부대원가를 뺀 금액으로 측정한다. 어떠한 경우에도 수확시점의 수확물은 공정가치에서 처분부대원가를 뺀 금액으로 측정한다. 이 기준서는 수확시점에는 수확물의 공정가치를 항상 신뢰성 있게 측정할 수 있다는 관점을 반영하고 있다.

4. 정부보조금

공정가치에서 처분부대원가를 뺀 금액으로 측정하는 생물자산과 관련된 정부보조금에 다른 조건이 없는 경우에는 이를 수취할 수 있게 되는 시점에만 당기손익으로 인식한다.

기업이 특정 농림어업활동에 종사하지 못하게 요구하는 경우를 포함하여 공정가치에서 처분부대원가를 뺀 금액으로 측정하는 생물자산과 관련된 정부보조금에 부수되는 조건이 있는 경우에는 그 조건을 충족하는 시점에만 당기손익으로 인식한다. 정부보조금의 조건은 다양하다. 예를 들어, 특정지역에서 5년 동안 경작할 것을 요구하고, 경작기간이 5년 미만인 경우에는 모두 반환해야 하는 보조금이 있을 수 있다. 이러한 경우에는 5년이 경과하기 전까지는 보조금을 당기손익으로 인식하지 아니한다. 그러나 시간의 경과에 따라 보조금의 일부가 기업에 귀속될 수 있는 경우에는 시간의 경과에 따라 그 정부보조금을 당기손익으로 인식한다.

원가에서 감가상각누계액과 손상차손누계액을 차감한 금액으로 측정하는 생물자산과 관련된 정부보조금에 대해서는 기업회계기준서 제1020호'정부보조금'을 적용한다.

기본예제 4 농림어업

결산일이 매년 말인 ㈜현대유업은 우유 및 우유 관련 가공품을 생산·판매하는 기업이다. ㈜현대유업은 젖소를 방목하여 우유를 얻고 있으며 20x2년도에 발생한 거래는 다음과 같을 때 독립적인 물음에 답하시오.

물음 1 20x2년 초, 젖소 20마리를 마리당 ₩600,000에 현금 취득하였다. 취득과정에서 발생한 운송비 및 기타 수수료는 ₩300,000이다. 젖소의 공정가치를 알 수 없는 경우 취득시점과 결산시점의 회계처리를 제시하시오. 일반적으로 젖소의 평균 수명은 10년이며 유유 생산이 가능한 경제적 수명은 5년으로 추정된다. 잔존가치는 없는 것으로 가정한다.

물음 2 20x2년 초, 젖소 20마리를 마리당 ₩600,000에 현금 취득하였다. 취득과정에서 발생한 운송비 및 기타 수수료는 ₩300,000이다. 취득시점과 결산시점에 젖소 한 마리당 공정가치는 각각 ₩600,000과 ₩700,000이며 예상되는 처분부대원가는 공정가치의 10%가 발생할 것으로 추정된다. 취득시점과 결산시점의 회계처리를 제시하시오.

물음 3 20x2년 7월 초, 새끼 젖소 10마리가 태어났으며 공정가치는 마리당 ₩100,000이며 예상되는 처분부대원가는 마리당 ₩5,000이다. 회계처리를 제시하시오.

물음 4 20x2년도에 수확한 우유의 리터 당 순공정가치는 ₩1,000이다. 당해연도에 수확한 우유는 1,000리터이며 이 중 800리터는 리타 당 ₩1,100에 판매하였으며 남은 200리터는 가공품인 치즈 생산에 투입하였다. 가공품 생산에 투입된 가공비는 ₩300,000이며 전량 외부에 현금 판매(₩800,000)되었다. 회계처리를 제시하시오.

물음 5 회사는 20x2년 초, 젖소 관련하여 정부보조금 ₩1,000,000을 수취하였다. 정부보조금에 대한 회계처리 방식을 각 경우에 맞게 서술하시오. 단, 젖소는 순공정가치로 측정하는 것으로 가정한다.

구 분	회계처리
(1) 아무 조건이 없는 경우	
(2) 3년 사육조건이며, 미충족 시 전액 반환하는 조건	
(3) 3년 사육조건이며, 미충족 시 미경과기간 상당액을 반환하는 조건	

해설

물음 1

회계처리				손익효과
2년 초				
차) 생물자산	12,300,000	대) 현금	12,300,000	-

(*) 젖소의 취득원가 : 20마리 × 600,000 + 300,000 = 12,300,000
(*) 순공정가치를 알 수 없으므로 원가로 인식함

회계처리				손익효과
2년 말				
차) 감가상각비	2,460,000	대) 감가상각누계액	2,460,000	(2,460,000)

(*) 감가상각비 : 12,300,000 ÷ 5년 = 2,460,000
(*) 생물자산을 최초에 원가로 측정한 경우, 내용연수동안 감가상각한다.

물음 2

회계처리						손익효과
2년 초						
차)	생물자산	10,800,000	대)	현금	12,300,000	–
	생물자산평가손익	1,500,000				(1,500,000)
	(*) 젖소의 순공정가치 : 20마리 × 600,000 × 90% = 10,800,000					
	(*) 평가손익 : 대차차액					
2년 말						
차)	생물자산	1,800,000	대)	생물자산평가손익	1,800,000	1,800,000
	(*) 평가손익 : 20마리 × 700,000 × 90% − 10,800,000 = 1,800,000					

물음 3

회계처리						손익효과
2년 7월초						
차)	생물자산	950,000	대)	생물자산평가손익	950,000	950,000
	(*) 평가손익 : 10마리 × 100,000 − 10마리 × 5,000 = 950,000					
	(*) 수확시점에 순공정가치로 측정하며 당기손익으로 인식함					

물음 4

회계처리						손익효과
2년 - 우유 수확시점						
차)	수확물	1,000,000	대)	수확물평가손익	1,000,000	1,000,000
	(*) 평가손익 : 1,000리타 × 1,000 = 1,000,000					
	(*) 수확시점에 순공정가치로 측정하며 당기손익으로 인식함					
2년 - 우유 판매시점						
차)	현금	880,000	대)	매출	880,000	880,000
	매출원가	800,000		수확물	800,000	(800,000)
	(*) 매출 : 800리타 × 1,100 = 880,000					
	(*) 매출원가 : 800리타 × 1,000 = 800,000					
2년 - 가공품 생산시점						
차)	재고자산	500,000	대)	수확물	200,000	–
				현금 등	300,000	–
	(*) 재고자산 : 200리터×1,000(재료비) + 300,000(가공비) = 500,000					

2년 - 가공품 판매시점

차)	현금	800,000	대)	매출	800,000	800,000
	매출원가	500,000		재고자산	500,000	(500,000)

(*) 매출원가 : 500,000

물음 5

구 분	회계처리
(1)	정부보조금을 수취할 수 있게 되는 시점에 당기손익으로 인식한다.
(2)	3년이 경과한 시점에 정부보조금을 당기손익으로 인식한다.
(3)	3년동안 시간의 경과에 따라 정부보조금을 당기손익으로 인식한다.

SECTION 3

재무제표 표시

여기서는 기업회계기준서 제1001호'재무제표 표시'에 대하여 살펴본다. 이 기준서는 과거기간의 재무제표나 다른 기업의 재무제표와 비교가능 하도록 일반목적 재무제표의 표시에 관한 기준을 정한다. 이 기준서는 재무제표의 표시에 관한 전반적인 요구사항, 재무제표의 구조에 대한 지침과 재무제표의 내용에 대한 최소한의 요구사항을 규정한다.

1. 재무제표

1.1 재무제표의 목적

재무제표는 기업의 재무상태와 재무성과를 체계적으로 표현한 것이다. 재무제표의 목적은 광범위한 정보이용자의 경제적 의사결정에 유용한 기업의 재무상태, 재무성과와 재무상태변동에 관한 정보를 제공하는 것이다. 또한 재무제표는 위탁받은 자원에 대한 경영진의 수탁책임 결과도 보여준다. 이러한 목적을 충족하기 위하여 재무제표는 자산, 부채, 자본, 차익(gains)과 차손을 포함한 광의의 수익(income)과 비용, 소유주로서의 자격을 행사하는 소유주에 의한 출자와 소유주에 대한 배분 그리고 현금흐름에 대한 기업 정보를 제공한다. 이러한 정보는 주석에서 제공되는 정보와 함께 재무제표이용자가 기업의 미래현금흐름, 특히 그 시기와 확실성을 예측하는 데 도움을 준다.

(1) 전체 재무제표

전체 재무제표는 다음을 모두 포함하여야 한다.

① 기말 재무상태표
② 기간 포괄손익계산서
③ 기간 자본변동표
④ 기간 현금흐름표
⑤ 주석(유의적인 회계정책의 요약 및 그 밖의 설명으로 구성)
⑥ 소급 수정, 재작성, 재분류하는 경우 가장 이른 비교기간의 기초 재무상태표

이 기준서에서 사용하는 재무제표의 명칭이 아닌 다른 명칭을 사용할 수 있다. 당기손익과 기타포괄손익은 단일의 포괄손익계산서에 두 부분으로 나누어 표시할 수 있다. 이 두 부분은 당기손익 부분을 먼저 표시하고 바로 이어서 기타포괄손익 부분을 표시함으로써 함께 표시한다. 당기손익 부분을 별개의 손익계산서에 표시할수 있다. 그러한 경우, 별개의 손익계산서는 포괄손익을 표시하는 보고서 바로 앞에 위치한다. 또한 각각의 재무제표는 전체 재무제표에서 동등한 비중으로 표시한다.

많은 기업은 재무제표 이외에도 그 기업의 재무성과와 재무상태의 주요특성 및 기업이 직면한 주요 불확실성을 설명하는 경영진의 재무검토보고서를 제공한다. 예를 들어 환경보고서나 부가가치보고서와 같은 보고서를 제공한다. 재무제표 이외의 보고서는 한국채택국제회계기준의 적용범위에 해당하지 않는다.

(2) 일반사항

일반사항이란 재무제표 표시에 관한 이 기준서의 전반적인 요구사항이다.

① 공정한 표시와 한국채택국제회계기준의 준수

한국채택국제회계기준에 따라 작성된 재무제표는 공정하게 표시된 재무제표이다. 한국채택국제회계기준에 따라 작성한 경우 그러한 준수 사실을 주석에 기재해야 한다. 부적절한 회계정책은 주석(또는 보충 자료)을 통해 설명하더라도 정당화될 수 없다. 극히 드물게 회계기준과 회사의 회계정책이 서로 다른 경우에는 다음의 요구사항에 따라 표시한다.

감독체계가 일탈을 허용하는 경우	감독체계가 일탈을 금지하는 경우
작성기준 : 회사 정책 주석공시 : 일탈 내용	작성기준 : 한국채택국제회계기준 주석공시 : 회사 정책

② 계속기업

경영진은 계속기업을 전제로 재무제표를 작성한다.(최소 12개월 이상 존속가능성 평가) 계속기업에 중대한 불확실성이 존재하면 관련 불확실성을 주석으로 공시한다. 계속기업가정이 타당하지 않은 경우에는 다른 가정을 사용하며 그러한 사실을 주석으로 공시한다. 참고로 역사적원가의 적용, 감가상각, 개발중인 무형자산, 유동·비유동의 구분 등은 계속기업 가정 아래 그 타당성이 인정된다.

③ 발생기준 회계

현금흐름 정보를 제외하고 발생기준 회계를 사용하여 재무제표를 작성한다. 발생기준은 현금 유입 및 유출의 원인이 발생한 시점에 수익과 비용을 인식하는 것이며 현금기준은 현금유입 및 유출 시점에 수익과 비용을 인식하는 것이다.

④ 중요성과 통합표시

유사한 항목은 중요성에 따라 재무제표에 통합하여 표시한다. 상이한 항목은 구분하여 표시한다. 단, 중요하지 않은 항목은 통합 표시가 가능하다. 재무제표 본문과 주석에 적용하는 중요성이 각각 다를 수 있다. 중요하지 않은 항목은 한국채택국제회계기준에서 요구하는 공시를 제공할 필요가 없다.

⑤ 상계

원칙적으로 자산, 부채 그리고 수익, 비용은 상계하지 아니한다. 다만, 관련 기준서에서 상계를 허용한 경우에는 가능하며 대표적인 사례는 다음과 같다.

가. 투자자산 및 비유동자산의 처분손익
나. 충당부채 관련 손실을 제3자로부터 보전 받는 경우
다. (중요하지 않은) 외환손익 또는 단기매매금융상품에서 발생하는 손익

재고자산평가충당금과 대손충당금과 같이 평가충당금을 차감하여 자산을 순액으로 측정하는 것은 상계에 해당하지 아니하므로 이를 허용한다.

⑥ 보고빈도

전체 재무제표는 적어도 1년마다 작성한다. 보고기간 종료일을 변경하여 재무제표의 보고기간이 1년을 초과하거나 미달하는 경우 그러한 이유와 재무제표에 표시된 금액이 완전하게 비교가능하지 않다는 사실을 공시한다.

⑦ 비교정보

금액 정보는 반드시 전기 비교정보를 표시해야 한다. 서술형 정보는 당기 재무제표를 이해하는 데 목적적합하다면 전기의 서술형 정보도 공시한다. 정책변경 또는 중요한 전기오류를 소급하여 수정하는 경우, 가장 이른 비교기간의 기초 재무상태표를 표시해야 한다. 이를 개시 재무상태표라고 한다.

⑧ 표시의 계속성

재무제표 항목의 표시와 분류는 매 기간 동일해야 한다. 계속성의 일탈이 허용되는 경우는 다음과 같다.

가. 회계정책변경이 정당화되는 경우.
나. 한국채택국제회계기준에서 표시방법의 변경을 요구하는 경우.

1.2. 재무제표의 식별

재무제표는 함께 공표되는 다른 정보와 명확하게 구분되고 식별되어야 한다. 따라서 다음의 정보가 분명하게 드러나야 한다.

(1) 보고기업의 명칭
(2) 개별 기업 재무제표인지 연결실체의 재무제표인지 식별
(3) 보고기간종료일 및 보고기간
(4) 표시통화
(5) 금액의 단위

재무제표에 표시한 금액의 단위는 중요한 정보가 누락되지 않는 경우, 천 단위 또는 백만 단위로 표시가능하다.

2. 재무상태표

2.1 재무상테표 표시되는 정보

재무상태표에는 다음에 해당하는 금액을 나타내는 항목을 표시한다.

- 유형자산, 투자부동산, 무형자산
- 금융자산, 지분법적용투자자산, 매출채권 및 기타채권, 현금및현금성자산
- 재고자산, 생물자산
- 매각예정분류자산 및 처분자산집단
- 매입채무 및 기타채무, 금융부채
- 충당부채
- 당기법인세 관련 자산, 부채, 이연법인세 관련 자산, 부채
- 매각예정분류자산 및 처분자산집단과 관련된 부채
- 자본에 표시된 비지배지분 (연결재무상태표에서만 표시)
- 지배기업의 소유주에게 귀속되는 납입자본과 적립금 (연결재무상태표에서만 표시)

기업의 재무상태를 이해하는 데 목적적합한 경우 재무상태표에 항목, 제목 및 중간합계를 추가하여 표시한다. 중간합계를 표시할 때에는 한국채택국제회계기준에 따라 인식되고 측정된 금액으로 이루어진 항목들로 구성해야 하고 중간합계 구성항목을 명확하고 이해가능하게 하는 방법으로 표시하고 명명한다. 또한 매기 일관되게 적용해야 하며 재무상태표 관련 한국채택국제회계기준에서 요구하는 중간합계와 합계보다 더 부각되어 나타나지 않도록 한다.

기업이 재무상태표에 유동자산과 비유동자산, 그리고 유동부채와 비유동부채로 구분하여 표시하는 경우, 이연법인세자산(부채)은 유동자산(부채)으로 분류하지 아니한다.

이 기준서는 표시되어야 할 항목의 순서나 형식을 규정하지 아니한다. 위의 예시는 단순히 재무상태표에 구분 표시하기 위해 성격이나 기능면에서 명확하게 상이한 항목명을 제시하고 있다. 또한, 한 항목 또는 통합된 유사 항목의 크기, 성격 또는 기능상 기업의 재무상태를 이해하기 위해 구분표시가 필요한 경우 그러한 항목을 추가로 재무상태표에 포함한다. 기업의 재무상태를 이해하는 데 목적적합한 정보를 제공하기 위해 기업과 거래의 성격에 따라 사용된 용어와 항목의 순서, 또는 유사 항목의 통합방법을 변경할 수 있다. 예를 들어, 금융회사는 금융회사의 영업목적에 적합한 정보를 제공하기 위해 상기 용어를 변경할 수 있다.

추가 항목으로 구분하여 표시할지 여부는 자산의 성격 및 유동성, 기업 내에서의 자산 기능, 부채의 금액, 성격 및 시기 등을 고려하여 결정한다.

상이하게 분류된 자산에 대해 상이한 측정기준을 사용하는 것은 그 자산의 성격이나 기능이 상이하여 별도 항목으로 구분하여 표시해야 함을 의미한다. 예를 들어, 상이하게 분류된 유형자산에대해서는 기업회계기준서 제1016호에 따라 원가 또는 재평가금액을 장부금액으로 할 수도 있다.

2.2 유동과 비유동의 구분

유동성 순서에 따른 표시방법이 신뢰성 있고 더욱 목적적합한 정보를 제공하는 경우를 제외하고는 유동자산과 비유동자산, 유동부채와 비유동부채로 재무상태표에 구분하여 표시한다.[1] 어떤 표시방법을 선택하더라도 12개월 후에 회수되거나 결제될 것으로 기대되는 금액을 공시한다. 자산과 부채를 유동, 비유동으로 구분하여 표시하는 경우, 이연법인세자산(부채)는 유동자산(부채)로 분류하지 아니한다.

(1) 유동자산

다음의 경우 유동자산으로 분류하며 그 밖의 모든 자산은 비유동자산으로 분류한다.

① 기업의 정상영업주기 내에 실현, 판매, 소비할 의도가 있다.(⇨ 영업주기 기준)
② 주로 단기매매 목적으로 보유하고 있다.
③ 보고기간 후 12개월 이내에 실현될 것으로 예상한다.(⇨ 12개월 기준)
④ (현금및현금성자산)사용에 대한 제한 기간이 보고기간 후 12개월 이상이 아니다.

(*) 영업주기는 영업활동을 위한 자산의 취득시점부터 그 자산이 현금으로 실현되는 시점까지 소요되는 기간이다. 정상영업주기를 명확하게 식별할 수 없는 경우에는 그 기간이 12개월인 것으로 가정한다.

1) 금융회사는 오름차순이나 내림차순의 유동성 순서에 따른 표시방법으로 자산과 부채를 표시하는 것이 신뢰성 있고 더욱 목적적합한 정보를 제공한다.

(2) 유동부채 분류기준

다음의 경우 유동부채로 분류하며 그 밖의 모든 부채는 비유동부채로 분류한다.

① 정상영업주기 내에 결제될 것으로 예상하고 있다.(⇨ 영업주기 기준)
② 주로 단기매매 목적으로 보유하고 있다.
③ 보고기간 후 12개월 이내에 결제하기로 되어 있다.(⇨ 12개월 기준)
④ 보고기간 후 12개월 이상 부채의 결제를 연기할 수 있는 무조건의 권리가 없다.

(3) 약정 위반 장기차입금의 표시

차입조건을 위반한 장기차입금의 유동·비유동 표시는 다음을 고려한다.

<table>
<tr><th colspan="3">차입약정 위반으로 즉시 상환해야 하는 장기차입금의 경우</th></tr>
<tr><th>상환유예 합의 못함</th><th colspan="2">(12개월 이상) 상환유예 합의 한</th></tr>
<tr><td rowspan="2">유동부채</td><td>보고기간말 이전 합의</td><td>보고기간 후 재무제표 발생승인일 전에 합의</td></tr>
<tr><td>비유동부채</td><td>유동부채(*)</td></tr>
</table>

(*) 보고기간 후 재무제표 발행승인일 전에 장기로 재조정하는 약정이나 상환유예 합의는 유동부채의 분류를 비유동부채로 변경시킬 수 없는 사건이며(이를 '수정을 요하지 않는 사건'이라 함)이러한 사건은 관련 내용을 주석으로만 공시함.

3. 포괄손익계산서

3.1 보고서의 유형

포괄손익계산서에 포함하는 당기손익과 기타포괄손익은 다음 중 한 가지 방법으로 표시한다.

(1) 단일의 보고서

당기손익과 기타포괄손익을 단일의 포괄손익계산서에 두 부분으로 나누어 표시한 것.

(2) 두 개의 보고서

① 별개의 손익계산서 : 당기손익 부분만 별개의 보고서로 표시한 것.
② 포괄이익을 표시하는 보고서 : 당기순손익에서 시작하여 기타포괄손익을 표시한 보고서

3.2 포괄손익계산서에 표시되는 정보

(1) 구성요소

- 당기손익 부분
- 기타포괄손익 부분
- 당기순손익 (연결의 경우, 비지배지분과 지배기업 소유주의 배분액 표시)
- 당기포괄손익 (연결의 경우, 비지배지분과 지배기업 소유주의 배분액 표시)

(2) 당기손익 부분 또는 별개의 손익계산서에 표시되는 정보

- 수익
- 금융원가
- 지분법손익
- 법인세비용
- 중단영업 합계를 표시하는 단일금액

(3) 기타포괄손익 부분

① 성격별로 분류한 후, 다음으로 Grouping하여 표시함.
　가. 미래에 당기손익으로 재분류되지 않는 항목
　나. 미래에 당기손익으로 재분류되는 항목

② 지분법 적용 기타포괄손익을 다음으로 Grouping하여 표시함.
　가. 미래에 당기손익으로 재분류되지 않는 항목
　나. 미래에 당기손익으로 재분류되는 항목

(4) 특별손익 항목 표시 금지

수익과 비용의 어느 항목도 당기손익과 기타포괄손익을 표시하는 보고서 또는 주석에 특별손익 항목으로 표시할 수 없다.

(5) 당기순손익

한 기간에 인식되는 모든 수익과 비용 항목은 한국채택국제회계기준이 달리 정하지 않는 한 당기손익으로 인식한다.

※ 한국채택국제회계기준에서 달리 정한 경우
① 중요한 전기오류수정 효과
② 회계정책 변경효과
③ 수익과 비용의 정의를 충족하는 기타포괄손익 구성요소
- 유형 · 무형자산) 재평가잉여금의 변동
- (확정급여제도) 재측정요소의 변동
- FVOCI금융자산의 재측정에 따른 손익
- 해외사업장 환산에 따른 손익
- (현금흐름위험회피) 위험회피수단의 평가손익 중 효과적인 부분
- 지분법 적용 대상인 관계기업 또는 공동기업의 기타포괄손익 중 지분해당액

(6) 기타포괄손익

① 기타포괄손익 관련 법인세비용 : 포괄손익계산서 또는 주석 공시
가. 법인세 효과를 차감한 순액 표시
나. 법인세 효과를 단일 금액으로 합산하여 별도 표시

② 기타포괄손익 관련 재분류조정 : 포괄손익계산서 또는 주석 공시
가. 재분류조정 : 과거의 기타포괄손익을 수익이나 비용으로 분류 변경하는 것
나. 재분류조정을 금지한 기타포괄손익
- 유형, 무형자산의 재평가이잉여금
- 확정급여제도의 재측정요소
- FVOCI지분상품의 평가손익

다. 재분류조정을 허용한 기타포괄손익의 분류 변경 시기
- 해외사업장을 매각할 때(해외사업장 환산에 따른 손익)
- FVOCI채무상품을 제거할 때(FVOCI채무상품 평가손익)
- 위험회피예상거래가 당기손익에 영향을 미칠 때(파생상품 재측정에 따른 손익)

⑺ 비용의 분류방법

비용은 기능별 분류법(매출원가법)과 성격별 분류법에 따라 구분표시한다. 분류된 비용은 포괄손익계산서에 표시할 것을 권장하나 주석 표시도 가능하다. 기능별 분류법을 적용하는 경우 성격별 정보(감가상각비, 종업원급여 등)를 주석으로 공시한다.

⑻ 한국에만 존재하는 특수한 규정

일반적인 경우 매출에서 매출원가와 판매비와관리비를 차감한 영업손익을 손익계산서에 구분 표시한다. 성격별 표시 또는 금융기관의 경우 영업수익에서 영업비용을 차감하여 영업손익을 측정하여 손익계산서에 구분 표시한다. 영업이익은 포괄손익계산서에 구분 표시하며 주석 표시는 허용하지 않는다. 영업이익 산출에 포함된 주요항목과 그 금액을 본문 또는 주석으로 공시한다. 영업이익에 추가 항목을 조정한 조정영업손익은 주석 공시만 가능하다.

이익잉여금처분계산서 또는 결손금처리계산서와 같이 상법 등 관련 법률에서 요구하는 경우 주석으로 공시한다.

4. 기타 재무제표

4.1 자본변동표

자본변동표에는 다음의 정보를 포함한다.

⑴ 지배기업의 소유주와 비지배지분에게 각각 귀속되는 금액으로 구분하여 표시한 해당 기간의 총포괄손익

⑵ 자본의 각 구성요소별로, 기업회계기준서 제1008호에 따라 인식된 소급적용이나 소급재작성의 영향

⑶ 자본의 각 구성요소별로 다음의 각 항목에 따른 변동액을 구분하여 표시한, 기초시점과 기말시점의 장부금액 조정내역

㈎ 당기순손익

㈏ 기타포괄손익

㈐ 소유주로서의 자격을 행사하는 소유주와의 거래

4.2 현금흐름표

현금흐름정보는 기업의 현금및현금성자산 창출능력과 기업의 현금흐름 사용 필요성에 대한 평가의 기초를 재무제표이용자에게 제공한다. 기업회계기준서 제1007호는 현금흐름 정보의 표시와 공시에 대한 요구사항을 규정하고 있다.

4.3 주석

한국채택국제회계기준에서 요구하는 정보이나 재무제표 어느 곳에도 표시되지 않은 정보를 주석이라 하며 재무제표를 이해하는 데 목적적합한 정보로 구성된다.

주석에는 기업의 재무제표에 적용한 유의적인 회계정책 즉, 재무제표를 작성하는 데 사용한 측정기준과 재무제표를 이해하는 데 목적적합한 그 밖의 회계정책을 공시한다. 회계정책을 적용하는 과정에서 추정에 관련된 공시와는 별도로, 재무제표에 인식되는 금액에 가상 유의적인 영향을 미친 경영진이 내린 판단은 유의적인 회계정책 또는 기타 주석 사항과 함께 공시한다. 미래에 대한 가정과 보고기간말의 추정 불확실성에 대한 기타주요 원천에 대한 정보를 공시한다. 이러한 가정과 추정 불확실성에 대한 기타 주요 원천은 다음 회계연도에 자산과 부채의장부금액에 대한 중요한 조정을 유발할 수 있는 유의적인 위험을 내포하고 있다. 따라서 이로부터 영향을 받을 자산과 부채에 대하여 자산 및 부채의 성격과 보고기간 말의 장부금액을 주석으로 기재한다.

chapter 20

연습문제

01 매각예정비유동자산과 처분자산집단

〈자료 1〉

결산일이 매년 말인 ㈜장흥은 20x1년 초, 기계장치를 ₩100,000(내용연수 5년, 잔존가치 없으며 정액법 적용)을 취득하였다. 20x2년 말 현재 동 기계장치의 사용가치는 ₩58,000, 순공정가치는 ₩55,000이다. 20x2년 말 현재 해당 기계장치는 매각가능한 상태이며 매각될 가능성이 매우 높아 매각예정비유동자산의 분류 요건을 모두 충족한다.

다음 물음에 답하시오.

물음 1

㈜장흥은 해당 기계장치에 대하여 기준서 제1016호 '유형자산'의 원가모형을 적용한다. 20x2년 말 매각예정비유동자산의 분류변경과 관련하여 필요한 분개를 제시하시오.

물음 2

20x3년 말 현재 매각예정비유동자산의 순공정가치는 ₩62,000이다. 필요한 분개를 제시하시오.

〈자료 2〉

결산일이 매년 말인 ㈜장흥은 과거 사업결합을 통해 취득한 사업부A를 매각하고자 한다. 사업부A는 비유동자산과 유동자산(재고자산)으로 구성되어 있으며 20x2년 말 그 내역은 다음과 같다.

항 목	분류 직전 장부금액	분류 직전 재측정금액	
		사용가치	순공정가치
영업권	1,000	–	–
토지(원가모형)	7,000	6,000	–
건물(원가모형)	5,000	4,000	–
재고자산	2,000	–	1,500
계	15,000		

20x2년 말 현재 처분자산집단인 사업부A의 순공정가치는 ₩8,500이다.

물음 3

만약 ㈜장흥이 사업부 A를 매각하지 않고 계속 사용할 것으로 기대한다면 20x2년 말 필요한 분개를 제시하시오.

물음 4

(물음 3)의 재측정금액을 처분자산집단의 측정 규정을 적용하여 수정하는 경우 개별자산 별로 필요한 분개를 제시하시오.

해설

물음 1

Step 1. 매각예정분류 직전 적용가능한 기준서에 따라 후속측정 함.

차)	감가상각비	20,000	대)	감가상각누계액	20,000
차)	손상차손	2,000	대)	손상차손누계액	2,000

(*) 감가상각 후 장부금액 : 100,000 − 40,000 = 60,000

(*) 회수가능액(Max. 기준서 36호) : 58,000

(*) 손상차손 : 60,000 − 58,000 = 2,000

Step 2. 매각예정비유동자산의 측정 규정을 적용함.

차)	손상차손	3,000	대)	손상차손누계액	3,000

(*) 매각예정자산의 측정 : Min[58,000, 55,000] = 55,000
(*) 손상차손 : 58,000 - 55,000 = 3,000

물음 2

차)	손상차손누계액	5,000	대)	손상차손환입	5,000

(*) 감가상각 하지 아니함.
(*) 순공정가치 증가 : 62,000 - 55,000 = 7,000
(*) 과거에 인식한 손상차손누계액 : 2,000 + 3,000 = 5,000
(*) 손상차손환입 : Min[7,000, 5,000] = 5,000

물음 3

1) 영업권 : 분개 없음

2) 재고자산 : 유동자산이므로 기준서 제1105호를 적용할 수 없음.
따라서 재고자산 기준서인 제1002호를 적용하여 재측정함.

차)	평가손실	500	대)	평가충당금	500

(*) 평가손실(저가법) : 2,000 - 1,500 = 500

3) 토지 : 유형자산과 자산손상을 적용하여 분류 직전 재측정함.

차)	손상차손	1,000	대)	손상차손누계액	1,000

(*) 손상차손 : 7,000 - 6,000(Max, 사용가치) = 1,000

4) 건물 : 유형자산과 자산손상을 적용하여 분류 직전 재측정함.

차)	손상차손	1,000	대)	손상차손누계액	1,000

(*) 손상차손 : 5,000 - 4,000(Max, 사용가치) = 1,000

물음 4

차)	손상차손	1,000	대)	영업권	1,000
차)	손상차손	1,800	대)	손상차손누계액	1,800
차)	손상차손	1,200	대)	손상차손누계액	1,200

(*) 손상차손의 배분

항 목	분류 직전 재측정금액	처분자산집단	손상차손	분류 직후 재측정금액
영 업 권	1,000		(1,000)	–
토 지	6,000		(1,800)	4,200
건 물	4,000		(1,200)	2,800
재 고 자 산	1,500		n/a	1,500
계	12,500	8,500	(4,000)	8,500

(*) 처분자산집단의 측정 : Min[12,500, 8,500] = 8,500

(*) 손상차손 : 12,500 − 8,500 = 4,000

(*) 손상차손배분 : 1,000 (영업권 우선 배분)

(*) 손상차손배분 : 토지와 건물의 장부금액을 비율(60%, 40%)로 배분

(*) 재고자산은 이 기준서의 적용대상이 아니므로 배분할 수 없음.

Chapter 21

재무보고 개념체계

1. 개념체계의 목적과 위상

목 적

- 한국회계기준위원회가 한국채택국제회계기준을 제·개정하는 데 도움을 준다.
- 재무제표 작성자가 일관된 회계정책을 개발하는 데 도움을 준다. (특정 거래에 적용할 회계기준이 없는 경우)
- 모든 이해관계자가 회계기준을 이해하고 해석하는 데 도움을 준다

위 상

- 개념체계는 회계기준이 아니다. 따라서 이 개념체계의 어떠한 내용도 회계기준이나 회계기준의 요구사항에 우선하지 아니한다.
- 개념체계는 수시로 개정될 수 있다. 개념체계가 개정되었다고 자동으로 회계기준이 개정되는 것은 아니다.

2. 일반목적재무보고의 목적

일반목적재무보고의 목적은 현재 및 잠재적 투자자, 대여자와 그 밖의 채권자가 기업에 자원을 제공하는 것과 관련된 의사결정을 할 때 유용한 보고기업 재무정보를 제공하는 것이다.

정보이용자

현재 및 잠재적 투자자, 대여자 및 그 밖의 채권자는 재무정보의 많은 부분을 일반목적재무보고서에 의존해야만 하므로 일반목적재무보고서의 주요이용자이다. 보고기업의 경영진은 필요로 하는 재무정보를 내부에서 구할 수 있기 때문에 일반목적재무보고서에 의존할 필요가 없으므로 주요이용자가 아니다.

유용한 보고기업 재무정보

기업에 유입될 미래 순현금흐름에 대한 전망을 평가하는 데 도움을 주는 정보와 기업의 자원, 기업에 대한 청구권, 그리고 기업의 경영진 및 이사회의 책임을 얼마나 효율적이고 효과적으로 이행해 왔는지에 대한 정보를 제공하는 것을 목적으로 한다.

일반목적재무보고서는 보고기업의 가치를 보여주기 위해 고안된 것이 아니다. 그러나 그것은 현재 및 잠재적 투자자, 대여자와 그 밖의 채권자가 보고기업의 가치를 추정하는 데 도움이 되는 정보를 제공한다.

각 주요이용자의 정보수요 및 욕구는 다르고 상충되기도 한다. 회계기준위원회는 회계기준을 제정할 때 최대 다수의 주요이용자 수요를 충족하는 정보를 제공하기 위해 노력할 것이다. 그러나 공통된 정보수요에 초점을 맞춘다고 해서 보고기업으로 하여금 주요이용자의 특정 일부집단에게 가장 유용한 추가 정보를 포함하지 못하게 하는 것은 아니다.

3. 재무제표의 질적 특성

재무정보가 유용하기 위해서는 목적적합해야 하고 나타내고자 하는 바를 충실하게 표현해야 한다. 재무정보가 비교가능하고, 검증가능하며, 적시성 있고, 이해가능한 경우 그 재무정보의 유용성은 보강된다.

(1) 근본적 질적 특성

근본적 질적특성은 목적적합성과 표현충실성이다.

목적적합성

목적적합한 재무정보는 이용자들의 의사결정에 차이가 나도록 할 수 있다. 재무정보에 예측가치, 확인가치 또는 이 둘 모두가 있다면 그 재무정보는 의사결정에 차이가 나도록 할 수 있다. 이용자들이 미래 결과를 예측하기 위해 사용하는 절차의 투입요소로 재무정보가 사용될 수 있다면, 그 재무정보는 예측가치를 갖는다. 재무정보가 예측가치를 갖기 위해서 그 자체가 예측치 또는 예상치일 필요는 없다. 예측가치를 갖는 재무정보는 이용자들 자신이 예측하는 데 사용된다. 재무정보가 과거 평가에 대해 피드백을 제공한다면 확인가치를 갖는다. 재무정보의 예측가치와 확인가치는 상호 연관되어 있다. 예측가치를 갖는 정보는 확인가치도 갖는 경우가 많다. 예를 들어, 미래연도 수익의 예측 근거로 사용될 수 있는 당해 연도 수익 정보를 과거 연도에 행한 당해 연도 수익 예측치와 비교할 수 있다. 그 비교 결과는 이용자가 그 과거 예측에 사용한 절차를 수정하고 개선하는 데 도움을 줄 수 있다.

중요성

특정 보고기업에 대한 재무정보를 제공하는 일반목적재무보고서에 정보를 누락하거나 잘못기재하거나 불분명하게 하여, 이를 기초로 내리는 주요 이용자들의 의사결정에 영향을 줄 것으로 합리적으로 예상할 수 있다면 그 정보는 중요한 것이다. 즉, 중요성은 개별 기업 재무보고서 관점에서 해당 정보와 관련된 항목의 성격이나 규모 또는 이 둘 다에 근거하여 해당 기업에 특유한 측면의 목적적합성을 의미한다. 따라서 회계기준위원회는 중요성에 대한 획일적인 계량 임계치를 정하거나 특정한 상황에서 무엇이 중요한 것인지를 미리 결정할 수 없다.

충실한 표현

재무보고서는 경제적 현상을 글과 숫자로 나타내는 것이다. 재무정보가 유용하기 위해서는 목적적합한 현상을 표현하는 것뿐만 아니라 나타내고자 하는 현상의 실질을 충실하게 표현해야 한다. 많은 경우, 경제적 현상의 실질과 그 법적 형식은 같다. 만약 같지 않다면, 법적 형식에 따른 정보만 제공해서는 경제적 현상을 충실하게 표현할 수 없을 것이다.

완벽한 표현충실성을 위해서는 서술에 세 가지의 특성이 있어야 한다. 서술은 완전하고, 중립적이며, 오류가 없어야 한다.

완전한 서술은 필요한 기술과 설명을 포함하여 이용자가 서술되는 현상을 이해하는 데 필요한 모든 정보를 포함하는 것이다.

중립적 서술은 재무정보의 선택이나 표시에 편의가 없는 것이다. 중립적 서술은, 이용자들이 재무정보를 유리하게 또는 불리하게 받아들일 가능성을 높이기 위해 편파적이 되거나, 편중되거나, 강조되거나, 경시되거나 그 밖의 방식으로 조작되지 않는다. 중립적 정보는 목적이 없거나 행동에 대한 영향력이 없는 정보를 의미하지 않는다. 오히려 목적적합한 재무정보는 정의상 이용자들의 의사결정에 차이가 나도록 할 수 있는 정보이다.

중립성은 신중을 기함으로써 뒷받침된다. 신중성은 불확실한 상황에서 판단할 때 주의를 기울이는 것이다. 신중을 기한다는 것은 자산과 수익이 과대평가(overstated)되지 않고 부채와 비용이 과소평가(understated)되지 않는 것을 의미한다. 마찬가지로, 신중을 기한다는 것은 자산이나 수익의 과소평가나 부채나 비용의 과대평가를 허용하지 않는다. 그러한 그릇된 평가(misstatements)는 미래 기간의 수익이나 비용의 과대평가나 과소평가로 이어질 수 있다.

신중을 기하는 것이 비대칭의 필요성(예: 자산이나 수익을 인식하기 위해서는 부채나 비용을 인식할 때보다 더욱 설득력 있는 증거가 뒷받침되어야 한다는 구조적인 필요성)을 내포하는 것은 아니다. 그러한 비대칭은 유용한 재무정보의 질적특성이 아니다. 그럼에도 불구하고, 나타내고자 하는 바를 충실하게 표현하는 가장 목적적합한 정보를 선택하려는 결정의 결과가 비대칭성이라면, 특정 회계기준에서 비대칭적인 요구사항을 포함할 수도 있다.

표현충실성은 모든 면에서 정확한 것을 의미하지는 않는다. 오류가 없다는 것은 현상의 기술에 오류나 누락이 없고, 보고 정보를 생산하는 데 사용되는 절차의 선택과 적용 시 절차 상 오류가 없음을 의미한다. 이 맥락에서 오류가 없다는 것은 모든 면에서 완벽하게 정확하다는 것을 의미하지는 않는다. 예를 들어, 관측가능하지 않은 가격이나 가치의 추정치는 정확한지 또는 부정확한지 결정할 수 없다. 그러나 추정치로서 금액을 명확하고 정확하게 기 술하고, 추정 절차의 성격과 한계를 설명하며, 그 추정치를 도출하기 위한 적절한 절차를 선택하고 적용하는 데 오류가 없다면 그 추정치의 표현은 충실하다고 할 수 있다.

재무보고서의 화폐금액을 직접 관측할 수 없어 추정해야만 하는 경우에는 측정불확실성(measurement uncertainty)이 발생한다. 합리적인 추정치의 사용은 재무정보의 작성에 필수적인 부분이며, 추정이 명확하고 정확하게 기술되고 설명되는 한 정보의 유용성을 저해하지 않는다. 측정불확실성이 높은 수준이더라도 그러한 추정이 무조건 유용한 재무정보를 제공하지 못하는 것은 아니다.

근본적 질적특성의 적용

정보가 유용하기 위해서는 목적적합하고 나타내고자 하는 바를 충실하게 표현해야 한다. 목적적합하지 않은 현상에 대한 표현충실성과 목적적합한 현상에 대한 충실하지 못한 표현 모두 이용자들이 좋은 결정을 내리는 데 도움이 되지 않는다.

근본적 질적특성을 적용하기 위한 가장 효율적이고 효과적인 절차는 일반적으로 다음과 같다. 첫째, 보고기업의 재무정보 이용자들에게 유용할 수 있는 정보의 대상이 되는 경제적 현상을 식별한다. 둘째, 그 현상에 대한 가장 목적적합한 정보의 유형을 식별한다. 셋째, 그 정보가 이용가능한지, 그리고 경제적 현상을 충실하게 표현할 수 있는지 결정한다. 만약 그러하다면, 근본적 질적특성의 충족 절차는 그 시점에 끝난다. 만약 그러하지 않다면, 차선의 목적적합한 유형의 정보에 대해 그 절차를 반복한다.

경우에 따라 경제적 현상에 대한 유용한 정보를 제공한다는 재무보고의 목적을 달성하기 위해 근본적 질적특성 간 절충 ('trade-off')이 필요할 수도 있다. 예를 들어, 어떤 현상에 대한 가장 목적적합한 정보가 매우 불확실한 추정치일 수 있다. 어떤 경우에는 추정치 산출에 포함된 측정불확실성의 수준이 너무 높아 그 추정치가 현상을 충분히 충실하게 표현할 수 있을지 의심스러울 수 있다. 그러한 경우에는 추정치에 대한 기술과 추정치에 영향을 미치는 불확실성에 대한 설명이 부연된다면 매우 불확실한 추정치도 가장 유용한 정보가 될 수 있다. 그러나 그러한 정보가 현상을 충분히 충실하게 표현할 수 없는 경우에 가장 유용한 정보는 다소 목적적합성이 떨어지지만 측정불확실성이 더 낮은 다른 유형의 추정치일 수 있다. 일부 제한된 상황에서는 유용한 정보를 제공하는 추정치가 없을 수도 있다. 그러한 제한된 상황에 서는 추정에 의존하지 않는 정보를 제공해야 할 수 있다.

(2) 보강적 질적 특성

비교가능성, 검증가능성, 적시성 및 이해가능성은 목적적합성과 나타내고자 하는 바를 충실하게 표현하는 것 모두를 충족하는 정보의 유용성을 보강시키는 질적특성이다. 보강적 질적특성은 만일 어떤 두 가지 방법이 모두 현상에 대하여 동일하게 목적적합한 정보이고 동일하게 충실한 표현을 제공하는 것이라면 이 두 가지 방법 가운데 어느 방법을 그 현상의 서술에 사용해야 할지를 결정하는 데에도 도움을 줄 수 있다.

비교가능성

보고기업에 대한 정보는 다른 기업에 대한 유사한 정보 및 해당 기업에 대한 다른 기간이나 다른 일자의 유사한 정보와 비교될 수 있다면 더욱 유용하다.

비교가능성은 이용자들이 항목 간의 유사점과 차이점을 식별하고 이해할 수 있게 하는 질적특성이다. 다른 질적특성과 달리 비교가능성은 단 하나의 항목에 관련된 것이 아니다. 비교하려면 최소한 두 항목이 필요하다.

일관성은 비교가능성과 관련은 되어 있지만 동일하지는 않다. 일관성은 한 보고기업 내에서 기간 간 또는 같은 기간 동안에 기업 간, 동일한 항목에 대해 동일한 방법을 적용하는 것을 말한다. 비교가능성은 목표이고 일관성은 그 목표를 달성하는 데 도움을 준다.

비교가능성은 통일성이 아니다. 정보가 비교가능하기 위해서는 비슷한 것은 비슷하게 보여야 하고 다른 것은 다르게 보여야 한다. 재무정보의 비교가능성은 비슷한 것을 달리 보이게 하여 보강되지 않는 것처럼, 비슷하지 않은 것을 비슷하게 보이게 한다고 해서 보강되지 않는다.

근복적 질적특성을 충족하면 어느 정도의 비교가능성은 달성될 수 있을 것이다. 목적적합한 경제적 현상에 대한 표현충실성은 다른 보고기업의 유사한 목적적합한 경제적 현상에 대한 표현충실성과 어느 정도의 비교가능성을 자연히 가져야 한다. 하나의 경제적 현상은 여러 가지 방법으로 충실하게 표현될 수 있으나, 동일한 경제적 현상에 대해 대체적인 회계처리방법을 허용하면 비교가능성이 감소한다.

적시성

적시성은 의사결정에 영향을 미칠 수 있도록 의사결정자가 정보를 제때에 이용가능하게 하는 것을 의미한다. 일반적으로 정보는 오래될수록 유용성이 낮아진다. 그러나 일부 정보는 보고기간 말 후에도 오랫동안 적시성이 있을 수 있다. 예를 들어, 일부 이용자 들은 추세를 식별하고 평가할 필요가 있을 수 있기 때문이다.

검증가능성

검증가능성은 정보가 나타내고자 하는 경제적 현상을 충실히 표현하는지를 이용자들이 확인하는 데 도움을 준다. 검증가능성은 이 표현충실성에 있어, 비록 반드시 완전히 의견이 일치하지는 않더라도, 합의에 이를 수 있다는 것을 의미한다. 계량화된 정보가 검증가능하기 위해서 단일 점추정치이어야 할 필요는 없다. 가능한 금액의 범위 및 관련된 확률도 검증될 수 있다.

이해가능성

정보를 명확하고 간결하게 분류하고, 특징지으며, 표시하는 것은 정보를 이해가능하게 한다.일부 현상은 본질적으로 복잡하여 이해하기 쉽지 않다. 그 현상에 대한 정보를 재무보고서에서 제외하면 그 재무보고서의 정보를 더 이해하기 쉽게 할 수 있다. 그러나 그 보고서는 불완전하여 잠재적으로 오도할 수 있다.

재무보고서는 사업활동과 경제활동에 대해 합리적인 지식이 있고, 부지런히 정보를 검토하고 분석하는 이용자들을 위해 작성된다. 때로는 박식하고 부지런한 이용자들도 복잡한 경제적 현상에 대한 정보를 이해하기 위해 자문가의 도움을 받는 것이 필요할 수 있다.

보강적 질적특성의 적용

보강적 질적특성은 가능한 한 극대화되어야 한다. 그러나 보강적 질적특성은, 정보가 목적적합하지 않거나 나타내고자 하는 바를 충실하게 표현하지 않으면, 개별적으로든 집단적으로든 그 정보를 유용하게 할 수 없다.

보강적 질적특성을 적용하는 것은 어떤 규정된 순서를 따르지 않는 반복적인 과정이다. 때로는 하나의 보강적 질적특성이 다른 질적특성의 극대화를 위해 감소되어야 할 수도 있다. 예를 들어, 새로운 회계기준의 전진 적용으로 인한 비교가능성의 일시적 감소는 장기적으로 목적적합성이나 표현충실성을 향상시키기 위해 감수될 수도 있다. 적절한 공시는 비교가능성의 미비를 부분적으로 보완할 수 있다.

(3) 유용한 재무보고에 대한 원가제약

원가는 재무보고로 제공될 수 있는 정보에 대한 포괄적 제약요인 이다. 재무정보의 보고에는 원가가 소요되고, 해당 정보 보고의 효익이 그 원가를 정당화한다는 것이 중요하다.

4. 재무제표와 보고기업

(1) 재무제표

재무제표의 목적은 보고기업에 유입될 미래순현금흐름에 대한 전망과 보고기업의 경제적자원에 대한 경영진의 수탁책임을 평가하는 데 유용한 보고기업의 자산, 부채, 자본, 수익 및 비용에 대한 재무정보를 재무제표이용자들에게 제공하는 것이다.

재무제표는 기업의 현재 및 잠재적 투자자, 대여자와 그 밖의 채권자 중 특정 집단의 관점이 아닌 보고기업 전체의 관점에서 거래 및 그 밖의 사건에 대한 정보를 제공한다.

재무제표는 일반적으로 보고기업이 계속기업이며 예측가능한 미래에 영업을 계속할 것이라는 가정 하에 작성된다. 따라서 기업이 청산을 하거나 거래를 중단하려는 의도가 없으며, 그럴 필요도 없다고 가정한다. 만약 그러한 의도나 필요가 있다면, 재무제표는 계속기업과는 다른 기준에 따라 작성되어야 한다. 그러한 경우라면, 사용된 기준을 재무제표에 기술한다.

(2) 보고기업

보고기업은 재무제표를 작성해야 하거나 작성하기로 선택한 기업이다. 보고기업은 단일의 실체이거나 어떤 실체의 일부일 수 있으며, 둘 이상의 실체로 구성될 수도 있다. 보고기업이 반드시 법적 실체일 필요는 없다.

5. 재무제표의 요소

유용한 재무정보	요소	정의 또는 설명
경제적자원	자산	과거사건의 결과로 기업이 통제하는 현재의 경제적자원. 경제적자원은 경제적효익을 창출할 잠재력을 지닌 권리이다.
청구권	부채	과거사건의 결과로 기업의 경제적자원을 이전해야 하는 현재의무
	자본	기업의 자산에서 모든 부채를 차감한 후의 잔여지분
재무성과를 반영하는 경제적자원 및 청구권의 변동	수익	자본의 증가를 가져오는 자산의 증가나 부채의 감소로서, 자본청구권 보유자의 출자와 관련된 것은 제외
	비용	자본의 감소를 가져오는 자산의 감소나 부채의 증가로서, 자본청구권 보유자에 대한 분배와 관련된 것은 제외
그 밖의 경제적자원 및 청구권의 변동	–	자본청구권 보유자에 의한 출자와 그들에 대한 분배
	–	자본의 증가나 감소를 초래하지 않는 자산이나 부채의 교환

(1) 자산의 정의

자산은 과거사건의 결과로 기업이 통제하는 현재의 경제적자원이다. 경제적자원은 경제적효익을 창출할 잠재력을 지닌 권리이다.

권리

• 다른 당사자의 의무에 해당하는 권리

현금을 수취할 권리	채권 등
재화나 용역을 제공받을 권리	선급금, 선급비용 등
유리한 조건으로 다른 당사자와 경제적자원을 교환할 권리	선도계약, 옵션
특정 미래사건이 발생하면 다른 당사자가 경제적 효익을 이전하기로 한 의무로 인해 효익을 얻을 권리	파생상품자산

• 다른 당사자의 의무에 해당하지 않는 권리

물리적 대상에 대한 권리	유형자산, 재고자산
지직재산 사용권	무형자산

많은 권리들은 계약, 법률 또는 이와 유사한 수단에 의해 성립된다. 예를 들어, 기업은 특정 물리적 대상을 보유하거나 리스하므로써 권리를 획득할 수 있고, 채무상품이나 지분상품을 소유하거나 등록된 특허권을 소유하므로써 권리를 획득할 수 있다. 그러나 기업은 그 밖의 방법으로도 권리를 획득할 수 있다.

일부 재화나 용역(예: 종업원이 제공한 용역)은 제공받는 즉시 소비된다. 이러한 재화나 용역으로 창출된 경제적효익을 얻을 권리는 기업이 재화나 용역을 소비하기 전까지 일시적으로 존재한다.

기업의 모든 권리가 그 기업의 자산이 되는 것은 아니다. 권리가 기업의 자산이 되기 위해서는, 해당 권리가 그 기업을 위해서 다른 모든 당사자들이 이용가능한 경제적효익을 초과하는 경제적효익을 창출할 잠재력이 있고, 그 기업에 의해 통제되어야 한다.

기업은 기업 스스로부터 경제적효익을 획득하는 권리를 가질 수는 없다. 따라서, 기업이 발행한 후 재매입하여 보유하고 있는 채무상품이나 지분상품(예: 자기사채나 자기주식)은 기업의 경제적자원이 아니다. 만약 보고기업이 둘 이상의 법적 실체를 포함하는 경우, 그 법적 실체들 중 하나가 발행하고 다른 하나가 보유하고 있는 채무상품이나 지분상품은 그 보고기업의 경제적자원이 아니다.

원칙적으로 기업의 권리 각각은 별도의 자산이다. 그러나 회계목적상, 관련되어 있는 여러 권리가 단일 자산인 단일 회계단위로 취급되는 경우가 많다. 예를 들어 물리적 대상에 대한 법적소유권은 대상을 사용할 권리, 대상에 대한 권리를 판매할 권리, 대상에 대한 권리를 담보로 제공할 권리 등 여러 가지 권리를 부여해 줄 수 있다.

경우에 따라 권리의 존재 여부가 불확실할 수 있다. 예를 들어, 한 기업이 다른 당사자로부터 경제적자원을 수취할 수 있는 권리가 있는지에 대해 서로 분쟁이 있을 수 있다. 그러한 존재불확실 성이 해결(예: 법원의 판결)될 때까지 기업은 권리를 보유하는지 불확실하고, 결과적으로 자산이 존재하는지도 불확실하다.

경제적효익을 창출할 잠재력

경제적자원은 경제적효익을 창출할 잠재력을 지닌 권리이다. 잠재력이 있기 위해 권리가 경제적효익을 창출할 것이라고 확신하거나 그 가능성이 높아야 하는 것은 아니다. 권리가 이미 존재하고, 적어도 하나의 상황에서 그 기업을 위해 다른 모든 당사자들에게 이용가능한 경제적효익을 초과하는 경제적효익을 창출할 수 있으면 된다.

경제적효익을 창출할 가능성이 낮더라도 권리가 경제적자원의 정의를 충족할 수 있고, 따라서 자산이 될 수 있다. 그럼에도 불구하고, 그러한 낮은 가능성은 자산의 인식 여부와 측정방법을 포함하여, 자산과 관련하여 제공해야 할 정보와 그 정보를 제공하는 방법에 대한 결정에 영향을 미칠 수 있다.

경제적자원의 가치가 미래경제적효익을 창출할 현재의 잠재력에서 도출되지만, 경제적자원은 그 잠재력을 포함한 현재의 권리이며, 그 권리가 창출할 수 있는 미래경제적효익이 아니다. 예를 들어, 매입한 옵션은 미래의 어떤 시점에 옵션을 행사하여 경제적효익을 창출할 잠재력에서 그 가치가 도출된다. 그러나 경제적자원은 현재의 권리이며, 그 권리는 미래의 어떤 시점에 옵션을 행사할 수 있다는 것이다. 경제적자원은 옵션 행사시 보유자가 받게 될 미래경제적효익이 아니다.

지출의 발생과 자산의 취득은 밀접하게 관련되어 있으나 양자가 반드시 일치하는 것은 아니다. 따라서 기업이 지출한 경우 이는 미래경제적효익을 추구하였다는 증거가 될 수는 있지만, 자산을 취득하였다는 확정적인 증거는 될 수 없다. 마찬가지로 관련된 지출이 없더라도 특정 항목이 자산의 정의를 충족하는 것을 배제하지는 않는다. 예를 들어, 자산은 정부가 기업에게 무상으로 부여한 권리 또는 기업이 다른 당사자로부터 증여받은 권리를 포함할 수 있다.

통제

통제는 경제적자원을 기업에 결부시킨다. 통제의 존재 여부를 평가하는 것은 기업이 회계처리할 경제적자원을 식별하는 데 도움이 된다. 예를 들어, 기업은 부동산 전체의 소유권에서 발생하는 권리를 통제하지 않고, 부동산 지분에 비례하여 통제할 수 있다. 그러한 경우, 기업의 자산은 통제하고 있는 부동산의 지분이며, 통제하지 않는 부동산 전체의 소유권에서 발생하는 권리는 아니다.

기업은 경제적자원의 사용을 지시하고 그로부터 유입될 수 있는 경제적효익을 얻을 수 있는 현재의 능력이 있다면, 그 경제적자원을 통제한다. 통제에는 다른 당사자가 경제적자원의 사용을 지시하고 이로부터 유입될 수 있는 경제적효익을 얻지 못하게 하는 현재의 능력이 포함된다. 따라서 일방의 당사자가 경제적자원을 통제하면 다른 당사자는 그 자원을 통제하지 못한다.

기업은 경제적자원을 자신의 활동에 투입할 수 있는 권리가 있거나, 다른 당사자가 경제적자원을 그들의 활동에 투입하도록 허용할 권리가 있다면, 그 경제적자원의 사용을 지시할 수 있는 현재의 능력이 있다.

경제적자원의 통제는 일반적으로 법적 권리를 행사할 수 있는 능력에서 비롯된다. 그러나 통제는 경제적자원의 사용을 지시하고 이로부터 유입될 수 있는 효익을 얻을 수 있는 현재의 능력이 기업에게만 있도록 할 수 있는 경우에도 발생할 수 있다. 예를 들어, 기업은 공공의 영역(public domain)에 속하지 않는 노하우에 접근할 수 있고, 그 노하우를 지킬 수 있는 현재능력이 있다면, 그 노하우가 등록된 특허에 의해 보호받지 못하더라도 노하우를 사용할 권리를 통제할 수 있다.

기업이 경제적자원을 통제하기 위해서는 해당 자원의 미래경제적효익이 다른 당사자가 아닌 그 기업에게 직접 또는 간접으로 유입되어야 한다. 통제의 이러한 측면은 모든 상황에서 해당 자원이 경제적효익을 창출할 것이라고 보장할 수 있음을 의미하지는 않는다. 그 대신, 자원이 경제적효익을 창출한다면, 기업은 직접 또는 간접으로 그 경제적효익을 얻을 수 있음을 의미한다.

어떤 경우에는 한 당사자(본인)가 본인을 대신하고 본인을 위해 행동하도록 다른 당사자(대리인)를 고용한다. 예를 들어, 본인은 자신이 통제하는 재화를 판매하기 위해 대리인을 고용할 수 있다. 본인이 통제하는 경제적자원을 대리인이 관리하고 있는 경우, 그 경제적자원은 대리인의 자산이 아니다. 또한 본인이 통제하는 경제적자원을 제삼자에게 이전할 의무가 대리인에게 있는 경우 이전될 경제적자원은 대리인의 것이 아니라 본인의 경제적자원이기 때문에 그 의무는 대리인의 부채가 아니다.

(2) 부채의 정의

부채는 과거사건의 결과로 기업이 경제적자원을 이전해야 하는 현재의무이다.

의무

부채의 첫 번째 조건은 기업에게 의무가 있다는 것이다. 의무란 기업이 회피할 수 있는 실제 능력이 없는 책무나 책임을 말한다. 의무는 항상 다른 당사자(또는 당사자들)에게 이행해야 한다. 다른 당사자(또는 당사자들)는 사람이나 다른 기업, 사람들 또는 기업들의 집단, 사회 전반이 될 수 있다. 의무를 이행할 대상인 당사자(또는 당사자들)의 신원을 알 필요는 없다.

한 당사자가 경제적자원을 이전해야 하는 의무가 있는 경우, 다른 당사자(또는 당사자들)는 그 경제적자원을 수취할 권리가 있다. 그러나 한 당사자가 부채를 인식하고 이를 특정 금액으로 측정해야 한다는 요구사항이 다른 당사자(또는 당사자들)가 자산을 인식하거나 동일한 금액으로 측정해야 한다는 것을 의미하지는 않는다.

많은 의무가 계약, 법률 또는 이와 유사한 수단에 의해 성립되며, 당사자(또는 당사자들)가 채무자에게 법적으로 집행할 수 있도록 한다. 그러나 기업이 실무 관행, 공개한 경영방침, 특정 성명(서)과 상충되는 방식으로 행동할 실제 능력이 없는 경우, 기업의 그러한 실무 관행, 경영방침이나 성명(서)에서 의무가 발생할 수도 있다. 그러한 상황에서 발생하는 의무는 '의제의무'라고 불린다.

일부 상황에서, 경제적자원을 이전하는 기업의 책무나 책임은 기업 스스로 취할 수 있는 미래의 특정 행동을 조건으로 발생한다. 그러한 미래의 특정 행동에는 특정 사업을 운영하는 것, 미래의 특정 시점에 특정 시장에서 영업하는 것 또는 계약의 특정 옵션을 행사하는 것을 포함한다. 이러한 상황에서 기업은 그러한 행동을 회피할 수 있는 실제 능력이 없다면 의무가 있다.

기업이 그 기업을 청산하거나 거래를 중단하는 것으로만 이전을 회피할 수 있고 그 외는 이전을 회피할 수 없다면, 기업의 재무제표가 계속기업 기준으로 작성되는 것이 적절하다는 결론은 그러한 이전을 회피할 수 있는 실제 능력이 없다는 결론도 내포하고 있다.

경제적자원의 이전

부채의 두 번째 조건은 경제적자원을 이전하는 것이 의무라는 것이다. 이 조건을 충족하기 위해, 의무에는 기업이 경제적자원을 다른 당사자(또는 당사자들)에게 이전하도록 요구받게 될 잠재력이 있어야 한다. 그러한 잠재력이 존재하기 위해서는, 기업이 경제적자원의 이전을 요구받을 것이 확실하거나 그 가능성이 높아야 하는 것은 아니다. 예를 들어 불확실한 특정 미래사건이 발생할 경우에만 이전이 요구될 수도 있다. 의무가 이미 존재하고, 적어도 하나의 상황에서 기업이 경제적자원을 이전하도록 요구되기만 하면 된다.

경제적자원의 이전가능성이 낮더라도 의무가 부채의 정의를 충족할 수 있다. 그럼에도 불구하고, 그러한 낮은 가능성은 부채의 인식 여부와 측정방법의 결정을 포함하여, 부채와 관련하여 제공해야 할 정보와 그 정보를 제공하는 방법에 대한 결정에 영향을 미칠 수 있다.

해당 당사자에게 경제적자원을 이전해야 할 의무를 이행하는 대신에, 의무를 면제받는 협상으로 의무를 이행하거나 제삼자에게 의무를 이전하거나 새로운 거래를 체결하여 의무를 다른 의무로 대체하는 경우, 기업은 해당 의무를 이행, 이전, 또는 대체할 때까지 경제적자원을 이전할 의무가 있다.

과거사건으로 생긴 현재의무

부채의 세 번째 조건은 의무가 과거사건의 결과로 존재하는 현재 의무라는 것이다. 현재의무는 기업이 이미 경제적효익을 얻었거나 조치를 취했고, 그 결과로 기업이 이전하지 않아도 되었을 경제적자원을 이전해야 하거나 이전하게 될 수 있는 경우에만 과거사건의 결과로 존재한다.

새로운 법률이 제정되는 경우에는, 그 법률의 적용으로 경제적효익을 얻게 되거나 조치를 취한 결과로, 기업이 이전하지 않아도 되었을 경제적자원을 이전해야 하거나 이전하게 될 수도 있는 경우에만 현재의무가 발생한다. 법률제정 그 자체만으로는 기업에 현재의무를 부여하기에 충분하지 않다. 이와 유사하게, 앞에서 언급한 기업의 실무 관행, 공개된 경영방침 또는 특정 성명(서)은, 그에 따라 경제적효익을 얻거나 조치를 위한 결과로, 기업이 이전하지 않아도 되었을 경제적자원을 이전해야 하거나 이전하게 될 수도 있는 경우에만 현재의무를 발생시킨다.

미래의 특정 시점까지 경제적자원의 이전이 집행될 수 없더라도 현재의무는 존재할 수 있다. 예를 들어, 계약에서 미래의 특정 시점까지는 지급을 요구하지 않더라도, 현금을 지급해야하는 계약상 부채가 현재 존재할 수 있다.

(3) 자본의 정의

자본은 기업의 자산에서 모든 부채를 차감한 후의 잔여지분이다. 자본청구권은 기업의 자산에서 모든 부채를 차감한 후의 잔여지분에 대한 청구권이다. 즉, 부채의 정의에 부합하지 않는 기업에 대한 청구권이다. 보통주 및 우선주와 같이 서로 다른 종류의 자본청구권은 보유자에게 서로 다른 권리를 부여할 수 있다. 법률, 규제 또는 그 밖의 요구사항이 자본금 또는 이익잉여금과 같은 자본의 특정 구성요소에 영향을 미치는 경우가 있다. 예를 들어, 그러한 요구사항 중 일부는 분배 가능한 특정 순비금이 충분한 경우에만 자본청구권 보유자에게 분배를 허용한다.

(4) 수익과 비용의 정의

수익은 자산의 증가 또는 부채의 감소로서 자본의 증가를 가져오며, 자본청구권 보유자의 출자와 관련된 것을 제외한다.

비용은 자산의 감소 또는 부채의 증가로서 자본의 감소를 가져오며, 자본청구권 보유자에 대한 분배와 관련된 것을 제외한다.

이러한 수익과 비용의 정의에 따라, 자본청구권 보유자로부터의 출자는 수익이 아니며 자본청구권 보유자에 대한 분배는 비용이 아니다. 수익과 비용은 기업의 재무성과와 관련된 재무제표 요소이다. 재무제표이용자들은 기업의 재무상태와 재무성과에 대한 정보가 필요하다. 따라서 수익과 비용은 자산과 부채의 변동으로 정의되지만, 수익과 비용에 대한 정보는 자산과 부채에 대한 정보만큼 중요하다. 서로 다른 거래나 그 밖의 사건은 서로 다른 특성을 지닌 수익과 비용을 발생시킨다. 수익과 비용의 서로 다른 특성별로 정보를 별도로 제공하면 재무제표이용자들이 기업의 재무성과를 이해하는 데 도움이 될 수 있다.

6. 인식과 제거

(1) 인식 절차

인식은 자산, 부채, 자본, 수익 또는 비용과 같은 재무제표 요소 중 하나의 정의를 충족하는 항목을 재무상태표나 재무성과표에 포함하기 위하여 포착하는 과정이다. 인식은 그러한 재무제표 중 하나에 어떤 항목(단독으로 또는 다른 항목과 통합하여)을 명칭과 화폐금액으로 나타내고, 그 항목을 해당 재무제표의 하나 이상의 합계에 포함시키는 것과 관련된다. 자산, 부채 또는 자본이 재무상태표에 인식되는 금액을 '장부금액'이라고 한다.

재무상태표와 재무성과표는 재무정보를 비교가능하고 이해하기 쉽도록 구성한 구조화된 요약으로, 기업이 인식하는 자산, 부채, 자본, 수익 및 비용을 나타낸다. 이러한 요약의 구조상 중요한 특징은 재무제표에 인식하는 금액은 재무제표에 인식될 항목들이 연계되는 총계들과 (해당될 경우) 소계들에 포함된다는 점이다.

인식에 따라 재무제표 요소, 재무상태표 및 재무성과표가 다음과 같이 연계된다.

$$\text{기본자본} + \underbrace{\text{수익} - \text{비용} + \text{출자} - \text{분배}}_{\text{‘자본의 변동’}} = \text{기말자본}$$

거래나 그 밖의 사건에서 발생된 자산이나 부채의 최초 인식에 따라 수익과 관련 비용을 동시에 인식할 수 있다. 예를 들어, 재화의 현금판매에 따라 수익(현금과 같은 자산의 인식으로 발생)과 비용(재화의 판매와 같이 다른 자산의 제거로 발생)을 동시에 인식하게 된다. 수익과 관련 비용의 동시 인식은 때때로 수익과 관련 원가의 대응을 나타낸다. '재무보고를 위한 개념체계'의 개념을 적용하면 자산과 부채의 변동을 인식할 때, 이러한 대응이 나타난 다. 그러나 원가와 수익의 대응은 개념체계의 목적이 아니다. 개념체계는 재무상태표에서 자산, 부채, 자본의 정의를 충족하지 않는 항목의 인식을 허용하지 않는다.

(2) 인식기준

자산, 부채 또는 자본의 정의를 충족하는 항목만이 재무상태표에 인식된다. 마찬가지로 수익이나 비용의 정의를 충족하는 항목만이 재무성과표에 인식된다. 그러나 그러한 요소 중 하나의 정의를 충족하는 항목이라고 할지라도 항상 인식되는 것은 아니다.

요소의 정의를 충족하는 항목을 인식하지 않는 것은 재무상태표및 재무성과표를 완전하지 않게 하고 재무제표에서 유용한 정보를 제외할 수 있다. 반면에, 어떤 상황에서는 요소의 정의를 충족하는 일부 항목을 인식하는 것이 오히려 유용한 정보를 제공하지 않을 수 있다. 자산이나 부채를 인식하고 이에 따른 결과로 수익, 비용 또는 자본변동을 인식하는 것이 재무제표이용자들에게 다음과 같이 유용한 정보를 모두 제공하는 경우에만 자산이나 부채를 인식한다.

- **목적적합성**
  자산이나 부채에 대한 그리고 이에 따른 결과로 발생하는 수익, 비용 또는 자본변동에 대한 목적적합한 정보
- **표현충실성**
  자산이나 부채 그리고 이에 따른 결과로 발생하는 수익, 비용 또는 자본변동의 충실한 표현

원가는 다른 재무보고 결정을 제약하는 것처럼, 인식에 대한 결정도 제약한다. 자산이나 부채를 인식할 때 원가가 발생한다. 재무제표작성자는 자산이나 부채의 목적적합한 측정을 위해 원가를 부담한다. 재무제표이용자들도 제공된 정보를 분석하고 해석하기 위해 원가를 부담한다. 재무제표이용자들에게 제공되는 정보의 효익이 그 정보를 제공하고 사용하는 원가를 정당화할 수 있을 경우에 자산이나 부채를 인식한다. 어떤 경우에는 인식하기 위한 원 가가 인식으로 인한 효익을 초과할 수 있다.

인식에 관한 의사결정을 할 때 자산이나 부채가 인식되지 않을 경우, 제공할 정보를 고려하는 것이 중요하다. 예를 들어, 지출이 발생할 때, 자산이 인식되지 않으면 비용이 인식된다. 어떤 경우에는 시간이 지남에 따라 비용을 인식하는 것이 유용한 정보(예: 재무제표이용자들에게 추세를 식별할 수 있도록 하는 정보)를 제공한다.

자산이나 부채의 정의를 충족하는 항목이 인식되지 않더라도, 기업은 해당 항목에 대한 정보를 주석에 제공해야 할 수도 있다. 재무상태표와 재무성과표(해당되는 경우)에서 제공하는 구조화된 요약에 그 항목이 포함되지 않은 것을 보완하기 위해 그러한 정보를 어떻게 충분히 보여줄 수 있는지를 고려하는 것이 중요하다.

목적적합성

자산, 부채, 자본, 수익과 비용에 대한 정보는 재무제표이용자들에게 목적적합하다. 그러나 특정 자산이나 부채의 인식과 이에 따른 결과로 발생하는 수익, 비용 또는 자본변동을 인식하는 것이 항상 목적적합한 정보를 제공하는 것은 아닐 수 있다. 예를 들어, 자산이나 부채가 존재하는지 불확실거나 자산이나 부채가 존재하지만 경제적효익의 유입가능성이나 유출가능성이 낮은 경우이다.

존재불확실성

자산이나 부채의 존재 여부가 불확실한 경우에는 그러한 불확실성은 경제적효익의 유입가능성이나 유출가능성이 낮고 발생가능한 결과의 범위가 매우 광범위한 상황과 결합될 수가 있는데, 이는 자산이나 부채를 반드시 단일 금액으로만 측정하여 인식하는 것이 목적적합한 정보를 제공하지는 않음을 의미할 수 있다. 자산이나 부채가 인식되는지 여부에 관계없이, 이와 관련된 불확실성에 대한 설명정보가 재무제표에 제공되어야 할 수도 있다.

경제적효익의 낮은 유입가능성과 유출가능성

경제적효익의 유입가능성이나 유출가능성이 낮더라도 자산이나 부채가 존재할 수 있다. 경제적효익의 유입가능성이나 유출가능성이 낮다면, 그 자산이나 부채에 대해 가장 목적적합한 정보는 발생가능한 유입이나 유출의 크기, 발생가능한 시기 및 발생가능성에 영향을 미치는 요인에 대한 정보일 수 있다. 이러한 정보는 일반적으로 주석에 기재한다. 경제적효익의 유입가능성이나 유출가능성이 낮더라도, 자산이나 부채를 인식하는 것이 목적적합한 정보를 제공할 수 있다.

표현충실성

특정 자산이나 부채를 인식하는 것은 목적적합한 정보를 제공할 뿐만 아니라 해당 자산이나 부채 및 이에 따른 결과로 발생하는 수익, 비용 또는 자본변동에 대한 충실한 표현을 제공할 경우에 적절하다. 충실한 표현이 제공될 수 있는지는 자산이나 부채와 관련된 측정불확실성의 수준 또는 다른 요인에 의해 영향을 받을 수 있다.

측정불확실성

자산이나 부채를 인식하기 위해서는 측정을 해야 한다. 많은 경우 그러한 측정은 추정되어야 하며 따라서 측정불확실성의 영향을 받는다. 합리적인 추정의 사용은 재무정보 작성의 필수적인 부분이며 추정치를 명확하고 정확하게 기술하고 설명한다면 정보의 유용성을 훼손하지 않는다. 높은 수준의 측정불확실성이 있더라도 그러한 추정치가 유용한 정보를 반드시 제공하지 못하는 것은 아니다.

제한된 상황에서 이용가능한(또는 취득할 수 있는) 자산이나 부채의 목적적합한 모든 측정이, 비록 그 측정치를 산출하는 추정에 대한 설명과 그 추정에 영향을 미치는 불확실성에 대한 설명을 동반한다 하더라도, 자산이나 부채(그리고 이에 따른 결과로 발생 하는 수익, 비용 또는 자본의 변동)에 대한 유용한 정보를 제공하지 못하는 높은 측정불확실성에 영향을 받을 수 있다. 이러한 제한된 상황에서는 자산이나 부채는 인식되지 않을 것이다.

자산이나 부채의 인식 여부와 관계없이, 자산이나 부채를 충실하게 표현하려면, 자산이나 부채의 존재 여부, 측정치 또는 그 결과 (궁극적으로 자산이나 부채에서 발생할 경제적 유입 또는 유출의 양 또는 시기)와 관련된 불확실성에 대한 설명정보가 포함되어야 한다.

(3) 제거

제거는 기업의 재무상태표에서 인식된 자산이나 부채의 전부 또는 일부를 삭제하는 것이다. 제거는 일반적으로 해당 항목이 더 이상 자산 또는 부채의 정의를 충족하지 못할 때 발생한다.

자산은 일반적으로 기업이 인식한 자산의 전부 또는 일부에 대한 통제를 상실하였을 때 제거한다. 부채는 일반적으로 기업이 인식한 부채의 전부 또는 일부에 대한 현재의무를 더 이상 부담하지 않을 때 제거한다.

어떤 경우에는 기업이 자산이나 부채를 이전하는 것처럼 보일 수 있지만, 그럼에도 불구하고 그 자산이나 부채가 기업의 자산이나 부채로 남아있을 수 있다. 기업이 자산을 이전했지만 여전히 그 자산에서 발생할 수 있는 경제적효익 중 유의적인 양(+) 또는 음(−)의 변동에 노출되는 경우, 이는 때때로 기업이 그 자산을 계속 통제할 수 있음을 나타낸다. 기업이 다른 당사자에게 자산을 이전하였으나 그 다른 당사자가 그 기업의 대리인으로서 자산을 보유하고 있는 경우, 양도인은 여전히 자산을 통제한다.

7. 측정

재무제표에 인식된 요소들은 화폐단위로 수량화되어 있다. 이를 위해 측정기준을 선택해야 한다. 측정기준은 측정 대상 항목에 대해 식별된 속성(예: 역사적 원가, 공정가치 또는 이행가치)이다. 자산이나 부채에 측정기준을 적용하면 해당 자산이나 부채, 관련 수익과 비용의 측정치가 산출된다.

유용한 재무정보의 질적특성과 원가제약을 고려함으로써 서로 다른 자산, 부채, 수익과 비용에 대해 서로 다른 측정기준을 선택하는 결과가 발생할 수 있을 것이다.

(1) 측정기준

역사적원가

역사적 원가 측정치는 적어도 부분적으로 자산, 부채 및 관련 수익과 비용을 발생시키는 거래나 그 밖의 사건의 가격에서 도출된 정보를 사용하여 자산, 부채 및 관련 수익과 비용에 관한 화폐적 정보를 제공한다. 현행가치와 달리 역사적 원가는 자산의 손상이나 손실부담에 따른 부채와 관련되는 변동을 제외하고는 가치의 변동을 반영하지 않는다.

자산을 취득하거나 창출할 때의 역사적 원가는 자산의 취득 또는 창출에 발생한 원가의 가치로서, 자산을 취득 또는 창출하기 위하여 지급한 대가와 거래원가를 포함한다. 부채가 발생하거나 인수할 때의 역사적 원가는 발생시키거나 인수하면서 수취한 대가에서 거래원가를 차감한 가치이다.

시장 조건에 따른 거래가 아닌 사건의 결과로 자산을 취득하거나 창출할 때 또는 부채를 발생시키거나 인수할 때, 원가를 식별할 수 없거나 그 원가가 자산이나 부채에 관한 목적적합한 정보를 제공하지 못할 수 있다. 이러한 경우 그 자산이나 부채의 현행가치가 최초 인식시점의 간주원가로 사용되며 그 간주원가는 역사적 원가로 후속 측정할 때의 시작점으로 사용된다.

자산의 역사적 원가는 다음의 상황을 나타내기 위하여 필요하다면 시간의 경과에 따라 갱신되어야 한다.

- 자산을 구성하는 경제적자원의 일부 또는 전부의 소비(감가상각 또는 상각)
- 자산의 일부 또는 전부를 소멸시키면서 받는 대금
- 자산의 역사적 원가의 일부 또는 전부를 더 이상 회수할 수 없게 하는 사건(손상)의 영향
- 자산의 금융요소를 반영하는 이자의 발생

부채의 역사적 원가는 다음을 반영하기 위하여 필요하다면 시간의 경과에 따라 갱신되어야 한다.

- 부채의 일부 또는 전부의 이행
- 부채의 이행에 필요한 경제적자원을 이전해야 하는 의무의 가치를 증가(손실 부담 한도까지)시키는 사건의 영향. 부채의 역사적 원가가 부채를 이행할 의무를 더 이상 충분히 반영하지 못한다면 그러한 부채는 손실 부담 부채이다.
- 부채의 금융요소를 반영하는 이자의 발생

역사적 원가 측정기준을 금융자산과 금융부채에 적용하는 한 가지 방법은 상각후원가로 측정하는 것이다. 금융자산과 금융부채의 상각후원가는 최초 인식 시점에 결정된 이자율로 할인한 미래현금흐름 추정치를 반영한다. 변동금리상품의 경우, 할인율은 변동 금리의 변동을 반영하기 위해 갱신된다. 금융자산과 금융부채의 상각후원가는 이자의 발생, 금융자산의 손상 및 수취 또는 지급과 같은 후속 변동을 반영하기 위해 시간의 경과에 따라 갱신된다.

현행가치

현행가치 측정치는 측정일의 조건을 반영하기 위해 갱신된 정보를 사용하여 자산, 부채 및 관련 수익과 비용의 화폐적 정보를 제공한다. 이러한 갱신에 따라 자산과 부채의 현행가치는 이전 측정일 이후의 변동, 즉 현행가치에 반영되는 현금흐름과 그 밖의 요소의 추정치의 변동을 반영한다. 역사적 원가와는 달리, 자산이나 부채의 현행가치는 자산이나 부채를 발생시킨 거래나 그 밖의 사건의 가격으로부터 부분적으로라도 도출되지 않는다.

현행가치 측정기준은 다음을 포함한다.

- 공정가치
- 자산의 사용가치 및 부채의 이행가치
- 현행원가

① 공정가치

공정가치는 측정일에 시장참여자 사이의 정상거래에서 자산을 매도할 때 받거나 부채를 이전할 때 지급하게 될 가격이다. 공정가치는 기업이 접근할 수 있는 시장의 참여자 관점을 반영한다. 시장참여자가 경제적으로 최선의 행동을 한다면 자산이나 부채의 가격을 결정할 때 사용할 가정과 동일한 가정을 사용하여 그 자산이나 부채를 측정한다.

일부의 경우, 공정가치는 활성시장에서 관측되는 가격으로 직접 결정될 수 있다. 다른 경우에는 다음의 요인을 모두 반영하는 측정기법(예: 현금흐름기준 측정기법)을 사용하여 간접적으로 결정된다.

공정가치는 자산이나 부채를 발생시킨 거래나 그 밖의 사건의 가격으로부터 부분적이라도 도출되지 않기 때문에, 공정가치는 자산을 취득할 때 발생한 거래원가로 인해 증가하지 않으며 부채를 발생시키거나 인수할 때 발생한 거래원가로 인해 감소하지 않는다. 또한 공정가치는 자산의 궁극적인 처분이나 부채의 이전 또는 결제에서 발생할 거래원가를 반영하지 않는다.

② 사용가치와 이행가치

사용가치는 기업이 자산의 사용과 궁극적인 처분으로 얻을 것으로 기대하는 현금흐름 또는 그 밖의 경제적효익의 현재가치이다. 이행가치는 기업이 부채를 이행할 때 이전해야 하는 현금이나 그 밖의 경제적자원의 현재가치이다. 이러한 현금이나 그 밖의 경제적자원의 금액은 거래상대방에게 이전되는 금액뿐만 아니라 기업이 그 부채를 이행할 수 있도록 하기 위해 다른 당사자에게 이전해야 할 것으로 기대하는 금액도 포함한다.

사용가치와 이행가치는 미래현금흐름에 기초하기 때문에 자산을 취득하거나 부채를 인수할 때 발생하는 거래원가는 포함하지 않는다. 그러나 사용가치와 이행가치에는 기업이 자산을 궁극적으로 처분하거나 부채를 이행할 때 발생할 것으로 기대되는 거래원가의 현재가치가 포함된다.

사용가치와 이행가치는 시장참여자의 가정보다는 기업 특유의 가정을 반영한다. 일부 경우에 실무에서 시장참여자가 사용할 가정과 기업이 자체적으로 사용하는 가정 간에는 차이가 거의 없을 것이다.

사용가치와 이행가치는 직접 관측될 수 없으며 현금흐름기준 측정기법으로 결정된다. 사용가치와 이행가치는 공정가치에 대해 기술한 것과 동일한 요소를 반영 하지만 시장참여자의 관점보다는 기업 특유의 관점을 반영한다.

③ 현행원가

자산의 현행원가는 측정일 현재 동등한 자산의 원가로서 측정일에 지급할 대가와 그 날에 발생할 거래원가를 포함한다. 부채의 현행원가는 측정일 현재 동등한 부채에 대해 수취할 수 있는 대가에서 그 날에 발생할 거래원가를 차감한다. 현행원가는 역사적 원가와 마찬가지로 유입가치이다. 이는 기업이 자산을 취득하거나 부채를 발생시킬 시장에서의 가격을 반영한다. 이런 이유로, 현행원가는 유출가치인 공정가치, 사용가치 또는 이행가치와 다르다.

그러나 현행원가는 역사적 원가와 달리 측정일의 조건을 반영한다.

일부의 경우, 현행원가는 활성시장에서 가격을 관측하여 직접 결정할 수 없으며 다른 방법을 통해 간접적으로 결정해야 한다. 예를 들어, 새로운 자산에 대한 가격만을 이용할 수 있는 경우, 기업이 보유하여 사용하고 있는 자산의 현행원가는 자산의 현재 연령과 상태를 반영하기 위해 새로운 자산의 현재 가격을 조정하여 추정해야 할 수도 있다.

(2) 특정 측정기준에 의해 제공되는 정보

측정기준을 선택할 때 측정기준이 재무상태표와 재무성과표에서 만들어 낼 정보의 성격을 고려하는 것이 중요하다.

역사적 원가

역사적 원가는 자산이나 부채를 발생시킨 거래나 그 밖의 사건의 가격에서 도출된 정보를 적어도 부분적으로 사용하기 때문에, 역사적 원가로 자산이나 부채를 측정하여 제공하는 정보는 재무제표이용자들에게 목적적합할 수 있다.

일반적으로, 기업이 시장 조건에 따라 최근 거래에서 자산을 취득 한다면, 기업은 그 자산이 최소한 자산의 원가를 회수하는 데 충분한 경제적효익을 제공할 것으로 기대한다. 마찬가지로, 시장 조건에 따른 최근 거래의 결과로 부채를 발생시키거나 인수한다면, 기업은 일반적으로 부채를 이행하기 위해 경제적자원을 이전해야 하는 의무의 가치가 수취한 대가에서 거래원가를 차감한 가치를 초과하지 않을 것으로 기대한다. 따라서 이러한 경우에 자산이나 부채를 역사적 원가로 측정하는 것은 자산과 부채를 발생시킨 거래의 가격과 자산이나 부채 모두에 대한 목적적합한 정보를 제공 한다.

역사적 원가는 자산의 소비와 손상을 반영하여 감소하기 때문에, 역사적 원가로 측정된 자산에서 회수될 것으로 예상되는 금액은 적어도 장부금액과 같거나 장부금액보다 크다. 마찬가지로, 부채의 역사적 원가는 손실부담이 되는 경우 증가하기 때문에 부채를 이행하기 위하여 필요한 경제적자원을 이전할 의무의 가치는 부채의 장부금액을 초과하지 않는다.
금융자산 외의 자산을 역사적 원가로 측정할 경우, 일부 또는 전체 자산의 소비 또는 매각은 그러한 사용 또는 매각된 일부 또는 전체 자산의 역사적 원가로 측정된 비용을 발생시킨다.

자산의 매각으로 발생하는 비용은 자산의 매각대가를 수익 (income)으로 인식할 때 동시에 인식한다. 수익과 비용의 차이는 매각으로 인한 이익이다. 자산의 소비로 발생하는 비용은 이익에 관한 정보를 제공하기 위해 관련 수익과 비교할 수 있다.

마찬가지로, 금융부채 외의 부채가 발생하거나 대가의 교환으로 인수되고 역사적 원가로 측정되는 경우, 부채의 전부 또는 일부의 이행에 따라 이행된 부분에 대해 수취한 대가의 가치로 측정된 수익(income)이 발생한다. 그 수익과 부채의 이행으로 발생한 비용의 차이는 이행에서 생기는 이익이다.

즉시 소비되는 재화와 용역을 포함하여 매각이나 소비되는 자산의 원가에 대한 정보와 수취한 대가에 대한 정보는 예측가치를 가질 수 있다. 이 정보는 미래에 재화(기업이 현재 보유하고 있지 않은 재화 포함)나 용역을 판매함에 따른 미래의 이익을 예측하는 투입변수로 사용하고, 이에 따라 미래순현금유입에 대한 기업의 전망을 평가하는 데 사용될 수 있다. 미래현금흐름에 대한 기업의 전망을 평가하기 위해, 재무제표이용자들은 종종 이미 보유하고 있는 재화에서 이익을 창출할 것이라는 전망뿐만 아니라, 여러 기간에 걸쳐 미래 이익을 창출할 수 있는 기업의 전망에 초점을 맞춘다. 역사적 원가로 측정한 수익과 비용은 재무제표이용자들에게 현금흐름이나 이익에 관한 그들의 종전 예측에 대해 피드백을 제공하기 때문에 확인가치를 가질 수 있다. 판매하거나 사용한 자산의 원가에 관한 정보는 기업의 경영진이 그 기업의 경제적자원을 사용하는 책임을 얼마나 효율적이고 효과적으로 수행했는지를 평가하는 데 도움이 될 수 있다. 이와 비슷한 이유에서, 상각후원가로 측정하는 자산(부채)에서 가득(발생)하는 이자에 대한 정보는 예측가치와 확인가치를 가질 수 있다.

공정가치

공정가치로 자산과 부채를 측정하여 제공하는 정보는 예측가치를 가질 수 있다. 공정가치는 미래현금흐름의 금액, 시기 및 불확실성에 대한 시장참여자의 현재 기대를 반영하기 때문이다. 이러한 기대치는 시장참여자의 현재 위험선호도를 반영하는 방식으로 가격에 반영된다. 이러한 정보는 또한 종전 기대에 대한 피드백을 제공함으로써 확인가치를 가질 수 있다.

시장참여자의 현재 기대를 반영한 수익과 비용은 미래의 수익과 비용을 예측할 때 투입요소로 사용될 수 있기 때문에 예측가치가 있을 수 있다. 이러한 수익과 비용은 기업의 경영진이 그 기업의 경제적자원을 사용하는 책임을 얼마나 효율적이고 효과적으로 수행했는지를 평가하는 데 도움이 될 수 있다.

자산이나 부채의 공정가치 변동은 다양한 요인들에 의해 발생할 수 있다. 이러한 요인들이 서로 다른 특성을 지닐 때, 이러한 요인들로 인한 수익과 비용을 개별적으로 식별하는 것은 재무제표이용자들에게 유용한 정보를 제공할 수 있다.

기업이 한 시장에서 자산을 취득하고 다른 시장(기업이 자산을 매 각하고자 하는 시장)의 가격을 이용하여 공정가치를 결정한다면, 이 두 시장의 가격 차이는 공정가치를 처음 결정할 때 수익으로 인식된다.

공정가치를 측정할 때 사용되는 가격의 원천인 시장에서 거래가 발생하는 경우, 자산의 매각이나 부채의 이전에 대한 대가는 일반적으로 그 자산이나 부채의 공정가치와 유사한 금액일 것이다. 이러한 경우, 자산이나 부채를 공정가치로 측정한다면 거래원가의 효과가 중요하지 않는 한 매각이나 이전시점에 발생하는 순이익 이나 순손실은 일반적으로 작을 것이다.

사용가치와 이행가치

사용가치는 자산의 사용과 궁극적인 처분으로부터 발생하는 추정 현금흐름의 현재가치에 관한 정보를 제공한다. 이 정보는 미래순현금유입에 대한 예상치를 평가하는 데 사용할 수 있기 때문에 예측가치를 가질 수 있다.

이행가치는 부채의 이행에 필요한 추정 현금흐름의 현재가치에 관한 정보를 제공한다. 따라서 이행가치는 부채가 이전되거나 협상으로 결제될 때보다는 특히 이행될 경우에 예측가치를 가질 수 있다.

사용가치나 이행가치 추정치가 미래현금흐름의 금액, 시기와 불확실성으로 추정된 정보와 결합되어 갱신될 경우, 갱신된 추정치는 사용가치나 이행가치의 종전 추정치에 관한 피드백을 제공하기 때문에 확인가치를 가질 수 있다.

현행원가

현행원가로 측정한 자산과 부채에 관한 정보는 현행원가가 측정일 현재 동등한 자산을 취득하거나 창출할 수 있는 원가를 반영 하거나, 동등한 부채를 발생시키거나 인수하기 위해 수취할 대가를 반영하기 때문에 목적적합할 수 있다.

역사적 원가와 마찬가지로 현행원가는 소비된 자산의 원가나 부채의 이행에서 생기는 수익에 관한 정보를 제공한다. 이 정보는 현재 이익을 도출하는 데 사용될 수 있으며 미래 이익을 예측하는 데 사용될 수 있다. 역사적 원가와 달리 현행원가는 소비하거나 이행하는 시점의 일반적인 가격을 반영한다. 가격 변동이 유의적일 경우, 현행원가를 기반으로 한 이익은 역사적 원가를 기반으로 한 이익보다 미래 이익을 예측하는 데 더 유용할 수 있다.

소비에 대한 현행원가(또는 이행에 따른 현재 수익)를 보고하기 위해, 보고기간의 장부금액 변동을 소비에 대한 현행원가(또는 이 행에 따른 현재 수익)와 가격변동 효과로 나누어야 한다. 가격변동 효과는 때로는 '보유이익' 또는 '보유손실'로 불린다.

(3) 자본의 측정

자본의 총장부금액(총자본)은 직접 측정하지 않는다. 이는 인식된 모든 자산의 장부금액에서 인식된 모든 부채의 장부금액을 차감한 금액과 동일하다.

일반목적재무제표는 기업의 가치를 보여주도록 설계되지 않았기 때문에 자본의 총장부금액은 일반적으로 다음과 동일하지 않을 것이다.

- 기업의 자본청구권에 대한 시가총액
- 계속기업을 전제로 하여 기업 전체를 매각하여 조달할 수 있는 금액
- 기업의 모든 자산을 매각하고 모든 부채를 상환하여 조달할 수 있는 금액

총자본은 직접 측정하지 않지만, 자본의 일부 종류와 자본의 일부 구성요소에 대한 장부금액은 직접 측정하는 것이 적절할 수 있다. 그럼에도 불구하고, 총자본은 잔여지분으로 측정되기 때문에 적어도 자본의 한 종류는 직접 측정할 수 없다. 마찬가지로 적어도 자본의 한 구성요소는 직접 측정할 수 없다.

자본의 개별항목 또는 자본의 구성요소의 장부금액은 일반적으로 양(+)의 값이지만 일부 상황에서는 음(−)의 값을 가질 수 있다. 마찬가지로 총자본은 일반적으로 양(+)의 값이지만 어떤 자산과 부채가 인식되는지와 어떻게 측정되는지에 따라 음(−)의 값을 가질 수 있다.

(4) 현금흐름기준 측정기법

때로는 측정치를 직접 관측할 수 없다. 이러한 경우 측정치를 추정하는 한 가지 방법은 현금흐름기준 측정기법을 사용하는 것이다. 이러한 기법은 측정기준이 아니다. 이것은 측정기준을 적용하는 데 사용되는 기법이다. 따라서 이러한 기법을 사용할 때 어떤 측정기준이 사용되는지 그리고 그 기법이 그 측정기준에 적용될 수 있는 요인을 어느 정도 반영하는지 확인하는 것이 필요하다.

8. 표시와 공시

보고기업은 재무제표에 정보를 표시하고 공시함으로써 기업의 자산, 부채, 자본, 수익 및 비용에 관한 정보를 전달한다. 원가가 다른 재무보고 결정을 제약하는 것처럼 표시와 공시의 결정도 제약한다.

분류란 표시와 공시를 위해 자산, 부채, 자본, 수익이나 비용을 공유되는 특성에 따라 구분하는 것을 말한다. 이러한 특성에는 항목의 성격, 기업이 수행하는 사업활동 내에서의 역할(또는 기능), 이 들 항목을 측정하는 방법이 포함되나 이에 국한되지는 않는다.

상이한 자산, 부채, 자본, 수익이나 비용을 함께 분류하면 목적적합한 정보를 가려서 불분명하게 하고, 이해가능성과 비교가능성이 낮아질 수 있으며, 표현하고자 하는 내용을 충실하게 표현하지 못 할 수 있다.

자산과 부채의 분류

분류는 자산 또는 부채에 대해 선택된 회계단위별로 적용하여 분류한다. 그러나 자산이나 부채 중 특성이 다른 구성요소를 구분하여 별도로 분류하는 것이 적절할 수도 있다. 이것은 이러한 구성요소를 별도로 분류한 결과 재무정보의 유용성이 향상되는 경우에 적절할 것이다. 예를 들어, 자산이나 부채를 유동요소와 비유동요소로 구분하고 이러한 구성요소를 별도로 분류하는 것이 적절할 수 있다.

상계

상계는 기업이 자산과 부채를 별도의 회계단위로 인식하고 측정하지만 재무상태표에서 단일의 순액으로 합산하는 경우에 발생한다. 상계는 서로 다른 항목을 함께 분류하는 것이므로 일반적으로는 적절하지 않다.

자산과 부채의 상계는 권리와 의무의 집합(세트)을 단일의 회계단위로서 취급하는 것과 다르다.

자본의 분류

유용한 정보를 제공하기 위해, 자본청구권이 다른 특성을 가지고 있는 경우에는 그 자본청구권을 별도로 분류해야 할 수도 있다.

마찬가지로, 유용한 정보를 제공하기 위해, 자본의 일부 구성요소에 특정 법률, 규제 또는 그 밖의 요구사항이 있는 경우에는 자본의 그 구성요소를 별도로 분류해야 할 수 있다. 예를 들어, 일부 국가에서는 기업이 분배가능하다고 특정한 준비금이 기업에 충분히 있는 경우에만 자본청구권의 보유자에게 분배를 허용한다. 이러한 준비금을 별도로 표시하거나 공시하면 유용한 정보를 제공할 수 있다.

당기손익과 기타포괄손익

수익과 비용은 분류되어 다음 중 하나에 포함된다.

- 손익계산서
- 손익계산서 이외의 기타포괄손익

손익계산서는 보고기간의 기업 재무성과에 관한 정보의 주요 원천이다. 이 재무제표는 해당 기간의 기업 재무성과에 대한 축약된 설명을 제공하는 당기손익 합계를 포함한다. 많은 재무제표이용자들이 분석의 시작점으로 또는 그 기간의 재무성과의 주요 지표로 이 합계를 그들의 분석에 포함시킨다. 그럼에도 불구하고, 해당 기간의 재무성과를 이해하려면 재무제표에 포함된 그 밖의 정보의 분석뿐만 아니라 인식된 모든 수익과 비용(기타포괄손익에 포함된 수익과 비용 포함)의 분석이 필요하다.

손익계산서는 해당 기간의 기업 재무성과에 관한 정보의 주요 원천이기 때문에 모든 수익과 비용은 원칙적으로 이 재무제표에 포함된다. 그러나 회계기준위원회는 회계기준을 개발할 때 자산이나 부채의 현행가치의 변동으로 인한 수익과 비용을 기타포괄손익에 포함하는 것이 그 기간의 기업 재무성과에 대한 보다 목적적합한 정보를 제공하거나 보다 충실한 표현을 제공하는 예외적인 상황에서는 그러한 수익이나 비용을 기타포괄손익에 포함하도록 결정 할 수도 있다.

역사적 원가 측정기준에서 발생한 수익과 비용은 손익계산서에 포함된다. 이는 그러한 유형의 수익이나 비용이 자산이나 부채의 현행가치 변동의 구성요소로서 별도로 식별되는 경우에도 그러하다. 예를 들어, 금융자산이 현행가치로 측정되고 이자수익이 그 밖의 가치 변동과 별도로 식별된다면 그 이자수익은 손익계산서에 포함된다.

원칙적으로, 한 기간에 기타포괄손익에 포함된 수익과 비용은 미래 기간에 기타포괄손익에서 당기손익으로 재분류한다. 이런 경우는 그러한 재분류가 보다 목적적합한 정보를 제공하는 손익계산서가 되거나 미래 기간의 기업 재무성과를 보다 충실하게 표현하는 결과를 가져오는 경우이다. 그러나 예를 들어, 재분류되어야 할 기간이나 금액을 식별할 명확한 근거가 없다면, 회계기준위원회는 회계기준을 개발할 때, 기타포괄손익에 포함된 수익과 비용이 후속적으로 재분류되지 않도록 결정할 수도 있다.

통합

통합은 특성을 공유하고 동일한 분류에 속하는 자산, 부채, 자본, 수익 또는 비용을 합하는 것이다.

통합은 많은 양의 세부사항을 요약함으로써 정보를 더욱 유용하게 만든다. 그러나 통합은 그러한 세부사항 중 일부를 숨기기도 한다. 따라서 목적적합한 정보가 많은 양의 중요하지 않은 세부사항과 섞이거나 과도한 통합으로 인해 가려져서 불분명해지지 않도록 균형을 찾아야 한다.

재무제표의 서로 다른 부분에서는 다른 수준의 통합이 필요할 수 있다. 예를 들어, 일반적으로 재무상태표와 재무성과표는 요약된 정보를 제공하고 자세한 정보는 주석에서 제공한다.

9. 자본유지개념

9-1 자본의 개념

대부분의 기업은 자본의 재무적 개념에 기초하여 재무제표를 작성한다. 자본을 투자된 화폐액 또는 투자된 구매력으로 보는 재무적 개념 하에서 자본은 기업의 순자산이나 지분과 동의어로 사용된다. 자본을 조업능력으로 보는 자본의 실물적 개념 하에서는 자본은 예를 들어, 1일 생산수량과 같은 기업의 생산능력으로 간주된다.

기업은 재무제표이용자들의 정보요구에 기초하여 적절한 자본개념을 선택하여야 한다. 따라서 재무제표이용자들이 주로 명목상의 투하자본이나 투하자본의 구매력 유지에 관심이 있다면 재무적 개념의 자본을 채택하여야 한다. 그러나 이용자들의 주된 관심이 기업의 조업능력 유지에 있다면 실물적 개념의 자본을 사용하여야 한다. 비록 자본개념을 실무적으로 적용하는 데는 측정의 어려움이 있을 수 있지만 선택된 자본개념에 따라 이익의 결정 목표가 무엇인지 알 수 있게 된다.

9-2 자본유지개념과 이익의 결정

위의 자본개념에 따라 다음과 같은 자본유지개념이 도출된다.

(1) 재무자본유지.

재무자본유지 개념 하에서 이익은 해당 기간 동안 소유주에게 배분하거나 소유주가 출연한 부분을 제외하고 기말 순자산의 재무적 측정금액(화폐금액)이 기초 순자산의 재무적 측정금액(화폐금액)을 초과하는 경우에만 발생한다. 재무자본유지는 명목화폐단위 또는 불변구매력단위를 이용하여 측정할 수 있다.

(2) 실물자본유지.

실물자본유지개념 하에서 이익은 해당 기간 동안 소유주에게 배분하거나 소유주가 출연한 부분을 제외하고 기업의 기말 실물생산능력이나 조업능력(또는 그러한 생산능력을 갖추기 위해 필요한 자원이나 기금)이 기초 실물생산능력을 초과하는 경우에만 발생한다.

자본유지개념은 기업이 유지하려고 하는 자본을 어떻게 정의하는지와 관련된다. 자본유지개념은 이익이 측정되는 준거기준을 제공함으로써 자본개념과 이익개념 사이의 연결고리를 제공한다. 자본유지개념은 기업의 자본에 대한 투자수익과 투자회수를 구분하기 위한 필수요건이다. 자본유지를 위해 필요한 금액을 초과하는 자산의 유입액만이 이익으로 간주될 수 있고 결과적으로 자본의 투자수익이 된다. 따라서 이익은 수익에서 비용(필요한 경우 자본유

지조정액을 포함)을 차감한 후의 잔여액이다. 만일 비용이 수익을 초과한다면 그 초과액은 손실이다.

실물자본유지개념을 사용하기 위해서는 현행원가기준에 따라 측정해야 한다. 그러나 재무자본유지개념은 특정한 측정기준의 적용을 요구하지 아니한다. 재무자본유지개념 하에서 측정기준의 선택은 기업이 유지하려는 재무자본의 유형과 관련이 있다.

재무자본유지개념과 실물자본유지개념의 주된 차이는 기업의 자산과 부채에 대한 가격

변동 영향의 처리방법에 있다. 일반적으로 기초에 가지고 있던 자본만큼을 기말에도 가지고 있다면 이 기업의 자본은 유지된 것이며, 기초 자본을 유지하기 위해 필요한 부분을 초과하는 금액이 이익이다.

자본을 명목화폐단위로 정의한 재무자본유지개념 하에서 이익은 해당 기간 중 명목화폐자본의 증가액을 의미한다. 따라서 기간 중 보유한 자산가격의 증가 부분, 즉 보유이익은 개념적으로 이익에 속한다. 그러나 보유이익은 자산이 교환거래에 따라 처분되기 전에는 이익으로 인식되지 않을 것이다. 만일 재무자본유지개념이 불변구매력 단위로 정의된다면 이익은 해당 기간 중 투자된 구매력의 증가를 의미하게 된다. 따라서 일반물가수준에 따른 가격상승을 초과하는 자산가격의 증가 부분만이 이익으로 간주되며, 그 이외의 가격증가 부분은 자본의 일부인 자본유지조정으로 처리된다.

자본을 실물생산능력으로 정의한 실물자본유지개념 하에서 이익은 해당 기간 중 실물생산능력의 증가를 의미한다. 기업의 자산과 부채에 영향을 미치는 모든 가격변동은 해당 기업의 실물생산능력에 대한 측정치의 변동으로 간주되어 이익이 아니라 자본의 일부인 자본유지조정으로 처리된다.

측정기준과 자본유지개념의 선택에 따라 재무제표의 작성에 있어 사용되는 회계모형이 결정된다. 각각의 회계모형은 상이한 목적적합성과 신뢰성을 나타내며, 경영진은 다른 경우와 마찬가지로 목적적합성과 신뢰성 간에 균형을 추구하여야 한다. 이 개념체계는 다양한 회계모형에 적용가능하며 선택된 모형 하에서 재무제표의 작성과 표시에 대한 지침을 제공한다. 현재 회계기준위원회는 초인플레이션 하에 있는 통화로 보고해야 하는 기업의 경우와 같은 예외적 상황을 제외하고는, 특정한 모형의 사용을 규정하려는 의도를 가지고 있지는 않다. 그러나 이러한 의도는 사회의 발전에 따라 재고될 것이다.

9-3 자본유지조정

자산과 부채에 대한 재평가 또는 재작성은 자본의 증가나 감소를 초래한다. 이와 같은 자본의 증가 또는 감소는 수익과 비용의 정의에는 부합하지만, 이 항목들은 특정 자본유지개념에 따라 포괄손익계산서에는 포함하지 아니한다. 그 대신 자본유지조정 또는 재평가적립금으로 자본에 포함한다.

구 분	재무자본유지개념		실물자본유지개념
	명목화폐	불변구매력	
자본의 회수 (Return of capital)	명목자본	구매력유지자본 (일반물가지수이용)	실물자본 (현행원가)
자본에 대한 보상 (Return on capital)	나머지	나머지	나머지
가격변동효과	이익에 포함됨	자본유지조정	자본유지조정

(*) 실물자본유지개념에서는 실물자본을 측정하기 위하여 자산과 부채를 반드시 현행원가로 측정하여야 한다.

chapter 21

연습문제

01 다음은 재무보고 개념체계에서 서술한 내용이다. 틀린 것은?

① 자산은 과거사건의 결과로 기업이 통제하는 현재의 경제적자원이다.
② 경제적자원은 그 잠재력을 포함한 현재의 권리이며, 그 권리가 창출할 수 있는 미래경제적 효익이 아니다.
③ 기업이 발행한 후 재매입하여 보유하고 있는 채무상품이나 지분상품은 그 보고기업의 경제적자원이 될 수 없다.
④ 경제적효익을 창출할 가능성이 낮은 권리는 경제적자원의 정의를 충족할 수 없으며 따라서 자산이 될 수 없다.
⑤ 지출의 발생과 자산의 취득은 밀접하게 관련되어 있으나 양자가 반드시 일치하는 것은 아니다.

해설 ④

② 경제적자원은 예상되는 미래경제적효익이 아니며 경제적효익을 창출할 잠재력을 지닌 현재의 권리이다. 개정으로 달라진 개념이므로 주의하여야 한다.
④ 경제적효익을 창출할 가능성이 낮더라도 권리가 경제적자원의 정의를 충족할 수 있으며 따라서 자산이 될 수 있다. 경제적효익을 창출할 가능성은 자산의 인식과 측정에 영향을 주는 것이며 자산의 정의에는 영향을 주지 않는다. 참고로 경제적자원의 이전가능성이 낮더라도 의무가 부채의 정의를 충족할 수 있다.

02 다음은 재무보고 개념체계에서 서술한 내용이다. 틀린 것은?

① 인식은 재무제표 요소 중 하나의 정의를 충족하는 항목을 재무상태표나 재무성과표에 포함하기 위하여 포착하는 과정이다.
② 매출(수익)과 매출원가(비용)가 동시에 인식되는 것을 원가와 수익의 대응이라 한다. 이러한 대응은 개념체계의 주요 목적이며 이를 위하여 자산이나 부채의 정의를 충족하지 않는 항목의 인식을 허용한다.
③ 재무제표 요소의 정의를 충족하는 항목이 재무제표이용자에게 유용한 정보를 제공하는 경우에만 자산이나 부채를 인식한다.
④ 자산이나 부채의 정의를 충족하는 항목이 인식되지 않더라도 기업은 해당 항목에 대한 정보를 주석에 제공해야 할 수도 있다.
⑤ 제거는 인식된 자산이나 부채의 전부나 일부를 삭제하는 것이며 기업은 자산에 대한 통제를 상실하였을 때, 부채에 현재의무를 부담하지 않을 때 자산과 부채를 제거한다.

해설 ②

매출(수익)과 매출원가(비용)가 동시에 인식되는 것을 원가와 수익의 대응이라 한다. 이러한 대응은 개념체계의 목적이 아니다. 따라서 자산이나 부채의 정의를 충족하지 않는 항목의 인식을 허용하지 아니한다.

03 다음은 재무보고 개념체계에서 서술한 내용이다. 틀린 것은?

① 유용한 재무정보의 질적특성과 원가제약을 고려함으로써 서로 다른 자산, 부채, 수익, 비용에 대해 서로 다른 측정기준을 선택하는 결과가 발생할 수 있다.
② 자산의 역사적원가는 자산의 취득 또는 창출에 발생한 원가의 가치이며 거래원가를 포함한다. 부채의 역사적원가는 부채가 발생하거나 인수할 때 수취한 대가이며 거래원가를 차감한 가치이다.
③ 현행가치 측정치는 측정일의 조건을 반영하기 위해 갱신된 정보를 사용하여 자산, 부채 및 관련 수익과 비용의 화폐적 정보를 제공한다. 현행가치 측정기준은 공정가치, 사용가치나 이행가치, 현행원가를 포함한다.
④ 공정가치란 측정일에 시장참여자 사이의 정상거래에서 자산을 매도할 때 받거나 부채를 이전할 때 지급하게 될 가격을 말한다.
⑤ 사용가치는 기업이 자산의 사용과 궁극적인 처분으로 얻을 것으로 기대하는 현금흐름의 현재가치이며 이행가치는 기업이 부채를 이행할 때 이전해야 하는 현금으로 할인하지 않은 금액을 말한다.

해설 ⑤

사용가치와 이행가치 모두 할인한 현재가치이다. 사용가치와 이행가치는 공정가치와 달리 시장참여자의 관점보다는 기업 특유의 관점을 반영한다.

04 다음은 현행원가에 대한 설명이다. 옳은 것은?

① 자산의 현행원가는 측정일 현재 동등한 자산의 원가로서 측정일에 지급할 대가와 그 날에 발생할 거래원가를 포함한다.
② 현행원가는 역사적원가와 마찬가지로 유출가치이다.
③ 현행원가는 측정일의 상황이나 조건을 반영하지 아니한다.
④ 현행원가는 활성시장에서의 가격을 관찰하여 결정할 수 없다.
⑤ 부채의 현행원가는 측정일 현재 동등한 부채에 대해 지급할 대가를 말하며 측정일에 발생할 거래원가를 차감한다.

해설 ①

② 현행원가는 역사적원가와 마찬가지로 유입가치이다. 동등한 자산과 부채가 유입될 때의 가치이다.
③ 현행원가는 측정일의 상황이나 조건을 반영한다.
④ 현행원가는 활성시장에서의 가격을 관찰하여 결정할 수 있다.
⑤ 부채의 현행원가는 측정일 현재 동등한 부채에 대해 수취할 대가를 말하며 측정일에 발생할 거래원가를 차감한다.

저자소개

이 승 준 (공인회계사)

[학력] 성균관대학교 경영학사 졸업

[경력] (전) 웅지세무대학 재무회계 전임 교수

(현) 현대회계법인 파트너
KG에듀원 경영아카데미 재무회계 담당 교수

IFRS 중급회계 下

초판발행 2022. 11. 11

지은이 이 승 준

펴낸이 김 대 명

펴낸곳 나우퍼블리셔

등록번호 2020년 1월 20일 (제2020-000005호)

주소 서울특별시 성동구 한림말5길 11 덕성빌딩

전화 010-9133-5272 | 팩스 02-6305-3639

전자우편 nowpublisher@daum.net

홈페이지 www.nowpublisher.co.kr

ISBN 979-11-91345-37-7 93320

정가 35,000 원

저자와의 협의하에 인지 생략

잘못된 책은 구입하신 곳에서 교환해 드립니다.
저자와 출판사의 허락 없이 내용의 전부 또는 일부를 인용하거나 발췌하는 것을 금합니다.
무단으로 배포나 복제할 경우 법적 처벌을 받을 수 있습니다.